Angelika Visser (31 Jahre) aus Solingen ist **Weltmeisterin im Abnehmen.** Insgesamt 22 Kandidatinnen und Kandidaten traten zur Endausscheidung der Weltmeisterschaft im Abnehmen, die von der weltweiten **Weight-Watchers-Organisation** ausgeschrieben war, an. *Angelika Visser* gewann den Titel – sie hat es geschafft, sage und schreibe 82 Kilogramm in nur elf Monaten abzunehmen.

Angelika Visser hat früher alle möglichen Diäten ausprobiert, bis sie zu den **Weight Watchers** kam. Dazu sagt sie heute selbst: »Ich hatte Glück. Ich kam in eine tolle Gruppe. Endlich mal nur Menschen, die alle genau dasselbe Problem hatten wie ich: Zu fett zu sein und zu schwach, um alleine abzunehmen. Es ging bei mir sehr schnell. Ich habe gelernt, richtig zu essen, nein zu sagen und keine Ausreißer mehr zu machen. Und wenn es doch mal passierte – dann war meine Gruppe da und hat mich moralisch aufgefangen. Das war das Tolle.«

Angelika Visser, die früher 149 Kilogramm wog, hat ihr Selbstbewußtsein wiedergefunden. Stolz bewegt sie sich in neuer Garderobe und ebenso im Bikini, und ihr Ehemann hat wieder begonnen, eifersüchtig über sie zu wachen.

WEIGHT WATCHERS® KOCHBUCH

Gesund und schlank durchs ganze Jahr

WILHELM HEYNE VERLAG
MÜNCHEN

HEYNE KOCHBÜCHER
Nr. 07/4458

36. Auflage

Copyright © 1981 by Weight Watchers International, Inc., New York
Published by arrangement with the New American Library, Inc., New York
all rights reserved
Weight Watchers is a registered trademark of Weight Watchers Int.
Copyright © 1983, 1986 by Wilhelm Heyne Verlag GmbH & Co. KG, München
Dieses Buch basiert auf dem aktuellen Ernährungsprogramm von Weight Watchers
Deutschland. (Für die Schweiz und Österreich gilt ein anderes Ernährungsprogramm.)
Titelfotos und Innenfotos: Versuchsküche Köhnen, Sprockhövel
Umschlaggestaltung: Atelier Ingrid Schütz, München
Printed in Germany 2001
Satz: Schaber, Wels
Bildteildruck: RMO, München
Druck und Bindung: Ebner Ulm

ISBN 3-453-40442-4

INHALT

Vorwort 7
Menüplan für 365 Tage 9
Suppen und Imbisse 221
Fleischgerichte 244
   Rindfleisch 244
   Schweinefleisch 270
   Kalbfleisch 286
   Lamm und Hammel 293
   Geflügel und Wild 297
   Leber 319
Fischgerichte 335
Gemüsegerichte 374
Gerichte mit Eiern, Käse und Quark 398
Salate 420
Saucen und Pikantes 463
Süßspeisen und Gebäck 469
   Müsli 469
   Pudding und Cremes 473
   Warme und kalte Desserts 491
   Eis und Sorbets 504
   Kuchen, Torten und Co. 510
Getränke 528
Allgemeine Informationen zum Ernährungsprogramm 535
Alphabetisches Register 547
Register nach Sachgruppen 552

An der Erstellung dieses Kochbuches haben sich viele Personen mit großer Begeisterung beteiligt.
Von Heike Theiß wurden die Rezepte und Wochenpläne ausgedacht, ausprobiert und koordiniert. Sie wurde unterstützt von Iris Denker, Ursel Kälber und Isa Lübbers.
Die begleitenden Texte schrieb Gabriele Weckopp. Außerdem haben Adelheid Böhnke, Brigitte Esser, Edith Krebber und Helga Roos an der Vorbereitung dieses Buches mitgewirkt. Ihnen allen gilt unser herzlicher Dank.

Adrian Simon

Vorwort

Lieber Leser!

Sie haben ein Kochbuch erworben, das nach einem besonderen Ernährungsprogramm erstellt wurde.
Ziel des Ernährungsprogrammes ist, übergewichtigen Menschen zu helfen, Gewicht zu verlieren, und es dann — nach erfolgreicher Abnahme — auch zu halten. Ein von Medizinern und Ernährungswissenschaftlern ausgearbeitetes Ernährungsprogramm bildet die Grundlage zur Gewichtsreduktion. Der Akzent liegt auf Ausgewogenheit, Abwechslung und Vielfalt.
Nachdem fast eine Million Menschen in der Bundesrepublik und West-Berlin erfolgreich nach diesem Konzept abgenommen haben, war es naheliegend, ein Kochbuch zu veröffentlichen, das zur Unterstützung der Gewichtsreduktion beitragen soll. Nach unseren Erfahrungen ist gerade die Essenslangweile ein Grund für nicht zu Ende geführte Diäten. Dieses Kochbuch stellt eine zusätzliche Hilfe für alle diejenigen dar, die daran interessiert sind, nach diesem Konzept abzunehmen. Es bietet nicht nur köstliche und abwechslungsreiche Rezepte an, sondern enthält im ersten Teil des Buches einen ausgewogenen und sehr schmackhaften Menüplan für 365 Tage.
Jeder dieser 52 Wochenmenüpläne basiert auf einer nach den neuesten ernährungswissenschaftlichen Erkenntnissen zusammengestellten Nahrungsaufnahme für sieben Tage. Sie können innerhalb einer Woche zwar den einen gegen den anderen Tag austauschen, aber Sie sollten auf jeden Fall die Mahlzeiten des ganzen Tages nehmen, damit die Ausgewogenheit bestehen bleibt. Ebenso können Sie den Menüplan für die 3. Woche statt des Planes für die 2. oder 4. Woche anwenden. Doch auch hier sollten Sie dann die ganze Woche genau befolgen und z. B. nicht den

Plan für Mittwoch der 1. Woche mit Mittwoch der 2. Woche austauschen.
Ob Sie abnehmen wollen oder Ihr Gewicht halten möchten, Sie werden in diesem Buch einen Fundus an schmackhaften Vorschlägen und Rezepten für ein ganzes Jahr finden, und sich dabei gesund und schlank fühlen.

Bitte beachten Sie die **Allgemeinen Informationen zum Ernährungsprogramm** auf den Seiten 535 ff.

Menüplan für 365 Tage

Wichtige Informationen

1. Die im Anschluß folgenden Wochenpläne basieren auf dem Ernährungsprogramm für Damen und sehen pro Tag ca. 1200 Kalorien vor. Für Herren sind 1600 Kalorien und für Jugendliche ca. 1700 Kalorien (männlich 11—17 Jahre, weiblich 11—14 Jahre) vorgesehen. Die zusätzlichen Rationen sind im Anschluß an den Speiseplan jeden Tages angegeben.
2. Die Wochenpläne sind für eine Person berechnet. Die vorgesehenen fettgedruckten Gerichte finden Sie im Rezeptteil. Die Wochenpläne enthalten jeweils *eine* Portion des Rezeptes. Wenn Rezepte für mehr Personen berechnet sind, darf nur eine verzehrt werden.
3. Es ist unbedingt notwendig, sich genau an die im Rezept angegebenen Mengen zu halten. Denken Sie daran, jedes zusätzliche Gramm eines Lebensmittels hat zusätzliche Kalorien.
4. Die in den Wochenplänen und Rezepten angegebenen Obst- und Gemüsemengen entsprechen dem eßbaren Anteil.
5. Ist bei Speisequark oder Hüttenkäse kein Fettgehalt angegeben, so dürfen diese Produkte einen Fettgehalt von höchstens 20% haben. Bei Weich-, Schmelz- oder Hartkäse beträgt der Höchstgehalt 45% Fett i. d. Tr.
6. Verwenden Sie nur Fertigprodukt-Kartoffelpüree, das bereits Milch enthält, und nur noch mit Wasser zubereitet wird.
7. Beachten Sie bei Fleisch, Fisch und Geflügel: Entfernen Sie *vor* dem Wiegen das sichtbare Fett. Verwenden Sie nur ganz mageres Fleisch. Das in den Wochenplänen und Rezepten angegebene Gewicht bezieht sich auf das verzehrfertige Produkt (zubereitet, ohne Haut, Knochen und Fett), es sei denn, es wird ausdrücklich erwähnt, daß es sich um Rohgewicht handelt.

8. Sofern für die Zubereitung Margarine oder Öl angegeben ist, sollten Sie immer rein *pflanzliche* Produkte verwenden.

9. Die in den Wochenplänen und Rezepten angegebenen Tee- und Eßlöffelmaße sind gestrichene Abmessungen.

10. Es wird empfohlen, täglich mindestens 1½ bis 2 Liter Wasser zu trinken.

11. Wie bereits erwähnt, basiert dieses Kochbuch auf einer täglichen Kalorienzufuhr von ca. 1200. Deshalb entfällt für Sie im allgemeinen das Kalorienzählen. Da aber zwischenzeitlich sehr viele kalorienreduzierte Produkte im Handel sind, die wir auch in unser Programm aufgenommen haben, ist hier ein Ausrechnen der Kalorien und ein genaues Abmessen der Menge notwendig. Es handelt sich dabei um konserviertes Obst, Käse, Wurst, Getränke, Marmelade, Salat- und Dessertsaucen. Diese Produkte müssen mit »kalorienarm« oder »-reduziert« gekennzeichnet und der Kaloriengehalt muß auf dem Etikett angegeben sein.

1. Woche

Krabben (Garnelen, Granat) sind für die Schlankheitskost etwa so wertvoll wie Magerquark. Außer hochwertigem Eiweiß enthalten sie wichtige Mineralstoffe, Vitamine und Nicotinsäure; letztere sorgt für den Eiweiß-, Fett- und Kohlenhydrateabbau im Körper. Da frische Krabben teuer sind, empfiehlt es sich, auf konservierte Ware zurückzugreifen. Die Kombination von Krabben und Ei ist geradezu ideal. Salate oder Krabbencocktails sollte man mit Dill verfeinern. Spargel und Champignons sind ebenfalls als Zutaten geeignet.
Für Samstagabend ist ein »Krabbensalat mit Ei« vorgesehen.
Wir wünschen Ihnen guten Appetit!

Montag

Frühstück
Kefir-Müsli (siehe Rezept S. 469), kalorienfreies Getränk nach Wunsch

Mittagessen
Gefüllte Paprikaschoten »Provence« (siehe Rezept S. 384), 20 kcal Limonade (kalorienarm)

Zwischenmahlzeit
100 g Speisequark (Magerstufe), 100 g Orange

Abendessen
90—120 g Hering in Meerrettichsauce (Sauce nicht mitessen), 30 g Vollkornbrot, 1 TL Margarine, 100 g Tomate, 100 g Chicoree, Marinade aus: 2 TL Öl, Essig

Zwischenmahlzeit
¼ l Tomatensaft

Herren zusätzlich: 125 g Apfel, 60 g Banane, 60 g zubereiteter Reis, 30 g Vollkornbrot, am Mittag 30 g Tatar, am Abend 30 g Hering

Jugendliche zusätzlich: 125 g Apfel, 60 g Banane, 60 g zubereiteter Reis, 30 g Vollkornbrot, 200 ml Milch (1,5 % Fett), am Mittag 30 g Tatar, am Abend 30 g Hering

Dienstag

Frühstück

125 g Apfel, 20 g Crisp-Brot, 1 Ei, 2 TL Halbfettbutter, kalorienfreies Getränk nach Wunsch

Mittagessen

Käserösti (siehe Rezept S. 409), dazu: 100 g Endiviensalat, 20 kcal Salatsauce (kalorienarm), 100 g Bohnensalat (Glaskonserve ohne Fett)

Zwischenmahlzeit

200 ml Dickmilch (1,5 % Fett), 60 g Banane

Abendessen

90—120 g mageres Kotelett (Gewicht ohne Knochen), gebraten in 1 TL Margarine, 200 g Brocoli, 1 TL geriebener Käse, 100 g eßfertiges Kartoffelpüree (Fertigprodukt)

Zwischenmahlzeit

125 g Grapefruit, 200 ml Milch (1,5 % Fett), 2 TL Kakao

Herren zusätzlich: 100 g Orange, 20 g getrocknete Feigen, 100 g Kartoffeln, 100 g eßfertiges Kartoffelpüree (Fertigprodukt), am Abend 30 g Kotelett

Jugendliche zusätzlich: 100 g Orange, 20 g getrocknete Feigen, 100 g Kartoffeln, 100 g eßfertiges Kartoffelpüree (Fertigprodukt), 250 ml Buttermilch (1 % Fett), am Abend 30 g Kotelett

Mittwoch

Frühstück

100 g Kiwi, 20 g Frühstücksflocken, 100 ml Milch (1,5 % Fett), kalorienfreies Getränk nach Wunsch

Mittagessen

90—120 g Leber, gebraten in 1 TL Margarine, 100 g Zwiebeln, 125 g Apfel, 100 g Kartoffeln, 100 g Kopfsalat, Marinade aus: 1 TL Öl, Essig

Zwischenmahlzeit

Rosinen-Quark (siehe Rezept S. 487)

Abendessen

Hot dogs (siehe Rezept S. 277), dazu: 200 g Möhren

Zwischenmahlzeit

20 g einfache Kekse, 100 g Joghurt (0,3 % Fett), 1 TL geraspelte Kokosnuß

Herren zusätzlich: 100 g Ananas, 250 ml Gemüsesaft, 100 g Kartoffeln, 20 g Zwieback, am Mittag 30 g Leber, am Abend 30 g Würstchen

Jugendliche zusätzlich: 100 g Ananas, 250 ml Gemüsesaft, 100 g Kartoffeln, 20 g Zwieback, 200 g Schokoladenpudding (kalorienarm), am Mittag 30 g Leber, am Abend 30 g Würstchen

Donnerstag

Frühstück
½ Grapefruit, 1 Ei, 30 g Brötchen, 1 TL Butter, Marmelade, kalorienfreies Getränk nach Wunsch

Mittagessen
Pikantes Seelachsfilet (siehe Rezept S. 361), 60 g Banane

Zwischenmahlzeit
20 g Knäckebrot, 20 kcal Marmelade (kalorienarm)

Abendessen
135 g fettreduzierter Käse, 20 g Crisp-Brot, 100 g Gewürzgurke, 100 g Paprika, 1 TL Margarine

Zwischenmahlzeit
100 g Speisequark (Magerstufe), 175 g Joghurt (1,5 % Fett), 20 g Rosinen
Herren zusätzlich: 15 g getrocknete Datteln, 100 g Orange, 60 g zubereiteter Reis, 20 g Crisp-Brot, am Mittag 30 g Seelachsfilet
Jugendliche zusätzlich: 15 g getrocknete Datteln, 100 g Orange, 60 g zubereiteter Reis, 20 g Crisp-Brot, 175 g Joghurt (1,5 % Fett), 200 ml Dickmilch (1,5 % Fett), am Mittag 30 g Seelachsfilet

Freitag

Frühstück
100 g Birne, 1 Ei, 30 g Brötchen, 1 TL Butter, 1 TL Honig, kalorienfreies Getränk nach Wunsch

Mittagessen
90 g gegrilltes, enthäutetes Hähnchenfleisch, 100 g Möhren, 100 g Kartoffeln, 100 g Kopfsalat, Marinade aus: 1 TL Öl, Essig

Zwischenmahlzeit
200 ml Kefir (1,5 % Fett), 100 g Kiwi

Abendessen
Thunfischaufstrich (siehe Rezept S. 243), dazu: 20 g Knäckebrot, 100 g Tomate, 100 g Gurke

Zwischenmahlzeit
175 g Joghurt (1,5 % Fett), 125 g Apfel, 20 kcal Fruchtnektar (kalorienarm)
Herren zusätzlich: 125 ml Grapefruitsaft (ungesüßt), 100 g Ananas, 100 g Kartoffeln, 20 g Knäckebrot, am Mittag 30 g Hähnchen, am Abend 30 g Thunfisch
Jugendliche zusätzlich: 125 ml Grapefruitsaft (ungesüßt), 100 g Ananas, 100 g Kartoffeln, 20 g Knäckebrot, 250 ml Buttermilch (1 % Fett), am Mittag 30 g Hähnchen, am Abend 30 g Thunfisch

Samstag

Frühstück
100 g Mango oder 100 g Orange, 75 g Speisequark, 20 g Zwieback, 20 kcal Marmelade (kalorienarm), kalorienfreies Getränk nach Wunsch

Mittagessen
Hacksteak mit Oliven (siehe Rezept S. 266), dazu: 100 g Kartoffeln, 100 g Bohnensalat (Glaskonserve ohne Fett)

Zwischenmahlzeit
250 ml Buttermilch (1 % Fett), 75 g Trauben

Abendessen
Krabbensalat mit Ei (siehe Rezept S. 458), dazu: 20 g Crisp-Brot

Zwischenmahlzeit
100 ml Milch (1,5 % Fett), 1 TL Kakao, 100 g Ananas
Herren zusätzlich: 250 ml Tomatensaft, 100 g Birne, 100 g Kartoffeln, 20 g Crisp-Brot, am Mittag 30 g Tatar, am Abend 30 g Krabbenfleisch
Jugendliche zusätzlich: 250 ml Tomatensaft, 100 g Birne, 100 g Kartoffeln, 20 g Crisp-Brot, 200 ml Dickmilch (1,5 % Fett), 200 ml Milch (1,5 % Fett), am Mittag 30 g Tatar, am Abend 30 g Krabbenfleisch

Sonntag

Frühstück
125 ml Orangensaft (ungesüßt), 30 g Hartkäse, 30 g Brot, 1 TL Margarine, 100 ml Milch (1,5 % Fett), kalorienfreies Getränk nach Wunsch

Mittagessen
Kümmelbraten (siehe Rezept S. 270) und **Apfel-Rotkohl** (siehe Rezept S. 376), dazu: 100 g Kartoffeln

Zwischenmahlzeit
100 g Speisequark (Magerstufe)

Abendessen
Kalbssteak mit Ananas (siehe Rezept S. 289)

Zwischenmahlzeit
100 ml Milch (1,5 % Fett), 100 g Ananas
Herren zusätzlich: 125 g Apfel, 20 g getrocknete Feigen, 100 g Kartoffeln, 20 g Zwieback, am Mittag 30 g Schweinebraten, am Abend 30 g Kalbssteak
Jugendliche zusätzlich: 125 g Apfel, 20 g getrocknete Feigen, 100 g Kartoffeln, 20 g Zwieback, 200 g Vanillepudding (kalorienarm), am Mittag 30 g Schweinebraten, am Abend 30 g Kalbssteak

2. Woche

Ananas läßt sich auf vielseitige Weise verwenden; für süße und pikante Gerichte und vor allem für Speisen aus der fernöstlichen Küche. Ananas sollten möglichst reif gekauft werden, dann haben sie ihr bestes Aroma. Frische Früchte haben eine fruchtige, pikante Säure, die allerdings durch längeres Erhitzen verlorengeht. In diesen Fällen sollte man auf Dosenananas zurückgreifen. Frische Ananas besitzen das Ferment Bromelin, das Eiweiß spaltet und die Verdauung anregt, das aber auch verhindert, daß Gelatine fest wird — auch hier sollte man auf konservierte Ananas ausweichen. Unser »Ananas-Cocktail« aus frischer Frucht zubereitet, ist ein erfrischender, köstlicher Nachtisch.

Montag

Frühstück
20 g Rosinen, 20 g Grieß, 200 ml Milch (1,5% Fett), kalorienfreies Getränk nach Wunsch

Mittagessen
Käsepuffer (siehe Rezept S. 414)

Zwischenmahlzeit
Salat aus: 100 g Ananas, 50 g Fenchel, Marinade aus: Süßstoff und Zitronensaft

Abendessen
120 g mageres Schweinekotelett (Gewicht ohne Knochen), gebraten in 1½ TL Öl, 300 g Sauerkraut
Dessert: 125 g Grapefruit

Zwischenmahlzeit
100 g Joghurt (0,3% Fett)
Herren zusätzlich: 100 g Mandarine, 125 g Apfel, 60 g Vollkornbrot, am Abend 30 g Kotelett
Jugendliche zusätzlich: 100 g Mandarine, 125 g Apfel, 60 g Vollkornbrot, 200 g Joghurt (0,3% Fett), am Abend 60 g Kotelett

Dienstag

Frühstück
100 g Birne, 30 g Brötchen, 1 TL Margarine, 1 Ei, Getränk nach Wunsch (kalorienfrei)

Mittagessen
Fischröllchen »Florentine« (siehe Rezept S. 348), dazu: 10 g Knäckebrot

Zwischenmahlzeit
100 g Speisequark (Magerstufe), 100 g Mandarinen

Abendessen
Pikanter Wurstsalat (siehe Rezept S. 285), dazu: 20 g Knäckebrot, 1 TL Margarine
Dessert: 200 ml Dickmilch (1,5 % Fett), ½ TL Zucker, Zimt

Zwischenmahlzeit
100 g Orange

Herren zusätzlich: 200 g Honigmelone, 60 g Banane, 20 g Knäckebrot, 30 g Vollkornbrot, am Mittag 30 g Fischfilet, am Abend 30 g Bierschinken

Jugendliche zusätzlich: 200 g Honigmelone, 60 g Banane, 20 g Knäckebrot, 30 g Vollkornbrot, 200 g Joghurt (0,3 % Fett), am Mittag 30 g Fischfilet, am Abend 30 g Bierschinken

Mittwoch

Frühstück
200 g Honigmelone, 20 g Haferflocken, 175 g Joghurt (1,5 % Fett), 20 g Knäckebrot, 2 TL Getränk nach Wunsch (kalorienfrei), 20 kcal Marmelade (kalorienarm), Getränk nach Wunsch (kalorienfrei)

Mittagessen
Leberfrikassee (siehe Rezept S. 319), dazu: 100 g eßfertiges Kartoffelpüree (Fertigprodukt)

Zwischenmahlzeit
100 g Orange

Abendessen
Salat aus: 90—120 g gekochtem Rotbarschfilet, 100 g Senfgurke, 100 g Paprikaschoten, 60 g Banane, 1 TL Mayonnaise (80 %), 30 g Vollkornbrot

Zwischenmahlzeit
100 g Speisequark (Magerstufe), 1 TL Kakao, Süßstoff

Herren zusätzlich: 125 g Apfel, 20 g getrocknete Feigen, 100 g eßfertiges Kartoffelpüree (Fertigprodukt), 30 g Vollkornbrot, am Mittag 30 g Leber, am Abend 30 g Rotbarschfilet

Jugendliche zusätzlich: 125 g Apfel, 20 g getrocknete Feigen, 100 g eßfertiges Kartoffelpüree (Fertigprodukt), 30 g Vollkornbrot, 200 ml Milch (1,5 % Fett), am Mittag 30 g Leber, am Abend 30 g Rotbarschfilet

Donnerstag

Frühstück

125 ml Grapefruitsaft (ungesüßt), 75 g Quark, 30 g Vollkornbrot, 1 TL Margarine, 20 kcal Marmelade (kalorienarm), Getränk nach Wunsch (kalorienfrei)

Mittagessen

Feuriger Paprika-Schmorbraten (siehe Rezept S. 252), dazu: 100 g Kartoffeln, 200 g grüne Bohnen — Dessert: 100 g Birne

Zwischenmahlzeit

200 ml Milch (1,5 % Fett), 1 TL Honig

Abendessen

135 g kcal fettreduzierter Käse, 20 g Roggenknäckebrot, 200 g Rettich, 100 g Tomate, 2 TL Halbfettmargarine

Zwischenmahlzeit

200 g Joghurt (0,3 % Fett), 75 g Trauben

Herren zusätzlich: 100 g Mandarinen, 20 g getrocknete Aprikosen, 100 g Kartoffeln, 20 g Knäckebrot, am Mittag 30 g Rinderbraten

Jugendliche zusätzlich: 100 g Mandarinen, 20 g getrocknete Aprikosen, 100 g Kartoffeln, 20 g Knäckebrot, 250 ml Buttermilch (1 % Fett), am Mittag 30 g Rinderbraten

Freitag

Frühstück

20 g getrocknete Aprikosen, 30 g Hartkäse, 30 g Vollkornbrot, 1 TL Margarine, Getränk nach Wunsch (kalorienfrei)

Mittagessen

Matjes-Heringe »Hausfrauenart« (siehe Rezept S. 366), dazu: 100 g Pellkartoffeln, Dessert: 20 kcal Fruchtnektar (kalorienarm)

Zwischenmahlzeit

50 g Mandarinen, 100 g Speisequark (Magerstufe)

Abendessen

Thunfisch-Pizzabrot (siehe Rezept S. 361)

Zwischenmahlzeit

250 ml Tomatensaft

Herren zusätzlich: 100 g Kiwi, 100 g Birne, 100 g Pellkartoffeln, 20 g Zwieback, am Mittag 30 g Matjes, am Abend 15 g Thunfisch

Jugendliche zusätzlich: 100 g Kiwi, 100 g Birne, 100 g Pellkartoffeln, 20 g Zwieback, 200 g Schokoladenpudding (kalorienarm), am Mittag 30 g Matjes, am Abend 15 g Thunfisch

Samstag

Frühstück
Haferflockenmüsli (siehe Rezept S. 471), Getränk nach Wunsch (kalorienfrei)

Mittagessen
Spaghetti mit italienischer Sauce (siehe Rezept S. 270), dazu: 50 g Blattsalat, 20 kcal Salatsauce (kalorienarm)

Zwischenmahlzeit
100 g Mango oder 100 g Orange

Abendessen
300 g Spargel (Dosenware), 60 g Putenbraten, belegt mit 1 Ei, gebraten in 2 TL Margarine — Dessert: **Ananas-Cocktail** (siehe Rezept S. 532)

Zwischenmahlzeit
200 ml Milch (1,5 % Fett), 1 TL geraspelte Kokosnuß, Süßstoff
Herren zusätzlich: 100 g Orange, 125 ml Apfelsaft (ungesüßt), 60 g zubereitete Spaghetti, 30 g Vollkornbrot, am Mittag 30 g Rinderhack, am Abend 30 g Putenbraten
Jugendliche zusätzlich: 100 g Orange, 125 ml Apfelsaft (ungesüßt), 60 g zubereitete Spaghetti, 30 g Vollkornbrot, 200 ml Sauermilch (1,5 % Fett), am Mittag 30 g Rinderhack, am Abend 30 g Putenbraten

Sonntag

Frühstück
100 g Kiwi, 1 Ei, 30 g Brötchen, 1 TL Margarine, Getränk nach Wunsch (kalorienfrei)

Mittagessen
Geflügelragout (siehe Rezept S. 298) — Dessert: 125 g Erdbeeren (Tiefkühlware)

Zwischenmahlzeit
100 g Schokoladenpudding (kalorienarm)

Abendessen
Salat aus: 90 g Krabbenfleisch, 100 g Spargel (Dosenware), 100 g Champignons (Dosenware), 100 g Joghurt (0,3 % Fett), 1 TL Mayonnaise (80 %); 30 g Vollkornbrot

Zwischenmahlzeit
100 g Speisequark (Magerstufe), 60 g Banane, 1 TL geraspelte Kokosnuß
Herren zusätzlich: 15 g getrocknete Datteln, 125 g Grapefruit, 60 g zubereiteter Reis, 30 g Vollkornbrot, am Mittag 30 g Hähnchenbrust, am Abend 30 g Krabben
Jugendliche zusätzlich: 15 g getrocknete Datteln, 125 g Grapefruit, 60 g zubereiteter Reis, 30 g Vollkornbrot, 175 g Joghurt (1,5 % Fett), am Mittag 30 g Hähnchenbrust, am Abend 30 g Krabben

3. Woche

Aus der Normandie (Frankreich) kommt der »Cidre«, ein leichter, moussierender Apfelwein. Er hat nur 2 % Alkohol und ist ein erfrischendes Getränk. Es gibt ihn in zwei Geschmacksrichtungen: herb (brut) und lieblich. Zum Kochen sollte man den herben Wein verwenden. Sollten Sie keinen Cidre bekommen, können Sie statt dessen auch deutschen Apfelwein nehmen, der vorwiegend aus Hessen kommt.
In dieser Woche haben wir »Hähnchenkeulen in Cidre« für Sie ausprobiert, eine etwas preiswertere Variante des berühmten französischen »Coq au vin«.

Montag

Frühstück
20 g getrocknete Aprikosen, 30 g Käse, 30 g Vollkornbrot, 1 TL Halbfettmargarine, Getränk nach Wunsch (kalorienfrei)

Mittagessen
Holländisches Fischgulasch (siehe Rezept S. 354), dazu: 100 g Kartoffeln, 100 g Rosenkohl, 100 g Kopfsalat, Marinade aus: 100 g Joghurt (0,3 % Fett), Zitronensaft

Zwischenmahlzeit
Honigmilch (siehe Rezept S. 534), dazu: 20 g Knäckebrot, 1 TL Halbfettmargarine

Abendessen
Salat aus: 90 g gegrilltem, enthäuteten Hähnchenfleisch, 200 g Chicorée, 100 g Mandarinen, Marinade aus: 50 g Joghurt (0,3 % Fett)

Zwischenmahlzeit
50 g Joghurt (0,3 % Fett), 100 g Orange
Herren zusätzlich: 125 ml Orangensaft (ungesüßt), 60 g Banane, 100 g Kartoffeln, 30 g Vollkornbrot, am Mittag 30 g Kabeljaufilet, am Abend 30 g Hähnchenfleisch
Jugendliche zusätzlich: 125 ml Orangensaft (ungesüßt), 60 g Banane, 100 g Kartoffeln, 30 g Vollkornbrot, 100 g Speisequark (Magerstufe), am Mittag 30 g Kabeljau, am Abend 30 g Hähnchenfleisch

Dienstag

Frühstück

125 g Grapefruit, 1 Ei, 30 g Brötchen, 1 TL Margarine, Getränk nach Wunsch (kalorienfrei)

Mittagessen

90 g gegrillte Leber, 50 g gegrillte Zwiebeln, 125 g gegrillter Apfel, 100 g eßfertiges Kartoffelpüree (Fertigprodukt), dazu: **Feldsalat mit Chicorée und Kresse** (siehe Rezept S. 420)

Zwischenmahlzeit

100 g Speisequark (Magerstufe), 20 g Rosinen

Abendessen

Hähnchenkeulen in Cidre (siehe Rezept S. 297), dazu: 60 g zubereiteter Reis

Zwischenmahlzeit

200 ml Dickmilch (1,5 % Fett), Zimt, Süßstoff

Herren zusätzlich: 125 g Apfel, 100 g Birne, 100 g eßfertiges Kartoffelpüree (Fertigprodukt), 60 g zubereiteter Reis, am Mittag 30 g Leber, am Abend 30 g Hähnchen

Jugendliche zusätzlich: 125 g Apfel, 100 g Birne, 100 g eßfertiges Kartoffelpüree (Fertigprodukt), 60 g zubereiteter Reis, 200 ml Milch (1,5 % Fett), am Mittag 30 g Leber, am Abend 30 g Hähnchenfleisch

Mittwoch

Frühstück

125 g Banane, 20 g Frühstücksflocken, 125 ml Milch (0,3 % Fett), 250 ml Tomatensaft, Getränk nach Wunsch (kalorienfrei)

Mittagessen

Eier-Ragout mit Champignons (siehe Rezept S. 404), dazu: 30 g Reis, gegart Dessert: 100 g Ananas

Zwischenmahlzeit

125 ml Milch (0,3 % Fett), 1 TL Kakao, Süßstoff

Abendessen

Roastbeef-Brot (siehe Rezept S. 226), dazu: Salat aus: 150 g Spargel, 200 g Möhren, Salz, Pfeffer, Essig

Zwischenmahlzeit

200 ml Dickmilch (1,5 % Fett)

Herren zusätzlich: 20 g Rosinen, 100 g Orange, 30 g Vollkornbrot, 20 g Knäckebrot, am Abend 60 g Roastbeef

Jugendliche zusätzlich: 20 g Rosinen, 100 g Orange, 30 g Vollkornbrot, 20 g Knäkkebrot, 250 ml Buttermilch (1 % Fett), 100 g Speisequark (Magerstufe), am Abend 60 g Roastbeef

Donnerstag

Frühstück

125 g Apfel, 20 g Grieß, 200 ml Milch (1,5 % Fett), Getränk nach Wunsch (kalorienfrei)

Mittagessen

Überbackenes Fischfilet »Helgoland« (siehe Rezept S. 356), dazu: 100 g Blumenkohl, 50 g Broccoli

Zwischenmahlzeit

20 g Knäckebrot, 2 TL Halbfettmargarine, 20 kcal Marmelade (kalorienarm)

Abendessen

Panierte Schweineschnitzel (siehe Rezept S. 272), dazu: 100 g Salatgurke, 50 g Eisbergsalat, 50 g Radieschen, Marinade aus: Zitronensaft, Süßstoff
Dessert: 125 ml Apfelsaft (ungesüßt)

Zwischenmahlzeit

200 g Vanillepudding (kalorienarm)

Herren zusätzlich: 20 g Feigen, 100 g Mandarinen, 60 g Vollkornbrot, am Mittag 30 g Rotbarschfilet, am Abend 30 g Schweineschnitzel

Jugendliche zusätzlich: 20 g Feigen, 100 g Mandarinen, 60 g Vollkornbrot, 200 g Joghurt (0,3 % Fett), am Mittag 30 g Rotbarschfilet, am Abend 30 g Schweineschnitzel

Freitag

Frühstück

20 g getrocknete Pflaumen, 75 g Speisequark, 30 g Vollkornbrot, 20 kcal Marmelade (kalorienarm), Getränk nach Wunsch (kalorienfrei)

Mittagessen

Rheinischer Sauerbraten mit Rosinen (siehe Rezept S. 251), dazu: 250 g Rotkohl, 80 g eßfertige Kartoffelklöße (Fertigprodukt)

Zwischenmahlzeit

100 g Speisequark (Magerstufe), 100 g Orange

Abendessen

90 g gegrilltes Kalbskotelett (Gewicht ohne Knochen), 100 g Kartoffeln, 150 g Feldsalat, Marinade aus: 2 TL Öl, Essig

Zwischenmahlzeit

250 ml Buttermilch (1 % Fett), Zitronensaft, Süßstoff

Herren zusätzlich: 125 ml Apfelsaft (ungesüßt), 100 g Ananas, 80 g eßfertige Kartoffelklöße (Fertigprodukt), 100 g Kartoffeln, am Mittag 30 g Rinderbraten, am Abend 30 g Kotelett

Jugendliche zusätzlich: 125 ml Apfelsaft (ungesüßt), 100 g Ananas, 80 g eßfertige Kartoffelklöße (Fertigprodukt), 100 g Kartoffeln, 200 ml Dickmilch (1,5 % Fett), am Mittag 30 g Rinderbraten, am Abend 30 g Kotelett

Samstag

Frühstück

125 g Grapefruit, 1 Ei, 20 g Knäckebrot, 2 TL Halbfettmargarine, Getränk nach Wunsch (kalorienfrei)

Mittagessen

180 g zubereitete weiße Bohnen, 200 g Tomaten (Dosenware), Salz, Thymian, Rosmarin — Dessert: 200 ml Dickmilch ((1,5 % Fett), Zimt, Süßstoff

Zwischenmahlzeit

30 g Brötchen, 2 TL Halbfettmargarine, 20 kcal Marmelade (kalorienarm)

Abendessen

Überbackenes Kassler (siehe Rezept S. 281), dazu: 100 g Kartoffeln, 125 ml Wein Dessert: 125 g Apfel

Zwischenmahlzeit

175 g Joghurt (1,5 % Fett), 75 g Trauben

Herren zusätzlich: 250 ml Gemüsesaft, 15 g Datteln, 30 g Brötchen, 100 g Kartoffeln, am Mittag 60 g weiße Bohnen, am Abend 30 g Kassler

Jugendliche zusätzlich: 250 ml Gemüsesaft, 15 g Datteln, 30 g Brötchen, 100 g Kartoffeln, 200 ml Sauermilch (1,5 % Fett), statt Wein 20 g einfache Kekse, am Mittag 60 g weiße Bohnen, am Abend 30 g Kassler

Sonntag

Frühstück

100 g Birne, 30 g Käse, 30 g Weißbrot, 2 TL Halbfettmargarine, Getränk nach Wunsch (kalorienfrei)

Mittagessen

Filetgulasch »Sonja« (siehe Rezept S. 252), dazu: 30 g zubereiteter Reis

Zwischenmahlzeit

200 g Honigmelone, 100 g Speisequark (Magerstufe)

Abendessen

90 g Räucherforelle (Gewicht ohne Kopf und Gräten), 30 g Weißbrot, 2 TL Halbfettbutter, 200 g Bohnensalat (Glaskonserve ohne Fettzusatz), 100 g Tomate

Zwischenmahlzeit

100 g Kiwi, 200 ml Milch (1,5 % Fett), 2 TL Kakao, Süßstoff

Herren zusätzlich: 125 g Grapefruit, 125 g Apfel, 60 g zubereiteter Reis, 30 g Vollkornbrot, am Mittag 30 g Rinderfilet, am Abend 30 g Forelle

Jugendliche zusätzlich: 125 g Grapefruit, 125 g Apfel, 60 g zubereiteter Reis, 30 g Vollkornbrot, 200 g Joghurt (0,3 % Fett), am Mittag 30 g Rinderfilet, am Abend 30 g Forelle

4. Woche

Hülsenfrüchte zeichnen sich durch einen hohen Stärke- und Eiweißgehalt aus. Dadurch haben sie einen entsprechend großen Sättigungswert. Da das pflanzliche Eiweiß biologisch nicht vollwertig ist, kann es vom Körper erst dann ausgenutzt werden, wenn dem Essen entweder tierisches Eiweiß zugefügt oder als Nachtisch eine Milchspeise gereicht wird.
Linsen z. B. haben einen hohen Vitamin-B-Gehalt. Schon im Altertum gehörten sie anscheinend zu den Lieblingsspeisen. Man denke daran, daß Esau für ein Linsengericht sein Erstgeburtsrecht vergab. Unser köstlicher »Elsässer Linsentopf« am Dienstag wird hoffentlich nicht so schwerwiegende Folgen haben.

Montag

Frühstück
80 ml Traubensaft (ungesüßt), 30 g Käse, 30 g Brötchen, 2 TL Halbfettmargarine, Getränk nach Wunsch (kalorienfrei)

Mittagessen
Spinat-Thunfisch-Pfanne (siehe Rezept S. 377), dazu: 100 g Kartoffeln
Dessert: 100 g Orange

Zwischenmahlzeit
100 g Speisequark (Magerstufe)

Abendessen
Tatar (siehe Rezept S.226), dazu: 100 g Salatgurke, 100 g Tomate, 100 g Paprikaschoten — Dessert: 60 g Passionsfrucht oder 125 g Apfel

Zwischenmahlzeit
125 ml Buttermilch (1 % Fett)
Herren zusätzlich: 125 g Grapefruit, 125 g Apfel, 100 g Kartoffeln, 30 g Vollkornbrot, am Mittag 30 g Thunfisch, am Abend 30 g Tatar
Jugendliche zusätzlich: 125 g Grapefruit, 125 g Apfel, 100 g Kartoffeln, 30 g Vollkornbrot, 200 ml Milch (1,5 % Fett), am Mittag 30 g Thunfisch, am Abend 30 g Tatar

Dienstag

Frühstück

125 g Apfel, 20 g Haferflocken, 200 g Joghurt (0,3 % Fett), Getränk nach Wunsch (kalorienfrei)

Mittagessen
Elsässer Linsentopf (siehe Rezept S. 386)
Dessert: 200 ml Dickmilch (1,5 % Fett), 1 TL Zimt, ½ TL Zucker

Zwischenmahlzeit
250 ml Tomatensaft

Abendessen
90—120 g Leber, in 1 TL Öl gebraten, 200 g Tomaten (Dosenware), püriert mit 100 g Paprikaschoten und 1 TL Instantbrühe als Lebergulasch, 60 g zubereitete Nudeln

Zwischenmahlzeit
20 g Knäckebrot, 1 TL Margarine, 60 g Passionsfrucht oder 60 g Banane
Herren zusätzlich: 100 g Birne, 100 g Mandarinen, 60 g zubereitete Nudeln, 20 g Knäckebrot, am Mittag 60 g Linsen, am Abend 30 g Leber
Jugendliche zusätzlich: 100 g Birne, 100 g Mandarinen, 60 g zubereitete Nudeln, 20 g Knäckebrot, 100 g Speisequark (Magerstufe), am Mittag 60 g Linsen, am Abend 30 g Leber

Mittwoch

Frühstück

125 g Grapefruit, 75 g Hüttenkäse, 30 g Vollkornbrot, 20 kcal Marmelade (kalorienarm), Getränk nach Wunsch (kalorienfrei)

Mittagessen
Fischstäbchen (siehe Rezept S. 352), dazu: 100 g eßfertiges Kartoffelpüree (Fertigprodukt), 300 g Möhren — Dessert: 60 g Banane, 20 g getrocknete Aprikosen

Zwischenmahlzeit
10 g Zwieback, 125 ml Sauerkrautsaft

Abendessen
Quark-Schinken-Rollen (siehe Rezept S. 411), dazu: 200 g Chicorée, Marinade aus: 2 TL Öl, Essig

Zwischenmahlzeit
200 g Vanillepudding (kalorienarm)
Herren zusätzlich: 250 ml Tomatensaft, 125 g Erdbeeren (Tiefkühlware), 100 g eßfertiges Kartoffelpüree (Fertigprodukt), 30 g Vollkornbrot, am Mittag 30 g Seelachs, am Abend 30 g Schinken
Jugendliche zusätzlich: 250 ml Tomatensaft, 125 g Erdbeeren (Tiefkühlware), 100 g eßfertiges Kartoffelpüree (Fertigprodukt), 30 g Vollkornbrot, 250 ml Milch (0,3 % Fett), am Mittag 30 g Seelachs, am Abend 30 g Schinken

Donnerstag

Frühstück

100 g Orange, 1 Ei, 30 g Brötchen, 1 TL Halbfettmargarine, Getränk nach Wunsch (kalorienfrei)

Mittagessen

90—120 g mageres Rindergeschnetzeltes, in 1 TL Öl gebraten, je 100 g Zwiebeln, Dosentomaten und Champignons mitschmoren, mit 2 EL saurer Sahne und Gewürzen abschmecken
Dessert: 100 g konservierter Fruchtcocktail (ohne Zucker) mit 2 EL Saft

Zwischenmahlzeit

100 g Speisequark (Magerstufe)

Abendessen

Gefüllte Käse-Eier (siehe Rezept S. 389), dazu: 20 g Knäckebrot, 1 TL Halbfettmargarine, 100 g Möhrensalat (Glaskonserve ohne Fett), 125 ml Apfelwein
Dessert: 80 ml Pflaumensaft (ungesüßt)

Zwischenmahlzeit

200 ml Dickmilch (1,5 % Fett)
Herren zusätzlich: 125 g Grapefruit, 20 g getrocknete Pflaumen, 80 g eßfertige Kartoffelklöße (Fertigprodukt), 20 g Knäckebrot, am Mittag 60 g Rindfleisch
Jugendliche zusätzlich: 125 g Grapefruit, 20 g getrocknete Pflaumen, 80 g eßfertige Kartoffelklöße (Fertigprodukt), 20 g Knäckebrot, 250 ml Milch (0,3 % Fett), statt Apfelwein 60 g Bananen, am Mittag 60 g Rindfleisch

Freitag

Frühstück

20 g Rosinen, 100 g Speisequark (Magerstufe), 20 g Cornflakes, Getränk nach Wunsch (kalorienfrei)

Mittagessen

Backfisch mit Kräuterbutter (siehe Rezept S. 356), dazu: 100 g Kartoffeln, 200 g Blattspinat — Dessert: 100 g Orange

Zwischenmahlzeit

200 ml Milch (1,5 % Fett), 1 TL Kakao

Abendessen

Käsebrötchen (siehe Rezept S. 411), dazu: Salat aus 100 g Eisbergsalat, 50 g Salatgurke, 50 g Radieschen, 100 g Tomate, Marinade aus: 1 TL Öl, Essig
Dessert: 100 g Birne

Zwischenmahlzeit

20 kcal Fruchtnektar (kalorienarm)
Herren zusätzlich: 100 g Orange, 80 ml Traubensaft (ungesüßt), 100 g Kartoffeln, am Mittag 60 g Fischfilet
Jugendliche zusätzlich: 100 g Orange, 80 ml Traubensaft (ungesüßt), 100 g Kartoffeln, 250 ml Buttermilch (1 % Fett), am Mittag 60 g Fischfilet

Samstag

Frühstück
100 g Mango oder 100 g Orange, 1 Ei, 20 g Knäckebrot, Getränk nach Wunsch (kalorienfrei)

Mittagessen
90 g Matjeshering, 100 g Kartoffeln, 200 g grüne Bohnen

Zwischenmahlzeit
Käsekuchen (siehe Rezept S. 516)

Abendessen
Salat aus: 90—120 g enthäutetem Hähnchenfleisch, 100 g Sellerie, 200 g Chicorée, 75 g Trauben, Salz, Pfeffer, Zitrone, 1½ TL Mayonnaise (80%)

Zwischenmahlzeit
20 kcal Limonade (kalorienarm)
Herren zusätzlich: 100 g Birne, 125 g Erdbeeren (Tiefkühlware), 100 g Kartoffeln, 30 g Vollkornbrot, am Mittag 30 g Matjes, am Abend 30 g Hähnchen
Jugendliche zusätzlich: 100 g Birne, 125 g Erdbeeren (Tiefkühlware), 100 g Kartoffeln, 30 g Vollkornbrot, 200 g Vanillepudding (kalorienarm), am Mittag 30 g Matjes, am Abend 30 g Hähnchenfleisch

Sonntag

Frühstück
100 g Birne, 30 g Käse, 1 TL Margarine, 30 g Brötchen, Getränk nach Wunsch (kalorienfrei)

Mittagessen
Geschnetzeltes vom Schwein (siehe Rezept S. 271), dazu: 120 g zubereitete Nudeln, 200 g Kopfsalat, 20 kcal Salatsauce (kalorienarm)

Zwischenmahlzeit
175 g Joghurt (1,5% Fett)

Abendessen
90 g gegrilltes Kalbssteak, 200 g Spargel, überbacken mit 1 TL geriebenem Käse und 1 TL Margarine — Dessert: 100 g Ananas

Zwischenmahlzeit
100 g Speisequark (Magerstufe), 100 g Orange
Herren zusätzlich: 250 ml Tomatensaft, 100 g Mandarinen, 30 g Brötchen, 30 g Toastbrot, am Mittag 30 g Schweineschnitzel, am Abend 30 g Kalbssteak
Jugendliche zusätzlich: 250 ml Tomatensaft, 100 g Mandarinen, 30 g Brötchen, 30 g Toastbrot, 200 ml Dickmilch (1,5% Fett), am Mittag 30 g Schweinefleisch, am Abend 30 g Kalbssteak

5. Woche

Wußten Sie, daß die meisten Kohlsorten reich an wichtigen Vitaminen und Spurenelementen sind — und wenig Kalorien haben? Es kommt nur auf die richtige Zubereitung an. Wenn Großmutters Grünkohlrezept reichlich Gänseschmalz vorsieht, so wissen wir heute, daß Grünkohl, mit Bouillon zubereitet, ausgezeichnet schmeckt und gesünder und bekömmlicher ist. Wer Kohl generell schlecht verträgt, sollte ihm Kümmel zufügen. Rosenkohl ist eines der Vitamin-C-reichsten Gemüse und reich an Phosphor und Kalium. Aber auch typische Wintersalate, wie Feldsalat und Chicorée sind vorzügliche Vitaminspender. Wenn Ihnen Chicorée zu bitter ist, schneiden Sie den Keil am unteren Ende heraus. Niemals zum Entbittern ins Wasser legen. Dieses Verfahren hat den Verlust wichtiger Nährstoffe zur Folge.

Montag

Frühstück

100 g Kiwi, 75 g Speisequark, 30 g Vollkornbrot, 10 kcal Marmelade (kalorienarm), Getränk nach Wunsch (kalorienfrei)

Mittagessen

90—120 g Rindersteak, in 1 TL Öl gebraten, 300 g Weißkohl, 100 g Kartoffeln

Zwischenmahlzeit

100 g Ananas, 175 g Joghurt (1,5 % Fett)

Abendessen

Griechischer Salat (siehe Rezept S. 424), dazu: 20 g Knäckebrot

Zwischenmahlzeit

20 g Rosinen, 100 g Speisequark (Magerstufe)

Herren zusätzlich: 125 g Apfel, 60 g Banane, 100 g Kartoffeln, 20 g Knäckebrot, am Mittag 60 g Rindersteak

Jugendliche zusätzlich: 125 g Apfel, 60 g Banane, 100 g Kartoffeln, 20 g Knäckebrot, 200 ml Dickmilch (1,5 % Fett), am Mittag 60 g Rinderhack

Dienstag

Frühstück
125 g Apfel, 20 g Cornflakes, 200 ml Dickmilch (1,5 % Fett), Getränk nach Wunsch (kalorienfrei)

Mittagessen
Curry-Leber (siehe Rezept S. 330), dazu: 60 g zubereiteter Reis, 100 g Chicorée, 50 g Feldsalat, Marinade aus: 1 TL Öl, 50 g Joghurt (0,3 % Fett)

Zwischenmahlzeit
150 g Joghurt (0,3 % Fett), 100 g Orange

Abendessen
90—120 g Tatar (Beefsteakhack), 20 g Knäckebrot, 2 TL Halbfettmargarine, 100 g Gewürzgurke, 100 g Tomate

Zwischenmahlzeit
Grießsuppe (siehe Rezept S. 224)
Herren zusätzlich: 100 g Orange, 250 ml Tomatensaft, 20 g Knäckebrot, am Mittag 30 g Leber, am Abend 30 g Tatar
Jugendliche zusätzlich: 100 g Orange, 250 ml Tomatensaft, 20 g Knäckebrot, 250 ml Milch (0,3 % Fett), am Mittag 30 g Leber, am Abend 30 g Tatar

Mittwoch

Frühstück
125 g Grapefruit, 1 Ei, 30 g Brötchen, 2 TL Halbfettbutter, Getränk nach Wunsch (kalorienfrei)

Mittagessen
Krustenfisch (siehe Rezept S. 358), dazu: 10 g Knäckebrot, 200 g Porree, 75 g Rosenkohl, 1 TL Margarine

Zwischenmahlzeit
Quark-Banane (siehe Rezept S. 489)

Abendessen
90 g Brühwürstchen, 300 g Sauerkraut, 100 g eßfertiges Kartoffelpüree (Fertigprodukt)

Zwischenmahlzeit
200 ml Milch (1,5 % Fett) mit Süßstoff, Vanilleextrakt und Nestargel als Pudding
Herren zusätzlich: 125 ml Grapefruitsaft (ungesüßt), 100 g Birne, 20 g Knäckebrot, 100 g eßfertiges Kartoffelpüree (Fertigprodukt), am Mittag 30 g Fisch, am Abend 30 g Brühwürstchen
Jugendliche zusätzlich: 125 ml Grapefruitsaft (ungesüßt), 100 g Birne, 20 g Knäckebrot, 100 g eßfertiges Kartoffelpüree (Fertigprodukt), 250 ml Buttermilch (1 % Fett), am Mittag 30 g Fisch, am Abend 30 g Brühwürstchen

Donnerstag

Frühstück
125 ml Grapefruitsaft (ungesüßt), 30 g Käse, 20 g Knäckebrot, 2 TL Halbfettmargarine, Getränk nach Wunsch (kalorienfrei)

Mittagessen
Tomaten-Käse-Eier (siehe Rezept S. 401), dazu: 20 kcal Limonade (kalorienarm)
Dessert: 125 g Apfel

Zwischenmahlzeit
Orangen-Zwieback (siehe Rezept S. 495)

Abendessen
90—120 g Schollenfilets, in 1 TL Margarine gebraten, 100 g Kartoffeln, 100 g Tomaten, 100 g Paprikaschoten, 100 g Zwiebeln, Marinade aus: 1 TL Öl, Essig

Zwischenmahlzeit
200 ml Dickmilch (1,5 % Fett), 1 TL Zimt, Süßstoff
Herren zusätzlich: 250 ml Gemüsesaft, 125 g Grapefruit, 30 g Vollkornbrot, 100 g Kartoffeln, am Abend 60 g Schollenfilet
Jugendliche zusätzlich: 250 ml Gemüsesaft, 125 g Grapefruit, 30 g Vollkornbrot, 100 g Kartoffeln, 200 g Joghurt (0,3 % Fett), am Abend 60 g Schollenfilet

Freitag

Frühstück
75 g Trauben, 20 g Haferflocken, 200 ml Milch (1,5 % Fett), Getränk nach Wunsch (kalorienfrei)

Mittagessen
Pasta asciutta (siehe Rezept S. 268), dazu: 50 g Endiviensalat, Marinade aus: 1 TL Öl, Essig

Zwischenmahlzeit
250 ml Buttermilch (1 % Fett), 60 g Banane

Abendessen
90 g geräuchertes Forellenfilet, 30 g Toastbrot, 1 TL Butter, 100 g Blumenkohl, 100 g Broccoli, Getränk nach Wunsch

Zwischenmahlzeit
125 g Erdbeeren (Tiefkühlware), 20 g einfache Kekse
Herren zusätzlich: 200 g Honigmelone, 60 g Banane, 60 g zubereitete Nudeln, 30 g Toastbrot, am Mittag 30 g Tatar, am Abend 30 g Forellenfilet
Jugendliche zusätzlich: 200 g Honigmelone, 60 g Banane, 60 g zubereitete Nudeln, 30 g Toastbrot, 200 ml Dickmilch (1,5 % Fett), am Mittag 30 g Tatar, am Abend 30 g Forellenfilet

Samstag

Frühstück
100 g Kiwi, 20 g Grieß, 200 ml Milch (1,5 % Fett), Getränk nach Wunsch (kalorienfrei)

Mittagessen
Mexikanischer Salat (siehe Rezept S. 447)

Zwischenmahlzeit
100 g Speisequark (Magerstufe), 100 g Ananas

Abendessen
Champignonkotelett (siehe Rezept S. 286), dazu: 100 g Kartoffeln, 50 g Feldsalat, Marinade aus: 1 TL Öl, Essig

Zwischenmahlzeit
125 g Apfel, 20 kcal Limonade (kalorienarm)
Herren zusätzlich: 100 g Kiwi, 100 g Kartoffeln, am Mittag 30 g Putenfleisch, am Abend 30 g Kalbskotelett
Jugendliche zusätzlich: 100 g Kiwi, 100 g Orange, 30 g Vollkornbrot, 100 g Kartoffeln, 175 g Joghurt (1,5 % Fett), am Mittag 30 g Putenfleisch, am Abend 30 g Kalbskotelett

Sonntag

Frühstück
250 ml Tomatensaft, 1 Ei, 30 g Brötchen, 2 TL Halbfettmargarine, Getränk nach Wunsch (kalorienfrei)

Mittagessen
Osso buco (siehe Rezept S. 288), dazu: 60 g zubereiteter Reis

Zwischenmahlzeit
200 g Honigmelone, 100 g Speisequark (Magerstufe)

Abendessen
135 g fettreduzierter Käse, 20 g Crisp-Brot, 2 TL Halbfettmargarine, 100 g Möhrensalat (Glaskonserve ohne Fett)

Zwischenmahlzeit
20 g getrocknete Aprikosen, 200 ml Milch (1,5 % Fett), 1 TL Kakao
Herren zusätzlich: 75 g Trauben, 60 g Banane, 60 g zubereiteter Reis, 20 g Crisp-Brot, am Mittag 60 g Kalbshaxe
Jugendliche zusätzlich: 75 g Trauben, 60 g Banane, 60 g zubereiteter Reis, 20 g Crisp-Brot, 200 ml Milch (1,5 % Fett), am Mittag 60 g Kalbshaxe

6. Woche

Gerade in den Wintermonaten sollte man von dem Angebot an Zitrusfrüchten Gebrauch machen, die dann überall auch recht preisgünstig auf dem Markt sind. Die Anwendungsmöglichkeiten von Zitronen sind praktisch unbegrenzt. Ein paar Tropfen Zitronensaft geben salzigen und süßen Speisen das gewisse Etwas. Viele Köche verwenden grundsätzlich für Salatsaucen Zitronensaft an Stelle von Essig. Sie können auch Ihren Orangensaft mit dem Saft von Zitronen verlängern. Dies ist ein Getränk, das selbst die größten Morgenmuffel munter macht. Zitronensaft sollte nach Möglichkeit nicht erhitzt werden, da sonst das so wichtige Vitamin C verlorengeht. Limetten sind die kleinen, grünen Verwandten der Zitronen. Sie sind kleiner, haben dafür aber doppelt soviel Saft.

Montag

Frühstück
Bircher Müsli (siehe Rezept S. 470), dazu: 20 kcal Fruchtnektar (kalorienarm), Getränk nach Wunsch (kalorienfrei)

Mittagessen
Eierfrikassee mit Broccoli (siehe Rezept S. 400), dazu: 100 g eßfertiges Kartoffelpüree (Fertigprodukt) — Dessert: 100 g Birne, 100 g Ananas

Zwischenmahlzeit
125 g Apfel

Abendessen
Salat aus 120 g Thunfisch (konserviert in Wasser), 100 g Tomate, 50 g Gewürzgurke, 100 g Paprikaschoten, 50 g Ziebeln, 2 TL Mayonnaise (80 %)

Zwischenmahlzeit
50 g Orange, 200 g Vanillepudding (kalorienarm)
Herren zusätzlich: 60 g Banane, 100 g Birne, 100 g eßfertiges Kartoffelpüree (Fertigprodukt), 30 g Vollkornbrot, am Abend 60 g Thunfisch
Jugendliche zusätzlich: 60 g Banane, 100 g Birne, 100 g eßfertiges Kartoffelpüree (Fertigprodukt), 30 g Vollkornbrot, 250 ml Milch (0,3 % Fett), am Abend 60 g Thunfisch

Dienstag

Frühstück

125 g Grapefruit, 30 g Käse, 30 g Brötchen, 2 TL Halbfettmargarine, 20 kcal Marmelade (kalorienarm), Getränk nach Wunsch (kalorienfrei)

Mittagessen

90—120 g Leber, in 1 TL Öl gebraten, 200 g Paprikaschoten, 100 g Tomaten, 1 EL Tomatenmark, 60 g zubereiteter Reis

Zwischenmahlzeit

250 ml Buttermilch (1 % Fett), 60 g Banane

Abendessen

Nudelsalat mit Schinken (siehe Rezept S. 440)

Zwischenmahlzeit

200 ml Kefir (1,5 % Fett), 125 g Apfel

Herren zusätzlich: 100 g Orange, 250 ml Gemüsesaft, 60 g zubereiteter Reis, 60 g zubereitete Nudeln, am Mittag 30 g Leber, am Abend 30 g Schinken

Jugendliche zusätzlich: 100 g Orange, 250 ml Gemüsesaft, 60 g zubereiteter Reis, 60 g zubereitete Nudeln, 200 g Joghurt (0,3 % Fett), am Mittag 30 g Leber, am Abend 30 g Schinken

Mittwoch

Frühstück

75 g Trauben, 20 g Cornflakes, 175 g Joghurt (1,5 % Fett), 100 g Tomate, Getränk nach Wunsch (kalorienfrei)

Mittagessen

Gemüseeintopf mit Reis (siehe Rezept S. 394), dazu: 125 ml Sauerkrautsaft
Dessert: 100 g Birne

Zwischenmahlzeit

100 g Birne

Abendessen

Bunter Salat (siehe Rezept S. 429), dazu: 135 g fettreduzierter Käse, 30 g Vollkornbrot, 1 TL Margarine
Dessert: 200 ml Dickmilch (1,5 % Fett), 1 EL Weizenkleie

Zwischenmahlzeit

Würziger Appetizer (siehe Rezept S. 528)

Herren zusätzlich: 100 g Kiwi, 100 g Orange, 60 g Vollkornbrot, am Mittag 60 g Rindfleisch

Jugendliche zusätzlich: 100 g Kiwi, 100 g Orange, 60 g Vollkornbrot, 200 ml Dickmilch (1,5 % Fett), am Mittag 60 g Rindfleisch

Donnerstag

Frühstück

100 g Orange, 75 g Speisequark, 30 g Vollkornbrot, 20 kcal Marmelade (kalorienarm), Getränk nach Wunsch (kalorienfrei)

Mittagessen

Goldbarschfilet »Jägerart« (siehe Rezept S. 362), dazu: 100 g Kartoffeln, 1 TL Margarine

Zwischenmahlzeit

200 g Joghurt (0,3 % Fett), 20 g Cornflakes, Süßstoff

Abendessen

Geflügelsalat mit Käse (siehe Rezept S. 446)

Zwischenmahlzeit

100 ml Dickmilch (1,5 % Fett), 100 g Birne

Herren zusätzlich: 100 g Ananas, 20 g Rosinen, 100 g Kartoffeln, 30 g Vollkornbrot, am Mittag 30 g Goldbarsch, am Abend 30 g Hähnchenfleisch

Jugendliche zusätzlich: 100 g Ananas, 20 g Rosinen, 100 g Kartoffeln, 30 g Vollkornbrot, 200 ml Milch (1,5 % Fett), am Mittag 30 g Goldbarsch, am Abend 30 g Hähnchenfleisch

Freitag

Frühstück

20 g Rosinen, 20 g Grieß, 200 ml Milch (1,5 % Fett), Getränk nach Wunsch (kalorienfrei)

Mittagessen

Lammtopf »Izmir« (siehe Rezept S. 294)
Dessert: 100 g Kiwi, 30 g Fruchtgummi

Zwischenmahlzeit

175 g Joghurt (1,5 % Fett), 1 TL geraspelte Kokosnuß

Abendessen

90—120 g Bismarckhering, 30 g Brötchen, 2 TL Mayonnaise (80 %), 100 g Gewürzgurke

Zwischenmahlzeit

100 g Ananas

Herren zusätzlich: 250 ml Tomatensaft, 125 g Apfel, 100 g Kartoffeln, am Mittag 30 g Lammfleisch, am Abend 30 g Bismarckhering

Jugendliche zusätzlich: 250 ml Tomatensaft, 125 g Apfel, 100 g Kartoffeln, 250 ml Buttermilch (1 % Fett), 200 g Vanillepudding (kalorienarm), am Mittag 30 g Lammfleisch, am Abend 30 g Bismarckhering

Samstag

Frühstück

100 g Mango oder 100 g Orange, 1 Ei, 20 g Knäckebrot, 1 TL Butter, 20 kcal Marmelade (kalorienarm), Getränk nach Wunsch (kalorienfrei)

Mittagessen

90—120 g Kotelett (Gewicht ohne Knochen), in 1 TL Öl gebraten, 300 g Rotkohl, 100 g eßfertiges Kartoffelpüree (Fertigprodukt)

Zwischenmahlzeit

125 ml Sauerkrautsaft

Abendessen

30 g Vollkornbrot, 90—120 g Roastbeef, dazu: **Waldorfsalat** (siehe Rezept S. 426)

Zwischenmahlzeit

300 ml Dickmilch (1,5 % Fett), 1 EL Weizenkleie

Herren zusätzlich: 125 g Grapefruit, 60 g Banane, 100 g eßfertiges Kartoffelpüree (Fertigprodukt), 30 g Vollkornbrot, am Mittag 30 g Kotelett, am Abend 30 g Roastbeef

Jugendliche zusätzlich: 125 g Grapefruit, 60 g Banane, 100 g eßfertiges Kartoffelpüree (Fertigprodukt), 30 g Vollkornbrot, 100 g Speisequark (Magerstufe), am Mittag 30 g Kotelett, am Abend 30 g Roastbeef

Sonntag

Frühstück

125 g Grapefruit, 1 Ei, 30 g Weißbrot, 1 TL Butter, Getränk nach Wunsch (kalorienfrei)

Mittagessen

Mexikanisches Filetsteak (siehe Rezept S. 245), dazu: 50 g Feldsalat, 50 g Endiviensalat, Mariande aus: 50 g Joghurt (0,3 % Fett), Zitronensaft

Zwischenmahlzeit

200 ml Milch (1,5 % Fett), 1 TL Kakao

Abendessen

90 g enthäutetes, gegrilltes Hähnchenfleisch, 100 g Bohnensalat (Glaskonserve ohne Fett), 30 g Vollkornbrot, 1 TL Margarine — Dessert: 125 g Apfel

Zwischenmahlzeit

150 g Schokoladenpudding (kalorienarm), 100 g Birne, 2 TL geraspelte Kokosnuß

Herren zusätzlich: 80 ml Traubensaft (ungesüßt), 100 g Orange, 30 g Vollkornbrot, am Mittag 30 g Filetsteak, am Abend 30 g Hähnchen

Jugendliche zusätzlich: 80 ml Traubensaft (ungesüßt), 100 g Orange, 30 g Vollkornbrot, 200 ml Milch (1,5 % Fett), am Mittag 30 g Filetsteak, am Abend 30 g Hähnchen

7. Woche

Trauben oder Weinbeeren sind äußerst gesund. Sie enthalten alle wichtigen Vitamine und reichlich Mineralstoffe, vor allem Phosphor, Kalzium und Eisen. Es lohnt sich auch, die Kerne mitzuessen. Sie enthalten ein wertvolles Öl, das dabei hilft, den Cholesterinspiegel im Blut zu senken. Weintrauben wurden schon im Altertum angebaut, dienten früher jedoch ausschließlich der Weinzubereitung. Erst in diesem Jahrhundert lernte man sie auch als Obst schätzen. Trauben lassen sich in der Küche vielseitig verwenden, z. B. unter rohes oder gekochtes Sauerkraut gemischt, zu Wildgeflügel (Fasan). Verschiedenen Salaten geben sie erst den richtigen Pfiff, und sie lassen sich ausgezeichnet mit Käse kombinieren.
In dieser Woche sind sie Bestandteil eines »Weingelees«.

Montag

Frühstück
20 g getrocknete Feigen, 20 g Grieß, 200 ml Milch (1,5 % Fett), Getränk nach Wunsch (kalorienfrei)

Mittagessen
Käse-Spinat-Suppe (siehe Rezept S. 225), dazu: 15 g Weißbrot, 1 TL Halbfettmargarine

Zwischenmahlzeit
125 ml Orangensaft (ungesüßt), 100 g Speisequark (Magerstufe), Süßstoff

Abendessen
120—150 g Kalbsschnitzel, in 1 TL Öl gebraten, 100 g Rotkohl, 100 g Salzkartoffeln

Zwischenmahlzeit
125 g Apfel

Herren zusätzlich: 125 g Grapefruit, 30 g Weißbrot, 100 g Kartoffeln, am Abend 60 g Kalbsschnitzel

Jugendliche zusätzlich: 125 g Grapefruit, 30 g Weißbrot, 100 g Kartoffeln, 175 g Joghurt (1,5 % Fett), am Abend 60 g Kalbsschnitzel

Dienstag

Frühstück
Schinkenbananen (siehe Rezept S. 281), dazu: 30 g Weißbrot, Getränk nach Wunsch (kalorienfrei)

Mittagessen
90 g mageres gegrilltes Rindfleisch, 200 g Möhren, 100 g Salzkartoffeln
Dessert: 200 ml Dickmilch (1,5 % Fett)

Zwischenmahlzeit
20 g Zwieback, 1 TL Margarine, ½ TL Honig, 20 kcal Fruchtnektar (kalorienarm)

Abendessen
Fischsalat (siehe Rezept S. 454)

Zwischenmahlzeit
175 g Joghurt (1,5 % Fett), 100 g Birne

Herren zusätzlich: 100 g Orange, 100 g Kartoffeln, 30 g Vollkornbrot, am Mittag 30 g Rindfleisch, am Abend 30 g Rotbarschfilet

Jugendliche zusätzlich: 100 g Orange, 125 g Apfel, 100 g Salzkartoffeln, 30 g Vollkornbrot, 100 g Speisequark (Magerstufe), am Mittag 30 g Rindfleisch, am Abend 30 g Rotbarschfilet

Mittwoch

Frühstück
125 g Grapefruit, ½ TL Zucker, 1 Ei, 30 g Vollkornbrot, 1 TL Butter, Getränk nach Wunsch (kalorienfrei)

Mittagessen
90—120 g Leber, in 1 TL Öl gebraten, 100 g eßfertiges Kartoffelpüree (Fertigprodukt), vermengt mit Kräutern, 100 g Rosenkohl

Zwischenmahlzeit
Weingelee (siehe Rezept S. 484)

Abendessen
20 g Knäckebrot, 2 TL Halbfettmargarine, 60 g Hartkäse, dazu: **Süßer Eisbergsalat** (siehe Rezept S. 426)

Zwischenmahlzeit
300 ml Milch (1,5 % Fett), 1 TL Kakao, Süßstoff

Herren zusätzlich: 100 g Ananas, 100 g eßfertiges Kartoffelpüree (Fertigprodukt), 20 g Knäckebrot, am Mittag 60 g Leber

Jugendliche zusätzlich: 100 g eßfertiges Kartoffelpüree (Fertigprodukt), 20 g Knäckebrot, 100 g Ananas, 200 g Dickmilch (1,5 % Fett), am Mittag 60 g Leber

Donnerstag

Frühstück

125 g Apfel, 20 g Cornflakes, 125 ml Milch (0,3 % Fett), Getränk nach Wunsch (kalorienfrei)

Mittagessen

Serbischer Fleischtopf (siehe Rezept S. 278), dazu: 60 g gegarter Reis

Zwischenmahlzeit

125 g gefrorene Himbeeren, 25 g Magermilchpulver mit Zitronensaft und Süßstoff zu Eiscreme schlagen

Abendessen

30 g Vollkornbrot, 1 TL Margarine, 225 g Hüttenkäse, 2 TL Ketchup, 3 Oliven, 100 g Weißkohl als Salat, Marinade aus: 1 TL Öl, Essig, 100 g Joghurt (0,3 % Fett), Schnittlauch

Zwischenmahlzeit

250 ml Tomatensaft

Herren zusätzlich: 100 g Orange, 60 g gegarter Reis, 30 g Vollkornbrot, am Mittag 60 g Schweinefilet

Jugendliche zusätzlich: 100 g Orange, 60 g gegarter Reis, 30 g Vollkornbrot, 200 ml Milch (1,5 % Fett), am Mittag 60 g Schweinefilet

Freitag

Frühstück

125 ml Orangensaft (ungesüßt), 75 g Speisequark (Magerstufe), 20 g Knäckebrot, 1 TL Margarine, Getränk nach Wunsch (kalorienfrei)

Mittagessen

90 g geräucherte Putenbrust, 80 g eßfertige Kartoffelklöße (Fertigprodukt), 200 g Grünkohl — Dessert: 100 g Ananas, 175 g Joghurt (1,5 % Fett)

Zwischenmahlzeit

60 g Banane, 1 TL Marmelade, 1 TL geraspelte Kokosnuß, 20 kcal Limonade (kalorienarm)

Abendessen

Heringspaste (siehe Rezept S. 241), dazu: 30 g Weißbrot, 50 g Gewürzgurke, 100 g Tomaten

Zwischenmahlzeit

125 ml Buttermilch (1 % Fett)

Herren zusätzlich: 125 g Apfel, 30 g Weißbrot, am Mittag 30 g Putenfleisch, am Abend 30 g Fisch

Jugendliche zusätzlich: 125 g Apfel, 30 g Weißbrot, 250 ml Buttermilch (1 % Fett), am Mittag 30 g Putenfleisch, am Abend 30 g Fisch

Samstag

Frühstück
20 g Rosinen, 20 g Haferflocken, 125 ml Milch (0,3 % Fett), Getränk nach Wunsch (kalorienfrei)

Mittagessen
Eier in Senfsauce (siehe Rezept S. 402), dazu: 200 g Kopfsalat, Marinade aus: 175 g Joghurt (1,5 % Fett), Zitronensaft und Kräutern

Zwischenmahlzeit
100 g Kiwi, 20 kcal Fruchtnektar (kalorienarm)

Abendessen
Schweinesülze (siehe Rezept S. 278), dazu: 100 g Kartoffeln, 25 g Zwiebel, gebraten in 1 TL Öl — Dessert: 100 g Mandarinen

Zwischenmahlzeit
100 ml Milch (1,5 % Fett), Zimt, Süßstoff
Herren zusätzlich: 125 ml Orangensaft (ungesüßt), 60 g Banane, 30 g Vollkornbrot, 20 g Knäckebrot, am Abend 60 g Schweinebraten
Jugendliche zusätzlich: 125 ml Orangensaft (ungesüßt), 60 g Banane, 30 g Vollkornbrot, 20 g Knäckebrot, 100 g Speisequark (Magerstufe), am Abend 60 g Schweinebraten

Sonntag

Frühstück
75 g Trauben, 30 g Camembert, 30 g Brötchen, 1 TL Butter, ½ TL Marmelade, Getränk nach Wunsch (kalorienfrei)

Mittagessen
Brühe aus: 1 kleiner Brühwürfel mit 90 g gekochtem Hühnerfleisch, 100 g Spargel, 100 g Möhren — Dessert: **Windbeutel mit Erdbeersauce** (siehe Rezept S. 511)

Zwischenmahlzeit
Tee-Punsch (siehe Rezept S. 534)

Abendessen
90 g geräuchertes Forellenfilet, 30 g Vollkornbrot, 1 TL Margarine, 100 g Tomaten, 50 g Gewürzgurke

Zwischenmahlzeit
100 g Joghurt (0,3 % Fett), 100 g Speisequark (Magerstufe), vermengen mit Schnittlauch, 20 kcal Fruchtnektar (kalorienarm)
Herren zusätzlich: 125 g Grapefruit, 30 g Brötchen, am Mittag 30 g Hühnerfleisch, am Abend 30 g Forelle
Jugendliche zusätzlich: 125 g Grapefruit, 30 g Brötchen, 200 ml Milch (1,5 % Fett), am Mittag 30 g Hühnerfleisch, am Abend 30 g Forelle

8. Woche

Die Kartoffel hatte es in Europa sehr schwer, die ihr gebührende Anerkennung zu finden. Sie wurde von den spanischen Eroberern Südamerikas mitgebracht, und es dauerte lange, ehe man ihre Vorzüge entdeckte. Heute ist sie fester Bestandteil unserer Mahlzeiten. Kartoffeln sind gesund und leicht verdaulich. Die in ihnen enthaltenen Vitamine und Mineralstoffe sind durchaus wertvoll, und daher gehören sie auch zu einer ausgewogenen Ernährung. Die gesündeste Art der Zubereitung ist das Kochen mit der Schale, damit die Nährstoffe erhalten bleiben. Dies ist auch der Fall, wenn sie, geschält, Aufläufen und Eintöpfen beigegeben werden. Bei Salzkartoffeln gehen diese wertvollen Bestandteile in das Kochwasser über und sind daher verloren.

Der »Kartoffeleintopf« ist eine wohlschmeckende, kalorienarme Variante der unzähligen Kartoffelgerichte.

Montag

Frühstück
125 g Apfel, 20 g Cornflakes, 125 ml Milch (0,3 % Fett), Getränk nach Wunsch (kalorienfrei)

Mittagessen
Kartoffeleintopf (siehe Rezept S. 396)

Zwischenmahlzeit
Chinakohl mit Orangen (siehe Rezept S. 421), 125 ml Sauerkrautsaft

Abendessen
1 TL Mayonnaise, 90—120 g Roastbeef, 200 g Tomaten, 1 TL Cocktailsauce

Zwischenmahlzeit
250 ml Buttermilch (1 % Fett), 100 g konservierte Ananas mit 2 EL Saft

Herren zusätzlich: 100 g Birne, 20 g Rosinen, 20 g Cornflakes, 20 g Knäckebrot, am Mittag 30 g Wurst, am Abend 30 g Roastbeef

Jugendliche zusätzlich: 100 g Birne, 20 g Rosinen, 20 g Cornflakes, 20 g Knäckebrot, 200 ml Milch (1,5 % Fett), am Mittag 30 g Wurst, am Abend 30 g Roastbeef

Dienstag

Frühstück
60 g Banane, 1 Ei, 2 TL Halbfettmargarine, 30 g Vollkornbrot, Getränk nach Wunsch (kalorienfrei)

Mittagessen
30 g Toastbrot, 1 TL Margarine, 90—120 g gegrilltes Rindersteak, überbacken mit 2 TL geriebenem Käse, Getränk nach Wunsch

Zwischenmahlzeit
100 g Birne, 175 g Joghurt (1,5 % Fett), 1 TL Kakao, Süßstoff, 20 kcal Sirup (kalorienarm)

Abendessen
Fischgulasch auf ungarische Art (siehe Rezept S. 336), dazu: 60 g zubereiteter Reis

Zwischenmahlzeit
250 ml Tomatensaft, 100 g Speisequark (Magerstufe), vermischt mit Kräutern
Herren zusätzlich: 20 g Aprikosen, 30 g Toastbrot, am Mittag 30 g Rindersteak, am Abend 30 g Fisch
Jugendliche zusätzlich: 20 g Aprikosen, 30 g Toastbrot, 250 ml Buttermilch (1 % Fett), am Mittag 30 g Rindersteak, am Abend 30 g Fisch

Mittwoch

Frühstück
100 g Orange, 75 g Hüttenkäse, 20 kcal Marmelade (kalorienarm), 20 g Knäckebrot, 1 TL Margarine, Getränk nach Wunsch (kalorienfrei)

Mittagessen
Geflügelleber mit Pilzen (siehe Rezept S. 326), dazu: 120 g gegarte Nudeln
Dessert: 200 ml Dickmilch (1,5 % Fett), 2 TL geraspelte Kokosnuß, Süßstoff

Zwischenmahlzeit
Apfelkompott (siehe Rezept S. 493)

Abendessen
120 g Schweinesteak, gebraten in 1 TL Öl, 100 g Blumenkohl, 100 g grüne Bohnen

Zwischenmahlzeit
200 ml Kefir (1,5 % Fett), ½ TL Honig
Herren zusätzlich: 125 g Apfel, 20 g Knäckebrot, am Mittag 30 g Leber, am Abend 30 g Schweinesteak
Jugendliche zusätzlich: 125 g Apfel, 20 g Knäckebrot, 100 g Speisequark (Magerstufe), am Mittag 30 g Leber, am Abend 30 g Schweinesteak

Donnerstag

Frühstück

100 g Birne, 75 g Speisequark, Vanillearoma, Süßstoff, 30 g Vollkornbrot, 1 TL Margarine, Getränk nach Wunsch (kalorienfrei)

Mittagessen

60 g gegarter Reis, gebraten in 1 TL Öl, 2 Eier verquirlen und hinzugeben, 2 TL Ketchup, 200 g Spinat, gewürzt mit 1 TL geriebenem Käse

Zwischenmahlzeit

Petersilienmilch (siehe Rezept S. 530)

Abendessen

Schweinekoteletts in japanischer Marinade (siehe Rezept S. 274), dazu: 30 g Weißbrot, 100 g konservierter Selleriesalat
Dessert: 100 g Kiwi

Zwischenmahlzeit

200 ml Dickmilch (1,5 % Fett), vermengt mit 125 g kleingeschnittenem Apfel, Süßstoff, 20 kcal Dessertsauce (kalorienarm)

Herren zusätzlich: 100 g Orange, 30 g Vollkornbrot, am Abend 60 g Kotelett

Jugendliche zusätzlich: 100 g Orange, 30 g Vollkornbrot, 175 g Joghurt (1,5 % Fett), am Abend 60 g Kotelett

Freitag

Frühstück

100 g Mandarinen, 30 g Mischbrot, 2 TL Halbfettmargarine, 30 g Hartkäse, Getränk nach Wunsch (kalorienfrei)

Mittagessen

Gegrillte Heringe (siehe Rezept S. 368), dazu: 100 g Pellkartoffeln

Zwischenmahlzeit

Obstsalat aus: 125 g Grapefruit, 62,5 g Apfel, 30 g Honig, 1 TL geraspelte Kokosnuß, 35 g Schlagsahne

Abendessen

90—120 g Putenschnitzel, gebraten in 1 TL Öl, 200 g Rotkohl, 100 g eßfertiges Kartoffelpüree (Fertigprodukt)

Zwischenmahlzeit

100 g Eisbergsalat, Marinade aus: 1 TL Öl, Essig, 100 g Speisequark (Magerstufe); 20 kcal Limonade (kalorienarm)

Herren zusätzlich: 30 g Mischbrot, 250 ml Tomatensaft, am Mittag 30 g Fisch, am Abend 30 g Putenschnitzel

Jugendliche zusätzlich: 30 g Mischbrot, 250 ml Tomatensaft, 200 ml Kefir (1,5 % Fett), am Mittag 30 g Fisch, am Abend 30 g Putenschnitzel

Samstag

Frühstück
Ananas-Aprikosen-Müsli (siehe Rezept S. 473), Getränk nach Wunsch (kalorienfrei)

Mittagessen
Spaghetti mit Hackfleisch-Sauce (siehe Rezept S. 268)

Zwischenmahlzeit
100 ml Sauermilch (bis zu 1,5 % Fett)

Abendessen
90—120 g gegrillter Schweinebraten, 30 g Vollkornbrot, 2 TL Halbfettmargarine, 100 g Salatgurke, 200 g Tomate, 1 TL Mayonnaise

Zwischenmahlzeit
175 g Joghurt (1,5 % Fett), 20 kcal Marmelade (kalorienarm), 125 ml Orangensaft (ungesüßt)
Herren zusätzlich: 60 g Banane, 30 g Vollkornbrot, 60 g zubereitete Nudeln, am Mittag 30 g Hackfleisch, am Abend 30 g Schweinebraten
Jugendliche zusätzlich: 60 g Banane, 30 g Vollkornbrot, 60 g zubereitete Nudeln, 175 g Joghurt (1,5 % Fett), am Mittag 30 g Hackfleisch, am Abend 30 g Schweinebraten

Sonntag

Frühstück
125 ml Grapefruitsaft (ungesüßt), 30 g Brötchen, 1 Ei, 1 TL Butter, Getränk nach Wunsch (kalorienfrei)

Mittagessen
Schweinefilet in Biersauce (siehe Rezept S. 277), dazu: 80 g eßfertige Kartoffelklöße (Fertigprodukt), 200 g Möhren, 100 g Kohlrabi, 100 g Spargel
Dessert: 60 g Banane

Zwischenmahlzeit
200 ml Milch (1,5 % Fett), Zimt, Süßstoff, 10 g einfache Kekse

Abendessen
90 g Krabben, 30 g Vollkornbrot, 1 TL Margarine, 1 TL Cocktailsauce

Zwischenmahlzeit
Gemüse-Joghurt-Drink (siehe Rezept S. 531)
Herren zusätzlich: 50 kcal Kirschen (kalorienreduziert), 30 g Brötchen, am Mittag 30 g Schweinefilet, am Abend 30 g Krabben
Jugendliche zusätzlich: 50 kcal Kirschen (kalorienreduziert), 30 g Brötchen, 100 g Speisequark (Magerstufe), am Mittag 30 g Schweinefilet, am Abend 30 g Krabben

9. Woche

Sauerkraut ist eine Variante des Weißkohls und entsteht durch die Vergärung von Milchzucker, der im Weißkohl enthalten ist. Die Milchsäure wirkt verdauungsfördernd und stoffwechselbelebend. Sauerkraut ist sehr gesund und in den Wintermonaten ein wichtiger Vitamin-C-Spender. Es hat viele Mineralien und ist außerdem kalorienarm. Wenn Sauerkraut gekocht wird, sollte man etwas rohes Kraut aufbewahren und vor dem Verzehr untermischen, damit das Gemüse vitaminreicher wird. In einigen Haushalten wird Sauerkraut noch selbst eingelegt, es schmeckt besser als Dosensauerkraut, da bei fabrikmäßiger Herstellung die Milchsäuregärung vorzeitig gestoppt und das Kraut blanchiert und pasteurisiert wird. Dadurch verliert es sehr viel Geschmack und Aroma. In dieser Woche haben wir eine etwas ungewöhnliche Zusammenstellung für Sie ausgesucht: Das Sauerkraut ist die Beilage zu »Seelachsfilet mit Äpfeln«, für alle, die gerne säuerlich-pikante Gerichte mögen.

Montag

Frühstück
20 g getrocknete Aprikosen, 20 g Rice-Crispis, 125 ml Milch (0,3 % Fett), Getränk nach Wunsch (kalorienfrei)

Mittagessen
Südländisches Omelett (siehe Rezept S. 410), dazu: 30 g Vollkornbrot, 1 EL Erdnußbutter, 200 ml Dickmilch (1,5 % Fett)

Zwischenmahlzeit
1 TL Marmelade, 75 g Quark

Abendessen
Champignonsalat (siehe Rezept S. 435), dazu: 20 g Knäckebrot, 60 g Edelpilzkäse, 250 ml Tomatensaft

Zwischenmahlzeit
100 g Joghurt (0,3 % Fett), 1 EL Kleie, 20 kcal Fruchtnektar (kalorienarm)
Herren zusätzlich: 100 g Orange, 30 g Vollkornbrot, 20 g Knäckebrot
Zwischenmahlzeit: 150 g Quark
Jugendliche zusätzlich: 100 g Orange, 30 g Vollkornbrot, 20 g Knäckebrot, 175 g Joghurt (1,5 % Fett)
Zwischenmahlzeit: 150 g Quark

Dienstag

Frühstück
125 ml Apfelsaft (ungesüßt), 20 g Knäckebrot, 30 g Schmelzkäse, 1 TL Margarine, Getränk nach Wunsch (kalorienfrei)

Mittagessen
1 große (100 g) Kartoffel, in Alufolie gebacken, 150 g Speisequark (Magerstufe), 50 g feingehackte Zwiebeln, 2 TL Ketchup — Dessert: 125 g Grapefruit

Zwischenmahlzeit
Honig-Joghurt (siehe Rezept S. 485)

Abendessen
Seelachsfilet mit Äpfeln (siehe Rezept S. 338), dazu: 100 g eßfertiges Kartoffelpüree (Fertigprodukt)

Zwischenmahlzeit
250 ml Buttermilch (1 % Fett), 10 g Rosinen, Süßstoff, 100 g Kopfsalat, Marinade aus: 1 TL Öl, Essig
Herren zusätzlich: 60 g Banane, 125 ml Orangensaft (ungesüßt), 100 g Kartoffeln, am Abend 30 g Seelachs
Jugendliche zusätzlich: 60 g Banane, 125 ml Orangensaft (ungesüßt), 100 g Kartoffeln, 200 ml Milch (1,5 % Fett), am Abend 30 g Seelachs

Mittwoch

Frühstück
100 g Kiwi, 75 g Schichtkäse, 30 g Graubrot, 2 TL Halbfettmargarine, 2 Oliven, Getränk nach Wunsch (kalorienfrei)

Mittagessen
Kalbsleber mit Salbei (siehe Rezept S. 320), dazu: 120 g gegarter Reis, 125 ml Weißwein, 50 g Erbsen, 100 g Möhren

Zwischenmahlzeit
200 g Schokoladenpudding (kalorienarm), 100 g Birne

Abendessen
90 g gegrilltes Schweineschnitzel, 100 g Eisbergsalat, 50 g eingelegter Kürbis, Marinade: Zitronensaft, 175 g Joghurt (1,5 % Fett), 1 TL Öl, Süßstoff

Zwischenmahlzeit
100 g Fruchtcocktail (konserviert ohne Zucker) mit 2 EL Saft, 2 TL geraspelte Kokosnuß, 20 kcal Limonade (kalorienarm)
Herren zusätzlich: 125 g Grapefruit, 60 g Banane, 20 g Knäckebrot, 30 g Graubrot, am Mittag 30 g Leber, am Abend 30 g Schweineschnitzel
Jugendliche zusätzlich: 125 g Grapefruit, 60 g Banane, 20 g Knäckebrot, 30 g Graubrot, 200 ml Dickmilch (1,5 % Fett), am Mittag 30 g Leber, am Abend 30 g Schweineschnitzel

Donnerstag

Frühstück

20 g getrocknete Pflaumen, 20 g Haferflocken, 200 ml Milch (1,5 % Fett), ½ TL Honig, Getränk nach Wunsch (kalorienfrei)

Mittagessen

Provençalische Linsensuppe (siehe Rezept S. 230), 20 kcal Mandarinennektar (kalorienarm)

Zwischenmahlzeit

Bananen-Dickmilch-Drink (siehe Rezept S. 531)

Abendessen

2 Eier, 30 g Vollkornbrot, 2 TL Halbfettmargarine, 125 ml Grapefruitsaft (ungesüßt)

Zwischenmahlzeit

200 g Tomaten, 4 Oliven, 70 g Mais (Dosenware), 100 g Paprikaschoten als Salat, Marinade aus: 2 TL Öl, Essig

Herren zusätzlich: 100 g Birne, 100 g Ananas, 20 g Haferflocken, 150 g Quark, am Mittag 60 g Linsen

Jugendliche zusätzlich: 100 g Birne, 100 g Ananas, 20 g Haferflocken, 150 g Speisequark (Magerstufe), am Mittag 60 g Linsen

Freitag

Frühstück

100g Orange, 75 g Speisequark (Magerstufe), Süßstoff, Getränk nach Wunsch (kalorienfrei)

Mittagessen

90 g geräucherte Makrele, 1 TL Margarine, 200 g Kopfsalat, 20 kcal Salatsauce (kalorienarm)

Zwischenmahlzeit

Zimtkaffee (siehe Rezept S. 534), 175 g Joghurt (1,5 % Fett)

Abendessen

Spargel-Schinken-Toast (siehe Rezept S. 282), dazu: 250 ml Gemüsesaft

Zwischenmahlzeit

200 ml Sauermilch (1,5 % Fett), 75 g Trauben

Herren zusätzlich: 125 g Apfel, 20 g Knäckebrot, am Mittag 30 g Makrele, am Abend 30 g Schinken

Jugendliche zusätzlich: 125 g Apfel, 20 g Knäckebrot, 200 ml Milch (1,5 % Fett), am Mittag 30 g Makrele, am Abend 30 g Schinken

Samstag

Frühstück

100 g Birne, 75 g Hüttenkäse, ½ TL Marmelade, 30 g Vollkornbrot, Getränk nach Wunsch (kalorienfrei)

Mittagessen

Zwiebelfleisch auf Reis (siehe Rezept S. 256), dazu: 100 g Feldsalat, Marinade aus: Zitronensaft, Süßstoff

Zwischenmahlzeit

125 g Apfel, 300 ml Milch (1,5 % Fett), ½ TL Honig

Abendessen

90—120 g Tatar (Beefsteakhack), 30 g Graubrot, 1 TL Margarine, 50 g Gewürzgurke, 50 g eingelegte Paprikaschoten, 1 Olive, Getränk nach Wunsch

Zwischenmahlzeit

Gurkensalat mit Minze (siehe Rezept S. 430), 125 ml Orangensaft (ungesüßt)

Herren zusätzlich: 125 ml Orangensaft (ungesüßt), 60 g zubereiteter Reis, 30 g Graubrot, am Mittag 30 g Rindfleisch, am Abend 30 g Tatar

Jugendliche zusätzlich: 125 ml Orangensaft (ungesüßt), 60 g zubereiteter Reis, 30 g Graubrot, 175 g Joghurt (1,5 % Fett), am Mittag 30 g Rindfleisch, am Abend 30 g Tatar

Sonntag

Frühstück

60 g gegrillte Banane mit 1 TL Kakao, 1 TL geraspelter Kokosnuß bestreuen, 30 g Brötchen, 1 TL Butter, 30 g Putenbrust, Getränk nach Wunsch (kalorienfrei)

Mittagessen

Schollenfilet mit Mais (siehe Rezept S. 336), dazu: 100 g Salzkartoffeln

Zwischenmahlzeit

200 g Chicorée, 100 g Orange als Salat, Marinade aus: 1 TL Öl, 175 g Joghurt (1,5 % Fett), Zitonensaft, Senf

Abendessen

60 g gekochtes Rindfleisch, 100 g Speisequark (Magerstufe), mit 125 g kleingeschnittenem Apfel und Meerrettich vermengt

Zwischenmahlzeit

20 kcal Apfelfruchtsaftgetränk (kalorienarm), 100 g Möhren in Brühe aus 1 kleinen Brühwürfel gegart

Herren zusätzlich: 125 g Apfel, 30 g Brötchen, 100 g Kartoffeln, am Mittag 30 g Scholle, am Abend 30 g Rindfleisch

Jugendliche zusätzlich: 125 g Apfel, 30 g Brötchen, 100 g Kartoffeln, 200 ml Milch (1,5 % Fett), am Mittag 30 g Scholle, am Abend 30 g Rindfleisch

10. Woche

Über die Entstehung des Karnevals oder Faschings sind sich die Geschichtsforscher noch nicht ganz klar. Er könnte heidnischen Ursprungs sein und die Austreibung böser Geister bezweckt haben oder im Christentum verankert sein, um den Gläubigen vor der langen Fastenzeit noch einmal Gelegenheit zu geben, mit fröhlicher Ausgelassenheit zu feiern. Das Brauchtum des Karnevals blickt auf eine lange Tradition zurück und wird je nach Gegend anders gefeiert. Die ursprünglichen Volks- und Straßenfeste wurden zum Teil aus geschichtlich-politischen Gründen, z.B. während der napoleonischen Besetzung in Säle verlegt, und die dort gehaltenen Büttenreden waren trotz ihrer närrischen Darbietung versteckt geäußerter Widerstand gegen die französischen Eindringlinge.

Der Karneval beeinflußte auch das Essen. Es entstanden Spezialitäten, wie z.B. Faschingskrapfen oder -waffeln, die man dem auf der Straße feiernden Volk zum Verzehr anbot.

Montag

Frühstück
125 ml Orangensaft (ungesüßt), 75 g Speisequark (Magerstufe), 20 g Vollkornbrot, 20 kcal Marmelade (kalorienarm), Getränk nach Wunsch (kalorienfrei)

Mittagessen
75—90 g Rinderhack (Rohgewicht) mit ½ Ei und 25 g Zwiebeln vermengen, als Frikadellen grillen, 200 g Blumenkohl
Dessert: **Faschingswaffeln** (siehe Rezept S. 512)

Zwischenmahlzeit
175 g Joghurt (1,5 % Fett), 1 TL Kakao, ½ TL Kaffeepulver, ½ TL geraspelte Kokosnuß, 50 g Ananas (konserviert ohne Zucker) mit 1 EL Saft

Abendessen
Bunter Wurstsalat (siehe Rezept S. 438), dazu: 30 g Brötchen, Dessert: 75 g Speisequark (Magerstufe), ½ TL geraspelte Kokosnuß

Zwischenmahlzeit
Rosenmontagsräder (siehe Rezept S. 234), dazu: 125 ml Apfelwein
Herren zusätzlich: 125 ml Orangensaft (ungesüßt), 100 g Birne, 30 g Vollkornbrot, 30 g Brötchen, am Mittag 15 g Rinderhack, am Abend 30 g gekochter Schinken
Jugendliche zusätzlich: 125 ml Orangensaft (ungesüßt), 100 g Birne, 30 g Vollkornbrot, 30 g Brötchen, 175 g Joghurt (1,5 % Fett), am Mittag 15 g Rinderhack, am Abend 30 g gekochter Schinken

Dienstag

Frühstück

20 g getrocknete Aprikosen, 20 g Grieß, 200 ml Milch (1,5 % Fett), ½ TL brauner Zucker zum Bestreuen, Getränk nach Wunsch (kalorienfrei)

Mittagessen

Matjesröllchen (siehe Rezept S. 238), dazu: 30 g Weißbrot, 1 TL Butter
Dessert: 200 g Vanillepudding (kalorienarm), 59 g Mandarine

Zwischenmahlzeit

20 g Zwieback, 2 TL Halbfettmargarine, 20 kcal Marmelade (kalorienarm)

Abendessen

90—120 g Kalbkotelett (ohne Knochen), in 1 TL Öl gebraten, 100 g Sellerie, 100 g Porree, 100 g Möhren, 100 g Salzkartoffeln, 2 TL Steaksauce

Zwischenmahlzeit

250 ml Tomatensaft

Herren zusätzlich: 125 g Grapefruit, 100 g Orange, 20 g Zwieback, 100 g Kartoffeln, am Mittag 30 g Matjesfilet, am Abend 30 g Kalbfleisch

Jugendliche zusätzlich: 125 g Grapefruit, 100 g Orange, 20 g Zwieback, 100 g Kartoffeln, 100 g Speisequark (Magerstufe), am Mittag 30 g Matjesfilet, am Abend 30 g Kalbfleisch

Mittwoch

Frühstück

125 ml Orangensaft (ungesüßt), 30 g Vollkornbrot, 2 TL Halbfettmargarine, 30 g Camembert, Getränk nach Wunsch (kalorienfrei)

Mittagessen

Gelbes Huhn (siehe Rezept S. 308), dazu: 60 g gegarter Reis

Zwischenmahlzeit

Himbeertraum (siehe Rezept S. 486)

Abendessen

135 g fettreduzierter Käse, 20 g Knäckebrot, 1 TL Margarine, 200 g Tomaten, 125 ml Sauerkrautsaft

Zwischenmahlzeit

20 kcal Pfirsichnektar (kalorienarm), 200 ml Dickmilch (1,5 % Fett), ½ TL Marmelade

Herren zusätzlich: 125 g Apfel, 30 g Vollkornbrot, 60 g gegarter Reis, am Mittag 30 g Hühnerfleisch

Jugendliche zusätzlich: 125 g Apfel, 30 g Vollkornbrot, 60 g gegarter Reis, 200 g Schokoladenpudding (kalorienarm), 200 ml Milch (1,5 % Fett), am Mittag 30 g Hühnerfleisch

Donnerstag

Frühstück
125 g Grapefruit, 20 kcal Marmelade (kalorienarm), 20 g Bran Buds, 100 ml Milch (1,5 % Fett), Getränk nach Wunsch (kalorienfrei)

Mittagessen
90—120 g gegrillte Schweineleber, 30 g Mischbrot, 2 TL Halbfettmargarine, 100 g Kopfsalat, 50 g Paprikaschote, 100 g Tomate, 2 Oliven als Salat, Marinade aus: 1 TL Öl, Essig

Zwischenmahlzeit
20 g Zwieback, 100 g Speisequark (Magerstufe), Vanillearoma, Süßstoff, 100 g Birne, 1 TL geraspelte Kokosnuß

Abendessen
Fischrouladen (siehe Rezept S. 348), dazu: 100 g eßfertiges Kartoffelpüree (Fertigprodukt)

Zwischenmahlzeit
100 ml Milch (1,5 % Fett), 125 g Apfel
Herren zusätzlich: 125 ml Apfelsaft (ungesüßt), 30 g Mischbrot, 100 g eßfertiges Kartoffelpüree (Fertigprodukt), am Mittag 30 g Leber, am Abend 30 g Goldbarschfilet
Jugendliche zusätzlich: 125 ml Apfelsaft (ungesüßt), 30 g Mischbrot, 100 g eßfertiges Kartoffelpüree (Fertigprodukt), 250 ml Buttermilch (1 % Fett), am Mittag 30 g Leber, am Abend 30 g Goldbarschfilet

Freitag

Frühstück
20 g getrocknete Feigen, 75 g Hüttenkäse, Süßstoff, 20 g Knäckebrot, Getränk nach Wunsch (kalorienfrei)

Mittagessen
90—120 g Thunfisch (konserviert in Wasser), 70 g Mais (Dosenware), 50 g Zwiebeln, 1 TL Mayonnaise (80 %), 100 g Joghurt (0,3 % Fett), Essig, als Salat
Dessert: 100 g Orange

Zwischenmahlzeit
Exotische Bananen (siehe Rezept S. 493), 20 kcal Fruchtnektar (kalorienarm)

Abendessen
90—120 g Putenbrust, in 1 TL Öl gebraten, 1 TL Relish, 100 g Bohnen, 50 g Schwarzwurzeln, 100 g Salzkartoffeln
Dessert: 200 ml Kefir (1,5 % Fett), ½ TL Honig

Zwischenmahlzeit
Sportlerdrink (siehe Rezept S. 528)
Herren zusätzlich: 60 g Banane, 100 g Orange, 20 g Knäckebrot, 100 g Kartoffeln, am Mittag 30 g Thunfisch, am Abend 30 g Putenbrust
Jugendliche zusätzlich: 60 g Banane, 100 g Orange, 20 g Knäckebrot, 100 g Kartoffeln, 175 g Joghurt (1,5 % Fett), am Mittag 30 g Thunfisch, am Abend 30 g Putenbrust

Samstag

Frühstück

250 ml Tomatensaft, 30 g Vollkornbrot, 30 g Hartkäse, 2 TL Halbfettmargarine, Getränk nach Wunsch (kalorienfrei)

Mittagessen

Eier im Spinatbeet (siehe Rezept S. 398), dazu: 100 g Kartoffeln

Zwischenmahlzeit

100 g Fruchtcocktail (konserviert ohne Zucker) mit 2 EL Saft

Abendessen

90—120 g gegrilltes Rindersteak, 30 g Mischbrot, 1 TL Margarine, **Rohkost** (siehe Rezept S. 429)
Dessert: 175 g Joghurt (1,5 % Fett), 20 kcal Marmelade (kalorienarm)

Zwischenmahlzeit

100 g Speisequark (Magerstufe), 1 TL Kakao, Süßstoff

Herren zusätzlich: 100 g Kiwi, 30 g Vollkornbrot, 100 g Kartoffeln, am Abend 60 g Rindersteak

Jugendliche zusätzlich: 100 g Kiwi, 30 g Vollkornbrot, 100 g Kartoffeln, 250 ml Milch (0,3 % Fett), 200 ml Kefir (1,5 % Fett), am Abend 60 g Rindersteak

Sonntag

Frühstück

125 ml Apfelsaft (ungesüßt), 1 Ei, 30 g Mohnbrötchen, 1 TL Butter, Getränk nach Wunsch (kalorienfrei)

Mittagessen

90—120 g Wild, ohne Fett zubereitet, 200 g Rotkohl, 80 g eßfertige Kartoffelklöße (Fertigprodukt), 100 g Birne, in Wasser und Süßstoff gedünstet, 20 kcal Marmelade (kalorienarm), 125 ml Rotwein

Zwischenmahlzeit

Schokokugeln (siehe Rezept S. 525)

Abendessen

Süßsaurer Fleischsalat (siehe Rezept S. 441)
Dessert: 100 g Kiwi, 200 ml Dickmilch (1,5 % Fett)

Zwischenmahlzeit

200 ml Milch (1,5 % Fett), ½ TL Honig

Herren zusätzlich: 125 g Grapefruit, 125 g Apfel, 80 g eßfertige Kartoffelklöße (Fertigprodukt), am Mittag 30 g Wild, am Abend 30 g Rindfleisch

Jugendliche zusätzlich: 125 g Grapefruit, 125 g Apfel, 80 g eßfertige Kartoffelklöße (Fertigprodukt), 100 g Speisequark (Magerstufe), statt Rotwein 30 g Fruchtgummi, am Mittag 30 g Wild, am Abend 30 g Rindfleisch

11. Woche

Oliven sind die kugeligen oder eiförmigen Früchte des Öl- oder Olivenbaums, der in Europa in den Mittelmeerländern kultiviert wird. Es gibt sie in den Farben Grün, Schwarz und Violett. Der Geschmack der reifen Olive ist etwas herb und leicht bitter. Die Früchte werden in Essig oder Salzwasser konserviert. Sie kommen in Gläsern oder Klarsichtbeuteln in den Handel, mit oder ohne Kern, ungefüllt oder gefüllt mit Paprika, Mandeln, Sardellen oder Zwiebeln. Man verwendet sie als Garnitur, in Salaten und Füllungen (z. B. Hackfleisch) und kleingehackt in Saucen oder, wie bei unserem Montagsvorschlag, in einem Cocktail.
Es ist in einigen Ländern auch üblich, Oliven als Vorspeise anzubieten, z. B. in Restaurants zur Überbrückung der Wartezeit, bis das bestellte Essen kommt.

Montag

Frühstück
Buttermilchsuppe (siehe Rezept S. 229), Getränk nach Wunsch (kalorienfrei)

Mittagessen
90—120 g Schweineschnitzel, in 1 TL Öl gebraten, 100 g Blumenkohl, 100 g Erbsen, 100 g Möhren, 100 g Kartoffeln, Getränk nach Wunsch

Zwischenmahlzeit
125 ml Grapefruitsaft (ungesüßt)

Abendessen
60 g Camembert, 60 g Vollkornbrot, 2 TL Margarine, 100 g Tomaten, 250 ml Tomatensaft

Zwischenmahlzeit
Olivencocktail (siehe Rezept S. 530), 20 kcal Fruchtnektar (kalorienarm)
Herren zusätzlich: 100 g Orange, 100 g Kartoffeln, am Mittag 60 g Schweineschnitzel
Jugendliche zusätzlich: 100 g Orange, 100 g Kartoffeln, 100 g Speisequark (Magerstufe), am Mittag 60 g Schweineschnitzel

Dienstag

Frühstück

60 g Banane, 30 g Roastbeef, 30 g Weißbrot, 1 TL Margarine, Getränk nach Wunsch (kalorienfrei)

Mittagessen

90—120 g Bismarckhering, 100 g Pellkartoffeln, 100 g Gewürzgurke
Dessert: 75 g Trauben

Zwischenmahlzeit

125 g gefrorene Erdbeeren, 25 g Magermilchpulver, mit Zitronensaft und Süßstoff zu Eiscreme geschlagen

Abendessen

Eiersalat »Hongkong« (siehe Rezept S. 440), dazu: 20 g Knäckebrot, 20 kcal Fruchtnektar (kalorienarm)

Zwischenmahlzeit

200 ml Dickmilch (1,5 % Fett), 1 TL Honig, 1 TL geraspelte Kokosnuß

Herren zusätzlich: 125g Apfel, 125 g Grapefruit, 100 g Pellkartoffeln, 20 g Knäckebrot, am Mittag 60 g Bismarckhering

Jugendliche zusätzlich: 125 g Apfel, 125 g Grapefruit, 100 g Pellkartoffeln, 20 g Knäckebrot, 200 ml Milch (1,5 % Fett), 200 g Vanillepudding (kalorienarm), am Mittag 60 g Bismarckhering

Mittwoch

Frühstück

20 g Rosinen, 20 g Haferflocken, 200 ml Milch (1,5 % Fett) 1 TL Weizenkeime, Getränk nach Wunsch (kalorienfrei)

Mittagessen

Bohneneintopf (siehe Rezept S. 394)

Zwischenmahlzeit

200 g Schokoladenpudding (kalorienarm), 125 ml Orangensaft (ungesüßt)

Abendessen

30 g Vollkornbrot, 1 TL Margarine, 150 g Speisequark (Magerstufe), 2 TL Barbecuesauce, 200 g Eisbergsalat, Marinade aus: 2 TL Öl, Essig

Zwischenmahlzeit

125 g Apfel

Herren zusätzlich: 20 g Rosinen, 125 ml Apfelsaft (ungesüßt), 100 g Kartoffeln, am Mittag 60 g Rindfleisch

Jugendliche zusätzlich: 20 g Rosinen, 125 ml Apfelsaft (ungesüßt), 100 g Kartoffeln, 175 g Joghurt (1,5 % Fett), am Mittag 60 g Rindfleisch

Donnerstag

Frühstück
100 g Kiwi, 30 g Vollkornbrot, 30 g Hartkäse, 2 TL Halbfettmargarine, Getränk nach Wunsch (kalorienfrei)

Mittagessen
Orientalischer Lebertopf (siehe Rezept S. 327), dazu: 60 g gegarter Reis

Zwischenmahlzeit
20 g Zwieback, 1 TL Margarine, 1 TL Marmelade, 80 ml Traubensaft (ungesüßt)

Abendessen
90—120 g gekochtes Lammfleisch, 200 g Kopfsalat, Marinade aus: 175 g Joghurt (1,5 % Fett), Kräutern

Zwischenmahlzeit
100 g Birne, 200 ml Kefir (1,5 % Fett), 1 EL Weizenkleie, 20 kcal Konfitüre (kalorienarm)

Herren zusätzlich: 100 g Orange, 60 g Banane, 60 g zubereiteter Reis, 30 g Vollkornbrot, am Mittag 30 g Leber, am Abend 30 g Lammfleisch

Jugendliche zusätzlich: 100 g Orange, 60 g Banane, 60 g zubereiteter Reis, 30 g Vollkornbrot, 200 ml Milch (1,5 % Fett), am Mittag 30 g Leber, am Abend 30 g Lammfleisch

Freitag

Frühstück
250 ml Tomatensaft, 1 Ei, 30 g Brötchen, 1 TL Halbfettbutter, Getränk nach Wunsch (kalorienfrei)

Mittagessen
90—120 g gedünstetes Kabeljaufilet, 100 g eßfertiges Kartoffelpüree (Fertigprodukt), dazu: **Roter Salat** (siehe Rezept S. 427)
Dessert: 200 ml Dickmilch (1,5 % Fett)

Zwischenmahlzeit
Ananas mit Haube (siehe Rezept S. 491)

Abendessen
90 g geräucherte Zunge, 20 g Knäckebrot, 1 TL Halbfettmargarine, 100 g Tomaten, 20 kcal Salatsauce (kalorienarm)

Zwischenmahlzeit
200 ml Milch (1,5 % Fett), Süßstoff, Zimt

Herren zusätzlich: 100 g Birne, 100 g eßfertiges Kartoffelpüree (Fertigprodukt), 20 g Knäckebrot, am Mittag 30 g Kabeljaufilet, am Abend 30 g Zunge

Jugendliche zusätzlich: 100 g Birne, 100 g eßfertiges Kartoffelpüree (Fertigprodukt), 20 g Knäckebrot, 100 g Speisequark (Magerstufe), am Mittag 30 g Kabeljaufilet, am Abend 30 g Zunge

Samstag

Frühstück
20 g getrocknete Aprikosen, 75 g Hüttenkäse, 1 TL Kakao, 20 g Knäckebrot, 1 TL Margarine, 20 kcal Konfitüre (kalorienarm), Getränk nach Wunsch (kalorienfrei)

Mittagessen
90—120 g aufgeschnittener Schweinebraten, 100 g Kartoffeln, 200 g Rotkohl, 100 g Rosenkohl

Zwischenmahlzeit
100 g Speisequark (Magerstufe), 125 g Himbeeren (Tiefkühlware), Süßstoff

Abendessen
Krabbencocktail (siehe Rezept S. 456), dazu: 30 g Weißbrot, 1 TL Butter, 125 ml Weißwein

Zwischenmahlzeit
100 g Orange

Herren zusätzlich: 125 g Himbeeren, 100 g Kartoffeln, 30 g Weißbrot, am Mittag 30 g Schweinebraten, am Abend 30 g Krabben

Jugendliche zusätzlich: 125 g Himbeeren, 100 g Kartoffeln, 30 g Weißbrot, 200 ml Dickmilch (1,5 % Fett)

Sonntag

Frühstück
100 g Mandarine, 75 g Schichtkäse, 1 TL Margarine, 30 g Graubrot, Getränk nach Wunsch (kalorienfrei)

Mittagessen
90—120 g gekochtes Kalbfleisch, 100 g Spargel (Dosenware), 100 g Möhren, in Brühe von 1 kleinen Brühwürfel gegart
Dessert: **Orangen-Crêpes** (siehe Rezept S. 502)

Zwischenmahlzeit
175 g Joghurt (1,5 % Fett), 1 TL Kakao, Süßstoff

Abendessen
30 g Vollkornbrot, 2 TL Margarine, 60 g Hartkäse, 50 g Radieschen, 125 ml Gemüsesaft

Zwischenmahlzeit
150 ml Sauermilch (1,5 % Fett), 125 g Grapefruit

Herren zusätzlich: 125 g Grapefruit, 30 g Graubrot, 30 g Vollkornbrot, am Mittag 30 g Kalbfleisch

Jugendliche zusätzlich: 125 g Grapefruit, 30 g Graubrot, 30 g Vollkornbrot, 200 g Vanillepudding (kalorienarm), am Mittag 30 g Kalbfleisch

12. Woche

Sahne ist nicht gerade kalorienarm, enthält aber — wie alle Milchprodukte — hochwertiges Eiweiß mit allen lebenswichtigen Aminosäuren. Außerdem finden sich in der Sahne reichlich Mineralstoffe, wie Kalzium und Phosphor, und die fettlöslichen Vitamine A und D. Die drei bekanntesten Sorten sind: Saure Sahne, süße oder Schlagsahne und Crème fraîche. Saure Sahne hat einen Fettgehalt von mindestens 10—35 Prozent. Sie ist durch spezielle Milchsäurebakterien gesäuert. Unter Hitzeeinwirkung gerinnt das Milcheiweiß, und die Sahne flockt aus, was weniger dem Geschmack als dem Aussehen schadet.

Schlagsahne wird hauptsächlich für Kuchen und Süßspeisen verwendet. Achten Sie darauf, daß sie vor dem Schlagen eiskalt ist, sonst wird sie nicht steif.

Crème fraîche kommt ursprünglich aus Frankreich. Inzwischen gibt es sie auch von deutschen Herstellern. Sie ist mild, kaum sauer und eignet sich vorzüglich zum Binden feiner Saucen, wie z. B. bei »Züricher Sahne-Geschnetzeltes«.

Montag

Frühstück
125 g Apfel, 20 g Grieß, 200 ml Milch (1,5 % Fett), Getränk nach Wunsch (kalorienfrei)

Mittagessen
Gemüse-Allerlei (siehe Rezept S. 374), dazu: 90 g Brühwürstchen

Zwischenmahlzeit
60 g Banane, 20 g Knäckebrot, 1 TL Margarine, $\frac{1}{2}$ TL Honig, 20 kcal Limonade (kalorienarm)

Abendessen
120 g Rinderhack, in 2 TL Öl gebraten, 100 g Tomaten (Dosenware), 60 g zubereitete Nudeln, 1 TL geriebener Käse

Zwischenmahlzeit
125 ml Orangensaft (ungesüßt), 100 g Speisequark (Magerstufe)

Herren zusätzlich: 80 ml Traubensaft (ungesüßt), 60 g Banane, 20 g Knäckebrot, 60 g zubereitete Nudeln, am Mittag 30 g Würstchen, am Abend 30 g Rinderhack

Jugendliche zusätzlich: 80 ml Traubensaft (ungesüßt), 60 g Banane, 20 g Knäckebrot, 60 g zubereitete Nudeln, 250 ml Milch (0,3 % Fett), am Mittag 30 g Würstchen, am Abend 30 g Rinderhack

Dienstag

Frühstück

80 ml Traubensaft (ungesüßt), 30 g Brie-Käse, 30 g Vollkornbrot, 1 TL Margarine, Getränk nach Wunsch (kalorienfrei)

Mittagessen

Schellfisch in bunter Remouladensauce (siehe Rezept S. 355), dazu: 100 g Pellkartoffeln

Zwischenmahlzeit

200 ml Dickmilch (1,5 % Fett), 1 TL Kakao, Süßstoff, 20 g Rosinen, 1 TL geraspelte Kokosnuß

Abendessen

60 g Tatar (Beefsteakhack), 1 hartgekochtes Ei, 30 g Vollkornbrot, 1 TL Margarine, 2 Oliven, 100 g Salatgurke, 20 kcal Salatsauce (kalorienarm)

Zwischenmahlzeit

Teufelsdrink (siehe Rezept S. 529)

Herren zusätzlich: 125 g Apfel, 30 g Vollkornbrot, 100 g Kartoffeln, am Mittag 30 g Schellfisch, am Abend 30 g Tatar

Jugendliche zusätzlich: 125 g Apfel, 30 g Vollkornbrot, 100 g Kartoffeln, 200 ml Sauermilch (1,5 % Fett), 200 g Joghurt (0,3 % Fett), am Mittag 30 g Schellfisch, am Abend 30 g Tatar

Mittwoch

Frühstück

Früchte-Müsli (siehe Rezept S. 472), Getränk nach Wunsch (kalorienfrei)

Mittagessen

120 g Rindersteak, in 1 TL Öl gebraten, 150 g Rosenkohl, 150 g grüne Bohnen

Zwischenmahlzeit

200 ml Milch (1,5 % Fett), 1 1/2 TL Gelatine, Vanillearoma, Süßstoff, als Pudding

Abendessen

Käsesalat (siehe Rezept S. 461)

Zwischenmahlzeit

125 ml Grapefruitsaft (ungesüßt), 100 g Joghurt (0,3 % Fett)

Herren zusätzlich: 100 g Ananas, 100 g Orange, 100 g Kartoffeln, 30 g Vollkornbrot, am Mittag 30 g Rindersteak

Jugendliche zusätzlich: 100 g Ananas, 100 g Orange, 100 g Kartoffeln, 30 g Vollkornbrot, 100 g Speisequark (Magerstufe), 200 ml Milch (1,5 % Fett), am Mittag 30 g Rindersteak

Donnerstag

Frühstück

100 g Orange, 1 Ei, 1 TL Butter, 30 g Vollkornbrot, Getränk nach Wunsch (kalorienfrei)

Mittagessen

90 g gedünstetes Kabeljaufilet, 100 g Möhren, 100 g Spargel, 100 g Blumenkohl
Dessert: **Apfelpfannkuchen** (siehe Rezept S. 501); 20 kcal Fruchtnektar (kaloriennarm)

Zwischenmahlzeit

125 ml Buttermilch (1 % Fett), 100 g Fruchtcocktail (konserviert ohne Zucker) mit 2 EL Saft

Abendessen

90 g enthäutete Hühnerbrust, ohne Fett zubereitet, 30 g Weißbrot, 1 TL Margarine, 100 g Rettich, 100 g Tomaten

Zwischenmahlzeit

125 g Apfel, 200 ml Milch (1,5 % Fett)

Herren zusätzlich: 125 g Grapefruit, 30 g Vollkornbrot, 30 g Weißbrot, am Mittag 30 g Kabeljaufilet, am Abend 30 g Hühnerfleisch

Jugendliche zusätzlich: 125 g Grapefruit, 30 g Vollkornbrot, 30 g Weißbrot, 175 g Joghurt (1,5 % Fett), am Mittag 30 g Kabeljaufilet, am Abend 30 g Hühnerfleisch

Freitag

Frühstück

100 g Kiwi, 75 g Hüttenkäse, Süßstoff, Getränk nach Wunsch (kalorienfrei)

Mittagessen

90 g Schweineschnitzel, in 1 TL Öl gebraten, 200 g Sauerkraut

Zwischenmahlzeit

175 g Joghurt (1,5 % Fett), 1 TL Kakao, 1 TL geraspelte Kokosnuß, Süßstoff, Rumaroma

Abendessen

Geflügelleberpastete (siehe Rezept S. 237), dazu: 30 g Weißbrot, 2 TL Margarine

Zwischenmahlzeit

100 g Speisequark (Magerstufe), 20 g getrocknete Aprikosen, 20 kcal Limonade (kalorienarm)

Herren zusätzlich: 125 ml Orangensaft (ungesüßt), 125 g Grapefruit, 20 g Knäckebrot, 30 g Weißbrot, am Mittag 30 g Schweineschnitzel, am Abend 30 g Leber

Jugendliche zusätzlich: 125 ml Orangensaft (ungesüßt), 125 g Grapefruit, 20 g Knäckebrot, 30 g Weißbrot, 175 g Joghurt (1,5 % Fett), am Mittag 30 g Schweineschnitzel, am Abend 30 g Leber

Samstag

Frühstück

250 ml Tomatensaft, 30 g Roastbeef, 30 g Vollkornbrot, 1 TL Margarine, 1 TL Cocktailsauce, Getränk nach Wunsch (kalorienfrei)

Mittagessen

Züricher Sahne-Geschnetzeltes (siehe Rezept S. 289), dazu: 60 g zubereitete Nudeln, 100 g Blumenkohl, 1 TL geriebenen Käse

Zwischenmahlzeit

60 g Banane, 200 ml Milch (1,5 % Fett), Vanillearoma, als Milchshake

Abendessen

1 Ei, 30 g Schmelzkäse, 20 g Knäckebrot, 1 TL Margarine, 200 g Kopfsalat, Marinade aus: 175 g Joghurt (1,5 % Fett), Zitronensaft, Süßstoff

Zwischenmahlzeit

125 ml Apfelsaft (ungesüßt)

Herren zusätzlich: 100 g Orange, 60 g zubereitete Nudeln, 20 g Knäckebrot, am Mittag 60 g Kalbsschnitzel

Jugendliche zusätzlich: 100 g Orange, 60 g zubereitete Nudeln, 20 g Knäckebrot, 250 ml Milch (0,3 % Fett), am Mittag 30 g Kalbsschnitzel

Sonntag

Frühstück

125 ml Orangensaft (ungesüßt), 30 g Edelpilzkäse, 30 g Brötchen, 1 TL Butter, Getränk nach Wunsch (kalorienfrei)

Mittagessen

Chinesischer Rotbarsch (siehe Rezept S. 351), dazu: 60 g zubereiteter Reis
Dessert: 100 g Ananas (konserviert ohne Zucker) mit 2 EL Saft, 200 ml Dickmilch (1,5 % Fett)

Zwischenmahlzeit

20 g einfache Kekse

Abendessen

150 g Speisequark (Magerstufe), vermengt mit Kräutern, 50 g Kartoffeln, in Alufolie gebacken, 100 g Eisbergsalat, 100 g Tomaten, Marinade aus: 1 TL Öl, Essig

Zwischenmahlzeit

250 ml Gemüsesaft, 175 g Joghurt (1,5 % Fett), 20 kcal Marmelade (kalorienarm)

Herren zusätzlich: 100 g Kiwi, 60 g Banane, 60 g zubereiteter Reis, am Mittag 60 g Rotbarschfilet

Jugendliche zusätzlich: 100 g Kiwi, 60 g Banane, 60 g zubereiteter Reis, 200 g Vanillepudding (kalorienarm), am Mittag 60 g Rotbarschfilet

13. Woche

»Ein Hauch genügt«, so wird der Gebrauch von Knoblauch in vielen lukullischen Beiträgen gefordert. Jedoch nur ein geringer Prozentsatz hält sich noch an den »Hauch«. Man fügt dem Braten eine Knoblauchzehe hinzu, die hinterher aber wieder entfernt wird, oder man reibt eine Salatschüssel mit der Schnittfläche einer Zehe aus. Inzwischen stehen sich zwei erbitterte Lager gegenüber: Die Knoblauchfans und die Knoblauchgegner.

Die letzteren stören sich vor allen Dingen an dem durchdringenden scharfen Geruch.

Aber Knoblauch ist gesund und gibt vielen Gerichten den letzten Pfiff. Seine ätherischen Schwefelöle helfen, den Körper zu entgiften, verbessern dessen Durchblutung und halten Stoffwechsel und Kreislauf intakt. Durch die vielen italienischen, spanischen und griechischen Restaurants und nicht zuletzt auch durch die deutschen Urlauber, die ihre Ferine in diesen Ländern verbringen, hat der Knoblauch inzwischen auch in unseren Gefilden seinen Siegeszug angetreten.

Wir stellen Ihnen in dieser Woche ein italienisches Rezept — »Spaghetti Calamari« — vor, das durch das Hinzufügen von Knoblauch erst den typischen »südlichen« Geschmack erhält.

Montag

Frühstück
125 g Grapefruit, ½ TL Zucker, 20 g Cornflakes, 200 ml Milch (1,5 % Fett), Getränk nach Wunsch (kalorienfrei)

Mittagessen
Spaghetti Calamari (siehe Rezept S. 370)

Zwischenmahlzeit
200 ml Dickmilch (1,5 % Fett), 1 TL Kakao, 20 g Rosinen, Rumaroma, Süßstoff, 20 kcal Limonade (kalorienarm)

Abendessen
135 g Käse (kalorienarm), 30 g Vollkornbrot, 2 TL Halbfettmargarine, 2 TL Barbecuesauce
Dessert: 125 g Apfel

Zwischenmahlzeit
100 g Gurke, Marinade aus: 1 TL Öl, Zitronensaft, Süßstoff, Schnittlauch

Herren zusätzlich: 60 g Banane, 125 g Apfel, 20 g Cornflakes, 30 g Vollkornbrot, am Mittag 60 g Tintenfisch

Jugendliche zusätzlich: 60 g Banane, 125 g Apfel, 20 g Cornflakes, 30 g Vollkornbrot, 250 ml Buttermilch (1 % Fett), am Mittag 60 g Tintenfisch

Dienstag

Frühstück
60 g Banane, 30 g Vollkornbrot, 1 TL Margarine, 30 g Roastbeef, 1 TL Meerrettich, Getränk nach Wunsch (kalorienfrei)

Mittagessen
90—120 g Schweinebraten, ohne Fett zubereitet, 200 g Feldsalat, Marinade aus: 2 TL Öl, Essig
Dessert: 200 g Vanillepudding (kalorienarm), 20 kcal Dessertsauce (kalorienarm)

Zwischenmahlzeit
175 ml Buttermilch (1 % Fett), 125 ml Orangensaft (ungesüßt) als Milchmixgetränk

Abendessen
Apfel-Käse-Mousse (siehe Rezept S. 485)

Zwischenmahlzeit
100 g Erbsen, 100 g Möhren, in Brühe aus 1 kleinen Brühwürfel gegart
Herren zusätzlich: 100 g Orange, 100 g Birne, 30 g Vollkornbrot, 20 g Knäckebrot, am Mittag 60 g Schweinebraten
Jugendliche zusätzlich: 100 g Orange, 100 g Birne, 20 g Vollkornbrot, 20 g Knäckebrot, 100 g Speisequark (Magerstufe), am Mittag 60 g Schweinebraten

Mittwoch

Frühstück
20 g getrocknete Aprikosen, 75 g Speisequark (Magerstufe), 20 g Vollkornknäckebrot, 1 TL Margarine, 20 kcal Marmelade (kalorienarm), Getränk nach Wunsch (kalorienfrei)

Mittagessen
90—120 g gegrilltes Kalbskotelett (Gewicht ohne Knochen), 200 g Rotkohl
Dessert: 100 g Orange

Zwischenmahlzeit
Ananas-Kokosnuß-Plätzchen (siehe Rezept S. 522)

Abendessen
2 Eier, 30 g Vollkornbrot, 1 TL Butter, 100 g Tomate, 50 g Gewürzgurke
Dessert: 125 ml Milch (0,3 % Fett), 1 TL Kakao

Zwischenmahlzeit
Frühlingssalat (siehe Rezept S. 423) mit **Joghurt-Tomaten-Dressing** (siehe Rezept S. 466), dazu: 125 ml Gemüsesaft
Herren zusätzlich: 125 g Grapefruit, 20 g Knäckebrot, 100 g Kartoffeln, am Mittag 60 g Kalbskotelett
Jugendliche zusätzlich: 125 g Grapefruit, 20 g Knäckebrot, 100 g Kartoffeln, 175 g Joghurt (1,5 % Fett), am Mittag 60 g Kalbskotelett

Donnerstag

Frühstück
125 g Apfel, 20 g Haferflocken, 200 ml Milch (1,5 % Fett), Getränk nach Wunsch (kalorienfrei)

Mittagessen
90—120 g Leber, in 1 TL Öl gebraten, 250 g Sauerkraut

Zwischenmahlzeit
20 g Zwieback, 1 TL Margarine, ½ TL Honig, ½ TL Marmelade, 20 kcal Fruchtnektar (kalorienarm)

Abendessen
Fisch in Tomatenaspik (siehe Rezept S. 242), dazu: 30 g Vollkornbrot, 1 TL Margarine

Zwischenmahlzeit
125 g Grapefruit, 200 ml Kefir (1,5 % Fett), 50 g Fruchtcocktail (konserviert ohne Zucker) mit 1 EL Saft

Herren zusätzlich: 100 g Orange, 125 g Apfel, 20 g Haferflocken, 30 g Vollkornbrot, am Mittag 30 g Leber, am Abend 30 g Fisch

Jugendliche zusätzlich: 100 g Orange, 125 g Apfel, 20 g Haferflocken, 30 g Vollkornbrot, 200 g Schokoladenpudding (kalorienarm), am Mittag 30 g Leber, am Abend 30 g Fisch

Freitag

Frühstück
125 ml Orangensaft (ungesüßt), 20 g Knäckebrot, 1 TL Margarine, 30 g Schmelzkäse, Getränk nach Wunsch (kalorienfrei)

Mittagessen
Frankfurter Gemüsepfanne (siehe Rezept S. 385)

Zwischenmahlzeit
175 g Joghurt (1,5 % Fett), ½ TL Marmelade

Abendessen
90—120 g Bismarckhering, 100 g Pellkartoffeln, 1 TL Butter, 100 g Kopfsalat, 1 ½ EL Salatdressing

Zwischenmahlzeit
60 g Banane, ½ TL Honig, 200 ml Milch (1,5 % Fett) als Milchmix-Getränk

Herren zusätzlich: 125 ml Apfelsaft (ungesüßt), 100 g Birne, 20 g Knäckebrot, 100 g Pellkartoffeln, am Mittag 30 g Wurst, am Abend 30 g Bismarckhering

Jugendliche zusätzlich: 125 ml Apfelsaft (ungesüßt), 100 g Birne, 20 g Knäckebrot, 100 g Pellkartoffeln, 200 ml Milch (1,5 % Fett), am Mittag 30 g Wurst, am Abend 30 g Bismarckhering

Samstag

Frühstück
80 ml Traubensaft (ungesüßt), 1 Ei, 1 TL Butter, 30 g Vollkornbrot, ½ TL Honig, Getränk nach Wunsch (kalorienfrei)

Mittagessen
90—120 g Hähnchenschnitzel, in 1 TL Öl gebraten, 100 g Chicorée, Marinade aus: 175 g Joghurt (1,5 % Fett), Zitronensaft, Süßstoff

Zwischenmahlzeit
125 g Himbeeren (Tiefkühlware), 25 g Schlagsahne, ½ TL Zucker

Abendessen
30 g Brötchen, 60 g Hartkäse, 1 TL Halbfettmargarine, dazu: **Tomaten mit Kartoffelberg** (siehe Rezept S. 378), 250 ml Tomatensaft

Zwischenmahlzeit
175 ml Dickmilch (1,5 % Fett), 1 EL Weizenkleie
Herren zusätzlich: 125 g Himbeeren, 30 g Vollkornbrot, 30 g Brötchen, am Mittag 60 g Hähnchen
Jugendliche zusätzlich: 125 g Himbeeren, 30 g Vollkornbrot, 30 g Brötchen, 200 ml Dickmilch (1,5 % Fett), 100 g Speisequark (Magerstufe), am Mittag 60 g Hähnchen

Sonntag

Frühstück
100 g Birne, 75 g Hüttenkäse, ½ TL Marmelade, 20 g Knäckebrot, 1 TL Margarine, Getränk nach Wunsch (kalorienfrei)

Mittagessen
Schweinekotelett in Aprikosensauce (siehe Rezept S. 272), dazu: 60 g zubereiteter Reis, 100 g Feldsalat, Marinade aus: 1 TL Öl, Essig, 25 g Zwiebeln

Zwischenmahlzeit
125 ml Orangensaft (ungesüßt), 200 ml Dickmilch (1,5 % Fett)

Abendessen
1 hartgekochtes Ei, 60 g Krabben, 100 g Spargel, als Salat; Marinade aus: 1 TL Mayonnaise (80 %), Gemüsewasser, 1 TL Cocktailsauce, 30 g Weißbrot; 125 ml Weißwein

Zwischenmahlzeit
200 g Joghurt (0,3 % Fett), 20 kcal Sirup (kalorienarm)
Herren zusätzlich: 125 g Grapefruit, 125 g Apfel, 60 g zubereiteter Reis, 30 g Vollkornbrot, am Mittag 30 g Kotelett, am Abend 30 g Krabben
Jugendliche zusätzlich: 125 g Grapefruit, 125 g Apfel, 60 g zubereiteter Reis, 30 g Vollkornbrot, 200 g Joghurt (0,3 % Fett), 200 ml Milch (1,5 % Fett), statt Weißwein 30 g Fruchtgummi, am Mittag 30 g Kotelett, am Abend 30 g Krabben

14. Woche

Senf ist eines der beliebtesten Gewürze, doch nur wenige wissen, wie er hergestellt wird.
Die Senfpflanze war schon bei den alten Griechen und Römern ein beliebtes Gewürz. Sie brachten diese Pflanze später nach England und Frankreich. Die Herstellungsweise ist recht einfach. Aus den Samen des schwarzen (scharfen) und des weißen (weniger scharfen) Senfs gewinnt man Senfpulver, das naß mit Essig, Wein oder Most gemahlen wird. Daraus entsteht der Speisesenf, der dann noch mit allerlei Zutaten, z. B. Kräutern und Gewürzen, versehen wird. Senf wirkt außerordentlich verdauungsfördernd, denn das darin enthaltene Senföl regt die Absonderung der Magen- und Darmsäfte an. Wir stellen Ihnen in dieser Woche eine »Altdeutsche Senfsauce« vor, die hervorragend zu gedünstetem Fisch paßt. Senf gibt auch der Marinade des Eiersalates den letzten Pfiff, den wir für Dienstag abend vorgesehen haben, und der Sauce der Fischpfanne am Mittwoch. Und natürlich darf er bei den Rouladen nicht fehlen, die am Sonntag auf dem Plan stehen.

Montag

Frühstück
125 g Apfel, 75 g Speisequark (Magerstufe), 30 g Vollkornbrot, 1 TL Margarine, 20 kcal Marmelade (kalorienarm), Getränk nach Wunsch (kalorienfrei)

Mittagessen
90—120 g gedünsteter Heilbutt, 150 g Kopfsalat, Marinade aus: Zitronensaft, Süßstoff; 100 g mit Petersilie bestreute Pellkartoffeln

Zwischenmahlzeit
200 ml Dickmilch (1,5 % Fett), 1 EL Weizenkleie, 125 g Grapefruit, $1/2$ TL Zucker

Abendessen
90 g Brühwürstchen, dazu: **Kartoffelsalat** (siehe Rezept S. 438)

Zwischenmahlzeit
200 g Joghurt (0,3 % Fett), 100 g Ananas, 1 TL geraspelte Kokosnuß
Herren zusätzlich: 100 g Ananas, 100 g Pellkartoffeln, am Mittag 30 g Heilbutt, am Abend 30 g Würstchen
Jugendliche zusätzlich: 100 g Ananas, 100 g Pellkartoffeln, 250 ml Milch (0,3 % Fett), am Mittag 30 g Heilbutt, am Abend 30 g Würstchen

Dienstag

Frühstück

100 g Mango oder 125 ml Grapefruitsaft (ungesüßt), 30 g Camembert, 30 g Brötchen, 2 TL Margarine, Getränk nach Wunsch (kalorienfrei)

Mittagessen

90—120 g gegrilltes Schweinekotelett (Gewicht ohne Knochen), 100 g eßfertiges Kartoffelpüree (Fertigprodukt), 200 g Rotkohl, 2 TL Steaksauce

Zwischenmahlzeit

200 ml Kefir (1,5 % Fett), 50 kcal Pfirsich (kalorienreduziert)

Abendessen

Eiersalat (siehe Rezept S. 439), dazu: 30 g Vollkornbrot

Zwischenmahlzeit

250 ml Milch (0,3 % Fett), 2 TL Kakao, 250 g Rhabarber als Kompott, Süßstoff
Herren zusätzlich: 100 g Orange, 60 g Banane, 30 g Brötchen, 30 g Vollkornbrot, am Mittag 60 g Kotelett
Jugendliche zusätzlich: 100 g Orange, 60 g Banane, 30 g Brötchen, 30 g Vollkornbrot, 200 g Vanillepudding (kalorienarm), 175 g Joghurt (1,5 % Fett), am Mittag 60 g Kotelett

Mittwoch

Frühstück

100 g Birne, 20 g Cornflakes, 250 ml Milch (0,3 % Fett), Getränk nach Wunsch (kalorienfrei)

Mittagessen

90—120 g Putensteak, in 1 TL Öl gebraten, 2 TL Chilisauce, 200 g Kopfsalat, 50 g Radieschen, 1 ½ EL Salatdressing

Zwischenmahlzeit

20 g Knusperbrot, 1 TL Margarine, ½ TL Marmelade, ½ TL Honig, 20 kcal Fruchtnektar (kalorienarm)

Abendessen

Fischpfanne mit Champignons (siehe Rezept S. 347)
Dessert: 60 g Banane

Zwischenmahlzeit

125 g gefrorene Erdbeeren, 25 g Magermilchpulver, mit Zitronensaft und Süßstoff zu »Eiscreme« schlagen
Herren zusätzlich: 125 g Erdbeeren, 100 g Kartoffeln, am Mittag 30 g Putensteak, am Abend 30 g Fischfilet
Jugendliche zusätzlich: 125 g Erdbeeren, 100 g Kartoffeln, 100 g Speisequark (Magerstufe), am Mittag 30 g Putensteak, am Abend 30 g Fischfilet

Erbsensuppe mit Sahnehäubchen ▷
(Rezept S. 227)

Donnerstag

Frühstück

100 g Orange, 75 g Hüttenkäse, 30 g Vollkornbrot, 1 TL Margarine, ½ TL Marmelade, Getränk nach Wunsch (kalorienfrei)

Mittagessen

90 g Leber, in 1 TL Margarine gebraten, 80 g eßfertige Kartoffelklöße (Fertigprodukt), 150 g Blumenkohl, 1 TL Margarine

Zwischenmahlzeit

Mokka-Cremespeise (siehe Rezept S. 490), 125 ml Apfelsaft (ungesüßt)

Abendessen

90—120 g gedünsteter Dorsch, dazu: **Altdeutsche Senfsauce** (siehe Rezept S. 464), 100 g Kartoffeln, 100 g Kopfsalat, Marinade aus: Zitronensaft, Süßstoff

Zwischenmahlzeit

100 ml Milch (1,5 % Fett), 100 g Fruchtcocktail (konserviert ohne Zucker) mit 2 EL Saft

Herren zusätzlich: 125 g Grapefruit, 100 g Orange, 100 g Kartoffeln, am Mittag 30 g Leber, am Abend 30 g Dorsch

Jugendliche zusätzlich: 125 g Grapefruit, 100 g Kartoffeln, **Himbeertraum** (siehe Rezept S. 486), am Mittag 30 g Leber, am Abend 30 g Dorsch

Freitag

Frühstück

20 g Rosinen, 20 g Haferflocken, 200 ml Milch (1,5 % Fett), Getränk nach Wunsch (kalorienfrei)

Mittagessen

90—120 g Kalbfleisch, in 1 TL Öl gebraten, 100 g Kartoffeln, 150 g Broccoli

Zwischenmahlzeit

150 g Joghurt (0,3 % Fett), 2 TL Weizenkeime, 125 ml Gemüsesaft

Abendessen

Thunfischsalat (siehe Rezept S. 451), dazu: 30 g Toastbrot

Zwischenmahlzeit

100 g Kiwi

Herren zusätzlich: 60 g Banane, **Teufelsdrink** (siehe Rezept S. 529), 30 g Toastbrot, am Mittag 30 g Kalbfleisch, am Abend 30 g Thunfisch

Jugendliche zusätzlich: 60 g Banane, 100 g Orange, 30 g Toastbrot, 200 ml Sauermilch (1,5 % Fett), am Mittag 30 g Kalbfleisch, am Abend 30 g Thunfisch

◁ *Fisch in Tomatenaspik*
(Rezept S. 242)

Samstag

Frühstück

125 g Grapefruit, 30 g Edelpilzkäse, 30 g Vollkornbrot, 1 TL Margarine, Getränk nach Wunsch (kalorienfrei)

Mittagessen

Käsetorte (siehe Rezept S. 514)

Zwischenmahlzeit

250 ml Buttermilch (1 % Fett), 1 EL Weizenkleie

Abendessen

90—120 g gegrilltes Beefsteak, 200 g Spargel, 100 g Zwiebeln, in 1 TL Butter gebraten
Dessert: 125 g Apfel

Zwischenmahlzeit

50 kcal Pfirsiche (kalorienreduziert), 125 ml Weißwein

Herren zusätzlich: 50 kcal Pfirsiche (kalorienreduziert), 30 g Vollkornbrot, am Abend 60 g Beefsteak

Jugendliche zusätzlich: 50 kcal Pfirsiche (kalorienreduziert), 30 g Vollkornbrot, 175 g Joghurt (1,5 % Fett), 200 ml Milch (1,5 % Fett), statt Weißwein 30 g Lakritze, am Abend 60 g Beefsteak

Sonntag

Frühstück

125 ml Orangensaft (ungesüßt), 1 Ei, 30 g Brötchen, 1 TL Margarine, ½ TL Marmelade, Getränk nach Wunsch (kalorienfrei)

Mittagessen

Rinderrouladen (siehe Rezept S. 254), dazu: 100 g Kartoffeln, 150 g grüne Bohnen

Zwischenmahlzeit

200 g Pudding (kalorienarm), 125 g gefrorene Himbeeren, 20 kcal Limonade (kalorienarm)

Abendessen

90 g gegrilltes Hähnchen (Gewicht ohne Knochen und Haut); 30 g Vollkornbrot, 1 TL Butter, 100 g Tomaten, 2 TL Steaksauce

Zwischenmahlzeit

250 ml Milch (0,3 % Fett), 60 g Banane, 20 g einfache Kekse

Herren zusätzlich: 125 g Apfel, 60 g Banane, 100 g Kartoffeln, 30 g Vollkornbrot, am Mittag 30 g Rinderroulade, am Abend 30 g Hähnchen

Jugendliche zusätzlich: 125 g Apfel, 60 g Banane, 100 g Kartoffeln, 30 g Vollkornbrot, 200 g Schokoladenpudding (kalorienarm), am Mittag 30 g Rinderroulade, am Abend 30 g Hähnchen

15. Woche

Fisch — frisch oder tiefgekühlt? Bei Seefischen spielt es keine Rolle, ob Sie ihn frisch oder tiefgekühlt verwenden. Inzwischen ist Tiefkühlware preisgünstiger geworden und frischer Fisch nur in Sonderangeboten billig. Daher lohnt es sich auch, diese wahrzunehmen, größere Portionen einzukaufen und sie dann portionsweise einzufrieren. Denken Sie bei Frischfisch an die drei berühmten »S«: Säubern, Säuern, Salzen. Das Säubern und Säuern kann bei Tiefkühlfisch entfallen, und auch Auftauen ist nicht notwendig. Wenn Sie Stücke würfeln oder in Streifen schneiden wollen, genügt es, sie nur ganz kurz aufzutauen.

Übrigens können Sie jetzt preisgünstig auf frische Forellen zurückgreifen, die im Gegensatz zu Seefisch aromatischer schmecken. Geräucherte Forellen gelten schon immer als Delikatesse, aber auch frisch, mit Kräutern gefüllt und in Alufolie eingewickelt, sind sie gegrillt überaus wohlschmeckend.

Feinschmecker schätzen die Bäckchen im Fischkopf und die Augen. Unser Tip: Wenn Sie Fisch grillen, setzen Sie ihn auf Alufolie. So wird das Ansetzen und Auseinanderfallen vermieden.

Montag

Frühstück

100 g Birne, 30 g Edamer, 30 g Vollkornbrot, 1 TL Margarine, 20 kcal Marmelade (kalorienarm), Getränk nach Wunsch (kalorienfrei)

Mittagessen

Hühnerfrikassee (siehe Rezept S. 298), dazu: 60 g zubereiteter Reis, 100 g Kopfsalat, Marinade aus: Zitronensaft, Süßstoff; 125 ml Orangensaft (ungesüßt)

Zwischenmahlzeit

100 g Speisequark (Magerstufe), 50 kcal Sauerkirschen (kalorienreduziert), Süßstoff

Abendessen

60 g Hartkäse, 1 TL Margarine, 30 g Mischbrot, 100 g Tomate, Getränk nach Wunsch (kalorienfrei)

Zwischenmahlzeit

250 ml Milch (0,3 % Fett), 1 TL Kakao, Süßstoff

Herren zusätzlich: 100 g Ananas, 60 g zubereiteter Reis, am Mittag 60 g Hühnerfleisch

Jugendliche zusätzlich: 100 g Ananas, 60 g zubereiteter Reis, **Bananen-Dickmilch-Drink** (siehe Rezept S. 531), am Mittag 60 g Hühnerfleisch

Dienstag

Frühstück

20 g Rosinen, 20 g Cornflakes, 250 ml Milch (0,3 % Fett), Getränk nach Wunsch (kalorienfrei)

Mittagessen

90 g geräucherte Forelle, 30 g Vollkornbrot, 1 TL Margarine, 100 g Salatgurke, 100 g Radieschen
Dessert: 125 g Apfel

Zwischenmahlzeit

20 g Knäckebrot, 1 TL Margarine, ½ TL Honig, ½ TL Marmelade, 20 kcal Limonade (kalorienarm)

Abendessen

Gebeiztes Grillsteak mit Grilltomaten (siehe Rezept S. 246)

Zwischenmahlzeit

200 g Joghurt (0,3 % Fett), 125 g gefrorene Erdbeeren, Süßstoff

Herren zusätzlich: 100 g Birne, 20 g Rosinen, 30 g Vollkornbrot, am Mittag 30 g Forelle, am Abend 30 g Steak

Jugendliche zusätzlich: 100 g Birne, 20 g Rosinen, 30 g Vollkornbrot, 100 g Speisequark (Magerstufe), am Mittag 30 g Forelle, am Abend 30 g Steak

Mittwoch

Frühstück

100 g Mango oder 125 ml Orangensaft (ungesüßt), 75 g Speisequark (Magerstufe), 30 g Vollkornbrot, 1 TL Margarine, ½ TL Honig, Getränk nach Wunsch (kalorienfrei)

Mittagessen

Eierpfannkuchen mit Blaubeeren (siehe Rezept S. 410), dazu: 150 g Kopfsalat, Marinade aus: Zitronensaft, Süßstoff

Zwischenmahlzeit

125 g gefrorene Himbeeren, 25 g Magermilchpulver, mit Zitronensaft und Süßstoff zu »Eiscreme« schlagen, dazu: 25 g Schlagsahne

Abendessen

90—120 g gegrilltes Schweinekotelett (Gewicht ohne Knochen), 100 g Kartoffeln, 150 g Spinat, 1 TL Margarine, 2 TL Steaksauce

Zwischenmahlzeit

200 ml Milch (1,5 % Fett)

Herren zusätzlich: 100 g Kiwi, 60 g Banane, 30 g Vollkornbrot, 100 g Kartoffeln, am Abend 60 g Kotelett

Jugendliche zusätzlich: 100 g Kiwi, 60 g Banane, 30 g Vollkornbrot, 100 g Kartoffeln, 175 g Joghurt (1,5 % Fett), am Abend 60 g Kotelett

Donnerstag

Frühstück

125 g Grapefruit, 30 g Roastbeef, 30 g Brötchen, 1 TL Margarine, 20 kcal Marmelade (kalorienarm), Getränk nach Wunsch (kalorienfrei)

Mittagessen

90—120 g gedünstetes Rotbarschfilet, 100 g Kartoffeln, 200 g Broccoli

Zwischenmahlzeit

200 ml Kefir (1,5 % Fett), 1 EL Weizenkleie

Abendessen

Kalbsleber mit Bananen (siehe Rezept S. 319), dazu: 60 g zubereiteter Curryreis, 100 g Eisbergsalat, Marinade aus: 1 TL Öl, Essig

Zwischenmahlzeit

200 g Joghurt (0,3 % Fett), 100 g Ananas, Süßstoff, 1 TL geraspelte Kokosnuß

Herren zusätzlich: 125 g Apfel, 100 g Kartoffeln, am Mittag 30 g Rotbarschfilet, am Abend 30 g Leber

Jugendliche zusätzlich: 125 g Apfel, 100 g Kartoffeln, 250 ml Milch (0,3 % Fett), 100 g Speisequark (Magerstufe), am Mittag 30 g Rotbarschfilet, am Abend 30 g Leber

Freitag

Frühstück

100 g Orange, 75 g Hüttenkäse, 30 g Vollkornbrot, 1 TL Margarine, Getränk nach Wunsch (kalorienfrei)

Mittagessen

90 g Schweinebraten, ohne Fett zubereitet, 100 g Kartoffeln, 150 g Blumenkohl, 2 TL Steaksauce
Dessert: 75 g Trauben

Zwischenmahlzeit

100 g Speisequark (Magerstufe), 20 g getrocknete Aprikosen, ½ TL Honig, 20 kcal Limonade (kalorienarm)

Abendessen

Schnitzelgulasch (siehe Rezept S. 273), dazu: 60 g zubereitete Nudeln, 100 g Chicorée als Salat, Marinade aus: 1 TL Öl, Essig, Senf

Zwischenmahlzeit

250 ml Buttermilch (1 % Fett), 1 TL Weizenkleie

Herren zusätzlich: 125 g Grapefruit, 75 g Trauben, 60 g zubereitete Nudeln, am Mittag 30 g Schweinebraten, am Abend 30 g Gulasch

Jugendliche zusätzlich: 125 g Grapefruit, 75 g Trauben, 60 g zubereitete Nudeln, 200 ml Sauermilch (1 % Fett), am Mittag 30 g Schweinebraten, am Abend 30 g Gulasch

Samstag

Frühstück
125 g Apfel, 30 g Brie-Käse, 30 g Brötchen, 1 TL Margarine, Getränk nach Wunsch (kalorienfrei)

Mittagessen
Kassler mit Ananas (siehe Rezept S. 279), dazu: 100 g eßfertiges Kartoffelpüree (Fertigprodukt), 100 g Erbsen, 200 g Möhren

Zwischenmahlzeit
250 ml Milch (0,3 % Fett), 1 TL Kakao

Abendessen
1 Ei, 150 g Speisequark (Magerstufe), 30 g Vollkornbrot, 1 TL Butter, 100 g Tomate, 2 Oliven, 125 ml Grapefruitsaft (ungesüßt)

Zwischenmahlzeit
200 g Pudding (kalorienarm), 1 TL geraspelte Kokosnuß, 20 kcal Dessertsauce (kalorienarm), 200 ml Bier
Herren zusätzlich: 100 g Orange, 100 g Birne, 30 g Brötchen, 100 g eßfertiges Kartoffelpüree (Fertigprodukt), am Mittag 60 g Kassler, am Abend 75 g Speisequark (Magerstufe)
Jugendliche zusätzlich: 100 g Orange, 100 g Birne, 30 g Brötchen, 100 g eßfertiges Kartoffelpüree (Fertigprodukt), 175 g Joghurt (1,5 % Fett), statt 200 ml Bier 20 g einfache Kekse, am Mittag 60 g Kassler, am Abend 75 g Speisequark (Magerstufe)

Sonntag

Frühstück
100 g Kiwi, 1 Ei, 30 g Vollkornbrot, 1 TL Butter, ½ TL Honig, Getränk nach Wunsch (kalorienfrei)

Mittagessen
Paprikaschoten mit Gulaschfüllung (siehe Rezept S. 276), dazu: 60 g zubereiteter Reis — Dessert: 200 g Melone

Zwischenmahlzeit
200 ml Dickmilch (1,5 % Fett), 50 kcal Blaubeeren (kalorienreduziert), 20 g einfache Kekse

Abendessen
90 g gegrillter Schellfisch, 100 g Kartoffeln, 150 g Feldsalat, Marinade aus: 1 TL Öl, Essig

Zwischenmahlzeit
250 ml Milch (0,3 % Fett), 1 TL Kakao, Süßstoff
Herren zusätzlich: 75 g Trauben, 100 g Ananas, 60 g zubereiteter Reis, 100 g Kartoffeln, am Mittag 30 g Gulasch, am Abend 30 g Schellfisch
Jugendliche zusätzlich: 75 g Trauben, 100 g Ananas, 60 g zubereiteter Reis, 100 g Kartoffeln, 100 g Speisequark (Magerstufe), 200 g Joghurt (0,3 % Fett), am Mittag 30 g Gulasch, am Abend 30 g Schellfisch

16. Woche

Beim Ostereierfärben sind der Phantasie keine Grenzen gesetzt. Es soll vorkommen, daß auf diesem Gebiet besonders begabte Künstler ihre Werke bis Ostersonntag verstecken, um sie dann als gelungene Überraschung auf dem Frühstückstisch zu präsentieren. Es versteht sich von selbst, daß man dem Künstler die erwartete Begeisterung und Bewunderung entgegenbringt. Dies gibt uns Anlaß, die Eier etwas genauer unter die Lupe zu nehmen.

Am besten schmecken Eier, die ca. 4 Tage alt sind. Bei sachgemäßer Lagerung schmeckt ein 10 Tage altes Ei auch noch gut zum Frühstück. Eier, die länger als 10 Tage lagern, sollte man anderweitig verwenden. An der Größe der Luftblase erkennt man das Alter. Je kleiner die Luftblase, um so frischer das Ei. Deshalb kann man relativ einfach feststellen, ob Eier auch wirklich frisch sind; man macht die Wasserprobe: Wenn sich Eier in kaltem Wasser aufrichten, sollte man diese nicht mehr zum Frühstück verzehren. Schwimmende Eier sollte man überhaupt nicht verwenden. Bei aufgeschlagenen Eiern muß der Dotter kugelig und von einer festen Eiweißschicht umgeben sein.

Montag

Frühstück

100 g Orange, 75 g Speisequark (Magerstufe), 30 g Brötchen, 1 TL Margarine, 20 kcal Marmelade (kalorienarm), Getränk nach Wunsch (kalorienfrei)

Mittagessen

90 g gegrilltes Putenfleisch, bestrichen mit ½ TL Öl, 30 g Toastbrot, dazu: **Spinatsalat** (siehe Rezept S. 427)

Zwischenmahlzeit

175 g Joghurt (1,5 % Fett), 50 kcal Kirschen (kalorienreduziert)

Abendessen

Muscheltopf (siehe Rezept S. 370), dazu: 30 g Vollkornbrot, 1 TL Halbfettmargarine, 125 ml Weißwein

Zwischenmahlzeit

125 ml Buttermilch (1 % Fett), 125 g Apfel

Herren zusätzlich: 125 ml Grapefruitsaft (ungesüßt), 50 kcal Birnen (kalorienreduziert), 30 g Brötchen, 30 g Vollkornbrot, am Mittag 30 g Putenfleisch, am Abend 30 g Muschelfleisch

Jugendliche zusätzlich: 125 ml Grapefruitsaft (ungesüßt), 50 kcal Birnen (kalorienreduziert), 30 g Brötchen, 30 g Vollkornbrot, 250 ml Milch (0,3 % Fett), statt Weißwein 20 g einfache Kekse, am Mittag 30 g Putenfleisch, am Abend 30 g Muschelfleisch

Dienstag

Frühstück

125 ml Grapefruitsaft (ungesüßt), 30 g Roastbeef, 30 g Vollkornbrot, 1 TL Margarine, ½ TL Honig, Getränk nach Wunsch (kalorienfrei)

Mittagessen

Kartoffel-Tomaten-Auflauf (siehe Rezept S. 393)
Dessert: 20 kcal Fruchtnektar (kalorienarm), 20 g einfache Kekse

Zwischenmahlzeit

100 g Speisequark (Magerstufe), 60 g pürierte Banane mit Zitronensaft und Süßstoff

Abendessen

Überbackener Toast aus: 60 g gegrilltem Putenfleisch, 30 g Hartkäse, 30 g Toastbrot, 1 TL Margarine, 50 kcal Birnen (kalorienreduziert), dazu: 100 g Möhren

Zwischenmahlzeit

200 ml Milch (1,5 % Fett)

Herren zusätzlich: 125 g Apfel, 100 g Orange, 30 g Vollkornbrot, 30 g Toastbrot, am Abend 60 g Putenfleisch

Jugendliche zusätzlich: 125 g Apfel, 100 g Orange, 30 g Vollkornbrot, 30 g Toastbrot, 175 g Joghurt (1,5 % Fett), am Abend 60 g Putenfleisch

Mittwoch

Frühstück

20 g Rosinen, 20 g Haferflocken, 100 g Speisequark (Magerstufe), Süßstoff, Getränk nach Wunsch (kalorienfrei)

Mittagessen

Lebertopf »Peking« (siehe Rezept S. 332)
Dessert: 100 g Guave oder 100 g Orange mit 100 ml Sauermilch (1,5 % Fett)

Zwischenmahlzeit

20 g Zwieback, 1 TL Margarine, 20 kcal Marmelade (kalorienarm), 125 ml Sauerkrautsaft

Abendessen

90—120 g magerer Schweinebraten, ohne Fett zubereitet, 100 g Kopfsalat, 100 g Tomaten, 100 g Gurke, Marinade aus: 100 g Joghurt (0,3 % Fett), Kräuter, 1 TL Öl

Zwischenmahlzeit

250 ml Tomatensaft

Herren zusätzlich: 60 g Banane, 20 g Zwieback, 30 g Vollkornbrot, am Mittag 30 g Leber, am Abend 30 g Schweinebraten

Jugendliche zusätzlich: 60 g Banane, 20 g Zwieback, 30 g Vollkornbrot, 200 ml Milch (1,5 % Fett), 200 ml Dickmilch (1,5 % Fett), am Mittag 30 g Leber, am Abend 30 g Schweinebraten

Donnerstag

Frühstück

100 g Mango oder 125 g Grapefruit, 30 g Hartkäse, 30 g Vollkornbrot, 1 TL Margarine, Getränk nach Wunsch (kalorienfrei)

Mittagessen

90—120 g Rotbarschfilet, in 1 TL Öl gebraten, 100 g Kartoffeln, 200 g grüne Bohnen
Dessert: **Rhabarber-Kirsch-Grütze** (siehe Rezept S. 496), dazu: 100 ml Milch (1,5 % Fett)

Zwischenmahlzeit

Buttermilch-Zitronenspeise (siehe Rezept S. 486) mit **Vanillesauce** (siehe Rezept S. 489)

Abendessen

60 g Tatar (Beefsteakhack), 1 Ei, 30 g Vollkornbrot, 1 TL Margarine, 30 g Zwiebeln, 100 g Radieschen, 50 g Tomaten

Zwischenmahlzeit

20 kcal Fruchtnektar (kalorienarm), 125 g Apfel

Herren zusätzlich: 100 g Birne, 100 g Orange, 100 g Kartoffeln, am Mittag 30 g Rotbarschfilet, am Abend 30 g Tatar

Jugendliche zusätzlich: 100 g Birne, 100 g Orange, 100 g Kartoffeln, 175 g Joghurt (1,5 % Fett), 200 ml Sauermilch (1,5 % Fett), am Mittag 30 g Rotbarschfilet, am Abend 30 g Tatar

Freitag

Frühstück

100 g Papaya oder 100 g Orange, 75 g Hüttenkäse, 30 g Vollkornbrot, 1 TL Margarine, 20 kcal Marmelade (kalorienarm), Getränk nach Wunsch (kalorienfrei)

Mittagessen

90 g enthäutetes Hähnchenfleisch, in 1 TL Öl gebraten, 100 g eßfertiges Kartoffelpüree (Fertigprodukt), 100 g Möhren, 100 g Spargel
Dessert: 200 g Vanillepudding (kalorienarm), 50 kcal Pflaumen (kalorienreduziert)

Zwischenmahlzeit

200 g Joghurt (0,3 % Fett), 1 TL Marmelade (kalorienarm)

Abendessen

Räucherfischsalat »Pastorenart« (siehe Rezept S. 453), dazu: 30 g Vollkornbrot, 1 TL Halbfettmargarine

Zwischenmahlzeit

250 ml Tomatensaft

Herren zusätzlich: 125 g Apfel, 100 g eßfertiges Kartoffelpüree (Fertigprodukt)., am Mittag 30 g Hähnchenfleisch, am Abend 30 g Räucherfisch

Jugendliche zusätzlich: 125 g Apfel, 100 g eßfertiges Kartoffelpüree (Fertigprodukt), 100 g Speisequark (Magerstufe), am Mittag 30 g Hähnchenfleisch, am Abend 30 g Räucherfisch

Samstag

Frühstück
50 kcal Pfirsiche (kalorienreduziert), 20 g Cornflakes, 200 ml Milch (1,5 % Fett), Getränk nach Wunsch (kalorienfrei)

Mittagessen
Kümmel-Kartoffel-Suppe (siehe Rezept S. 222)
Dessert: 100 g Orange

Zwischenmahlzeit
175 g Joghurt (1,5 % Fett), 20 kcal Marmelade (kalorienarm)

Abendessen
60 g Käse, 30 g Vollkornbrot, 2 TL Butter, 2 Oliven, 100 g eingelegte rote Paprikaschoten

Zwischenmahlzeit
75 g Trauben

Herren zusätzlich: 60 g Banane, 215 g Grapefruit, 20 g Cornflakes, am Mittag 30 g Würstchen, am Abend 75 g Speisequark (Magerstufe)

Jugendliche zusätzlich: 60 g Banane, 125 g Grapefruit, 20 g Cornflakes, 200 ml Milch (1,5 % Fett), 200 g Vanillepudding (kalorienarm), am Mittag 30 g Würstchen, am Abend 75 g Speisequark (Magerstufe)

Sonntag

Frühstück
125 ml Orangensaft (ungesüßt), 1 Ei, 30 g Vollkornbrot, 1 TL Butter, ½ TL Marmelade (kalorienarm), 20 kcal Fruchtnektar (kalorienarm), Getränk nach Wunsch (kalorienfrei)

Mittagessen
Feine Gemüsesuppe mit viel Einlage (siehe Rezept S. 221)
Festtagsbraten für Langschläfer (siehe Rezept S. 274), dazu: 200 g grüne Bohnen
Dessert: 100 g Schokoladenpudding (kalorienarm) mit 25 kcal Birnen (kalorienreduziert) und 1 TL geraspelte Kokosnuß

Zwischenmahlzeit
200 ml Dickmilch (1,5 % Fett), Zimt, Süßstoff

Abendessen
90—120 g gegrilltes Kalbssteak, mit ½ TL Öl bestrichen, 30 g Vollkornbrot, 1 TL Halbfettmargarine, 50 g Radieschen, 50 g Gurke, 50 g Möhren

Zwischenmahlzeit
100 g Schokoladenpudding (kalorienarm), 25 kcal Birnen (kalorienreduziert)

Herren zusätzlich: 125 g Grapefruit, 50 kcal Pfirsiche (kalorienreduziert), 30 g Vollkornbrot, 100 g Kartoffeln, am Mittag 30 g Schweinefilet, am Abend 30 g Kalbssteak

Jugendliche zusätzlich: 125 g Grapefruit, 50 kcal Pfirsiche (kalorienreduziert), 30 g Vollkornbrot, 100 g Kartoffeln, 100 g Speisequark (Magerstufe), am Mittag 30 g Schweinefilet, am Abend 30 g Kalbssteak

17. Woche

Ein geradezu traditionelles Osteressen ist der Lammbraten. Und dies aus gutem Grund: Ab Mitte März bis Mitte Mai ist frisches Lammfleisch am zartesten, weil die Tiere nur mit Muttermilch ernährt wurden. Das Fleisch ist zu dieser Zeit besonders wohlschmeckend.
Lammfleisch sollte 3—7 Tage abgehangen sein, bevor es zubereitet wird. Außerdem: Bringen Sie das Fleisch so heiß wie möglich auf den Tisch. Die besten Stücke sind die Keule und der Rücken, die nach dem Braten innen möglichst noch rosa sein sollten. Bei der Zubereitung sollte man darauf achten, daß Lammfleisch geradezu danach verlangt, mit Thymian, Rosmarin und Knoblauch gewürzt zu werden. Tiefgefrorenes Lammfleisch kommt hauptsächlich aus Neuseeland, ist von hervorragender Qualität und billiger als frisches Fleisch. Unser Lammgericht am Montag ist mit Pfirsichen und Spinatsalat eine besonders raffinierte Variante.

Montag

Frühstück
125 g Grapefruit, 1 Ei, 30 g Mohnbrötchen, 1 TL Halbfettmargarine, ½ TL Mayonnaise (80 %), 50 g Speisequark (Magerstufe), 20 kcal Marmelade (kalorienarm), Süßstoff, Getränk nach Wunsch (kalorienfrei)

Mittagessen
Pfirsich-Lamm auf Spinatsalat (siehe Rezept S. 293)

Zwischenmahlzeit
Bunte Obsttorte (siehe Rezept S. 516)

Abendessen
75 g eingelegte rote Bete, 90 g Matjesfilet, dazu: **Aprikosensauce Pikanta** (siehe Rezept S. 464)

Zwischenmahlzeit
100 g Möhren, in Brühe von 1 kleinen Brühwürfel gegart
Herren zusätzlich: 250 ml Tomatensaft, 125 g Apfel, 30 g Brötchen, 30 g Vollkornbrot, am Mittag 30 g Lammfleisch, am Abend 30 g Matjesfilet
Jugendliche zusätzlich: 250 ml Tomatensaft, 125 g Apfel, 30 g Brötchen, 30 g Vollkornbrot, 200 g Vanillepudding (kalorienarm), am Mittag 30 g Lammfleisch, am Abend 30 g Matjesfilet

Dienstag

Frühstück

60 g Banane, 20 g Vollkornhaferflocken, 200 ml Dickmilch (1,5 % Fett), Getränk nach Wunsch (kalorienfrei)

Mittagessen

120 g Seelachsfilet, in 1 TL Pflanzencreme gebraten, 100 g Lauch, in Brühe aus 1 kleinen Brühwürfel gedünstet, garnieren mit 100 g Orange, $\frac{1}{2}$ TL Mayonnaise

Zwischenmahlzeit

1 TL Halbfettmargarine, 10 g Knäckebrot, 20 kcal Marmelade (kalorienarm)

Abendessen

Drei-Länder-Käsesalat (siehe Rezept S. 460)
Dessert: **Süßer Früchtereis** (siehe Rezept S. 499)

Zwischenmahlzeit

200 g Joghurt (0,3 % Fett), Bittermandelaroma, Süßstoff
Herren zusätzlich: 125 g Grapefruit, 20 g Knäckebrot, 30 g Vollkornbrot, am Mittag 60 g Seelachsfilet
Jugendliche zusätzlich: 125 g Grapefruit, 20 g Knäckebrot, 30 g Vollkornbrot, 250 ml Milch (0,3 % Fett), am Mittag 60 g Seelachsfilet

Mittwoch

Frühstück

125 ml Grapefruitsaft (ungesüßt), 1 TL Butter, 30 g Roggenbrötchen, 30 g Krabben, Getränk nach Wunsch (kalorienfrei)

Mittagessen

Gefüllte Eierkuchen mit Champignonsauce (siehe Rezept S. 405)

Zwischenmahlzeit

100 g Speisequark (Magerstufe), $\frac{1}{2}$ TL Honig, Rumaroma, Süßstoff, 20 g getrocknete Pflaumen

Abendessen

150 g Hüttenkäse, 100 g Tomaten, 100 g Gurke
Dessert: 200 g Vanillepudding (kalorienarm), 50 kcal Stachelbeeren (kalorienreduziert)

Zwischenmahlzeit

1 TL Halbfettmargarine, 30 g Toastbrot, 100 g Gewürzgurke, $\frac{1}{2}$ TL Mayonnaise (80 % Fett), 20 kcal Limonade (kalorienarm)
Herren zusätzlich: 20 g getrocknete Feigen, 125 g Apfel, 30 g Brötchen, am Mittag 30 g Tatar, am Abend 75 g Hüttenkäse
Jugendliche zusätzlich: 20 g getrocknete Feigen, 125 g Apfel, 30 g Brötchen, 200 ml Milch (1,5 % Fett), am Mittag 30 g Tatar, am Abend 75 g Hüttenkäse

Donnerstag

Frühstück

100 g Orange, 30 g geräuchertes Hähnchen, 30 g Vollkornbrot, 2 TL Halbfettmargarine, Getränk nach Wunsch (kalorienfrei)

Mittagessen

90—120 g Kalbfleisch, in 1 TL Öl gebraten, dann mit 125 ml Wasser ablöschen und 25 g Magermilchpulver einrühren; 150 g Broccoli in Brühe von 1 kleinen Brühwürfel dünsten, 20 g Kartoffelklöße (Rohgewicht)

Zwischenmahlzeit

⅛ l Sauerkrautsaft

Abendessen

Pikante Zunge im Salatnest (siehe Rezept S. 444)

Zwischenmahlzeit

150 g Joghurt (0,3 % Fett), Vanillearoma, Süßstoff, 50 g Mandarinen (konserviert ohne Zucker) mit 1 EL Saft, 20 kcal Dessertsauce (kalorienarm)

Herren zusätzlich: 125 g Grapefruit, 250 ml Gemüsesaft, 30 g Vollkornbrot, am Mittag 30 g Kalbfleisch, am Abend 30 g Zunge

Jugendliche zusätzlich: 125 g Grapefruit, 250 ml Gemüsesaft, 30 g Vollkornbrot, 100 g Speisequark (Magerstufe), 250 ml Milch (0,3 % Fett), am Mittag 30 g Kalbfleisch, am Abend 30 g Zunge

Freitag

Frühstück

30 g Toastbrot, 1 TL Margarine, 100 g Birne, mit 30 g Tilsiter überbacken und mit 20 kcal Marmelade (kalorienarm) garniert, Getränk nach Wunsch (kalorienfrei)

Mittagessen

Cuxhavener Rotbarschröllchen (siehe Rezept S. 360)

Zwischenmahlzeit

250 ml Tomatensaft mit 250 ml Buttermilch (1 % Fett) verquirlen, Pfeffer, Salz

Abendessen

2 hartgekochte Eier, 100 g Rosenkohl (Dosenware), 60 g zubereitete Vollkornnudeln, 50 g eingelegte Tomatenpaprika, alles vermengen, dazu: **Sauce Hawaii** (siehe Rezept S. 467)

Zwischenmahlzeit

50 g Speisequark (Magerstufe), 1 TL Kakako, Rumaroma, Süßstoff

Herren zusätzlich: 100 g Orange, 60 g Banane, 60 g zubereitete Nudeln, am Mittag 60 g Rotbarsch

Jugendliche zusätzlich: 100 g Orange, 60 g Banane, 60 g zubereitete Nudeln, 175 g Joghurt (1,5 % Fett), 200 ml Sauermilch (1,5 % Fett), am Mittag 60 g Rotbarsch

Samstag

Frühstück

125 ml Orangensaft (ungesüßt), 30 g Roastbeef, 1 TL Margarine, 30 g Vollkornbrot, 50 g Cornichons, Getränk nach Wunsch (kalorienfrei)

Mittagessen

90 g Leber, in 1 TL Öl gebraten, 100 g eßfertiges Kartoffelpüree (Fertigprodukt), 100 g Blumenkohl, Sauce aus: 25 g Schlagsahne, Pfeffer, Salz, Muskat (leicht erwärmt)

Zwischenmahlzeit

20 g getrocknete Feigen, 200 ml Kefir (1,5 % Fett), Süßstoff

Abendessen

Französischer Hühnereintopf (siehe Rezept S. 306)

Zwischenmahlzeit

200 g Vanillepudding (kalorienarm), 125 g Grapefruit, 20 kcal Sirup (kalorienarm), Süßstoff

Herren zusätzlich: 125 ml Grapefruitsaft (ungesüßt), 60 g Banane, 30 g Vollkornbrot, 100 g eßfertiges Kartoffelpüree (Fertigprodukt), am Mittag 30 g Leber, am Abend 30 g Hühnerfleisch

Jugendliche zusätzlich: 125 ml Grapefruitsaft (ungesüßt), 60 g Banane, 30 g Vollkornbrot, 100 g eßfertiges Kartoffelpüree (Fertigprodukt), 200 ml Milch (1,5 % Fett), am Mittag 30 g Leber, am Abend 30 g Hühnerfleisch

Sonntag

Frühstück

125 g Erdbeeren, 75 g Speisequark (Magerstufe), Vanillearoma, Süßstoff, Getränk nach Wunsch (kalorienfrei)

Mittagessen

90—120 g gegrilltes Putenschnitzel, je 100 g grüner Salat, Tomate, Salatgurke, 1 TL Öl, Zitronensaft, Gewürze, 30 g Weißbrot

Zwischenmahlzeit

3 TL Halbfettmargarine mit 2 TL Kakao und Süßstoff verrühren, damit 20 g Zwieback bestreichen und 1 TL geraspelte Kokosnuß darüberstreuen

Abendessen

1 TL Halbfettmargarine, 30 g Vollkornbrot, 90 g Roastbeef, 20 kcal Salatsauce (kalorienarm), 100 g Gewürzgurke, 50 g Zwiebel, Petersilie; Dessert: 200 g Schokoladenpudding (kalorienarm), 125 g gefrorene Himbeeren

Zwischenmahlzeit

60 g Banane, ½ TL Kaffeepulver, Zitronensaft, Süßstoff, 250 ml Milch (0,3 % Fett)

Herren zusätzlich: 250 ml Tomatensaft, 100 g Kiwi, 60 g zubereiteter Reis, 30 g Vollkornbrot, am Mittag 30 g Putenfleisch, am Abend 30 g Roastbeef

Jugendliche zusätzlich: 250 ml Tomatensaft, 100 g Kiwi, 60 g zubereiteter Reis, 30 g Vollkornbrot, 100 g Speisequark (Magerstufe), am Mittag 30 g Putenfleisch, am Abend 30 g Roastbeef

18. Woche

Tomaten sind ein äußerst gesundes und kalorienarmes Gemüse. Sie enthalten die Vitamine C und A. Trotz des leicht süßlichen Geschmacks enthalten sie soviel Säure, daß man bei Tomatensalat auf den Essig verzichten kann. Es gibt verschiedene Tomatensorten: Runde Tomaten haben den Nachteil, daß sie viel Saft und Kerne haben und etwas wäßrig schmecken. Man sollte gerippte oder Fleischtomaten vorziehen. Sie haben ein intensives Fruchtaroma, viel Fruchtfleisch und wenig Saft. Sie eignen sich vorzüglich für Salate und Gemüsegerichte sowie ausgehöhlt zum Füllen. Flaschentomaten haben dunkelrotes Fleisch, wenig Saft, und die Haut läßt sich leicht abziehen. Diese Tomaten entfalten ihren Saft beim Kochen und werden deshalb hauptsächlich konserviert angeboten.

Wir haben in dieser Woche gleich dreimal Tomaten auf dem Programm: Am Sonntagmittag als Sauce zu Spaghetti und Saltimbocca sowie am Donnerstagabend zu Chili con carne.

Montag

Frühstück

60 g Passionsfrucht *oder* 100 g Orange, 75 g Speisequark (Magerstufe), 30 g Vollkornbrot, 1 TL Butter, 20 kcal Marmelade (kalorienarm), Getränk nach Wunsch (kalorienfrei)

Mittagessen

90 g Steak in 1 TL Öl gebraten, 100 g Pellkartoffeln, 50 g Speisequark (Magerstufe), Kräuter, 200 g Spargel, 4 Oliven

Zwischenmahlzeit

175 g Joghurt (1,5 % Fett), 1 TL Kakao, Süßstoff, 3—4 getrocknete Pflaumen (20 g)

Abendessen

Gebackene Forelle (siehe Rezept S. 368), dazu: 30 g geröstetes Weißbrot, 1 TL Butter, 100 g Tomaten, 125 ml Weißwein

Zwischenmahlzeit

100 ml Sauermilch (1,5 % Fett), 100 g Guave *oder* 100 g Orange

Herren zusätzlich: 250 ml Gemüsesaft, 60 g Banane, 30 g Vollkornbrot, 100 g Kartoffeln, am Mittag 30 g Steak, am Abend 30 g Forelle

Jugendliche zusätzlich: 250 ml Gemüsesaft, 60 g Banane, 30 g Vollkornbrot, 100 g Kartoffeln, 200 g Schokoladenpudding (kalorienarm), statt Weißwein 30 g Weingummi, am Mittag 30 g Steak, am Abend 30 g Forelle

Dienstag

Frühstück
50 kcal konservierte Pfirsiche (kalorienreduziert), 20 g Grieß, 100 ml Milch (1,5 % Fett), Getränk nach Wunsch (kalorienfrei)

Mittagessen
60 g gekochtes, enthäutetes Hühnerfleisch, 100 g Möhren, 50 g Erbsen, 50 g Sellerie, in Brühe von 1 kleinen Brühwürfel
Apfelpfannkuchen (siehe Rezept S. 501)

Zwischenmahlzeit
10 g Knäckebrot, 1 TL Halbfettmargarine, 20 kcal Marmelade (kalorienarm), 125 ml Grapefruitsaft (ungesüßt)

Abendessen
90 g geräuchertes Rotbarschfilet, 30 g Vollkornbrot, 2 TL Margarine, 200 g Tomate

Zwischenmahlzeit
200 ml Kefir (1,5 % Fett), Zitronensaft, Süßstoff, 250 ml Sauerkrautsaft
Herren zusätzlich: 125 g Apfel, 125 g Grapefruit, 20 g Knäckebrot, 30 g Vollkornbrot, am Mittag 30 g Hühnerfleisch, am Abend 30 g Rotbarsch
Jugendliche zusätzlich: 125 g Apfel, 125 g Grapefruit, 20 g Knäckebrot, 30 g Vollkornbrot, 200 ml Dickmilch (1,5 % Fett), am Mittag 30 g Hühnerfleisch, am Abend 30 g Rotbarsch

Mittwoch

Frühstück
125 g Grapefruit, 30 g Roastbeef, 30 g Vollkornbrot, 1 TL Margarine, ½ TL Honig, Getränk nach Wunsch (kalorienfrei)

Mittagessen
90—120 g Schnitzel, in 1 TL Margarine gebraten, 200 g Blumenkohl, 100 g Kartoffeln
Dessert: 100 g Speisequark (Magerstufe), 125 g Apfel, Zimt, Süßstoff

Zwischenmahlzeit
125 ml Buttermilch (1 % Fett)

Abendessen
Hühner-Gemüse-Salat (siehe Rezept S. 450), dazu: 10 g Knäckebrot, 1 TL Halbfettmargarine
Dessert: 100 g Ananas

Zwischenmahlzeit
20 kcal Fruchtnektar (kalorienarm)
Herren zusätzlich: 100 g Birne, 30 g Vollkornbrot, 100 g Kartoffeln, am Mittag 30 g Schnitzel, am Abend 30 g Hühnerfleisch
Jugendliche zusätzlich: 100 g Birne, 30 g Vollkornbrot, 100 g Kartoffeln, 250 ml Milch (0,3 % Fett), am Mittag 30 g Schnitzel, am Abend 30 g Hühnerfleisch

Donnerstag

Frühstück
100 g Birne, 1 Ei, 30 g Vollkornbrot, 1 TL Margarine, ½ TL Marmelade (kalorienarm), Getränk nach Wunsch (kalorienfrei)

Mittagessen
90 g Kalbsleber, in 1 TL Öl gebraten, 200 g grüne Bohnen, 100 g eßfertiges Kartoffelpüree (Fertigprodukt)
Dessert: 175 g Joghurt (1,5 % Fett), 20 kcal Marmelade (kalorienarm)

Zwischenmahlzeit
Grütze aus: 250 g Rhabarber, 3 Blatt Gelatine, Süßstoff, Vanilleextrakt, dazu: 100 ml Milch (1,5 % Fett)

Abendessen
Chili con carne (siehe Rezept S. 269), dazu: 125 ml Orangensaft (ungesüßt)

Zwischenmahlzeit
100 ml Milch (1,5 % Fett)
Herren zusätzlich: 100 g Kiwi, 125 g Apfel, 30 g Vollkornbrot, 100 g eßfertiges Kartoffelpüree (Fertigprodukt), am Mittag 30 g Leber, am Abend 30 g gehacktes Rindfleisch und 30 g Kidneybohnen
Jugendliche zusätzlich: 100 g Kiwi, 125 g Apfel, 30 g Vollkornbrot, 100 g eßfertiges Kartoffelpüree (Fertigprodukt), 200 g Vanillepudding (kalorienarm), am Mittag 30 g Leber, am Abend 30 g Rinderhack, 30 g Kidneybohnen

Freitag

Frühstück
Frühstücks-Müsli (siehe Rezept S. 469), Getränk nach Wunsch (kalorienfrei)

Mittagessen
90—120 g Schellfisch, in 1 TL Margarine gebraten, 100 g Spargel, 60 g zubereiteter Reis
Dessert: 125 g Grapefruit, ½ TL Zucker

Zwischenmahlzeit
Himbeercreme (siehe Rezept S. 483)

Abendessen
90—120 g magerer Schweinebraten, 30 g Vollkornbrot, 30 g Mischbrot, 2 TL Halbfettmargarine
Salat aus: 100 g Eisbergsalat, 50 g grüne Gurken, 100 g Tomaten, 1 TL Öl, Essig, Salz, Pfeffer, Kräutern

Zwischenmahlzeit
200 ml Bier *oder* 125 ml Wein
Herren zusätzlich: 125 g Grapefruit, 30 g Vollkornbrot, am Mittag 30 g Schellfisch, am Abend 30 g Schweinebraten
Jugendliche zusätzlich: 125 g Grapefruit, 30 g Vollkornbrot, 100 g Speisequark (Magerstufe), statt Bier oder Wein 30 g Lakritze, am Mittag 30 g Schellfisch, am Abend 30 g Schweinebraten

Samstag

Frühstück
250 ml Tomatensaft, 30 g Camembert, 30 g Brötchen, 2 TL Margarine, ½ TL Marmelade (kalorienarm), Getränk nach Wunsch (kalorienfrei)

Mittagessen
Chinakohleintopf (siehe Rezept S. 390)
Dessert: 200 ml Kefir (1,5 % Fett), gemixt mit 20 kcal Fruchtnektar (kalorienarm)

Zwischenmahlzeit
100 g Joghurt (0,3 % Fett), 50 g Speisequark (Magerstufe), 50 kcal Heidelbeeren (kalorienreduziert), 3 Blatt Gelatine

Abendessen
2 gekochte Eier, 200 g Spinat, 1 TL Margarine, 30 g Vollkornbrot

Zwischenmahlzeit
60 g Banane
Herren zusätzlich: 125 g Grapefruit, 100 g Orange, 30 g Brötchen, 30 g Vollkornbrot, am Mittag 60 g Rindfleisch
Jugendliche zusätzlich: 125 g Grapefruit, 100 g Orange, 30 g Brötchen, 30 g Vollkornbrot, 175 g Joghurt (1,5 % Fett), 250 ml Milch (0,3 % Fett), am Mittag 60 g Rindfleisch

Sonntag

Frühstück
100 g Orange, 20 g Schmelzflocken, 100 ml Milch (1,5 % Fett), 20 kcal Fruchtnektar (kalorienarm), Getränk nach Wunsch (kalorienfrei)

Mittagessen
Spaghetti mit Meeresfrüchten (siehe Rezept S. 371)
Saltimbocca (siehe Rezept S. 291)
Dessert: Pfirsichquark aus 50 kcal Pfirsich (kalorienreduziert), 90 g Speisequark (Magerstufe), mit 1 EL Mineralwasser, Zitronensaft und Süßstoff verrührt

Zwischenmahlzeit
Bananenkuchen (siehe Rezept S. 512)

Abendessen
90 g geräuchertes Hähnchen, Rohkost aus: 100 g geraspelten Möhren, 100 g geraspeltem Knollensellerie, Zitronensaft, Süßstoff, 2 TL Mayonnaise (80 % Fett)

Zwischenmahlzeit
100 ml Sauermilch (1,5 % Fett)
Herren zusätzlich: 60 g Banane, 125 ml Orangensaft (ungesüßt), 30 g Vollkornbrot, 60 g zubereitete Nudeln, am Mittag 30 g Kalbsschnitzel, am Abend 30 g Hähnchen
Jugendliche zusätzlich: 60 g Banane, 125 ml Orangensaft (ungesüßt), 30 g Vollkornbrot, 60 g zubereitete Nudeln, 175 g Joghurt (1,5 % Fett), am Mittag 30 g Kalbsschnitzel, am Abend 30 g Hähnchen

19. Woche

Die Spargelsaison wird von allen Feinschmeckern lange erwartet; sie beginnt Mitte April und endet normalerweise am Johannistag, dem 24. Juni.
Der teure Preis hat seine Ursache in der komplizierten Spargelzucht. Die Pflanze benötigt insgesamt vier Jahre, bis sie während einer Saison, und dann auch nur bei einer bestimmten Temperatur, gestochen werden kann. Es muß schwül und feuchtwarm sein, denn bei diesem Wetter wachsen die Stangen in einer Stunde bis zu 4 cm.
Da hierzulande hauptsächlich weißer Spargel geschätzt wird, muß man ihn dann stechen, wenn er durch die Erde zu dringen beginnt. Die kühle Morgenluft läßt die Spargelköpfe blau, die Sonne dagegen die Stangen grün werden. Zwischen dem teuren weißen und dem etwas billigeren blauen gibt es keinen geschmacklichen Unterschied.
Für das am Dienstagabend vorgesehene Frühlingssalatrezept können Sie auch Bruchspargel nehmen, der erheblich preisgünstiger ist.

Montag

Frühstück
125 g Himbeeren, 20 g Grieß, 125 ml Milch (0,3 % Fett), Vanillearoma, 1 TL Butter, Süßstoff, Getränk nach Wunsch (kalorienfrei)

Mittagessen
Beschwipster Kohlrabiauflauf (siehe Rezept S. 380) — Dessert: 125 g Erdbeeren mit 30 ml Weißwein übergießen, in 100 g Joghurt (0,3 % Fett) einrühren, Süßstoff

Zwischenmahlzeit
20 g Vollkornknäckebrot, 1 TL Halbfettmargarine, 20 kcal Marmelade (kalorienarm), 60 g Banane

Abendessen
150 g Speisequark (Magerstufe), ½ EL saure Sahne, Petersilie, Dill, Schnittlauch, Pfeffer, Salz, Süßstoff, 30 g Toastbrot

Zwischenmahlzeit
1 TL Kakao, Süßstoff mit 2 TL Halbfettmargarine verrühren und 20 g Zwieback damit bestreichen, 1 TL geraspelte Kokosnuß zum Bestreuen, 250 ml Milch (0,3 % Fett)
Herren zusätzlich: 100 g Birne, 250 ml Gemüsesaft, 30 g Vollkornbrot, 20 g Knäckebrot, am Mittag 30 g Tatar, am Abend 75 g Speisequark (Magerstufe)
Jugendliche zusätzlich: 100 g Birne, 250 ml Gemüsesaft, 30 g Vollkornbrot, 20 g Knäckebrot, 200 g Vanillepudding (kalorienarm), am Mittag 30 g Tatar, am Abend 75 g Speisequark (Magerstufe)

Dienstag

Frühstück

125 ml Orangensaft (ungesüßt), 30 g Roastbeef, 30 g Vollkornbrot, 1 TL Halbfettmargarine, ½ TL Mayonnaise (80 % Fett), Senf, Getränk nach Wunsch (kalorienfrei)

Mittagessen

90—120 g Kotelett, in 10 g Paniermehl gewälzt und in 1 TL Öl gebraten, 75 g Rosenkohl, 20 g eingelegte Tomatenpaprika, 20 kcal Salatsauce (kalorienarm)

Zwischenmahlzeit

125 ml Sauerkrautsaft

Abendessen

Krabbeneier mit Frühlingssalat (siehe Rezept S. 457)
Dessert: **Knusperquark** (siehe Rezept S. 487)

Zwischenmahlzeit

20 g Cornflakes, ½ TL Honig, 60 g Banane, 200 ml Kefir (1,5 % Fett)

Herren zusätzlich: 250 ml Tomatensaft, 125 g Grapefruit, 100 g Kartoffeln, am Mittag 30 g Kotelett, am Abend 30 g Krabbenfleisch

Jugendliche zusätzlich: 250 ml Tomatensaft, 125 g Grapefruit, 100 g Kartoffeln, 175 g Joghurt (1,5 % Fett), 250 ml Milch (0,3 % Fett), am Mittag 30 g Kotelett, am Abend 30 g Krabbenfleisch

Mittwoch

Frühstück

125 g Grapefruit, 30 g Gouda, 20 g Vollkornknäckebrot, 2 TL Halbfettmargarine, 50 g Radieschen, Getränk nach Wunsch (kalorienfrei)

Mittagessen

Italienische Rindfleischpfanne (siehe Rezept S. 255)

Zwischenmahlzeit

250 ml Buttermilch (1 % Fett), Zitronenaroma, Süßstoff

Abendessen

90 g Thunfisch (konserviert in Wasser), 50 g Ananas (ohne Zucker konserviert) mit 1 EL Saft, 50 g Gurke, 50 g rote Paprikaschote, 100 g Spargel als Salat, 2 TL Cocktailsauce, dazu: 2 TL Halbfettmargarine, 30 g Roggenbrötchen

Zwischenmahlzeit

200 g Vanillepudding (kalorienarm), 50 kcal Stachelbeeren (kalorienreduziert), 20 kcal Dessertsauce (kalorienarm)

Herren zusätzlich: 100 g Orange, 125 g Apfel, 30 g Vollkornbrot, 60 g zubereitete Nudeln, am Mittag 30 g Rindfleisch, am Abend 30 g Thunfisch

Jugendliche zusätzlich: 100 g Orange, 125 g Apfel, 30 g Vollkornbrot, 60 g zubereitete Nudeln, 100 g Speisequark (Magerstufe), am Mittag 30 g Rindfleisch, am Abend 30 g Thunfisch

Donnerstag

Frühstück
250 ml Tomatensaft, 1 Ei mit 3 g Vollkornmehl, Schnittlauch, Dill und Salz verrühren, in 1 TL Pflanzencreme braten, Getränk nach Wunsch (kalorienfrei)

Mittagessen
90 g Wiener Würstchen, Kartoffelsalat aus: 100 g Pellkartoffeln, 100 g Joghurt (0,3 % Fett), 25 g Zwiebel, Kräuteressig, Süßstoff, 1 TL Mayonnaise (80 % Fett)

Zwischenmahlzeit
50 g Mandarinen (konserviert ohne Zucker) mit 1 EL Saft, 125 g Apfel, 1 TL geraspelte Kokosnuß, Zimt, Süßstoff, 25 g Magermilchpulver mit 6 EL Eiswasser und Süßstoff als »Sahne« schlagen, 20 kcal Dessertsauce (kalorienarm)

Abendessen
Putenleber mit Mandarinencreme (siehe Rezept S. 330), dazu: 100 g Karottensalat (im Glas ohne Fett), 60 g zubereiteter Reis

Zwischenmahlzeit
100 g Champignons in Brühe von 1 kleinen Brühwürfel, mit 2 TL Kondensmilch (4 % Fett) verrührt

Herren zusätzlich: 75 g Kirschen, 100 g Ananas, 100 g Kartoffeln, 60 g zubereiteter Reis, am Mittag 30 g Würstchen, am Abend 30 g Leber

Jugendliche zusätzlich: 75 g Kirschen, 100 g Ananas, 100 g Kartoffeln, 60 g zubereiteter Reis, 200 g Schokoladenpudding (kalorienarm), 200 ml Milch (1,5 % Fett), am Mittag 30 g Würstchen, am Abend 30 g Leber

Freitag

Frühstück
100 g Mango *oder* 100 g Orange, 75 g Speisequark (Magerstufe), 1 TL Honig, 30 g Toastbrot, 1 TL Halbfettmargarine, Getränk nach Wunsch (kalorienfrei)

Mittagessen
Neptunschmaus (siehe Rezept S. 345)

Zwischenmahlzeit
20 kcal Orangensaft (kalorienarm)

Abendessen
60 g Camembert, 30 g Vollkornbrot, 1 TL Margarine, 50 g Tomate, 100 g Birne

Zwischenmahlzeit
75 g Kirschen, 300 ml Dickmilch (1,5 % Fett), Süßstoff

Herren zusätzlich: 125 g Grapefruit, 30 g Vollkornbrot, 30 g Weißbrot, am Mittag 60 g Schellfisch

Jugendliche zusätzlich: 125 g Grapefruit, 30 g Vollkornbrot, 30 g Weißbrot, 200 ml Milch (1,5 % Fett), am Mittag 60 g Schellfisch

Samstag

Frühstück
125 ml Grapefruitsaft (ungesüßt), 1 Ei, 2 TL Halbfettmargarine, 30 g Mohnbrötchen, Getränk nach Wunsch (kalorienfrei)

Mittagessen
90 g Rinderbraten, ohne Fett zubereitet, Sauce aus: 100 ml Wasser, 1 TL Instantbrühe, 20 g Vollkornmehl, 2 TL Rotwein, 1 EL Tomatenmark; 150 g grüne Bohnen als Salat, Marinade aus: 25 g Zwiebeln, Kräuteressig, Kräutern, Süßstoff

Zwischenmahlzeit
100 g Speisequark (Magerstufe), ½ TL Kaffeepulver, Rumaroma, Süßstoff

Abendessen
Hähnchensalat Caracas (siehe Rezept S. 448)

Zwischenmahlzeit
20 g getrocknete Pflaumen, 150 g Joghurt (0,3% Fett), Süßstoff, 20 kcal Sirup (kalorienarm)
Herren zusätzlich: 125 ml Orangensaft (ungesüßt), 250 ml Tomatensaft, 30 g Vollkornbrot, 30 g Toastbrot, am Mittag 30 g Rinderbraten, am Abend 30 g Hühnerfleisch
Jugendliche zusätzlich: 100 ml Orangensaft (ungesüßt), 250 ml Tomatensaft, 30 g Vollkornbrot, 30 g Toastbrot, 200 ml Joghurt (0,3% Fett), 200 ml Milch (1,5% Fett), am Mittag 30 g Rinderbraten, am Abend 30 g Hühnerfleisch

Sonntag

Frühstück
65 ml Orangensaft (ungesüßt), 30 g Roastbeef, 30 g Vollkornbrot, 1 TL Halbfettmargarine, 50 g Orange zum Garnieren, Getränk nach Wunsch (kalorienfrei)

Mittagessen
Wachteleier im Nest (siehe Rezept S. 399), dazu: **Kräutersauce** (siehe Rezept S. 464), **Kalbfleisch Toledo** (siehe Rezept S. 292)
Dessert: 150 g Schokoladenpudding (kalorienarm), 60 g Himbeeren (Tiefkühlware)

Zwischenmahlzeit
Rhabarbertörtchen mit Sahne (siehe Rezept S. 520)

Abendessen
90 g Räucherlachs, 1 TL Halbfettmargarine, 30 g Brötchen, 1 TL Meerrettich, Petersilie, 150 g frischer Spargel

Zwischenmahlzeit
250 ml Milch (0,3% Fett)
Herren zusätzlich: 125 g Apfel, 60 g Banane, 30 g Vollkornbrot, 30 g Brötchen, am Mittag 30 g Kalbfleisch, am Abend 30 g Lachs
Jugendliche zusätzlich: 125 g Apfel, 60 g Banane, 30 g Vollkornbrot, 30 g Brötchen, 200 g Joghurt (0,3% Fett), 250 ml Milch (0,3% Fett), am Mittag 30 g Kalbfleisch, am Abend 30 g Lachs

20. Woche

Kapern sind die erbsengroßen, runden, grünbraunen Blütenknospen des Kapernstrauchs. Der etwa 1 m hohe, stachelige Strauch, der eigentlich wild im Mittelmeergebiet wächst, wird aber auch in unseren Gebieten angebaut.
Kapern schmecken würzig-herb und werden in Salzwasser, Essig oder Öl eingelegt. Die kleinsten sind übrigens auch die feinsten.
Kapern verfeinern Saucen und Ragouts. Als Zutaten sind sie unerläßlich zu Königsberger Klopsen und Tatar.
Pikant: Kapernbutter zu Fisch.
Am Dienstagabend finden Sie ein köstliches Leberrezept mit Kapern.

Montag

Frühstück
60 g Banane, 20 g Cornflakes, 200 ml Milch (1,5 % Fett), Getränk nach Wunsch (kalorienfrei)

Mittagessen
Hackfleischtaschen (siehe Rezept S. 267), dazu: 100 g eßfertiges Kartoffelpüree (Fertigprodukt), 1 TL Butter

Zwischenmahlzeit
Obstsalat aus: 50 g Orange, 50 g Ananas (konserviert ohne Zucker), 125 g Erdbeeren, 1 EL Ananassaft, Zitronensaft, ½ TL Honig

Abendessen
60 g Hartkäse, 2 Oliven, 30 g Vollkornbrot, 1 TL Margarine, 50 g Radieschen, 100 g Tomaten; Dessert: 200 ml Dickmilch (1,5 % Fett), 20 kcal Marmelade (kalorienarm)

Zwischenmahlzeit
150 ml Bier
Herren zusätzlich: 100 g Orange, 250 ml Gemüsesaft, 20 g Knäckebrot, 30 g Vollkornbrot, am Mittag 60 g Hackfleisch
Jugendliche zusätzlich: 100 g Orange, 250 ml Gemüsesaft, 20 g Knäckebrot, 30 g Vollkornbrot, 175 g Joghurt (1,5 % Fett), statt Bier 30 g Fruchtgummi, am Mittag 60 g Hackfleisch

Dienstag

Frühstück
20 g getrocknete Aprikosen, 75 g Hüttenkäse, 20 g Knäckebrot, 1 TL Margarine, Getränk nach Wunsch (kalorienfrei)

Mittagessen
2 Eier, in einer beschichteten Pfanne gebraten, 200 g Kohlrabi, gewürzt mit 1 TL geriebenem Käse, 30 g Weißbrot
Dessert: 125 ml Orangensaft (ungesüßt), 200 ml Milch (1,5 % Fett), Süßstoff, als Milch-Mix-Getränk

Zwischenmahlzeit
175 g Joghurt (1,5 % Fett), ½ TL Kakao, ½ TL Marmelade, Süßstoff

Abendessen
Leber mit Kapern (siehe Rezept S. 326), dazu: 200 g Blumenkohl, 100 g Salzkartoffeln

Zwischenmahlzeit
Grüner Salat (siehe Rezept S. 421), 20 kcal Fruchtnektar (kalorienarm)
Herren zusätzlich: 125 g Grapefruit, 60 g Banane, 30 g Weißbrot, 100 g Kartoffeln, am Abend 60 g Leber
Jugendliche zusätzlich: 125 g Grapefruit, 60 g Banane, 30 g Weißbrot, 100 g Kartoffeln, 200 ml Milch (1,5 % Fett), am Abend 60 g Leber

Mittwoch

Frühstück
Traubenknäcke (siehe Rezept S. 408), Getränk nach Wunsch (kalorienfrei)

Mittagessen
90—120 g Kabeljaufilet, in 10 g Mehl gewendet und in 1 TL Öl gebraten, 90 g zubereitete Nudeln, 100 g pürierte Tomaten (Dosenware) als Sauce
Dessert: 100 g Ananas (konserviert ohne Zucker) mit 2 EL Saft

Zwischenmahlzeit
200 ml Sauermilch (1,5 % Fett)

Abendessen
90 g Schweineschnitzel, in 1 TL Öl gebraten, 200 g Kohlrabi, dazu: **Käsesauce** (siehe Rezept S. 465)

Zwischenmahlzeit
125 g Grapefruit, Süßstoff, Zimt, 100 ml Milch (1,5 % Fett)
Herren zusätzlich: 60 g Banane, 100 g Orange, 60 g zubereitete Nudeln, 30 g Vollkornbrot, am Mittag 30 g Kabeljaufilet, am Abend 30 g Schweineschnitzel
Jugendliche zusätzlich: 60 g Banane, 100 g Orange, 60 g zubereitete Nudeln, 30 g Vollkornbrot, 200 g Vanillepudding (kalorienarm), am Mittag 30 g Kabeljaufilet, am Abend 30 g Schweineschnitzel

Donnerstag

Frühstück

20 g Rosinen, 20 g Haferflocken, 125 ml Milch (0,3 % Fett), Getränk nach Wunsch (kalorienfrei)

Mittagessen

Schäfertopf (siehe Rezept S. 258)
Dessert: 100 g Joghurt (0,3 % Fett), 50 kcal Pfirsiche (kalorienreduziert)

Zwischenmahlzeit

200 ml Milch (1,5 % Fett), 125 g Erdbeeren, 1 TL geraspelte Kokosnuß

Abendessen

150 g Speisequark mit Kräutern, 100 g Pellkartoffeln, 100 g Kopfsalat, Marinade aus: 2 TL Öl, Essig

Zwischenmahlzeit

20 kcal Limonade (kalorienarm)

Herren zusätzlich: 250 ml Tomatensaft, 125 g Erdbeeren, 20 g Haferflocken, 100 g Kartoffeln, am Mittag 30 g Rindfleisch

Jugendliche zusätzlich: 250 ml Tomatensaft, 125 g Erdbeeren, 20 g Haferflocken, 100 g Kartoffeln, 200 ml Milch (1,5 % Fett), 200 g Joghurt (0,3 % Fett), am Mittag 30 g Rindfleisch

Freitag

Frühstück

100 g Orange, 30 g Roastbeef, 1 TL Margarine, 30 g Vollkornbrot, 50 g Gewürzgurke, Getränk nach Wunsch (kalorienfrei)

Mittagessen

75 g Speisequark (Magerstufe), 30 g Edelpilzkäse, 30 g Brötchen, 1 TL Margarine, 200 g Tomate

Zwischenmahlzeit

200 g Vanillepudding (kalorienarm), 50 kcal Aprikosen (kalorienreduziert)

Abendessen

Thunfisch Indische Art (siehe Rezept S. 362), dazu: 60 g zubereiteter Reis

Zwischenmahlzeit

200 ml Dickmilch (1,5 % Fett), 1 TL Weizenkeime, ½ TL Honig

Herren zusätzlich: 50 kcal Aprikosen (kalorienreduziert), 100 g Orange, 30 g Brötchen, 60 g zubereiteter Reis, am Abend 60 g Thunfisch

Jugendliche zusätzlich: 50 kcal Aprikosen (kalorienreduziert), 100 g Orange, 30 g Brötchen, 60 g zubereiteter Reis, 200 ml Milch (1,5 % Fett), am Abend 60 g Thunfisch

Samstag

Frühstück
125 g Grapefruit, 75 g Speisequark (Magerstufe), 20 g Vollkornknäckebrot, Getränk nach Wunsch (kalorienfrei)

Mittagessen
Tomaten-Rühreier (siehe Rezept S. 400), dazu: 300 g Spinat
Dessert: **Gegrillter Schokoladenpudding** (siehe Rezept S. 475)

Zwischenmahlzeit
60 g Banane (zermust) auf 20 g Zwieback streichen, 100 ml Milch (1,5 % Fett)

Abendessen
90—120 g Tatar (Beefsteakhack), 30 g Vollkornbrot, 1 TL Margarine, 50 g Paprikaschote, 50 g Radieschen, 50 g Tomate, 100 g Kopfsalat, Marinade aus: 2 TL Öl, Essig, Kresse

Zwischenmahlzeit
125 g Himbeeren (Tiefkühlware) und 25 g Magermilchpulver mit Zitronensaft und Süßstoff zu »Eiscreme« schlagen
Herren zusätzlich: 125 g Apfel, 125 g Grapefruit, 20 g Knäckebrot, 30 g Vollkornbrot, am Abend 60 g Tatar
Jugendliche zusätzlich: 125 g Apfel, 125 g Grapefruit, 20 g Knäckebrot, 30 g Vollkornbrot, 175 g Joghurt (1,5 % Fett), am Abend 60 g Tatar

Sonntag

Frühstück
100 g Mango *oder* 100 g Orange, 30 g Roastbeef, 1 TL Margarine, 30 g Brötchen, ½ TL Marmelade, Getränk nach Wunsch (kalorienfrei)

Mittagessen
Kabeljauschaschlik (siehe Rezept S. 344), dazu: 100 g Kartoffeln, in Aluminiumfolie gebacken, **Eisbergsalat Hawaii** (siehe Rezept S. 425)
Dessert: 175 g Joghurt (1,5 % Fett), 20 kcal Gelee (kalorienarm)

Zwischenmahlzeit
Kaffee-Kokosnuß-Kugeln (siehe Rezept S. 524)

Abendessen
90 g Geflügelwurst, 30 g Vollkornbrot, 1 TL Margarine, 50 g Gewürzgurke
Dessert: 75 g Birne

Zwischenmahlzeit
250 ml Apfelwein
Herren zusätzlich: 125 g Apfel, 250 ml Tomatensaft, 30 g Brötchen, 30 g Vollkornbrot, am Mittag 30 g Kabeljaufilet, am Abend 30 g Geflügelwurst
Jugendliche zusätzlich: 125 g Apfel, 250 ml Tomatensaft, 30 g Brötchen, 30 g Vollkornbrot, 100 g Speisequark (Magerstufe), am Mittag 30 g Kabeljaufilet, am Abend 30 g Geflügelwurst

21. Woche

Wenn man die Lieblingsspeise einer Nation nach der Häufigkeit des Verzehrs bestimmt, so steht in unserem Land das Hähnchen an erster Stelle. Da dieses Geflügel am liebsten schon im gegrillten Zustand gekauft wird — man spart dadurch Strom, und die Zubereitung entfällt —, ist es ein ideales warmes Essen für Berufstätige.
Schon vorgekochte Hühner in der Dose eignen sich vorzüglich für Geflügelsalate. Tiefgefrorene Hähnchen haben den Vorteil, daß sie preisgünstiger angeboten werden. Einzelteile wie Schenkel und Brust sind, wenn man sie grillt, ein schnelles und kalorienarmes Essen.
Das magere weiße Fleisch von Hühnern und Puten ist besonders zart und wohlschmeckend, außerdem eiweißreich, leicht verdaulich und sehr bekömmlich.
Ob man Geflügel grillt, in der Folie oder in der Tonform gart oder schmort, die vielfachen Zubereitungsmöglichkeiten bereichern den Speiseplan. Unser Lieblingsrezept dieser Woche ist »Hähnchen in Rotweinsauce«.

Montag

Frühstück
125 g Pfirsiche, 20 g Cornflakes, 200 ml Milch (1,5 % Fett), Getränk nach Wunsch (kalorienfrei)

Mittagessen
Rinderleber »Singapore« (siehe Rezept S. 329), dazu: 60 g zubereiteter Reis

Zwischenmahlzeit
100 g Orange, 100 g Speisequark (Magerstufe), ½ TL Kakao, Süßstoff

Abendessen
60 g Edamer, 1 ½ TL Margarine, 30 g Vollkornbrot, 100 g Gurke, 100 g Rettich

Zwischenmahlzeit
20 kcal Fruchtnektar (kalorienarm)

Herren zusätzlich: 125 ml Orangensaft (ungesüßt), 200 g Wassermelone, 20 g Cornflakes, 30 g Vollkornbrot, am Mittag 60 g Leber

Jugendliche zusätzlich: 125 ml Orangensaft (ungesüßt), **Ananas-Bananen-Milchshake** (siehe Rezept S. 533), 20 g Cornflakes, 30 g Vollkornbrot, am Mittag 60 g Leber

Dienstag

Frühstück
125 ml Orangensaft (ungesüßt), 20 g Knäckebrot, 1 TL Margarine, 30 g Camembert, 2 Oliven, 50 g Radieschen, Getränk nach Wunsch (kalorienfrei)

Mittagessen
90 g Putenschnitzel, in 1 TL Öl gebraten, 100 g Kartoffeln, 100 g Erbsen, 100 g Möhren

Zwischenmahlzeit
100 g Honigmelone, 200 ml Kefir (1,5 % Fett)

Abendessen
Fischsalat »Rosana« (siehe Rezept S. 454), dazu: 30 g Vollkornbrot

Zwischenmahlzeit
150 g Joghurt (0,3 % Fett), 29 kcal kcal Marmelade (kalorienarm), 1 EL Weizenkleie

Herren zusätzlich: 60 g Banane, 125 g Apfel, 100 g Kartoffeln, 30 g Vollkornbrot, am Mittag 30 g Putenschnitzel, am Abend 30 g Rotbarschfilet

Jugendliche zusätzlich: 60 g Banane, 125 g Apfel, 100 g Kartoffeln, 30 g Vollkornbrot, 200 ml Milch (1,5 % Fett), 100 g Speisequark (Magerstufe), am Mittag 30 g Putenschnitzel, am Abend 30 g Rotbarschfilet

Mittwoch

Frühstück
250 ml Tomatensaft, 1 Ei, 30 g Brötchen, 1 TL Butter, Getränk nach Wunsch (kalorienfrei)

Mittagessen
150 g Speisequark (Magerstufe), verrührt mit 1 EL Tomatenmark, 100 g Pellkartoffeln, 100 g rote Bete (Glas)

Zwischenmahlzeit
Joghurt-Frucht-Pudding (siehe Rezept S. 476)

Abendessen
90—120 g Bismarckhering, 100 g eßfertiges Kartoffelpüree (Fertigprodukt), 50 g Gewürzgurke, 100 g Kopfsalat, 50 g Radieschen, 100 g Tomaten, Marinade aus: 2 TL Öl, Essig, Kräutern

Zwischenmahlzeit
200 ml Dickmilch (1,5 % Fett), kalorienarme Dessertsauce (20 kcal)

Herren zusätzlich: 100 g Orange, 80 ml Traubensaft (ungesüßt), 30 g Brötchen, 100 g eßfertiges Kartoffelpüree (Fertigprodukt), am Abend 30 g Bismarckhering

Jugendliche zusätzlich: 100 g Orange, 80 ml Traubensaft (ungesüßt), 30 g Brötchen, 100 g eßfertiges Kartoffelpüree (Fertigprodukt), 200 g Schokoladenpudding (kalorienarm), am Abend 60 g Bismarckhering

Donnerstag

Frühstück

125 g Grapefruit, 30 g Tatar (Beefsteakhack), 1 TL Margarine, 30 g Vollkornbrot, 25 g Zwiebel, Getränk nach Wunsch (kalorienfrei)

Mittagessen

Hähnchen in Rotweinsauce (siehe Rezept S. 301), dazu: 100 g Kartoffeln
Dessert: 100 g Speisequark (Magerstufe)

Zwischenmahlzeit

10 g einfache Kekse, 80 ml Traubensaft (ungesüßt)

Abendessen

90 g aufgeschnittener magerer Schweinebraten, 1 TL süßer Senf, 30 g Mischbrot, 1 TL Margarine
Dessert: 200 ml Milch (1,5 % Fett), ½ TL Kakao

Zwischenmahlzeit

200 g Kopfsalat, 20 kcal Salatsauce (kalorienarm), 125 g Apfel

Herren zusätzlich: 125 g Erdbeeren, 125 g Apfel, 100 g Kartoffeln, 30 g Mischbrot, am Mittag 30 g Hähnchen, am Abend 30 g Schweinebraten

Jugendliche zusätzlich: 125 g Erdbeeren, 125 g Apfel, 100 g Kartoffeln, 30 g Mischbrot, 175 g Joghurt (1,5 % Fett), 200 ml Milch (1,5 % Fett), am Mittag 30 g Hähnchen, am Abend 30 g Schweinebraten

Freitag

Frühstück

125 g Erdbeeren, 20 g Grieß, 200 ml Milch (1,5 % Fett), Getränk nach Wunsch (kalorienfrei)

Mittagessen

120 g gegrilltes Rindersteak, 300 g grüne Bohnen, 100 g Kartoffeln
Dessert: 100 g Joghurt (0,3 % Fett), 20 kcal Konfitüre (kalorienarm)

Zwischenmahlzeit

20 g Knäckebrot, 2 TL Halbfettmargarine, ½ TL Honig, ½ TL Marmelade

Abendessen

Amsterdamer Tomatensuppe (siehe Rezept S. 222), 1 hartgekochtes Ei, 30 g Vollkornbrot, 1 TL Margarine
Dessert: 50 kcal Aprikosen (kalorienreduziert)

Zwischenmahlzeit

20 g getrocknete Pflaumen, 125 ml Milch (0,3 % Fett), ½ TL Kakao, Süßstoff

Herren zusätzlich: 100 g Kiwi, 60 g Banane, 100 g Kartoffeln, 30 g Vollkornbrot, am Mittag 60 g Rindersteak

Jugendliche zusätzlich: 100 g Kiwi, 60 g Banane, 100 g Kartoffeln, 30 g Vollkornbrot, 100 g Speisequark (Magerstufe), am Mittag 60 g Rindersteak

Samstag

Frühstück
125 g Apfel, 30 g Roastbeef, 1 TL Halbfettmargarine, 30 g Brötchen, 1 TL Meerrettich, Getränk nach Wunsch (kalorienfrei)

Mittagessen
Überraschungsauflauf (siehe Rezept S. 412), dazu: 100 g Kopfsalat, 20 kcal Salatsauce (kalorienarm)

Zwischenmahlzeit
Erdbeer-Mango-Creme (siehe Rezept S. 481)

Abendessen
90 g geräucherte Forelle, 30 g Vollkornbrot, 1 TL Halbfettmargarine, 50 g Gewürzgurke
Dessert: 60 g Banane, 1 EL süße Sahne, ½ TL Kaffeepulver, Süßstoff

Zwischenmahlzeit
10 g Zwieback, 1 TL Marmelade
Herren zusätzlich: 125 ml Grapefruitsaft (ungesüßt), 100 g Orange, 30 g Brötchen, 30 g Vollkornbrot, am Mittag 15 g Schinken, am Abend 30 g Forelle
Jugendliche zusätzlich: 125 ml Grapefruitsaft (ungesüßt), 100 g Orange, 30 g Brötchen, 30 g Vollkornbrot, 175 g Joghurt (1,5 % Fett), am Mittag 15 g Schinken, am Abend 30 g Forelle

Sonntag

Frühstück
100 g Kiwi, 1 Ei, 1 TL Halbfettbutter, 30 g Mohnbrötchen, Getränk nach Wunsch (kalorienfrei)

Mittagessen
Curry-Kalbfleisch (siehe Rezept S. 286), dazu: 60 g zubereiteter Reis
Dessert: 100 g Speisequark (Magerstufe), 20 kcal Marmelade (kalorienarm)

Zwischenmahlzeit
Rotweinspeise (siehe Rezept S. 476)

Abendessen
30 g Schmelzkäse, 60 g Roastbeef, 1 TL Halbfettmargarine, 30 g Vollkornbrot, 2 Oliven, 50 g eingelegte Artischocken, 100 g Kopfsalat, 100 g Tomaten, Marinade aus: 1 TL Öl, Essig

Zwischenmahlzeit
125 ml Milch (0,3 % Fett), ½ TL Kakao, Süßstoff, 100 g Wassermelone
Herren zusätzlich: 125 g Pfirsiche, 250 ml Gemüsesaft, 60 g zubereiteter Reis, 30 g Vollkornbrot, am Mittag 30 g Kalbsschnitzel, am Abend 30 g Roastbeef
Jugendliche zusätzlich: 125 g Pfirsiche, 250 ml Gemüsesaft, 60 g zubereiteter Reis, 30 g Vollkornbrot, 300 ml Milch (1,5 % Fett), am Mittag 30 g Kalbsschnitzel, am Abend 30 g Roastbeef

22. Woche

Petersilie, Dill und Schnittlauch liegen an der Spitze des Kräuterverbrauchs. Sie sind neben Zitronenmelisse, Kresse und Borretsch die bekanntesten und enthalten sehr viel Vitamin C und Mineralstoffe. Deshalb sind sie bei einer Reduktionskost von großer Bedeutung. In den letzten Jahren haben sich aber auch Kräuter wie Basilikum, Oregano, Rosmarin, Salbei und Thymian in unserer Küche durchgesetzt. Diese Kräuter gehören zu typischen südländischen Speisen und sind frisch auf gut sortierten Märkten zu finden. Sie haben ein besonders ausgeprägtes Aroma und sollten deshalb im getrockneten Zustand dosiert verwendet werden.

Getrocknete Kräutermischungen, wie z.B. »Kräuter der Provence«, findet man heute in allen Supermärkten. Sie sind, gut verschlossen aufbewahrt, praktisch unbegrenzt haltbar.

Montag

Frühstück
20 g Rosinen, 75 g Speisequark (Magerstufe), Süßstoff, 20 g Knäckebrot, Getränk nach Wunsch (kalorienfrei)

Mittagessen
Leberspieße (siehe Rezept S. 328), dazu: 60 g zubereiteter Reis
Dessert: 175 g Joghurt (1,5 % Fett), ½ TL Marmelade

Zwischenmahlzeit
125 g Erdbeeren mit 25 g Magermilchpulver pürieren, 1 TL geraspelte Kokosnuß zum Bestreuen

Abendessen
60 g Hartkäse, 1 TL Margarine, 30 g Vollkornbrot, 100 g Radieschen

Zwischenmahlzeit
200 g Gurke, Marinade aus: 2 TL Öl, Zitronensaft, Schnittlauch, 20 kcal Limonade (kalorienarm)

Herren zusätzlich: 100 g Nektarinen, 125 g Apfel, 60 g zubereiteter Reis., 30 g Vollkornbrot, am Mittag 60 g Leber

Jugendliche zusätzlich: 100 g Nektarinen, 125 g Apfel, 60 g zubereiteter Reis, 30 g Vollkornbrot, 100 g Speisequark (Magerstufe), 200 ml Milch (1,5 % Fett), am Mittag 60 g Leber

Dienstag

Frühstück
125 g Pfirsiche, 20 g Cornflakes, 200 ml Milch (1,5 % Fett), Getränk nach Wunsch (kalorienfrei)

Mittagessen
120 g Schweinesteak, in 1 TL Öl gebraten, 300 g Broccoli, 1 TL geriebener Käse

Zwischenmahlzeit
200 ml Dickmilch (1,5 % Fett), 100 g Orange, 1 TL geraspelte Kokosnuß

Abendessen
Schinken mit Mainzer Spargel (siehe Rezept S. 284), dazu: 100 g Kartoffeln

Zwischenmahlzeit
250 ml Gemüsesaft, 20 g Knäckebrot, 1 TL Margarine, ½ TL Honig
Herren zusätzlich: 125 g Erdbeeren, 100 g Orange, 100 g Kartoffeln, 20 g Knäckebrot, am Mittag 30 g Schweinesteak, am Abend 30 g Schinken
Jugendliche zusätzlich: 125 g Erdbeeren, 100 g Orange, 100 g Kartoffeln, 20 g Knäckebrot, 200 g Vanillepudding (kalorienarm), 175 g Joghurt (1,5 % Fett), am Mittag 30 g Schweinesteak, am Abend 30 g Schinken

Mittwoch

Frühstück
Käsetoast (siehe Rezept S. 419), dazu: 100 g Birne, Getränk nach Wunsch (kalorienfrei)

Mittagessen
90 g geräuchertes Rotbarschfilet, 30 g Vollkornbrot, 1 TL Margarine, 100 g Tomate

Zwischenmahlzeit
100 g Speisequark (Magerstufe), 20 g getrocknete Aprikosen, 1 TL Kakao, Rumaroma, 20 kcal Fruchtnektar (kalorienarm)

Abendessen
Südländischer Fleischtopf (siehe Rezept S. 253), dazu: 60 g zubereitete Nudeln

Zwischenmahlzeit
125 ml Grapefruitsaft (ungesüßt), 250 ml Buttermilch (1 % Fett) als Milchmixgetränk
Herren zusätzlich: **Apfelkompott** (siehe Rezept S. 493), 30 g Vollkornbrot, 60 g zubereitete Nudeln, am Mittag 30 g Rotbarschfilet, am Abend 30 g Rindergulasch
Jugendliche zusätzlich: **Apfelkompott** (siehe Rezept S. 493), 30 g Vollkornbrot, 60 g zubereitete Nudeln, 250 ml Milch (0,3 % Fett), am Mittag 30 g Rotbarschfilet, am Abend 30 g Rindergulasch

Donnerstag

Frühstück
125 g Apfel, 30 g Edamer, 1 TL Margarine, 30 g Vollkornbrot, Getränk nach Wunsch (kalorienfrei)

Mittagessen
150 g Speisequark vermengt mit Kräutern, 30 g Vollkornbrot, 2 TL Halbfettmargarine, 100 g Gurken, 100 g Tomaten, 100 g Kopfsalat, 4 Oliven, 20 kcal Salatsauce (kalorienarm)

Zwischenmahlzeit
Bananen-Dickmilch-Drink (siehe Rezept S. 531)

Abendessen
Putensteaks in Zitrone (siehe Rezept S. 312), dazu: 75 g eßfertiges Kartoffelpüree (Fertigprodukt)
Dessert' 175 g Joghurt (1,5 % Fett)

Zwischenmahlzeit
125 g Grapefruit, 100 g Möhren in Brühe von ½ kleinen Brühwürfel, 200 ml Bier
Herren zusätzlich: 125 g Pfirsiche, 60 g Banane, 30 g Vollkornbrot, 100 g eßfertiges Kartoffelpüree (Fertigprodukt), am Abend 60 g Putensteak
Jugendliche zusätzlich: 125 g Pfirsiche, 60 g Banane, 30 g Vollkornbrot, 100 g eßfertiges Kartoffelpüree (Fertigprodukt), 200 ml Dickmilch (1,5 % Fett), statt Bier 30 g Lakritze, am Abend 60 g Putensteak

Freitag

Frühstück
60 g Banane, 20 g Haferflocken, ½ TL Sesamkörner, 125 ml Milch (0,3 % Fett), Getränk nach Wunsch (kalorienfrei)

Mittagessen
Schellfischfilets in Alufolie (siehe Rezept S. 346), dazu: 100 g eßfertiges Kartoffelpüree (Fertigprodukt)
Dessert: 100 ml Sauermilch (1,5 % Fett), 20 kcal Fruchtnektar (kalorienarm)

Zwischenmahlzeit
200 ml Milch (1,5 % Fett), 1 TL Kakao, Süßstoff

Abendessen
150 g Hüttenkäse, 30 g Vollkornbrot, 1 TL Margarine, **Spinatsalat mit Äpfeln** (siehe Rezept S. 424)

Zwischenmahlzeit
125 ml Orangensaft (ungesüßt)
Herren zusätzlich: 125 g Grapefruit, 20 g getrocknete Pflaumen, 100 g eßfertiges Kartoffelpüree (Fertigprodukt), 20 g Knäckebrot, am Mittag 30 g Schellfisch, am Abend 75 g Hüttenkäse
Jugendliche zusätzlich: 125 g Grapefruit, 20 g getrocknete Pflaumen, 100 g eßfertiges Kartoffelpüree (Fertigprodukt), 20 g Knäckebrot, 175 g Joghurt (1,5 % Fett), am Mittag 30 g Schellfisch, am Abend 75 g Hüttenkäse

Samstag

Frühstück
250 ml Tomatensaft, 1 Ei, 30 g Vollkornbrot, 1 TL Margarine, Getränk nach Wunsch (kalorienfrei)

Mittagessen
Pikante Hamburger (siehe Rezept S. 262), 100 g Kopfsalat, 100 g Gurke, 20 kcal Salatsauce (kalorienarm)
Dessert: 175 g Joghurt (1,5 % Fett), 50 kcal Stachelbeeren (kalorienreduziert)

Zwischenmahlzeit
20 g Zwieback, 1 TL Halbfettmargarine, ½ TL Marmelade (kalorienarm)

Abendessen
90 g Roastbeef, 1 TL Meerrettich, 100 g Kartoffeln und 50 g Zwiebeln, in 1 TL Öl gebraten, 50 g Gewürzgurken

Zwischenmahlzeit
200 ml Dickmilch (1,5 % Fett), ½ TL Kaffeepulver, Süßstoff, 20 g getrocknete Pflaumen
Herren zusätzlich: 50 kcal Stachelbeeren (kalorienreduziert), 125 g Apfel, 20 g Zwieback, 100 g Kartoffeln, am Mittag 30 g Rinderhack, am Abend 30 g Roastbeef
Jugendliche zusätzlich: 50 kcal Stachelbeeren (kalorienreduziert), 125 g Apfel, 20 g Zwieback, 100 g Kartoffeln, 250 ml Milch (0,3 % Fett), am Mittag 30 g Rinderhack, am Abend 30 g Roastbeef

Sonntag

Frühstück
125 g Grapefruit, 1 Ei, 30 g Brötchen, 1 TL Butter, Getränk nach Wunsch (kalorienfrei)

Mittagessen
90 g geräucherte Austern (konserviert in Wasser), 30 g Toastbrot, 1 TL Margarine, 50 g eingelegter Kürbis
Dessert: 125 g Apfel

Zwischenmahlzeit
125 g Erdbeeren, 35 g süße Sahne

Abendessen
Hähnchen »Provencal« (siehe Rezept S. 308), dazu: 60 g zubereiteter Reis
Dessert: 100 g Speisequark (Magerstufe), 1 TL Kakao, Süßstoff

Zwischenmahlzeit
200 g Schokoladenpudding (kalorienarm), 20 kcal Dessertsauce (kalorienarm)
Herren zusätzlich: 60 g Banane, 125 g Grapefruit, 30 g Toastbrot, 60 g zubereiteter Reis, am Mittag 30 g Austern, am Abend 30 g Hähnchen
Jugendliche zusätzlich: 60 g Banane, 125 g Grapefruit, 30 g Toastbrot, 60 g zubereiteter Reis, 175 g Joghurt (1,5 % Fett), 200 ml Milch (1,5 % Fett), am Mittag 30 g Austern, am Abend 30 g Hähnchen

23. Woche

Feiertage können während einer Reduktionskost problematisch werden. Das liegt zum Teil daran, daß man an alten und liebgewonnenen Gewohnheiten hängt. Ein ausgedehntes Frühstück, Festtagsmenü, anschließend Kaffee und Kuchen und dann noch ein üppiges Abendessen sorgen dafür, daß die Waage in den nächsten Tagen weiter ausschlägt als erwünscht. Daß dies nicht sein muß, sieht man an den Speisen, die für Pfingsten vorgeschlagen werden.

Die Rezepte, die Sie hier vorfinden, sind nicht nur auf bewußt kalorienarme und trotzdem wohlschmeckende Mahlzeiten ausgelegt, sondern auch darauf, den Streß abzubauen, mit dem jede Hausfrau an solchen Feiertagen fertig werden muß. Ihre Familie wird es Ihnen danken.

Montag

Frühstück
100 g Aprikosen, 30 g Vollkornbrot, 30 g Schmelzkäse, 2 TL Halbfettmargarine, 2 Oliven, Getränk nach Wunsch (kalorienfrei)

Mittagessen
Hüttenkäse mit Gemüse (siehe Rezept S. 236), dazu: 30 g Weißbrot, 1 TL Margarine

Zwischenmahlzeit
100 g Speisequark (Magerstufe), 1 TL Kakao, Rumaroma, 100 g Sauerkirschen, Süßstoff

Abendessen
90 g geräucherte Putenbrust, 100 g Kartoffeln, 200 g Kohlrabi, 1 TL geriebener Käse, 1 TL Margarine
Dessert: 150 g Joghurt (0,3 % Fett), 20 kcal Konfitüre (kalorienarm)

Zwischenmahlzeit
250 ml Tomatensaft

Herren zusätzlich: 125 g Apfel, 125 g Pfirsiche, 30 g Vollkornbrot, 100 g Kartoffeln, am Abend 60 g Putenbrust

Jugendliche zusätzlich: 125 g Apfel, 125 g Pfirsiche, 30 g Vollkornbrot, 100 g Kartoffeln, 200 ml Milch (1,5 % Fett), 200 ml Sauermilch (1,5 % Fett), am Abend 60 g Putenbrust

Dienstag

Frühstück

125 g Pfirsiche, 20 g Cornflakes, 125 ml Milch (0,3 % Fett), Getränk nach Wunsch (kalorienfrei)

Mittagessen

Schollenfilets in Orangensauce (siehe Rezept S. 353), dazu: 60 g zubereiteter Reis

Zwischenmahlzeit

175 g Joghurt (1,5 % Fett), 30 g Banane, Süßstoff, ½ TL Sesamkörner

Abendessen

90—120 g Tatar (Beefsteakhack), 25 g Zwiebeln, 30 g Vollkornbrot, 3 TL Halbfettmargarine, 100 g Radieschen, 100 g Tomaten, 1 TL Relish

Zwischenmahlzeit

125 g Grapefruit, 100 ml Kefir (1,5 % Fett), 20 kcal Fruchtnektar (kalorienarm)

Herren zusätzlich: 100 g Nektarinen, 100 g Sauerkirschen, 60 g zubereiteter Reis, 30 g Vollkornbrot, am Mittag 30 g Schollenfilet, am Abend 30 g Tatar

Jugendliche zusätzlich: 100 g Nektarinen, 100 g Sauerkirschen, 60 g zubereiteter Reis, 30 g Vollkornbrot, 200 g Schokoladenpudding (kalorienarm), am Mittag 30 g Schollenfilet, am Abend 30 g Tatar

Mittwoch

Frühstück

125 ml Orangensaft (ungesüßt), 20 g Knäckebrot, 75 g Schichtkäse, 1 TL Margarine, 20 kcal Konfitüre (kalorienarm), Getränk nach Wunsch (kalorienfrei)

Mittagessen

90—120 g Kalbssteak, in 1 TL Öl gebraten, 200 g Spargel, 100 g Kartoffeln

Zwischenmahlzeit

Bananencreme (siehe Rezept S. 480)

Abendessen

2 Spiegeleier, in 1 TL Öl gebraten, 30 g Vollkornbrot, 200 g Gurken als Salat, Marinade aus: 175 g Joghurt (1,5 % Fett), Senf, Kräutern

Zwischenmahlzeit

200 g Wassermelone, 125 ml Sauerkrautsaft

Herren zusätzlich: 100 g Ananas, 100 g Kiwi, 100 g Kartoffeln, 30 g Vollkornbrot, am Mittag 60 g Kalbssteak

Jugendliche zusätzlich: 100 g Ananas, 100 g Kiwi, 100 g Kartoffeln, 30 g Vollkornbrot, 100 g Speisequark (Magerstufe), am Mittag 60 g Kalbssteak

Donnerstag

Frühstück

125 g Grapefruit, 1 Ei, 1 TL Butter, 30 g Brötchen, Getränk nach Wunsch (kalorienfrei)

Mittagessen

90—120 g Leber und 125 g Apfel, in 1 TL Öl gebraten, 100 g eßfertiges Kartoffelpüree (Fertigprodukt), dazu: **Relish-Salat** (siehe Rezept S. 428)

Zwischenmahlzeit

200 ml Dickmilch (1,5 % Fett), 20 g einfache Kekse, 20 kcal Limonade (kalorienarm)

Abendessen

90 g Thunfisch (konserviert in Wasser), 25 g Zwiebel, 70 g Mais und 4 Oliven als Salat, Marinade aus: Zitronensaft, Süßstoff
Dessert: 100 g Nektarinen

Zwischenmahlzeit

200 ml Milch (1,5 % Fett), 1 TL Kakao, Süßstoff

Herren zusätzlich: 200 g Honigmelone, 100 g Orange, 100 g eßfertiges Kartoffelpüree (Fertigprodukt), 30 g Vollkornbrot, am Mittag 30 g Leber, am Abend 30 g Thunfisch

Jugendliche zusätzlich: 200 g Honigmelone, 100 g Orange, 100 g eßfertiges Kartoffelpüree (Fertigprodukt), 30 g Vollkornbrot, 175 g Joghurt (1,5 % Fett), am Mittag 30 g Leber, am Abend 30 g Thunfisch

Freitag

Frühstück

20 g Rosinen, 20 g Grieß, 200 ml Milch (1,5 % Fett), Süßstoff, Zimt, Getränk nach Wunsch (kalorienfrei)

Mittagessen

90—120 g gegrilltes Schweineschnitzel, 30 g Weißbrot, 1 TL Margarine, 200 g Kopfsalat, 20 kcal Salatsauce (kalorienarm)
Dessert: 175 g Joghurt (1,5 % Fett)

Zwischenmahlzeit

20 g Zwieback, 1 TL Margarine, 1 TL Honig, 100 g Kiwi

Abendessen

90—120 g Rinderhack, vermengt mit 25 g gegrillten Zwiebeln, dazu: **Gemüserouladen** (siehe Rezept S. 387)

Zwischenmahlzeit

60 g Banane, in 1 TL Butter gebraten, mit 1 TL Kakao bestreut

Herren zusätzlich: 60 g Banane, 250 ml Tomatensaft, 30 g Weißbrot, 20 g Zwieback, am Mittag 30 g Schweineschnitzel, am Abend 30 g Rinderhack

Jugendliche zusätzlich: 60 g Banane, 250 ml Tomatensaft, 30 g Weißbrot, 20 g Zwieback, 200 ml Milch (1,5 % Fett), am Mittag 30 g Schweineschnitzel, am Abend 30 g Rinderhack

Samstag

Frühstück

125 ml Apfelsaft (ungesüßt), **Honig-Kokosnuß-Toast** (siehe Rezept S. 503), Getränk nach Wunsch (kalorienfrei)

Mittagessen

90—120 g gedünstetes Goldbarschfilet, 100 g Kartoffeln, 200 g Blumenkohl, 1 TL Margarine, 1 TL geriebener Käse

Zwischenmahlzeit

100 g Ananas, 190 ml Milch (1,5 % Fett)

Abendessen

60 g Gouda, 20 g Knäckebrot, 1 TL Margarine, 200 g Kopfsalat, Marinade aus: 175 g Joghurt (1,5 % Fett), Zitronensaft, Süßstoff

Zwischenmahlzeit

100 g Papaya oder 100 g Orange, 125 ml Weißwein

Herren zusätzlich: 100 g Nektarinen, 125 g Grapefruit, 100 g Kartoffeln, 20 g Knäckebrot, am Mittag 60 g Goldbarschfilet

Jugendliche zusätzlich: 100 g Nektarinen, 125 g Grapefruit, 100 g Kartoffeln, 20 g Knäckebrot, 100 g Speisequark (Magerstufe), 250 ml Milch (0,3 % Fett), statt Wein 30 g Weingummi, am Mittag 60 g Goldbarschfilet

Sonntag

Frühstück

125 ml Orangensaft (ungesüßt), 30 g Roastbeef, 1 TL Halbfettmargarine, ½ TL Mayonnaise, 30 g Brötchen, ½ TL Marmelade, Getränk nach Wunsch (kalorienfrei)

Mittagessen

250 g Wassermelone, 45 g roher Schinken, **Pfeffersteak mit Knoblauchbutter** (siehe Rezept S. 245), dazu: 200 g Spargel, 100 g Kartoffeln
Dessert: **Ananasmoussee** (siehe Rezept S. 479)

Zwischenmahlzeit

20 kcal Fruchtnektar (kalorienarm), 125 ml Buttermilch (1 % Fett) als Milchmixgetränk

Abendessen

150 g Speisequark (Magerstufe), vermengt mit 25 g Zwiebeln und 100 g Paprikaschoten, 20 g Knäckebrot, 1 TL Margarine

Zwischenmahlzeit

250 ml Milch (1,5 % Fett)

Herren zusätzlich: 100 g Ananas, 250 ml Gemüsesaft, 100 g Kartoffeln, 20 g Knäckebrot, am Mittag 60 g Rindersteak

Jugendliche zusätzlich: 100 g Ananas, 250 ml Gemüsesaft, 100 g Kartoffeln, 20 g Knäckebrot, 200 g Vanillepudding (kalorienarm), am Mittag 60 g Rindersteak

24. Woche

Obwohl sehr kalorienreich, ist Honig für die menschliche Nahrung recht wertvoll, da er ein direkter Energiespender ist. Er besteht nur aus einem Prozent Rohrzucker, im übrigen aus Frucht- und Traubenzucker und geht deshalb direkt in den Blutkreislauf. Er enthält wichtige Mineralien, aber auch kleine Mengen an Vitaminen aus der B-Gruppe und etwas Vitamin C.
Süßspeisen, die mit Honig gesüßt werden, sind geschmacklich feiner und abgerundeter.
Es gibt viele verschiedene Honigarten, wie z. B. Lindenblüten-, Akazien-, Heide- oder Tannenhonig. Man sollte unbedingt darauf achten, daß es sich um Imkerhonig handelt, denn dann ist gewährleistet, daß er noch alle wertvollen Nährstoffe enthält.
Sie werden feststellen, daß ein Bestandteil der in diesem Kochbuch befindlichen Süßspeisen Honig ist, so z. B. bei vielen Nachspeisen.

Montag

Frühstück
125 g Pfirsiche, 1 Ei, ½ TL Halbfettbutter, 30 g Brötchen, Getränk nach Wunsch (kalorienfrei)

Mittagessen
Joghurt-Pilz-Cocktail (siehe Rezept S. 234), 60 g gedünstetes Kabeljaufilet, 1 TL Meerrettich, 100 g Kartoffeln, 200 g Möhren, 1 TL geschmolzene Halbfettbutter
Dessert: **Erdbeer-Käse-Torte** (siehe Rezept S. 518)

Zwischenmahlzeit
50 g Kiwi

Abendessen
Blumenkohlcremesuppe (siehe Rezept S. 225), 30 g Edamer und 30 g Camembert in Würfeln mit 75 g Trauben und 2 Oliven als Käsespieße

Zwischenmahlzeit
100 g Kopfsalat, Marinade aus: Zitronensaft, Süßstoff, 25 g Joghurt (0,3 % Fett)

Herren zusätzlich: 200 g Melone, 250 ml Tomatensaft, 100 g Kartoffeln, 30 g Vollkornbrot, am Mittag 60 g Kabeljaufilet

Jugendliche zusätzlich: 200 g Melone, 250 ml Tomatensaft, 100 g Kartoffeln, 30 g Vollkornbrot, 250 ml Milch (0,3 % Fett), am Mittag 60 g Kabeljaufilet

Dienstag

Frühstück

60 g Banane, 20 g Cornflakes, 125 ml Milch (0,3 % Fett), Getränk nach Wunsch (kalorienfrei)

Mittagessen

150 g Hüttenkäse, 30 g Vollkornbrot, 1 TL Margarine, 200 g Tomaten als Salat, Marinade aus: 1 TL Öl, Essig, Schnittlauch

Zwischenmahlzeit

200 ml Dickmilch (1,5 % Fett), 1 TL Honig, 20 kcal Fruchtnektar (kalorienarm)

Abendessen

Leber-Nudel-Kasserolle (siehe Rezept S. 324), dazu: 100 g Kopfsalat, Marinade aus: Zitronensaft, Süßstoff
Dessert: 100 g Kiwi

Zwischenmahlzeit

100 g Aprikosen, 100 ml Sauermilch (1,5 % Fett)

Herren zusätzlich: 125 ml Apfelsaft (ungesüßt), 100 g Ananas, 30 g Vollkornbrot, 60 g zubereitete Nudeln, am Abend 60 g Leber

Jugendliche zusätzlich: 125 ml Apfelsaft (ungesüßt), 100 g Ananas, 30 g Vollkornbrot, 60 g zubereitete Nudeln, 200 ml Dickmilch (1,5 % Fett), am Abend 60 g Leber

Mittwoch

Frühstück

200 g Melone, 75 g Hüttenkäse, 20 g Knäckebrot, 1 TL Margarine, 20 kcal Konfitüre (kalorienarm), Getränk nach Wunsch (kalorienfrei)

Mittagessen

90—120 g Seelachsfilet, in 1 TL Öl gebraten, 200 g Kohlrabi, 100 g eßfertiges Kartoffelpüree (Fertigprodukt)

Zwischenmahlzeit

Bananen-Apfel-Joghurt-Eis (siehe Rezept S. 504)

Abendessen

90 g Kassler, 30 g Vollkornbrot, 1 TL Margarine, 50 g Gewürzgurke, 2 TL Senfsauce

Zwischenmahlzeit

125 g Grapefruit, 250 ml Milch (1,5 % Fett), 1 TL Kakao, Rumaroma, Süßstoff

Herren zusätzlich: 75 g Kirschen, 125 g Pfirsiche, 100 g eßfertiges Kartoffelpüree (Fertigprodukt), 30 g Vollkornbrot, am Mittag 30 g Seelachsfilet, am Abend 30 g Kassler

Jugendliche zusätzlich: 75 g Kirschen, 125 g Pfirsiche, 100 g eßfertiges Kartoffelpüree (Fertigprodukt), 30 g Vollkornbrot, 200 ml Milch (1,5 % Fett), am Mittag 30 g Seelachsfilet, am Abend 30 g Kassler

Donnerstag

Frühstück

100 g Aprikosen, 20 g Haferflocken, 125 ml Milch (0,3% Fett), Getränk nach Wunsch (kalorienfrei)

Mittagessen

Italienischer Fisch (siehe Rezept S. 354), dazu: 60 g zubereiteter Reis

Zwischenmahlzeit

125 g Erdbeeren mit 25 g Magermilchpulver, Zitronensaft und Süßstoff zu »Eiscreme« schlagen, mit 1 TL geraspelter Kokosnuß bestreuen

Abendessen

150 g Speisequark (Magerstufe), 30 g Vollkornbrot, 2 TL Margarine, 100 g Gurke, 100 g Kopfsalat, 20 kcal Salatsauce (kalorienarm)

Zwischenmahlzeit

100 g Joghurt (0,3% Fett), 100 g Ananas, 125 ml Apfelwein

Herren zusätzlich: 60 g Banane, 250 ml Tomatensaft, 60 g zubereiteter Reis, 20 g Knäckebrot, am Mittag 60 g Seelachsfilet

Jugendliche zusätzlich: 60 g Banane, 250 ml Tomatensaft, 60 g zubereiteter Reis, 20 g Knäckebrot, 175 g Joghurt (1,5% Fett), statt Apfelwein 125 g Apfel, am Mittag 60 g Seelachsfilet

Freitag

Frühstück

125 g Apfel, 30 g Schmelzkäse, 30 g Vollkornbrot, 1 TL Margarine, Getränk nach Wunsch (kalorienfrei)

Mittagessen

90 g Tatar (Beefsteakhack), 25 g Zwiebeln, 2 Oliven, 30 g Brötchen, 1 TL Halbfettmargarine, 100 g Tomaten

Zwischenmahlzeit

20 g Zwieback, 1 TL Halbfettmargarine, ½ TL Honig, 20 kcal Limonade (kalorienarm)

Abendessen

Kalte Hühnchen-Platte (siehe Rezept S. 309)
Dessert: 125 g Grapefruit

Zwischenmahlzeit

75 g Kirschen, 300 ml Kefir (1,5% Fett)

Herren zusätzlich: 100 g Nektarinen, 75 g Trauben, 30 g Brötchen, 30 g Vollkornbrot, am Mittag 30 g Tatar, am Abend 30 g Hühnerfleisch

Jugendliche zusätzlich: 100 g Nektarinen, 75 g Trauben, 30 g Brötchen, 30 g Vollkornbrot, 100 g Speisequark (Magerstufe), am Mittag 30 g Tatar, am Abend 30 g Hühnerfleisch

Samstag

Frühstück
Ananas-Hüttenkäse (siehe Rezept S. 416), dazu: 30 g Weißbrot, Getränk nach Wunsch (kalorienfrei)

Mittagessen
90—120 g Kalbsschnitzel, in 1 TL Öl gebraten, 200 g Zucchini, ½ TL geriebener Käse

Zwischenmahlzeit
200 ml Sauermilch (1,5 % Fett), Vanillearoma, Süßstoff, 100 g Kiwi

Abendessen
30 g Schmelzkäse, 30 g Camembert, 30 g Vollkornbrot, 200 g Tomaten, 25 g Zwiebeln, Marinade aus: 2 TL Öl, Essig

Zwischenmahlzeit
20 g Grieß, 200 ml Milch (1,5 % Fett), 100 g Aprikosen, 20 kcal Fruchtnektar (kalorienarm)
Herren zusätzlich: 85 g Pflaumen, 125 g Grapefruit, 100 g Kartoffeln, 30 g Vollkornbrot, am Mittag 60 g Kalbsschnitzel
Jugendliche zusätzlich: 85 g Pflaumen, 125 g Grapefruit, 100 g Kartoffeln, 30 g Vollkornbrot, 200 g Joghurt (0,3 % Fett), 200 g Vanillepudding (kalorienarm), am Mittag 60 g Kalbsschnitzel

Sonntag

Frühstück
125 ml Orangensaft (ungesüßt), 1 Ei, 30 g Brötchen, 2 TL Halbfettmargarine, Getränk nach Wunsch (kalorienfrei)

Mittagessen
90 g Krabbenfleisch, 30 g Weißbrot, 1 TL Cocktailsauce, 1 TL Halbfettmargarine, 100 g Kopfsalat, 20 kcal Salatsauce (kalorienarm)
Dessert: **Salzburger Nockerl** (siehe Rezept S. 498)

Zwischenmahlzeit
100 g Nektarinen

Abendessen
90 g gegrilltes Rindersteak, 100 g gegrillte Tomaten, 100 g gegrillte Ananas, 200 g Gurke, Marinade aus: 150 g Joghurt (0,3 % Fett), Kräutern
Herren zusätzlich: 250 ml Gemüsesaft, 100 g Aprikosen, 100 g Kartoffeln, 30 g Vollkornbrot, am Mittag 30 g Krabbenfleisch, am Abend 30 g Rindersteak
Jugendliche zusätzlich: 250 ml Gemüsesaft, 100 g Aprikosen, 100 g Kartoffeln, 30 g Vollkornbrot, 250 ml Milch (0,3 % Fett), am Mittag 30 g Krabbenfleisch, am Abend 30 g Rindersteak

25. Woche

Jetzt ist Aprikosenzeit! Und das sollte man unbedingt ausnutzen; denn Aprikosen zählen zu den ernährungsmäßig wertvollsten Obstsorten. Sie enthalten reichlich Provitamin A und ansehnliche Mengen Vitamin B_1, B_2 und C, außerdem die Mineralstoffe Kalium, Phosphor, Kalzium und Eisen, die alle eine blutbildende Wirkung haben. Aprikosen werden zwar vorwiegend zu Marmelade und Kompott verarbeitet, aber sie eignen sich auch als Beilage zu verschiedenen Reis-, Lamm- und Geflügelgerichten.

Übrigens: Die Heimat der Aprikose ist Armenien. Rund um den Kaukasus wachsen heute noch viele Aprikosenbäume, aber vermutlich ist sie einst wie viele Kulturpflanzen aus China gekommen.

Montag

Frühstück

125 g Pfirsiche, 20 g Grieß, 200 ml Milch (1,5 % Fett), Getränk nach Wunsch (kalorienfrei)

Mittagessen

Gefüllte Zucchini (siehe Rezept S. 382), dazu: 30 g Weißbrot
Dessert: 100 g Kiwi

Zwischenmahlzeit

20 g Zwieback, 1 TL Margarine, ½ TL Honig, ½ TL Marmelade

Abendessen

120 g Tatar (Beefsteakhack), 30 g Vollkornbrot, 1 TL Margarine, 25 g Zwiebeln, 100 g Kopfsalat, 20 kcal Salatsauce (kalorienarm)

Zwischenmahlzeit

250 ml Buttermilch (1 % Fett), 60 g Banane

Herren zusätzlich: 85 g Mirabellen, 250 ml Tomatensaft, 30 g Weißbrot, 30 g Vollkornbrot, am Abend 60 g Tatar

Jugendliche zusätzlich: 85 g Mirabellen, 250 ml Tomatensaft, 30 g Weißbrot, 30 g Vollkornbrot, 200 g Joghurt (0,3 % Fett), am Abend 60 g Tatar

Dienstag

Frühstück
85 g Mirabellen, 30 g Schmelzkäse, 30 g Brötchen, 1 TL Margarine, ½ TL Marmelade, Getränk nach Wunsch (kalorienfrei)

Mittagessen
90—120 g gedünsteter Lengfisch, 100 g Kartoffeln, 1 TL Meerrettich, 200 g Gurken, Marinade aus: 75 g Joghurt (0,3 % Fett), Kräutern

Zwischenmahlzeit
125 ml Orangensaft (ungesüßt)

Abendessen
100 g Erbsen und 100 g Möhren in Brühe aus 1 kleinen Brühwürfel, **Quarkplinsen** (siehe Rezept S. 416)
Dessert: 200 g Melone

Zwischenmahlzeit
200 ml Milch (1,5 % Fett), 1 TL Kakao

Herren zusätzlich: 75 g Kirschen, 60 g Banane, 100 g Kartoffeln, 20 g Knäckebrot, am Mittag 60 g Lengfisch

Jugendliche zusätzlich: 75 g Kirschen, 60 g Banane, 100 g Kartoffeln, 20 g Knäckebrot, 200 g Joghurt (0,3 % Fett), 200 g Schokoladenpudding (kalorienarm), am Mittag 60 g Lengfisch

Mittwoch

Frühstück
250 ml Tomatensaft, 30 g magerer aufgeschnittener Schweinebraten, 30 g Vollkornbrot, 1 TL Halbfettmargarine, ½ TL Mayonnaise (80 % Fett), Getränk nach Wunsch (kalorienfrei)

Mittagessen
1 Ei, 30 g Emmentaler, 30 g Vollkornbrot, 2 TL Halbfettmargarine, 4 Oliven
Dessert: 75 g Kirschen

Zwischenmahlzeit
300 ml Milch (0,3 % Fett), ½ TL Honig

Abendessen
90—120 g Leber, in 1 TL Öl gebraten, 100 g eßfertiges Kartoffelpüree (Fertigprodukt), 125 g in Zitronensaft gedünsteter Apfel

Zwischenmahlzeit
Gurkenkaltschale (siehe Rezept S. 240), 20 kcal Fruchtnektar (kalorienarm)

Herren zusätzlich: 250 ml Gemüsesaft, 100 g Aprikosen, 30 g Vollkornbrot, 100 g eßfertiges Kartoffelpüree (Fertigprodukt), am Abend 60 g Leber

Jugendliche zusätzlich: 250 ml Gemüsesaft, 100 g Aprikosen, 30 g Vollkornbrot, 100 g eßfertiges Kartoffelpüree (Fertigprodukt), 200 g Joghurt (0,3 % Fett), am Abend 60 g Leber

Donnerstag

Frühstück

100 g Kiwi, 20 g Cornflakes, 200 ml Milch (1,5 % Fett), Getränk nach Wunsch (kalorienfrei)

Mittagessen

90 g Matjesfilet, 175 g Joghurt (1,5 % Fett), 125 g Apfel, 25 g Zwiebel, 100 g Pellkartoffeln

Zwischenmahlzeit

Melonensalat (siehe Rezept S. 455), 20 kcal Limonade (kalorienarm)

Abendessen

90 g Kassler, 30 g Vollkornbrot, 2 TL Halbfettmargarine, 4 TL Senfsauce, 200 g Tomaten

Zwischenmahlzeit

250 ml Sauerkrautsaft

Herren zusätzlich: 75 g Trauben, 125 g Grapefruit, 100 g Kartoffeln, 30 g Brötchen, am Mittag 30 g Matjesfilet, am Abend 30 g Kassler

Jugendliche zusätzlich: 75 g Trauben, 125 g Grapefruit, 100 g Kartoffeln, 30 g Brötchen, 200 ml Dickmilch (1,5 % Fett), am Mittag 30 g Matjesfilet, am Abend 30 g Kassler

Freitag

Frühstück

100 g Aprikosen, 20 g Haferflocken, 175 g Joghurt (1,5 % Fett), ½ TL Honig, Getränk nach Wunsch (kalorienfrei)

Mittagessen

Thunfischpfanne (siehe Rezept S. 364), dazu: 100 g Kopfsalat, 20 kcal Salatsauce (kalorienarm)

Zwischenmahlzeit

200 ml Dickmilch (1,5 % Fett), 200 g Melone

Abendessen

150 g Speisequark (Magerstufe), vermengt mit Kräutern, 100 g Kartoffeln, 100 g Radieschen, 100 g Gurke, 100 g Kopfsalat, Marinade aus: 2 TL Öl, Essig

Zwischenmahlzeit

125 ml Orangensaft (ungesüßt), 125 ml Sekt

Herren zusätzlich: 100 g Kiwi, 100 g Birne, 60 g zubereitete Nudeln, 100 g Kartoffeln, am Mittag 60 g Thunfisch

Jugendliche zusätzlich: 100 g Kiwi, 100 g Birne, 60 g zubereitete Nudeln, 100 g Kartoffeln, 100 g Speisequark (Magerstufe), statt Sekt 30 g Fruchteis, am Mittag 60 g Thunfisch

Samstag

Frühstück

75 g Kirschen, 75 g Hüttenkäse, 20 g Knäckebrot, 1 TL Halbfettmargarine, Getränk nach Wunsch (kalorienfrei)

Mittagessen

90—120 g gegrilltes Schweineschnitzel, 100 g Kartoffeln, 200 g Gurken, Marinade aus: 100 g Joghurt (0,3 % Fett), Kräutern, 25 g Zwiebeln

Zwischenmahlzeit

125 g Grapefruit, 1 TL Zucker

Abendessen

90 g rohes Roastbeef, dazu: **Holländische Sauce** (siehe Rezept S. 467), 125 g Apfel, 30 g Weißbrot, 1 TL Halbfettmargarine
Dessert: 50 g Speisequark (Magerstufe), 20 kcal Marmelade (kalorienarm)

Zwischenmahlzeit

250 ml Buttermilch (1 % Fett) mit Zitronensaft und Süßstoff als Milchmixgetränk, 100 g Porree in Brühe aus 1 kleinen Brühwürfel

Herren zusätzlich: 125 ml Grapefruitsaft (ungesüßt), 100 g Ananas, 100 g Kartoffeln, 30 g Weißbrot, am Mittag 30 g Schweineschnitzel, am Abend 60 g Roastbeef

Jugendliche zusätzlich: 125 ml Grapefruitsaft (ungesüßt), 100 g Ananas, 100 g Kartoffeln, 30 g Weißbrot, 175 g Joghurt (1,5 % Fett), am Abend 60 g Roastbeef

Sonntag

Frühstück

125 ml Orangensaft (ungesüßt), 1 Ei, 1 TL Butter, 30 g Brötchen, 20 kcal Marmelade (kalorienarm), Getränk nach Wunsch (kalorienfrei)

Mittagessen

90—120 g Wild, ohne Fett zubereitet, 80 g eßfertige Kartoffelknödel (Fertigprodukt), 200 g Rotkohl, 25 kcal Birne (kalorienreduziert)

Zwischenmahlzeit

Schokoladenpudding mit Rum-Aprikosen-Sauce (siehe Rezept S. 474)

Abendessen

30 g Schmelzkäse, 30 g Hartkäse, 30 g Vollkornbrot, 1 TL Margarine, 4 Oliven, 200 g Tomaten, 1 TL Mayonnaise (80 % Fett)

Zwischenmahlzeit

200 ml Milch (1,5 % Fett), 20 g einfache Kekse

Herren zusätzlich: 85 g Pflaumen, 125 g Apfel, 80 g eßfertige Kartoffelklöße (Fertigprodukt), 30 g Vollkornbrot, am Mittag 60 g Wild

Jugendliche zusätzlich: 85 g Pflaumen, 125 g Apfel, 80 g eßfertige Kartoffelklöße (Fertigprodukt), 30 g Vollkornbrot, 100 g Speisequark (Magerstufe), am Mittag 60 g Wild

26. Woche

Melonen sind die idealen Durststiller bei heißem Wetter. Eigentlich werden sie dem Gemüse zugeordnet, denn sie zählen zu den Gurken- oder Kürbisgewächsen. Man kann sie sowohl mit Schinken als Vorspeise als auch als Süßspeise zum Nachtisch verwenden. Man unterscheidet zwischen Wasser- und Zuckermelonen. Zu den letzteren gehören die gelben Honigmelonen, die Ogen-Melonen (benannt nach einem israelischen Kibbuz, wo sie zuerst angebaut wurden), die Netzmelonen sowie die Cantaloup-Melonen. Sie sind kalorienarm, aber reich an Vitaminen und Mineralstoffen. Melonen brauchen viel Wärme zum Reifen. Deshalb sind sie bei uns auch nicht heimisch geworden und müssen importiert werden. Spanien, Italien und Israel sind die Hauptlieferanten dieser Frucht. Wir stellen Ihnen in dieser Woche »Geflügelsalat mit Melone« vor.

Montag

Frühstück
100 g Mango oder 125 ml Orangensaft (ungesüßt), 75 g Speisequark, 30 g Vollkornbrot, 1 TL Halbfettmargarine, Getränk nach Wunsch (kalorienfrei)

Mittagessen
90 g Brühwürstchen, 100 g eßfertiges Kartoffelpüree (Fertigprodukt), 150 g Sauerkraut, 2 TL Ketchup

Zwischenmahlzeit
100 g Joghurt (0,3 % Fett), 100 g Birne

Abendessen
Krabben-Trauben-Salat (siehe Rezept S. 462), dazu: 30 g Toastbrot, 1 TL Halbfettmargarine

Zwischenmahlzeit
250 ml Buttermilch (1 % Fett), 1 EL Weizenkleie

Herren zusätzlich: 100 g Aprikosen, 60 g Banane, 100 g eßfertiges Kartoffelpüree (Fertigprodukt), 30 g Vollkornbrot, am Mittag 30 g Würstchen, am Abend 30 g Krabben

Jugendliche zusätzlich: 100 g Aprikosen, 60 g Birne, 100 g eßfertiges Kartoffelpüree (Fertigprodukt), 30 g Vollkornbrot, 100 g Speisequark (Magerstufe), 200 g Schokoladenpudding (kalorienarm), am Mittag 30 g Würstchen, am Abend 30 g Krabben

Dienstag

Frühstück

100 g Aprikosen, 30 g Camembert, 30 g Toastbrot, 1 TL Margarine, Getränk nach Wunsch (kalorienfrei)

Mittagessen

1 Ei, 75 g Speisequark (Magerstufe), 30 g Vollkornbrot, 150 g Radieschen, 1 TL Margarine

Zwischenmahlzeit

200 ml Kefir (1,5 % Fett), 125 g Stachelbeeren, Süßstoff

Abendessen

Hammeleintopf (siehe Rezept S. 295)

Zwischenmahlzeit

100 g Speisequark (Magerstufe), 100 g Sauerkirschen

Herren zusätzlich: 75 g Kirschen, 125 g Apfel, 30 g Toastbrot, 30 g Vollkornbrot, am Abend 60 g Hammelbraten

Jugendliche zusätzlich: 75 g Kirschen, 125 g Apfel, 30 g Toastbrot, 30 g Vollkornbrot, 175 g Joghurt (1,5 % Fett), am Abend 60 g Hammelbraten

Mittwoch

Frühstück

100 g Orange, 40 g Rice-Crispis, 250 ml Milch (0,3 % Fett), Getränk nach Wunsch (kalorienfrei)

Mittagessen

90—120 g gegrillte Hackklöße aus Rinderhack, 200 g Möhren, 100 g Spargel in Brühe von 1 kleinen Brühwürfel

Zwischenmahlzeit

20 g Knäckebrot, 1 TL Halbfettmargarine, ½ TL Marmelade, ½ TL Honig

Abendessen

Geflügelsalat mit Melone (siehe Rezept S. 446), dazu: 30 g Vollkornbrot, 1 TL Halbfettmargarine

Zwischenmahlzeit

150 g Joghurt (0,3 % Fett), 20 kcal Marmelade (kalorienarm)

Herren zusätzlich: 100 g Birne, 100 g Orange, 100 g Kartoffeln, 30 g Toastbrot, am Mittag 30 g Rinderhack, am Abend 30 g Hühnerfleisch

Jugendliche zusätzlich: 100 g Birne, 100 g Orange, 100 g Kartoffeln, 30 g Toastbrot, 200 ml Milch (1,5 % Fett), am Mittag 30 g Rinderhack, am Abend 30 g Hühnerfleisch

Donnerstag

Frühstück

100 g Birne, 75 g Hüttenkäse, 30 g Vollkornbrot, 1 TL Margarine, 20 kcal Marmelade (kalorienarm), Getränk nach Wunsch (kalorienfrei)

Mittagessen

90—120 g Leber, in 1 TL Butter gebraten, 100 g Kartoffeln, 150 g Broccoli, 2 TL Ketchup

Zwischenmahlzeit

Johannisbeer-Quark-Speise (siehe Rezept S. 486)

Abendessen

90 g geräucherte Forelle, 30 g Graubrot, 100 g Tomaten, 1 TL Margarine

Zwischenmahlzeit

200 ml Milch (1,5 % Fett), 60 g Passionsfrucht oder 125 g Apfel

Herren zusätzlich: 125 g Erdbeeren, 200 g Honigmelone, 30 g Vollkornbrot, 100 g Kartoffeln, am Mittag 30 g Leber, am Abend 30 g Forelle

Jugendliche zusätzlich: 125 g Erdbeeren, 200 g Honigmelone, 30 g Vollkornbrot, 100 g Kartoffeln, 250 ml Milch (0,3 % Fett), 175 g Joghurt (1,5 % Fett), am Mittag 30 g Leber, am Abend 30 g Forelle

Freitag

Frühstück

125 g Apfel, 30 g magerer aufgeschnittener Schweinebraten, 30 g Graubrot, 1 TL Butter, Getränk nach Wunsch (kalorienfrei)

Mittagessen

90 g gedünsteter Seelachs, 200 g Kopfsalat, Marinade aus: Zitronensaft und Süßstoff, 50 g eßfertiges Kartoffelpüree (Fertigprodukt), 1 TL Margarine

Zwischenmahlzeit

250 ml Buttermilch (1,5 % Fett), 2 TL Weizenkeime

Abendessen

Filettopf mit Pfirsichen (siehe Rezept S. 254), dazu: 60 g zubereiteter Reis, 125 ml Weißwein

Zwischenmahlzeit

200 g Vanillepudding (kalorienarm), 125 g Erdbeeren

Herren zusätzlich: 125 g Pfirsiche, 250 ml Tomatensaft, 60 g zubereiteter Reis, 30 g Vollkornbrot, am Mittag 30 g Seelachs, am Abend 30 g Filet

Jugendliche zusätzlich: 125 g Pfirsiche, 250 ml Tomatensaft, 60 g zubereiteter Reis, 30 g Vollkornbrot, 100 g Speisequark (Magerstufe), statt Wein 20 g Kekse, am Mittag 30 g Seelachs, am Abend 30 g Filet

Samstag

Frühstück

100 g Guave oder 125 g Grapefruit, 30 g Edelpilzkäse, 30 g Brötchen, 1 TL Margarine, Getränk nach Wunsch (kalorienfrei)

Mittagessen

90—120 g gegrilltes Kotelett (Gewicht ohne Knochen), 100 g Kartoffeln, 100 g Prinzeßbohnen mit 1 TL Margarine

Zwischenmahlzeit

200 g Joghurt (0,3 % Fett), 75 g Kirschen, 20 kcal Limonade (kalorienarm)

Abendessen

Eier in Gelee (siehe Rezept S. 402), dazu: 30 g Graubrot, 1 TL Margarine
Dessert: 200 g Wassermelone

Zwischenmahlzeit

250 ml Milch (0,3 % Fett), 20 g einfache Kekse
Herren zusätzlich: 100 g Ananas, 100 g Aprikosen, 100 g Kartoffeln, 30 g Vollkornbrot, am Mittag 60 g Kotelett
Jugendliche zusätzlich: 100 g Ananas, 100 g Aprikosen, 100 g Kartoffeln, 30 g Vollkornbrot, 200 g Schokoladenpudding (kalorienarm), am Mittag 60 g Kotelett

Sonntag

Frühstück

100 g Ananas, 1 Ei, 30 g Vollkornbrot, 1 TL Butter, Getränk nach Wunsch (kalorienfrei)

Mittagessen

90 g gegrilltes Hähnchen (ohne Haut und Knochen), 200 g Eisbergsalat, 20 kcal Salatsauce (kalorienarm), 30 g Toastbrot

Zwischenmahlzeit

200 ml Milch (1,5 % Fett), 2 TL Kakao, Süßstoff

Abendessen

Meeresfrüchtesalat (siehe Rezept S. 460), dazu: 30 g Toastbrot

Zwischenmahlzeit

150 g Joghurt (0,3 % Fett), 100 g Fruchtcocktail (konserviert ohne Zucker) mit 2 EL Saft, 15 g Fruchtgummi
Herren zusätzlich: 100 g Nektarinen, 250 ml Gemüsesaft, 30 g Vollkornbrot, 30 g Toastbrot, am Mittag 30 g Hähnchen, am Abend 30 g Krabbenfleisch
Jugendliche zusätzlich: 100 g Nektarinen, 250 ml Gemüsesaft, 30 g Vollkornbrot, 30 g Toastbrot, 250 ml Milch (0,3 % Fett), am Mittag 30 g Hähnchenfleisch, am Abend 30 g Krabbenfleisch

27. Woche

Es ist wieder so weit. Jetzt gibt es Beeren in Hülle und Fülle. Glücklich kann sich der schätzen, der aus eigenem Garten erntet. Aber auch Beerensammler können reiche Ernte halten. Die typischen Wildbeeren wie Himbeeren, Erdbeeren und Heidel-(Blau-)Beeren gibt es zwar auch gezüchtet im Handel, doch sind sie geschmacklich nicht mit den im Wald wachsenden zu vergleichen.

Zudem ist der Vitamin- und Mineralstoffgehalt der wildwachsenden Beeren sehr viel höher, und außerdem haben sie noch den Vorteil, heilende Eigenschaften zu besitzen. Man kann sie zu Saft, Gelee oder Kompott verarbeiten oder einfrieren. Die schwarze Johannisbeere enthält sehr viel Vitamin C und ist resistent gegen Hitze- und Sauerstoffeinwirkung, weshalb sie auch noch nach der Verarbeitung sehr vitaminreich ist.

Montag

Frühstück

125 g Pfirsiche, 75 g Speisequark, 1 TL Margarine, 30 g Vollkornbrot, Getränk nach Wunsch (kalorienfrei)

Mittagessen

90—120 g gedünstetes Kabeljaufilet, 1 TL Margarine, 100 g Kartoffeln, 100 g Kopfsalat, 2 Oliven, Marinade aus: 1 TL Öl, Zitronensaft, Süßstoff

Zwischenmahlzeit

200 g Joghurt (0,3 % Fett), 125 g Stachelbeeren

Abendessen

90 g gegrilltes Kotelett (Gewicht ohne Knochen), 2 TL Barbecuesauce, 30 g Toastbrot, 100 g Bohnensalat (Glaskonserve ohne Fett)

Zwischenmahlzeit

Milchgelee mit Himbeeren (siehe Rezept S. 481)

Herren zusätzlich: 85 g Pflaumen, 100 g Ananas, 30 g Vollkornbrot, 100 g Kartoffeln, am Mittag 30 g Kabeljaufilet, am Abend 30 g Kotelett

Jugendliche zusätzlich: 85 g Pflaumen, 100 g Ananas, 30 g Vollkornbrot, 100 g Kartoffeln, 100 g Speisequark (Magerstufe), 175 g Joghurt (1,5 % Fett), am Mittag 30 g Kabeljaufilet, am Abend 30 g Kotelett

Dienstag

Frühstück

85 g Pflaumen, 30 g Edamer, 1 TL Margarine, 30 g Toastbrot, Getränk nach Wunsch (kalorienfrei)

Mittagessen

1 Ei, 75 g Speisequark (Magerstufe), 30 g Vollkornbrot, 1 TL Margarine, 50 g Radieschen, 100 g Tomaten, 20 kcal Salatsauce (kalorienarm)
Dessert: 200 g Schokoladenpudding (kalorienarm)

Zwischenmahlzeit

125 g Erdbeeren, 35 g süße Sahne

Abendessen

Rindfleisch in Aspik (siehe Rezept S. 257), dazu: 30 g Graubrot, 1 TL Margarine
Dessert: 200 g Honigmelone

Zwischenmahlzeit

250 ml Buttermilch (1 % Fett), 1 EL Weizenkleie

Herren zusätzlich: 100 g Aprikosen, 75 g Kirschen, 30 g Vollkornbrot, 30 g Graubrot, am Abend 60 g Rindfleisch

Jugendliche zusätzlich: 100 g Aprikosen, 75 g Kirschen, 30 g Vollkornbrot, 30 g Graubrot, 250 ml Milch (0,3 % Fett), 200 ml Dickmilch (1,5 % Fett), am Abend 60 g Rindfleisch

Mittwoch

Frühstück

125 g Grapefruit, 75 g Hüttenkäse, 30 g Brötchen, 1 TL Margarine, Getränk nach Wunsch (kalorienfrei)

Mittagessen

90—120 g Forelle blau (Gewicht ohne Kopf und Gräten), 100 g Kartoffeln, mit Petersilie bestreut, 100 g Kopfsalat, 20 kcal Salatsauce (kalorienarm)

Zwischenmahlzeit

200 g Joghurt (0,3 % Fett), 100 g Ananas

Abendessen

Nudelsalat mit Würstchen (siehe Rezept S. 444)

Zwischenmahlzeit

200 ml Milch (1,5 % Fett), 2 TL Kakao, 100 g Aprikosen

Herren zusätzlich: 60 g Banane, 100 g Nektarinen, 100 g Kartoffeln, 60 g zubereitete Nudeln, am Mittag 60 g Forelle, am Abend 30 g Würstchen

Jugendliche zusätzlich: 60 g Banane, 100 g Nektarinen, 100 g Kartoffeln, 60 g zubereitete Nudeln, 100 g Speisequark (Magerstufe), 200 ml Kefir (1,5 % Fett), am Mittag 60 g Forelle, am Abend 30 g Würstchen

Donnerstag

Frühstück

100 g Guave oder 250 ml Tomatensaft, 30 g Briekäse, 30 g Vollkornbrot, 1 TL Margarine, Getränk nach Wunsch (kalorienfrei)

Mittagessen

Frühlingsquark (siehe Rezept S. 408), dazu: 100 g Pellkartoffeln

Zwischenmahlzeit

100 g gefrorene Blaubeeren und 25 g Magermilchpulver mit Zitronensaft und Süßstoff zu »Eiscreme« geschlagen, 20 kcal Fruchtnektar (kalorienarm)

Abendessen

90—120 g gegrilltes Hähnchen (ohne Haut und Knochen), 2 TL Steaksauce, 30 g Toastbrot, 1 TL Margarine, 100 g Chinakohl, Marinade aus: 1 TL Öl, Essig

Zwischenmahlzeit

150 ml Milch (1,5 % Fett), 1 TL Kakao, 250 g Rhabarber als Kompott

Herren zusätzlich: 250 ml Tomatensaft, 100 g Orange, 100 g Kartoffeln, 30 g Toastbrot, am Abend 60 g Hähnchenfleisch

Jugendliche zusätzlich: 250 ml Tomatensaft, 100 g Orange, 100 g Kartoffeln, 30 g Toastbrot, 175 g Joghurt (1,5 % Fett), am Abend 60 g Hähnchenfleisch

Freitag

Frühstück

100 g Mango oder 125 g Grapefruit, 20 g Cornflakes, 125 ml Milch (0,3 % Fett), Getränk nach Wunsch (kalorienfrei)

Mittagessen

Omelett aus 2 Eiern und 100 g Champignons, in einer beschichteten Pfanne zubereitet
Dessert: 100 g Joghurt (0,3 % Fett), 20 kcal Marmelade (kalorienarm)

Zwischenmahlzeit

30 g Brötchen, 2 TL Margarine, ½ TL Marmelade

Abendessen

Seelachsfilet mit gebackenen Bananen (siehe Rezept S. 344), dazu: 200 g Eisbergsalat mit 1 ½ EL Salatdressing

Zwischenmahlzeit

100 g Speisequark (Magerstufe), 75 g Kirschen, 1 TL geraspelte Kokosnuß

Herren zusätzlich: 125 g Grapefruit, 60 g Banane, 20 g Cornflakes, 100 g eßfertiges Kartoffelpüree (Fertigprodukt), am Abend 60 g Seelachsfilet

Jugendliche zusätzlich: 125 g Grapefruit, 60 g Banane, 20 g Cornflakes, 100 g eßfertiges Kartoffelpüree (Fertigprodukt), 200 ml Milch (1,5 % Fett), am Abend 60 g Seelachsfilet

Samstag

Frühstück
100 g Kiwi, 75 g Schichtkäse, 30 g Brötchen, 1 TL Margarine, Getränk nach Wunsch (kalorienfrei)

Mittagessen
Gefüllte Leber (siehe Rezept S. 325), dazu: 50 g eßfertiges Kartoffelpüree (Fertigprodukt), 1 TL Halbfettmargarine

Zwischenmahlzeit
200 ml Sauermilch (1,5 % Fett), 100 g Fruchtcocktail (konserviert ohne Zucker) mit 2 EL Saft

Abendessen
90 g Putensteak, in 1 TL Margarine gebraten, 80 g eßfertige Kartoffelklöße (Fertigprodukt), 200 g Rotkohl, 2 TL Relish

Zwischenmahlzeit
250 ml Milch (0,3 % Fett)
Herren zusätzlich: 125 g Erdbeeren, 100 g Birne, 100 g eßfertiges Kartoffelpüree (Fertigprodukt), 80 g eßfertige Kartoffelklöße (Fertigprodukt), am Mittag 30 g Leber, am Abend 30 g Putensteak
Jugendliche zusätzlich: 125 g Erdbeeren, 100 g Birne, 100 g eßfertiges Kartoffelpüree (Fertigprodukt), 80 g eßfertige Kartoffelklöße (Fertigprodukt), 100 g Speisequark (Magerstufe), 200 g Vanillepudding (kalorienarm), am Mittag 30 g Leber, am Abend 30 g Putensteak

Sonntag

Frühstück
100 g Papaya oder 125 g Erdbeeren, 1 Ei, 30 g Vollkornbrot, 1 TL Butter, Getränk nach Wunsch (kalorienfrei)

Mittagessen
90 g gegrillter, magerer Schweinebraten, 100 g grüne Bohnen, 100 g Kartoffeln, mit Petersilie bestreut, 2 TL Steaksauce

Zwischenmahlzeit
200 ml Kefir (1,5 % Fett), 2 TL Weizenkleie, 100 g Birne

Abendessen
Jakobsmuscheln mit Champignons (siehe Rezept S. 239), dazu: 30 g Toastbrot, 1 TL Margarine, 125 ml Weißwein

Zwischenmahlzeit
175 g Joghurt (1,5 % Fett), 75 g Trauben
Herren zusätzlich: 85 g Pflaumen, 250 ml Gemüsesaft, 30 g Vollkornbrot, 100 g Kartoffeln, am Mittag 30 g Schweinebraten, am Abend 30 g Jakobsmuscheln
Jugendliche zusätzlich: 85 g Pflaumen, 250 ml Gemüsesaft, 30 g Vollkornbrot, 100 g Kartoffeln, 250 ml Milch (0,3 % Fett), statt Wein 20 g Kekse, am Mittag 30 g Schweinebraten, am Abend 30 g Jakobsmuscheln

28. Woche

Die Kochkunst der Chinesen kann auf eine Jahrtausende alte Eßkultur zurückblicken. Nicht ohne Grund sind vor Jahren die China-Restaurants wie Pilze aus dem Boden geschossen. Selbst die Lebensmittelindustrie bietet nicht nur Fertigprodukte, wie Bami- oder Nasi Goreng an, sondern auch Bambus- und Sojabohnensprossen, die unerläßlich für die Zubereitung typisch chinesischer Speisen sind. Zudem entsprechen die Zubereitungsarten in erstaunlich hohem Maße den Erkenntnissen der modernen Ernährungswissenschaft. Die chinesischen Spezialitäten sind leicht und bekömmlich und in vielen Fällen kalorienarm, also eine ideale Reduktionskost.
»Chuck's Huhn« und »Chop Suey« stehen in dieser Woche auf unserem Menüplan.

Montag

Frühstück
250 ml Tomatensaft, 75 g Speisequark (Magerstufe), 30 g Vollkornbrot, 1 TL Margarine, ½ TL Marmelade, Getränk nach Wunsch (kalorienfrei)

Mittagessen
Hühnerherzragout (siehe Rezept S. 318), dazu: 100 g eßfertiges Kartoffelpüree (Fertigprodukt), 100 g Kopfsalat, Marinade aus: Zitronensaft, Süßstoff
Dessert: Milchmix aus 150 ml Milch (1,5 % Fett), 60 g zerdrückter Banane, Zitronensaft, Süßstoff

Zwischenmahlzeit
200 ml Sauermilch (1,5 % Fett)

Abendessen
2 Eier, ½ TL Margarine, 30 g Vollkornbrot, Rohkost aus: 100 g Kohlrabi, 100 g Möhren, 125 g Apfel, ½ TL Öl, Essig, Kräutern

Zwischenmahlzeit
20 kcal Fruchtnektar (kalorienarm)
Herren zusätzlich: 125 g Grapefruit, 125 g Pfirsiche, 100 g eßfertiges Kartoffelpüree (Fertigprodukt), 30 g Vollkornbrot, am Mittag 60 g Hühnerherz
Jugendliche zusätzlich: 125 g Grapefruit, 125 g Pfirsiche, 100 g eßfertiges Kartoffelpüree (Fertigprodukt), 30 g Vollkornbrot, 100 g Speisequark (Magerstufe), 200 ml Milch (1,5 % Fett), am Mittag 60 g Hühnerherz

Dienstag

Frühstück

125 g Grapefruit, 20 g Cornflakes, 100 ml Milch (1,5 % Fett), Getränk nach Wunsch (kalorienfrei)

Mittagessen

Hähnchentopf »Antje« (siehe Rezept S. 304)
Dessert: 200 ml Kefir (1,5 % Fett), 1 EL Kleie, 20 kcal Marmelade (kalorienarm)

Zwischenmahlzeit

250 g Rhabarber als Kompott, 100 ml Milch (1,5 % Fett)

Abendessen

90—120 g gegrilltes Tatar (Beefsteakhack), mit 50 g Zwiebeln und Gewürzen, 30 g Vollkornbrot, 2 TL Margarine, 2 TL Ketchup, 100 g Blumenkohl

Zwischenmahlzeit

125 ml Sauerkrautsaft

Herren zusätzlich: 75 g Kirschen, 250 ml Gemüsesaft, 20 g Cornflakes, 30 g Vollkornbrot, am Mittag 30 g Hähnchenfleisch, am Abend 30 g Tatar

Jugendliche zusätzlich: 75 g Kirschen, 250 ml Gemüsesaft, 20 g Cornflakes, 30 g Vollkornbrot, 200 g Vanillepudding (kalorienarm), am Mittag 30 g Hähnchenfleisch, am Abend 30 g Tatar

Mittwoch

Frühstück

125 ml Grapefruitsaft (ungesüßt), 30 g Hartkäse, 30 g Vollkornbrot, 1 TL Margarine, Getränk nach Wunsch (kalorienfrei)

Mittagessen

90—120 g Putenschnitzel, in 1 TL Margarine gebraten, 200 g grüne Bohnen, 100 g Tomaten, 50 g Zwiebeln, 100 g Kartoffeln
Dessert: Milchmix aus 250 ml Buttermilch (1 % Fett), 20 kcal Fruchtnektar (kalorienarm), Süßstoff

Zwischenmahlzeit

Sommerliche Fruchtkaltschale (siehe Rezept S. 492)

Abendessen

90 g Krabbenfleisch, 30 g Toastbrot, 1 TL Halbfettmargarine, 100 g Kopfsalat, 50 g Radieschen, 100 g Tomaten, Marinade aus: 2 TL Öl, Essig, Kräutern

Zwischenmahlzeit

200 ml Milch (1,5 % Fett), 1 TL Kakao

Herren zusätzlich: 75 g Trauben, 100 g Nektarinen, 100 g Kartoffeln, 20 g Knäckebrot, am Mittag 30 g Putenschnitzel, am Abend 30 g Krabbenfleisch

Jugendliche zusätzlich: 75 g Trauben, 100 g Nektarinen, 100 g Kartoffeln, 20 g Knäckebrot, 175 g Joghurt (1,5 % Fett), 100 g Speisequark (Magerstufe), am Mittag 30 g Putenschnitzel, am Abend 30 g Krabbenfleisch

Donnerstag

Frühstück

85 g Pflaumen, 20 g zarte Haferflocken, 100 ml Milch (1,5 % Fett), Getränk nach Wunsch (kalorienfrei)

Mittagessen

Anisleber (siehe Rezept S. 323), dazu: 60 g zubereiteter Reis
Dessert: 250 ml Buttermilch (1 % Fett), Zitronensaft, Süßstoff

Zwischenmahlzeit

150 g Möhren (geraspelt), 1 TL Öl, Zitronensaft

Abendessen

90—120 g Roastbeef, 30 g Vollkornbrot, 1 TL Margarine, 100 g eingelegte rote Bete, 100 g Kopfsalat, Marinade aus: 100 g Joghurt (0,3 % Fett), Zitronensaft, Kräutern
Dessert: 60 g Banane

Zwischenmahlzeit

125 g Erdbeeren, 35 g süße Sahne

Herren zusätzlich: 125 g Apfel, 100 g Kiwi, 60 g zubereiteter Reis, 30 g Vollkornbrot, am Mittag 30 g Leber, am Abend 30 g Roastbeef

Jugendliche zusätzlich: 125 g Apfel, 100 g Kiwi, 60 g zubereiteter Reis, 30 g Vollkornbrot, 200 ml Dickmilch (1,5 % Fett), am Mittag 30 g Leber, am Abend 30 g Roastbeef

Freitag

Frühstück

125 g Pfirsiche, 1 Ei, 30 g Toastbrot, 1 TL Margarine, 1 TL Marmelade (kalorienarm), Getränk nach Wunsch (kalorienfrei)

Mittagessen

90 g Schollenfilet in 1 TL Öl gebraten, 100 g eßfertiges Kartoffelpüree (Fertigprodukt), 100 g frische Erbsen, 100 g Möhren
Dessert: 200 ml Dickmilch (1,5 % Fett), 20 kcal Marmelade (kalorienarm)

Zwischenmahlzeit

100 g Speisequark (Magerstufe), 125 g Himbeeren

Abendessen

Chuck's Huhn (siehe Rezept S. 299), dazu: 30 g Vollkornbrot

Zwischenmahlzeit

125 ml Orangensaft (ungesüßt)

Herren zusätzlich: 125 g Grapefruit, 100 g Ananas, 100 g eßfertiges Kartoffelpüree (Fertigprodukt), 30 g Vollkornbrot, am Mittag 30 g Schollenfilet, am Abend 30 g Hühnerfleisch

Jugendliche zusätzlich: 125 g Grapefruit, 100 g Ananas, 100 g eßfertiges Kartoffelpüree (Fertigprodukt), 30 g Vollkornbrot, 250 ml Milch (0,3 % Fett), am Mittag 30 g Schollenfilet, am Abend 30 g Hühnerfleisch

Samstag

Frühstück

125 ml Orangensaft (ungesüßt), 30 g aufgeschnittener magerer Schweinebraten, 30 g Vollkornbrot, 1 TL Margarine, Getränk nach Wunsch (kalorienfrei)

Herren und *Jugendliche* zusätzlich: 30 g Schweinebraten

Mittagessen

Auflauf »Johnny Apfelkern« (siehe Rezept S. 498), dazu ½ Portion **Vanillesauce** (siehe Rezept S. 489)

Zwischenmahlzeit

200 g Joghurt (0,3 % Fett), 20 kcal Marmelade (kalorienarm), 20 g einfache Kekse

Abendessen

60 g Käse, 30 g Vollkornbrot, 1 TL Halbfettmargarine, 150 g Tomaten, 100 g Sellerie, 100 g Möhren, Marinade aus: ½ TL Öl, Essig, Petersilie

Zwischenmahlzeit

200 g Wassermelone

Herren zusätzlich: 250 g Rhabarber als Kompott, 125 ml Apfelsaft (ungesüßt), 60 g Vollkornbrot, am Mittag 75 g Speisequark (Magerstufe)

Jugendliche zusätzlich: 250 g Rhabarber als Kompott, 125 ml Apfelsaft (ungesüßt), 60 g Vollkornbrot, 250 ml Milch (0,3 % Fett), 175 g Joghurt (1,5 % Fett), am Mittag 75 g Speisequark (Magerstufe)

Sonntag

Frühstück

250 g Rhabarber, 20 g Grieß, 200 ml Milch (1,5 % Fett), Getränk nach Wunsch (kalorienfrei)

Mittagessen

Chop Suey (siehe Rezept S. 256)
Dessert: 80 g Lychees oder 75 g Kirschen

Zwischenmahlzeit

30 g Vollkornbrot, 1 TL Margarine, 50 g Speisequark (Magerstufe), 20 kcal Marmelade (kalorienarm)

Abendessen

90 g geräucherte Forellenfilets, 30 g Toastbrot, 1 TL Butter, 50 g Radieschen, 150 g Gewürzgurke, 2 Oliven, 125 ml weißer Tafelwein

Zwischenmahlzeit

125 g rote Johannisbeeren, 100 g Joghurt (0,3 % Fett)

Herren zusätzlich: 100 g Birne, 75 g Trauben, 60 g zubereiteter Reis, 30 g Vollkornbrot, am Mittag 30 g Rindfleisch, am Abend 30 g Forelle

Jugendliche zusätzlich: 100 g Birne, 75 g Trauben, 60 g zubereiteter Reis, 30 g Vollkornbrot, 200 g Schokoladenpudding (kalorienarm), statt Weißwein 125 g Apfel und 125 g Erdbeeren, am Mittag 30 g Rindfleisch, am Abend 30 g Forelle

29. Woche

In den Sommermonaten ziehen die Grilldüfte von Balkon zu Balkon, von Garten zu Garten, denn Grillen ist inzwischen ein Volkshobby geworden. Grillpartys sind zu dieser Jahreszeit eine beliebte Form der Gästebewirtung. Eine derartige Party kann man fast überall veranstalten: Am Strand, an einem windgeschützten, sandigen Platz, kann man aus ein paar Steinen und dem Rost aus dem Backofen den Grill selber bauen. Das gleiche gilt für idyllische Flußufer und schöne Naturflecken. (Vorsicht ist im Wald geboten. Dort sollte man nur an den ausdrücklich dafür markierten Plätzen grillen.) Zu Hause sind Grillgeräte problemloser und sicherer. In dieser Woche können Sie nach Herzenslust grillen. Außer den angebotenen Fleisch- und Geflügelmahlzeiten eignen sich dazu auch Gemüse wie Tomaten, Auberginen, Champignons und Zwiebeln. Doch auch der Nachtisch kann gegrillt werden. Probieren Sie es einmal mit Ananas oder Bananen.

Montag

Frühstück
100 g Aprikosen, 30 g Putenbrust, 30 g Brötchen, 1 TL Margarine, ½ TL Honig, Getränk nach Wunsch (kalorienfrei)

Mittagessen
1 ½ hartgekochte Eier, 100 g eßfertiges Kartoffelpüree (Fertigprodukt), 1 TL Margarine, 200 g Spinat, 50 g Zwiebeln, 1 TL Parmesankäse
Dessert: **Eisbecher mit Erdbeeren und Sahne** (siehe Rezept S. 506)

Zwischenmahlzeit
250 ml Gemüsesaft

Abendessen
90—120 g Heringsfilet (konserviert in Tomatensauce, Sauce nicht mitessen), 30 g Vollkornbrot, 1 TL Halbfettmargarine, 150 g Tomaten, 50 g Radieschen
Dessert: 100 ml Sauermilch (1,5 % Fett)

Zwischenmahlzeit
Arabische Joghurtsuppe (siehe Rezept S. 229)
Herren zusätzlich: 125 ml Orangensaft (ungesüßt), 85 g Pflaumen, 100 g eßfertiges Kartoffelpüree (Fertigprodukt), 30 g Vollkornbrot, am Abend 60 g Heringsfilet
Jugendliche zusätzlich: 125 ml Orangensaft (ungesüßt), 85 g Pflaumen, 100 g eßfertiges Kartoffelpüree (Fertigprodukt), 30 g Vollkornbrot, 100 g Speisequark (Magerstufe), 200 ml Milch (1,5 % Fett), am Abend 60 g Heringsfilet

Dienstag

Frühstück

Erdbeeren mit Joghurtsauce (siehe Rezept S. 490), dazu: 20 g Bran Buds (oder Cornflakes), Getränk nach Wunsch (kalorienfrei)

Mittagessen

120 g Steaks, in 1½ TL Öl gebraten, 200 g grüne Bohnen

Zwischenmahlzeit

Schokoladenpudding (siehe Rezept S. 473), 75 g Kirschen

Abendessen

60 g Hartkäse, 75 g Weintrauben, 45 g Vollkornbrot, 2 TL Margarine, 200 g Tomaten, 100 g Gurke

Zwischenmahlzeit

100 ml Dickmilch (1,5 % Fett), 20 kcal Marmelade (kalorienarm)

Herren zusätzlich: 125 g Apfel, 60 g Banane, 20 g Knäckebrot, 30 g Vollkornbrot, am Mittag 60 g Steak

Jugendliche zusätzlich: 125 g Apfel, 60 g Banane, 20 g Knäckebrot, 30 g Vollkornbrot, 175 g Joghurt (1,5 % Fett), am Mittag 60 g Steak

Mittwoch

Frühstück

125 g rote Johannisbeeren, 20 g Grieß, 200 ml Milch (1,5 % Fett), Getränk nach Wunsch (kalorienfrei)

Mittagessen

Putenschnitzel »Hinrich« (siehe Rezept S. 313), dazu: 60 g zubereiteter Reis, 200 g Spargel

Zwischenmahlzeit

100 g Heidelbeeren, 175 g Joghurt (0,3 % Fett)

Abendessen

90 g geräuchertes Rotbarschfilet, 30 g Vollkornbrot, 30 g Mischbrot, 2 TL Margarine, 50 g Rettich, 100 g Bohnensalat (konserviert ohne Fett)

Zwischenmahlzeit

100 g Cantaloup-Melone, 20 kcal Limonade (kalorienarm)

Herren zusätzlich: 125 ml Apfelsaft (ungesüßt), 100 g Aprikosen, 60 g zubereiteter Reis, 30 g Vollkornbrot, am Mittag 30 g Putenschnitzel, am Abend 30 g Rotbarschfilet

Jugendliche zusätzlich: 125 ml Apfelsaft (ungesüßt), 100 g Aprikosen, 60 g zubereiteter Reis, 30 g Vollkornbrot, 200 g Vanillepudding (kalorienarm), am Mittag 30 g Putenschnitzel, am Abend 30 g Rotbarschfilet

Donnerstag

Frühstück

125 g Apfel, 30 g Schmelzkäse, 30 g Vollkornbrot, 1 TL Margarine, Getränk nach Wunsch (kalorienfrei)

Mittagessen

150 g Speisequark (Magerstufe), 100 g Pellkartoffeln, 50 g Zwiebeln, 50 g Radieschen, 100 g Tomaten, Schnittlauch

Zwischenmahlzeit

Buttermilch-Drink (siehe Rezept S. 532)

Abendessen

Leberwurstaufstrich (siehe Rezept S. 241), dazu: 20 g Knäckebrot, 2 TL Margarine, 100 g Tomate, 200 ml Bier
Dessert: 125 g Stachelbeeren als Kompott

Zwischenmahlzeit

200 ml Milch (1,5 % Fett), 1 TL Honig

Herren zusätzlich: 125 g Grapefruit, 100 g Birne, 100 g Kartoffeln, 20 g Knäckebrot, am Mittag 75 g Speisequark (Magerstufe)

Jugendliche zusätzlich: 125 g Grapefruit, 100 g Birne, 100 g Kartoffeln, 20 g Knäckebrot, 250 ml Milch (0,3 % Fett), 200 g Joghurt (0,3 % Fett), statt Bier 20 g einfache Kekse, am Mittag 75 g Speisequark (Magerstufe)

Freitag

Frühstück

100 g Nektarinen, 20 g Weizenkeime, 100 ml Milch (1,5 % Fett), Getränk nach Wunsch (kalorienfrei)

Mittagessen

Thunfisch-Käse-Auflauf (siehe Rezept S. 359)

Zwischenmahlzeit

125 g Erdbeeren, 200 ml Milch (1,5 % Fett)

Abendessen

90—120 g Dorschleber (konserviert in Öl, Öl nicht mitessen), 30 g Vollkornbrot, 1 TL Margarine, 100 g Gurke

Zwischenmahlzeit

10 g Knäckebrot, 1 TL Margarine, 50 g Speisequark (Magerstufe), 20 kcal Marmelade (kalorienarm), 50 g Aprikosen

Herren zusätzlich: 75 g Trauben, 60 g Banane, 30 g Vollkornbrot, 20 g Knäckebrot, am Mittag 30 g Thunfisch, am Abend 30 g Dorschleber

Jugendliche zusätzlich: 75 g Trauben, 60 g Banane, 30 g Vollkornbrot, 20 g Knäckebrot, 200 ml Milch (1,5 % Fett), am Mittag 30 g Thunfisch, am Abend 30 g Dorschleber

Samstag

Frühstück

125 ml Grapefruitsaft (ungesüßt), 75 g Hüttenkäse, 30 g Toastbrot, 1 TL Margarine, Getränk nach Wunsch (kalorienfrei)

Mittagessen

90 g eingeweichte Linsen, 45—60 g gekochtes Rindfleisch, 1 TL Margarine, 100 g Porree, 100 g Möhren, 50 g Sellerie, 50 g Kartoffeln als Eintopf

Zwischenmahlzeit

20 kcal Fruchtnektar (kalorienarm), 100 g Joghurt (0,3 % Fett)

Abendessen

Grillplatte für Gartenfreunde (siehe Rezept S. 244), **Sommertraum-Salat** (siehe Rezept S. 432), **Tsatsiki** (siehe Rezept S. 237)

Zwischenmahlzeit

200 ml Sauermilch (1,5 % Fett)

Herren zusätzlich: 250 ml Gemüsesaft, 125 g Grapefruit, 60 g Vollkornbrot, am Mittag 30 g Rindfleisch, am Abend 30 g Kotelett

Jugendliche zusätzlich: 250 ml Gemüsesaft, 125 g Grapefruit, 60 g Vollkornbrot, 200 g Joghurt (0,3 % Fett), am Mittag 30 g Rindfleisch, am Abend 30 g Kotelett

Sonntag

Frühstück

Frühstückspfannkuchen (siehe Rezept S. 406), 20 kcal Fruchtnektar (kalorienarm), Getränk nach Wunsch (kalorienfrei)

Mittagessen

90—120 g Kalbsschnitzel, in 1 TL Margarine gebraten, 50 g Kartoffeln, 200 g Blumenkohl, 180 ml Milch (1,5 % Fett)

Zwischenmahlzeit

Pflaumenkuchen (siehe Rezept S. 513), dazu: 25 g süße Sahne

Abendessen

90 g gegrilltes, enthäutetes Hähnchenfilet, 30 g Vollkornbrot, 1 TL Halbfettmargarine, 100 g grüne Paprikaschote, 100 g Kohlrabi, 4 Oliven

Zwischenmahlzeit

250 ml Tomatensaft

Herren zusätzlich: 125 g Apfel, 60 g Banane, 100 g Kartoffeln, 30 g Vollkornbrot, am Mittag 30 g Kalbsschnitzel, am Abend 30 g Hähnchenfilet

Jugendliche zusätzlich: 125 g Apfel, 60 g Banane, 100 g Kartoffeln, 30 g Vollkornbrot, **Mango-Aprikosen-Joghurt** (siehe Rezept S. 488), am Mittag 30 g Kalbsschnitzel, am Abend 30 g Hähnchenfilet

30. Woche

Die Aubergine oder Eierfrucht, wie man sie in England und Amerika nennt, hat einer Farbe — einem dunklen Violett — ihren Namen gegeben. Auberginen sind Nachtschattengewächse und kommen ursprünglich aus Asien. Seit dem 17. Jahrhundert baut man sie in den südlichen Regionen Europas an, denn sie lieben heißes Klima. In rohem Zustand sind sie — ähnlich wie grüne Bohnen — ungenießbar, ja sogar giftig. Sie müssen gedünstet oder geschmort werden, damit die Giftstoffe entweichen. Da sich die Vitamine der äußerst kalorienarmen Aubergine mehr in der Schale als im Fruchtfleisch befinden, sollte man sie nicht schälen.
Unser Mittagessen am Samstag ist eine schmackhafte Zusammenstellung aus Auberginen mit Kalbfleisch.

Montag

Frühstück
125 g Himbeeren, 75 g Speisequark, $1/2$ TL Honig, Vanillearoma, Süßstoff, Getränk nach Wunsch (kalorienfrei)

Mittagessen
Wirsing »Surprise« mit Zwiebacksauce (siehe Rezept S. 386)

Zwischenmahlzeit
20 g Mehl mit Selterswasser, Süßstoff und 1 TL Pflanzencreme mischen und als Pfannkuchen in 1 TL Pflanzencreme braten, mit 100 g schwarzen Johannisbeeren und $1/2$ TL Puderzucker essen, 250 ml Milch (0,3 % Fett)

Abendessen
Salat aus: 90 g Thunfisch (konserviert in Wasser), 100 g Ananas, 100 g Zwiebeln, 100 g Radieschen, 20 kcal Salatsauce (kalorienarm); 1 TL Margarine, 30 g Vollkornbrot

Zwischenmahlzeit
250 ml Buttermilch (1 % Fett), Zitronensaft, Süßstoff
Herren zusätzlich: 125 g Stachelbeeren, 100 g konservierter Fruchtcocktail (ohne Zucker) mit 2 EL Saft, 100 g Kartoffeln, 30 g Vollkornbrot, am Mittag 30 g Tatar, am Abend 30 g Thunfisch
Jugendliche zusätzlich: 125 g Stachelbeeren, 100 g Kartoffeln, 30 g Vollkornbrot, 200 ml Milch (1,5 % Fett), am Mittag 30 g Tatar, am Abend 30 g Thunfisch

Dienstag

Frühstück
100 g Aprikosen, 2 TL Halbfettmargarine, 30 g Toastbrot, 1 Ei, 20 kcal Marmelade (kalorienarm), Getränk nach Wunsch (kalorienfrei)

Mittagessen
Putengulasch »Florian« (siehe Rezept S. 312)
Dessert: **Pflaumenmus »Boris«** (siehe Rezept S. 480)

Zwischenmahlzeit
75 g Kirschen, 100 g Speisequark (Magerstufe), Süßstoff

Abendessen
2 TL Halbfettbutter, 30 g Roggenbrötchen, 60 g Tilsiter, 150 g grüne Bohnen, Marinade aus: 2 TL Kondensmilch (4 % Fett), Essig, Pfeffer, Salz, Dill, Süßstoff

Zwischenmahlzeit
100 g Kiwi, 200 g Joghurt (0,3 % Fett), 1 TL geraspelte Kokosnuß, Bittermandelaroma, Süßstoff
Herren zusätzlich: 250 ml Tomatensaft, 60 g Bananen, 60 g zubereiteter Reis, 30 g Vollkornbrot, am Mittag 60 g Putenfleisch
Jugendliche zusätzlich: 250 ml Tomatensaft, 60 g Bananen, 60 g zubereiteter Reis, 30 g Vollkornbrot, 200 ml Milch (1,5 % Fett), am Mittag 60 g Putenfleisch

Mittwoch

Frühstück
125 ml Orangensaft (ungesüßt), 2 TL Halbfettmargarine, 20 g Vollkornknäckebrot, 30 g gegrilltes, enthäutetes Hähnchenfleisch, Getränk nach Wunsch (kalorienfrei)

Mittagessen
90 g geräucherte Putenbrust, 200 g Blumenkohl, 2 TL Halbfettmargarine, 2 TL geriebener Käse, 100 g eßfertiges Kartoffelpüree (Fertigprodukt)

Zwischenmahlzeit
125 ml Sauerkrautsaft

Abendessen
Fischfrikadellen mit Eskimokuß (siehe Rezept S. 357), 225 ml Buttermilch (1 % Fett)

Zwischenmahlzeit
100 g Fruchtcocktail (konserviert ohne Zucker) mit 2 EL Saft, 25 g Magermilchpulver mit 6 EL Eiswasser und Süßstoff zu »Sahne« geschlagen, 20 kcal Dessertsauce (kalorienarm)
Herren zusätzlich: 125 g Erdbeeren, 125 g Pfirsiche, 100 g eßfertiges Kartoffelpüree (Fertigprodukt), 30 g Vollkornbrot, am Mittag 30 g geräucherte Putenbrust, am Abend 30 g Schellfischfilet
Jugendliche zusätzlich: 125 g Erdbeeren, 125 g Pfirsiche, 100 g eßfertiges Kartoffelpüree (Fertigprodukt), 30 g Vollkornbrot, 200 g Vanillepudding (kalorienarm), am Mittag 30 g geräucherte Putenbrust, am Abend 30 g Schellfischfilet

*Feinschmecker-Filetsteaks ▷
(Rezept S. 249)*

Donnerstag

Frühstück

125 g Grapefruit, 2 TL Halbfettmargarine, 30 g Brötchen, 30 g Krabbenfleisch, 1 TL Cocktailsauce, 20 kcal Marmelade (kalorienarm), Getränk nach Wunsch (kalorienfrei)

Mittagessen

Spargelcremesuppe (siehe Rezept S. 230), **Sauerkraut-Salat mit Kassler** (siehe Rezept S. 435) — Dessert: 200 g Vanillepudding (kalorienarm)

Zwischenmahlzeit

Meloneneis (siehe Rezept S. 504)

Abendessen

90—120 g Leber, in 1 TL Öl gebraten, mit 125 ml Wasser abgelöscht und mit 1 EL Tomatenmark gewürzt, mit 10 g Vollkornmehl angedickt; 100 g Bleichsellerie, 100 g Salatgurke — Dessert: 100 g Joghurt (0,3 % Fett)

Zwischenmahlzeit

1 mittlerer Maiskolben, 2 TL Halbfettbutter

Herren zusätzlich: 250 ml Gemüsesaft, 100 g Kiwi, 30 g Brötchen, 100 g Kartoffeln, am Mittag 30 g Kassler, am Abend 30 g Leber

Jugendliche zusätzlich: 250 ml Gemüsesaft, 100 g Kiwi, 30 g Brötchen, 100 g Kartoffeln, 250 ml Milch (0,3 % Fett), am Mittag 30 g Kassler, am Abend 30 g Leber

Freitag

Frühstück

125 g Stachelbeeren, 20 g Vollkornhaferflocken, 200 ml Kefir (1,5 % Fett), Süßstoff, Getränk nach Wunsch (kalorienfrei)

Mittagessen

Salat »Südsee« (siehe Rezept S. 436), 30 g Toastbrot, 2 TL Halbfettbutter, 20 kcal Fruchtsaft (kalorienarm)

Zwischenmahlzeit

100 g Joghurt (0,3 % Fett), 125 g Grapefruit

Abendessen

120—150 g gegrillte Makrele (ohne Kopf und Gräten) mit 2 TL Mayonnaise (80 % Fett), 1 EL Tomatenmark und getrockneten Kräutern bestreichen, dazu: **Rettichsalat** (siehe Rezept S. 434), 30 g Weißbrot

Zwischenmahlzeit

100 g Möhren in Brühe von 1 kleinen Brühwürfel

Herren zusätzlich: 100 g Ananas, 125 g Apfel, 30 g Toastbrot, 30 g Vollkornbrot, am Abend 60 g Makrele

Jugendliche zusätzlich: 100 g Ananas, 125 g Apfel, 30 g Toastbrot, 30 g Vollkornbrot, 200 g Joghurt (0,3 % Fett), am Abend 60 g Makrele

◁ *Hähnchen provencale (Rezept S. 308)*

Samstag

Frühstück
250 ml Tomatensaft, 1 TL Halbfettmargarine, 20 g Vollkornknäckebrot, 30 g Roastbeef, Meerrettich, ½ TL Mayonnaise (80 % Fett), Getränk nach Wunsch (kalorienfrei)

Mittagessen
Auberginenschiffchen mit Kalbfleischfülle (siehe Rezept S. 382)

Zwischenmahlzeit
Rosinenflocken (siehe Rezept S. 526)

Abendessen
90 g gegrilltes Hähnchen (Gewicht ohne Haut und Knochen), 200 g Rotkohl mit 60 g roten Johannisbeeren, 1 TL Pflanzencreme, Rauchsalz und Süßstoff gekocht, 125 ml Milch (0,3 % Fett)

Zwischenmahlzeit
75 g Speisequark (Magerstufe), 1 TL Honig, Süßstoff, 75 g Trauben, 20 kcal Dessertsauce (kalorienarm)
Herren zusätzlich: 125 ml Orangensaft (ungesüßt), 100 g Nektarinen, 60 g zubereiteter Reis, 100 g Kartoffeln, am Mittag 30 g Kalbfleisch, am Abend 30 g Hähnchen
Jugendliche zusätzlich: 125 ml Orangensaft (ungesüßt), 100 g Nektarinen, 60 g zubereiteter Reis, 100 g Kartoffeln, 200 g Joghurt (0,3 % Fett), am Mittag 30 g Kalbfleisch, am Abend 30 g Hähnchen

Sonntag

Frühstück
125 ml Grapefruitsaft (ungesüßt), 1 TL Halbfettmargarine, 30 g Vollkornbrot, 30 g Käse, Getränk nach Wunsch (kalorienfrei)

Mittagessen
Steakhouse-Teller (siehe Rezept S. 246)
Dessert: **Pfirsich »Astrid«** (siehe Rezept S. 497)

Zwischenmahlzeit
60 g Erdbeeren, 200 g Schokoladenpudding (kalorienarm)

Abendessen
90 g geräuchertes Forellenfilet, 100 g Kohlrabi, 1 TL Halbfettmargarine, 30 g Roggenbrot, 20 kcal Limonade (kalorienarm)

Zwischenmahlzeit
50 g Joghurt (0,3 % Fett), 2 TL Kakao, ½ TL Kaffeepulver, Süßstoff, 20 g einfache Kekse
Herren zusätzlich: 100 g Aprikosen, 125 g Erdbeeren, 60 g Vollkornbrot, am Mittag 30 g Rumpsteak, am Abend 30 g Forelle
Jugendliche zusätzlich: 100 g Aprikosen, 125 g Erdbeeren, 60 g Vollkornbrot, 200 ml Sauermilch (1,5 % Fett), am Mittag 30 g Rumpsteak, am Abend 30 g Forelle

31. Woche

Eine besonders unterhaltsame Art, liebe Gäste zu bewirten, ist die Einladung zu einem Fondue. Daß dies auch kalorienbewußt möglich ist, beweisen wir Ihnen am Samstagabend. Pate zu unserem Fondue stand der »Chinesische Feuertopf«. Dabei werden die Fleischwürfel nicht in siedendes Fett getaucht wie beim »Fondue Bourguignonne«, sondern man gart hauchdünne Fleischscheibchen in einer köchelnden Brühe. Unser Rezept ist zwar ein reines Fleischfondue, es gibt jedoch noch andere Variationen, so z. B. mit Geflügel, Fisch oder Krabben.

An anderer Stelle in diesem Buch stellen wir Ihnen ein Käsefondue vor.

Zu einem Fondue gehören unbedingt pikante Beilagen: In unserem Rezept sind es Mixed Pickles und eingelegte Zwiebeln. Ihre Gäste werden begeistert sein.

Montag

Frühstück

100 g Aprikosen, 2 TL Halbfettmargarine, 30 g Brötchen, 1 Ei, 20 kcal Marmelade (kalorienarm), Getränk nach Wunsch (kalorienfrei)

Mittagessen

Hähnchen »August« (siehe Rezept S. 300), dazu: 30 g Graubrot

Zwischenmahlzeit

200 g Joghurt (0,3 % Fett) mit Süßstoff und 125 g roten Johannisbeeren

Abendessen

60 g Gouda, 1 TL Butter, 30 g Vollkornbrot, 100 g Birne, 150 g grüne Bohnen, Marinade aus: Essig, Dill und 1 TL Öl

Zwischenmahlzeit

250 ml Milch (0,3 % Fett), 1 ½ TL Kakao, Süßstoff

Herren zusätzlich: 100 g Kiwi, 60 g Bananen, 60 g Vollkornbrot, am Mittag 60 g Hähnchenfleisch

Jugendliche zusätzlich: 100 g Kiwi, 60 g Bananen, 60 g Vollkornbrot, 100 g Speisequark (Magerstufe), am Mittag 60 g Hähnchenfleisch

Dienstag

Frühstück

125 g Himbeeren, 30 g Grieß, 250 ml Milch (0,3 % Fett), Vanillestange, Süßstoff, 2 TL Halbfettmargarine, Getränk nach Wunsch (kalorienfrei)

Mittagessen

90—120 g Seelachsfilet, gebraten in 1 TL Öl; 100 g Kopfsalat, Marinade aus: 25 g Zwiebeln, Zitronensaft und Süßstoff; 1 TL Margarine, 30 g Vollkornbrot

Zwischenmahlzeit

125 g Pfirsich

Abendessen

Spießchen mit buntem Reis (siehe Rezept S. 248), 20 kcal Limonade (kalorienarm)

Zwischenmahlzeit

100 g Speisequark (Magerstufe), 1 TL Kakao, ½ TL Kaffeepulver, Süßstoff, 125 g Stachelbeeren

Herren zusätzlich: 125 g Himbeeren, 125 g Apfel, 60 g zubereiteter Reis (Rohgewicht), 30 g Vollkornbrot, am Mittag 30 g Seelachs, am Abend 30 g Rinderfilet

Jugendliche zusätzlich: 125 g Himbeeren, 125 g Apfel, 60 g Reis (Rohgewicht), 30 g Vollkornbrot, 250 ml Milch (0,3 % Fett), am Mittag 30 g Seelachs, am Abend 30 g Rinderfilet

Mittwoch

Frühstück

100 g Kiwi, 1 TL Halbfettmargarine, 30 g Vollkornbrot, 30 g Putenbrust, ½ TL Mayonnaise (80 % Fett), Getränk nach Wunsch (kalorienfrei)

Mittagessen

Kräuterleber (siehe Rezept S. 324), dazu: 100 g eßfertiges Kartoffelpüree (Fertigprodukt), 200 g Möhrensalat (Glaskonserve ohne Fett), 250 ml Buttermilch (1 % Fett)

Zwischenmahlzeit

60 g Banane, 35 g süße Sahne, Süßstoff, 20 kcal Dessertsauce (kalorienarm), ½ TL geraspelte Kokosnuß

Abendessen

30 g Roggentoast, 90 g aufgeschnittener magerer Schweinebraten, 1 TL Margarine, 100 g Gewürzgurke

Zwischenmahlzeit

200 ml Kefir (1,5 % Fett), Süßstoff, 85 g Pflaumen

Herren zusätzlich: 125 g Stachelbeeren, 85 g Pflaumen, 100 g eßfertiges Kartoffelpüree (Fertigprodukt), 30 g Toastbrot, am Mittag 30 g Leber, am Abend 30 g Schweinebraten

Jugendliche zusätzlich: 125 g Stachelbeeren, 85 g Pflaumen, 100 g eßfertiges Kartoffelpüree (Fertigprodukt), 30 g Toastbrot, 175 g Joghurt (1,5 % Fett), am Mittag 30 g Leber, am Abend 30 g Schweinebraten

Donnerstag

Frühstück

125 ml Grapefruitsaft (ungesüßt), 1 TL Halbfettmargarine, 20 g Vollkornknäckebrot, 30 g Roastbeef, ½ TL Mayonnaise (80 % Fett), Getränk nach Wunsch (kalorienfrei)

Mittagessen

Zwiebelhäuschen (siehe Rezept S. 382)
Dessert: **Mokkadessert** (siehe Rezept S. 479), 250 ml Milch (0,3 % Fett)

Zwischenmahlzeit

60 g Banane mit 20 kcal Fruchtsaft (kalorienarm) im Mixer verquirlen

Abendessen

150 g Pellkartoffeln, 4 TL Halbfettmargarine und 150 g Speisequark (Magerstufe) vermengen mit Petersilie, Schnittlauch, Dill, Pfeffer, Salz und Süßstoff; 200 g Lauch, gedünstet in Brühe von 1 kleinen Brühwürfel

Zwischenmahlzeit

200 g Vanillepudding (kalorienarm), ½ TL Kakao, 75 g Trauben

Herren zusätzlich: 100 g Brombeeren, 100 g Ananas, 60 g zubereiteter Reis, 30 g Vollkornbrot, am Mittag 30 g Tatar

Jugendliche zusätzlich: 100 g Brombeeren, 100 g Ananas, 60 g zubereiteter Reis, 30 g Vollkornbrot, 100 g Speisequark (Magerstufe), 200 ml Dickmilch (1,5 % Fett), am Mittag 30 g Tatar

Freitag

Frühstück

100 g Fruchtcocktail (konserviert ohne Zucker) mit 2 EL Saft, 20 g parboiled Reis in 75 ml Milch (0,3 % Fett) kochen, 1 Eigelb, 1 TL Pflanzencreme, Vanille, Zimt, Süßstoff einrühren und 1 steifgeschlagenes Eiweiß unterheben, Getränk nach Wunsch (kalorienfrei)

Mittagessen

Chinesische Fischpfanne (siehe Rezept S. 346), 250 ml Tomatensaft

Zwischenmahlzeit

175 ml Milch (0,3 % Fett), 1 TL Honig, 20 g Zwieback

Abendessen

30 g Vollkornbrot, 60 g Camembert, 1 TL Margarine, 100 g Preiselbeeren, 100 g eingelegte rote Bete, 100 g Rettich, 20 kcal Salatsauce (kalorienarm)

Zwischenmahlzeit

100 g Speisequark (Magerstufe), mit 2 TL Kondensmilch (4 % Fett) und Süßstoff verrühren, 125 g Grapefruit

Herren zusätzlich: 250 ml Tomatensaft, 60 g Banane, 60 g Vollkornbrot, am Mittag 60 g Kabeljau

Jugendliche zusätzlich: 250 ml Tomatensaft, 60 g Banane, 60 g Vollkornbrot, 250 ml Milch (0,3 % Fett), 175 g Joghurt (1,5 % Fett), am Mittag 60 g Kabeljau

Samstag

Frühstück
100 g Sauerkirschen, 1 TL Margarine, 20 g Vollkornknäckebrot, 30 g Krabben, 20 kcal Marmelade (kalorienarm), Getränk nach Wunsch (kalorienfrei)

Mittagessen
100 g Lammkotelett (Rohgewicht mit Knochen), panieren mit 20 g Paniermehl und 1 Ei, in 1 TL Öl gebraten; 100 g Weißkohlsalat (Glaskonserve ohne Fett)
Dessert: 200 g Schokoladenpudding (kalorienarm)

Zwischenmahlzeit
100 g Joghurt (0,3 % Fett), 100 g schwarze Johannisbeeren, Süßstoff

Abendessen
Fondue mit Saucen (siehe Rezept S. 260), dazu: **Mixed Pickles** (siehe Rezept S. 468), **Eingelegte Zwiebeln** (siehe Rezept S. 463), 100 g Paprikaschoten, 50 g Radieschen, 2 TL Barbecuesauce, 2 TL Steaksauce, 30 g Weißbrot

Zwischenmahlzeit
200 g Melone
Herren zusätzlich: 125 ml Apfelsaft (ungesüßt), 75 g Trauben, 100 g Kartoffeln, 30 g Weißbrot, am Mittag 15 g Lammfleisch, am Abend 60 g Rindfleisch
Jugendliche zusätzlich: 125 ml Apfelsaft (ungesüßt), 100 g Kartoffeln, 30 g Weißbrot, **Meloneneis** (siehe Rezept S. 504), 175 g Joghurt (1,5 % Fett), am Abend 30 g Rindfleisch

Sonntag

Frühstück
125 ml Orangensaft (ungesüßt), 1 TL Halbfettmargarine, 30 g Roggenbrötchen, 30 g Putenbrust, 2 Oliven, Getränk nach Wunsch (kalorienfrei)

Mittagessen
30 g Toastbrot mit 1 TL Butter und 50 g Kopfsalat belegen, 90 g Räucherlachs und 100 g Spargel (Dosenware) wickeln, mit ½ TL Mayonnaise (80 % Fett) verzieren
Dessert: 100 g Speisequark (Magerstufe), 1 TL Honig, Rumaroma, Süßstoff, 85 g Pflaumen

Zwischenmahlzeit
100 g Brombeeren im Mixer pürieren, mit 35 g Schlagsahne und Süßstoff mischen

Abendessen
Würstchenpfanne (siehe Rezept S. 280)

Zwischenmahlzeit
250 ml Milch (0,3 % Fett) mit 20 kcal Fruchtsaft (kalorienarm) vermischen
Herren zusätzlich: 100 g konservierter Fruchtcocktail (ohne Zucker) mit 2 EL Saft, 250 ml Gemüsesaft, 60 g Vollkornbrot, am Mittag 30 g Räucherlachs, am Abend 30 g Würstchen
Jugendliche zusätzlich: 100 g konservierter Fruchtcocktail (ohne Zucker) mit 2 EL Saft, 250 ml Gemüsesaft, 60 g Vollkornbrot, 250 ml Buttermilch (1 % Fett), am Mittag 30 g Räucherlachs, am Abend 30 g Würstchen

32. Woche

Crêpes sind hauchdünne, zarte Eierpfannkuchen. Sie kommen aus Frankreich und werden dort auf Spezialplatten gebacken, damit sie besonders leicht und luftig werden.
Bei uns bekommt man Crêpes-Pfannen in guten Haushaltswarengeschäften. Es gibt sie in verschiedener Ausführung, entweder aus Gußstahl oder beschichtet, damit der Teig nicht anhängt.
In der Bretagne findet man überall sogenannte Crèperien, die Crêpes von süß bis salzig anbieten. Mit Orangen- oder Schokoladensauce übergossen, ergeben sie einen vorzüglichen Nachtisch; mit Spinat oder Pilzen gefüllt, eine leicht bekömmliche Hauptmahlzeit.
Wir stellen Ihnen am Mittwochabend eine raffinierte Füllung vor: Broccoli, Champignons und Hähnchenfleisch werden von Crêpes umhüllt, mit Sauce übergossen und im Ofen überbacken.

Montag

Frühstück
125 g rote Johannisbeeren, 75 g Speisequark (Magerstufe), Süßstoff, 20 g Knäkkebrot, Getränk nach Wunsch (kalorienfrei)

Mittagessen
90—120 g Leber, in 1 TL Öl gebraten, 200 g Blumenkohl, 100 g Porree, 100 g Kartoffeln

Zwischenmahlzeit
200 ml Dickmilch (1,5 % Fett), 20 kcal Dessertsauce (kalorienarm)

Abendessen
Krabben-Käse-Salat (siehe Rezept S. 456), dazu: 30 g Weißbrot, 1 TL Margarine
Dessert: 175 g Joghurt (1,5 % Fett), 1 TL Kakao, 1 TL geraspelte Kokosnuß

Zwischenmahlzeit
125 g Pfirsiche

Herren zusätzlich: 75 g Trauben, 60 g Bananen, 100 g Kartoffeln, 30 g Weißbrot, am Mittag 30 g Leber, am Abend 30 g Krabben

Jugendliche zusätzlich: 75 g Trauben, 60 g Banane, 100 g Kartoffeln, 30 g Weißbrot, 100 g Speisequark (Magerstufe), am Mittag 30 g Leber, am Abend 30 g Krabben

Dienstag

Frühstück

75 g Trauben, 30 g Camembert, 30 g Vollkornbrot, 1 TL Margarine, ½ TL Marmelade, Getränk nach Wunsch (kalorienfrei)

Mittagessen

Schweinefleisch »Meister Ribbeck« (siehe Rezept S. 273)

Zwischenmahlzeit

125 ml Milch (0,3 % Fett)

Abendessen

100 g Möhren, 100 g grüne Bohnen in Brühe von 1 kleinen Brühwürfel, 90 g geräuchertes Rotbarschfilet, 30 g Vollkornbrot, 1 TL Margarine, 100 g Kopfsalat; Marinade aus: 100 g Joghurt (0,3 % Fett), Zitronensaft, Süßstoff

Zwischenmahlzeit

100 g Speisequark (Magerstufe), 20 kcal Marmelade (kalorienarm), 250 ml Tomatensaft

Herren zusätzlich: 125 g Grapefruit, 100 g Kiwi, 60 g Vollkornbrot, am Mittag 30 g Schweineschnitzel, am Abend 30 g Rotbarsch

Jugendliche zusätzlich: 125 g Grapefruit, 100 g Kiwi, 60 g Vollkornbrot, 200 g Vanillepudding (kalorienarm), am Mittag 30 g Schweineschnitzel, am Abend 30 g Rotbarsch

Mittwoch

Frühstück

85 g Pflaumen, 20 g Grieß, 200 ml Milch (1,5 % Fett), Getränk nach Wunsch (kalorienfrei)

Mittagessen

90—120 g Kalbssteak, in 1 TL Öl gebraten, 100 g gegrillte Tomate

Zwischenmahlzeit

20 g Zwieback, 1 TL Margarine, ½ TL Honig, 20 kcal Fruchtnektar (kalorienarm)

Abendessen

Crêpes »Divan« (siehe Rezept S. 303)
Dessert: 150 ml Sauermilch (1,5 % Fett)

Zwischenmahlzeit

Obstsalat aus: 50 g Aprikosen, 30 g Banane, 100 g Kiwi, Zitronensaft, ½ TL geraspelte Kokosnuß

Herren zusätzlich: 200 g Honigmelone, 125 g Apfel, 30 g Vollkornbrot, 20 g Zwieback, am Mittag 30 g Kalbssteak, am Abend 30 g Hühnerfleisch

Jugendliche zusätzlich: 200 g Honigmelone, 125 g Apfel, 30 g Vollkornbrot, 20 g Zwieback, 175 g Joghurt (1,5 % Fett), am Mittag 30 g Kalbssteak, am Abend 30 g Hühnerfleisch

Donnerstag

Frühstück
125 ml Orangensaft (ungesüßt), 1 Ei, 30 g Brötchen, 1 TL Halbfettbutter, Getränk nach Wunsch (kalorienfrei)

Mittagessen
90 g deutsches Cornedbeef, 30 g Vollkornbrot, 1 TL Halbfettmargarine, 50 g Radieschen, 50 g Rettich

Zwischenmahlzeit
Stachelbeercreme (siehe Rezept S. 482)

Abendessen
90—120 g kaltes, gekochtes und enthäutetes Hähnchenfleisch, dazu: **Andalusische Sauce** (siehe Rezept S. 463), 100 g Kopfsalat, Marinade aus: Zitronensaft, Süßstoff; 30 g Vollkornbrot

Zwischenmahlzeit
175 g Joghurt (1,5 % Fett), 100 g Brombeeren

Herren zusätzlich: 85 g Pflaumen, 100 g Birne, 30 g Brötchen, 30 g Vollkornbrot, am Mittag 30 g Cornedbeef, am Abend 30 g Hähnchen

Jugendliche zusätzlich: 85 g Pflaumen, 100 g Birne, 30 g Brötchen, 30 g Vollkornbrot, 200 g Schokoladenpudding (kalorienarm), am Mittag 30 g Cornedbeef, am Abend 30 g Hähnchen

Freitag

Frühstück
200 g Wassermelone, 30 g Hartkäse, 20 g Knäckebrot, 1 TL Margarine, ½ TL Marmelade, Getränk nach Wunsch (kalorienfrei)

Mittagessen
90—120 g Putenschnitzel in 1 TL Öl gebraten, 2 TL Ketchup, 100 g grüne Bohnen, 100 g Kartoffeln
Dessert: 100 ml Kefir (1,5 % Fett), 20 kcal Marmelade (kalorienarm)

Zwischenmahlzeit
125 g gefrorene Erdbeeren mit 25 g Magermilchpulver, Zitronensaft und Süßstoff zu »Eiscreme« schlagen

Abendessen
Sommer-Matjes (siehe Rezept S. 450), dazu: 100 g Pellkartoffeln
Dessert: 85 g Mirabellen

Zwischenmahlzeit
125 ml Sauerkrautsaft

Herren zusätzlich: 125 g Stachelbeeren, 100 g Nektarinen, 100 g Kartoffeln, 20 g Knäckebrot, am Mittag 30 g Putenschnitzel, am Abend 30 g Matjes

Jugendliche zusätzlich: 125 g Stachelbeeren, 100 g Nektarinen, 100 g Kartoffeln, 20 g Knäckebrot, 250 ml Milch (0,3 % Fett), am Mittag 30 g Putenschnitzel, am Abend 30 g Matjes

Samstag

Frühstück

125 g Pfirsiche, 20 g Cornflakes, 200 ml Milch (1,5 % Fett), Getränk nach Wunsch (kalorienfrei)

Mittagessen

90—120 g Kabeljaufilet in 10 g Mehl gewendet und in 1 TL Öl gebraten, 4 TL Ketchup, dazu: **Blumenkohlsalat** (siehe Rezept S. 439)

Zwischenmahlzeit

10 g Knäckebrot, 1 TL Margarine, 20 kcal Marmelade (kalorienarm), 125 g Erdbeeren

Abendessen

1 hartgekochtes Ei mit 150 g Hüttenkäse, 100 g Paprikaschote, 100 g Tomate und 25 g Zwiebeln vermengen, 30 g Vollkornbrot

Zwischenmahlzeit

200 g Schokoladenpudding (kalorienarm), 100 g Birne, 35 g Schlagsahne

Herren zusätzlich: 60 g Banane, 125 ml Orangensaft (ungesüßt), 60 g zubereiteter Reis, 20 g Knäckebrot, am Mittag 30 g Kabeljaufilet, am Abend 75 g Hüttenkäse

Jugendliche zusätzlich: 60 g Banane, 125 ml Orangensaft (ungesüßt), 20 g Knäckebrot, 60 g zubereiteter Reis, 200 ml Dickmilch (1,5 % Fett), am Mittag 30 g Kabeljaufilet, am Abend 75 g Hüttenkäse

Sonntag

Frühstück

125 ml Grapefruitsaft (ungesüßt), **Sonntagstoast mit Ei** (siehe Rezept S. 404), Getränk nach Wunsch (kalorienfrei)

Mittagessen

90—120 g gegrilltes Rindersteak, 100 g Zwiebeln, in 1 TL Öl gebraten, 200 g Tomaten, 100 g Kartoffeln
Dessert: 60 g Banane

Zwischenmahlzeit

200 g Vanillepudding (kalorienarm), 20 kcal Dessertsauce (kalorienarm)

Abendessen

60 g Edelpilzkäse, 30 g Vollkornbrot, 1 TL Margarine, 4 Oliven, 200 g Gurken, 125 ml Rotwein

Zwischenmahlzeit

150 ml Milch (1,5 % Fett), 125 g Himbeeren, Süßstoff

Herren zusätzlich: 250 ml Gemüsesaft, 100 g Ananas, 100 g Kartoffeln, 30 g Vollkornbrot, am Mittag 60 g Rindersteak

Jugendliche zusätzlich: 250 ml Gemüsesaft, 100 g Ananas, 100 g Kartoffeln, 30 g Vollkornbrot, 100 g Speisequark (Magerstufe), statt Rotwein 100 g Kiwi und 125 g Pfirsiche, am Mittag 60 g Rindersteak

33. Woche

Gemessen an anderen Ländern ist der Verzehr von Fisch bei uns relativ gering. Dabei ist Fisch äußerst gesund und unentbehrlich für alle, die abnehmen wollen. Er ist, bis auf wenige Ausnahmen, kalorienarm, vitaminreich und enthält biologisch hochwertiges Eiweiß. In den meisten Restaurants wird Fisch entweder als fader, ausgelaugter Koch- oder Backfisch angeboten, was sicherlich dazu beigetragen hat, daß er bei uns nicht so geschätzt wird, wie er es eigentlich verdient. Der Besuch eines guten Fischspezialitäten-Restaurants strapaziert den Geldbeutel erheblich. Aber es gibt unzählige Möglichkeiten, Fisch preiswert und doch wohlschmeckend zuzubereiten.
In dieser Woche stellen wir Ihnen einige interessante Rezepte vor. Unser Lieblingsgericht ist die »Kapitänsflunder«.

Montag

Frühstück
100 g Birne, 75 g Speisequark (Magerstufe), Vanillearoma, 20 g Zwieback, Getränk nach Wunsch (kalorienfrei)

Mittagessen
Hähnchenkeulen in Orangensauce (siehe Rezept S. 307), dazu: 60 g zubereiteter Reis
Dessert: 175 g Joghurt (1,5 % Fett)

Zwischenmahlzeit
200 ml Dickmilch ((1,5 % Fett), 20 kcal Marmelade (kalorienarm)

Abendessen
90 g Tatar (Beefsteakhack), 30 g Vollkornbrot, 2 TL Halbfettmargarine, 100 g Tomaten, 100 g Gurke, 2 Oliven

Zwischenmahlzeit
100 g Kiwi, 100 g Kopfsalat, Marinade aus: 1 TL Öl, Essig
Herren zusätzlich: 125 g Apfel, 250 ml Tomatensaft, 60 g zubereiteter Reis, 30 g Vollkornbrot, am Mittag 30 g Hähnchen, am Abend 30 g Tatar
Jugendliche zusätzlich: 125 g Apfel, 250 ml Tomatensaft; 60 g zubereiteter Reis, 30 g Vollkornbrot; 250 ml Milch (0,3 % Fett), am Mittag 30 g Hähnchen, am Abend 30 g Tatar

Dienstag

Frühstück

100 g Nektarinen, 30 g Edelpilzkäse, 30 g Vollkornbrot, 1 TL Margarine, 1 TL Marmelade, Getränk nach Wunsch (kalorienfrei)

Mittagessen
Tomaten-Quark-Eier (siehe Rezept S. 401), dazu: 30 g Vollkornbrot, 1 TL Margarine
Dessert: 125 g Erdbeeren, Streusüße

Zwischenmahlzeit

125 ml Apfelsaft (ungesüßt)

Abendessen

90 g mageres Kassler, 200 g Blumenkohl, 1 TL geriebener Käse, 100 g Kartoffeln, 1 TL Margarine

Zwischenmahlzeit

200 ml Milch (1,5 % Fett)

Herren zusätzlich: 200 g Wassermelone, 60 g Banane, 30 g Vollkornbrot, 100 g Kartoffeln, am Abend 60 g Kassler

Jugendliche zusätzlich: 200 g Wassermelone, 60 g Banane, 30 g Vollkornbrot, 100 g Kartoffeln, 200 g Schokoladenpudding (kalorienarm), am Abend 60 g Kassler

Mittwoch

Frühstück

125 g Apfel, 20 g Cornflakes, 200 ml Milch (1,5 % Fett), Getränk nach Wunsch (kalorienfrei)

Mittagessen

90—120 g Leber, in 1 TL Öl gebraten, 100 g eßfertiges Kartoffelpüree (Fertigprodukt), 200 g grüne Bohnen

Zwischenmahlzeit

125 g Stachelbeeren, 20 kcal Fruchtnektar (kalorienarm)

Abendessen
Roter Heringssalat (siehe Rezept S. 452)

Zwischenmahlzeit

50 g Aprikosen, 75 g Speisequark (Magerstufe), 1 TL Kakao, 1 TL geraspelte Kokosnuß

Herren zusätzlich: 100 g Aprikosen, 100 g Birne, 100 g eßfertiges Kartoffelpüree (Fertigprodukt), 20 g Knäckebrot, 200 ml Milch (1,5 % Fett), am Mittag 30 g Leber, am Abend 30 g Matjesfilet

Jugendliche zusätzlich: 100 g Aprikosen, 100 g Birne, 100 g eßfertiges Kartoffelpüree (Fertigprodukt), 20 g Knäckebrot, 200 ml Milch (1,5 % Fett), 175 g Joghurt (1,5 % Fett), am Mittag 30 g Leber, am Abend 30 g Matjesfilet

Donnerstag

Frühstück
100 g Aprikosen, 30 g aufgeschnittener magerer Schweinebraten, 30 g Brötchen, 2 TL Halbfettmargarine, Getränk nach Wunsch (kalorienfrei)

Mittagessen
90 g gekochtes mageres Rindfleisch und 200 g Möhren in Brühe von 1 kleinen Brühwürfel
Dessert: **Biskuitkuchen** (siehe Rezept S. 515)

Zwischenmahlzeit
125 ml Orangensaft (ungesüßt)

Abendessen
60 g Tilsiter, 75 g Vollkornbrot, 2 TL Margarine, 100 g Tomate, 100 g Radieschen, 125 ml Rotwein
Dessert: 100 g Joghurt (0,3 % Fett)

Zwischenmahlzeit
250 ml Buttermilch (1 % Fett)
Herren zusätzlich: 125 g Apfel, 75 g Trauben, 30 g Brötchen, 20 g Knäckebrot, am Mittag 30 g Rindfleisch
Jugendliche zusätzlich: 125 g Apfel, 75 g Trauben, 30 g Brötchen, 20 g Knäckebrot, 100 g Speisequark (Magerstufe), statt Wein 30 g Fruchtgummi, am Mittag 30 g Rindfleisch

Freitag

Frühstück
125 g Erdbeeren, 20 g Grieß, 200 ml Milch (1,5 % Fett), Getränk nach Wunsch (kalorienfrei)

Mittagessen
120 g Putenschnitzel, in 1 TL Öl gebraten, 2 TL Steaksauce, 200 g Weißbrot

Zwischenmahlzeit
150 ml Milch (1,5 % Fett), 1 TL Kakao, 75 g Trauben

Abendessen
Käse-Nudel-Laib (siehe Rezept S. 418)

Zwischenmahlzeit
100 g Birne, 125 ml Sauerkrautsaft
Herren zusätzlich: 125 ml Orangensaft (ungesüßt), 60 g Banane, 20 g Knäckebrot, 100 g Kartoffeln, am Mittag 60 g Putenschnitzel
Jugendliche zusätzlich: 125 ml Orangensaft (ungesüßt), 60 g Banane, 20 g Knäckebrot, 100 g Kartoffeln, 200 g Vanillepudding (kalorienarm), am Mittag 60 g Putenschnitzel

Samstag

Frühstück
125 g Grapefruit, ½ TL Zucker, 1 Ei, 30 g Vollkornbrot, 2 TL Halbfettbutter, Getränk nach Wunsch (kalorienfrei)

Mittagessen
Kapitänsflunder (siehe Rezept S. 349), dazu: 60 g zubereiteter Reis
Dessert: 60 g Banane

Zwischenmahlzeit
125 g gefrorene Himbeeren mit 25 g Magermilchpulver, Zitronensaft und Süßstoff zu »Eiscreme« schlagen

Abendessen
90 g Roastbeef, 1 TL Meerrettich, 10 g Knäckebrot, 100 g Radieschen, 100 g Tomaten
Dessert: 125 ml Milch (0,3 % Fett), ½ TL Honig

Zwischenmahlzeit
200 g Gurke, Marinade aus: 100 g Joghurt (0,3 % Fett), Kräutern; 125 g Erdbeeren
Herren zusätzlich: 250 ml Gemüsesaft, 100 g Birne, 60 g zubereiteter Reis, 20 g Knäckebrot, am Mittag 30 g Schollenfilet, am Abend 60 g Roastbeef
Jugendliche zusätzlich: 250 ml Gemüsesaft, 100 g Birne, 60 g zubereiteter Reis, 20 g Knäckebrot, 200 ml Milch (1,5 % Fett), am Abend 60 g Roastbeef

Sonntag

Frühstück
10 g Kiwi, 30 g Krabben, 1 TL Halbfettmargarine, ½ TL Mayonnaise (80 % Fett), 30 g Weißbrot, 50 g Speisequark (Magerstufe), 20 kcal Marmelade (kalorienarm), 1 TL geraspelte Kokosnuß, Getränk nach Wunsch (kalorienfrei)

Mittagessen
90—120 g Rindersteak und 100 g Zwiebeln, in 1 TL Öl gebraten, 100 g Kartoffeln, 200 g grüne Bohnen, 100 g gegrillte Tomaten mit 1 TL geriebenem Käse bestreut

Zwischenmahlzeit
200 g Vanillepudding (kalorienarm)

Abendessen
200 g Honigmelone, 90 g geräucherte Forellenfilets, 30 g Vollkornbrot, 1 TL Butter, 50 g Radieschen
Dessert: **Erdbeer-Apfel-Frost** (siehe Rezept S. 505)

Zwischenmahlzeit
200 ml Bier
Herren zusätzlich: 125 g Pfirsiche, 75 g Trauben, 100 g Kartoffeln, 30 g Vollkornbrot, am Mittag 30 g Rindersteak, am Abend 30 g Forellenfilet
Jugendliche zusätzlich: 125 g Pfirsiche, 75 g Trauben, 100 g Kartoffeln, 30 g Vollkornbrot, 200 ml Dickmilch (1,5 % Fett), statt Bier 30 g Lakritze, am Mittag 30 g Rindersteak, am Abend 30 g Forellenfilet

34. Woche

Der Monat August wird vielfach als der Monat der »Hundstage« bezeichnet, ein Monat also mit extrem hohen Temperaturen. Hier versteht es sich von selbst, die Mahlzeiten leicht und einfach zu gestalten. Erfrischende Speisen und Getränke werden bevorzugt. Der Grapefruit-Longdrink ist ein idealer Durststiller, der »Joghurtdip« eine bekömmliche, vitaminreiche Zwischenmahlzeit. Abgekühlter Tee mit Zitronensaft und Mineralwasser sind die richtigen Getränke, um den durch das Schwitzen entstehenden Flüssigkeitsverlust auszugleichen. Die »Thunfisch-Ratatouille« ist eine typische hochsommerliche Mahlzeit, die Ihnen sicherlich schmecken wird.

Montag

Frühstück
125 g Apfel, 75 g Speisequark, 20 g Knäckebrot, 1 TL Margarine, ½ TL Honig, Getränk nach Wunsch (kalorienfrei)

Mittagessen
90—120 g Rotbarschfilet, in 1 TL Öl gebraten, 200 g Kohlrabi, 1 TL geriebener Käse, 100 g Kartoffeln, 125 ml Sauerkrautsaft

Zwischenmahlzeit
Mango-Aprikosen-Joghurt (siehe Rezept S. 488)

Abendessen
90 g gegrilltes Rinderhack, 200 g pürierte Tomaten (Dosenware), 60 g zubereitete Nudeln, 100 g Kopfsalat, Marinade aus: 1 TL Öl, Essig
Dessert: 200 g Schokoladenpudding (kalorienarm), 20 kcal Dessertsauce (kalorienarm)

Zwischenmahlzeit
Longdrink aus: 250 ml Grapefruitsaft mit Mineralwasser, Eiswürfel, Süßstoff
Herren zusätzlich: 85 g Pflaumen, 100 g Birne, 100 g Kartoffeln, 60 g zubereitete Nudeln, am Mittag 30 g Rotbarschfilet, am Abend 30 g Rinderhack
Jugendliche zusätzlich: 85 g Pflaumen, 100 g Birne, 100 g Kartoffeln, 60 g zubereitete Nudeln, 200 ml Milch (1,5 % Fett), am Mittag 30 g Rotbarschfilet, am Abend 30 g Rinderhack

Dienstag

Frühstück

75 g Trauben, 30 g Hartkäse, 30 g Vollkornbrot, 1 TL Margarine, ½ TL Marmelade, Getränk nach Wunsch (kalorienfrei)

Mittagessen

Kohlrouladen (siehe Rezept S. 388), dazu: 75 g Kartoffeln
Dessert: 100 g Kiwi

Zwischenmahlzeit

100 g Joghurt (0,3 % Fett), 20 kcal Marmelade (kalorienarm)

Abendessen

90 g fettreduzierte Wurst (kalorienarm), 30 g Vollkornbrot, 2 TL Margarine, 1 Olive, 100 g Gurke, 100 g Zucchini, Marinade aus: 100 g Joghurt (0,3 % Fett), Kräutern

Zwischenmahlzeit

250 ml Buttermilch (1 % Fett), 125 g Pfirsiche
Herren zusätzlich: 60 g Banane, 125 g Pfirsiche, 100 g Kartoffeln, 30 g Vollkornbrot, am Mittag 30 g Tatar
Jugendliche zusätzlich: 60 g Banane, 125 g Pfirsiche, 100 g Kartoffeln, 30 g Vollkornbrot, 200 g Vanillepudding (kalorienarm), 250 ml Milch (0,3 % Fett), am Mittag 30 g Tatar

Mittwoch

Frühstück

Bananen-Ingwer-Hüttenkäse (siehe Rezept S. 415), dazu: 20 g Knäckebrot, Getränk nach Wunsch (kalorienfrei)

Mittagessen

90—120 g enthäutete Hähnchenbrust, in 1 TL Öl gebraten, 200 g Möhren, 100 g eßfertiges Kartoffelpüree (Fertigprodukt), 2 TL Ketchup

Zwischenmahlzeit

200 g Vanillepudding (kalorienarm), 125 g Himbeeren, 1 TL geraspelte Kokosnuß

Abendessen

90 g geräuchertes Schellfischfilet, 30 g Vollkornbrot, 1 TL Margarine, 100 g Kopfsalat; Marinade aus: 1 TL Öl, Essig
Dessert: 100 g Speisequark (Magerstufe), 20 kcal Marmelade (kalorienarm)

Zwischenmahlzeit

125 ml Sauerkrautsaft, 100 g Kiwi
Herren zusätzlich: 100 g Aprikosen, 125 g Grapefruit, 20 g Knäckebrot, 30 g Vollkornbrot, am Mittag 30 g Hähnchen, am Abend 30 g Schellfisch
Jugendliche zusätzlich: 100 g Aprikosen, 125 g Grapefruit, 20 g Knäckebrot, 30 g Vollkornbrot, 175 g Joghurt (1,5 % Fett), am Mittag 30 g Hähnchen, am Abend 30 g Schellfisch

Donnerstag

Frühstück

85 g Pflaumen, 20 g Grieß, 200 ml Milch (1,5 % Fett), ½ TL Marmelade, Getränk nach Wunsch (kalorienfrei)

Mittagessen

Käse-Reis-Pfanne (siehe Rezept S. 415), dazu: 100 g Kopfsalat, 20 kcal Salatsauce (kalorienarm)

Zwischenmahlzeit

60 g Bananen, 200 ml Dickmilch (1,5 % Fett), ½ TL Honig

Abendessen

120 g Kalbssteak, in 2 TL Öl gebraten, 250 g Paprikaschoten, 100 g Kartoffeln, 1 TL Margarine, 125 ml Weißwein

Zwischenmahlzeit

125 g Grapefruit

Herren zusätzlich: 125 ml Apfelsaft (ungesüßt), 85 g Pflaumen, 100 g Kartoffeln, 30 g Vollkornbrot, am Abend 60 g Kalbssteak

Jugendliche zusätzlich: 125 ml Apfelsaft (ungesüßt), 85 g Pflaumen, 100 g Kartoffeln, 30 g Vollkornbrot, 100 g Speisequark (Magerstufe), statt Weißwein 30 g Fruchtgummi, am Abend 60 g Kalbssteak

Freitag

Frühstück

100 g Aprikosen, 1 Ei, 1 TL Halbfettmargarine, ½ TL Mayonnaise (80 % Fett), 30 g Vollkornbrot, Getränk nach Wunsch (kalorienfrei)

Mittagessen

Krabbenauflauf (siehe Rezept S. 365), dazu: 45 g Weißbrot, 100 g Tomaten

Zwischenmahlzeit

250 ml Dickmilch (1,5 % Fett), 125 g Stachelbeeren, 20 kcal Fruchtnektar (kalorienarm)

Abendessen

90 g Leber, in 1 TL Öl gebraten, 4 TL Ketchup, 200 g Blumenkohl
Dessert: 100 g Birne

Zwischenmahlzeit

Joghurt-Dip (siehe Rezept S. 466), dazu: 100 g Bleichsellerie, 50 g Möhren, 50 g Champignons, 50 g Blumenkohl, 50 g Paprikaschoten, 50 g Broccoli

Herren zusätzlich: 125 g Apfel, 60 g Banane, 60 g Vollkornbrot, am Mittag 30 g Krabben, am Abend 30 g Leber

Jugendliche zusätzlich: 125 g Apfel, 60 g Banane, 60 g Vollkornbrot, 200 g Joghurt (0,3 % Fett), am Mittag 30 g Krabben, am Abend 30 g Leber

Samstag

Frühstück
125 ml Orangensaft (ungesüßt), 30 g Roastbeef, 30 g Vollkornbrot, 1 TL Margarine, Getränk nach Wunsch (kalorienfrei)

Mittagessen
150 g Hüttenkäse, 30 g Vollkornbrot, 1 TL Margarine, 50 g Gewürzgurke, 100 g Tomaten, 4 Oliven
Dessert: 75 g Trauben

Zwischenmahlzeit
100 g Speisequark (Magerstufe), 20 kcal Sirup (kalorienarm)

Abendessen
60 g gekochtes, enthäutetes Hühnerfleisch und 200 g Möhren in Brühe von 1 kleinen Brühwürfel
Dessert: **Frucht-Brot-Pudding** (siehe Rezept S. 477)

Zwischenmahlzeit
100 g Joghurt (0,3 % Fett), 50 g Birne
Herren zusätzlich: 100 g Kiwi, 100 g Brombeeren, 30 g Vollkornbrot, 20 g Knäckebrot, am Abend 60 g Hühnerfleisch
Jugendliche zusätzlich: 100 g Kiwi, 100 g Brombeeren, 30 g Vollkornbrot, 20 g Knäckebrot, 200 g Schokoladenpudding (kalorienarm), am Abend 60 g Hühnerfleisch

Sonntag

Frühstück
100 g Birne, 30 g aufgeschnittener, magerer Schweinebraten, 30 g Brötchen, 1 TL Butter, 1 TL Marmelade, Getränk nach Wunsch (kalorienfrei)

Mittagessen
Thunfisch-Ratatouille (siehe Rezept S. 358), dazu: 60 g zubereiteter Reis

Zwischenmahlzeit
100 g Brombeeren, 200 ml Milch (1,5 % Fett), 20 g einfache Kekse

Abendessen
2 Eier, ½ TL Mayonnaise (80 % Fett), 30 g Vollkornbrot, 1 TL Halbfettbutter, 2 TL Senfsauce, 100 g Kopfsalat, 20 kcal Salatsauce (kalorienarm)

Zwischenmahlzeit
100 g Kiwi, 100 g Speisequark (Magerstufe)
Herren zusätzlich: 250 ml Tomatensaft, 125 g Grapefruit, 60 g zubereiteter Reis, 30 g Vollkornbrot, am Mittag 60 g Thunfisch
Jugendliche zusätzlich: 250 ml Tomatensaft, 125 g Grapefruit, 60 g zubereiteter Reis, 30 g Vollkornbrot, 200 g Joghurt (0,3 % Fett), 200 ml Dickmilch (1,5 % Fett), am Mittag 60 g Thunfisch

35. Woche

Die orientalische Küche findet in unseren Breitengraden kaum Interesse. Das liegt zum Teil an den ungewöhnlichen und uns unbekannten Gewürzen. Für diejenigen jedoch, die pikante Speisen lieben, ist sie eine Abwechslung vom täglichen Speisefahrplan. Ingwer ist ein häufig verwendetes Gewürz der orientalischen Küche. Frisch hat er einen fruchtig-süßlichen, prickelnd-scharfen Geschmack; getrocknet schmeckt er noch schärfer und würziger.

Wir stellen Ihnen in dieser Woche einen »Orientalischen Salat« und ein »Gurken-Paprika-Gemüse« vor. Der Ingwer gibt diesen Speisen erst den »richtigen Pfiff«. Außerdem ist als Nachspeise ein köstliches »Himbeersorbet« vorgesehen. Sorbet, auch Sherbet genannt, stammt aus der türkischen Küche und geht auf das arabische Wort »Scharbat« zurück, was »Trank« bedeutet. Sorbet ist ein gekühltes, äußerst erfrischendes Getränk.

Montag

Frühstück

60 g Banane, 20 g Cornflakes, 175 g Joghurt (1,5 % Fett), Getränk nach Wunsch (kalorienfrei)

Mittagessen

Muschel-Reis-Kasserolle (siehe Rezept S. 373)

Zwischenmahlzeit

125 g Stachelbeeren, 20 g einfache Kekse

Abendessen

90—120 g Tatar (Beefsteakhack), 2 TL Öl, 50 g Radieschen, 3 Oliven, 100 g Tomaten

Zwischenmahlzeit

200 ml Dickmilch (1,5 % Fett), 20 kcal Marmelade (kalorienarm)

Herren zusätzlich: 200 g Wassermelone, 75 g Trauben, 30 g Vollkornbrot, 60 g zubereiteter Reis, am Mittag 30 g Muscheln, am Abend 30 g Tatar

Jugendliche zusätzlich: 200 g Wassermelone, 75 g Trauben, 30 g Vollkornbrot, 60 g zubereiteter Reis, 200 ml Milch (1,5 % Fett), am Mittag 30 g Muscheln, am Abend 30 g Tatar

Dienstag

Frühstück

250 ml Tomatensaft, 30 g Roastbeef, 30 g Vollkornbrot, 1 TL Margarine, Getränk nach Wunsch (kalorienfrei)

Mittagessen

90—120 g gegrilltes Schweinesteak, 100 g eßfertiges Kartoffelpüree (Fertigprodukt), 200 g Möhren, 100 g Spargel

Zwischenmahlzeit

125 ml Milch (1,5 % Fett), 75 g Trauben

Abendessen

Käseragout (siehe Rezept S. 414), dazu: 100 g Kartoffeln, 100 g Kopfsalat, 20 kcal Salatsauce (kalorienarm)

Zwischenmahlzeit

250 ml Buttermilch (1 % Fett), 200 g Wassermelone

Herren zusätzlich: 85 g Pflaumen, 100 g Birne, 100 g Kartoffeln, 1 mittelgroßer Maiskolben, am Mittag 60 g Schweinesteak

Jugendliche zusätzlich: 85 g Pflaumen, 100 g Birne, 100 g Kartoffeln, 1 mittelgroßer Maiskolben, 175 g Joghurt (1,5 % Fett), am Mittag 60 g Schweinesteak

Mittwoch

Frühstück

125 ml Orangensaft (ungesüßt), 20 g Grieß, 200 ml Milch (1,5 % Fett), ½ TL Marmelade, Getränk nach Wunsch (kalorienfrei)

Mittagessen

90—120 g gegrillte Leber, dazu: **Gurken-Paprika-Gemüse** (siehe Rezept S. 374)

Zwischenmahlzeit

20 g Zwieback, 1 TL Halbfettmargarine, 1 TL Honig, 125 g Apfel

Abendessen

Fantasie-Salat (siehe Rezept S. 436), dazu: 90—120 g aufgeschnittener, magerer Schweinebraten, 30 g Vollkornbrot, 1 TL Halbfettmargarine

Zwischenmahlzeit

20 g Rice-Crispis, 175 g Joghurt (1,5 % Fett), 20 kcal Dessertsauce (kalorienarm)

Herren zusätzlich: 75 g Kirschen, 100 g Nektarinen, 30 g Vollkornbrot, 100 g Kartoffeln, am Mittag 30 g Leber, am Abend 30 g Schweinebraten

Jugendliche zusätzlich: 75 g Kirschen, 100 g Nektarinen, 30 g Vollkornbrot, 100 g Kartoffeln, 100 g Speisequark (Magerstufe), 250 ml Buttermilch (1 % Fett), am Mittag 30 g Leber, am Abend 30 g Schweinebraten

Donnerstag

Frühstück

85 g Pflaumen, 75 g Speisequark (Magerstufe), 20 g Knäckebrot, 20 kcal Marmelade (kalorienarm), Getränk nach Wunsch (kalorienfrei)

Mittagessen

Süßsaure Eier (siehe Rezept S. 409), dazu: 100 g Kartoffeln

Zwischenmahlzeit

75 g Kirschen

Abendessen

90—120 g Bismarckhering, 100 g Kartoffeln, 100 g Speisequark (Magerstufe), Kräuter, 1 TL Mayonnaise (80 % Fett)

Zwischenmahlzeit

125 g rote Johannisbeeren, 100 ml Dickmilch (1,5 % Fett), 200 g Blumenkohl, in Brühe von 1 kleinen Brühwürfel

Herren zusätzlich: 125 g Apfel, 125 g Pfirsiche, 100 g Kartoffeln, 20 g Knäckebrot, am Abend 60 g Bismarckhering

Jugendliche zusätzlich: 125 g Apfel, 125 g Pfirsiche, 100 g Kartoffeln, 20 g Knäckebrot, 200 g Schokoladenpudding (kalorienarm), am Abend 60 g Bismarckhering

Freitag

Frühstück

100 g Mango oder 125 ml Orangensaft (ungesüßt), 30 g Vollkornbrot, 30 g Hartkäse, 1 TL Margarine, ½ TL Marmelade, Getränk nach Wunsch (kalorienfrei)

Mittagessen

90—120 g gegrilltes, enthäutetes Hähnchenfleisch, 200 g Rettich, 100 g Paprikaschote, Marinade aus: 1 TL Öl, Essig

Zwischenmahlzeit

Kirschsuppe mit Zimtgrießklößchen (siehe Rezept S. 492), 20 kcal Fruchtnektar (kalorienarm)

Abendessen

1 Ei, 60 g geräucherte Putenbrust, 30 g Vollkornbrot, 1 TL Butter, 100 g Tomaten, 2 Oliven

Zwischenmahlzeit

250 ml Milch (1,5 % Fett), 1 TL Kakao, Rumaroma

Herren zusätzlich: 60 g Banane, 100 g Nektarinen, 60 g Vollkornbrot, am Mittag 30 g Hähnchenfleisch, am Abend 30 g Putenbrust

Jugendliche zusätzlich: 60 g Banane, 100 g Nektarinen, 60 g Vollkornbrot, 200 ml Dickmilch (1,5 % Fett), am Mittag 30 g Hähnchenfleisch, am Abend 30 g Putenbrust

Samstag

Frühstück
125 g Grapefruit, 1 Ei, 30 g Brötchen, 1 TL Butter, ½ TL Mayonnaise (80 % Fett), Getränk nach Wunsch (kalorienfrei)

Mittagessen
90-120 g Rinderhackfleisch, vermengt mit 10 g Paniermehl und 25 g eingelegten Paprikaschoten, als Frikadellen gegrillt; 200 g Möhren, 100 g Spargel
Dessert: Obstsalat aus 30 g Banane, 50 g Aprikosen, 50 g Birne, 100 g Honigmelone, Zitronensaft, Süßstoff, 2 TL geraspelte Kokosnuß

Zwischenmahlzeit
Buttermilch-Zitronenspeise (siehe Rezept S. 486)

Abendessen
Party-Salat (siehe Rezept S. 442), dazu: 200 ml Bier
Dessert: 200 g Joghurt (0,3 % Fett), 20 kcal Marmelade (kalorienarm)

Zwischenmahlzeit
100 g Kopfsalat, 100 g Tomaten, 50 g Radieschen, Marinade aus: 1 ½ TL Öl, Zitronensaft; 100 ml Sauermilch (1,5 % Fett)
Herren zusätzlich: 125 g Apfel, 125 ml Orangensaft (ungesüßt), 20 g Knäckebrot, 100 g Kartoffeln, am Mittag 30 g Rinderhackfleisch, am Abend 30 g gekochter Schinken
Jugendliche zusätzlich: 125 g Apfel, 125 ml Orangensaft (ungesüßt), 20 g Knäckebrot, 100 g Kartoffeln, 175 g Joghurt (1,5 % Fett), statt Bier 30 g Fruchtgummi, am Mittag 30 g Rinderhack, am Abend 30 g gekochter Schinken

Sonntag

Frühstück
125 g Apfel, 30 g Camembert, 30 g Vollkornbrot, 1 TL Butter, 50 g Radieschen, Getränk nach Wunsch (kalorienfrei)

Mittagessen
90 g gedünstete Forelle (Gewicht ohne Kopf und Gräten), 100 g Kartoffeln, 1 TL Margarine, 1 TL Meerrettich
Dessert: 200 g Vanillepudding (kalorienarm), 50 g Birne

Zwischenmahlzeit
100 g Speisequark (Magerstufe) mit 125 ml Orangensaft (ungesüßt) verrühren

Abendessen
Orientalischer Salat (siehe Rezept S. 441), dazu: 30 g Weißbrot
Dessert: **Himbeersorbet** (siehe Rezept S. 507)

Zwischenmahlzeit
100 g Champignons in Brühe von 1 kleinen Brühwürfel, 4 TL Kondensmilch (4 % Fett) einrühren; 20 kcal Limonade (kalorienarm)
Herren zusätzlich: 85 g Pflaumen, 100 g Birne, 100 g Kartoffeln, 30 g Weißbrot, am Mittag 30 g Forelle, am Abend 30 g Rindfleisch
Jugendliche zusätzlich: 85 g Pflaumen, 100 g Birne, 100 g Kartoffeln, 30 g Weißbrot, 200 ml Milch (1,5 % Fett), am Mittag 30 g Forelle, am Abend 30 g Rindfleisch

36. Woche

»Pikant und süß verträgt sich nicht« ist eine landläufige Meinung, die eine solche Kombination ablehnt. Mit dem Hawaii-Toast jedoch hat sie längst ihren Siegeszug in unsere Küchen angetreten. In einzelnen Gebieten haben sich bis heute Speisen wie »Himmel und Erde« (Kartoffeln, vermischt mit Apfelkompott) gehalten. Wir haben in dieser Woche ein Orangenleber-Rezept und Kartoffelpuffer (oder Reibekuchen), kombiniert mit gefüllter Birne, vorgesehen. Auch die am Samstagabend eingeplanten Fisch-Grilladen zeichnen sich durch ungewöhnliche Zusammensetzungen aus, die diesen Gerichten einen pikanten Geschmack geben und noch einmal die vielfältigen Möglichkeiten der Fischzubereitung zeigen.

Montag

Frühstück
125 g Pfirsiche, 20 g Haferflocken, 200 ml Milch (1,5 % Fett), 1 TL Kakao, Getränk nach Wunsch (kalorienfrei)

Mittagessen
90—120 g Seelachsfilet, in 1 TL Öl gebraten, 200 g Tomaten (Dosenware), püriert als Sauce, 60 g zubereitete Nudeln

Zwischenmahlzeit
Ananas-Bananen-Milchshake (siehe Rezept S. 533)

Abendessen
Pikantes Hackfleisch mit Toast (siehe Rezept S. 264), dazu: 100 g Kopfsalat, 100 g Tomate, Marinade aus: 2 TL Öl, Essig

Zwischenmahlzeit
125 g Grapefruit, 1 TL Zucker, 20 kcal Limonade (kalorienarm)
Herren zusätzlich: 100 g Kiwi, 100 g Ananas, 60 g zubereitete Nudeln, 20 g Haferflocken, am Mittag 30 g Seelachsfilet, am Abend 30 g Tatar
Jugendliche zusätzlich: 100 g Kiwi, 100 g Ananas, 60 g zubereitete Nudeln, 20 g Haferflocken, 175 g Joghurt (1,5 % Fett), am Mittag 30 g Seelachsfilet, am Abend 30 g Tatar

Dienstag

Frühstück

100 g Kiwi, 75 g Speisequark (Magerstufe), 20 g Knäckebrot, Getränk nach Wunsch (kalorienfrei)

Mittagessen

Orangenleber (siehe Rezept S. 334), dazu: 60 g zubereiteter Reis

Zwischenmahlzeit

200 g Joghurt (0,3 % Fett), 1 TL Kakao, 1 TL geraspelte Kokosnuß, Rumaroma, 20 kcal Marmelade (kalorienarm)

Abendessen

60 g Hüttenkäse, 30 g Vollkornbrot, 1 TL Halbfettmargarine, 2 Oliven, dazu: **Endiviensalat** (siehe Rezept S. 421), 250 ml Apfelwein

Zwischenmahlzeit

250 ml Buttermilch (1 % Fett), vermengen mit 125 ml Gemüsesaft

Herren zusätzlich: 75 g Trauben, 125 g Apfel, 60 g zubereiteter Reis, 30 g Vollkornbrot, am Mittag 60 g Leber

Jugendliche zusätzlich: 75 g Trauben, 125 g Apfel, 60 g zubereiteter Reis, 30 g Vollkornbrot, 200 g Vanillepudding (kalorienarm), statt Apfelwein 100 g Birnen und 100 g Nektarinen, am Mittag 60 g Leber

Mittwoch

Frühstück

85 g Pflaumen, 30 g aufgeschnittener, magerer Schweinebraten, 10 g Knäckebrot, 1 TL Margarine, 50 g Radieschen, Getränk nach Wunsch (kalorienfrei)

Mittagessen

Fisch-Nudel-Auflauf (siehe Rezept S. 372), dazu: 200 g Kopfsalat, Marinade aus: Zitronensaft, Süßstoff

Zwischenmahlzeit

200 g Vanillepudding (kalorienarm), 100 g Ananas, 20 kcal Marmelade (kalorienarm)

Abendessen

Salat aus: 100 g Kopfsalat, 100 g Tomaten, 50 g Radieschen, 100 g Gurke, 1 Ei, 30 g geraspeltem Käse; Marinade aus: 1½ EL Salatdressing, vermengt mit 100 g Joghurt (0,3 % Fett)

Zwischenmahlzeit

100 ml Kefir (1,5 % Fett), 100 g Mango oder 125 g Stachelbeeren

Herren zusätzlich: 250 ml Gemüsesaft, 60 g Banane, 60 g zubereitete Nudeln, 30 g Vollkornbrot, am Mittag 60 g Makrele

Jugendliche zusätzlich: 250 ml Gemüsesaft, 60 g Banane, 60 g zubereitete Nudeln, 30 g Vollkornbrot, 100 g Speisequark (Magerstufe), am Mittag 60 g Makrele

Donnerstag

Frühstück

75 g Trauben, 20 g Cornflakes, 125 ml Milch (0,3 % Fett), ½ TL Zucker, Getränk nach Wunsch (kalorienfrei)

Mittagessen

4 Oliven, 100 g Rettich, 100 g Tomaten, 100 g Gewürzgurken, 150 g Speisequark, vermengen mit Kräutern und 2 TL Mayonnaise (80 % Fett), 10 g Knäckebrot

Zwischenmahlzeit

125 ml Buttermilch (1 % Fett), vermengt mit Zitronensaft, Süßstoff

Abendessen

60 g Forellenfilet, Meerrettich, **Kartoffelpuffer »Williams Christ«** (siehe Rezept S. 396)
Dessert: **Grießflammeri** (siehe Rezept S. 475), dazu: 20 kcal Dessertsauce (kalorienarm)

Zwischenmahlzeit

250 ml Tomatensaft

Herren zusätzlich: 125 g Apfel, 85 g Pflaumen, 20 g Knäckebrot, 30 g Vollkornbrot, am Mittag 75 g Speisequark (Magerstufe), am Abend 30 g Forellenfilet

Jugendliche zusätzlich: 125 g Apfel, 85 g Pflaumen, 20 g Knäckebrot, 30 g Vollkornbrot, 200 ml Milch (1,5 % Fett), am Mittag 75 g Speisequark (Magerstufe), am Abend 30 g Forellenfilet

Freitag

Frühstück

100 g Birne, 20 g Grieß, 200 ml Milch (1,5 % Fett), Getränk nach Wunsch (kalorienfrei)

Mittagessen

Brüsseler Gemüsesuppe (siehe Rezept S. 228), dazu: 90 g Brühwürstchen

Zwischenmahlzeit

50 g Speisequark (Magerstufe), 100 g Brombeeren, 20 kcal Limonade (kalorienarm)

Abendessen

225 g Hüttenkäse, 200 g Rettich, 100 g Kopfsalat, Marinade aus: 1 TL Öl, Essig

Zwischenmahlzeit

125 g Grapefruit, 1 TL Honig, ½ TL geraspelte Kokosnuß

Herren zusätzlich: 200 g Honigmelone, 125 g Pfirsiche, 60 g Vollkornbrot, am Mittag 30 g Brühwürstchen, am Abend 75 g Hüttenkäse

Jugendliche zusätzlich: 200 g Honigmelone, 125 g Pfirsiche, 60 g Vollkornbrot, 200 g Schokoladenpudding (kalorienarm), am Mittag 30 g Brühwürstchen, am Abend 75 g Hüttenkäse

Samstag

Frühstück

125 ml Orangensaft (ungesüßt), 30 g geräucherte Putenbrust, 30 g Vollkornbrot, 1 TL Margarine, Getränk nach Wunsch (kalorienfrei)

Mittagessen

2 Eier, in 1 TL Öl gebraten, 200 g Tiefkühl-Spinat, 100 g Kartoffeln, 1 TL geriebener Käse

Zwischenmahlzeit

50 g Trauben, 20 g Zwieback, 1 TL Margarine, ½ TL Marmelade, ½ TL geraspelte Kokosnuß, 20 kcal Fruchtnektar (kalorienarm)

Abendessen

Bunte Fisch-Grilladen (siehe Rezept S. 350), dazu: 100 g Kopfsalat, 100 g Gurken, Marinade aus: 175 g Joghurt (1,5 % Fett), Kräutern, Zitronensaft

Zwischenmahlzeit

200 ml Dickmilch (1,5 % Fett), 60 g Banane

Herren zusätzlich: 100 g Kiwi, 125 g Grapefruit, 100 g Kartoffeln, 30 g Weißbrot, am Abend 30 g Fischfilet

Jugendliche zusätzlich: 100 g Kiwi, 125 g Grapefruit, 100 g Kartoffeln, 30 g Weißbrot, 100 g Speisequark (Magerstufe), am Abend 30 g Fischfilet

Sonntag

Frühstück

150 g Honigmelone, 30 g Hartkäse, **Heißwecken** (siehe Rezept S. 524), dazu: 1 TL Halbfettbutter, Getränk nach Wunsch (kalorienfrei)

Mittagessen

90—120 g Rindersteak und 100 g Zwiebeln, in 1 TL Öl gebraten, 200 g grüne Bohnen, 100 g Kartoffeln

Zwischenmahlzeit

190 ml Milch (1,5 % Fett), 1 TL Honig

Abendessen

90 g Roastbeef, 30 g Vollkornbrot, 1 TL Halbfettmargarine, 1 TL Meerrettich, 125 g Apfel, 100 g Radieschen, 1 Olive, 125 ml Rotwein

Zwischenmahlzeit

100 g Kiwi, 200 g Schokoladenpudding (kalorienarm)

Herren zusätzlich: 85 g Pflaumen, 125 g Apfel, 100 g Kartoffeln, 30 g Vollkornbrot, am Mittag 30 g Rindersteak, am Abend 30 g Roastbeef

Jugendliche zusätzlich: 85 g Pflaumen, 125 g Apfel, 100 g Kartoffeln, 30 g Vollkornbrot, 200 ml Milch (1,5 % Fett), statt Rotwein 20 g einfache Kekse, am Mittag 30 g Rindersteak, am Abend 30 g Roastbeef

37. Woche

Eine wohlausgewogene Ernährung ist bei einer Reduktionskost unbedingt notwendig, um dem Körper alle wichtigen Nährstoffe zuzuführen, damit keine Mangelerscheinungen auftreten. Gemüse und Salate sind wichtige Träger von Vitaminen und Mineralstoffen. Nach diesen Erfordernissen ist auch der 365-Tage-Menüplan ausgelegt.
100 g Spinat decken ein Drittel unseres Tagesbedarfs an Kalium. Außerdem enthält er Kalzium, Magnesium, Jod und Phosphor. Ein wichtiger Lieferant von Karotin (Provitamin A) sind Möhren bzw. Karotten. Dieses Vitamin hilft, Nachtblindheit zu verhindern.

Montag

Frühstück
75 g Trauben, 30 g Putenbrust, 30 g Vollkornbrot, 1 TL Margarine, Getränk nach Wunsch (kalorienfrei)

Mittagessen
90—120 g gegrilltes, enthäutetes Hähnchenfleisch, 100 g Kartoffeln, 200 g Blumenkohl, 4 TL Ketchup

Zwischenmahlzeit
125 ml Orangensaft (ungesüßt), 100 g Speisequark (Magerstufe)

Abendessen
Eier-Spinat-Pastete (siehe Rezept S. 403), dazu: 100 g Kopfsalat, 20 kcal Salatsauce (kalorienarm)
Dessert: 200 g Honigmelone

Zwischenmahlzeit
175 ml Milch (1,5 % Fett), 1 TL Kakao
Herren zusätzlich: 125 g Apfel, 100 g Aprikosen, 30 g Vollkornbrot, 100 g Kartoffeln, am Mittag 60 g Hähnchen
Jugendliche zusätzlich: 125 g Apfel, 100 g Aprikosen, 30 g Vollkornbrot, 100 g Kartoffeln, 200 g Vanillepudding (kalorienarm), am Mittag 60 g Hähnchen

Dienstag

Frühstück
125 g Grapefruit, 20 g Cornflakes, 125 ml Milch (0,3 % Fett), Getränk nach Wunsch (kalorienfrei)

Mittagessen
120 g gegrilltes, mageres Schweinesteak, 200 g grüne Bohnen, 100 g Kartoffeln
Dessert: 125 g Apfel

Zwischenmahlzeit
Sauerkirschcreme (siehe Rezept S. 482), 20 kcal Limonade (kalorienarm)

Abendessen
60 g Hartkäse, 30 g Vollkornbrot, 2 TL Margarine, 100 g Tomaten, 3 Oliven

Zwischenmahlzeit
Möhren-Trauben-Salat (siehe Rezept S. 428)
Herren zusätzlich: 85 g Pflaumen, 100 g Birne, 100 g Kartoffeln, 20 g Knäckebrot, am Mittag 60 g Schweinesteak
Jugendliche zusätzlich: 85 g Pflaumen, 100 g Birne, 100 g Kartoffeln, 20 g Knäckebrot, 250 ml Milch (0,3 % Fett), am Mittag 60 g Schweinesteak

Mittwoch

Frühstück
100 g Ananas, 1 Ei, 30 g Brötchen, 1 TL Halbfettbutter, ½ TL Mayonnaise (80 % Fett), Getränk nach Wunsch (kalorienfrei)

Mittagessen
Rinderleber in Pfeffersauce (siehe Rezept S. 323), dazu: 50 g eßfertiges Kartoffelpüree (Fertigprodukt)
Dessert: 60 g Banane

Zwischenmahlzeit
200 ml Dickmilch (1,5 % Fett), 20 kcal Marmelade (kalorienarm), ½ TL Kakao

Abendessen
90 g Tatar (Beefsteakhack), 25 g Zwiebeln, Kapern, 30 g Vollkornbrot, 1 TL Margarine, 200 g Gurke, Marinade aus: 175 g Joghurt (1,5 % Fett), Kräutern

Zwischenmahlzeit
100 g Kiwi, 125 ml Sauerkrautsaft
Herren zusätzlich: 200 g Honigmelone, 60 g Banane, 100 g eßfertiges Kartoffelpüree (Fertigprodukt), 30 g Vollkornbrot, am Mittag 30 g Leber, am Abend 30 g Tatar
Jugendliche zusätzlich: 200 g Honigmelone, 60 g Banane, 100 g eßfertiges Kartoffelpüree (Fertigprodukt), 30 g Vollkornbrot, 200 ml Milch (1,5 % Fett), am Mittag 30 g Leber, am Abend 30 g Tatar

Donnerstag

Frühstück

100 g Aprikosen, 30 g Camembert, 30 g Vollkornbrot, 1 TL Margarine, Getränk nach Wunsch (kalorienfrei)

Mittagessen

Pikantes Fischragout (siehe Rezept S. 342), dazu: 80 g eßfertige Kartoffelklöße (Fertigprodukt)

Zwischenmahlzeit

20 g Cornflakes, 150 ml Milch (1,5 % Fett), 20 g Rosinen

Abendessen

Salat aus: 1 Ei, 30 g geraspeltem Emmentaler, 100 g Kopfsalat, 100 g Tomaten, 100 g Radieschen, 50 g Paprikaschote; Marinade aus: 175 g Joghurt (1,5 % Fett), vermengt mit 20 kcal Salatsauce (kalorienarm)

Zwischenmahlzeit

250 ml Tomatensaft

Herren zusätzlich: **Tee-Punsch** (siehe Rezept S. 534), 75 g Trauben, 80 g eßfertige Kartoffelklöße (Fertigprodukt), 30 g Vollkornbrot, am Mittag 60 g Seelachsfilet

Jugendliche zusätzlich: **Tee-Punsch** (siehe Rezept S. 534), 75 g Trauben, 80 g eßfertige Kartoffelklöße (Fertigprodukt), 30 g Vollkornbrot, 250 ml Buttermilch (1 % Fett), am Mittag 60 g Seelachsfilet

Freitag

Frühstück

85 g Pflaumen, 30 g Roastbeef, 30 g Vollkornbrot, 1 TL Margarine, Getränk nach Wunsch (kalorienfrei)

Mittagessen

Möhreneintopf mit Graupen (siehe Rezept S. 392)
Dessert: 50 g Birne

Zwischenmahlzeit

Stachelbeergelee (siehe Rezept S. 483), dazu: **Vanillesauce** (siehe Rezept S. 489)

Abendessen

90 g Bismarckhering, 100 g Kartoffeln, 100 g Speisequark (Magerstufe), vermengen mit Kräutern und 1 TL Mayonnaise (80 % Fett); 200 g Kopfsalat, Marinade aus: 1 TL Öl, Essig

Zwischenmahlzeit

20 kcal Fruchtnektar (kalorienarm), 100 g Mango oder 100 g Orange

Herren zusätzlich: 125 ml Orangensaft (ungesüßt), 100 g Birne, 30 g Vollkornbrot, 100 g Kartoffeln, am Mittag 30 g Rinderbraten, am Abend 30 g Bismarckhering

Jugendliche zusätzlich: 125 ml Orangensaft (ungesüßt), 100 g Birne, 30 g Vollkornbrot, 100 g Kartoffeln, 200 ml Dickmilch (1,5 % Fett), am Mittag 30 g Rinderbraten, am Abend 30 g Bismarckhering

Samstag

Frühstück

125 g Apfel, 20 g Grieß, 200 ml Milch (1,5 % Fett), 20 kcal Marmelade (kalorienarm), Getränk nach Wunsch (kalorienfrei)

Mittagessen

90—120 g Kalbskotelett (Gewicht ohne Knochen), in 1 TL Öl gebraten, 200 g Möhren

Zwischenmahlzeit

125 ml Orangensaft (ungesüßt)

Abendessen

Gefüllte Schinkenrollen im Reisbett (siehe Rezept S. 283), dazu: 100 g Kopfsalat, Marinade aus: Zitronensaft, Süßstoff

Zwischenmahlzeit

125 ml Milch (0,3 % Fett), 1 TL Kakao

Herren zusätzlich: 250 ml Tomatensaft, 85 g Pflaumen, 100 g Kartoffeln, 30 g Vollkornbrot, am Mittag 30 g Kalbskotelett, am Abend 30 g Schinken

Jugendliche zusätzlich: 250 ml Tomatensaft, 85 g Pflaumen, 100 g Kartoffeln, 30 g Vollkornbrot, 200 g Joghurt (0,3 % Fett), am Mittag 30 g Kalbskotelett, am Abend 30 g Schinken

Sonntag

Frühstück

200 g Wassermelone, 1 Ei, 1 TL Butter, 30 g Brötchen, ½ TL Marmelade, Getränk nach Wunsch (kalorienfrei)

Mittagessen

Hähnchenkeulen in Estragonsauce (siehe Rezept S. 307), dazu: 60 g zubereiteter Reis

Zwischenmahlzeit

250 ml Buttermilch (1 % Fett), vermengt mit 125 ml Grapefruitsaft (ungesüßt)

Abendessen

90 g geräucherte Rotbarschfilets, 30 g Weißbrot, 1 TL Margarine, 200 g Tomaten, 100 g Gewürzgurke

Zwischenmahlzeit

100 g Speisequark (Magerstufe), 60 g Banane, ½ TL geraspelte Kokosnuß, 20 kcal Dessertsauce (kalorienarm)

Herren zusätzlich: 100 g Birne, 125 ml Apfelsaft (ungesüßt), 60 g zubereiteter Reis, 30 g Weißbrot, am Mittag 30 g Hähnchen, am Abend 30 g Rotbarsch

Jugendliche zusätzlich: 100 g Birne, 125 ml Apfelsaft (ungesüßt), 60 g zubereiteter Reis, 30 g Weißbrot, 250 ml Milch (0,3 % Fett), am Mittag 30 g Hähnchen, am Abend 30 g Rotbarsch

38. Woche

Die eigentliche Pilzsaison dauert etwa von Mitte Juli bis Mitte Oktober. Selbstverständlich kann man das ganze Jahr über Zuchtpilze wie Champignons oder Austernpilze kaufen. Aber die richtigen Wald- und Wiesenpilze, die unvergleichlich besser schmecken, sind nur in der Saison zu haben. Der Nährwert frischer Pilze ist sehr hoch, und auch ihr Gehalt an Vitaminen, hauptsächlich Vitamin D, ist beträchtlich. Neben Wasser enthalten sie viel Eiweiß, wenig Fett und sind reich an Kalium und Phosphorsäure. Und obwohl sie eine sättigende Wirkung haben, sind Pilze kalorienarm. Champignons gehören zu den beliebtesten Pilzen, weil sie, im Gegensatz zu Pfifferlingen oder Steinpilzen, relativ preisgünstig sind. Da Wald- oder Wiesenchampignons preislich nicht höher liegen als die gezüchteten, sollte man auf sie zurückgreifen. Abgesehen vom Omelett am Mittwochabend, sind sie für das am Sonntag vorgesehene »Kalbsragout« eine wichtige Zutat.

Montag

Frühstück

100 g Orange, 75 g Speisequark (Magerstufe), 1 TL Margarine, 30 g Vollkornbrot, ½ TL Honig, Getränk nach Wunsch (kalorienfrei)

Mittagessen

Thunfisch-Pfirsich-Toast (siehe Rezept S. 364), 200 ml Sauermilch (1,5 % Fett), 2 TL Weizenkeime

Zwischenmahlzeit

100 g Fruchtcocktail (konserviert ohne Zucker) mit 2 EL Saft

Abendessen

90 g Leber, in 1 TL Margarine gebraten, 200 g Blumenkohl, 100 g eßfertiges Kartoffelpüree (Fertigprodukt), 1 TL Margarine

Zwischenmahlzeit

200 g Joghurt (0,3 % Fett), 20 kcal Marmelade (kalorienarm)

Herren zusätzlich: 100 g Kiwi, 60 g Banane, 60 g Vollkornbrot, am Mittag 30 g Thunfisch, am Abend 30 g Leber

Jugendliche zusätzlich: 100 g Kiwi, 60 g Banane, 60 g Vollkornbrot, 250 ml Milch (0,3 % Fett), am Mittag 30 g Thunfisch, am Abend 30 g Leber

Dienstag

Frühstück
100 g Kiwi, 1 Ei, 1 TL Margarine, 30 g Brötchen, Getränk nach Wunsch (kalorienfrei)

Mittagessen
90—120 g gegrilltes Rinderhack, 100 g Brechbohnen, mit 1 TL zerlassener Margarine übergossen, 100 g Kartoffeln, 2 TL Ketchup
Dessert: 125 ml Buttermilch (1 % Fett) und 20 kcal Fruchtnektar (kalorienarm) miteinander vermengen

Zwischenmahlzeit
20 g einfache Kekse, 125 ml Apfelsaft (ungesüßt)

Abendessen
Bunter Selleriesalat (siehe Rezept S. 430), dazu: 90 g geräucherte Forellenfilets, 30 g Vollkornbrot, 1 TL Butter

Zwischenmahlzeit
200 ml Milch (1,5 % Fett), 2 TL Kakao
Herren zusätzlich: 85 g Pflaumen, 75 g Trauben, 100 g Kartoffeln, 30 g Vollkornbrot, am Mittag 30 g Rinderhack, am Abend 30 g Forelle
Jugendliche zusätzlich: 85 g Pflaumen, 75 g Trauben, 100 g Kartoffeln, 30 g Vollkornbrot, 175 g Joghurt (1,5 % Fett), am Mittag 30 g Rinderhack, am Abend 30 Forelle

Mittwoch

Frühstück
100 g Birne, 30 g Edamer, 1 TL Margarine, 30 g Brötchen, Getränk nach Wunsch (kalorienfrei)

Mittagessen
Geschnetzeltes Rindfleisch (siehe Rezept S. 250), dazu: 100 g Kartoffeln, 150 g Kopfsalat, 20 kcal Salatsauce (kalorienarm)

Zwischenmahlzeit
200 g Vanillepudding (kalorienarm), 125 g gefrorene Erdbeeren

Abendessen
Omelett aus 2 Eiern, 20 g Mehl, 1 TL Margarine und 200 g Champignons, gebraten in einer beschichteten Pfanne

Zwischenmahlzeit
200 ml Kefir (1,5 % Fett), 1 EL Weizenkleie, 125 g Pfirsiche
Herren zusätzlich: 100 g Orange, 250 ml Tomatensaft, 100 g Kartoffeln, 30 g Brötchen, am Mittag 60 g Rindfleisch
Jugendliche zusätzlich: 100 g Orange, 250 ml Tomatensaft, 100 g Kartoffeln, 30 g Brötchen, 100 g Speisequark (Magerstufe), am Mittag 60 g Rindfleisch

Donnerstag

Frühstück

85 g Pflaumen, 75 g Speisequark (Magerstufe), 1 TL Margarine, 30 g Toastbrot, 20 kcal Marmelade (kalorienarm), Getränk nach Wunsch (kalorienfrei)

Mittagessen

90 g gegrilltes Kotelett (ohne Knochen), 100 g eßfertiges Kartoffelpüree (Fertigprodukt), 200 g Rotkohl, zubereitet mit Brühe von 1 kleinen Brühwürfel und 50 g Zwiebeln, 2 TL Steaksauce

Zwischenmahlzeit

200 ml Dickmilch (1,5 % Fett), 100 g Papaya oder 100 g Orange

Abendessen

Fischsalat Neptun (siehe Rezept S. 459), dazu: 30 g Vollkornbrot, Getränk nach Wunsch (kalorienfrei)

Zwischenmahlzeit

200 ml Milch (1,5 % Fett), 1 TL Kakao

Herren zusätzlich: 125 g Grapefruit, 100 g Birne, 20 g Knäckebrot, 30 g Vollkornbrot, am Mittag 30 g Kotelett, am Abend 30 g Kabeljau

Jugendliche zusätzlich: 125 g Grapefruit, 100 g Birne, 20 g Knäckebrot, 30 g Vollkornbrot, 200 g Schokoladenpudding (kalorienarm), am Mittag 30 g Kotelett, am Abend 30 g Kabeljau

Freitag

Frühstück

125 g Grapefruit, 30 g Camembert, 1 TL Halbfettmargarine, 30 g Graubrot, Getränk nach Wunsch (kalorienfrei)

Mittagessen

Gebeizte Hähnchenbrust (siehe Rezept S. 300), dazu: Salat aus: 100 g Tomaten, 100 g grünen Bohnen und 100 g Gurken, Marinade aus: 1 TL Öl, Essig

Zwischenmahlzeit

20 g Knäckebrot, 1 TL Halbfettmargarine, ½ TL Marmelade, ½ TL Honig, 200 ml Milch (1,5 % Fett)

Abendessen

90 g gegrilltes Kassler (ohne Knochen), 150 g Sauerkraut, 100 g Kartoffeln, 2 TL Steaksauce, 100 g Ananas

Zwischenmahlzeit

175 g Joghurt (1,5 % Fett), 60 g Banane, 20 kcal Limonade (kalorienarm)

Herren zusätzlich: 60 g Banane, 100 g Kiwi, 30 g Graubrot, 100 g Kartoffeln, am Mittag 30 g Hähnchen, am Abend 30 g Kassler

Jugendliche zusätzlich: 60 g Banane, 100 g Kiwi, 30 g Graubrot, 100 g Kartoffeln, 250 ml Milch (0,3 % Fett), 100 g Speisequark (Magerstufe), am Mittag 30 g Hähnchen, am Abend 30 g Kassler

Samstag

Frühstück
125 g Grapefruit, 75 g Hüttenkäse, 2 TL Margarine, 30 g Brötchen. Getränk nach Wunsch (kalorienfrei)

Mittagessen
90 g Thunfisch (konserviert in Wasser), 100 g Weißkohl (Glaskonserve), 1 TL Margarine, 30 g Graubrot

Zwischenmahlzeit
Pflaumenpudding (siehe Rezept S. 474), dazu: **Vanillesauce** (siehe Rezept S. 489)

Abendessen
90—120 g gegrillter, magerer Schweinebraten, 100 g Spargel, 100 g grüne Bohnen, 50 g Möhren, 100 g Kartoffeln, 1 TL Steaksauce

Zwischenmahlzeit
250 ml Milch (0,3 % Fett), 100 g Kiwi
Herren zusätzlich: 250 ml Gemüsesaft, 100 g Ananas, 30 g Vollkornbrot, 100 g Kartoffeln, am Mittag 30 g Thunfisch, am Abend 30 g Schweinebraten
Jugendliche zusätzlich: 250 ml Gemüsesaft, 100 g Ananas, 30 g Vollkornbrot, 100 g Kartoffeln, 175 g Joghurt (1,5 % Fett), am Mittag 30 g Thunfisch, am Abend 30 g Schweinebraten

Sonntag

Frühstück
100 g Guave oder 250 ml Tomatensaft, 1 Ei, 1 TL Halbfettmargarine, 30 g Vollkornbrot, Getränk nach Wunsch (kalorienfrei)

Mittagessen
Kalbsragout (siehe Rezept S. 287), dazu: 100 g Kartoffeln
Dessert: 75 g Weintrauben

Zwischenmahlzeit
20 g Knäckebrot, 1 TL Halbfettmargarine, 20 kcal Marmelade (kalorienarm), 200 ml Milch (1,5 % Fett)

Abendessen
90 g Beefsteak, in 1 TL Butter gebraten, Salat aus: 100 g grünen Bohnen, 100 g Tomaten, 100 g Eisbergsalat, 1 ½ TL Salatdressing

Zwischenmahlzeit
100 g Speisequark (Magerstufe), 100 g Mandarinen (konserviert ohne Zucker) mit 2 EL Saft
Herren zusätzlich: 100 g Orange, 60 g Banane, 30 g Vollkornbrot, 100 g Kartoffeln, am Mittag 30 g Kalbfleisch, am Abend 30 g Beefsteak
Jugendliche zusätzlich: 100 g Orange, 60 g Banane, 30 g Vollkornbrot, 100 g Kartoffeln, 200 g Vanillepudding (kalorienarm), am Mittag 30 g Kalbfleisch, am Abend 30 g Beefsteak

39. Woche

Sie werden festgestellt haben, daß fast in jeder Woche Paprika auf dem Speiseplan steht. Und dies nicht ohne Grund!
Paprika gehört zu den kalorienärmsten und vitaminreichsten Gemüsen. Alle Sorten sind außerordentlich reich an Vitamin C und enthalten außerdem die Vitamine A, B_1 und B_2.
In dieser Woche haben wir einen sehr vitaminreichen Rindfleischsalat für Sie ausgewählt, in dem die Paprikaschoten roh verwendet werden.
Eine klassische Kombination — Gulasch und Paprika aus der ungarischen Küche — haben wir für Samstag vorgesehen. Wichtig: Entfernen Sie vor der Zubereitung alle Samenkerne, die sehr scharf und daher nicht jedermanns Sache sind.
Auch die kleinen grünen und roten Gewürzpaprikaschoten — die Peperoni —, die es roh oder in Essig eingelegt gibt, sind sehr scharf. Die Paprikaschoten in unseren Rezepten erhalten Sie als Gemüsepaprika im Handel.

Montag

Frühstück

125 g Apfel, 30 g deutsches Cornedbeef, 1 TL Margarine, 30 g Vollkornbrot, Getränk nach Wunsch (kalorienfrei)

Mittagessen

90 g gegrilltes Putensteak, 100 g Champignons, 100 g gegrillte Tomaten, 100 g Kartoffeln

Zwischenmahlzeit

100 g Joghurt (0,3 % Fett), 1 EL Weizenkleie, 20 kcal Marmelade (kalorienarm)

Abendessen

Krabben-Frucht-Cocktail (siehe Rezept S. 242), dazu: 30 g Toastbrot, 1 TL Butter

Zwischenmahlzeit

250 ml Milch (0,3 % Fett), 2 TL Kakao

Herren zusätzlich: 85 g Pflaumen, 250 ml Tomatensaft, 100 g Kartoffeln, am Mittag 30 g Putensteak, am Abend 30 g Krabben

Jugendliche zusätzlich: 85 g Pflaumen, 250 ml Tomatensaft, 100 g Kartoffeln, 200 ml Dickmilch (1,5 % Fett), 100 g Speisequark (Magerstufe), am Mittag 30 g Putensteak, am Abend 30 g Krabben

Dienstag

Frühstück

125 g Grapefruit, 30 g Edelpilzkäse, 1 TL Margarine, 30 g Graubrot, 20 kcal Marmelade (kalorienarm), Getränk nach Wunsch (kalorienfrei)

Mittagessen

90 g gedünstete Forelle (Gewicht ohne Kopf und Gräten), 100 g Kartoffeln, 150 g Kopfsalat, Marinade aus: Zitronensaft, Süßstoff, 1 TL Öl

Zwischenmahlzeit

Quarkspeise »Mandarin« (siehe Rezept S. 488)

Abendessen

90—120 g gegrilltes Kotelett (ohne Knochen), 30 g Toastbrot, 100 g Gewürzgurke, 1 TL Margarine, 50 g Mandarinen (konserviert ohne Zucker) mit 1 EL Saft

Zwischenmahlzeit

200 ml Kefir (1,5 % Fett), 2 TL Weizenkeime, 100 g Birne

Herren zusätzlich: 100 g Ananas, 60 g Banane, 100 g Kartoffeln, 30 g Toastbrot, am Mittag 30 g Forelle, am Abend 30 g Kotelett

Jugendliche zusätzlich: 100 g Ananas, 60 g Banane, 100 g Kartoffeln, 30 g Toastbrot, 250 ml Milch (0,3 % Fett), am Mittag 30 g Forelle, am Abend 30 g Kotelett

Mittwoch

Frühstück

100 g Kiwi, 1 Ei, 1 TL Margarine, 30 g Brötchen, Getränk nach Wunsch (kalorienfrei)

Mittagessen

100 g Möhren und 50 g Porree in Brühe von 1 kleinen Brühwürfel, **Hülsenfrüchtetorte** (siehe Rezept S. 517), 100 g Aprikosen

Zwischenmahlzeit

200 ml Milch (1,5 % Fett), 20 g Knäckebrot, 1 TL Margarine, ½ TL Honig

Abendessen

60 g gegrilltes Beefsteak, 30 g Toastbrot, Salat aus 100 g Tomaten, 100 g Gurken, 100 g Eisbergsalat und 50 g Zwiebeln; Marinade aus: 1 TL Öl, Essig

Zwischenmahlzeit

200 g Vanillepudding (kalorienarm), 125 g Himbeeren, 20 kcal Limonade (kalorienarm)

Herren zusätzlich: 125 g Pfirsiche, 100 g Birne, 60 g Vollkornbrot, am Mittag 60 g weiße Bohnen in der Suppe, am Abend 30 g Beefsteak

Jugendliche zusätzlich: 125 g Pfirsiche, 100 g Birne, 60 g Vollkornbrot, 100 g Speisequark (Magerstufe), am Mittag 60 g weiße Bohnen in der Suppe, am Abend 30 g Beefsteak

Donnerstag

Frühstück

85 g Pflaumen, 20 g Cornflakes, 200 ml Milch (1,5 % Fett), Getränk nach Wunsch (kalorienfrei)

Mittagessen

90—120 g Leber, in 1 TL Margarine gebraten, 100 g Kartoffeln, 150 g Blumenkohl, 1 TL Margarine, 3 TL Ketchup

Zwischenmahlzeit

20 g einfache Kekse, 125 ml Orangensaft (ungesüßt)

Abendessen

Rindfleischsalat (siehe Rezept S. 443)

Zwischenmahlzeit

200 ml Dickmilch (1,5 % Fett), ½ TL Zucker, 125 g Pfirsiche

Herren zusätzlich: 100 g Aprikosen, 60 g Banane, 100 g Kartoffeln, 30 g Toastbrot, am Mittag 30 g Leber, am Abend 30 g Rindfleisch

Jugendliche zusätzlich: 100 g Aprikosen, 60 g Banane, 100 g Kartoffeln, 30 g Toastbrot, 175 g Joghurt (1,5 % Fett), am Mittag 30 g Leber, am Abend 30 g Rindfleisch

Freitag

Frühstück

100 g Mango oder 100 g Orange, 30 g Edamer, 1 TL Margarine, 20 g Knäckebrot, Getränk nach Wunsch (kalorienfrei)

Mittagessen

Gefüllte Makrelen (siehe Rezept S. 367), dazu: 30 g Toastbrot, 1 TL Margarine

Zwischenmahlzeit

100 g Speisequark (Magerstufe), 20 g Rosinen, 20 g Knäckebrot, 1 TL Halbfettmargarine

Abendessen

90 g gegrilltes Hähnchen (ohne Haut und Knochen), Salat aus: 100 g Gurken, 100 g Tomaten und 100 g grünen Bohnen mit 1 ½ EL Salatdressing

Zwischenmahlzeit

200 g Joghurt (0,3 % Fett), 20 kcal Marmelade (kalorienarm), 200 g Honigmelone

Herren zusätzlich: 250 ml Gemüsesaft, 100 g Kiwi, 20 g Knäckebrot, 30 g Vollkornbrot, am Mittag 30 g Makrele, am Abend 30 g Hähnchen

Jugendliche zusätzlich: 250 ml Gemüsesaft, 100 g Kiwi, 20 g Knäckebrot, 30 g Vollkornbrot, 200 ml Milch (1,5 % Fett), am Mittag 30 g Makrele, am Abend 30 g Hähnchen

Samstag

Frühstück
75 g Trauben, 30 g Tatar (Beefsteakhack), 1 TL Margarine, 30 g Brötchen, Getränk nach Wunsch (kalorienfrei)

Mittagessen
2 Eier, in 1 TL Margarine gebraten, 150 g Spinat, 100 g Kartoffeln

Zwischenmahlzeit
200 g Schokoladenpudding (kalorienarm), 125 g gefrorene Erdbeeren

Abendessen
Paprika-Gulasch-Pfanne (siehe Rezept S. 260), dazu: 60 g zubereiteter Reis
Dessert: 100 g Brombeeren

Zwischenmahlzeit
200 ml Sauermilch (1,5 % Fett), ½ EL Weizenkleie
Herren zusätzlich: 125 g Grapefruit, 125 g Pfirsiche, 100 g Kartoffeln, 60 g zubereiteter Reis, am Abend 30 g Rindfleisch
Jugendliche zusätzlich: 125 g Grapefruit, 125 g Pfirsiche, 100 g Kartoffeln, 60 g zubereiteter Reis, 100 g Speisequark (Magerstufe), 200 g Joghurt (0,3 % Fett), am Abend 30 g Rindfleisch

Sonntag

Frühstück
100 g Orange, 75 g Hüttenkäse, 1 TL Margarine, 30 g Vollkornbrot, Getränk nach Wunsch (kalorienfrei)

Mittagessen
90 g Schnitzelfleisch, in 1 TL Margarine gebraten, 100 g Kartoffeln, 100 g Spargel, 100 g Möhren

Zwischenmahlzeit
Obstsalat Erntedank (siehe Rezept S. 496), dazu: 25 g Magermilchpulver, 4 EL Eiswasser und Süßstoff zu »Sahne« schlagen

Abendessen
90—120 g gegrilltes Filetsteak, 100 g Spargel (Dosenware), 100 g Champignons (Dosenware), 1 TL Butter, 30 g Toastbrot, 4 TL Steaksauce

Zwischenmahlzeit
175 g Joghurt (1,5 % Fett), 20 kcal Marmelade (kalorienarm)
Herren zusätzlich: 100 g Brombeeren, 100 g konservierte Mandarinen (ohne Zucker) mit 2 EL Saft, 100 g Kartoffeln, 30 g Vollkornbrot, am Mittag 30 g Schnitzelfleisch, am Abend 30 g Filetsteak
Jugendliche zusätzlich: 100 g Brombeeren, 100 g konservierte Mandarinen (ohne Zucker) mit 2 EL Saft, 100 g Kartoffeln, 30 g Vollkornbrot, 200 ml Dickmilch (1,5 % Fett), am Mittag 30 g Schnitzelfleisch, am Abend 30 g Filetsteak

40. Woche

Die indische Küche stand Pate bei zwei köstlichen Gerichten: »Indischer Hühnereintopf« und »Hummerkrabben mit Kokosnuß«. Koriander, Kurkuma und Kumin, die zur zweiten Speise benötigten Gewürze, gibt es in gut sortierten Supermärkten zu kaufen. Man kann aber statt dessen auch indischen Madras-Curry verwenden. Curry ist eine pulverförmige Mischung aus 10—36 verschiedenen Gewürzen. Die wichtigsten sind Koriandersamen, gemahlene Chilischoten, Kurkuma, Nelken, Zimt, Kardamom, Kreuzkümmel, Muskatblüte, Senfsamen, Piment und Ingwer.

Nach indischer Kochtradition wird für jedes Gericht eine besondere Gewürzmischung verwendet. Da dies für Europäer etwas kompliziert ist, erfanden englische Kolonialbeamte den Curry, um auch in England typisch indische Rezepte nachkochen zu können. Auf den indischen Märkten erhält man heute zwar auch die fertige Grundmischung; sie wird jedoch für bestimmte Speisen mit anderen Gewürzen ergänzt.

Montag

Frühstück

60 g Banane, 75 g Speisequark (Magerstufe), 30 g Brötchen, 1 TL Margarine, ½ TL Honig, Getränk nach Wunsch (kalorienfrei)

Mittagessen

90 g gegrilltes Tatar (Beefsteakhack) mit 1 TL Zwiebelflocken, Salz und Pfeffer vermengt, 250 g Porree, 1 TL Mehl, 2 TL Margarine, 100 g Kartoffeln

Zwischenmahlzeit

125 g Grapefruit, 250 ml Buttermilch (1 % Fett)

Abendessen

Indischer Hühnereintopf (siehe Rezept S. 305)

Zwischenmahlzeit

200 ml Dickmilch (1,5 % Fett), 20 kcal Marmelade (kalorienarm)

Herren zusätzlich: 50 kcal Kirschen (kalorienreduziert), 100 g Kiwi, 100 g Kartoffeln, 30 g Vollkornbrot, am Mittag 30 g Tatar, am Abend 30 g Hühnerfleisch

Jugendliche zusätzlich: 50 kcal Kirschen (kalorienreduziert), 100 g Kiwi, 100 g Kartoffeln, 30 g Vollkornbrot, 100 g Speisequark (Magerstufe), am Mittag 30 g Tatar, am Abend 30 g Hühnerfleisch

Dienstag

Frühstück
125 g Apfel, 20 g Haferflocken, 100 g Speisequark (Magerstufe), Zitronensaft, Zimt, Süßstoff, Getränk nach Wunsch (kalorienfrei)

Mittagessen
120 g gegrilltes Schweineschnitzel, mit 1 TL Öl bestrichen, 200 g Möhren, 1 TL Margarine

Zwischenmahlzeit
200 g Schokoladenpudding (kalorienarm), 100 g Birne

Abendessen
Spinattorte (siehe Rezept S. 378), 125 ml Sauerkrautsaft

Zwischenmahlzeit
100 g Kiwi, 20 kcal Fruchtnektar (kalorienarm)
Herren zusätzlich: 100 g Ananas, 125 g Apfel, 100 g Kartoffeln, 30 g Vollkornbrot, am Mittag 30 g Schweineschnitzel
Jugendliche zusätzlich: 100 g Ananas, 125 g Apfel, 100 g Kartoffeln, 30 g Vollkornbrot, 200 g Joghurt (0,3 % Fett), 200 ml Milch (1,5 % Fett), am Mittag 60 g Schweineschnitzel

Mittwoch

Frühstück
100 g Guave oder 100 g Orange, 1 Ei, 20 g Knäckebrot, 1 TL Margarine, 20 kcal Marmelade (kalorienarm), Getränk nach Wunsch (kalorienfrei)

Mittagessen
90 g gegrilltes Putensteak mit 1 TL Öl bestrichen, 200 g Paprikaschoten, 150 g Tomaten, 75 g Zwiebeln, 2 Oliven, 60 g zubereiteter Reis
Dessert: 150 g Trauben

Zwischenmahlzeit
Milchmixgetränk aus: 100 ml Milch (1,5 % Fett), 60 g Banane, Süßstoff

Abendessen
Finnische Fischsuppe (siehe Rezept S. 235), dazu: 100 g Kopfsalat, 50 g Joghurt (0,3 % Fett), Zitronensaft, Kräuter

Zwischenmahlzeit
150 g Joghurt (0,3 % Fett), 100 g Ananas
Herren zusätzlich: 85 g Pflaumen, 60 g Banane, 60 g zubereiteter Reis, 30 g Vollkornbrot, am Mittag 30 g Putensteak, am Abend 30 g Fischfilet
Jugendliche zusätzlich: 85 g Pflaumen, 60 g Banane, 60 g zubereiteter Reis, 30 g Vollkornbrot, 100 g Speisequark (Magerstufe), am Mittag 30 g Putensteak, am Abend 30 g Fischfilet

Donnerstag

Frühstück

50 kcal Kirschen (kalorienreduziert), 20 g Weizenkeime, 100 ml Milch (1,5 % Fett), Getränk nach Wunsch (kalorienfrei)

Mittagessen

90—120 g Putenleber in 1 TL Margarine gebraten, 250 g Möhren, 50 g Zwiebeln
Dessert: **Gelee Pink-Panther** (siehe Rezept S. 484)

Zwischenmahlzeit

100 g Speisequark (Magerstufe), 20 kcal Marmelade (kalorienarm)

Abendessen

90 g geräucherte Zunge, 30 g Graubrot, 1 TL Margarine, **Kohlrabi-Rohkost** (siehe Rezept S. 431)

Zwischenmahlzeit

30 g Vollkornbrot, 1 TL Margarine, $\frac{1}{2}$ TL Marmelade (kalorienarm)
Herren zusätzlich: 125 g Apfel, 100 g Birne, 100 g eßfertiges Kartoffelpüree (Fertigprodukt), 30 g Graubrot, am Mittag 30 g Putenleber, am Abend 30 g Zunge
Jugendliche zusätzlich: 125 g Apfel, 100 g Birne, 100 g eßfertiges Kartoffelpüree (Fertigprodukt), 30 g Graubrot, 200 g Schokoladenpudding (kalorienarm), am Mittag 30 g Putenleber, am Abend 30 g Zunge

Freitag

Frühstück

150 g Kiwi, 30 g Edamer, 30 g Vollkornbrot, 1 TL Margarine, Getränk nach Wunsch (kalorienfrei)

Mittagessen

90—120 g gekochter Heilbutt, Kartoffelsalat aus: 100 g Kartoffeln, 1 TL Mayonnaise (80 % Fett), 50 g Gewürzgurke, 50 g Joghurt (0,3 % Fett); 200 g grüne Bohnen
Dessert: 100 g Speisequark (Magerstufe), 50 kcal Pfirsiche (kalorienreduziert)

Zwischenmahlzeit

Apfelsuppe (siehe Rezept S. 491)

Abendessen

90 g gegrilltes Steak, 30 g Graubrot, 1 TL Margarine, 2 TL Ketchup, 150 g gegrillte Tomate, 100 g Kopfsalat, 50 g Joghurt (0,3 % Fett)

Zwischenmahlzeit

Gemüsecocktail (siehe Rezept S. 531)
Herren zusätzlich: 100 g Orange, 75 g Trauben, 60 g Vollkornbrot, am Mittag 30 g Heilbutt, am Abend 30 g Steak
Jugendliche zusätzlich: 100 g Orange, 75 g Trauben, 60 g Vollkornbrot, 200 ml Dickmilch (1,5 % Fett), 200 g Joghurt (0,3 % Fett), am Mittag 30 g Heilbutt, am Abend 30 g Steak

Samstag

Frühstück

85 g Pflaumen, 20 g Grieß, 125 ml Milch (0,3 % Fett), Getränk nach Wunsch (kalorienfrei)

Mittagessen

Salat aus: 75 g Thunfisch (konserviert in Wasser), 50 g Kopfsalat, 50 g eingelegter roter Bete, 100 g Tomaten, 50 g Gurken, Marinade aus: 2 TL Öl, Essig, Gewürzen
Dessert: **Süße Knödel mit Kirschen** (siehe Rezept S. 500)

Zwischenmahlzeit

125 g Grapefruit

Abendessen

60 g Camembert, **Chicoréesalat** (siehe Rezept S. 425)

Zwischenmahlzeit

150 ml Sauermilch (1,5 % Fett)

Herren zusätzlich: 125 ml Grapefruitsaft (ungesüßt), 60 g Banane, 30 g Vollkornbrot, 30 g Toastbrot, am Mittag 60 g Thunfisch

Jugendliche zusätzlich: 125 ml Grapefruitsaft (ungesüßt), 60 g Banane, 30 g Vollkornbrot, 30 g Toastbrot, 200 ml Milch (1,5 % Fett), am Mittag 60 g Thunfisch

Sonntag

Frühstück

125 ml Orangensaft (ungesüßt), 75 g Hüttenkäse, 30 g Vollkornbrot, 1 TL Butter, 20 kcal Marmelade (kalorienarm), Getränk nach Wunsch (kalorienfrei)

Mittagessen

Hummerkrabben mit Kokosnuß (siehe Rezept S. 369), dazu: 60 g zubereiteter Reis, 100 g Gurke, 100 g Tomate, 125 ml Weißwein; Dessert: 100 g Ananas

Zwischenmahlzeit

200 g Vanillepudding (kalorienarm)

Abendessen

Salat aus: 1 Ei, 60 g gekochtem, enthäutetem Hühnerfleisch, 50 g Paprikaschoten, 100 g Sojabohnensprossen, 50 g Champignons und 50 g Tomaten; Marinade aus: Sojasauce, Gewürzen, Essig; 30 g Weißbrot, 1 TL Margarine, 125 ml Buttermilch (1 % Fett)

Zwischenmahlzeit

125 g Apfel, 100 ml Milch (1,5 % Fett)

Herren zusätzlich: 250 ml Tomatensaft, 100 g Birne, 60 g zubereiteter Reis, 30 g Weißbrot, am Mittag 30 g Hummerkrabben, am Abend 30 g Hühnerfleisch

Jugendliche zusätzlich: 250 ml Tomatensaft, 100 g Birne, 60 g zubereiteter Reis, 30 g Weißbrot, 200 g Joghurt (0,3 % Fett), statt Weißwein 20 g einfache Kekse, am Mittag 30 g Hummerkrabben, am Abend 30 g Hühnerfleisch

41. Woche

Bevor die Natur sich auf den Winter vorbereitet, verschenkt sie noch einmal verschwenderisch ihre Gaben. Äpfel, Birnen und Pflaumen werden geerntet. Die Traubenlese zur Weinkelterung beginnt; die Wildsaison ist eröffnet. Feinschmecker kommen in diesen Monaten voll auf ihre Kosten. In den nächsten Wochen werden wir Ihnen typische Herbstspezialitäten vorstellen, aber auch einige ausgefallene Gerichte, wie in dieser Woche »Hähnchenleber mit Salbeizwiebeln«, »Kassler mit Kapernsauce« oder »Kiwi-Matjes-Filets«. Das »Wildgulasch« eröffnet die Herbstsaison.

Montag

Frühstück
100 g Mango oder 125 ml Grapefruitsaft (ungesüßt), 30 g Putenbrust, 20 g Knäckebrot, 2 TL Halbfettmargarine, ½ TL Honig, Getränk nach Wunsch (kalorienfrei)

Mittagessen
Hähnchenleber mit Salbeizwiebeln (siehe Rezept S. 327), dazu: 60 g zubereiteter Reis, 150 g gegrillte Tomate

Zwischenmahlzeit
175 g Joghurt (1,5 % Fett), 100 g Brombeeren

Abendessen
2 Eier, als Omelett, in ½ TL Öl gebraten, 30 g Krabbenfleisch, 30 g Vollkornbrot, 1 TL Halbfettmargarine, 50 g Radieschen, 50 g Radicchio, 100 g Feldsalat, Marinade aus: 50 g Joghurt (0,3 % Fett), Zitronensaft, Kräutern

Zwischenmahlzeit
75 g Speisequark (Magerstufe), 50 kcal Heidelbeeren (kalorienreduziert)
Herren zusätzlich: 100 g Birne, 125 g Apfel, 60 g zubereiteter Reis, 30 g Vollkornbrot, am Mittag 30 g Hühnerleber, am Abend 30 g Krabbenfleisch
Jugendliche zusätzlich: 100 g Birne, 125 g Apfel, 60 g zubereiteter Reis, 30 g Vollkornbrot, 200 ml Milch (1,5 % Fett), am Mittag 30 g Hühnerleber, am Abend 30 g Krabbenfleisch

Dienstag

Frühstück
50 kcal Pflaumen (kalorienreduziert), 20 g Schmelzflocken, 100 ml Milch (1,5 % Fett), 20 kcal Fruchtnektar (kalorienarm), Getränk nach Wunsch (kalorienfrei)

Mittagessen
90—120 g Steak, in 1 TL Öl gebraten, 4 TL Ketchup, 200 g gemischte Pilze, in 1 TL Butter gedünstet

Zwischenmahlzeit
200 ml Kefir (1,5 % Fett), Zitronensaft, Süßstoff

Abendessen
Kabeljaukoteletts (siehe Rezept S. 341), dazu: 100 g Kartoffeln, Petersilie, 125 ml Sauerkrautsaft
Dessert: 100 g Brombeeren

Zwischenmahlzeit
100 ml Sauermilch (1,5 % Fett), 125 ml Orangensaft (ungesüßt)
Herren zusätzlich: 125 g Grapefruit, 85 g Pflaumen, 100 g Kartoffeln, 30 g Vollkornbrot, am Mittag 30 g Steak, am Abend 30 g Kabeljau
Jugendliche zusätzlich: 125 g Grapefruit, 85 g Pflaumen, 100 g Kartoffeln, 30 g Vollkornbrot, 200 g Schokoladenpudding (kalorienarm), am Mittag 30 g Steak, am Abend 30 g Kabeljau

Mittwoch

Frühstück
125 g Apfel, 30 g Schmelzkäse, 30 g Vollkornbrot, 1 TL Margarine, Getränk nach Wunsch (kalorienfrei)

Mittagessen
Provençalische Gemüsepfanne (siehe Rezept S. 376), dazu: 30 g geröstetes Weizenbrot
Dessert: **Orangen-Sorbet** (siehe Rezept S. 505)

Zwischenmahlzeit
100 g Speisequark (Magerstufe), 20 kcal Marmelade (kalorienarm)

Abendessen
225 g Hüttenkäse, Kräuter, 20 g Knäckebrot, 1 TL Margarine, 100 g Bleichsellerie, 100 g Möhren, 2 Oliven

Zwischenmahlzeit
100 ml Dickmilch (1,5 % Fett), 20 g Rosinen, 1 TL geraspelte Kokosnuß
Herren zusätzlich: 60 g Banane, 250 ml Gemüsesaft, 20 g Knäckebrot, 30 g Vollkornbrot, zum Frühstück 30 g Schmelzkäse, am Abend 75 g Hüttenkäse
Jugendliche zusätzlich: 60 g Banane, 250 ml Gemüsesaft, 20 g Knäckebrot, 30 g Vollkornbrot, 200 ml Dickmilch (1,5 % Fett), zum Frühstück 30 g Schmelzkäse, am Abend 75 g Hüttenkäse

Donnerstag

Frühstück
Himbeerfrühstück (siehe Rezept S. 471), dazu: 20 g Zwieback, 1 TL Butter, Getränk nach Wunsch (kalorienfrei)

Mittagessen
Kassler mit Kapernsauce (siehe Rezept S. 279), dazu: 200 g Möhren, 100 g Kartoffeln

Zwischenmahlzeit
125 ml Buttermilch (1 % Fett), Zitronensaft, Süßstoff, 20 kcal Fruchtnektar (kalorienarm)

Abendessen
90 g geräucherte Forellenfilets, 30 g Vollkornbrot, 1 TL Halbfettmargarine, 100 g Endiviensalat, 100 g Tomaten, Marinade aus: ½ TL Öl, Essig; 125 ml Orangensaft (ungesüßt)

Zwischenmahlzeit
100 g Joghurt (0,3 % Fett), 25 kcal Pfirsiche (kalorienreduziert), ½ TL Honig
Herren zusätzlich: 100 g Nektarinen, 200 g Wassermelone, 20 g Zwieback, 30 g Vollkornbrot, am Mittag 30 g Kassler, am Abend 30 g Forelle
Jugendliche zusätzlich: 100 g Nektarinen, 200 g Wassermelone, 20 g Zwieback, 30 g Vollkornbrot, 250 ml Buttermilch (1 % Fett), am Mittag 30 g Kassler, am Abend 30 g Forelle

Freitag

Frühstück
50 kcal Pfirsiche (kalorienreduziert), 20 g Grieß, 125 ml Milch (0,3 % Fett), Getränk nach Wunsch (kalorienfrei)

Mittagessen
90—120 g enthäutete Hähnchenbrustfilets, in 1 TL Öl gebraten, 250 g Blumenkohl, 1 TL Margarine
Dessert: 100 g Joghurt (0,3 % Fett), 20 kcal Marmelade (kalorienarm)

Zwischenmahlzeit
125 g Grapefruit

Abendessen
Chinasuppe (siehe Rezept S. 231), **Große Frühlingsrolle** (siehe Rezept S. 259)
Dessert: 80 g Lychees oder 85 g Pflaumen

Zwischenmahlzeit
200 ml Dickmilch (1,5 % Fett)
Herren zusätzlich: 250 ml Tomatensaft, 125 g Apfel, 100 g Kartoffeln, 30 g Vollkornbrot, am Mittag 30 g Hähnchen, am Abend 30 g Rindfleisch
Jugendliche zusätzlich: 250 ml Tomatensaft, 125 g Apfel, 100 g Kartoffeln, 30 g Vollkornbrot, 250 ml Milch (0,3 % Fett), am Mittag 30 g Hähnchen, am Abend 30 g Rindfleisch

Samstag

Frühstück
100 g Ananas, 75 g Hüttenkäse, 30 g Brötchen, 1 TL Margarine, Getränk nach Wunsch (kalorienfrei)

Mittagessen
90—120 g gekochtes, mageres Schweinefleisch, 100 g Steckrüben, 150 g Porree, 1 TL Instantbrühe, 100 g Kartoffeln, 1 TL Margarine
Dessert: 200 g Joghurt (0,3 % Fett), 50 g Brombeeren

Zwischenmahlzeit
200 ml Kefir (1,5 % Fett), gemixt mit 20 kcal Kirschnektar (kalorienarm)

Abendessen
Kiwi-Matjes-Filets (siehe Rezept S. 240), dazu: 30 g Vollkornbrot, 1 TL Margarine, 100 g Bleichsellerie, 100 g Möhren

Zwischenmahlzeit
Tomatencocktail (siehe Rezept S. 530)
Herren zusätzlich: 75 g Trauben, 250 ml Gemüsesaft, 100 g Kartoffeln, 30 g Vollkornbrot, am Mittag 30 g Schweinefleisch, am Abend 30 g Matjes
Jugendliche zusätzlich: 75 g Trauben, 250 ml Gemüsesaft, 100 g Kartoffeln, 30 g Vollkornbrot, 250 ml Milch (0,3 % Fett), am Mittag 30 g Schweinefleisch, am Abend 30 g Matjes

Sonntag

Frühstück
75 g Trauben, 20 g Cornflakes, 100 ml Milch (1,5 % Fett), Getränk nach Wunsch (kalorienfrei)

Mittagessen
Wildgulasch (siehe Rezept S. 316), dazu: 80 g eßfertige Kartoffelklöße (Fertigprodukt), 100 g Kopfsalat, Marinade aus: Zitronensaft, Schnittlauch
Dessert: **Gegrillte Ananas** (siehe Rezept S. 503)

Zwischenmahlzeit
15 g Zwieback, 1 TL Halbfettmargarine, 20 kcal Marmelade (kalorienarm)

Abendessen
90 g geräucherte Putenbrust, 1 TL Margarine, 200 g Tomate, 100 g Gurke
Dessert: 100 g Schokoladenpudding (kalorienarm)

Zwischenmahlzeit
125 g Grapefruit, 250 ml Buttermilch (1 % Fett)
Herren zusätzlich: 85 g Pflaumen, 125 g Apfel, 80 g eßfertige Kartoffelklöße (Fertigprodukt), 30 g Vollkornbrot, am Mittag 30 g Wild, am Abend 30 g Putenbrust
Jugendliche zusätzlich: 85 g Pflaumen, 125 g Apfel, 80 g eßfertige Kartoffelklöße (Fertigprodukt), 30 g Vollkornbrot, 175 g Joghurt (1,5 % Fett), am Mittag 30 g Wild, am Abend 30 g Putenbrust

42. Woche

Wild bietet für alle, die abnehmen wollen, einen ganz besonderen Vorteil: Es ist kalorienarm, also eine ideale Schlankheitskost.
Man kann Wild grillen, in einer beschichteten Pfanne oder in Folie garen und größere Stücke im Römertopf oder Backofen zubereiten. Bestimmte Kräuter und Gewürze verleihen dem ausgeprägten Wildgeschmack ein apartes Aroma. Am besten passen Wacholderbeeren, Koriander, Nelken, Muskat, Lorbeerblätter und Senfkörner. Es gibt aber auch eine spezielle, bereits fertige Gewürzmischung für Wild zu kaufen.
Der Clou unseres »Rehsteak Freischütz« ist die pikante Sauce, die außer kleingewürfelten Pfirsichen auch Rotwein enthält. Als Gemüse eignen sich, wie in diesem Fall, Pilze, aber auch Rotkohl, Rosenkohl, Blattspinat sowie Salate, etwa Endivien- oder Feldsalat

Montag

Frühstück
125 ml Orangensaft (ungesüßt), 1 Ei, 30 g Roggenbrötchen, 2 TL Halbfettmargarine, ½ TL Honig, Getränk nach Wunsch (kalorienfrei)

Mittagessen
Erbsensuppe mit Sahne (siehe Rezept S. 227)

Zwischenmahlzeit
100 g Speisequark (Magerstufe), 60 g Banane, 1 TL Kakao, Süßstoff

Abendessen
30 g Toastbrot, 1 TL Margarine, 100 g Tomaten, 50 g Kopfsalat, 20 kcal Salatsauce (kalorienarm), 90 g geräucherter Schellfisch (Gewicht ohne Kopf und Gräten)

Zwischenmahlzeit
100 g Fruchtcocktail (konserviert ohne Zucker) mit 2 EL Saft, 200 g Joghurt (0,3 % Fett), Süßstoff
Herren zusätzlich: 75 g Trauben, 125 g Apfel, 60 g Vollkornbrot, am Mittag 60 g Erbsen, am Abend 30 g Schellfisch
Jugendliche zusätzlich: 75 g Trauben, 125 g Apfel, 60 g Vollkornbrot, 250 ml Milch (0,3 % Fett), am Mittag 60 g Erbsen, am Abend 30 g Schellfisch

Dienstag

Frühstück

100 g Kiwi, 20 g Vollkornknäckebrot, 75 g Speisequark (Magerstufe), Süßstoff, 2 TL Halbfettmargarine, 20 kcal Marmelade (kalorienarm), Getränk nach Wunsch (kalorienfrei)

Mittagessen

90 g gegrilltes Beefsteak, 2 TL Steaksauce, 2 TL Halbfettmargarine, mit Kräuterbuttergewürz verrührt, 200 g Mischpilze, mit Zwiebelflocken in beschichteter Pfanne gebraten, 100 g Kartoffeln

Zwischenmahlzeit

200 g Vanillepudding (kalorienarm), 50 kcal Aprikosen (kalorienreduziert)

Abendessen

Leber mit Kastanienmilch (siehe Rezept S. 328), dazu: 60 g zubereitete Nudeln

Zwischenmahlzeit

100 ml Dickmilch (1,5 % Fett), 1 TL Zucker, 60 g Banane, Süßstoff

Herren zusätzlich: 250 ml Tomatensaft, 100 g Birne, 60 g zubereitete Nudeln, 100 g Kartoffeln, am Mittag 30 g Beefsteak, am Abend 30 g Geflügelleber

Jugendliche zusätzlich: 250 ml Tomatensaft, 100 g Birne, 60 g zubereitete Nudeln, 100 g Kartoffeln, 200 g Joghurt (0,3 % Fett), am Mittag 30 g Beefsteak, am Abend 30 g Geflügelleber

Mittwoch

Frühstück

125 ml Grapefruitsaft (ungesüßt), 30 g Vollkornbrot, 30 g Roastbeef, 1 TL Halbfettmargarine, ½ TL Mayonnaise (80 % Fett), Getränk nach Wunsch (kalorienfrei)

Mittagessen

Labskaus (siehe Rezept S. 343), 20 kcal Limonade (kalorienarm)

Zwischenmahlzeit

200 ml Kefir (1,5 % Fett), 50 kcal Stachelbeeren (kalorienreduziert), ½ TL Honig, Süßstoff

Abendessen

30 g Brötchen, 2 TL Halbfettmargarine, 60 g gegrilltes, enthäutetes Hähnchenfleisch; 200 g Rotkohl, mit 100 g schwarzen Johannisbeeren und 2 TL Rotwein gegart

Zwischenmahlzeit

250 ml Milch (0,3 % Fett), 1 TL Kakao, Süßstoff

Herren zusätzlich: 125 g Grapefruit, 85 g Pflaumen, 30 g Vollkornbrot, 20 g Knäckebrot, am Mittag 30 g Corned beef, am Abend 30 g Hähnchen

Jugendliche zusätzlich: 125 g Grapefruit, 85 g Pflaumen, 30 g Vollkornbrot, 20 g Knäckebrot, 100 g Speisequark (Magerstufe), am Mittag 30 g Corned beef, am Abend 30 g Hähnchen

Donnerstag

Frühstück

75 g Trauben, 30 g Weißbrot, 1 TL Margarine, 30 g Krabben, 1 TL Cocktailsauce für Krabben, Getränk nach Wunsch (kalorienfrei)

Mittagessen
Herbstlicher Eintopf (siehe Rezept S. 391)

Zwischenmahlzeit
200 g Joghurt (0,3 % Fett), Bittermandelaroma, ½ TL Zucker, Süßstoff, 10 g Zwieback

Abendessen
2 Eier und 150 g Pfifferlinge, in 1 TL Pflanzencreme gebraten, 20 g Vollkornknäckebrot, 1 TL Margarine

Zwischenmahlzeit
100 g Speisequark (Magerstufe), 125 g gefrorene Erdbeeren, ½ TL geraspelte Kokosnuß, 20 kcal Dessertsauce (kalorienarm)
Herren zusätzlich: 60 g Banane, 75 g Trauben, 60 g Vollkornbrot, am Abend 60 g Schweinefleisch
Jugendliche zusätzlich: 60 g Banane, 75 g Trauben, 60 g Vollkornbrot, 200 ml Dickmilch (1,5 % Fett), am Abend 60 g Schweinefleisch

Freitag

Frühstück

20 g Rosinen, 20 g Vollkornhaferflocken, 125 ml Milch (0,3 % Fett), 20 g Knäckebrot, 1 TL Margarine, 1 TL Marmelade, Getränk nach Wunsch (kalorienfrei)

Mittagessen
Fischragout »Walter« (siehe Rezept S. 337)

Zwischenmahlzeit
100 g Spargel (Dosenware), gekocht in Brühe von 1 kleinen Brühwürfel

Abendessen
30 g Roggenbrötchen, 2 TL Halbfettbutter, 60 g Tilsiter, 1 TL Mayonnaise (80 % Fett), 100 g Ananas, 50 g Kopfsalat, 50 g Radieschen, 20 kcal Salatdressing (kalorienarm)

Zwischenmahlzeit
125 ml Buttermilch (1 % Fett) mit 250 ml Tomatensaft verquirlt, Pfeffer, Salz
Herren zusätzlich: 125 g Apfel, 100 g Kiwi, 30 g Brötchen, 30 g Vollkornbrot, am Mittag 60 g Kabeljau
Jugendliche zusätzlich: 125 g Apfel, 100 g Kiwi, 30 g Brötchen, 30 g Vollkornbrot, 250 ml Milch (0,3 % Fett), am Mittag 60 g Kabeljau

Samstag

Frühstück
125 g Grapefruit, 20 g Vollkornknäckebrot, 2 TL Halbfettmargarine, 30 g Putenbrust, 50 g Cornichons, Getränk nach Wunsch (kalorienfrei)

Mittagessen
Hammel-Graupentopf (siehe Rezept S. 296)

Zwischenmahlzeit
20 g Zwieback, 2 TL Halbfettmargarine, 100 g Speisequark (Magerstufe), 1 TL Kakao, Süßstoff

Abendessen
90 g Kalbsschnitzel, in 1 TL Pflanzencreme gebraten, 200 g Blumenkohl, 1½ TL geriebener Käse, 20 kcal Orangensaft (ungesüßt)

Zwischenmahlzeit
200 g Joghurt (0,3 % Fett), 50 kcal Mandarinen (kalorienreduziert), Süßstoff
Herren zusätzlich: 125 ml Orangensaft (ungesüßt), 75 g Trauben, 20 g Graupen, 100 g Kartoffeln, am Mittag 30 g Hammelfleisch, am Abend 30 g Kalbsschnitzel
Jugendliche zusätzlich: 125 ml Orangensaft (ungesüßt), 75 g Trauben, 20 g Graupen, 100 g Kartoffeln, 200 g Joghurt (0,3 % Fett), am Mittag 30 g Hammelfleisch, am Abend 30 g Kalbsschnitzel

Sonntag

Frühstück
125 ml Orangensaft (ungesüßt), 30 g Roggenbrötchen, 2 TL Halbfettbutter, 30 g Gouda, 2 Oliven, 50 g Speisequark (Magerstufe), Kräuterquarkgewürz, Getränk nach Wunsch (kalorienfrei)

Mittagessen
Rehsteak »Freischütz« (siehe Rezept S. 315), dazu: 50 g Kartoffeln

Zwischenmahlzeit
200 g Schokoladenpudding (kalorienarm), 80 g Lychees oder 125 g Apfel

Abendessen
30 g Vollkornbrot, 1 TL Halbfettmargarine, 90 g Räucherlachs, ½ TL Mayonnaise (80 % Fett), 100 g Salatgurke, 20 kcal Salatsauce (kalorienarm)

Zwischenmahlzeit
50 g Speisequark (Magerstufe), 10 g Rosinen, 1 TL Kakao, Süßstoff
Herren zusätzlich: 80 ml Traubensaft (ungesüßt), 60 g Banane, 100 g Kartoffeln, 30 g Vollkornbrot, am Mittag 30 g Rehsteak, am Abend 30 g Räucherlachs
Jugendliche zusätzlich: 80 ml Traubensaft (ungesüßt), 60 g Banane, 100 g Kartoffeln, 30 g Vollkornbrot, 200 ml Dickmilch (1,5 % Fett), am Mittag 30 g Rehsteak, am Abend 30 g Räucherlachs

43. Woche

»Einmal pro Woche Leber?« werden sich diejenigen gefragt haben, die Leber nicht mögen, als sie unsere Menüpläne durchgeblättert haben. Ja, denn auf sie kann bei einer ausgewogenen Reduktionskost nicht verzichtet werden. Sie liefert in großen Mengen Vitamin A und ist reichlich mit den sonst seltenen B_1-Vitaminen versehen. Doch der Hauptgrund, warum Leber einmal wöchentlich verzehrt werden sollte, ist ihr hoher Gehalt an Eisen. Kaum ein anderes Nahrungsmittel besitzt eine derartige Menge dieses Mineralstoffs. Der Körper benötigt Eisen zur Blut- und Muskelzellenbildung sowie zum Sauerstofftransport im Blut. Die in diesem Kochbuch vorgeschlagenen Leberrezepte (in dieser Woche sind es Leberrouladen) werden auch diejenigen überzeugen, die Innereien nicht so gern mögen.

Montag

Frühstück
125 g Apfel, 30 g Vollkornbrot, 1 TL Margarine, 30 g aufgeschnittener magerer Schweinebraten, Getränk nach Wunsch (kalorienfrei)

Mittagessen
90—120 g Putenbrust, in 1 TL Pflanzencreme gebraten; Salat aus: 50 g Kopfsalat, 50 g Radieschen, 100 g Wachsbrechbohnen, 50 g eingelegten Tomatenpaprika, 20 kcal Salatsauce (kalorienarm)

Zwischenmahlzeit
200 g Joghurt (0,3 % Fett), 125 g gefrorene Erdbeeren, Süßstoff, 25 g Schlagsahne

Abendessen
Steckrüben in Käsesauce (siehe Rezept S. 376)

Zwischenmahlzeit
20 g Zwieback, 2 TL Halbfettmargarine, mit 2 TL Kakao, Vanillearoma und Süßstoff verrührt; 125 ml Milch (0,3 % Fett)
Herren zusätzlich: 100 g Kiwi, 60 g Banane, 30 g Vollkornbrot, 100 g Kartoffeln, am Mittag 60 g Putenbrust
Jugendliche zusätzlich: 100 g Kiwi, 60 g Banane, 30 g Vollkornbrot, 100 g Kartoffeln, 250 ml Milch (0,3 % Fett), am Mittag 60 g Putenbrust

Dienstag

Frühstück

125 ml Grapefruitsaft (ungesüßt), 30 g Roggenbrötchen, 2 TL Halbfettmargarine, 1 Ei, 20 kcal Marmelade (kalorienarm), Getränk nach Wunsch (kalorienfrei)

Mittagessen

Hackbällchen mit Spargel (siehe Rezept S. 236)

Zwischenmahlzeit

200 g Joghurt (0,3 % Fett), 50 kcal Stachelbeeren (kalorienreduziert)

Abendessen

Salat aus: 90 g Thunfisch (konserviert in Wasser), 100 g Tomaten, 100 g grüne Paprikaschoten, 2 Oliven, Essig, Pfeffer, Salz, Süßstoff; 20 g Vollkornknäckebrot, 1 TL Margarine

Zwischenmahlzeit

100 g Speisequark (Magerstufe), 1 TL Kakao, Süßstoff, 100 g Ananas

Herren zusätzlich: 250 ml Gemüsesaft, 100 g Birne, 30 g Brötchen, 20 g Knäckebrot, am Mittag 30 g Tatar, am Abend 30 g Thunfisch

Jugendliche zusätzlich: 250 ml Gemüsesaft, 100 g Birne, 30 g Brötchen, 20 g Knäckebrot, 175 g Joghurt (1,5 % Fett), am Mittag 30 g Tatar, am Abend 30 g Thunfisch

Mittwoch

Frühstück

100 g Birne, 30 g Vollkornbrot, 1 TL Margarine, 30 g Schweizer Käse, Getränk nach Wunsch (kalorienfrei)

Mittagessen

Jägerpfanne (siehe Rezept S. 317)
Dessert: **Pflaumenknödel** (siehe Rezept S. 500)

Zwischenmahlzeit

200 ml Kefir (1,5 % Fett), 125 ml Gemüsesaft

Abendessen

150 g Spinat, in Brühe aus ½ TL Instantbrühe gekocht, mit 1 TL Mehl angedickt; 1 TL Margarine, 100 g Pellkartoffeln; 90 g enthäutete Hähnchenbrust, in 1 TL Öl gebraten

Zwischenmahlzeit

200 g Joghurt (0,3 % Fett), 100 g Kiwi, 1 TL geraspelte Kokosnuß, Süßstoff, 20 kcal Dessertsauce (kalorienarm), 10 g einfache Kekse

Herren zusätzlich: 125 g Grapefruit, 75 g Trauben, 30 g Vollkornbrot, 100 g Kartoffeln, am Mittag 30 g Hasenfleisch, am Abend 30 g Hähnchen

Jugendliche zusätzlich: 125 g Grapefruit, 75 g Trauben, 30 g Vollkornbrot, 100 g Kartoffeln, 100 g Speisequark (Magerstufe), am Mittag 30 g Hasenfleisch, am Abend 30 g Hähnchen

Donnerstag

Frühstück

20 g Rosinen, 20 g Cornflakes, 100 ml Dickmilch (1,5 % Fett), 1 TL Honig, Süßstoff, Getränk nach Wunsch (kalorienfrei)

Mittagessen

Leberrouladen (siehe Rezept S. 322), dazu: 100 g Kartoffeln und **Bunter Chinakohlsalat** (siehe Rezept S. 422), 20 kcal Limonade (kalorienarm)

Zwischenmahlzeit

250 ml Milch (0,3 % Fett) mit 125 ml Orangensaft (ungesüßt) mischen

Abendessen

10 g Vollkornknäckebrot, 1 TL Butter, 90 g roher Schinken, garniert mit 50 kcal Pfirsich (kalorienreduziert), 200 g Spargel (Dosenware), 1 TL Mayonnaise (80 % Fett)

Zwischenmahlzeit

50 g Speisequark (Magerstufe), ½ TL Kakao

Herren zusätzlich: 125 g Apfel, 85 g Pflaumen, 100 g Kartoffeln, 30 g Vollkornbrot, am Mittag 30 g Leber, am Abend 30 g Schinken

Jugendliche zusätzlich: 125 g Apfel, 85 g Pflaumen, 100 g Kartoffeln, 30 g Vollkornbrot, 200 ml Milch (1,5 % Fett), 250 ml Buttermilch (1 % Fett), am Mittag 30 g Leber, am Abend 30 g Schinken

Freitag

Frühstück

250 ml Tomatensaft, 20 g Vollkornknäckebrot, 1 TL Margarine, 75 g Speisequark, Süßstoff, 20 kcal Marmelade (kalorienarm), Getränk nach Wunsch (kalorienfrei)

Mittagessen

Fischtopf Hubertus (siehe Rezept S. 335), dazu: 60 g zubereiteter Reis

Zwischenmahlzeit

200 g Joghurt (0,3 % Fett), 25 kcal Aprikosen (kalorienreduziert), Süßstoff

Abendessen

30 g Toastbrot, 2 TL Halbfettmargarine, 2 Eier, 100 g Möhrensalat (Glaskonserve ohne Fett)

Zwischenmahlzeit

250 ml Milch (0,3 % Fett), 2 TL Kakao, Süßstoff

Herren zusätzlich: 60 g Banane, 100 g Birne, 60 g zubereiteter Reis, 30 g Toastbrot, am Abend 60 g Rotbarschfilet

Jugendliche zusätzlich: 60 g Banane, 100 g Birne, 60 g zubereiteter Reis, 30 g Toastbrot, 200 g Schokoladenpudding (kalorienarm), am Mittag 60 g Rotbarschfilet

Samstag

Frühstück
60 g Banane, 30 g Vollkornbrot, 30 g Roastbeef, 1 TL Halbfettmargarine, 1 TL Mayonnaise (80 % Fett), 25 g Zwiebeln, Getränk nach Wunsch (kalorienfrei)

Mittagessen
90—120 g mageres Lammfleisch, in 1 TL Öl gebraten, 300 g Weißkohl, 100 g Kartoffeln

Zwischenmahlzeit
100 g Joghurt (0,3 % Fett), 50 g Kiwi, 50 g Mandarinen (konserviert ohne Zucker) mit 1 EL Saft

Abendessen
Käsefondue »Goldener Oktober« (siehe Rezept S. 413), 30 g Weißbrot, 1 TL Halbfettmargarine; 100 g Speisequark (Magerstufe), 20 kcal Marmelade (kalorienarm), 50 g Kopfsalat

Zwischenmahlzeit
75 g Möhren in Brühe von 1 kleinen Brühwürfel

Herren zusätzlich: 75 g Trauben, 100 g Ananas, 100 g Kartoffeln, 30 g Vollkornbrot, am Mittag 30 g Lammfleisch

Jugendliche zusätzlich: 75 g Trauben, 100 g Ananas, 100 g Kartoffeln, 30 g Vollkornbrot, 200 ml Dickmilch (1,5 % Fett), am Mittag 30 g Lammfleisch

Sonntag

Frühstück
125 g Grapefruit, 30 g Roggenbrötchen, 2 TL Halbfettmargarine, 1 TL Marmelade, 1 Ei, Getränk nach Wunsch (kalorienfrei)

Mittagessen
Versteckte Kastanien (siehe Rezept S. 310), dazu: 100 g eßfertiges Kartoffelpüree (Fertigprodukt)

Zwischenmahlzeit
200 g Vanillepudding (kalorienarm), 75 g Trauben, 20 kcal Dessertsauce (kalorienarm)

Abendessen
15 g Vollkornbrot, 1 TL Margarine, 90 g geräucherte Makrelenfilets, 200 g grüne Bohnen, Marinade aus: Zitronensaft, Süßstoff

Zwischenmahlzeit
200 ml Kefir (1,5 % Fett), 1 TL Kakao, Süßstoff, 125 g gefrorene Himbeeren

Herren zusätzlich: 80 ml Traubensaft (ungesüßt), 125 g Apfel, 100 g eßfertiges Kartoffelpüree (Fertigprodukt), 30 g Vollkornbrot, am Mittag 30 g Putenbrust, am Abend 30 g Makrele

Jugendliche zusätzlich: 80 ml Traubensaft (ungesüßt), 125 g Apfel, 100 g eßfertiges Kartoffelpüree (Fertigprodukt), 30 g Vollkornbrot, 200 ml Milch (1,5 % Fett), 175 g Joghurt (1,5 % Fett), am Mittag 30 g Putenbrust, am Abend 30 g Makrele

44. Woche

Safran ist seit jeher das teuerste Gewürz der Welt. Für ein Kilogramm müssen etwa 80 000 Blütennarben handgepflückt werden. Deshalb wird Safran im Handel auch nur grammweise in kleinen Tütchen angeboten. Der kräftige Farbstoff gibt den Speisen eine appetitliche gelbe Farbe.
Safran ist in Fäden und pulverisiert erhältlich. Er muß gut verschlossen in einem dunklen Glas aufbewahrt werden. Um Speisen wie Paella, Bouillabaisse oder Safranreis Farbe und Würze zu geben, löst man den Safran in etwas heißem Wasser auf und gibt das gelbverfärbte Wasser an das Gericht. Für den Sonntagmittag ist eine indische Speisenfolge geplant, zu der auch der »Safranreis« gehört.

Montag

Frühstück

250 ml Tomatensaft, 30 g Camembert, 30 g Vollkornbrot, 1 TL Margarine, ½ TL Honig, Getränk nach Wunsch (kalorienfrei)

Mittagessen

90 g Rinderleber, in 1 TL Öl gebraten, 75 g Zwiebeln, 100 g eßfertiges Kartoffelpüree (Fertigprodukt), 50 kcal Apfelkompott (kalorienreduziert), 150 g Tomate, 100 g Gurke, 20 kcal Limonade (kalorienarm)

Zwischenmahlzeit

100 g Speisequark (Magerstufe), 60 g Banane, 1 EL Kleie

Abendessen

Linsensalat (siehe Rezept S. 442), 125 ml Sauerkrautsaft

Zwischenmahlzeit

250 ml Buttermilch (1 % Fett), Zitronensaft, Süßstoff

Herren zusätzlich: 100 g Orange, 100 g Birne, 100 g eßfertiges Kartoffelpüree (Fertigprodukt), 30 g Vollkornbrot, am Mittag 30 g Leber, am Abend 30 g Putenfleisch

Jugendliche zusätzlich: 100 g Orange, 100 g Birne, 100 g eßfertiges Kartoffelpüree (Fertigprodukt), 30 g Vollkornbrot, 250 ml Milch (0,3 % Fett), am Mittag 30 g Leber, am Abend 30 g Putenfleisch

Dienstag

Frühstück

100 g Mandarine, 20 g Haferflocken, 100 ml Milch (1,5 % Fett), 1 TL Honig, Getränk nach Wunsch (kalorienfrei)

Mittagessen

Lamm mit grünen Bohnen (siehe Rezept S. 294), dazu: 60 g zubereiteter Reis
Dessert: 200 ml Dickmilch (1,5 % Fett), 50 kcal Heidelbeeren (kalorienreduziert), 1 TL geraspelte Kokosnuß

Zwischenmahlzeit

50 g Speisequark (Magerstufe), 20 kcal Marmelade (kalorienarm)

Abendessen

90 g geräucherte Makrelenfilets, 30 g Vollkornbrot, 1 TL Halbfettmargarine, 50 g Radieschen, 50 g Gurke, 100 g Feldsalat, Marinade aus: 1 ½ TL Öl, Essig, Kräutern

Zwischenmahlzeit

125 ml Orangensaft (ungesüßt)

Herren zusätzlich: 100 g Kiwi, 250 ml Gemüsesaft, 60 g zubereiteter Reis, 30 g Vollkornbrot, am Mittag 30 g Lammfleisch, am Abend 30 g Makrele

Jugendliche zusätzlich: 100 g Kiwi, 250 ml Gemüsesaft, 60 g zubereiteter Reis, 30 g Vollkornbrot, 200 g Joghurt (0,3 % Fett), am Mittag 30 g Lammfleisch, am Abend 30 g Makrele

Mittwoch

Frühstück

125 ml Grapefruitsaft (ungesüßt), 30 g Putenbrust, 30 g Brötchen, 1 TL Margarine, 20 kcal Marmelade (kalorienarm), Getränk nach Wunsch (kalorienfrei)

Mittagessen

90 g gekochtes, mageres Schweinefleisch, 50 g Kartoffeln, 100 g Steckrüben, 100 g Porree
Dessert: **Ananas-Quark-Torte »St. Martin«** (siehe Rezept S. 519)

Zwischenmahlzeit

25 kcal Heidelbeeren (kalorienreduziert), 200 g Joghurt (0,3 % Fett)

Abendessen

1 Ei, 45 g Geflügelwurst, 20 g Knäckebrot, 2 TL Halbfettmargarine, 150 g Möhren, 150 g Rettich

Zwischenmahlzeit

75 g Weintrauben

Herren zusätzlich: 60 g Banane, 125 g Grapefruit, 100 g Kartoffeln, 20 g Knäckebrot, am Abend 30 g Geflügelwurst

Jugendliche zusätzlich: 60 g Banane, 125 g Grapefruit, 100 g Kartoffeln, 20 g Knäckebrot, 200 ml Milch (1,5 % Fett), am Abend 30 g Geflügelwurst

Donnerstag

Frühstück

100 g Orange, 75 g Hüttenkäse, 30 g Vollkornbrot, 1 TL Halbfettmargarine, 20 kcal Marmelade (kalorienarm), Getränk nach Wunsch (kalorienfrei)

Mittagessen

90—120 g gegrilltes Putenfleisch, mit 1 TL Öl bestrichen, 200 g Blumenkohl, 100 g Kartoffeln, 100 g eingelegte rote Bete, 2 TL Ketchup

Zwischenmahlzeit

100 g Ananas, 175 g Joghurt (1,5 % Fett)

Abendessen

90 g gegrilltes Steak, 30 g Mischbrot, ½ TL Margarine, dazu: **Rotkohlsalat mit Obst** (siehe Rezept S. 433)

Zwischenmahlzeit

200 g Schokoladenpudding (kalorienarm)

Herren zusätzlich: 20 g getrocknete Feigen, 125 ml Apfelsaft (ungesüßt), 100 g Kartoffeln, 30 g Vollkornbrot, am Mittag 30 g Putenfleisch, am Abend 30 g Steak

Jugendliche zusätzlich: 20 g getrocknete Feigen, 125 ml Apfelsaft (ungesüßt), 100 g Kartoffeln, 30 g Vollkornbrot, 200 ml Dickmilch (1,5 % Fett), am Mittag 30 g Putenfleisch, am Abend 30 g Steak

Freitag

Frühstück

50 kcal Pflaumen (kalorienreduziert), 20 g Weizenkeime, 150 ml Milch (1,5 % Fett), Getränk nach Wunsch (kalorienfrei)

Mittagessen

90 g enthäutete Hähnchenbrust, in 1 TL Öl gebraten, 100 g Kartoffeln, 200 g Paprikaschoten, 100 g Tomaten
Dessert: 100 g Speisequark (Magerstufe), 125 g Apfel

Zwischenmahlzeit

150 g Möhren, gekocht in Brühe von 1 kleinen Brühwürfel

Abendessen

Heilbuttschnitte »Dinnertime« (siehe Rezept S. 352), dazu: 60 g zubereiteter Reis, 200 g Spargel

Zwischenmahlzeit

250 ml Tomatensaft

Herren zusätzlich: 125 ml Orangensaft (ungesüßt), 125 g Apfel, 100 g Kartoffeln, 60 g zubereiteter Reis, am Mittag 30 g Hähnchen, am Abend 30 g Heilbutt

Jugendliche zusätzlich: 125 ml Orangensaft (ungesüßt), 125 g Apfel, 100 g Kartoffeln, 60 g zubereiteter Reis, 200 g Schokoladenpudding (kalorienarm), am Mittag 30 g Hähnchen, am Abend 30 g Heilbutt

Samstag

Frühstück

100 g Kiwi, **Rosinenbrötchen** (siehe Rezept S. 521), dazu: 1 TL Butter, 75 g Speisequark (Magerstufe), 1 TL Marmelade, Getränk nach Wunsch (kalorienfrei)

Mittagessen

60 g gegrilltes Tatar (Beefsteakhack) vermengt mit 1 EL Zwiebelflocken und Gewürzen; 1 Ei, in 1 TL Öl gebraten, 100 g Rosenkohl
Dessert: **Fruchteis** (siehe Rezept S. 508)

Zwischenmahlzeit

190 ml Milch (1,5 % Fett), 1 $\frac{1}{2}$ TL Kakao

Abendessen

60 g Hartkäse, 30 g Vollkornbrot, 1 TL Margarine, Salat aus: 150 g Chicorée, 45 g Banane, 100 g Joghurt (0,3 % Fett)

Zwischenmahlzeit

100 ml Kefir (1,5 % Fett), 20 kcal Fruchtnektar (kalorienarm)
Herren zusätzlich: 100 g Birne, 60 g Banane, 30 g Vollkornbrot, 20 g Knäckebrot, am Mittag 60 g Tatar
Jugendliche zusätzlich: 100 g Birne, 60 g Banane, 30 g Vollkornbrot, 20 g Knäckebrot, 250 ml Buttermilch (1 % Fett), am Mittag 60 g Tatar

Sonntag

Frühstück

100 g Birne, 1 Ei, 1 TL Butter, 20 g Knäckebrot, 1 TL Honig, 100 g Schokoladenpudding (kalorienarm), Getränk nach Wunsch (kalorienfrei)

Mittagessen

Hähnchenkeulen Indisch (siehe Rezept S. 302), dazu: **Zwiebel-Safran-Reis** (siehe Rezept S. 397), **Indischer Salat** (siehe Rezept S. 437), **Mango-Chutney** (siehe Rezept S. 468)

Zwischenmahlzeit

50 kcal Pfirsich (kalorienreduziert), 50 g Speisequark (Magerstufe), 50 g Joghurt (0,3 % Fett), $\frac{1}{2}$ TL Honig

Abendessen

90 g Krabbenfleisch, 30 g Vollkornbrot, 1 TL Butter, 100 g Bleichsellerie, 100 g Tomaten, 50 g Kopfsalat, Marinade aus: Zitronensaft, Süßstoff

Zwischenmahlzeit

20 kcal Limonade (kalorienarm)
Herren zusätzlich: 250 ml Tomatensaft, 125 g Apfel, 60 g Vollkornbrot, am Mittag 30 g Hähnchen, am Abend 30 g Krabbenfleisch
Jugendliche zusätzlich: 250 ml Tomatensaft, 125 g Apfel, 60 g Vollkornbrot, 250 ml Milch (0,3 % Fett), am Mittag 30 g Hähnchen, am Abend 30 g Krabbenfleisch

45. Woche

Jean Nidetch, die Gründerin von Weight Watchers International Inc., hat einmal gesagt: »Jeder Übergewichtige hat seinen persönlichen Frankenstein!« Damit ist die spezielle Vorliebe für bestimmte Leckereien gemeint. Der eine liebt das Herzhafte und kann große Mengen von Fleisch essen; der andere mag das Süße, und keine Konditorei ist vor ihm sicher. Besonders für diejenigen, die gerne Süßspeisen essen, haben wir in dieser Woche einige interessante Rezepte ausprobiert. »Obstsülze«, »Eiscafé«, »Birne mit Zimtschaum« und »Apfelstrudel mit Vanillesauce« stehen auf dem Menüplan. Mit diesen Köstlichkeiten wird es Ihnen nicht schwerfallen, der Versuchung von Konditoreien und Eisdielen zu widerstehen.

Montag

Frühstück
50 kcal Kirschen (kalorienreduziert), 20 g Grieß, 200 ml Milch (1,5 % Fett), Getränk nach Wunsch (kalorienfrei)

Mittagessen
Kartoffelpuffer mit Quark-Schinken-Füllung (siehe Rezept S. 395)

Zwischenmahlzeit
Obstsülze (siehe Rezept S. 508) mit ½ Portion **Vanillesauce** (siehe Rezept S. 489)

Abendessen
120 g gedünstetes Kabeljaufilet, 15 g Vollkornbrot, 2 TL Halbfettmargarine, 100 g Tomaten, 100 g Kopfsalat, Marinade aus: 1 TL Öl, Essig

Zwischenmahlzeit
100 g Orange

Herren zusätzlich: 60 g Banane, 100 g Kiwi, 30 g Vollkornbrot, am Mittag 30 g Schinken, am Abend 30 g Kabeljau

Jugendliche zusätzlich: 60 g Banane, 100 g Kiwi, 30 g Vollkornbrot, 200 ml Dickmilch (1,5 % Fett), 250 ml Milch (0,3 % Fett), am Mittag 30 g Schinken, am Abend 30 g Kabeljau

Dienstag

Frühstück

125 ml Orangensaft (ungesüßt), 30 g Schmelzkäse, 20 g Knäckebrot, 2 TL Halbfettmargarine, Getränk nach Wunsch (kalorienfrei)

Mittagessen

75—90 g Schnitzel, in ½ TL Öl gebraten, 60 g zubereiteter Reis, 200 g Paprikaschoten, 100 g Zwiebeln, 150 g Tomaten, 2 TL Chilisauce
Dessert: **Eiscafé** (siehe Rezept S. 509)

Zwischenmahlzeit

75 g Speisequark (Magerstufe), 20 kcal Marmelade (kalorienarm), 1 TL geraspelte Kokosnuß

Abendessen

90 g gegrillte Putenbrust, 30 g Vollkornbrot, 1 TL Halbfettmargarine, dazu: **Sauerkrautsalat** (siehe Rezept S. 435)

Zwischenmahlzeit

100 g Kefir (1,5 % Fett)

Herren zusätzlich: 100 g Orange, 125 g Apfel, 60 g zubereiteter Reis, 30 g Vollkornbrot, am Abend 60 g Putenbrust

Jugendliche zusätzlich: 100 g Orange, 125 g Apfel, 60 g zubereiteter Reis, 30 g Vollkornbrot, 250 ml Buttermilch (1 % Fett), am Abend 60 g Putenbrust

Mittwoch

Frühstück

20 g Rosinen, 20 g Haferflocken, 100 g Speisequark (Magerstufe), Getränk nach Wunsch (kalorienfrei)

Mittagessen

Schweinefleisch süß-sauer (siehe Rezept S. 275), dazu: 60 g zubereiteter Reis, 20 kcal Fruchtnektar (kalorienarm)

Zwischenmahlzeit

Rohkost aus: 150 g geriebenen Möhren, 125 g geriebenem Apfel, Marinade aus: 1 TL Öl, Zitronensaft, Gewürzen

Abendessen

90—120 g gut abgetropfte Dorschleber (konserviert in Öl), 100 g Sellerie, 30 g Mischbrot, 1 TL Margarine

Zwischenmahlzeit

125 g Grapefruit, 200 ml Sauermilch (1,5 % Fett)

Herren zusätzlich: 100 g Birne, 125 ml Orangensaft (ungesüßt), 60 g zubereiteter Reis, 30 g Mischbrot, am Mittag 30 g Schweinefleisch, am Abend 30 g Leber

Jugendliche zusätzlich: 100 g Birne, 125 ml Orangensaft (ungesüßt), 60 g zubereiteter Reis, 30 g Mischbrot, 200 g Vanillepudding (kalorienarm), am Mittag 30 g Schweinefleisch, am Abend 30 g Leber

Donnerstag

Frühstück

Frühstück für zwei (siehe Rezept S. 470), 20 kcal Fruchtnektar (kalorienarm), Getränk nach Wunsch (kalorienfrei)

Mittagessen

1 hartgekochtes Ei, 100 g Kartoffeln, 250 g gefrorener Spinat, 50 g Zwiebeln, 15 g geriebener Käse
Dessert: **Birnen mit Zimtschaum** (siehe Rezept S. 494)

Zwischenmahlzeit

100 g Orange

Abendessen

90—120 g Roastbeef, 1 TL Mayonnaise (80 % Fett), 30 g Vollkornbrot, 2 TL Margarine, 200 g grüne Bohnen

Zwischenmahlzeit

250 ml Dickmilch (1,5 % Fett), 1 TL Marmelade (kalorienarm)

Herren zusätzlich: 100 g Ananas, 125 ml Apfelsaft (ungesüßt), 100 g Kartoffeln, 20 g Knäckebrot, am Abend 60 g Roastbeef

Jugendliche zusätzlich: 100 g Ananas, 125 ml Apfelsaft (ungesüßt), 100 g Kartoffeln, 20 g Knäckebrot, 200 ml Milch (1,5 % Fett), am Abend 60 g Roastbeef

Freitag

Frühstück

60 g Banane, 20 g Bran Buds, 100 ml Milch (1,5 % Fett), Getränk nach Wunsch (kalorienfrei)

Mittagessen

Eintopf aus: 90 g eingeweichten roten Bohnen (Kidneybohnen), 45—60 g Rindfleisch, gebraten in 2 TL Öl, 100 g Porree, 100 g Paprikaschoten, 100 g Tomaten
Dessert: 100 g Kiwi

Zwischenmahlzeit

Apfelstrudel (siehe Rezept S. 510), dazu: ½ Portion **Vanillesauce** (siehe Rezept S. 489)

Abendessen

Forellensalat (siehe Rezept S. 458), 125 ml Apfelsaft (ungesüßt)

Zwischenmahlzeit

125 ml Buttermilch (1 % Fett), 20 kcal Fruchtnektar (kalorienarm)

Herren zusätzlich: 20 g getrocknete Feigen, 250 ml Tomatensaft, 60 g Vollkornbrot, am Mittag 60 g Kidneybohnen, am Abend 30 g Forelle

Jugendliche zusätzlich: 20 g getrocknete Feigen, 250 ml Tomatensaft, 60 g Vollkornbrot, 200 g Joghurt (0,3 % Fett), am Mittag 60 g Kidneybohnen, am Abend 30 g Forelle

Samstag

Frühstück
100 g Ananas, 30 g magerer Schweinebraten, 30 g Brötchen, 1 TL Butter, ½ TL Honig, Getränk nach Wunsch (kalorienfrei)

Mittagessen
Pichelsteiner Eintopf (siehe Rezept S. 383), 20 kcal Fruchtnektar (kalorienarm)

Zwischenmahlzeit
200 g Vanillepudding (kalorienarm), mit 1 TL Instant-Kaffeepulver verrührt, 50 kcal Birne (kalorienreduziert)

Abendessen
Salat aus: 1 hartgekochten Ei, 30 g Thunfisch (konserviert in Wasser), 100 g Kopfsalat, 100 g Tomaten, 50 g Radieschen, 50 g Gurke; Marinade aus: 1 TL Öl, Essig; 30 g Vollkornbrot, 1 TL Margarine
Dessert: **Orangen-Sorbet** (siehe Rezept S. 505)

Zwischenmahlzeit
100 ml Sauermilch (1,5 % Fett)

Herren zusätzlich: 250 ml Gemüsesaft, 100 g Orange, 100 g Kartoffeln, 30 g Vollkornbrot, am Mittag 60 g Rindfleisch

Jugendliche zusätzlich: 250 ml Gemüsesaft, 100 g Orange, 100 g Kartoffeln, 30 g Vollkornbrot, 200 ml Sauermilch (1,5 % Fett), am Mittag 60 g Rindfleisch

Sonntag

Frühstück
125 g Grapefruit, 75 g Speisequark (Magerstufe), 30 g Toastbrot, 1 TL Butter, ½ TL Marmelade, Getränk nach Wunsch (kalorienfrei)

Mittagessen
Hasenkeulen mit Bananensauce (siehe Rezept S. 314), dazu: 80 g eßfertige Kartoffelklöße (Fertigprodukt), 200 g Champignons oder Pfifferlinge

Zwischenmahlzeit
200 ml Milch (1,5 % Fett)

Abendessen
90 g Bismarckhering, 50 g eingelegte rote Bete, 150 g Gewürzgurke, 30 g Vollkornbrot, 1 TL Margarine, 20 kcal Limonade (kalorienarm)

Zwischenmahlzeit
200 g Vanillepudding (kalorienarm), 50 kcal Pflaumen (kalorienreduziert)

Herren zusätzlich: 125 g Apfel, 100 g Birne, 80 g eßfertige Kartoffelklöße (Fertigprodukt), 30 g Vollkornbrot, am Mittag 30 g Hasenkeule, am Abend 30 g Bismarckhering

Jugendliche zusätzlich: 125 g Apfel, 100 g Birne, 80 g eßfertige Kartoffelklöße (Fertigprodukt), 30 g Vollkornbrot, 100 g Speisequark (Magerstufe), am Mittag 30 g Hasenkeule, am Abend 30 g Bismarckhering

46. Woche

Viele Menschen neigen dazu, nur nach einem Kriterium Nahrung zu sich zu nehmen, und das ist der Geschmack! Wir müssen jedoch auch andere Sinne beim Essen miteinbeziehen; das kann für jemand, der versucht abzunehmen, sehr wichtig sein. Auge und Nase »essen« auch mit. Je besser ein Gericht duftet und je appetitlicher es angerichtet ist, desto lieber ißt man.

Deshalb ist es wichtig, die Speisen so attraktiv wie möglich auf den Tisch zu bringen. Frische Kräuter eignen sich hervorragend zur Garnitur. Radieschen, Tomaten und Gurken geben hübsche Farbtupfer. Aber achten Sie bitte auch bei der Garnierung auf die erlaubten Mengen.

Montag

Frühstück

125 ml Orangensaft (ungesüßt), 30 g Vollkornbrot, 1 TL Margarine, 30 g Tilsiter, 20 kcal Marmelade (kalorienarm), Getränk nach Wunsch (kalorienfrei)

Mittagessen

Kartoffelsuppe »Express« (siehe Rezept S. 223)

Zwischenmahlzeit

20 g Zwieback, 1 TL Margarine, 100 g Speisequark (Magerstufe), Kräuterquarkgewürz

Abendessen

90—120 g gegrilltes Lammfleisch, 100 g Spinat
Dessert: 50 kcal Aprikosen (kalorienreduziert), 1 TL geraspelte Kokosnuß

Zwischenmahlzeit

200 g Joghurt (0,3 % Fett), 75 g Trauben, 1 TL Kakao, Süßstoff

Herren zusätzlich: 100 g Birne, 100 g Orange, 20 g Zwieback, 100 g Kartoffeln, am Mittag 30 g Würstchen, am Abend 30 g Lammfleisch

Jugendliche zusätzlich: 100 g Birne, 100 g Orange, 20 g Zwieback, 100 g Kartoffeln, 250 ml Buttermilch (1 % Fett), am Mittag 30 g Würstchen, am Abend 30 g Lammfleisch

Dienstag

Frühstück

20 g getrocknete Pflaumen, 20 g Vollkornhaferflocken, 125 ml Milch (0,3 % Fett), ½ TL Honig, Süßstoff, Getränk nach Wunsch (kalorienfrei)

Mittagessen

Salat aus: 2 hartgekochten Eiern, 100 g Kopfsalat, 100 g Salatgurke, 100 g Tomaten, 50 g Knollensellerie, 20 kcal Salatdressing (kalorienarm); 30 g Roggentoastbrot, 1 TL Margarine

Zwischenmahlzeit

100 g halbierte Birne ohne Kerngehäuse; 2 TL Halbfettmargarine mit 2 TL Kakao, Süßstoff und Vanillearoma verrühren und auf die Innenseite der Birne streichen; 25 g Magermilchpulver mit 6 EL Eiswasser und Süßstoff zu »Sahne« schlagen

Abendessen

Hering mit Sahnekartoffeln (siehe Rezept S. 372)

Zwischenmahlzeit

100 g Joghurt (0,3 % Fett), Süßstoff, 10 g einfache Kekse, 250 ml Tomatensaft
Herren zusätzlich: 125 g Grapefruit, 20 g getrocknete Pflaumen, 30 g Toastbrot, 100 g Kartoffeln, am Abend 60 g Hering
Jugendliche zusätzlich: 125 g Grapefruit, 20 g getrocknete Pflaumen, 30 g Toastbrot, 100 g Kartoffeln, 200 ml Milch (1,5 % Fett), am Abend 60 g Hering

Mittwoch

Frühstück

125 ml Grapefruitsaft (ungesüßt), 20 g Vollkornknäckebrot, 1 TL Halbfettmargarine, 30 g Roastbeef, 1 ½ TL Mayonnaise (80 % Fett), Getränk nach Wunsch (kalorienfrei)

Mittagessen

Geflügelleber in Rosinensauce (siehe Rezept S. 331), dazu: 60 g zubereiteter Reis

Zwischenmahlzeit

100 g Speisequark (Magerstufe)

Abendessen

90 g gegrillter, magerer Schweinebraten, 250 g Rotkohl mit 125 g Apfel, 20 kcal Johannisbeermarmelade (kalorienarm), 1 Lorbeerblatt, Pfeffer, Salz und Süßstoff gekocht, 80 g eßfertige Kartoffelklöße (Fertigprodukt)

Zwischenmahlzeit

250 ml Milch (0,3 % Fett), 1 TL Honig
Herren zusätzlich: 100 g Mandarinen, 60 g Banane, 60 g zubereiteter Reis, 80 g eßfertige Kartoffelklöße (Fertigprodukt), am Mittag 30 g Leber, am Abend 30 g Schweinebraten
Jugendliche zusätzlich: 100 g Mandarinen, 60 g Banane, 60 g zubereiteter Reis, 80 g eßfertige Kartoffelklöße (Fertigprodukt), 200 g Joghurt (0,3 % Fett), am Mittag 30 g Leber, am Abend 30 g Schweinebraten

Putensteaks in Zitrone ▷
(Rezept S. 312)

Donnerstag

Frühstück
100 g Mandarinen, 30 g Roggenbrötchen, 2 TL Halbfettmargarine, 1 Ei, Getränk nach Wunsch (kalorienfrei)

Mittagessen
Bunte Fleischbällchen (siehe Rezept S. 265)

Zwischenmahlzeit
250 ml Buttermilch (1 % Fett) mit 1 EL Tomatenmark, Pfeffer und Salz verquirlen

Abendessen
90 g gegrilltes Kalbsschnitzel, 200 g Champignons, in 1 TL Margarine gebraten, mit 25 g Magermilchpulver vermischt; 60 g zubereitete Vollkornnudeln, 20 kcal Limonade (kalorienarm)

Zwischenmahlzeit
10 g Vollkornknäckebrot, 1 TL Margarine, 100 g Kiwi, 1 TL geraspelte Kokosnuß
Herren zusätzlich: 100 g Kiwi, 125 g Apfel, 30 g Vollkornbrot, 60 g zubereitete Nudeln, am Mittag 30 g Tatar, am Abend 30 g Kalbsschnitzel
Jugendliche zusätzlich: 100 g Kiwi, 125 g Apfel, 30 g Vollkornbrot, 60 g zubereitete Nudeln, 100 g Speisequark (Magerstufe), 200 ml Dickmilch (1,5 % Fett), am Mittag 30 g Tatar, am Abend 30 g Kalbsschnitzel

Freitag

Frühstück
Früchtegrieß (siehe Rezept S. 478), Getränk nach Wunsch (kalorienfrei)

Mittagessen
120 g Kabeljaufilet, in Wasser gekocht, 125 ml Milch (0,3 % Fett), 100 g Möhren, 2 TL Weißwein, 100 g Fenchel, 60 g zubereiteter Reis

Zwischenmahlzeit
10 g Vollkornknäckebrot, 1 TL Margarine, 100 g Speisequark (Magerstufe), 20 kcal Marmelade (kalorienarm)

Abendessen
Lauchschnitten (siehe Rezept S. 384), dazu: **Sauce Hawaii** (siehe Rezept S. 467)

Zwischenmahlzeit
125 g Grapefruit, ½ TL Zucker
Herren zusätzlich: 60 g Banane, 100 g Orange, 60 g zubereiteter Reis, 30 g Vollkornbrot, am Mittag 60 g Kabeljau
Jugendliche zusätzlich: 60 g Banane, 100 g Orange, 60 g zubereiteter Reis, 30 g Vollkornbrot, 200 ml Milch (1,5 % Fett), am Mittag 60 g Kabeljau

◁ *Rinderleber in Pfeffersauce (Rezept S. 323)*

Samstag

Frühstück

125 g Grapefruit, Süßstoff, 30 g Roggentoastbrot, 1 TL Butter, 30 g Krabbenfleisch, Getränk nach Wunsch (kalorienfrei)

Mittagessen

30 g Vollkornbrot, 1 TL Margarine, 135 g Harzer Käse, 150 g Rettich, 20 kcal Salatdressing (kalorienarm), 2 Oliven

Zwischenmahlzeit

250 ml Milch (0,3 % Fett), 1 TL Kakao, Süßstoff

Abendessen

Budapester Gulaschsuppe (siehe Rezept S. 232)

Zwischenmahlzeit

200 ml Kefir (1,5 % Fett), Süßstoff, 50 kcal Stachelbeeren (kalorienreduziert)

Herren zusätzlich: 250 ml Gemüsesaft, 125 g Apfel, 60 g Vollkornbrot, am Abend 30 g Rindfleisch

Jugendliche zusätzlich: 250 ml Gemüsesaft, 125 g Apfel, 60 g Vollkornbrot, 200 g Vanillepudding (kalorienarm), am Abend 30 g Rindfleisch

Sonntag

Frühstück

100 g Guave oder 100 g Orange, 30 g Roggenbrötchen, 2 TL Halbfettmargarine, 75 g Speisequark (Magerstufe), Kräuterquarkgewürz, Getränk nach Wunsch (kalorienfrei)

Mittagessen

Hühnertopf »Kairo« (siehe Rezept S. 310)

Zwischenmahlzeit

1 **Zwiebacktörtchen** (siehe Rezept S. 514), 125 g gefrorene Erdbeeren zum Belegen, 25 g Magermilchpulver mit 6 EL Eiswasser und Süßstoff zu »Sahne« steif schlagen

Abendessen

90 g geräucherte Forelle (Gewicht ohne Kopf und Gräten), Salat aus: 250 g Wachsbrechbohnen, 50 g Zwiebeln; Marinade aus: 60 ml Buttermilch (1 % Fett), Zitronensaft, Pfeffer, Salz, Süßstoff; 20 g Vollkornknäckebrot, 1 TL Margarine

Zwischenmahlzeit

125 ml Milch (0,3 % Fett) mit 20 kcal Limonade (kalorienarm) verquirlen

Herren zusätzlich: 100 g Mandarinen, 100 g Birne, 60 g zubereiteter Reis, 20 g Knäckebrot, am Mittag 30 g Hähnchen, am Abend 30 g Forelle

Jugendliche zusätzlich: 100 g Mandarinen, 100 g Birne, 60 g zubereiteter Reis, 20 g Knäckebrot, 200 g Joghurt (0,3 % Fett), am Mittag 30 g Hähnchen, am Abend 30 g Forelle

47. Woche

Artischocken sind die grünen, noch nicht völlig entwickelten Blütenköpfe der distelartigen Artischockenpflanze. Sie gelten als Delikatesse und werden auf verschiedene Weise als Gemüse zubereitet. Die Vorbereitungsdauer ist relativ lang (wie auch in unserem Rezept »Artischockeneier« beschrieben), und man sollte sich Zeit dazu nehmen. Artischocken gehören in unserem Ernährungsprogramm zu den begrenzt zu verwendenden Gemüsen, d. h., es dürfen nur 100 g verzehrt werden. Allerdings beträgt der Anteil der eßbaren Teile einer großen Artischocke auch nur etwa 100 g, die etwa 61 Kalorien (255 KJ) haben. Neben Kalzium, Eisen und Vitamin A besitzen sie einen hohen Insulinwert. Außerdem bestehen die Artischocken noch aus Cynarin, einem Bitterstoff, der gut für die Magenschleimhaut und die Leber ist.

Montag

Frühstück

250 ml Tomatensaft, 30 g Vollkornbrot, 2 TL Margarine, 1 Ei, 1 TL Mayonnaise (80 % Fett), Getränk nach Wunsch (kalorienfrei)

Mittagessen

Winzertopf (siehe Rezept S. 264)

Zwischenmahlzeit

200 g Vanillepudding (kalorienarm)

Abendessen

90 g fettreduzierter Käse, 100 g Kopfsalat, 100 g Tomaten, 100 g grüne Bohnen, 20 kcal Salatdressing (kalorienarm), 2 Oliven

Zwischenmahlzeit

200 g Joghurt (0,3 % Fett), 1 TL Kakao, Süßstoff, 100 g Mandarine

Herren zusätzlich: 100 g Orange, 125 g Apfel, 30 g Vollkornbrot, 20 g Knäckebrot, am Mittag 60 g Tatar

Jugendliche zusätzlich: 100 g Orange, 125 g Apfel, 30 g Vollkornbrot, 20 g Knäckebrot, 200 ml Dickmilch (1,5 % Fett), am Mittag 60 g Tatar

Dienstag

Frühstück

125 g gefrorene Himbeeren, 20 g Vollkornknäckebrot, 1 TL Margarine, 75 g Speisequark, 1 TL Marmelade (kalorienarm), Getränk nach Wunsch (kalorienfrei)

Mittagessen

90 g gegrilltes Schweineschnitzel, 1 TL Steaksauce, 100 g Pfifferlinge, 100 g Kartoffeln; 100 g Speisequark (Magerstufe) mit 1 TL Öl und Kräuterquarkgewürz mischen und über die Kartoffeln geben, 20 kcal Limonade (kalorienarm)

Zwischenmahlzeit

250 ml Milch (0,3 % Fett) mit 60 g Banane, Süßstoff und Vanillearoma verquirlen

Abendessen

Bunte Fischsuppe (siehe Rezept S. 233)

Zwischenmahlzeit

100 g Orange

Herren zusätzlich: 100 g Mandarinen, 60 g Banane, 100 g Kartoffeln, 20 g Knäckebrot, am Mittag 30 g Schweineschnitzel, am Abend 30 g Seelachsfilet

Jugendliche zusätzlich: 100 g Mandarinen, 60 g Banane, 100 g Kartoffeln, 20 g Knäckebrot, 200 g Joghurt (0,3 % Fett), am Mittag 30 g Schweineschnitzel, am Abend 30 g Seelachsfilet

Mittwoch

Frühstück

100 g Birne, 30 g Roggenbrötchen, 2 TL Halbfettmargarine, 30 g Gouda, 20 kcal Marmelade (kalorienarm), Getränk nach Wunsch (kalorienfrei)

Mittagessen

Kohleintopf (siehe Rezept S. 390)
Dessert: 100 g Joghurt (0,3 % Fett), Süßstoff, Bittermandelaroma

Zwischenmahlzeit

20 g einfache Kekse, 125 g Grapefruit, 1 TL Zucker

Abendessen

150 g Speisequark (Magerstufe), vermengt mit 50 g Gewürzgurke, 50 g Tomatenpaprika; 30 g Vollkornbrot, 1 TL Margarine

Zwischenmahlzeit

200 g Schokoladenpudding (kalorienarm), 60 g Banane, 1 TL geraspelte Kokosnuß

Herren zusätzlich: 125 ml Apfelsaft (ungesüßt), 20 g getrocknete Aprikosen, 60 g Vollkornbrot, am Mittag 60 g Rindfleisch

Jugendliche zusätzlich: 125 ml Apfelsaft (ungesüßt), 20 g getrocknete Aprikosen, 60 g Vollkornbrot, 250 ml Buttermilch (1 % Fett), am Mittag 60 g Rindfleisch

Donnerstag

Frühstück

125 g Grapefruit, 30 g Toastbrot, 1 TL Margarine, 30 g Krabbenfleisch, 1 TL Cocktailsauce, Getränk nach Wunsch (kalorienfrei)

Mittagessen
Pikante Leberpfanne (siehe Rezept S. 332), dazu: 60 g zubereiteter Reis

Zwischenmahlzeit
20 g Vollkornknäckebrot, 1 TL Margarine, 20 kcal Marmelade (kalorienarm)

Abendessen
90 g geräucherte Putenbrust, 1 TL Mayonnaise (80 % Fett), 200 g Lauch in 125 ml Brühe aus 1 TL Instantbrühe kochen, mit 25 g Magermilchpulver andicken

Zwischenmahlzeit
250 ml Milch (0,3 % Fett), ½ TL Honig

Herren zusätzlich: 125 ml Orangensaft (ungesüßt), 100 g Birne, 60 g zubereiteter Reis, 20 g Knäckebrot, am Mittag 30 g Leber, am Abend 30 g Putenbrust

Jugendliche zusätzlich: 125 ml Orangensaft (ungesüßt), 100 g Birne, 60 g zubereiteter Reis, 20 g Knäckebrot, 100 g Speisequark (Magerstufe), am Mittag 30 g Leber, am Abend 30 g Putenbrust

Freitag

Frühstück

20 g Rosinen, 10 g Vollkornhaferflocken, 125 ml Milch (0,3 % Fett), 1 TL Kakao, Süßstoff, Getränk nach Wunsch (kalorienfrei)

Mittagessen

90 g Matjesfilets in Sauce aus: 35 g süße Sahne, 100 g schwarzen Johannisbeeren, 150 g gewürfeltem Rettich, Zwiebelflocken, Curry, Pfeffer, Salz und Süßstoff; 50 g Tomate, 50 g grüne Paprikaschote, 50 g Salatgurke, 20 kcal Salatdressing (kalorienarm), 100 g Pellkartoffeln, 2 TL Margarine

Zwischenmahlzeit

150 ml Milch (1,5 % Fett), 2 TL Kakao, Rumaroma, Süßstoff

Abendessen

Artischockeneier (siehe Rezept S. 406)

Zwischenmahlzeit

125 g gefrorene Erdbeeren, 100 g Joghurt (0,3 % Fett), Süßstoff

Herren zusätzlich: 20 g Rosinen, 250 ml Gemüsesaft, 100 g Kartoffeln, 20 g Zwieback, am Mittag 60 g Matjes

Jugendliche zusätzlich: 20 g Rosinen, 250 ml Gemüsesaft, 100 g Kartoffeln, 20 g Zwieback, 250 ml Milch (0,3 % Fett), am Mittag 60 g Matjes

Samstag

Frühstück

100 g Kiwi, 30 g Roggenbrötchen, 1 TL Halbfettmargarine, 30 g Roastbeef, Senf, Getränk nach Wunsch (kalorienfrei)

Mittagessen

90 g Kassler, 200 g Sauerkraut, 1 TL Instantbrühe, 20 kcal Limonade (kalorienarm)

Zwischenmahlzeit

50 g Speisequark (Magerstufe), 1 TL Marmelade

Abendessen

Geflügelsalat »España« (siehe Rezept S. 449), 30 g Toastbrot, 1 TL Halbfettmargarine

Zwischenmahlzeit

200 ml Kefir (1,5 % Fett), Süßstoff, 50 kcal Stachelbeeren (kalorienreduziert)
Herren zusätzlich: 125 g Apfel, 60 g Banane, 100 g Kartoffeln, 30 g Toastbrot, am Mittag 30 g Kassler, am Abend 30 g Hähnchen
Jugendliche zusätzlich: 125 g Apfel, 60 g Banane, 100 g Kartoffeln, 30 g Toastbrot, 200 g Schokoladenpudding (kalorienarm), am Mittag 30 g Kassler, am Abend 30 g Hähnchen

Sonntag

Frühstück

125 ml Orangensaft (ungesüßt), 30 g Vollkornbrot, 1 TL Margarine, 1 Ei, 20 kcal Marmelade (kalorienarm), Getränk nach Wunsch (kalorienfrei)

Mittagessen

Rindfleisch in Sauermilch (siehe Rezept S. 261), dazu: 250 g Blumenkohl, 1 ½ TL geriebener Käse

Zwischenmahlzeit

Kirschtorte »Elisabeth« (siehe Rezept S. 523)

Abendessen

90 g Thunfisch (konserviert in Wasser), 100 g eingelegte rote Bete, 1 TL Cocktailsauce, 15 g Vollkornbrot, 1 TL Margarine

Zwischenmahlzeit

200 g Vanillepudding (kalorienarm), 20 g getrocknete Feigen, 100 g Mandarinen
Herren zusätzlich: 100 g Orange, 125 g Grapefruit, 60 g Vollkornbrot, am Mittag 30 g Rindfleisch, am Abend 30 g Thunfisch
Jugendliche zusätzlich: 100 g Orange, 125 g Grapefruit, 60 g Vollkornbrot, 200 ml Milch (1,5 % Fett), am Mittag 30 g Rindfleisch, am Abend 30 g Thunfisch

48. Woche

Was sind Ballaststoffe? Ballaststoffe sind eine Mischung aus unverdaulichen Substanzen wie Zellulose, Hemi-Zellulose, Lignin, Pektin, Gummi und andere Bestandteile der Pflanzenzellwände. Obwohl unverdaulich, kommt ihnen beim Verdauungsvorgang eine wichtige Bedeutung zu. Die Zusammensetzung variiert von Nahrungsmittel zu Nahrungsmittel und kann nicht genau festgelegt werden. Die Faser (Kleie) des vollen Korns unterscheidet sich von der in Gemüse und Obst. Ballaststoffe beugen Darmträgheit vor. Falls man mehr Ballaststoffe wünscht, sollte man Vollkornbrot und Zerealien anderen Brotsorten vorziehen. In dieser Woche stellen wir Ihnen »Großmutters Knusperbrot« vor, dessen wichtigster Bestandteil Haferflocken sind. Auch hier sollte man die inzwischen erhältlichen Vollkornhaferflocken wählen.

Montag

Frühstück
100 g Orange, 30 g Roastbeef, 30 g Vollkornbrot, 1 TL Halbfettmargarine, Getränk nach Wunsch (kalorienfrei)

Mittagessen
Gerollte Scholle (siehe Rezept S. 342), dazu: 100 g Fenchel, 1 TL geriebener Käse, 200 g Blattspinat (evtl. gefroren), 125 ml Weißwein, **Knackiger Kopfsalat** (siehe Rezept S. 420)

Zwischenmahlzeit
20 g Zwieback, 1 TL Halbfettmargarine, 175 g Joghurt (1,5 % Fett), 20 kcal Marmelade (kalorienarm)

Abendessen
90 g aufgeschnittener, magerer Schweinebraten, 30 g Vollkornbrot, 1 TL Margarine, 1 TL Ketchup — Dessert: 60 g Banane

Zwischenmahlzeit
100 g Speisequark (Magerstufe), vermengt mit Kräutern; 250 ml Gemüsesaft
Herren zusätzlich: 100 g Birne, 60 g Banane, 60 g Vollkornbrot, am Mittag 30 g Scholle, am Abend 30 g Schweinebraten
Jugendliche zusätzlich: 100 g Birne, 60 g Banane, 60 g Vollkornbrot, 200 ml Milch (1,5 % Fett), statt Weißwein 30 g Lakritze, am Mittag 30 g Scholle, am Abend 30 g Schweinebraten

Dienstag

Frühstück

100 g Birne, 20 g Haferflocken, 100 ml Dickmilch (1,5 % Fett), Getränk nach Wunsch (kalorienfrei)

Mittagessen

90—120 g Hähnchenschnitzel, in 2 TL Öl gebraten, 200 g Möhren, 200 g Bohnen

Zwischenmahlzeit

125 g Grapefruit, 1 TL Honig, 1 TL geraspelte Kokosnuß

Abendessen

Kleine Hamburger (siehe Rezept S. 262), dazu: 100 g Gurke, Marinade aus: 100 g Joghurt (0,3 % Fett), Kräutern

Zwischenmahlzeit

250 ml Buttermilch (1 % Fett) mit 60 g Banane als Milchmixgetränk

Herren zusätzlich: 125 ml Orangensaft (ungesüßt), 125 g Apfel, 20 g Knäckebrot, am Mittag 30 g Hähnchen, am Abend 30 g Tatar

Jugendliche zusätzlich: 125 ml Orangensaft (ungesüßt), 125 g Apfel, 20 g Knäckebrot, 200 ml Milch (1,5 % Fett), am Mittag 30 g Hähnchen, am Abend 30 g Tatar

Mittwoch

Frühstück

125 ml Apfelsaft (ungesüßt), 30 g Tilsiter, 30 g Vollkornbrot, 1 TL Margarine, Getränk nach Wunsch (kalorienfrei)

Mittagessen

Mais-Omelett mit Tomaten (siehe Rezept S. 407), dazu: 200 g Feldsalat, Marinade aus: Zitronensaft, Süßstoff; 20 kcal Limonade (kalorienarm)

Zwischenmahlzeit

100 g Mandarine, 150 ml Milch (1,5 % Fett), 1 TL Kakao

Abendessen

90—120 g gegrilltes Rindersteak, 100 g Kartoffeln, 100 g Endiviensalat, Marinade aus: 1 TL Öl, Essig

Zwischenmahlzeit

175 g Joghurt (1,5 % Fett), 100 g Orange, ½ TL Marmelade

Herren zusätzlich: 75 g Trauben, 100 g Orange, 100 g Kartoffeln, am Abend 60 g Rindersteak

Jugendliche zusätzlich: 75 g Trauben, 100 g Orange, 100 g Kartoffeln, 200 ml Dickmilch (1,5 % Fett), am Abend 60 g Rindersteak

Donnerstag

Frühstück
20 g getrocknete Aprikosen, 20 g Grieß, 200 ml Milch (1,5 % Fett), Getränk nach Wunsch (kalorienfrei)

Mittagessen
150 g Speisequark (Magerstufe), vermengt mit 50 g Gewürzgurke, 50 g roter Paprikaschote, 1 TL Mayonnaise (80 % Fett) und 4 gehackten Oliven
Dessert: 125 g Grapefruit, 20 kcal Marmelade (kalorienarm)

Zwischenmahlzeit
Ananastorte (siehe Rezept S. 520)

Abendessen
Meeressalat (siehe Rezept S. 455), dazu: 15 g Weißbrot, 1 TL Margarine

Zwischenmahlzeit
50 g Trauben, 50 g Joghurt (0,3 % Fett)
Herren zusätzlich: 100 g Kiwi, 100 g Orange, 100 g Kartoffeln, 30 g Weißbrot, am Abend 60 g Thunfisch
Jugendliche zusätzlich: 100 g Kiwi, 100 g Orange, 100 g Kartoffeln, 30 g Weißbrot, 250 ml Buttermilch (1 % Fett), am Abend 60 g Thunfisch

Freitag

Frühstück
80 ml Traubensaft (ungesüßt), 1 Ei, 30 g Brötchen, 1 TL Halbfettmargarine, Getränk nach Wunsch (kalorienfrei)

Mittagessen
90—120 g Leber, in 1 TL Öl gebraten, 100 g eßfertiges Kartoffelpüree (Fertigprodukt), vermengt mit Kräutern, dazu: **Chicoréesalat »Honolulu«** (siehe Rezept S. 423)

Zwischenmahlzeit
125 g gefrorene Erdbeeren und 25 g Magermilchpulver mit 4—6 EL Eiswasser zu »Schlagsahne« schlagen; 20 kcal Dessertsauce (kalorienarm)

Abendessen
60 g Hartkäse, 30 g Vollkornbrot, 1 TL Halbfettmargarine, 125 g Apfel, 50 g Birne

Zwischenmahlzeit
100 g Kopfsalat, Marinade aus: 1 TL Öl, Essig; 250 ml Buttermilch (1 % Fett) mit Zitronensaft und Süßstoff
Herren zusätzlich: 125 g Grapefruit, 75 g Trauben, 100 g eßfertiges Kartoffelpüree (Fertigprodukt), 30 g Vollkornbrot, am Mittag 30 g Leber
Jugendliche zusätzlich: 125 g Grapefruit, 75 g Trauben, 100 g eßfertiges Kartoffelpüree (Fertigprodukt), 30 g Vollkornbrot, 100 g Speisequark (Magerstufe), am Mittag 30 g Leber

Samstag

Frühstück

20 g Rosinen, 20 g Cornflakes, 125 ml Milch (0,3 % Fett), Getränk nach Wunsch (kalorienfrei)

Mittagessen

90—120 g Putenschnitzel, in 1 TL Margarine gebraten, dazu: **Apfel-Rotkohl** (siehe Rezept S. 376)

Zwischenmahlzeit

125 ml Milch (0,3 % Fett), 50 g Birne

Abendessen

45—60 g Roastbeef, 30 g Krabbenfleisch, 1 Ei, 2 TL Halbfettbutter, dazu: **Großmutters Knusperbrot** (siehe Rezept S. 527), 100 g Gewürzgurke

Zwischenmahlzeit

250 ml Tomatensaft, 100 g Joghurt (0,3 % Fett)

Herren zusätzlich: 20 g Rosinen, 125 g Apfel, 60 g Vollkornbrot, am Mittag 30 g Putenschnitzel, am Abend 30 g Roastbeef

Jugendliche zusätzlich: 20 g Rosinen, 125 g Apfel, 60 g Vollkornbrot, 200 ml Milch (1,5 % Fett), am Mittag 30 g Putenschnitzel, am Abend 30 g Roastbeef

Sonntag

Frühstück

100 g Orange, 75 g Hüttenkäse, 20 g Knäckebrot, 20 kcal Marmelade (kalorienarm), Getränk nach Wunsch (kalorienfrei)

Mittagessen

90 g Kassler, 100 g Grünkohl, 200 g Blumenkohl, 1 TL Margarine, 100 g Kartoffeln
Dessert: 200 g Vanillepudding (kalorienarm)

Zwischenmahlzeit

Adventsbratapfel (siehe Rezept S. 497)

Abendessen

90—120 g Bismarckhering, 50 g Gewürzgurke, 50 g Kartoffeln, 100 g Feldsalat, Marinade aus: 1 TL Öl, Essig
Dessert: 50 g Mandarine

Zwischenmahlzeit

200 ml Milch (1,5 % Fett), heißer Vanilleextrakt, Süßstoff

Herren zusätzlich: 125 g Apfel, 100 g Birne, 200 g Kartoffeln, am Mittag 30 g Kassler, am Abend 30 g Bismarckhering

Jugendliche zusätzlich: 125 g Apfel, 100 g Birne, 200 g Kartoffeln, 200 g Joghurt (0,3 % Fett), am Mittag 30 g Kassler, am Abend 30 g Bismarckhering

49. Woche

Mit dem Monat Dezember verbindet man Advent, Nikolaus und Weihnachten, Plätzchenbacken, die Fragen »Was schenke ich wem?« und »Was koche ich Weihnachten?« sind Hauptbestandteile der Überlegungen in dieser, für Übergewichtige recht verführerischen Zeit. Was Plätzchenbacken anbelangt, so finden Sie in dieser Woche ein Rezept für »Aprikosenplätzchen«. Unser Vorschlag für den zweiten Adventssonntag, das »Dänische Smörebröd«, wird Ihnen sicherlich gefallen. Und über das Festtagsmenü brauchen Sie sich keine Gedanken zu machen. Das haben wir bereits für Sie getan. Genießen Sie die Weihnachtsvorbereitungen! Es soll ein Fest der Freude, und nicht mit Streß belastet sein.

Montag

Frühstück

100 g Orange, 30 g Vollkornbrot, 1 TL Margarine, 1 Ei, Getränk nach Wunsch (kalorienfrei)

Mittagessen

90—120 g Schweineschnitzel, in 1 TL Öl gebraten, 100 g Kartoffeln, 200 g Möhren

Zwischenmahlzeit

100 g gegrillte Ananas, mit 1 TL Honig bestrichen, 20 kcal Limonade (kalorienarm)

Abendessen

Bunter Heringsalat (siehe Rezept S. 452)
Dessert: 125 ml Milch (0,3 % Fett), Süßstoff, Vanillearoma

Zwischenmahlzeit

200 ml Dickmilch (1,5 % Fett), ½ TL Marmelade, 50 g Mandarine

Herren zusätzlich: 100 g Mandarinen, 100 g Birne, 100 g Kartoffeln, 20 g Knäckebrot, am Mittag 30 g Schweineschnitzel, am Abend 30 g Heringsfilet

Jugendliche zusätzlich: 100 g Mandarinen, 100 g Birne, 100 g Kartoffeln, 20 g Knäckebrot, 100 g Speisequark (Magerstufe), am Mittag 30 g Schweineschnitzel, am Abend 30 g Heringsfilet

Dienstag

Frühstück

125 g Apfel, 20 g Haferflocken, 200 ml Dickmilch (1,5 % Fett), Getränk nach Wunsch (kalorienfrei)

Mittagessen

2 Spiegeleier, in ½ TL Margarine gebraten, 300 g gefrorener Spinat, 150 g Speisequark (20 % Fett i. Tr.)

Zwischenmahlzeit

Schokokugeln (siehe Rezept S. 525)

Abendessen

60 g Camembert, 30 g Vollkornbrot, 2 TL Halbfettmargarine, 200 g Tomaten
Dessert: 60 g Orange

Zwischenmahlzeit

Süßer Paprikasalat (siehe Rezept S. 431), 175 g Joghurt (1,5 % Fett), 20 kcal Marmelade (kalorienarm)

Herren zusätzlich: 125 g Grapefruit, 125 g Apfel, 100 g Kartoffeln, am Abend 150 g Speisequark

Jugendliche zusätzlich: 125 g Grapefruit, 125 g Apfel, 100 g Kartoffeln, 250 ml Milch (0,3 % Fett), am Abend 150 g Speisequark

Mittwoch

Frühstück

60 g Banane, 75 g Speisequark (Magerstufe), 20 g Knäckebrot, 20 kcal Marmelade (kalorienarm), Getränk nach Wunsch (kalorienfrei)

Mittagessen

Irish-Stew (siehe Rezept S. 296)

Zwischenmahlzeit

100 g gefrorene Blaubeeren, 25 g Magermilchpulver mit 4 EL Eiswasser und Süßstoff zu »Sahne« schlagen

Abendessen

90 g Tatar (Beefsteakhack), 10 g Knäckebrot, 1 TL Margarine, 4 Oliven, 200 g Feldsalat, Marinade aus: 2 TL Öl, Essig

Zwischenmahlzeit

125 ml Grapefruitsaft (ungesüßt), gemixt mit 250 ml Buttermilch (1 % Fett)

Herren zusätzlich: 100 g Kiwi, 100 g Brombeeren, 20 g Knäckebrot, 30 g Vollkornbrot, am Mittag 30 g Hammelbraten, am Abend 30 g Tatar

Jugendliche zusätzlich: 100 g Kiwi, 100 g Brombeeren, 20 g Knäckebrot, 30 g Vollkornbrot, 200 g Joghurt (0,3 % Fett), am Mittag 30 g Hammelbraten, am Abend 30 g Tatar

Donnerstag

Frühstück

125 ml Orangensaft (ungesüßt), 20 g Grieß, 200 ml Milch (1,5 % Fett), Getränk nach Wunsch (kalorienfrei)

Mittagessen

90—120 g gegrilltes Kalbssteak, 100 g Rosenkohl, 200 g Rotkohl, 100 g eßfertiges Kartoffelpüree (Fertigprodukt), 1 TL Halbfettmargarine
Dessert: 100 g Vanillepudding (kalorienarm), 20 kcal Dessertsauce (kalorienarm), 1 TL geraspelte Kokosnuß

Zwischenmahlzeit

Aprikosenplätzchen (siehe Rezept S. 527)

Abendessen

Toast »St. Nikolaus« (siehe Rezept S. 284)
Dessert: 50 g Mandarine

Zwischenmahlzeit

200 g Chinakohl, Marinade aus: 100 g Joghurt (0,3 % Fett), Zitronensaft, Kräutern
Herren zusätzlich: 100 g Mandarinen, 100 g Orange, 100 g eßfertiges Kartoffelpüree (Fertigprodukt), am Mittag 30 g Kalbssteak, am Abend 30 g Schweinebraten
Jugendliche zusätzlich: 100 g Mandarinen, 100 g Orange, 100 g eßfertiges Kartoffelpüree (Fertigprodukt), 200 ml Dickmilch (1,5 % Fett), am Mittag 30 g Kalbssteak, am Abend 30 g Schweinebraten

Freitag

Frühstück

100 g Mandarine, 30 g Putenbrust, 30 g Vollkornbrot, 1 TL Margarine, 2 TL Ketchup, Getränk nach Wunsch (kalorienfrei)

Mittagessen

90 g geräuchertes Rotbarschfilet, 30 g Weißbrot, 1 TL Margarine, 200 g Tomaten
Dessert: 125 g Apfel

Zwischenmahlzeit

100 g Speisequark (Magerstufe), 100 g Kiwi

Abendessen

45—60 g Roastbeef und **Käsetrüffel** (siehe Rezept S. 238) in **Kräutersauce** (siehe Rezept S. 464), dazu: 100 g Kopfsalat, 20 kcal Salatsauce (kalorienarm)

Zwischenmahlzeit

150 g Joghurt (0,3 % Fett), 1 TL Honig
Herren zusätzlich: 60 g Banane, 125 g Apfel, 30 g Weißbrot, 30 g Vollkornbrot, am Mittag 30 g Rotbarschfilet, am Abend 30 g Roastbeef
Jugendliche zusätzlich: 60 g Banane, 125 g Apfel, 30 g Weißbrot, 30 g Vollkornbrot, 250 ml Milch (0,3 % Fett), am Mittag 30 g Rotbarschfilet, am Abend 30 g Roastbeef

Samstag

Frühstück
60 g Banane, 1 Ei, 1 TL Margarine, 30 g Brötchen, Getränk nach Wunsch (kalorienfrei)

Mittagessen
90 g Leber, in 1 TL Öl gebraten, 150 g eßfertiges Kartoffelpüree (Fertigprodukt), 200 g Sauerkraut
Dessert: 100 g Birne

Zwischenmahlzeit
200 ml Kefir (1,5 % Fett)

Abendessen
Mitternachtseintopf (siehe Rezept S. 392)
Dessert: 125 g Grapefruit

Zwischenmahlzeit
100 g Gurken, 100 g Tomaten, 20 kcal Salatsauce (kalorienarm), 250 ml Milch (0,3 % Fett)

Herren zusätzlich: 125 ml Orangensaft (ungesüßt), 250 ml Tomatensaft, 60 g Vollkornbrot, am Mittag 30 g Leber, am Abend 30 g Rinderbraten

Jugendliche zusätzlich: 125 ml Orangensaft (ungesüßt), 250 ml Tomatensaft, 60 g Vollkornbrot, 200 g Joghurt (0,3 % Fett), am Mittag 30 g Leber, am Abend 30 g Rinderbraten

Sonntag

Frühstück
100 g Orange, 10 g Cornflakes, 125 ml Milch (0,3 % Fett), 100 g Joghurt (0,3 % Fett), Getränk nach Wunsch (kalorienfrei)

Mittagessen
120 g gedünsteter Schellfisch (Gewicht ohne Kopf und Gräten), 1 TL Margarine, 100 g Rosenkohl, 200 g Blumenkohl

Zwischenmahlzeit
100 g Speisequark (Magerstufe), ½ TL Kakao, ½ TL Kaffeepulver, Süßstoff, 75 g Birne

Abendessen
Dänisches Smörebröd (siehe Rezept S. 416), dazu: 125 ml Weißwein

Zwischenmahlzeit
100 g Ananas, 20 kcal Fruchtnektar (kalorienarm)

Herren zusätzlich: 100 g Birne, 250 ml Gemüsesaft, 100 g Kartoffeln, am Mittag 60 g Schellfisch

Jugendliche zusätzlich: 100 g Birne, 250 ml Gemüsesaft, 100 g Kartoffeln, 200 g Schokoladenpudding (kalorienarm), statt Wein 125 g Apfel und 60 g Banane, am Mittag 60 g Schellfisch

50. Woche

Das Rinderfilet ist das feinste und teuerste Fleisch. Der Fachmann zerteilt ein Rinderfilet in verschiedene Stücke, aus denen jeweils andere Teile geschnitten werden. Die Filetsteaks stammen aus dem dickeren Stück des Rinderfilets, die runden, etwa 100 g schweren Tournedos aus dem Teil zur Spitze hin. Das Filet Mignon ist das kleinste unter den Rinderfiletsteaks und wird aus der Filetspitze geschnitten.

Außerdem gibt es noch Rumpsteaks, Entrecôte, T-Bone-Steaks und Porterhouse-Steaks; die letzen beiden sind nach den an ihnen befindlichen Knochen benannt. Steaks dürfen nie geklopft oder etwa durch den Steaker gedreht werden. Auch sollten sie nach der Zubereitung innen noch rosa sein. Unsere »Feinschmecker Filetsteaks« haben wir für den dritten Advent vorgesehen.

Montag

Frühstück
20 g getrocknete Feigen, 20 g Grieß, 1 TL Halbfettmargarine, 200 ml Milch (1,5 % Fett), 1 TL Marmelade, Getränk nach Wunsch (kalorienfrei)

Mittagessen
Rigatoni (siehe Rezept S. 412), dazu: 100 g Kopfsalat, Marinade aus: 1 TL Öl, Essig

Zwischenmahlzeit
175 g Joghurt (1,5 % Fett), 20 kcal Marmelade (kalorienarm)

Abendessen
90—120 g aufgeschnittener, magerer Schweinebraten, 30 g Vollkornbrot, 1 ½ TL Mayonnaise (80 % Fett), 100 g Tomaten
Dessert: 100 g Birne

Zwischenmahlzeit
125 ml Orangensaft (ungesüßt)

Herren zusätzlich: 20 g getrocknete Feigen, 125 ml Orangensaft (ungesüßt), 60 g Vollkornbrot, am Abend 60 g Schweinebraten

Jugendliche zusätzlich: 30 g getrocknete Feigen, 125 ml Orangensaft (ungesüßt), 60 g Vollkornbrot, 200 ml Dickmilch (1,5 % Fett), am Abend 60 g Schweinebraten

Dienstag

Frühstück

125 ml Grapefruitsaft (ungesüßt), 30 g geräucherte Putenbrust, 1 TL Halbfettmargarine, 50 g Gewürzgurke, 30 g Brötchen, Getränk nach Wunsch (kalorienfrei)

Mittagessen

45 g Emmentaler, 30 g Weißbrot, 1 TL Halbfettmargarine, 50 g Radieschen, 50 g Gewürzgurke
Dessert: **Gebackene Apfelmedaillons** (siehe Rezept S. 495)

Zwischenmahlzeit

50 kcal Stachelbeeren (kalorienreduziert), 100 g Speisequark (Magerstufe)

Abendessen

Diplomatensalat (siehe Rezept S. 434)

Zwischenmahlzeit

25 kcal Pfirsiche (kalorienreduziert), 20 kcal Dessertsauce (kalorienarm)
Herren zusätzlich: 100 g Birne, 125 g Apfel, 30 g Weißbrot, 30 g Vollkornbrot, am Abend 150 g Speisequark (Magerstufe)
Jugendliche zusätzlich: 100 g Birne, 125 g Apfel, 30 g Weißbrot, 30 g Vollkornbrot, 200 ml Milch (1,5 % Fett), am Abend 150 g Speisequark (Magerstufe)

Mittwoch

Frühstück

100 g Birne, 30 g Vollkornbrot, 1 TL Margarine, 30 g Camembert, Getränk nach Wunsch (kalorienfrei)

Mittagessen

Lebergeschnetzeltes (siehe Rezept S. 321), dazu: 80 g eßfertige Kartoffelklöße (Fertigprodukt), 200 g Rotkohl (Dosenware)

Zwischenmahlzeit

150 g Dickmilch (1,5 % Fett), 50 kcal Pfirsiche (kalorienreduziert), 1 TL Kakao

Abendessen

90 g Kabeljaufilet, in 1 TL Öl gebraten, 50 g Kartoffeln, 100 g Möhrensalat (Glaskonserve ohne Fett)

Zwischenmahlzeit

200 ml Milch (1,5 % Fett), vermengen mit 125 g Erdbeeren (Tiefkühlware)
Herren zusätzlich: 60 g Banane, 100 g Orange, 80 g eßfertige Kartoffelklöße (Fertigprodukt), 100 g Kartoffeln, am Mittag 30 g Leber, am Abend 30 g Kabeljau
Jugendliche zusätzlich: 60 g Banane, 100 g Orange, 80 g eßfertige Kartoffelklöße (Fertigprodukt), 100 g Kartoffeln, 200 g Joghurt (0,3 % Fett), am Mittag 30 g Leber, am Abend 30 g Kabeljau

Donnerstag

Frühstück
20 g getrocknete Aprikosen, 20 g Haferflocken, ½ TL Sesamkörner, 200 ml Dickmilch (1,5 % Fett), 1 TL geraspelte Kokosnuß, Getränk nach Wunsch (kalorienfrei)

Mittagessen
90—120 g gekochter, magerer Hammelbraten, 200 g Wirsingkohl, 100 g Kartoffeln
Dessert: 50 kcal Stachelbeeren (kalorienarm)

Zwischenmahlzeit
75 g Birne, 20 g Zwieback, 200 ml Milch (1,5 % Fett)

Abendessen
Vorspeise: 45—60 g gekochtes, enthäutetes Hühnerfleisch, 200 g Spargel in Brühe von 1 kleinen Brühwürfel; Hauptspeise: **Tomatenkörbchen** (siehe Rezept S. 236), dazu: 30 g Weißbrot, 2 TL Halbfettmargarine

Zwischenmahlzeit
125 g Grapefruit, 20 kcal Fruchtnektar (kalorienarm)
Herren zusätzlich: 20 g getrocknete Aprikosen, 125 g Apfel, 100 g Kartoffeln, 30 g Weißbrot, am Mittag 30 g Hammelbraten, am Abend 30 g Hühnerfleisch
Jugendliche zusätzlich: 20 g getrocknete Aprikosen, 125 g Apfel, 100 g Kartoffeln, 30 g Weißbrot, 100 g Speisequark (Magerstufe), am Mittag 30 g Hammelbraten, am Abend 30 g Hühnerfleisch

Freitag

Frühstück
125 g Apfel, 30 g aufgeschnittener, magerer Schweinebraten, 30 g Vollkornbrot, 1 TL Margarine, 50 g Tomate, 2 Oliven, Getränk nach Wunsch (kalorienfrei)

Mittagessen
90 g Roastbeef, 1 TL Mayonnaise (80 % Fett), 100 g Kartoffeln und 50 g Zwiebeln, in 1 TL Öl gebraten; 50 g Gewürzgurke, 50 g Senfgurke
Dessert: **Vanilleflammeri** (siehe Rezept S. 477), dazu: 20 kcal Dessertsauce (kalorienarm)

Zwischenmahlzeit
125 g Grapefruit, ½ TL Honig

Abendessen
90 g gegrilltes Schweineschnitzel, 2 TL Ketchup, 200 g Gurke, Marinade aus: 100 g Joghurt (0,3 % Fett), Kräutern, Zitronensaft

Zwischenmahlzeit
125 ml Buttermilch (1 % Fett), 60 g Banane
Herren zusätzlich: 100 g Mandarinen, 125 g Grapefruit, 30 g Vollkornbrot, 100 g Kartoffeln, am Mittag 30 g Roastbeef, am Abend 30 g Schweineschnitzel
Jugendliche zusätzlich: 100 g Mandarinen, 125 g Grapefruit, 30 g Vollkornbrot, 100 g Kartoffeln, 200 ml Dickmilch (1,5 % Fett), am Mittag 30 g Roastbeef, am Abend 30 g Schweineschnitzel

Samstag

Frühstück

100 g Orange, 30 g Schmelzkäse, 30 g Brötchen, 2 TL Halbfettmargarine, ½ TL Marmelade, Getränk nach Wunsch (kalorienfrei)

Mittagessen

Schinkenröllchen in Sülze (siehe Rezept S. 282), dazu: 30 g Vollkornbrot, 1 TL Margarine

Zwischenmahlzeit

200 g Schokoladenpudding (kalorienarm), 100 g Birne

Abendessen

90—120 g gedünstete Forelle (Gewicht ohne Kopf und Gräten), 100 g eßfertiges Kartoffelpüree (Fertigprodukt), 1 TL Butter, 125 g gedünsteter Apfel, 200 g Kopfsalat, 20 kcal Salatsauce (kalorienarm)

Zwischenmahlzeit

200 ml Milch (1,5 % Fett), 1 TL Kakao, Rumaroma

Herren zusätzlich: 250 ml Tomatensaft, 20 g getrocknete Feigen, 30 g Vollkornbrot, 100 g eßfertiges Kartoffelpüree (Fertigprodukt), am Mittag 30 g Schinken, am Abend 30 g Forelle

Jugendliche zusätzlich: 250 ml Tomatensaft, 20 g getrocknete Feigen, 30 g Vollkornbrot, 100 g eßfertiges Kartoffelpüree (Fertigprodukt), 200 g Joghurt (0,3 % Fett), am Mittag 30 g Schinken, am Abend 30 g Forelle

Sonntag

Frühstück

125 g Grapefruit, ½ TL Zucker, 1 Ei, 30 g Weißbrot, 1 TL Butter, ½ TL Marmelade, Getränk nach Wunsch (kalorienfrei)

Mittagessen

Feinschmecker-Filetsteaks (siehe Rezept S. 249), dazu: 100 g Rosenkohl, 100 g Kartoffeln, 125 ml Weißwein

Zwischenmahlzeit

100 g Speisequark (Magerstufe), 20 g Rosinen, Vanilleextrakt

Abendessen

90 g Bücklingsfilets (konserviert in Öl, Öl nicht mitessen!), 30 g Vollkornbrot, 1 TL Margarine, 100 g Tomate, 100 g Gurke

Zwischenmahlzeit

200 ml Dickmilch (1,5 % Fett), 20 kcal Fruchtnektar (kalorienarm)

Herren zusätzlich: 60 g Banane, 100 g Orange, 100 g Kartoffeln, 30 g Vollkornbrot, am Mittag 30 g Filet, am Abend 30 g Bückling

Jugendliche zusätzlich: 60 g Banane, 100 g Orange, 100 g Kartoffeln, 30 g Vollkornbrot, 250 ml Milch (0,3 % Fett), statt Wein 30 g Fruchtgummi, am Mittag 30 g Filet, am Abend 30 g Bückling

51. Woche

Öl ist ein uraltes Nahrungsfett und nach neuesten Erkenntnissen auch ein sehr wichtiges. Die meisten Pflanzenöle enthalten die für uns lebenswichtigen ungesättigten Fettsäuren, die in der Lage sind, den Cholesteringehalt des Blutes zu senken. Achten Sie beim Einkauf darauf, daß auf dem Etikett vermerkt ist: »mehrfach ungesättigte Fettsäuren«. Das aus Samenfrüchten gewonnene Öl ist besonders wertvoll. Man sollte auf Weizenkeim-, Sonnenblumen- oder Baumwollöl zurückgreifen. Auf keinen Fall ist Kokosöl zu verwenden. Da Öl viel Kalorien enthält, ist es unbedingt erforderlich, sich genau an die angegebenen Mengen zu halten. Ein Zuviel macht sich auf der Waage bemerkbar.

Montag

Frühstück

100 g Guave oder 100 g Orange, 30 g Roggenbrötchen, 2 TL Halbfettmargarine, 30 g Tilsiter, 20 kcal Marmelade (kalorienarm), Getränk nach Wunsch (kalorienfrei)

Mittagessen

Leberpfanne »Don Carlos« (siehe Rezept S. 320)

Zwischenmahlzeit

100 g Speisequark (Magerstufe), Zimt, Süßstoff, 125 g Apfel

Abendessen

90 g gegrilltes Kotelett (Gewicht ohne Knochen), 50 g Zwiebeln; 200 g Rotkohl, mit 100 g Ananas (konserviert ohne Zucker) und 2 EL Ananassaft gekocht, 100 g Kartoffeln, 1 TL Margarine

Zwischenmahlzeit

200 g Joghurt (0,3 % Fett), Rumaroma, Süßstoff, 1 TL Kakao, 1 TL geraspelte Kokosnuß

Herren zusätzlich: 125 g Apfel, 20 g Rosinen, 70 g Mais, 100 g Kartoffeln, am Mittag 30 g Leber, am Abend 30 g Kotelett

Jugendliche zusätzlich: 125 g Apfel, 20 g Rosinen, 70 g Mais, 100 g Kartoffeln, 200 ml Milch (1,5 % Fett), am Mittag 30 g Leber, am Abend 30 g Kotelett

Dienstag

Frühstück

125 g gefrorene Erdbeeren, 20 g Vollkornhaferflocken, 125 ml Milch (0,3 % Fett), Getränk nach Wunsch (kalorienfrei)

Mittagessen

90—120 g gegrilltes Steak, 100 g gegrillte Tomaten, 2 TL Halbfettmargarine mit Kräuterbuttergewürz, 100 g Salatgurke mit 20 kcal Salatdressing (kalorienarm); 50 g Mandarine

Zwischenmahlzeit

20 g Zwieback, 1 TL Butter, 1 TL Honig, 125 ml Milch (0,3 % Fett)

Abendessen

Hering im Tontopf (siehe Rezept S. 363), dazu: **Rote Sauce** (siehe Rezept S. 465) und 100 g Kartoffeln

Zwischenmahlzeit

200 ml Kefir (1,5 % Fett), Süßstoff, 50 kcal Stachelbeeren (kalorienreduziert)
Herren zusätzlich: 125 g Grapefruit, 250 ml Gemüsesaft, 30 g Toastbrot, 100 g Kartoffeln, am Mittag 30 g Steak, am Abend 30 g Heringsfilet
Jugendliche zusätzlich: 125 g Grapefruit, 250 ml Gemüsesaft, 30 g Toastbrot, 100 g Kartoffeln, 200 g Joghurt (0,3 % Fett), am Mittag 30 g Steak, am Abend 30 g Heringsfilet

Mittwoch

Frühstück

75 g Trauben, 30 g Brötchen, 1 TL Margarine, 30 g Krabbenfleisch, 1 TL Cocktailsauce, Getränk nach Wunsch (kalorienfrei)

Mittagessen

Blumenkohl mit Schinken-Käse-Sauce (siehe Rezept S. 379), dazu: 30 g Vollkornbrot, 1 TL Margarine

Zwischenmahlzeit

250 ml Buttermilch (1 % Fett), mit 250 ml Tomatensaft verrührt

Abendessen

90 g gegrilltes, enthäutetes Hähnchenfleisch, 150 g Kopfsalat, Marinade aus: Zitronensaft, Süßstoff
Dessert: 60 g Banane

Zwischenmahlzeit

100 g Speisequark (Magerstufe), 1 TL Marmelade, 20 kcal Limonade (kalorienarm)
Herren zusätzlich: 75 g Trauben, 100 g Mandarinen, 60 g Vollkornbrot, am Mittag 30 g Schinken, am Abend 30 g Hähnchen
Jugendliche zusätzlich: 75 g Trauben, 100 g Mandarinen, 60 g Vollkornbrot, 200 g Joghurt (0,3 % Fett), am Mittag 30 g Schinken, am Abend 30 g Hähnchen

Donnerstag

Frühstück

125 g Grapefruit, 30 g Roggenbrot, 1 TL Halbfettmargarine, 30 g Roastbeef, 1 TL Mayonnaise (80 % Fett), Getränk nach Wunsch (kalorienfrei)

Mittagessen

Charlys Fischpfanne (siehe Rezept S. 339)

Zwischenmahlzeit

200 g Schokoladenpudding (kalorienarm), 15 g getrocknete Datteln

Abendessen

2 Eier, 200 g Spinat, mit 1 TL Instantbrühe, 25 g Magermilchpulver; 2 TL geriebener Käse, 100 g eßfertiges Kartoffelpüree (Fertigprodukt)

Zwischenmahlzeit

20 g Zwieback, 1 TL Halbfettmargarine, 60 g Banane, 20 kcal Marmelade (kalorienarm)

Herren zusätzlich: 100 g Orange, 15 g getrocknete Datteln, 30 g Vollkornbrot, 100 g eßfertiges Kartoffelpüree (Fertigprodukt), am Mittag 60 g Rotbarschfilet

Jugendliche zusätzlich: 100 g Orange, 15 g getrocknete Datteln, 30 g Vollkornbrot, 100 g eßfertiges Kartoffelpüree (Fertigprodukt), 200 ml Dickmilch (1,5 % Fett), am Mittag 60 g Rotbarschfilet

Freitag

Frühstück

125 g gefrorene Himbeeren, 30 g Vollkornbrot, 1 TL Margarine, 30 g Camembert, 20 kcal Marmelade (kalorienarm), Getränk nach Wunsch (kalorienfrei)

Mittagessen

Schlemmergraupen (siehe Rezept S. 418)

Zwischenmahlzeit

200 g Joghurt (0,3 % Fett) mit Kaffeepulver, Süßstoff

Abendessen

Salat aus: 90—120 g Thunfisch (konserviert in Wasser), 100 g grüner Paprikaschote, 100 g Orange, 2 Oliven; Marinade aus: 1 TL Öl, Essig; 30 g Roggentoast

Zwischenmahlzeit

250 ml Milch (0,3 % Fett), 2 TL Kakao

Herren zusätzlich: 100 g Birne, 125 g Apfel, 60 g Vollkornbrot, am Abend 60 g Thunfisch

Jugendliche zusätzlich: 100 g Birne, 125 g Apfel, 60 g Vollkornbrot, 250 ml Buttermilch (1 % Fett), am Abend 60 g Thunfisch

Samstag

Frühstück

125 ml Grapefruitsaft (ungesüßt), 20 g Vollkornknäckebrot, 1 TL Margarine, 1 Ei, Getränk nach Wunsch (kalorienfrei)

Mittagessen

90—120 g Hasenkeule (Gewicht ohne Knochen) in 1 TL Öl gebraten, 75 g Rosenkohl, mit 10 g Zwieback bestäubt, 200 g Champignons
Dessert: 20 kcal Fruchtsaft (kalorienarm)

Zwischenmahlzeit

100 g Vanillepudding (kalorienarm), 20 g getrocknete Feigen, ½ TL Honig

Abendessen

Straßburger Auflauf (siehe Rezept S. 266)

Zwischenmahlzeit

100 ml Kefir (1,5 % Fett), Süßstoff, 50 kcal Pfirsiche (kalorienreduziert)
Herren zusätzlich: 100 g Kiwi, 100 g Mandarinen, 100 g Kartoffeln, am Mittag 30 g Hasenfleisch, am Abend 30 g Tatar
Jugendliche zusätzlich: 100 g Kiwi, 100 g Mandarinen, 100 g Kartoffeln, 200 ml Sauermilch (1,5 % Fett), am Mittag 30 g Hasenfleisch, am Abend 30 g Tatar

Sonntag

Frühstück

100 g Kiwi, 30 g Mohnbrötchen, 2 TL Halbfettmargarine, 75 g Speisequark (Magerstufe), 20 kcal Marmelade (kalorienarm), Getränk nach Wunsch (kalorienfrei)

Mittagessen

Chinakohl »Awiwa« (siehe Rezept S. 389)

Zwischenmahlzeit

Annettenkekse (siehe Rezept S. 526)

Abendessen

Salat aus: 60 g zubereiteten Vollkornnudeln, 1 hartgekochtes Ei, 60 g aufgeschnittenem, magerem Schweinebraten, 100 g eingelegten roten Beten, 100 g Bleichsellerie; Marinade aus: 100 g Joghurt (0,3 % Fett), Curry, Pfeffer, Salz und Süßstoff

Zwischenmahlzeit

200 g Schokoladenpudding (kalorienarm), 80 g Lychees oder 100 g Mandarinen
Herren zusätzlich: 125 g Apfel, 125 g Grapefruit, 60 g zubereitete Nudeln, am Mittag 30 g Kalbsfilet, am Abend 30 g Schweinebraten
Jugendliche zusätzlich: 125 g Apfel, 125 g Grapefruit, 60 g zubereitete Nudeln, 200 ml Milch (1,5 % Fett), am Mittag 30 g Kalbsfilet, am Abend 30 g Schweinebraten

52. Woche

Es ist soweit!
Jetzt sind alle Pläne und Vorbereitungen abgeschlossen, und das Weihnachtsfest kann beginnen. Ob sich alle Wünsche erfüllen werden?
Einen Wunsch haben Sie sich mit diesem Kochbuch selbst erfüllt, wenn Sie sich genau an die Anweisungen gehalten haben. Sie haben überflüssiges Gewicht verloren. Wir möchten Ihnen mit unseren Vorschlägen Anregungen geben, wie Sie die Festtage genießen können, ohne dabei zuzunehmen. Wenn Sie dieses Ziel vor Augen haben, dann wird es Ihnen auch gelingen, unbeschwert ins neue Jahr zu gehen.

Montag

Frühstück
125 ml Grapefruitsaft (ungesüßt), 30 g Roggenbrötchen, 2 TL Halbfettmargarine, 75 g Speisequark (Magerstufe) mit Kräuterquarkgewürz, Getränk nach Wunsch (kalorienfrei)

Mittagessen
Forelle mit Zitronensauce (siehe Rezept S. 366)

Zwischenmahlzeit
100 g Speisequark (Magerstufe), Süßstoff, Rumaroma, 100 g Birne

Abendessen
90 g gegrilltes Roastbeef, Remoulade aus: 40 g Joghurt (0,3 % Fett), 1 TL Mayonnaise (80 % Fett), Kräutern; 100 g Wachsbrechbohnen mit 20 kcal Salatdressing (kalorienarm)

Zwischenmahlzeit
Bunter Teller mit 100 g Mandarinen, 15 g getrockneten Datteln, 20 g getrockneten Feigen, **Flockencrossies** (siehe Rezept S. 472)
Herren zusätzlich: 15 g getrocknete Datteln, 20 g getrocknete Feigen, 100 g Kartoffeln, 30 g Vollkornbrot, am Mittag 30 g Forellenfilets, am Abend 30 g Roastbeef
Jugendliche zusätzlich: 15 g getrocknete Datteln, 20 g getrocknete Feigen, 100 g Kartoffeln, 30 g Vollkornbrot, 200 ml Milch (1,5 % Fett), am Mittag 30 g Forellenfilet, am Abend 30 g Roastbeef

Dienstag

Frühstück
125 g gefrorene Erdbeeren, 20 g Grieß, 125 ml Milch (0,3 % Fett), Süßstoff, Getränk nach Wunsch (kalorienfrei)

Mittagessen
Josefssuppe (siehe Rezept S. 231), **Filetschnitte** oder **Filet im Mantel** (siehe Rezept S. 248), dazu: 100 g Pfifferlinge, mit 50 g Zwiebeln fettfrei gebraten, Salat aus: 100 g grünen Bohnen, 50 g Tomate, 1½ EL Crème fraîche, Pfeffer, Salz und Süßstoff
Dessert: **Christkindlpudding** (siehe Rezept S. 478)

Zwischenmahlzeit
Weihnachtstorte (siehe Rezept S. 522)

Abendessen
90—120 g gegrilltes Lammschnitzel, 200 g Spinat in 150 ml Milch (1,5 % Fett) gekocht

Zwischenmahlzeit
Bratapfel »Pamela« (siehe Rezept S. 494)
Herren zusätzlich: 125 g Apfel, 100 g Orange, 100 g Kartoffeln, 20 g Knäckebrot, am Mittag 30 g Filet, am Abend 30 g Lammschnitzel
Jugendliche zusätzlich: 125 g Apfel, 100 g Orange, 100 g Kartoffeln, 20 g Knäckebrot, 175 g Joghurt (1,5 % Fett), am Mittag 30 g Filet, am Abend 30 g Lammschnitzel

Mittwoch

Frühstück
125 g Grapefruit, 30 g Vollkornbrot, 1 TL Margarine, 1 Ei, 20 kcal Marmelade (kalorienarm), Getränk nach Wunsch (kalorienfrei)

Mittagessen
Lauchcremesuppe (siehe Rezept S. 228), **Putenschnitzel »Elisabeth«** (siehe Rezept S. 316), dazu: 250 g Spargel (Dosenware), 80 g eßfertige Kartoffelklöße (Fertigprodukt) — Dessert: 100 g Schokoladenpudding (kalorienarm) mit **süßer Pfefferminzsauce** (siehe Rezept S. 466)

Zwischenmahlzeit
Marillenküchlein (siehe Rezept S. 525)

Abendessen
Lachs mit grüner Kräutersauce (siehe Rezept S. 340)

Zwischenmahlzeit
25 g Orange mit 100 g Paprikaschote vermischt
Herren zusätzlich: 100 g Birne, 250 ml Tomatensaft, 80 g eßfertige Kartoffelklöße (Fertigprodukt), 30 g Vollkornbrot, am Mittag 30 g Putenschnitzel, am Abend 30 g Lachs
Jugendliche zusätzlich: 100 g Birne, 250 ml Tomatensaft, 80 g eßfertige Kartoffelklöße (Fertigprodukt), 30 g Vollkornbrot, 100 g Speisequark (Magerstufe), am Mittag 30 g Putenschnitzel, am Abend 30 g Lachs

Donnerstag

Frühstück

100 g Birne, 20 g Vollkornknäckebrot, 1 TL Margarine, 30 g Gouda, Getränk nach Wunsch (kalorienfrei)

Mittagessen

90 g gegrilltes Schweineschnitzel, 200 g Blumenkohl, mit 1 TL geriebenem Käse und 1 TL Margarine überbacken, 100 g Kartoffeln

Zwischenmahlzeit

20 g Zwieback, 50 g Speisequark (Magerstufe) mit 1 TL Kakao, Süßstoff

Abendessen

Fenchelleber (siehe Rezept S. 333), 20 kcal Limonade (kalorienarm)

Zwischenmahlzeit

200 g Joghurt (0,3 % Fett), 100 g Kiwi, 1 TL geraspelte Kokosnuß

Herren zusätzlich: 100 g Orange, 100 g Mandarinen, 100 g Kartoffeln, 20 g Zwieback, am Mittag 30 g Schweineschnitzel, am Abend 30 g Leber

Jugendliche zusätzlich: 100 g Orange, 100 g Mandarinen, 100 g Kartoffeln, 20 g Zwieback, 200 ml Milch (1,5 % Fett), am Mittag 30 g Schweineschnitzel, am Abend 30 g Leber

Freitag

Frühstück

250 ml Tomatensaft, 30 g Roggenbrötchen, 2 TL Halbfettmargarine, 1 Ei, 20 kcal Marmelade (kalorienarm), Getränk nach Wunsch (kalorienfrei)

Mittagessen

150 g Speisequark (Magerstufe) mit Kräuterquarkgewürz mit Salat aus: 100 g Kopfsalat, 50 g roter Paprikaschote, 70 g Mais (Dosenware), 2 Oliven, Marinade aus: 2 TL Öl, Essig

Zwischenmahlzeit

60 g Banane, 200 ml Kefir (1,5 % Fett), ½ TL Kakao, ½ TL Honig, Süßstoff

Abendessen

»Klaus-Störtebeker«-Torte (siehe Rezept S. 338)

Zwischenmahlzeit

200 g Schokoladenpudding (kalorienarm)

Herren zusätzlich: 60 g Banane, 125 g Grapefruit, 60 g Vollkornbrot, am Abend 60 g Heilbuttfilet

Jugendliche zusätzlich: 60 g Banane, 125 g Grapefruit, 60 g Vollkornbrot, 250 ml Buttermilch (1 % Fett), am Abend 60 g Heilbuttfilet

Samstag

Frühstück
100 g Orange, 30 g Vollkornbrot, 1 TL Margarine, 30 g Krabbenfleisch, 1 TL Cocktailsauce, Getränk nach Wunsch (kalorienfrei)

Mittagessen
2 Eier, als Omelett mit 200 g Champignons in beschichteter Pfanne gebraten, 30 g Toastbrot, 1 TL Margarine, 20 kcal Limonade (kalorienarm)

Zwischenmahlzeit
75 g Trauben, 100 g Joghurt (0,3 % Fett)

Abendessen
Kalbfleisch mit Erdfrüchten (siehe Rezept S. 290)

Zwischenmahlzeit
100 g Ananasstücke (konserviert ohne Zucker) mit 2 EL Saft, 100 g Vanillepudding (kalorienarm), 1 TL geraspelte Kokosnuß
Herren zusätzlich: 125 ml Orangensaft (ungesüßt), 125 g Apfel, 30 g Toastbrot, 100 g Kartoffeln, am Abend 60 g Kalbfleisch
Jugendliche zusätzlich: 125 ml Orangensaft (ungesüßt), 125 g Apfel, 30 g Toastbrot, 100 g Kartoffeln, 200 ml Dickmilch (1,5 % Fett), am Abend 60 g Kalbfleisch

Sonntag

Frühstück
125 ml Orangensaft (ungesüßt), 20 g Vollkornknäckebrot, 1 TL Margarine, 30 g Roastbeef, 1 TL Mayonnaise (80 % Fett), Getränk nach Wunsch (kalorienfrei)

Mittagessen
90—120 g gegrilltes Hirschsteak, 200 g Rotkohl mit 125 g Apfel, 20 kcal Johannisbeergelee (kalorienarm), Rauchsalz und Süßstoff gekocht, 100 g Kartoffeln

Zwischenmahlzeit
200 g Joghurt (0,3 % Fett), Bittermandelaroma, Süßstoff

Abendessen
Auflauf »Angela« (siehe Rezept S. 388)

Zwischenmahlzeit
100 g Speisequark (Magerstufe), 2 TL Kakao, Süßstoff
Herren zusätzlich: 100 g Mandarinen, 100 g Kiwi, 100 g Kartoffeln, 20 g Knäckebrot, am Mittag 30 g Hirschsteak, am Abend 30 g Weißwurst
Jugendliche zusätzlich: 100 g Mandarinen, 100 g Kiwi, 100 g Kartoffeln, 20 g Knäckebrot, 200 ml Milch (1,5 % Fett), am Mittag 30 g Hirschsteak, am Abend 30 g Weißwurst

Der letzte Tag des Jahres

Mit der Rückschau auf das alte Jahr und mit der Hoffnung auf ein glückliches neues Jahr geht dieser Tag zu Ende.
Darauf wollen wir mit Ihnen mit unserer »Nachtschwärmerbowle« anstoßen. Wichtiger Bestandteil dieser Bowle ist Sekt. Er wird nach einem besonderen Verfahren allein aus Wein hergestellt. Oft ist das, was der Verbraucher für Sekt hält, einfacher Schaumwein. Nach dem deutschen Weingesetz darf er nur als Sekt bezeichnet werden, wenn er sich zu mindestens 75 % aus deutschen Weinen zusammensetzt. Champagner darf nur aus Trauben gewonnen werden, die in einem genau abgegrenzten Bezirk der französischen Provinz Champagne wachsen. Er erfordert ein ganz spezielles Kelterverfahren und eine besondere Behandlung des Weins. Echter Champagner garantiert Flaschengärung und Lagerung von mindestens vier bis sechs Jahren.

Sylvester

Frühstück
125 g Grapefruit, 30 g Roggenbrötchen, 1 TL Margarine, 1 Ei, 20 kcal Marmelade (kalorienarm), Getränk nach Wunsch (kalorienfrei)

Mittagessen
90—120 g Karpfen (Gewicht ohne Gräten), in Essigwasser mit Lorbeerblättern und Fischgewürz 20 Minuten »blau« gegart; 100 g Kartoffeln, 1 TL Butter, 100 g Kopfsalat, Marinade aus: Zitronensaft, Süßstoff
Dessert: **Johannisbeermilch** (siehe Rezept S. 532)

Zwischenmahlzeit
125 ml Milch (0,3 % Fett), 1 TL Kakao, Süßstoff, Rumaroma

Abendessen
Vorspeise: Salat aus 100 g Gurke, 100 g Tomaten, 50 g Wachsbrechbohnen, 100 g Möhren, (Glaskonserve ohne Fett), Marinade aus: 1 TL Öl, Zitronensaft; obenauf 100 g Speisequark (Magerstufe), vermengt mit Kräutern
Hauptspeise: **Jahresausklangssuppe** (siehe Rezept S. 224), dazu: 30 g Toastbrot
Dessert: **Longdrink »Tobias«** (siehe Rezept S. 533)

Zwischenmahlzeit
Nachtschwärmerbowle (siehe Rezept S. 529)
Herren zusätzlich: 125 g Apfel, 100 g Mandarinen, 100 g Kartoffeln, 30 g Toastbrot, am Mittag 30 g Karpfen, am Abend 30 g Tatar
Jugendliche zusätzlich: 125 g Apfel, 100 g Mandarinen, 100 g Kartoffeln, 30 g Toastbrot, 200 g Joghurt (0,3 % Fett), am Mittag 30 g Karpfen, am Abend 30 g Tatar

Suppen und Imbisse

Feine Gemüsesuppe mit viel Einlage
Menüplan 16. Woche

Zutaten für 2 Portionen
100 g Blumenkohl
50 g Möhren
50 g junger Porree
100 g Spargel
360 ml entfettete Fleisch- oder
Hühnerbrühe (ersatzweise 2 kleine Brühwürfel und ca.
½ l kochendes Wasser)
Salz, Pfeffer, Estragon
20 g kleine Suppennudeln
(z. B. Buchstabennudeln)
100 g Erbsen (Dosenware)

Zubereitung: Blumenkohl in kleine Röschen teilen und vorsichtig waschen. Möhren schälen und in streichholzgroße Streifen schneiden. Porree waschen und in feine Ringe schneiden. Spargel schälen und in mundgerechte Stücke teilen. Alle Gemüse in der Brühe halb gar kochen (ca. 10 Minuten). Mit Salz, Pfeffer und Estragon würzen. Dann die Suppennudeln in die kochende Suppe geben und noch ca. 5—7 Minuten leicht köcheln lassen. Erbsen kurz miterhitzen. Das Gemüse sollte noch »Biß« haben.

Pro Portion: 533 Kilojoule, 127 Kalorien, 8 g Eiweiß, 1 g Fett, 21 g Kohlenhydrate

1½ Austauschportionen Gemüse
1 Austauschportion Getreide-Erzeugnisse
10 Kcal »Auf Wunsch«

Amsterdamer Tomatensuppe
Menüplan 21. Woche

Zutaten für 2 Portionen
100 g Zwiebeln
1 Knoblauchzehe
2 TL Margarine
400 g Tomaten (Dosenware)

1 TL Instantbrühe
60 g geriebener Gouda
(45 % Fett i. Tr.)
Petersilie

Zubereitung: Zwiebeln schälen und würfeln. Geschälte Knoblauchzehe fein hacken. Zwiebeln und Knoblauch in geschmolzener Margarine glasig dünsten. Mit 200 ml Wasser ablöschen. Tomaten pürieren und zusammen mit der Instantbrühe zu den Zwiebeln geben. Die Suppe aufkochen lassen und unter ständigem Rühren nach und nach den geriebenen Käse dazugeben. Mit reichlich feingehackter Petersilie bestreuen und sofort servieren.

Pro Portion: 917 Kilojoule, 219 Kalorien, 11 g Eiweiß, 14 g Fett, 11 g Kohlenhydrate

2 $\frac{1}{2}$ Austauschportionen Gemüse
1 Austauschportion Fett
1 Austauschportion Eiweiß
5 Kcal »Auf Wunsch«

Kümmel-Kartoffelsuppe
Menüplan 16. Woche

Zutaten für 2 Portionen
100 g Zwiebeln
1 Knoblauchzehe
200 g Kartoffeln
150 g Möhren
50 g Knollensellerie
1 kleine Petersilienwurzel
(ca. 10—15 g)
2 TL Öl

2 kleine Brühwürfel
Selleriekraut (nach Belieben)
Salz, Pfeffer
Majoran
$\frac{1}{2}$ TL Kümmel
240 g Brühwürstchen
gehackte Petersilie

Zubereitung: Alle Gemüse putzen, schälen und in Würfel schneiden. Das Öl in einem Topf erhitzen, erst die Zwiebelwürfel unter Rühren kurz anbraten, dann alle anderen Gemüse dazugeben und kurz durchschmoren. Ca $\frac{1}{2}$ Liter Wasser angießen, die Brühwürfel und die Gewürze dazugeben und die Suppe etwa $\frac{1}{2}$ Stunde kochen. Dann mit einer Schaumkelle etwa ⅓ Gemüse herausheben, den Rest in der Brühe mit dem Passierstab fein pürieren. Das herausgenommene Gemüse wieder in die Suppe geben, die Würstchen kurz darin erhitzen. Nun die Suppe nochmals abschmecken und mit Petersilie bestreut in tiefen Tellern servieren.

Pro Portion: 2180 Kilojoule, 520 Kalorien, 20 g Eiweiß, 35 g Fett, 29 g Kohlenhydrate
1 Austauschportion Gemüse
1 Austauschportion Getreide-Erzeugnisse
1 Austauschportion Fett
4 Austauschportionen Eiweiß
10 Kcal »Auf Wunsch«

Kartoffelsuppe »Expreß«
Menüplan 46. Woche

Zutaten für 2 Portionen
je 200 g Möhren, Lauch und Weißkohl
2 TL Instantbrühe
100 g Zwiebeln
Petersilie, Dill, Schnittlauch (gehackt)

2 TL Margarine
40 g Kartoffelpüreepulver (Fertigprodukt)
180 g Würstchen
Kerbel, frisch gemahlener Pfeffer, Rauchsalz, flüssige Suppenwürze

Zubereitung: Möhren, Lauch und Weißkohl putzen und in Scheiben bzw. Streifen schneiden. 1 Liter Wasser mit dem Gemüse zum Kochen bringen und die Instantbrühe darin auflösen. Das Gemüse bei sehr schwacher Hitze 30 Minuten zugedeckt garen. Inzwischen Zwiebeln schälen und in kleine Würfel schneiden. Margarine in einer Pfanne erhitzen, Zwiebeln und Kräuter hineingeben, unter ständigem Rühren 5 Minuten bei mittlerer Hitze dünsten und dann zur Suppe geben. 5 Minuten vor Ende der Kochzeit das Kartoffelpüree hineinrühren. Die Würstchen in Scheiben schneiden und in der Suppe erwärmen. Mit den Gewürzen kräftig abschmecken und sofort servieren.

Pro Portion: 2148 Kilojoule, 513 Kalorien, 17 g Eiweiß, 33 g Fett, 38 g Kohlenhydrate
1½ Austauschportionen Gemüse

Grießsuppe
Menüplan 5. Woche

Zutaten für 2 Portionen
2 TL Instantbrühe
4 TL Grieß

Salz, Pfeffer, Petersilie

Zubereitung: ½ Liter Wasser mit Instantbrühe zum Kochen bringen. Grieß einrieseln lassen und ca. 5 Minuten kochen lassen. Die Suppe mit Salz und Pfeffer abschmecken und mit Petersilie bestreut servieren.

Pro Portion: 159 Kilojoule, 38 Kalorien, 2 g Eiweiß, 1 g Fett, 6 g Kohlenhydrate
30 Kcal »Auf Wunsch«

»Jahresausklangs«-Suppe
Menüplan 52. Woche

Für diese Sylvestersuppe können Sie die Gemüsereste, die während der letzten Tage übrigblieben, verwenden.

Zutaten für 2 Portionen
je 40 g Fenchel, Steckrüben,
Knollensellerie, Zwiebeln
je 50 g Möhren, grüne Paprikaschoten, Lauch, Bleichsellerie,
Tomaten, Blumenkohl
½ l gemischter Gemüsesaft
3 TL Instantbrühe
2 EL Mineralwasser

Zwiebelflocken, Senf, Pfeffer, Salz
240 g Tatar (Beefsteakhack/Rohgewicht)
Petersilie, Dill, Schnittlauch, Kerbel
Rauchsalz

Zubereitung: Alle Gemüse putzen, waschen und in Stücke bzw. Ringe schneiden. Gemüsesaft und ¼ Liter Wasser in einem Topf erhitzen, Instantbrühe darin auflösen und alle Gemüse hineingeben und zugedeckt bei sehr schwacher Hitze ca. 20 Minuten garen.
Inzwischen Mineralwasser mit Zwiebelflocken, Senf, Pfeffer, Salz und dem Tatar mischen und aus dem Teig etwa haselnußgroße Kügelchen formen. Diese in die Suppe geben und bei sehr schwacher Hitze weitere 15—20 Minuten zugedeckt ziehen lassen. Nun alle Kräuter waschen und kleinschneiden. Die Suppe kräftig mit den Kräutern bestreut servieren.

Pro Portion: 1210 Kilojoule, 290 Kalorien, 32 g Eiweiß, 5 g Fett, 28 g Kohlenhydrate
2¼ Austauschportionen Gemüse
3 Austauschportionen Eiweiß
15 Kcal »Auf Wunsch«

Käse-Spinat-Suppe
Menüplan 7. Woche

Zutaten für 2 Portionen
50 g Zwiebeln
1 Knoblauchzehe
2 TL Öl
20 g Mehl
4 TL Instantbrühe

120 g Schmelzkäse (45 % Fett i. Tr.)
450 g Spinat (Tiefkühlware)
Muskat, Paprika
2 TL geriebener Käse

Zubereitung: Zwiebeln schälen und würfeln. Knoblauchzehe schälen und fein hacken. Beides in heißem Öl goldgelb dünsten, dann mit Mehl bestäuben, mit 700 ml Wasser auffüllen und die Instantbrühe einrühren. Aufkochen lassen, den Schmelzkäse nach und nach hinzufügen und schmelzen lassen. Zuletzt den Spinat dazugeben. Alles bei schwacher Hitze kochen lassen, bis der Spinat aufgetaut ist. Mit Muskat und Paprika abschmecken. Vor dem Servieren mit geriebenem Käse bestreuen.

Pro Portion: 1493 Kilojoule, 357 Kalorien, 19 g Eiweiß, 22 g Fett, 17 g Kohlenhydrate

$2^1/_2$ Austauschportionen Gemüse
1 Austauschportion Fett
$^1/_2$ Austauschportion Getreide-Erzeugnisse
2 Austauschportionen Eiweiß
30 Kcal »Auf Wunsch«

Blumenkohlcremesuppe
Menüplan 24. Woche

Zutaten für 2 Portionen
200 g Blumenkohl
1 kleiner Brühwürfel
100 ml Milch (1,5 % Fett)

Pfeffer, Ingwer, Salz
Petersilie

Zubereitung: Blumenkohl putzen, waschen und in $^1/_4$ Liter Wasser garen. Anschließend den Brühwürfel zufügen und den Blumenkohl in der Suppe mit dem Pürierstab pürieren. Mit Milch auffüllen, die Suppe nochmals kurz aufkochen lassen und mit Pfeffer, Ingwer und Salz abschmecken. Vor dem Servieren mit feingehackter Petersilie bestreuen.

Pro Portion: 233 Kilojoule, 53 Kalorien, 5 g Eiweiß, 1 g Fett, 6 g Kohlenhydrate

1 Austauschportion Gemüse
$^1/_4$ Austauschportion Milch
5 Kcal »Auf Wunsch«

Roastbeef-Brot
Menüplan 3. Woche

Zutaten für 1 Portion
120 g Roastbeef
1 TL geriebener Käse
1 TL Senf
½ TL Meerrettich
1 TL Mayonnaise (80 % Fettgehalt)
30 g Vollkornbrot

Zubereitung: Roastbeef würfeln, mit Käse, Senf, Meerrettich und Mayonnaise mischen und das Brot mit der Mischung bestreichen.

Pro Portion: 800 Kilojoule, 190 Kalorien, 18 g Eiweiß, 10 g Fett, 13 g Kohlenhydrate

4 Austauschportionen Eiweiß
1 Austauschportion Fett
1 Austauschportion Brot
10 Kcal »Auf Wunsch«

Tatar
Menüplan 4. Woche

Zutaten für 2 Portionen
150 g Zwiebeln
240 g Tatar (Beefsteakhack)
Salz, Pfeffer, Paprika, Senf
60 g Vollkornbrot
4 TL Halbfettbutter

Zubereitung: Zwiebeln schälen, ⅔ davon fein hacken, den Rest in Ringe schneiden. Tatar mit den gehackten Zwiebeln, den Gewürzen und Senf mischen und abschmecken. Mit den Zwiebelringen garnieren. Brot mit Butter bestreichen und zum Tatar servieren.

Pro Portion: 1130 Kilojoule, 270 Kalorien, 29 g Eiweiß, 8 g Fett, 18 g Kohlenhydrate

¾ Austauschportionen Gemüse
4 Austauschportionen Eiweiß
1 Austauschportion Brot
1 Austauschportion Fett

Erbsensuppe mit Sahne (Foto Seite 64)
Menüplan 42. Woche

(Zubereitung beginnt am Vortag)

Zutaten für 2 Portionen
360 g getrocknete Erbsen (in
gequollenem Zustand gewogen)
1 TL Instantbrühe
je 100 g Blumenkohl, Möhren,
Knollensellerie und Lauch

60 g Vollkornbrot
2 TL Pflanzencreme
70 g süße Sahne
Pfeffer, Rauchsalz
2 TL Wein

Zubereitung: Die Erbsen verlesen und in kaltem abgekochten Wasser 24 Stunden einweichen.
360 g Erbsen abwiegen. Das Einweichwasser mit frischem Wasser auf 1 Liter auffüllen. Die Erbsen hineingeben, zum Kochen bringen, die Brühe darin auflösen und 1½ Stunden zugedeckt bei sehr schwacher Hitze köcheln lassen.
Inzwischen Blumenkohl, Möhren, Sellerie und Lauch waschen und putzen. Den Blumenkohl in kleine Röschen teilen, Möhren und Sellerie würfeln, den Lauch in Ringe schneiden. Alles in die Suppe geben und 30 Minuten zugedeckt bei sehr schwacher Hitze garen.
Inzwischen das Brot in Würfel schneiden und die Pflanzencreme in einer Pfanne erhitzen. Die Brotwürfel hineingeben und 5 Minuten unter ständigem Wenden bei mittlerer Hitze rösten. Die Sahne steif schlagen. Die Suppe mit Pfeffer, Rauchsalz und Wein abschmecken. In Suppentassen füllen, die Brotwürfel hineingeben und die Sahne als Häubchen darauf setzen.

Pro Portion: 2640 Kilojoule, 630 Kalorien, 32 g Eiweiß, 17 g Fett, 86 g Kohlenhydrate

3 Austauschportionen Eiweiß
2 Austauschportionen Gemüse
1 Austauschportion Brot
1 Austauschportion Fett
110 Kcal »Auf Wunsch«

Lauchcremesuppe
Menüplan 52. Woche

Zutaten für 2 Portionen
100 g Lauch
1 TL Instantbrühe

35 g süße Sahne
frisch gemahlener Pfeffer, Muskat

Zubereitung: Den Lauch putzen, waschen und in Scheiben schneiden. ¼ Liter Wasser zum Kochen bringen, die Instantbrühe darin auflösen, den Lauch hineingeben und bei sehr schwacher Hitze 20 Minuten zugedeckt garen. Währenddessen die Sahne schlagen. Die Suppe mit Pfeffer abschmecken, in Suppentassen füllen, ein Sahnehäubchen aufsetzen und dieses mit etwas Muskat bestreuen.

Pro Portion: 290 Kilojoule, 70 Kalorien, 3 g Eiweiß, 12 g Fett, 5 g Kohlenhydrate

1½ Austauschportionen Gemüse
55 Kcal »Auf Wunsch«

Brüsseler Gemüsesuppe
Menüplan 36. Woche

Zutaten für 2 Portionen
400 g Porree
200 g Chicorée
200 g Kartoffeln
1 kleiner Brühwürfel
¼ l Milch (0,3 % Fett)

½ Lorbeerblatt
Salz, Pfeffer, Muskat
60 g Weißbrot
4 TL Margarine
Petersilie

Zubereitung: Porree und Chicorée putzen, waschen und in Ringe schneiden. Kartoffeln schälen und würfeln. Alles in ¼ Liter Wasser zum Kochen bringen. Brühwürfel, Milch und Gewürze zufügen, nochmals aufkochen lassen und bei schwacher Hitze 15 Minuten garen.
Währenddessen das Brot würfeln und in einer beschichteten Pfanne in Margarine rösten. Die Suppe nach dem Garen nochmals abschmecken, das Lorbeerblatt entfernen, und mit reichlich feingehackter Petersilie bestreuen. Die Brotwürfel auf die fertige Suppe geben und servieren.

Pro Portion: 1380 Kilojoule, 330 Kalorien, 14 g Eiweiß, 9 g Fett, 48 g Kohlenhydrate

3 Austauschportionen Gemüse
2 Austauschportionen Brot
2 Austauschportionen Fett
½ Austauschportion Milch
5 Kcal »Auf Wunsch«

Buttermilchsuppe
Menüplan 11. Woche

Zutaten für 2 Portionen
½ l Buttermilch (1 % Fett)
2 TL Mehl
150 g Hüttenkäse

200 g Fruchtcocktail (konserviert ohne Zucker) und
4 EL Saft
Süßstoff

Zubereitung: Etwas Buttermilch mit Mehl in einem Topf verrühren, die restliche Buttermilch zugießen und einmal aufkochen lassen. Hüttenkäse hinzufügen. Fruchtcocktail und Saft unterrühren und nochmals kurz aufkochen lassen. Mit Süßstoff abschmecken. Die Buttermilchsuppe schmeckt warm und kalt.

Pro Portion: 1068 Kilojoule, 255 Kalorien, 22 g Eiweiß, 7 g Fett, 27 g Kohlenhydrate

1 Austauschportion Milch
1 Austauschportion Eiweiß
1 Austauschportion Obst
10 Kcal »Auf Wunsch«

Arabische Joghurtsuppe
Menüplan 29. Woche

Zutaten für 2 Portionen
1 grüne Salatgurke (ca. 250—300 g)
400 g Joghurt (0,3 % Fett)
1—2 TL Weißweinessig
1 TL Olivenöl
2 TL gehackte frische Minze
½ TL gehackter frischer Dill
½—1 TL Salz

Zubereitung: Gurke schälen, der Länge nach halbieren und mit einem kleinen Löffel die Gurkenkerne entfernen. Die Gurke grob raspeln. Joghurt in einer Schüssel mit einem Schneebesen glattrühren. Essig, Öl, Kräuter und Gurke vorsichtig unterrühren und mit Salz abschmecken. Mindestens zwei Stunden kühlen, dann erst servieren.

Pro Portion: 521 Kilojoule, 124 Kalorien, 10 g Eiweiß, 3 g Fett, 13 g Kohlenhydrate

1½ Austauschportionen Gemüse
1 Austauschportion Milch
½ Austauschportion Fett

Provençalische Linsensuppe
Menüplan 9. Woche

Zutaten für 2 Portionen
480 g eingeweichte Linsen
50 g Zwiebeln
1 Nelke
2 Knoblauchzehen

40 g Reis
400 g Tomaten
Thymian, Salz, Pfeffer

Zubereitung: Linsen mit der geschälten, mit der Nelke und dem Knoblauch gespickten Zwiebel in ¾ l Wasser etwa 40 Minuten garen. Inzwischen den Reis garen. Die Tomaten überbrühen, enthäuten und würfeln. Die Zwiebel aus dem Linsentopf nehmen und die Linsen im Mixer oder mit einem Pürierstab direkt im Topf pürieren. Wieder in den Topf geben, die Tomaten hinzufügen und kräftig abschmecken.

Pro Portion: 1670 Kilojoule, 400 Kalorien, 23 g Eiweiß, 2 g Fett, 71 g Kohlenhydrate

4 Austauschportionen Eiweiß
2¼ Austauschportionen Gemüse
1 Austauschportion Getreide-Erzeugnisse

Spargelcremesuppe
Menüplan 30. Woche

Zutaten für 2 Portionen
200 g Spargel (Dosenware)
100 ml Spargelwasser
400 ml Wasser
2 kleine Brühwürfel
20 g Mehl

Muskat
35 g süße Sahne
Süßstoff
gehackte Petersilie

Zubereitung: Den Spargel abtropfen lassen und in kleine Stücke schneiden. Das Spargelwasser und das Wasser erhitzen, die Brühwürfel darin auflösen, das vorher mit wenig Wasser verrührte Mehl einrühren und die Suppe aufwallen lassen. Den Spargel hinzufügen und bei sehr schwacher Hitze 10 Minuten ziehen lassen. Die Suppe mit Muskat abschmecken, die Sahne einrühren, etwas Süßstoff dazugeben und in Suppentassen füllen. Mit Petersilie bestreut servieren.

Pro Portion: 500 Kilojoule, 120 Kalorien, 4 g Eiweiß, 7 g Fett, 10 g Kohlenhydrate

1 Austauschportion Gemüse
½ Austauschportion Getreide-Erzeugnisse
35 Kcal »Auf Wunsch«

Chinasuppe
Menüplan 41. Woche

Zutaten für 2 Portionen
10 g getrocknete China-Pilze
120 g gekochtes, enthäutetes Hühnerfleisch
1 TL Instant-Hühnerbrühe
100 g Sojabohnenkeimlinge (Dosenware)

50 g grüne Paprikaschoten
Salz, Sojasauce, weißer Pfeffer
1 EL Essig
2½ TL Speisestärke
1 TL gehackter Schnittlauch

Zubereitung: Getrocknete Pilze mit kochendem Wasser übergießen und 20 Minuten stehenlassen. Das Hühnerfleisch in mundgerechte Stücke schneiden. Die Instantbrühe in ca. ¼ Liter heißem Wasser auflösen, Hühnerfleisch und Sojabohnenkeimlinge in die Brühe geben, dann die geputzten, in feine Streifen geschnittenen Paprika und ebenfalls in Streifen geschnittenen Pilze. Alles zum Kochen bringen, kräftig mit Salz, Sojasauce und Pfeffer würzen. Nach 3—5 Minuten Kochzeit den mit Speisestärke verquirlten Essig in die Suppe rühren, kurz aufkochen lassen und mit Schnittlauch bestreut servieren.

Pro Portion: 630 Kilojoule, 150 Kalorien, 20 g Eiweiß, 5 g Fett, 8 g Kohlenhydrate
4 Austauschportionen Eiweiß
¾ Austauschportion Gemüse
17,5 Kcal »Auf Wunsch«

Josefssuppe
Menüplan 52. Woche

Zutaten für 2 Portionen
80 g Lychees aus der Dose (ohne Zucker) und 2 EL Lychee-Saft
¼ l gemischter Gemüsesaft

1 TL Instantbrühe
Basilikum, Salbei, Pfeffer, Rauchsalz

Zubereitung: Lychees abtropfen lassen und in kleine Stücke schneiden. Lychee- und Gemüsesaft in einem Topf erhitzen und die Instantbrühe darin auflösen. Lychees unterrühren und die Suppe mit den Gewürzen abschmecken.

Pro Portion: 279 Kilojoule, 67 Kalorien, 2 g Eiweiß, 14 g Kohlenhydrate
1 Austauschportion Obst
5 Kcal »Auf Wunsch«

Budapester Gulaschsuppe
Menüplan 46. Woche

Zutaten für 2 Portionen
320 g mageres Rindfleisch (Rohgewicht)
Rosenpaprika, Pfeffer, Zwiebelsalz
je 200 g Zwiebeln und grüne Paprikaschoten
100 g Tomatenpaprika
2 TL Öl
$1/4$ l ungesüßter Apfelsaft

2 TL Instantbrühe
5 g Nestargel
10 TL saure Sahne
$1/8$ l Rotwein
Muskat, Rosenpaprika, frisch gemahlener Pfeffer
Salz, Süßstoff
gehackte Petersilie

Zubereitung: Rindfleisch in walnußgroße Würfel schneiden und mit Rosenpaprika, Pfeffer und Zwiebelsalz bestreuen. Zwiebel schälen und in Ringe schneiden, Paprikaschoten waschen, putzen und in kleine Stücke teilen. Tomatenpaprika abtropfen lassen.
Das Öl in einem Topf erhitzen, Fleisch und Zwiebelringe hineingeben und unter ständigem Wenden bei mittlerer Hitze 5 Minuten anbraten, mit Apfelsaft und $1/2$ l Wasser ablöschen. Nun Instantbrühe und die Gemüse zufügen und 30 Minuten zugedeckt bei sehr schwacher Hitze garen. Vor dem Servieren die Suppe mit Nestargel andicken und saure Sahne und Rotwein einrühren. Mit den restlichen Gewürzen scharf abschmecken und mit Petersilie bestreut anrichten.

Pro Portion: 2050 Kilojoule, 490 Kalorien, 38 g Eiweiß, 19 g Fett, 32 g Kohlenhydrate
4 Austauschportionen Eiweiß
2½ Austauschportionen Gemüse
1 Austauschportion Fett
1 Austauschportion Obst
110 Kcal »Auf Wunsch«

Bunte Fischsuppe
Menüplan 47. Woche

Zutaten für 2 Portionen
320 g Seelachsfilet (Rohgewicht)
Essig
Salz
je 150 g Möhren, grüne Paprikaschoten, Tomaten und Zwiebeln
1 TL Instantbrühe
2 TL Butter
60 g Weißbrot
Kerbel, Estragon, frisch gemahlener Pfeffer

Zubereitung: Den Fisch säubern, mit Essig beträufeln, mit Salz bestreuen und in kleine Stücke schneiden. Möhren und Paprikaschoten putzen und in kleine Stücke schneiden. Die Tomaten überbrühen und enthäuten. Zwiebeln schälen und in kleine Stücke schneiden. ¾ l Wasser zum Kochen bringen und die Instantbrühe darin auflösen. Das Gemüse hineingeben und zugedeckt bei sehr schwacher Hitze 20 Minuten garen.
1 Teelöffel Butter in einer Pfanne erhitzen und die Fischstücke darin bei starker Hitze 2 Minuten unter ständigem Wenden anbraten. Zur Suppe geben und weitere 10 Minuten zugedeckt bei sehr schwacher Hitze köcheln lassen. Inzwischen das Weißbrot in Würfel schneiden. 1 Teelöffel Butter in einer Pfanne erhitzen, das Brot hineingeben und bei mittlerer Hitze unter ständigem Wenden 5 Minuten rösten.
Die Suppe mit den Gewürzen abschmecken und in zwei Teller füllen. Die gerösteten Weißbrotwürfel darübergeben.

Pro Portion: 1500 Kilojoule, 360 Kalorien, 43 g Eiweiß, 6 g Fett, 34 g Kohlenhydrate

4 Austauschportionen Eiweiß
3 Austauschportionen Gemüse
1 Austauschportion Fett
1 Austauschportion Brot
5 Kcal »Auf Wunsch«

Joghurt-Pilz-Cocktail
Menüplan 24. Woche

Zutaten für 4 Portionen
500 g Champignons
100 g Zwiebeln
1 Knoblauchzehe
1 TL Margarine
$1/8$ TL Salz
Pfeffer
$1/2$ Bund Schnittlauch
$1 1/2$ TL Zitronensaft
Petersilie
350 g Joghurt (1,5 % Fett)
Salatblätter zum Garnieren

Zubereitung: Champignons waschen und fein hacken. Zwiebeln schälen, würfeln und mit der zerdrückten Knoblauchzehe in Margarine glasig dünsten. Champignons, Salz und Pfeffer hinzufügen und bei schwacher Hitze kochen, bis die Pilze weich sind und die Flüssigkeit verdampft ist. Feingeschnittenen Schnittlauch, Zitronensaft und die ebenfalls feingehackte Petersilie hinzufügen. Abkühlen lassen. Anschließend mit Joghurt vermengen und im Kühlschrank gut durchkühlen lassen. Eventuell nochmals nachwürzen.
4 Cocktailgläser mit Salatblättern auslegen, die Joghurtmasse hineingeben und mit etwas Petersilie garnieren.

Pro Portion: 392 Kilojoule, 94 Kalorien, 7 g Eiweiß, 3 g Fett, 10 g Kohlenhydrate

3 Austauschportionen Gemüse
$1/2$ Austauschportion Fett
1 Austauschportion Milch

Rosenmontagsräder
Menüplan 10. Woche

Zutaten für 9 Portionen
100 g Radieschen
35 g grüne Paprikaschote
$1/4$ TL Salz
3 EL Mayonnaise
2 TL feingeschnittener Schnittlauch
1 TL Senf
weißer Pfeffer
3 Scheiben Toastbrot (je Scheibe 30 g)
Salatblätter zum Garnieren

Zubereitung: Radieschen putzen, waschen und sehr fein hacken. Paprikaschote waschen, entkernen und sehr fein würfeln. Paprikaschote und Radieschen mit Salz in einer Schüssel vermengen und 15 Minuten stehen lassen.
Inzwischen Mayonnaise mit Schnittlauch und Senf vermengen und mit

Pfeffer abschmecken. Toastbrotscheiben mit einer Kuchenrolle vorsichtig ausrollen, bis sie Scheiben sehr dünn sind. Die Radieschen-Paprika-Mischung in ein Leinentuch geben und die entstandene Flüssigkeit kräftig auspressen. Dann die Mischung mit der Mayonnaise-Mischung vermengen und auf die Brotscheiben streichen. Diese vorsichtig aufrollen, einzeln fest in Klarsichtfolien rollen und mindestens 3 Stunden kühl stellen. Die Rollen mit einem sehr scharfen Messer in je 9 Scheiben schneiden und auf einem mit Salatblättern ausgelegten Teller anrichten.

Pro Portion: 230 Kilojoule, 55 Kalorien, 1 g Eiweiß, 3 g Fett, 6 g Kohlenhydrate

15 g Gemüse
1 Austauschportion Fett
½ Austauschportion Brot

Finnische Fischsuppe
Menüplan 40. Woche

Zutaten für 2 Portionen
200 g Kartoffeln
320 g Fischfilet (Rohgewicht), nach Belieben Hecht, Seelachs, Scholle, Kabeljau o. ä., auch gemischt
4 TL Mehl

200 ml Milch (1,5 % Fett)
50 g Zwiebeln
300 g Champignons
2 TL Margarine
Salz, Pfeffer, Speisewürze
3 EL Dill

Zubereitung: Kartoffeln schälen, in Würfel schneiden und in wenig leicht gesalzenem Wasser halb gar kochen. Fisch in Stücke schneiden, auf die Kartoffeln legen und das Ganze bei schwacher Hitze fast gar ziehen lassen. Mehl und Milch verquirlen und zur Suppe geben. Zum Kochen bringen und 5—8 Minuten leise köcheln lassen.
Währenddessen die Zwiebeln schälen und fein hacken. Champignons putzen, die größeren halbieren. Margarine in einer Pfanne erhitzen und die Zwiebeln und Champignons darin kurz andünsten. Mit Salz und Pfeffer würzen und zur Suppe geben. Noch einmal mit Salz, Pfeffer, Speisewürze und Dill abschmecken und servieren.

Pro Portion: 1340 Kilojoule, 320 Kalorien, 36 g Eiweiß, 5 g Fett, 32 g Kohlenhydrate

1 Austauschportion Kartoffel
1 Austauschportion Fett
½ Austauschportion Milch
4 Austauschportionen Eiweiß
1¾ Austauschportionen Gemüse
20 Kcal »Auf Wunsch«

Hüttenkäse mit Gemüse
Menüplan 23. Woche

Zutaten für 2 Portionen
je 50 g rote Paprikaschoten und
Möhren
25 g Zwiebeln

300 g Hüttenkäse
100 g Joghurt (0,3 % Fett)
Pfeffer, Salz

Zubereitung: Paprikaschoten entkernen, waschen und in sehr feine Würfel schneiden. Möhren und Zwiebeln schälen und ebenfalls fein würfeln. Alles mit Hüttenkäse und Joghurt vermengen und mit Pfeffer und Salz abschmecken.
Gut gekühlt servieren.

Pro Portion: 882 Kilojoule, 211 Kalorien, 25 g Eiweiß, 8 g Fett, 10 g Kohlenhydrate
1 1/8 Austauschportionen Gemüse
2 Austauschportionen Eiweiß
1/4 Austauschportion Milch

Tomatenkörbchen
Menüplan 50. Woche

Zutaten für 2 Portionen
60 g Gouda (45 % Fett i. Tr.)
50 g Mandarinen
2 große Tomaten (ca. 200 g)
4 TL Mayonnaise (80 % Fett)

60 g Krabbenfleisch
Salz, Pfeffer, Senf
Petersilie

Zubereitung: Den Käse fein würfeln. Mandarinen schälen und in Filets teilen. Von den Tomaten einen Deckel abschneiden und das Innere mit einem Teelöffel herauslösen. Das Tomatenfleisch würfeln, mit Mayonnaise, Krabben, Käse und Mandarinenfilets vermengen und mit Salz, Pfeffer und Senf abschmecken. Die Mischung in die Tomaten füllen, den Deckel wieder aufsetzen und mit Petersilie garnieren. Eventuell übriggebliebene Füllung in ein Glasschälchen füllen und mit den Tomaten servieren.

Pro Portion: 960 Kilojoule, 230 Kalorien, 14 g Eiweiß, 16 g Fett, 6 g Kohlenhydrate
2 Austauschportionen Eiweiß
2 Austauschportionen Fett
1 Austauschportion Gemüse
1/4 Austauschportion Obst

Tsatsiki
Menüplan 29. Woche

Zutaten für 2 Portionen
100 g Speisequark (Magerstufe)
1—2 EL Mineralwasser
100 g Salatgurke

4—5 Knoblauchzehen
Salz, schwarzer Pfeffer

Zubereitung: Quark mit Mineralwasser glattrühren. Gurke schälen und raspeln. Knoblauchzehen schälen und ganz fein hacken. Gurke und Knoblauch zum Quark geben, mit Salz und Pfeffer abschmecken und durchziehen lassen.

Pro Portion: 197 Kilojoule, 47 Kalorien, 9 g Eiweiß, 0 g Fett, 1 g Kohlenhydrate

½ Austauschportion Milch
½ Austauschportion Gemüse

Geflügelleberpastete
Menüplan 12. Woche

Zutaten für 2 Portionen
320 g Gelügelleber (Rohgewicht)
Saft 1 Zitrone
4 TL Worcestersauce
Salz, Muskat, Knoblauchpulver, Pfeffer

60 g Toastbrot
50 g Kopfsalat
250 g Äpfel, gehackte Petersilie

Zubereitung: Geflügelleber, Zitronensaft, 50 ml Wasser, Worcestersauce und Gewürze in einem Topf 10 Minuten bei schwacher Hitze kochen lassen. Das Brot zerkrümeln und unterrühren. Alles pürieren, bis eine glatte Masse entstanden ist, und abschmecken. Die Masse in eine Form geben und kühl stellen. Zum Servieren eine Platte mit Salatblättern auslegen, darauf die Pastete stürzen und mit den Äpfeln, die zuvor entkernt und in Scheiben geschnitten wurden, und der Petersilie garnieren.

Pro Portion: 1630 Kilojoule, 390 Kalorien, 40 g Eiweiß, 9 g Fett, 36 g Kohlenhydrate

4 Austauschportionen Eiweiß
1 Austauschportion Brot
1 Austauschportion Obst
25 g Gemüse

Käsetrüffel
Menüplan 40. Woche

Zutaten für 2 Portionen
4 TL Halbfettmargarine 60 g Vollkornbrot
60 g Edamer (45 % Fett i. Tr.)

Zubereitung: Margarine schaumig rühren, den Käse reiben, das Vollkornbrot fein zerkrümeln. Alles gut vermengen und kalt stellen. Anschließend zu kleinen Bällchen formen und servieren.
Tip: Die Käsetrüffeln bekommen einen leicht süßlichen Geschmack, wenn man das Vollkornbrot durch Pumpernickel ersetzt.

Pro Portion: 898 Kilojoule, 215 Kalorien, 10 g Eiweiß, 13 Fett, 12 g Kohlenhydrate
1 Austauschportion Fett
1 Austauschportion Käse
1 Austauschportion Brot

Matjesröllchen
Menüplan 10. Woche

Zutaten für 2 Portionen
125 g Äpfel 70 g süße Sahne
Zitronensaft 1—2 TL Meerrettich
180 g Matjesfilets 1 TL Sauerkirschkonfitüre

Zubereitung: Äpfel schälen, das Kerngehäuse ausstechen und in dicke Scheiben schneiden. In mit etwas Wasser verdünntem Zitronensaft fast gar dünsten, abtropfen lassen und auf einen Teller legen. Die gewässerten und anschließend trockengetupften Matjesfilets lose aufrollen und hochkant auf die Apfelscheiben legen. Die Sahne steif schlagen und mit dem Meerrettich verrühren. In die Matjesröllchen füllen und mit Konfitüre garnieren.

Pro Portion: 1670 Kilojoule, 400 Kalorien, 15 g Eiweiß, 32 g Fett, 13 g Kohlenhydrate
½ Austauschportion Obst
3 Austauschportionen Eiweiß
110 Kcal »Auf Wunsch«

Jakobsmuscheln mit Champignons
Menüplan 27. Woche

Zutaten für 2 Portionen
240 g Jakobsmuscheln (Rohgewicht)
Zitronensaft
Salz
Knoblauchpulver
50 g Zwiebeln
250 g Tomaten
250 g Champignons
2 TL Öl
je ½ Bund Petersilie und Schnittlauch
weißer Pfeffer

Zubereitung: Jakobsmuscheln in eine Schüssel geben. Zitronensaft, Salz und Knoblauchpulver verrühren, über die Jakobsmuscheln gießen und 30 Minuten ziehen lassen. In der Zwischenzeit Zwiebeln schälen und würfeln. Tomaten überbrühen, enthäuten und in Würfel schneiden, Champignons putzen, waschen und in Scheiben schneiden. Öl in einer Pfanne erhitzen, die Jakobsmuscheln hineingeben und auf beiden Seiten ½ Minute anbraten. Die Marinade zugeben und weitere 3 Minuten anbraten. Jakobsmuscheln herausnehmen und warm stellen. Zwiebeln im Bratfond goldgelb braten, dann Tomaten und Champignons hineingeben und unter gelegentlichem Rühren 10 Minuten braten und salzen. Die gehackte Petersilie und den feingeschnittenen Schnittlauch hinzufügen, die Jakobsmuscheln wieder in die Pfanne geben und noch 1 Minute erwärmen. Mit weißem Pfeffer übermahlen und servieren.

Pro Portion: 800 Kilojoule, 190 Kalorien, 18 g Eiweiß, 6 g Fett, 16 g Kohlenhydrate

3 Austauschportionen Eiweiß
2¼ Austauschportionen Gemüse
1 Austauschportion Fett

Gurkenkaltschale
Menüplan 25. Woche

Zutaten für 2 Portionen
400 g Gurke
200 g Tomaten
1 Knoblauchzehe

400 ml Buttermilch
Curry, Salz, Pfeffer
Petersilie

Zubereitung: Gurke waschen, schälen und grob würfeln. Tomaten überbrühen, enthäuten und ebenfalls grob würfeln. Beides mit Knoblauch und Buttermilch in einem Mixer pürieren. Mit Curry, Salz und Pfeffer abschmecken. Für mindestens 1 Stunde in den Kühlschrank stellen. Vor dem Servieren mit feingehackter Petersilie bestreuen.

Pro Portion: 540 g Kilojoule, 129 Kalorien, 11 g Eiweiß, 3 g Fett, 16 g Kohlenhydrate
3 Austauschportionen Gemüse
1 Austauschportion Milch

Kiwi-Matjes-Filets
Menüplan 41. Woche

Zutaten für 2 Portionen
Saft einer Zitrone
80 ml ungesüßter Traubensaft
$1/8$ l frisch gepreßter ungesüßter
Orangensaft
Süßstoff
5 Gewürznelken

6 weiße Pfefferkörner
1 Prise Ingwer
180 g Matjesfilets
300 g Kiwi
100 g Orangen

Zubereitung: Bereits am Vortag werden die Matjesfilets eingelegt. Dafür Zitronen-, Trauben- und Orangensaft mit Süßstoff und den Gewürznelken aufkochen. Matjesfilets in den Sud legen und 24 Stunden ziehen lassen.
Am nächsten Tag Kiwi und Orangen schälen, in Scheiben schneiden und zu den eingelegten Matjesfilets servieren.

Pro Portion: 1522 Kilojoule, 364 Kalorien, 19 g Eiweiß, 15 g Fett, 39 g Kohlenhydrate
3 Austauschportionen Eiweiß
$2^1/_2$ Austauschportionen Obst

Leberwurstaufstrich
Menüplan 29. Woche

Zutaten für 2 Portionen
kalorienreduzierte Geflügelleberwurst (120 g)
40 g grüne Paprikaschote
30 g rote Paprikaschote
30 g Zwiebel
2—3 TL gehackter Schnittlauch

Salz, schwarzer Pfeffer, Paprika, Petersilie
4 TL Kondensmilch (4 % Fett)
2 hartgekochte Eier
100 g Gewürz- oder Essiggurken

Zubereitung: Leberwurst aus dem Darm drücken. Paprikaschoten waschen und entkernen, die Zwiebeln schälen und beides sehr fein hakken. Mit dem Schnittlauch unter die Leberwurst mischen und mit Salz, Pfeffer, Paprika und gehackter Petersilie abschmecken. Zum Schluß vorsichtig die Kondensmilch unterrühren.
Den fertigen Wurstaufstrich glatt in eine Schüssel streichen und mit geviertelten Eiern und in feine Scheiben geschnittenen Gurken garnieren.

Pro Portion: 750 Kilojoule, 180 Kalorien, 19 g Eiweiß, 9 g Fett, 5 g Kohlenhydrate
3 Austauschportionen Eiweiß
1 Austauschportion Gemüse
10 Kcal »Auf Wunsch«

Heringspaste
Menüplan 7. Woche

Zutaten für 2 Portionen
180 g geräuchertes Bücklingsfilet
25 g Magermilchpulver
2 EL Wasser
4 TL Margarine

1 EL Zitronensaft
Paprika, Pfeffer, Muskat
50 g Gewürzgurken

Zubereitung: Alle Zutaten, bis auf die Gewürzgurke, im Mixer pürieren und kräftig abschmecken. Die Paste gut kühlen und vor dem Servieren mit der in Scheiben geschnittenen Gurke garnieren.

Pro Portion: 1331 Kilojoule, 318 Kalorien, 24 g Eiweiß, 21 g Fett, 8 g Kohlenhydrate
3 Austauschportionen Eiweiß
2 Austauschportionen Fett
½ Austauschportion Milch
¼ Austauschportion Gemüse

Fisch in Tomatenaspik (Foto Seite 65)
Menüplan 13. Woche

Zutaten für 2 Portionen
¼ l Tomatensaft
je 50 g Zwiebeln und Sellerieknolle
Pfeffer, Salz, Pfeffersauce
4 Blatt Gelatine

240 g Seelachsfilet, Fertiggewicht (gekocht in einem Sud aus Wasser, Salz, Essig und Fischgewürz)
100 g Dill-Gurkenhappen

Zubereitung: Tomatensaft, geschälte, feingehackte Zwiebeln und Sellerieknollen, Gewürze und 100 ml Wasser in einem Topf aufkochen und etwa 10 Minuten bei schwacher Hitze kochen lassen. Die Gelatine einweichen, in die nicht mehr kochende Tomatensauce geben und rühren, bis sie sich aufgelöst hat.
Etwa ein Viertel der Sauce in eine Schüssel geben und im Kühlschrank leicht dicklich werden lassen. Anschließend das in Stücke zerteilte Seelachsfilet und die Gurkenhappen (3 für die Dekoration aufbewahren) in die Schüssel schichten, mit dem Rest der Sauce begießen und alles im Kühlschrank fest werden lassen. Die Schüssel vor dem Servieren kurz in heißes Wasser stellen, das Tomatenaspik auf eine Platte stürzen und mit den restlichen Gurkenhappen garnieren.

Pro Portion: 800 Kilojoule, 190 Kalorien, 35 g Eiweiß, 1 g Fett, 9 g Kohlenhydrate

4 Austauschportionen Eiweiß
1 Austauschportion Obst
¾ Austauschportion Gemüse
7 Kcal »Auf Wunsch«

Krabben-Frucht-Cocktail
Menüplan 39. Woche

Zutaten für 2 Portionen
180 g Krabbenfleisch
200 g Orangen
120 g Bananen
100 g Gewürzgurken

Marinade:
2 TL Mayonnaise (80 % Fett)
175 g Joghurt (1,5 % Fett)
Zitronensaft
Salz, Pfeffer, Edelsüß-Paprika
1 Messerspitze Curry

Zubereitung: Krabbenfleisch in eine große Schüssel geben. Die Orangen schälen und in kleine Stücke schneiden, die Bananen schälen und in

Scheiben schneiden. Die Gewürzgurken fein würfeln und alles vorsichtig mit den Krabben vermengen. Die Zutaten für die Marinade gut verrühren und pikant abschmecken. Über den Salat gießen und im Kühlschrank gut durchziehen lassen.

Pro Portion: 1090 Kilojoule, 260 Kalorien, 20 g Eiweiß, 6 g Fett, 31 g Kohlenhydrate
3 Austauschportionen Eiweiß
2 Austauschportionen Obst
1 Austauschportion Fett
½ Austauschportion Milch

Thunfischaufstrich
Menüplan 1. Woche

Zutaten für 2 Portionen
180 g Thunfisch (in Wasser konserviert)
2 TL Mayonnaise (80 % Fett)
1½ EL Crème fraîche

2 TL Zitronensaft
2 EL Kapern
4 mittelgroße Oliven
Pfeffer, eventuell Salz

Zubereitung: Den Thunfisch mit einer Gabel zerdrücken und mit Mayonnaise, Crème fraîche und Zitronensaft zu einer Paste verrühren. Kapern und gehackte Oliven unterheben und mit Pfeffer und Salz abschmecken.

Pro Portion: 1330 Kilojoule, 320 Kalorien, 23 g Eiweiß, 22 g Fett, 3 g Kohlenhydrate
3 Austauschportionen Eiweiß
1 Austauschportion Fett
55 Kcal »Auf Wunsch«

Fleischgerichte

Rindfleisch

Grillplatte für Gartenfreunde
Menüplan 29. Woche

Zutaten für 2 Portionen
160 g Rindersteak (Rohgewicht)
1—2 EL Zwiebelflocken
Salz, Pfeffer, Paprika, Knoblauch-
pulver, Provençalische Kräuter,
Steakpfeffer
2 TL Öl
200 g mageres Schweinekotelett
(Rohgewicht mit Knochen)

Beilagen:
6 TL Ketchup
6 Oliven
100 g Champignons (Dosenware)
100 g Gewürzgurke
90 g Vollkornbrot

Zubereitung: Die Hälfte des Rindersteaks durch die feine Scheibe des Fleischwolfes drehen. Das Hack mit Zwiebelflocken, Salz, Pfeffer, Paprika und viel Knoblauchpulver würzen und zu kleinen Würstchen formen. Das restliche Rindfleisch mit 1 Teelöffel Öl, Provençalischen Kräutern und Steakpfeffer einreiben.
Die Koteletts mit Paprika bestreuen und mit dem restlichen Öl bestreichen. Rinderwürstchen, Steaks und Koteletts unter dem vorgeheizten Grill oder über dem Holzkohlengrill von beiden Seiten knusprig grillen und die Steaks und Koteletts nach dem Grillen leicht salzen.
Die Beilagen auf einer Platte anrichten und zu den Grilladen reichen.

Pro Portion: 2260 Kilojoule, 540 Kalorien, 31 g Eiweiß, 32 g Fett, 30 g Kohlenhydrate
4 Austauschportionen Eiweiß
1½ Austauschportionen Brot
1 Austauschportion Fett
1 Austauschportion Gemüse
30 Kcal »Auf Wunsch«

Pfeffersteak mit Knoblauchbutter
Menüplan 23. Woche

Zutaten für 2 Portionen
Für die Knoblauchbutter:
1 Knoblauchzehe
2 TL Margarine
gehackte Petersilie

Für die Pfeffersteaks:
1 EL grob gemahlener schwarzer Pfeffer
1 EL Zitronensaft
je ½ TL Worcester- und Pfeffersauce
240 g Rinderfiletsteaks

Zubereitung: Für die Knoblauchbutter die Knoblauchzehe fein hacken, mit Margarine und Petersilie vermengen. Kleine Kugeln formen und diese im Kühlschrank gut durchkühlen lassen.
Für die Steaks Pfeffer, Zitronensaft, Worcester- und einige Spritzer Pfeffersauce vermengen. Die Filetsteaks mit dieser Mischung bepinseln und unter dem vorgeheizten Grill 7 bis 8 Minuten von jeder Seite grillen. Die Steaks mit einer Butterkugel belegt servieren.

Pro Portion: 710 Kilojoule, 170 Kalorien, 23 g Eiweiß, 8 g Fett, 1 g Kohlenhydrate
3 Austauschportionen Eiweiß
1 Austauschportion Fett

Mexikanisches Filetsteak
Menüplan 6. Woche

Zutaten für 2 Portionen
je 200 g grüne und rote Paprikaschoten
100 g Zwiebeln

140 g Maiskörner (Dosenware)
2 TL Olivenöl
320 g Filetsteak (Rohgewicht)
Salz, Pfeffer, Paprikapulver

Zubereitung: Paprikaschoten waschen, weiße Innenhaut und Kerne entfernen und würfeln. Zwiebeln schälen und in Scheiben schneiden. Maiskörner abtropfen lassen. Öl in einer Pfanne erhitzen, die Steaks von beiden Seiten ca. 3—4 Minuten darin braten, herausnehmen, würzen und warm stellen. Zwiebelscheiben in der Pfanne anbraten, etwas Wasser zufügen, dann Paprikaschoten zugeben und zugedeckt ca. 10 Minuten dünsten. Maiskörner zufügen, das Gemüse würzen und auf den Steaks verteilen.

Pro Portion: 1550 Kilojoule, 370 Kalorien, 36 g Eiweiß, 13 g Fett, 27 g Kohlenhydrate
4 Austauschportionen Eiweiß
2½ Austauschportionen Gemüse
1 Austauschportion Fett
1 Austauschportion stärkehaltiges Gemüse

Gebeizte Grillsteaks mit Grilltomaten
Menüplan 15. Woche

Zutaten für 2 Portionen
50 g Zwiebeln
2 TL Öl
1½ TL Weinessig
4 TL Tomatenketchup
Worcestersauce, Pfeffersauce
½ TL scharfer Senf
Salz, Knoblauchsalz, Süßstoff
gehackte Petersilie
320 g Filetsteak (Rohgewicht)
200 g Tomaten

Zubereitung: Zwiebel schälen, dann reiben und mit Öl, Essig, Ketchup, etwas Worcester- und Pfeffersauce sowie Senf verrühren. Mit den Gewürzen abschmecken und die Petersilie unter die Marinade rühren. Die Filetsteaks darin ca. 60 Minuten marinieren lassen, dann herausnehmen, mit Küchenpapier trockentupfen und unter dem vorgeheizten Grill pro Seite etwa 4 Minuten grillen. Die über Kreuz eingeschnittenen Tomaten mit unter den Grill geben und zusammen mit den Steaks reichen.

Pro Portion: 1090 Kilojoule, 260 Kalorien, 32 g Eiweiß, 11 g Fett, 8 g Kohlenhydrate

4 Austauschportionen Eiweiß
1¼ Austauschportionen Gemüse
1 Austauschportion Fett
10 Kcal »Auf Wunsch«

Steakhouse-Teller
Menüplan 30. Woche

Zutaten für 2 Portionen
Für die Kräuterbutter:
4 TL Halbfettmargarine
Kräuterbuttergewürz
Zitronensaft, Süßstoff
Für die Kartoffeln und die Quarkfüllung:
200 g mehligkochende Kartoffeln (2 große)
100 g Speisequark (Magerstufe)
100 g Joghurt (0,3 % Fett)
Schnittlauch, Petersilie, Dill
50 g Zwiebeln
Selleriesalz, weißer Pfeffer,
Worcestersauce, Süßstoff
Für die Tomatennestchen:
200 g Tomaten (4 Stück)
200 g Blattspinat
50 g Zwiebeln
Muskat, Pfeffer, Salz
Für die Rumpsteaks:
320 g Rumpsteak (Rohgewicht) in 2 Scheiben
Zwiebelsalz
grüner Pfeffer

Zubereitung: Für die Kräuterbutter die Margarine mit den Gewürzen, dem Zitronensaft und Süßstoff verkneten und mindestens 1 Stunde ins Gefrierfach stellen.

Die Kartoffeln waschen, in Alufolie wickeln und auf dem Rost im Backofen auf der mittleren Schiene bei 220 °C (Gasherd Stufe 5—6) 40 Minuten backen. Inzwischen Quark mit Joghurt verrühren, die feingeschnittenen Kräuter und die kleingehackten Zwiebeln untermischen und pikant abschmecken. Vor dem Servieren die gegarten Kartoffeln einschneiden, mit dem Kräuterquark füllen und in der Folie anrichten.

Für die Tomatennestchen die Tomaten waschen, Deckel abschneiden und aushöhlen. Den geputzten Spinat in kochendem Wasser zusammenfallen lassen, anschließend gut ausdrücken und mit der feingewürfelten Zwiebel und den Gewürzen verrühren. Den Spinat in die Tomaten füllen, Deckel aufsetzen und die Tomaten in eine mit Backtrennpapier ausgelegte feuerfeste Form geben und im Backofen bei 220 °C (mittlere Schiene) 15—20 Minuten garen. Die Rumpsteaks trockentupfen, leicht klopfen und in einer beschichteten Pfanne bei starker Hitze erst auf jeder Seite 1 Minute bräunen, dann bei mittlerer Hitze auf jeder Seite 3—6 Minuten braten und mit Zwiebelsalz und Pfeffer würzen.

Die Steaks auf vorgewärmten Tellern mit Kräuterbutter belegen, Alu-Kartoffeln und die gefüllten Tomaten daneben anrichten und sofort servieren.

Pro Portion: 2090 Kilojoule, 500 Kalorien, 49 g Eiweiß, 20 g Fett, 30 g Kohlenhydrate

4 Austauschportionen Eiweiß
1 1/2 Austauschportionen Gemüse
3/4 Austauschportion Milch
1 Austauschportion Fett
1 Austauschportion Kartoffeln

Spießchen mit buntem Reis
Menüplan 31. Woche

Zutaten für 2 Portionen
40 g parboiled Reis (Rohgewicht)
1/8 l Wasser, Salz
320 g Rinderfilet (Rohgewicht)
Rauchsalz
Pfeffer, Paprika

je 100 g kleine Zwiebeln, Gurke, Tomaten, grüne Paprikaschoten
100 g eingelegter Tomatenpaprika
Currypulver
3 TL Barbecuesauce

Zubereitung: Reis in kochendes Salzwasser schütten und bei sehr schwacher Hitze in ca. 25 Minuten ausquellen lassen. Inzwischen das Fleisch trockentupfen, in walnußgroße Würfel schneiden und mit Rauchsalz, Pfeffer und Paprika würzen.
Die Zwiebeln schälen und halbieren, Gurke, Tomaten und Schote waschen und in Scheiben bzw. Stücke schneiden. Nun abwechselnd Fleisch und Gemüse auf 2 Spieße stecken (Drehspieß mittlerer Höhe) oder im Backofen bei 225 °C (Gasherd Stufe 5—6) auf der mittleren Schiene in ca. 20 Minuten garen. Den garen Reis mit Tomatenpaprikastückchen und Curry mischen. Die Spießchen auf vorgewärmten Tellern mit Barbecuesauce beträufeln und zum Reis servieren.

Pro Portion: 1420 Kilojoule, 340 Kalorien, 35 g Eiweiß, 8 g Fett, 35 g Kohlenhydrate

4 Austauschportionen Eiweiß
2½ Austauschportionen Gemüse
1 Austauschportion Getreide-Erzeugnisse
25 Kcal »Auf Wunsch«

Filet im Mantel
Menüplan 52. Woche

Zutaten für 6 Portionen
60 g Weizenvollkornmehl
Salz
12 EL Mineralwasser
3 TL Margarine
12 g Nestargel
3 TL Zwiebelflocken

Rosmarin, Kerbel
Pfeffer, Salz
720—960 g Rinderfilet im Stück (Rohgewicht)
3 TL Instantbrühe
60 g Zwieback

Zubereitung: Mehl mit dem Salz vermischen. 9 Eßlöffel Mineralwasser nach und nach einrühren. Margarine untermischen und mit 6 g Nestargel

andicken. Den Teig 30 Minuten in den Kühlschrank stellen. Backofen auf 225 °C (Gasherd Stufe 5—6) vorheizen. Restliches Mineralwasser mit Zwiebelflocken und den Gewürzen verrühren und das Fleisch damit von allen Seiten gut einreiben. Den Teig teilen und jede Hälfte breitdrücken. Das Fleisch darin einwickeln und auf den Grillrost legen. Ca. $^3/_4$ Liter Wasser in die Fettpfanne füllen, den Grillrost auf die 2. Schiene von unten geben und die Fettpfanne darunterschieben. 40 Minuten garen.
Anschließend den Inhalt der Fettpfanne in einen Topf gießen, jedoch das Fleisch im warmen, aber ausgestellten Ofen lassen. Flüssigkeit auf 900 ml auffüllen und erhitzen. Instantbrühe darin auflösen, mit restlichem Nestargel andicken und Zwieback hineinreiben. Die Sauce mit Salz und Pfeffer abschmecken und bei sehr schwacher Hitze 5 Minuten zugedeckt ziehen lassen. Das Filet aus dem Ofen nehmen, in 6 Scheiben schneiden, auf einer Bratenplatte anrichten und mit der Sauce übergießen.

Pro Portion: 1170 Kilojoule, 280 Kalorien, 33 g Eiweiß, 9 g Fett, 15 g Kohlenhydrate

4 Austauschportionen Eiweiß
1 Austauschportion Getreide-Erzeugnisse
$^1/_2$ Austauschportion Fett
15 Kcal »Auf Wunsch«

Feinschmecker-Filetsteaks (Foto Seite 128)
Menüplan 50. Woche

Zutaten für 2 Portionen

320 g Rinderfilet in Scheiben	*2 TL Weißwein*
(Rohgewicht)	*1 TL geriebener Käse*
kalorienreduzierte Pfirsiche	*2 TL Butter*
(100 kcal)	

Zubereitung: Rinderfilets von beiden Seiten unter dem vorgeheizten Grill 2—4 Minuten grillen.
Anschließend mit Pfirsichhälften belegen, mit Weißwein beträufeln, mit Käse bestreuen und mit Butterflöckchen belegen.
Nochmals kurz unter den Grill schieben, bis der Käse geschmolzen und leicht braun ist.

Pro Portion: 1130 Kilojoule, 270 Kalorien, 32 g Eiweiß, 11 g Fett, 13 g Kohlenhydrate

4 Austauschportionen Eiweiß
1 Austauschportion Fett
$^1/_2$ Austauschportion Obst
10 Kcal »Auf Wunsch«

Filetschnitten
Menüplan 52. Woche

Zutaten für 2 Portionen
320 g Rinderfilet (Rohgewicht)
1 TL Margarine
1 TL Mineralwasser
1 TL Zwiebelflocken

Rosmarin, Kerbel, Pfeffer, Salz
20 g Weizenvollkornmehl
1 TL Instantbrühe
20 g Zwieback

Zubereitung: Mineralwasser mit Zwiebelflocken und den Gewürzen verrühren. Das Rinderfilet in 2 Scheiben schneiden und mit der Mineralwasser-Gewürz-Mischung von allen Seiten gut einreiben. Margarine in einer Pfanne erhitzen, das Fleisch hineingeben und bei mittlerer Hitze auf jeder Seite 4 Minuten (medium) braten. Das Fleisch herausnehmen und warm stellen.
Weizenvollkornmehl mit 300 ml Wasser anrühren, in den Bratenfond geben und erhitzen. Die Instantbrühe darin auflösen, Zwieback hineinreiben, die Sauce abschmecken und bei sehr schwacher Hitze 5 Minuten zugedeckt ziehen lassen.
Das Fleisch auf Tellern anrichten und mit der Sauce übergießen.

Pro Portion: 1170 Kilojoule, 280 Kalorien, 33 g Eiweiß, 9 g Fett, 15 g Kohlenhydrate

4 Austauschportionen Eiweiß
1 Austauschportion Brot
½ Austauschportion Fett
5 Kcal »Auf Wunsch«

Geschnetzeltes Rindfleisch
Menüplan 38. Woche

Zutaten für 2 Portionen
320 g magerer Rinderbraten
(Rohgewicht)
1 TL Öl
50 g Zwiebeln
1 TL Butter
100 g Gewürzgurken

4 Oliven
1 EL Tomatenmark
4 EL saure Sahne
Salz, weißer Pfeffer
Edelsüß-Paprika

Zubereitung: Rindfleisch unter kaltem Wasser abspülen und trockentupfen. Schräg zur Faser in ganz dünne Scheiben schneiden. Öl in einem Topf erhitzen und darin das Fleisch 10 Minuten braten. Beiseite stellen.

Zwiebeln schälen und hacken. Butter in einer Pfanne erhitzen und die Zwiebel darin glasig braten. Die Gewürzgurken würfeln, Oliven in dünne Scheiben schneiden und beides zu den Zwiebeln geben. Tomatenmark einrühren und alles 3 Minuten unter ständigem Rühren dünsten lassen. Fleisch und die saure Sahne hinzufügen. Alles noch einmal kurz erhitzen und mit den Gewürzen abgeschmeckt servieren.

Pro Portion: 1360 Kilojoule, 320 Kalorien, 35 g Eiweiß, 18 g Fett, 5 g Kohlenhydrate
4 Austauschportionen Eiweiß
½ Austauschportion Fett
¾ Austauschportion Gemüse
60 Kcal »Auf Wunsch«

Rheinischer Sauerbraten mit Rosinen
Menüplan 3. Woche

Zutaten für 2 Portionen
320 g magerer Rinderbraten
(Rohgewicht)
2 TL Margarine
100 g Zwiebeln
40 g Rosinen
4 TL Mehl
1 TL Instantbrühe

Salz, Pfeffer, Süßstoff
Marinade:
¼ l Rotweinessig
½ l Wasser
6 Pfefferkörner, 1 Lorbeerblatt
4—5 Wacholderbeeren

Zubereitung (2 Tage vorher beginnen): die Zutaten für die Marinade aufkochen, erkalten lassen und über das Fleisch geben (es muß bedeckt sein). 2 Tage zugedeckt kalt stellen. Das Fleisch aus der Marinade nehmen, trockentupfen (⅜ Liter Marinade aufbewahren) und in einem Topf in der Margarine rundum anbraten. Die gehackten Zwiebeln dazugeben und ebenfalls bräunen. Nun die Marinade angießen, die gewaschenen Rosinen dazugeben und den Sauerbraten in ca. 1 Stunde weichschmoren. Fleisch herausnehmen und warm stellen. Den Fond mit dem in wenig Wasser angerührten Mehl binden und die Sauce mit Instantbrühe und den Gewürzen abschmecken. Fleisch aufschneiden und getrennt zur Sauce servieren.

Pro Portion: 1630 Kilojoule, 390 Kalorien, 35 g Eiweiß, 15 g Fett, 21 g Kohlenhydrate
4 Austauschportionen Eiweiß
1 Austauschportion Fett
½ Austauschportion Gemüse
1 Austauschportion Obst
25 Kcal »Auf Wunsch«

Filetgulasch »Sonja«
Menüplan 3. Woche

Zutaten für 2 Portionen
320 g Rinderfilet (Rohgewicht)
1 EL Sojasauce
2 TL Öl
100 g Zwiebeln
200 g rote und grüne Paprikaschoten
100 g Erbsen (Tiefkühlware)
200 g frische Champignons
Salz, Pfeffer
2 TL Kondensmilch (4 % Fett)

Zubereitung: Rinderfilet in Streifen schneiden, in Sojasauce ca. 10 Minuten marinieren. Öl in einer Pfanne erhitzen, Filetstreifen darin scharf anbraten, anschließend herausnehmen und warm stellen. Zwiebel schälen, würfeln und in der Pfanne bräunen. Geputzte und in Streifen geschnittene Paprikaschoten zugeben und ca. 5 Minuten mitdünsten. Erbsen und geputzte Champignons zugeben. Alles ca. 5 Minuten dünsten, würzen und mit Kondensmilch verfeinern. Das Gemüse über die Fleischstreifen geben und servieren.

Pro Portion: 1420 Kilojoule, 340 Kalorien, 40 g Eiweiß, 12 g Fett, 19 g Kohlenhydrate

4 Austauschportionen Eiweiß
2½ Austauschportionen Gemüse
½ Austauschportion Gemüse, stärkehaltig
1 Austauschportion Fett
5 Kcal »Auf Wunsch«

Feuriger Paprika-Schmorbraten
Menüplan 2. Woche

Zutaten für 2 Portionen
320 g magerer Rinderbraten
(Rohgewicht)
Salz, Pfeffer, Edelsüß-Paprika
2 TL Öl
200 g Zwiebeln
je 150 g rote und grüne Paprikaschoten
1 kleine Pfefferschote
2 TL Mehl oder Kartoffelstärke
1 EL süße Sahne

Zubereitung: Fleisch würzen, Öl in einer Pfanne erhitzen, das Fleisch darin ringsum braun anbraten. Geschälte und in Stücke geschnittene Zwiebeln ebenfalls mit anbraten, ca. ¼ l Wasser zufügen und das Fleisch bei schwacher Hitze 40 Minuten schmoren. Paprikaschoten waschen, weiße Trennwände und Kerne entfernen, in Stücke schneiden und zum Fleisch geben. Pfefferschote fein hacken und ebenfalls hinzufügen. Weitere 20 Minuten bei schwacher Hitze schmoren. Sauce mit Mehl andikken, mit Sahne verfeinern, abschmecken und mit dem in Scheiben geschnittenen Fleisch servieren.

Pro Portion: 1590 Kilojoule, 380 Kalorien, 37 g Eiweiß, 18 g Fett, 17 g Kohlenhydrate

4 Austauschportionen Eiweiß
1 Austauschportion Gemüse
1 Austauschportion Fett
10 Kcal »Auf Wunsch«

Südländischer Fleischtopf
Menüplan 22. Woche

Zutaten für 2 Portionen
240 g mageres Rindergulasch
(Rohgewicht)
150 g Zwiebeln
2 TL Öl
Pfeffer, Salz, Paprika edelsüß
1 Knoblauchzehe
2 EL Tomatenmark
2 TL Instantbrühe
je 150 g Zucchini, Auberginen,
Tomaten, Paprika
Basilikum, Thymian
1½ EL Crème fraîche

Zubereitung: Fleisch in Würfel schneiden. Zwiebeln schälen und ebenfalls würfeln.
Fleischwürfel in heißem Öl scharf anbraten, dann würzen. Zwiebelwürfel hinzufügen und kurz mitdünsten lassen. Knoblauchzehe zerdrücken, mit Tomatenmark mischen und ebenfalls zum Gulasch geben. Mit 400 ml Wasser ablöschen, die Instantbrühe einrühren und 30 Minuten schmoren lassen.
Währenddessen Zucchini und Auberginen waschen und grob würfeln, die Tomaten überbrühen, enthäuten und ebenfalls würfeln, Paprikaschoten entkernen, waschen und in Streifen schneiden. Alle Gemüse zum Fleisch geben und noch weitere 20 Minuten bei schwacher Hitze schmoren lassen.
Den Fleischtopf mit Basilikum und Thymian würzen und nochmals abschmecken. Vor dem Servieren mit einer Crème-fraîche-Haube garnieren.

Pro Portion: 1460 Kilojoule, 350 Kalorien, 32 g Eiweiß, 16 g Fett, 20 g Kohlenhydrate

3 Austauschportionen Eiweiß
3 Austauschportionen Gemüse
¾ Austauschportion Gemüse, stärkehaltig
1 Austauschportion Fett
70 Kcal »Auf Wunsch«

Rinderrouladen
Menüplan 14. Woche

Zutaten für 2 Portionen
320 g magere Rinderrouladen
(Rohgewicht)
Senf, Salz, Pfeffer
100 g Zwiebeln
100 g Gewürzgurken
2 TL Öl
1 Lorbeerblatt, 2 Pfefferkörner
2 TL Speisestärke

Zubereitung: Rouladen mit Senf bestreichen, salzen und pfeffern. Zwiebeln schälen und die Hälfte davon geviertelt auf das Fleisch legen. Die Gewürzgurken in Streifen schneiden und auf dem Fleisch verteilen; dieses aufrollen und mit Rouladenklammern schließen. Öl in einem Topf erhitzen und die Rouladen darin von allen Seiten gut anbraten. Mit etwas Wasser ablöschen und dann das Lorbeerblatt, Pfefferkörner und die restlichen Zwiebeln zugeben. Die Rouladen bei mittlerer Hitze 80 Minuten schmoren lassen. Anschließend die Sauce mit der in wenig Wasser angerührten Speisestärke binden, durch ein Sieb gießen und getrennt zum Fleisch servieren.

Pro Portion: 1340 Kilojoule, 320 Kalorien, 35 g Eiweiß, 16 g Fett, 8 g Kohlenhydrate

4 Austauschportionen Eiweiß
1 Austauschportion Fett
1 Austauschportion Gemüse
10 Kcal »Auf Wunsch«

Filettopf mit Pfirsichen
Menüplan 26. Woche

Zutaten für 2 Portionen
100 g kleine Zwiebeln
240 g Rinderfilet (Rohgewicht)
2 TL Öl
Salz, Pfeffer
½ Bund Petersilie
100 g Erbsen (Dosenware)
200 g Champignons (Dosenware)
200 g Pfifferlinge (Dosenware)
250 g Pfirsiche

Zubereitung: Zwiebeln schälen und fein würfeln. Rinderfilet mit Haushaltspapier abtupfen und in gleichmäßige Würfel schneiden. Das Öl in der Pfanne erhitzen und die Filetwürfel darin scharf anbraten. Zwiebeln beifügen, ebenfalls leicht anbraten. Das Fleisch mit Salz und Pfeffer bestreuen. Nun Petersilie, Erbsen, $\frac{1}{8}$ Liter Erbsenwasser, die abgetropften Champignons und Pfifferlinge und die gewürfelten Pfirsiche in den Topf geben und alles zusammen 10 Minuten erhitzen, aber nicht kochen lassen. Anschließend sofort servieren.

Pro Portion: 1380 Kilojoule, 330 Kalorien, 30 g Eiweiß, 11 g Fett, 29 g Kohlenhydrate
3 Austauschportionen Eiweiß
2½ Austauschportionen Gemüse
½ Austauschportion Gemüse, stärkehaltig
1 Austauschportion Fett
1 Austauschportion Obst

Italienische Rindfleischpfanne
Menüplan 19. Woche

Zutaten für 2 Portionen
1 Zitrone
150 g Auberginen, Salz
40 g breite Bandnudeln
150 g Zucchini
2 TL Öl
240—320 g mageres Rindfleisch ohne Knochen
Salz, Pfeffer, Rosmarin
2 EL Tomatenmark
¼ l Gemüsesaft
½ zerriebenes Lorbeerblatt
1 TL luftgetrocknete Zwiebelflocken
Knoblauchsalz, Basilikum, Oregano

Zubereitung: Die Zitrone auspressen. Auberginen waschen, in Scheiben schneiden, mit dem Zitronensaft beträufeln, mit Salz bestreuen und ½ Stunde zugedeckt stehen lassen. Nudeln in Salzwasser garen, dann abgießen. Währenddessen die Zucchini waschen und in Scheiben schneiden. Öl in einer Pfanne erhitzen, die Zucchinischeiben hineingeben und bei schwacher Hitze 10 Minuten schmoren.
Inzwischen das Fleisch waschen und in etwa 4 cm lange Streifen schneiden. Mit Pfeffer, Salz, Rosmarin einreiben, zu den Zucchinischeiben geben und weitere 5 Minuten schmoren. Das bittere Auberginenwasser abgießen und die Auberginenscheiben ebenfalls in die Pfanne geben. Alles weitere 15 Minuten garen. Sobald Fleisch und Gemüse gar sind, das Tomatenmark unterrühren, mit Gemüsesaft auffüllen und das halbe zerriebene Lorbeerblatt und die Zwiebelflocken untermischen. Alles noch einmal aufwallen lassen, mit Knoblauchsalz, Basilikum und Oregano abschmecken und die Nudeln unterrühren.

Pro Portion: 1590 Kilojoule, 380 Kalorien, 31 g Eiweiß, 13 g Fett, 30 g Kohlenhydrate
1½ Austauschportionen Gemüse
1 Austauschportion Getreide-Erzeugnisse
1 Austauschportion Fett
½ Austauschportion Obst
10 Kcal »Auf Wunsch«

Zwiebelfleisch auf Reis
Menüplan 9. Woche

Zutaten für 2 Portionen
320 g mageres Rindfleisch (Rohgewicht)
200 g Zwiebeln
2 TL Öl
1 EL Tomatenmark

Salz, Pfeffer, Thymian, Knoblauchpulver
40 g Reis (Rohgewicht)
3 EL Crème fraîche

Zubereitung: Rindfleisch in kleine Würfel schneiden, die geschälten Zwiebeln in feine Scheiben. Die Fleischwürfel im heißen Öl anbraten, dann die Zwiebeln dazugeben und etwa 5 Minuten mitschmoren. Das in $1/8$ Liter Wasser angerührte Tomatenmark beifügen, die Gewürze dazugeben und alles weitere 30 Minuten bei schwacher Hitze garen. Währenddessen den Reis in Salzwasser kochen. Das fertige Zwiebelfleisch auf dem Reis anrichten und mit einer Crème-fraîche-Haube garnieren.

Pro Portion: 1800 Kilojoule, 430 Kalorien, 37 g Eiweiß, 20 g Fett, 26 g Kohlenhydrate

4 Austauschportionen Eiweiß
1 Austauschportion Gemüse
1 Austauschportion Fett
1 Austauschportion Getreide-Erzeugnisse
105 Kcal »Auf Wunsch«

Chop Suey
Menüplan 28. Woche

Zutaten für 2 Portionen
320 g mageres Rindfleisch (Rohgewicht)
2 EL Sojasauce
2 TL Speisestärke
1 zerdrückte Knoblauchzehe
30 g getrocknete chinesische Pilze

je 150 g Möhren, grüne Paprikaschote, Weiß- oder Chinakohl
2 TL Öl
170 g Sojabohnensprossen
Salz, Pfeffer, Chinagewürz, Curry, Sojasauce

Zubereitung: Rindfleisch in feine (0,5 mal 3 cm große) Streifen schneiden, mit Sojasauce, Speisestärke und Knoblauch mischen und zugedeckt 30—60 Minuten marinieren.
Unterdessen die Pilze mit kochendem Wasser übergießen und 10 Minuten weichen lassen, dann kleinschneiden. Möhren schälen und raspeln oder in dünne Scheiben schneiden, Paprikaschote waschen und entker-

Wildgulasch ▷
(Rezept S. 316)

nen, Kohl ebenfalls waschen und beides in sehr feine Streifen schneiden. Das Fleisch mit der Marinade in sehr heißem Öl ca. 5 Minuten braten. Das vorbereitete Gemüse und Sojabohnensprossen dazugeben, mit Sojasauce und den Gewürzen pikant abschmecken und bei starker Hitze 2—3 Minuten schmoren; eventuell etwas Wasser dazugeben. Das Gemüse sollte noch knackig sein. Das Chop Suey noch einmal abschmecken und sofort servieren.

Pro Portion: 1760 Kilojoule, 420 Kalorien, 44 g Eiweiß, 17 g Fett, 21 g Kohlenhydrate
4 Austauschportionen Eiweiß
3¼ Austauschportionen Gemüse
1 Austauschportion Fett
10 Kcal »Auf Wunsch«

Rindfleisch in Aspik
Menüplan 27. Woche

Zutaten für 2 Portionen
2 kleine Brühwürfel
6 Blatt weiße Gelatine
240 g gekochtes, mageres Rindfleisch

150 g Gewürzgurke
100 g eingelegte Paprikaschoten
100 g Tomaten
1 Bund Petersilie

Zubereitung: Die Brühwürfel in ½ Liter kochendem Wasser auflösen. Gelatine in kaltem Wasser einweichen, dann ausdrücken und in der Brühe auflösen. Etwas abkühlen lassen, dabei ab und zu umrühren, bis die Masse dick zu werden beginnt. In der Zwischenzeit das kalte Rindfleisch in mundgerechte Stücke schneiden. Gewürzgurke und Paprikaschoten würfeln, Tomaten in Scheiben schneiden. Nun einen Aspikspiegel in eine kalt ausgespülte Schüssel gießen und erstarren lassen. Dann die Rindfleischstücke, Gewürzgurke, Paprikaschoten und die Tomatenscheiben wechselweise dekorativ auf den Aspikspiegel legen. Wieder mit der Aspikmasse begießen und dann noch einmal alles wiederholen. Zwischendurch immer wieder erstarren lassen. Die Sülze im Kühlschrank etwa 2 Stunden kalt werden lassen. Die Schüssel kurz in heißes Wasser tauchen, das Aspik auf eine Platte stürzen und mit Petersiliensträußchen garnieren.

Pro Portion: 1340 Kilojoule, 320 Kalorien, 44 g Eiweiß, 13 g Fett, 6 g Kohlenhydrate
4 Austauschportionen Eiweiß
1¾ Austauschportionen Gemüse
20 Kcal »Auf Wunsch«

◁ *Spaghetti Calamari*
(Rezept S. 370)

Schäfertopf
Menüplan 20. Woche

Zutaten für 2 Portionen
320 g magerer Rinderbraten
(Rohgewicht)
1 Lorbeerblatt
2 Nelken, Thymian
je 200 g Möhren und Champignons
je 100 g Zwiebeln und grüne Paprikaschoten

2 TL Margarine
2 TL Instantbrühe
40 g Kartoffelpüreepulver (Fertigprodukt)
60 g geriebener Chesterkäse
1 EL feingeschnittener Schnittlauch

Zubereitung: Fleisch würfeln und im Schnellkochtopf mit 300 ml Wasser, Lorbeerblatt, Nelken und Thymian 30 Minuten garen.
Inzwischen Möhren schälen, Champignons waschen und putzen und beides in Scheiben schneiden. Die Zwiebeln schälen, Paprikaschoten waschen, entkernen und beides grob würfeln. Paprika, Möhren, Champignons, Zwiebelwürfel und Margarine zum Fleisch geben und alles weitere 10 Minuten im Schnellkochtopf garen. Anschließend Instantbrühe einrühren.
Während Fleisch und Gemüse garen, das Kartoffelpüree nach Anleitung zubereiten und unter das heiße Püree geriebenen Käse und Schnittlauch ziehen.
Die Fleisch-Gemüse-Mischung in eine feuerfeste Form füllen. Das Püree in einen Spritzbeutel geben und am Rand der Form entlang spritzen. Das Gericht unter den vorgeheizten Grill stellen, bis das Püree leicht braun wird. In der Form servieren.
Tip: Der Schäfertopf kann auch in einem normalen Topf zubereitet werden; dann verlängert sich allerdings die Garzeit des Rindfleisches um 15 Minuten.

Pro Portion: 2340 Kilojoule, 560 Kalorien, 49 g Eiweiß, 25 g Fett, 34 g Kohlenhydrate
5 Austauschportionen Eiweiß
3 Austauschportionen Gemüse
1 Austauschportion Fett
1 Austauschportion Kartoffeln
10 Kcal »Auf Wunsch«

Große Frühlingsrolle
Menüplan 41. Woche

Zutaten für 2 Portionen

80 g Mehl
2 TL Öl
1 Prise Salz
¼ TL Trockenhefe
120 g mageres gekochtes Rindfleisch
50 g Zwiebeln

100 g Chinakohl
100 g Sojabohnenkeimlinge (evtl. Dosenware)
je 50 g Paprikaschote und Champignons
Sojasauce, Salz, Chinagewürz
2 TL Speisestärke

Zubereitung: Mehl mit Öl, Salz und Trockenhefe vermischen. Nur so viel lauwarmes Wasser dazugeben, daß ein elastischer Teig entsteht. Gut durchkneten; den Teig in einen Plastikbeutel legen, locker verschließen und an einem warmen Ort 30 Minuten ruhen lassen. Unterdessen die Füllung vorbereiten. Dafür das Rindfleisch in kleine Würfel schneiden, Zwiebel schälen und fein hacken. Chinakohl putzen und in feine Streifen schneiden. Falls die Sojabohnenkeimlinge konserviert sind, diese gut abtropfen lassen. Paprikaschoten entkernen, waschen und in feine Streifen schneiden, Champignons putzen und in Scheiben schneiden. Fleisch und Gemüse mit Sojasauce, Salz und Chinagewürz mischen und pikant abschmecken. Zum Schluß die Speisestärke unterheben.
Den Teig aus der Tüte nehmen und auf einem sauberen Geschirrtuch hauchdünn ausrollen oder über dem Handrücken wie Strudelteig ausziehen. Die Füllung auf den Teig geben, Ränder einschlagen und mit Hilfe des Geschirrtuches vorsichtig aufrollen. Die Frühlingsrolle mit Hilfe des Geschirrtuches vorsichtig auf ein mit Backtrennpapier ausgelegtes Backblech legen und im vorgeheizten Backofen bei 200° C (Gasherd Stufe 4—5) ca. 30 Minuten backen. Dabei 2—3mal mit Wasser bepinseln.

Pro Portion: 1460 Kilojoule, 350 Kalorien, 25 g Eiweiß, 11 g Fett, 37 g Kohlenhydrate
2 Austauschportionen Eiweiß
2 Austauschportionen Getreide-Erzeugnisse
1¾ Austauschportionen Gemüse
1 Austauschportion Fett
12 Kcal »Auf Wunsch«

Paprika-Gulasch-Pfanne
Menüplan 39. Woche

Zutaten für 4 Portionen

640 g mageres Rindfleisch (Rohgewicht)
200 g Zwiebeln
400 g grüne Paprikaschoten
4 TL Öl

8 EL Tomatenmark
1 kleiner Brühwürfel
1 EL Paprika edelsüß
1 Prise Paprika rosenscharf, Salz

Zubereitung: Fleisch in gleichgroße Würfel schneiden, geschälte Zwiebeln in Ringe. Paprikaschoten putzen und in Streifen schneiden. Öl in einem Bratentopf erhitzen und das Fleisch darin von allen Seiten gut anbraten, dann die Zwiebeln zugeben und 5 Minuten mitbraten. In der Zwischenzeit das Tomatenmark mit der aus $^1/_4$ Liter heißem Wasser und dem Brühwürfel zubereiteten Fleischbrühe verrühren. Nun die Paprikastreifen zum Fleisch geben, die Brühe angießen, mit Paprika und Salz würzen und alles 60 Minuten bei schwacher Hitze schmoren lassen.

Pro Portion: 1380 Kilojoule, 330 Kalorien, 36 g Eiweiß, 32 g Fett, 22 g Kohlenhydrate

4 Austauschportionen Eiweiß
1½ Austauschportionen Gemüse
1 Austauschportion Fett
22,5 Kcal »Auf Wunsch«

Fondue
Menüplan 31. Woche

Zutaten für 2 Portionen

2 kleine Brühwürfel
½ l Wasser
je 150 g mageres Schweine-,
Kalb- und Rindfleisch (Rohgewicht)
Zwiebelsalz, Pfeffer

Für die Sauce:
200 g Joghurt (0,3 % Fett)
2 TL Mayonnaise (80 % Fett)
Pfeffer, Salz, Worcestersauce,
Süßstoff, Senf
Meerrettich, Estragon, Curry

Zubereitung: Für die Sauce Joghurt mit Mayonnaise, Pfeffer, Salz, Worcestersauce und Süßstoff verrühren. Auf vier Schälchen verteilen, zwei mit Senf und Meerrettich verrühren, die beiden anderen mit Estragon und Curry würzen.

Die beiden Brühwürfel in warmem Wasser auflösen, die Brühe in den Fonduetopf füllen. Alle Fleischsorten trockentupfen und in sehr feine Würfel oder Scheibchen schneiden. Bei Tisch spießt nun jeder mit der Fonduegabel das Fleisch auf und gart es in der kochenden Brühe. Das Fleisch dann mit Zwiebelsalz und Pfeffer würzen und in die Saucen tauchen.

Pro Portion: 1760 Kilojoule, 420 Kalorien, 50 g Eiweiß, 18 g Fett, 5 g Kohlenhydrate
5 Austauschportionen Eiweiß
½ Austauschportion Milch
1 Austauschportion Fett
10 Kcal »Auf Wunsch«

Rindfleisch mit Sauermilch
Menüplan 47. Woche

Zutaten für 2 Portionen
100 g Möhren
2 TL Butter
240—320 g mageres Rindfleisch
(Rohgewicht)

400 ml Sauermilch (1,5 % Fett)
Basilikum, frisch gemahlener
Pfeffer, Salz und Süßstoff

Zubereitung: Möhren schälen und in dünne Scheiben schneiden. Die Butter in einer Pfanne erhitzen, Fleisch und Möhrenscheiben hineingeben und bei starker Hitze anbraten, bis das Fleisch von allen Seiten braun ist. Die Sauermilch darübergießen und alles zugedeckt bei sehr schwacher Hitze 75 Minuten garen. Das Fleisch warm stellen. Die Sauce durch ein Sieb treiben und mit den Gewürzen abschmecken.
Das Fleisch in Scheiben schneiden, auf zwei Tellern anrichten und mit der Sauce übergossen servieren.

Pro Portion: 1590 Kilojoule, 380 Kalorien, 41 g Eiweiß, 18 g Fett, 14 g Kohlenhydrate
4 Austauschportionen Eiweiß
½ Austauschportion Gemüse
1 Austauschportion Fett
1 Austauschportion Milch

Kleine Hamburger
Menüplan 48. Woche

Zutaten für 2 Portionen
200 g Zwiebeln
200 g eingelegter Paprika
320 g Tatar (Beefsteakhack/Rohgewicht)
Salz, Pfeffer, Paprika

2 TL Margarine
2 ungesüßte Milchbrötchen
(à 60 g)
4 TL Senf

Zubereitung: Zwiebeln schälen und die Hälfte sehr fein würfeln. Die Hälfte der Paprikaschoten ebenfalls sehr fein würfeln. Beides mit Hackfleisch vermengen und mit Salz, Pfeffer und Paprika abschmecken. Kleine Hamburger formen und diese unter dem vorgeheizten Grill auf beiden Seiten grillen.
Währenddessen den Rest der Zwiebeln in Scheiben schneiden und in Margarine glasig dünsten, dann die restlichen, in Streifen geschnittenen Paprikaschoten hinzufügen.
Die Brötchen auf-, aber nicht durchschneiden und mit den Hamburgern füllen; darauf die Paprika-Zwiebel-Mischung geben. Mit Senf servieren.

Pro Portion: 1840 Kilojoule, 440 Kalorien, 42 g Eiweiß, 10 g Fett, 45 g Kohlenhydrate

4 Austauschportionen Eiweiß
2 Austauschportionen Gemüse
2 Austauschportionen Brot
1 Austauschportion Fett

Pikante Hamburger
Menüplan 22. Woche

Zutaten für 2 Portionen
100 g Zwiebeln
300—360 g Rinderhack (Rohgewicht)
2 TL Tomatenketchup
Pfeffer, Salz

100 g Tomaten
4 schwarze Oliven
1 TL Öl
1 Knoblauchzehe
Basilikum
2 EL Weinessig

Zubereitung: Zwiebeln schälen und sehr fein würfeln. Die Hälfte der Zwiebelwürfel mit dem Hackfleisch und dem Ketchup vermengen. Mit Pfeffer und Salz abschmecken. Aus dem Hackteig zwei gleich große Hamburger formen und unter dem vorgeheizten Grill von jeder Seite 5—10 Minuten grillen. Währenddessen Tomaten überbrühen, enthäuten und würfeln. Oliven in Scheiben schneiden.

Öl erhitzen, die zerdrückte Knoblauchzehe und den Rest der Zwiebeln darin anrösten, Tomatenwürfel und Oliven hinzufügen und mit Basilikum, Pfeffer und Salz abschmecken. Essig hinzufügen und die Sauce 5 Minuten bei schwacher Hitze kochen lassen. Die Sauce über die Hamburger geben und sofort servieren.

Pro Portion: 1670 Kilojoule, 400 Kalorien, 38 g Eiweiß, 24 g Fett, 8 g Kohlenhydrate
4 Austauschportionen Eiweiß
1 Austauschportion Gemüse
½ Austauschportion Fett
15 Kcal »Auf Wunsch«

Hackbällchen mit Spargel
Menüplan 43. Woche

Zutaten für 2 Portionen
200 g Spargel
Salz, Essig
2 TL Instantbrühe
1 TL Senf
Pfeffer, Zwiebelflocken
240 g Tatar (Beefsteakhack/Rohgewicht)
30 g Weißbrot
2 TL Butter
20 g Zwieback
Muskat, gehackte Petersilie

Zubereitung: Den Spargel waschen, schälen, in Stücke schneiden und sofort in Essig-Salz-Wasser legen, damit er weiß bleibt.
½ Liter Wasser erhitzen, die Brühe darin auflösen, Spargel hineingeben und 30 Minuten zugedeckt bei schwacher Hitze garen. In einem zweiten Topf ca. 1 Liter Wasser mit Salz zum Kochen bringen. Währenddessen Senf mit Pfeffer, Salz und Zwiebelflocken vermischen, das Tatar damit verkneten, zu kleinen Bällchen formen, diese in das siedende Wasser geben und 20 Minuten zugedeckt bei sehr schwacher Hitze gar ziehen lassen.
Das gewürfelte Weißbrot in Butter in einer Pfanne 5 Minuten bei mittlerer Hitze unter ständigem Wenden rösten.
Den Zwieback in die Spargelbrühe reiben, das Gemüse mit Muskat abschmecken und in Suppenteller füllen. Die Hackbällchen dazugeben und alles mit Röstbrot und Petersilie bestreuen.

Pro Portion: 1170 Kilojoule, 280 Kalorien, 31 g Eiweiß, 9 g Fett, 19 g Kohlenhydrate
3 Austauschportionen Eiweiß
1 Austauschportion Fett
1 Austauschportion Brot
1 Austauschportion Gemüse
10 Kcal »Auf Wunsch«

Pikantes Hackfleisch mit Toast
Menüplan 36. Woche

Zutaten für 2 Portionen
30 g Zwiebeln
½ Bund Petersilie
240 g Tatar (Beefsteakhack)
1 EL Eiswasser
1 TL Worcestersauce
1 TL Zitronensaft
½ TL Senf
Salz, Pfeffer
70 g rote Paprikaschote
12 Kapern
60 g Toastbrot

Zubereitung: Zwiebeln schälen und fein würfeln, gewaschene Petersilie fein hacken. Zwiebelwürfel und Petersilie mit dem Hackfleisch vermengen. Eiswasser, Worcestersauce, Zitronensaft und Senf zufügen und mit Salz und Pfeffer abschmecken. Das gewürzte Tatar zu einem großen Ball formen und auf eine Platte geben. Paprikaschoten entkernen, waschen und in Streifen schneiden. Das Hackfleisch mit den Paprikastreifen und den Kapern garnieren. Toastbrot rösten, diagonal durchschneiden und dazu reichen.

Pro Portion: 1000 Kilojoule, 240 Kalorien, 29 g Eiweiß, 6 g Fett, 18 g Kohlenhydrate

4 Austauschportionen Eiweiß
1 Austauschportion Brot
½ Austauschportion Gemüse

Winzertopf
Menüplan 47. Woche

Zutaten für 2 Portionen
100 g rote Paprikaschote
100 g Erbsen (Dosenware)
140 g Mais (Dosenware)
75 g Trauben
240 g Tatar (Beefsteakhack/Rohgewicht)
Senf, Peffer
Zwiebelsalz
80 ml ungesüßter Traubensaft
1 TL Instantbrühe
2 TL Weißwein
Muskat, frisch gemahlener Pfeffer, Salz
Süßstoff
Petersilie

Zubereitung: Die Paprikaschote waschen und in kleine Stücke schneiden. Erbsen und Mais abtropfen lassen. Trauben halbieren. Tatar mit

Senf, Pfeffer und Zwiebelsalz vermischen und daraus kleine Bällchen formen. Den Traubensaft in einem Topf erhitzen, Instantbrühe darin auflösen, Hackbällchen hineingeben und unter ständigem Rühren bei starker Hitze 2 Minuten anschmoren. Mit $1/4$ Liter Wasser auffüllen und wieder zum Kochen bringen. Paprikaschoten, Erbsen, Mais und Trauben hinzufügen und alles zugedeckt bei sehr schwacher Hitze 15 Minuten garen. Mit Wein und Gewürzen abschmecken, in Teller füllen und Petersilie darüberstreuen.

Pro Portion: 1340 Kilojoule, 320 Kalorien, 31 g Eiweiß, 6 g Fett, 35 g Kohlenhydrate
1$1/2$ Austauschportionen Gemüse, stärkehaltig
$1/2$ Austauschportion Gemüse
1 Austauschportion Obst
10 Kcal »Auf Wunsch«

Bunte Fleischbällchen
Menüplan 46. Woche

Zutaten für 2 Portionen
200 g Rosenkohl
300 g Tomaten
160 ml ungesüßter Pflaumensaft
2 TL Instantbrühe
2 TL Senf
1 EL Mineralwasser
Zwiebelflocken, Estragon, Pfeffer, Salz
240 g Tatar (Beefsteakhack/Rohgewicht)
20 g Zwieback
Muskat, Süßstoff

Zubereitung: Rosenkohl putzen und 20 Minuten in kaltes Wasser legen, Tomaten überbrühen und die Haut abziehen. Rosenkohl und Tomaten mit dem Pflaumensaft zum Kochen bringen. 340 ml Wasser angießen, erhitzen und die Brühe darin auflösen. Alles bei sehr schwacher Hitze zugedeckt 10 Minuten garen.
Inzwischen Senf und Mineralwasser in einer Schüssel verrühren, Zwiebelflocken, Estragon, Pfeffer und Salz hinzufügen und das Tatar damit verkneten. Aus dem Teig kleine Bällchen formen und diese in der Suppe 20 Minuten bei sehr schwacher Hitze garen. Zum Schluß den Zwieback hineinreiben und mit Muskat und Süßstoff abschmecken.

Pro Portion: 1380 Kilojoule, 330 Kalorien, 35 g Eiweiß, 6 g Fett, 33 g Kohlenhydrate
3 Austauschportionen Eiweiß
2$1/2$ Austauschportionen Gemüse
1 Austauschportion Obst
$1/2$ Austauschportion Brot
10 Kcal »Auf Wunsch«

Hacksteak mit Oliven
Menüplan 1. Woche

Zutaten für 2 Portionen
50 g Zwiebeln
8 mittelgroße Oliven
320 g Tatar (Beefsteakhack/Rohgewicht)
2 TL Senf
Salz, Pfeffer, Paprika
2 TL Margarine

Zubereitung: Geschälte Zwiebeln und Oliven fein hacken. Tatar mit Senf und den Gewürzen sowie den Zwiebeln und Oliven mischen. Den Teig kräftig abschmecken und zu flachen Steaks formen. Fett in einer Pfanne erhitzen und die Steaks darin auf beiden Seiten knusprig braun braten.

Pro Portion: 1090 Kilojoule, 260 Kalorien, 35 g Eiweiß, 12 g Fett, 2 g Kohlenhydrate

4 Austauschportionen Eiweiß
1 Austauschportion Fett
¼ Austauschportion Gemüse
20 Kcal »Auf Wunsch«

Straßburger Auflauf
Menüplan 51. Woche

Zutaten für 2 Portionen
60 g Bandnudeln (Rohgewicht)
50 g Zwiebeln
2 EL Mineralwasser
Basilikum, Muskat, Pfeffer, Salz
240 g Tatar (Beefsteakhack/Rohgewicht)
3 EL Tomatenmark
½ l Milch (0,3 % Fett)
1 TL Instantbrühe
Zitronensaft, Süßstoff
Thymian, gehackte Petersilie
60 g geriebener Parmesankäse
(45 % Fett i. Tr.)
2 TL Butter

Zubereitung: Die Nudeln in reichlich Salzwasser »bißfest« kochen. Inzwischen die geschälte Zwiebel würfeln und mit Mineralwasser, Basilikum, Muskat, Pfeffer und Salz vermischen und dann mit dem Tatar verkneten. Eine beschichtete Pfanne erhitzen, das Tatar darin unter häufigem Rühren bei mittlerer Hitze 5 Minuten bräunen. Tomatenmark unterrühren, die Milch angießen und alles zum Kochen bringen. Instantbrühe darin auflösen, dann mit Zitronensaft, Süßstoff, Thymian und Petersilie würzen. Die abgetropften Nudeln in eine feuerfeste Form geben, die

Hackfleischsauce darübergießen, mit Käse bestreuen und mit Butterflöckchen belegt im Backofen bei 175° C (Gasherd Stufe 3—4) 30 Minuten überbacken.

Pro Portion: 2130 Kilojoule, 510 Kalorien, 50 g Eiweiß, 17 g Fett, 38 g Kohlenhydrate
4 Austauschportionen Eiweiß
1½ Austauschportionen Getreide-Erzeugnisse
¼ Austauschportion Gemüse
½ Austauschportion Milch
1 Austauschportion Fett
20 Kcal »Auf Wunsch«

Hackfleischtaschen
Menüplan 20. Woche

Zutaten für 2 Portionen
200 g Zwiebeln
2 TL Margarine
100 ml Bier
320 g Rinderhackfleisch (Rohgewicht)

Salz, Pfeffer
1 EL Tomatenketchup
2 TL Curryketchup
1 TL Senf
gehackte Petersilie

Zubereitung: Zwiebeln schälen, in Scheiben schneiden und in Margarine glasig dünsten. Die Hälfte des Biers zufügen und bei schwacher Hitze köcheln lassen, bis es eingedickt ist.
Hackfleisch in zwei Portionen teilen und daraus zwei große, etwa 1 cm dicke, runde Scheiben formen. In die Mitte jeder Scheibe je ⅓ der Zwiebeln geben, würzen und zu Taschen umklappen. Die Hackfleischtaschen unter dem vorgeheizten Grill ca. 15 Minuten grillen; nach der Hälfte der Zeit wenden.
Inzwischen 100 ml Wasser, Tomatenmark, Ketchup, Senf und den Rest des Biers zu dem verbleibenden Drittel der Zwiebeln geben, pikant abschmecken und alles bei schwacher Hitze zu einer dicklichen Sauce einkochen. Die fertigen Hackfleischtaschen mit der Sauce begießen und mit feingehackter Petersilie bestreut servieren.

Pro Portion: 1800 Kilojoule, 430 Kalorien, 38 g Eiweiß, 23 g Fett, 20 g Kohlenhydrate
4 Austauschportionen Eiweiß
1 Austauschportion Gemüse
1 Austauschportion Fett
35 Kcal »Auf Wunsch«

Pasta asciutta
Menüplan 5. Woche

Zutaten für 2 Portionen
2 TL Olivenöl
200 g Zwiebeln
320 g Tatar (Beefsteakhack/Rohgewicht)
1 EL Tomatenmark

400 g Tomaten (Dosenware)
Salz, Pfeffer, Oregano, Basilikum
40 g Spaghetti (Rohgewicht)
5 TL geriebener Käse

Zubereitung: Öl in einer Pfanne erhitzen. Geschälte, gehackte Zwiebeln darin anbraten. Tatar zufügen und mitbraten. Tomatenmark unterrühren, Tomaten und Saft aus der Dose zufügen, kräftig durchkochen lassen und mit den Gewürzen abschmecken. Die Sauce ca. 20 Minuten bei schwacher Hitze einkochen lassen. Spaghetti in Salzwasser garen. Anschließend abgetropft auf Tellern anrichten und mit der Fleischsauce übergießen. Mit geriebenem Käse bestreut servieren.

Pro Portion: 1800 Kilojoule, 430 Kalorien, 42 g Eiweiß, 12 g Fett, 31 g Kohlenhydrate

3 Austauschportionen Gemüse
4 Austauschportionen Eiweiß
1 Austauschportion Fett
1 Austauschportion Getreide-Erzeugnisse
30 Kcal »Auf Wunsch«

Spaghetti mit Hackfleischsauce
Menüplan 8. Woche

Zutaten für 2 Portionen
100 g Zwiebeln
2 TL Öl
180 g Rinderhackfleisch (gegart)
2 EL Tomatenmark

Salz, Pfeffer, Majoran, Thymian, Knoblauchpulver
70 g Champignons (Dosenware)
4 gestrichene TL geriebener Käse
120 g gekochte Spaghetti

Zubereitung: Zwiebeln schälen, würfeln und in heißem Öl glasig dünsten, das Hackfleisch hinzufügen und kurz mitschmoren. Tomatenmark mit 200 ml Wasser und den Gewürzen verrühren und ebenfalls hinzufügen. Die abgetropften Champignons unterrühren und alles bei ganz schwacher Hitze 5 Minuten köcheln lassen (eventuell nachwürzen).

Die Hackfleischsauce und den geriebenen Käse zu den gegarten Spaghetti reichen.

Pro Portion: 1760 Kilojoule, 420 Kalorien, 34 g Eiweiß, 21 g Fett, 23 g Kohlenhydrate

3 Austauschportionen Eiweiß
1½ Austauschportionen Gemüse
1 Austauschportion Getreide-Erzeugnisse
1 Austauschportion Fett
30 Kcal »Auf Wunsch«

Chili con carne
Menüplan 18. Woche

Zutaten für 2 Portionen
160 g Tatar (Beefsteakhack/Rohgewicht)
2 TL Öl
Salz, Pfeffer
200 g Zwiebeln
2 Knoblauchzehen
400 g Tomaten (Dosenware)
300 g grüne Paprikaschoten
70 g Mais (Dosenware)
180 g Kidneybohnen, eingeweicht und gekocht (eventuell Dosenware)
Paprika scharf und edelsüß, Pfeffersauce, eventuell Majoran oder Oregano

Zubereitung: Hackfleisch unter Rühren in einer Kasserolle in 1 Teelöffel Öl scharf anbraten. Mit Salz und Pfeffer würzen.
Zwiebeln schälen, hacken und in einer beschichteten Pfanne mit dem restlichen Öl anbraten. Knoblauchzehen zerdrücken und zu den Zwiebeln geben. Sobald die Zwiebeln goldgelb sind, zum Hack geben, die Tomaten mit der Gabel zerdrücken und mit der Flüssigkeit ebenfalls zugeben. Paprikaschoten entkernen, in Würfel schneiden und mit der Tomaten-Hack-Mischung aufkochen. Alles 10—15 Minuten leise köcheln lassen. Maiskörner und Kidneybohnen hinzugeben, das Ganze nochmals erhitzen und mit den Gewürzen sehr scharf abschmecken.

Pro Portion: 1550 Kilojoule, 370 Kalorien, 28 g Eiweiß, 9 g Fett, 40 g Kohlenhydrate

4½ Austauschportionen Gemüse
3½ Austauschportionen Eiweiß
1 Austauschportion Fett
½ Austauschportion Gemüse, stärkehaltig

Spaghetti mit italienischer Sauce
Menüplan 2. Woche

Zutaten für 2 Portionen
80 g Spaghetti (Rohgewicht)
300 g Tomaten (Dosenware)
300 g Zucchini
200 g Zwiebeln

240 g Rinderhack
Salz, frisch gemahlener Pfeffer,
Oregano, Rosmarin

Zubereitung: Spaghetti in reichlich Salzwasser garen. Inzwischen Tomaten zerkleinern und etwas einkochen lassen. Zucchini waschen und in Scheiben schneiden, Zwiebeln schälen und würfeln. Zucchini und Zwiebeln zu den Tomaten geben und 10—15 Minuten köcheln lassen. Das Rinderhack zufügen und kurz mitgaren. Die Sauce abschmecken und zu den abgetropften Spaghetti servieren.

Pro Portion: 2000 Kilojoule, 480 Kalorien, 37 g Eiweiß, 16 g Fett, 51 g Kohlenhydrate
2 Austauschportionen Getreide-Erzeugnisse
4 Austauschportionen Gemüse
4 Austauschportionen Eiweiß

Schweinefleisch

Kümmelbraten
Menüplan 1. Woche

Zutaten für 2 Portionen
100 g Zwiebeln
320 g magerer Schweinebraten
(Rohgewicht)
2 TL Öl
Salz, Pfeffer

1 EL Senf
1 TL gemahlener Kümmel
$1/8$ l Rotwein
2 TL Mehl

Zubereitung: Zwiebeln schälen und hacken. Fleisch mit Salz, Pfeffer, Senf und Kümmel einreiben und in einem Schmortopf ringsum scharf anbraten. Dann die Zwiebeln zugeben und mitbraten. ⅛ Liter Wasser aufgießen und das Fleisch im zugedeckten Topf ca. 35—40 Minuten schmoren. Zuletzt Rotwein zugeben, Fleisch herausnehmen und in Scheiben schneiden. Sauce mit Mehl andicken, nochmals aufkochen lassen und zum Fleisch servieren.

Pro Portion: 1550 Kilojoule, 370 Kalorien, 35 g Eiweiß, 17 g Fett, 7 g Kohlenhydrate
4 Austauschportionen Eiweiß
1 Austauschportion Fett
½ Austauschportion Gemüse
60 Kcal »Auf Wunsch«

Geschnetzeltes vom Schwein
Menüplan 4. Woche

Zutaten für 2 Portionen
320 g Schweineschnitzel oder
Lende (Rohgewicht)
4 TL Mehl
2 TL Margarine

⅛ l Weißwein
Salz, Pfeffer
1½ EL Crème fraîche
400 g Champignons (Dosenware)

Zubereitung: Schnitzelfleisch in Steifen schneiden und in Mehl wälzen. Die Margarine in einem Topf erhitzen und das Fleisch darin unter ständigem Wenden rösten. Weißwein und etwas Wasser zugeben und mit Salz und Pfeffer würzen. Die Sauce mit Crème fraîche verfeinern. Champignons zugeben und in der Sauce langsam erhitzen (nicht mehr kochen). Sofort servieren.

Pro Portion: 1670 Kilojoule, 400 Kalorien, 38 g Eiweiß, 19 g Fett, 11 g Kohlenhydrate
4 Austauschportionen Eiweiß
2 Austauschportionen Gemüse
1 Austauschportion Fett
120 Kcal »Auf Wunsch«

Panierte Schweineschnitzel
Menüplan 3. Woche

Zutaten für 2 Portionen
320 g mageres Schweineschnitzel
(Rohgewicht)
Salz, Pfeffer, Edelsüß-Paprika
2 TL Kondensmilch (4 % Fett
i. Tr.)

20 g Paniermehl
2 TL Margarine
2 Zitronenscheiben, Petersiliensträußchen

Zubereitung: Schnitzel leicht klopfen, würzen und mit Kondensmilch bestreichen. Dann im Paniermehl wenden und dieses fest andrücken. In einer Pfanne Fett erhitzen und die Schnitzel von jeder Seite 3—4 Minuten goldbraun braten. Mit Zitronenscheiben und Petersiliensträußchen anrichten.

Pro Portion: 1340 Kilojoule, 320 Kalorien, 35 g Eiweiß, 16 g Fett, 8 g Kohlenhydrate

4 Austauschportionen Eiweiß
½ Austauschportion Brot
1 Austauschportion Fett
5 Kcal »Auf Wunsch«

Schweinekoteletts in Aprikosensauce
Menüplan 13. Woche

Zutaten für 2 Portionen
400 g magere Schweinekoteletts
(Rohgewicht mit Knochen)
Salz, Pfeffer, Paprika
200 g Aprikosen (ohne Zucker
konserviert)

4 EL Aprikosensaft
Süßstoff
½ TL Zimt, 1 Nelke

Zubereitung: Koteletts mit den Gewürzen einreiben und unter dem vorgeheizten Grill von jeder Seite etwa 10—15 Minuten grillen.
Währenddessen Aprikosen mit Aprikosensaft und 120 ml Wasser im Mixer pürieren. Das Püree in einen Topf geben, Süßstoff, Zimt und Nelke hinzufügen und 5 Minuten bei schwacher Hitze kochen lassen. Die Nelke wieder herausnehmen und die Sauce zu dem gegrillten Fleisch reichen.

Pro Portion: 2050 Kilojoule, 490 Kalorien, 21 g Eiweiß, 43 g Fett, 6 g Kohlenhydrate

4 Austauschportionen Eiweiß
1 Austauschportion Obst

Schnitzelgulasch
Menüplan 15. Woche

Zutaten für 2 Portionen
240 g magere Schweineschnitzel
(Rohgewicht)
100 g Zwiebeln

250 g Champignons
2 TL Margarine
Salz, Pfeffer

Zubereitung: Das Fleisch in kleine Stücke schneiden, Zwiebeln schälen und würfeln. Champignons putzen, waschen und abtropfen lassen. Nun die Margarine im Topf erhitzen, Fleisch hineingeben und gut anbraten. Würzen, Zwiebeln und Champignons zufügen und im geschlossenen Topf bei schwacher Hitze 5—10 Minuten schmoren lassen. Eventuell nochmals nachwürzen.

Pro Portion: 1130 Kilojoule, 270 Kalorien, 29 g Eiweiß, 13 g Fett, 8 g Kohlenhydrate

3 Austauschportionen Eiweiß
1¾ Austauschportionen Gemüse
1 Austauschportion Fett

Schweinefleisch »Meister Ribbeck«
Menüplan 32. Woche

Zutaten für 2 Portionen
320 g mageres Schweineschnit-
zelfleisch (Rohgewicht)
300 g Möhren
200 g Kartoffeln

200 g Birnen
2 TL Öl
1 kleiner Brühwürfel
Salz, Pfeffer, Petersilie

Zubereitung: Fleisch würfeln, Möhren und Kartoffeln schälen und ebenfalls würfeln. Birnen schälen, das Kerngehäuse entfernen und würfeln. Das Fleisch im heißen Öl anbraten, ¼ Liter Wasser angießen, dann Brühwürfel, Möhren, Kartoffeln und Birnen zufügen. Alles würzen und bei schwacher Hitze 30 Minuten garen. Vor dem Servieren eventuell nachwürzen und mit reichlich feingehackter Petersilie bestreuen.

Pro Portion: 2050 Kilojoule, 490 Kalorien, 38 g Eiweiß, 18 g Fett, 42 g Kohlenhydrate

4 Austauschportionen Eiweiß
1½ Austauschportionen Gemüse
1 Austauschportion Kartoffeln
1 Austauschportion Obst
1 Austauschportion Fett

Schweinekoteletts in japanischer Marinade
Menüplan 8. Woche

Zutaten für 2 Portionen
420 g magere Schweinekoteletts
(Rohgewicht mit Knochen)
Marinade:
1 Knoblauchzehe
3 EL Sojasauce
2 TL Öl
Ingwerpulver
Senf
1 TL Honig

Zubereitung: Bereits am Vortag die Marinade herstellen. Dazu Knoblauchzehe ganz fein hacken und mit den übrigen Zutaten vermengen, abschmecken und bis zum nächsten Tag abgedeckt im Kühlschrank aufbewahren. Dann nochmals abschmecken. Schweinekoteletts mit der Marinade bepinseln, in Alufolie einwickeln und 3—5 Stunden im Kühlschrank liegen lassen. Dann das Fleisch von jeder Seite 10—15 Minuten unter dem vorgeheizten Grill grillen.

Pro Portion: 2380 Kilojoule, 570 Kalorien, 25 g Eiweiß, 50 g Fett, 5 g Kohlenhydrate

4 Austauschportionen Eiweiß
1 Austauschportion Fett
10 Kcal »Auf Wunsch«

Festtagsbraten für Langschläfer
Menüplan 16. Woche

Zutaten für 2 Portionen
¼ l herber Weißwein
6—8 Trockenpflaumen (40 g)
Saft 1 Zitrone
4 Nelken
½ TL Pfefferkörner (nach Geschmack etwas mehr)
Süßstoff
320 g Schweinefilet (Rohgewicht)
Salz, Pfeffer
2 TL Margarine oder Öl
100 g Zwiebeln

Zubereitung: Weißwein, Trockenpflaumen, Zitronensaft, Nelken, Pfefferkörner und Süßstoff in einem Topf ca. 10 Minuten kochen. Dann die Pflaumen herausnehmen. Inzwischen das Schweinefilet der Länge nach tief einschneiden und die Pflaumen (ohne Kern) in den Einschnitt legen. Filet zuklappen, mit Garn umwickeln, würzen und im Fett anbraten. Geschälte, kleingehackte Zwiebeln dazugeben und alles ca. 30 Minuten braten. Bei Bedarf ganz wenig Flüssigkeit zugeben, damit das Fleisch nicht anbrennt. Sobald das Fleisch gar ist, den Weinsud dazugeben und aufkochen lassen. Das Fleisch aus der Sauce heben und warm stellen, die Sauce durch ein Sieb streichen und eventuell mit Süßstoff, Salz und Pfeffer abschmecken.

Pro Portion: 1970 Kilojoule, 470 Kalorien, 31 g Eiweiß, 20 g Fett, 23 g Kohlenhydrate
4 Austauschportionen Eiweiß
1 Austauschportion Obst
1 Austauschportion Fett
½ Austauschportion Gemüse
100 Kcal »Auf Wunsch«

Schweinefleisch süß-sauer
Menüplan 45. Woche

Zutaten für 2 Portionen
300—360 g mageres Schweinefleisch (Rohgewicht)
6 TL Speisestärke
Salz
je 100 g rote und grüne Paprikaschote

100 g Möhren
2 TL Öl
2—3 EL Essig
etwa 3 EL Sojasauce
Süßstoff

Zubereitung: Schweinefleisch in sehr kleine Streifen schneiden und mit 2 Teelöffeln Speisestärke und wenig Salz bestreuen. Gut mischen und beiseite stellen. Paprikaschoten waschen und entkernen, Möhren schälen und beides in feine Streifen schneiden. Öl in einer Pfanne erhitzen und das Schweinefleisch darin unter ständigem Wenden goldbraun braten, dann warm stellen.
In einem Topf Essig, Sojasauce und eine Tasse Wasser erhitzen, das Gemüse dazugeben und kurz aufkochen lassen. Das Gemüse darf auf keinen Fall weich werden! Den Rest der Speisestärke mit etwas Wasser verrühren und das Gemüse damit andicken. Mit Süßstoff süß-sauer abschmecken, dann das Schweinefleisch dazugeben und sofort servieren.

Pro Portion: 1300 Kilojoule, 310 Kalorien, 29 g Eiweiß, 4 g Fett, 27 g Kohlenhydrate
3 Austauschportionen Eiweiß
1½ Austauschportionen Gemüse
1 Austauschportion Fett
30 Kcal »Auf Wunsch«

Paprikaschoten mit Gulaschfüllung
Menüplan 15. Woche

Zutaten für 2 Portionen
320 g mageres Schweinefleisch
(Rohgewicht)
50 g Zwiebeln
je 150 g Champignons und Tomaten
2 TL Margarine

Salz, Pfeffer, Paprika
2 große grüne Paprikaschoten
(300 g)
1 TL Speisestärke
3 Tropfen Pfeffersauce

Zubereitung: Das Fleisch mundgerecht würfeln, Zwiebeln schälen und würfeln. Champignons putzen, waschen und blättrig schneiden. Die Tomaten überbrühen, häuten und die Hälfte davon in Scheiben schneiden. Fleisch und Zwiebeln in der Pfanne in heißer Margarine anbraten. Tomaten zusammen mit den Champignons zum Fleisch geben, ca. $^1/_2$ Liter Wasser zufügen und alles bei geringer Hitze 40 Minuten garen. Mit Salz, Pfeffer und Paprika würzen. Nun die restlichen Tomaten würfeln und ebenfalls zum Fleisch geben. Von den Paprikaschoten einen Deckel abschneiden, aushöhlen und waschen. Die Tomaten-Fleisch-Mischung aus der Sauce heben und in die Schoten füllen. Den Deckel wieder auflegen und die Schoten bei schwacher Hitze in der restlichen Sauce 30 Minuten garen lassen. Schoten anschließend herausnehmen, die Sauce mit angerührter Stärke binden, mit Pfeffersauce würzen und durch ein Sieb gießen. Getrennt zu den Paprikaschoten reichen.

Pro Portion: 1510 Kilojoule, 360 Kalorien, 38 g Eiweiß, 17 g Fett, 15 g Kohlenhydrate

4 Austauschportionen Eiweiß
2³/₄ Austauschportionen Gemüse
1 Austauschportion Fett
5 Kcal »Auf Wunsch«

Hot dogs
Menüplan 1. Woche

Zutaten für 2 Portionen
2 Wiener Würstchen (à 90 g)
2 lange Brötchen (à 30 g)
2 TL Mayonnaise (90 % Fett)
1 EL Senf
4 TL Ketchup
50 g Salatblätter

Zubereitung: Die Würstchen unter dem Grill knusprig grillen. Dann die Brötchen der Länge nach auf-, jedoch nicht durchschneiden und mit Mayonnaise bestreichen. Die gegrillten Würstchen dazwischenlegen, mit Senf und Ketchup bestreichen und auf Salatblättern servieren.

Pro Portion: 1555 Kilojoule, 372 Kalorien, 17 g Eiweiß, 24 g Fett, 21 g Kohlenhydrate

3 Austauschportionen Eiweiß
1 Austauschportion Brot
1 Austauschportion Fett
¼ Austauschportion Gemüse
10 Kcal »Auf Wunsch«

Schweinefilet in Biersauce
Menüplan 8. Woche

Zutaten für 2 Portionen
320 g Schweinefilet (Rohgewicht)
100 g Zwiebeln
2 TL Öl
Salz, Pfeffer, Knoblauchpulver
200 ml Bier
4 TL Mehl

Zubereitung: Schweinefilet trockentupfen und mit den geschälten, in Ringe geschnittenen Zwiebeln in Öl kräftig anschmoren, Gewürze zufügen und mit Bier ablöschen. Das Fleisch bei geschlossenem Topf ca. 20 Minuten garen. Den Schmorfond mit dem in etwas Wasser angerührten Mehl binden. Weitere 5 Minuten bei ganz schwacher Hitze kochen lassen und die Sauce vor dem Servieren nochmals abschmecken.

Pro Portion: 1590 Kilojoule, 380 Kalorien, 32 g Eiweiß, 20 g Fett, 8 g Kohlenhydrate

4 Austauschportionen Eiweiß
½ Austauschportion Gemüse
1 Austauschportion Fett
70 Kcal »Auf Wunsch«

Serbischer Fleischtopf
Menüplan 7. Woche

Zutaten für 2 Portionen
320 g Schweinefilet (Rohgewicht)
je 100 g Zwiebeln und Paprikaschoten
je 50 g Gewürzgurken und eingelegte Peperoni
2 TL Öl

70 g Mais (Dosenware)
1 TL Instantbrühe
200 g Tomaten
Salz, Paprika, Thymian
1½ EL Crème fraîche
Petersilie, Dill

Zubereitung: Das Fleisch würfeln, Zwiebeln schälen und würfeln, Paprikaschoten waschen, entkernen und in Streifen schneiden. Gewürzgurken und Peperoni würfeln. Die Fleischwürfel in heißem Öl anbraten, Zwiebel-, Gurken- und Peperoniwürfel sowie die Paprikastreifen und den abgetropften Mais kurz mit andünsten, dann gut ¼ Liter Wasser angießen und die Instantbrühe einrühren. Tomaten überbrühen, enthäuten, achteln und ebenfalls hinzufügen. Alles mit Salz, Paprika und Thymian würzen und bei schwacher Hitze 15 Minuten garen; eventuell nachwürzen. Vor dem Servieren Crème fraîche und die feingehackten Kräuter unterheben.

Pro Portion: 1760 Kilojoule, 420 Kalorien, 34 g Eiweiß, 23 g Fett, 19 g Kohlenhydrate

4 Austauschportionen Eiweiß
2½ Austauschportionen Gemüse
1 Austauschportion Fett
½ Austauschportion Gemüse, stärkehaltig
55 Kcal »Auf Wunsch«

Schweinesülze
Menüplan 7. Woche

Zutaten für 2 Portionen
320 g magerer Schweinebraten
(Rohgewicht)
100 g Senfgurken
1 kleiner Brühwürfel

2 EL Essig
Salz, Süßstoff
3 Blatt Gelatine

Zubereitung: Schweinebraten in 2 cm dicke Scheiben schneiden und in einer beschichteten Pfanne anbraten, dann in einen Topf geben und mit einer ½ Tasse Wasser bei schwacher Hitze 15 Minuten garen. Den gegarten Schweinebraten und die Senfgurken würfeln. Beides abwechselnd in

eine Schale schichten. Brühwürfel in ¼ Liter Wasser aufkochen und kräftig mit Essig, Salz und Süßstoff würzen. Die eingeweichte Gelatine in der nicht mehr kochenden Brühe auflösen und die Mischung über das Fleisch und die Gurken geben. Die Sülze im Kühlschrank fest werden lassen.
Vor dem Servieren die Schale kurz in heißes Wasser stellen, dann die Schweinesülze auf eine Platte stürzen.

Pro Portion: 1170 Kilojoule, 280 Kalorien, 37 g Eiweiß, 13 g Fett, 1 g Kohlenhydrate

4 Austauschportionen Eiweiß
½ Austauschportion Gemüse
10 Kcal »Auf Wunsch«

Kassler mit Kapernsauce
Menüplan 41. Woche

Zutaten für 2 Portionen
400 g sehr mageres Kassler (Rohgewicht mit Knochen)
100 g Zwiebeln
2 TL Öl
1 Prise Thymian

1 Lorbeerblatt
2 Gewürznelken,
frisch gemahlener weißer Pfeffer
2 EL Kapern
100 g Speisequark (Magerstufe)

Zubereitung: Kassler unter fließendem Wasser abspülen und trockentupfen. Zwiebeln schälen, die Hälfte davon vierteln, die andere Hälfte kleinhacken. Kasseler mit den geviertelten Zwiebeln in einen Bratbeutel legen, den Beutel verschließen und mit einer Stecknadel 2 Löcher in die Folie stechen. Das Kasseler im vorgeheizten Backofen bei 200 °C (Gasherd Stufe 4—5) ca. 45 Minuten braten. Kurz vor Ende der Garzeit das Öl in einem Topf erhitzen und die gehackten Zwiebeln darin anbraten. Kassler vorsichtig aus dem Bratbeutel nehmen, die Bratflüssigkeit mit Wasser auf 200 ml auffüllen und zu den Zwiebeln geben. Kassler warm stellen.
Zwiebeln mit Thymian, Lorbeerblatt und Gewürznelken aufkochen, mit Pfeffer würzen und bei geschlossenem Topf 15 Minuten kochen lassen. Kapern und Quark in diese Sauce rühren, nochmals erhitzen und abgeschmeckt zu dem aufgeschnittenen Fleisch servieren.

Pro Portion: 2220 Kilojoule, 530 Kalorien, 33 g Eiweiß, 41 g Fett, 7 g Kohlenhydrate

4 Austauschportionen Eiweiß
½ Austauschportion Gemüse
1 Austauschportion Fett
½ Austauschportion Milch

Würstchenpfanne
Menüplan 31. Woche

Zutaten für 2 Portionen
100 g Zwiebeln
180 g Wiener Würstchen
100 g Tomaten
60 g Roggenbrot
100 g Champignons (Dosenware)
2 TL Öl
Salz, Knoblauch, Pfeffer, gehackte Petersilie

Zubereitung: Zwiebeln schälen und in Ringe schneiden, Wiener Würstchen in Scheiben. Tomaten waschen und vierteln, das Roggenbrot würfeln. Die Champignons abtropfen lassen. Öl in einer Pfanne erhitzen, die vorbereiteten Zutaten hineingeben und alles bei mittlerer Hitze 15 Minuten garen. Dabei mehrmals umrühren. Die Würstchenpfanne mit den Gewürzen abschmecken und mit Petersilie bestreut servieren.

Pro Portion: 1574 Kilojoule, 376 Kalorien, 17 g Eiweiß, 24 g Fett, 21 g Kohlenhydrate

3 Austauschportionen Eiweiß
1½ Austauschportionen Gemüse
1 Austauschportion Brot
1 Austauschportion Fett

Kassler mit Ananas
Menüplan 15. Woche

Zutaten für 2 Portionen
3 Scheiben Kassler à 160 g (aus dem Knochen gelöst)
200 g Ananas aus der Dose (ohne Zucker konserviert)
2 TL Margarine
Thymian

Zubereitung: Die Kassler-Scheiben mit den abgetropften Ananas belegen. Eine feuerfeste Form mit der Margarine einfetten, Kasseler hineinlegen, die Ananas mit Thymian bestreuen und alles im vorgeheizten Backofen auf der mittleren Schiene bei 200°C (Gasherd Stufe 4—5) ca. 20 Minuten braten.

Pro Portion: 2300 Kilojoule, 550 Kalorien, 28 g Eiweiß, 42 g Fett, 13 g Kohlenhydrate

4 Austauschportionen Eiweiß
1 Austauschportion Obst
1 Austauschportion Fett

Überbackenes Kassler
Menüplan 3. Woche

Zutaten für 2 Portionen
180 g gekochtes Kassler
je 100 g Zwiebeln und Porree
200 g rote und grüne Paprikaschoten
200 g frische Champignons

2 TL Margarine
1 EL Tomatenmark
2 TL Mehl
Salz, Pfeffer, Majoran
3 TL geriebener Käse

Zubereitung: Das Kassler in 2 Scheiben schneiden, geschälte Zwiebel würfeln, den gewaschenen Porree in Ringe schneiden, die Paprikaschoten in Streifen und die geputzten Pilze blättrig schneiden. Margarine in einer Pfanne erhitzen und alle Gemüse darin etwas anschmoren. Ein wenig Wasser angießen und das Gemüse fertig garen. Tomatenmark und das mit etwas Wasser angerührte Mehl unter das Gemüse ziehen und mit den Gewürzen abschmecken. Nun die Kassler-Scheiben in eine feuerfeste Form legen, das Gemüse mit der Sauce darüber verteilen und mit geriebenem Käse bestreuen. Das Gericht unter dem vorgeheizten Grill überbacken, bis der Käse zu schmelzen beginnt.

Pro Portion: 2577 Kilojoule, 616 Kalorien, 35 g Eiweiß, 45 g Fett, 17 g Kohlenhydrate

3 Austauschportionen Eiweiß
4 Austauschportionen Gemüse
1 Austauschportion Fett
30 Kcal »Auf Wunsch«

Schinkenbananen
Menüplan 7. Woche

Zutaten für 2 Portionen
120 g Bananen
Curry

2 Scheiben gekochter Schinken
(je Scheibe 30 g)

Zubereitung: Bananen schälen und kräftig mit Curry bestreuen, dann in die Schinkenscheiben einrollen und mit einem Holzstäbchen verschließen.
Die Rollen unter dem vorgeheizten Grill von beiden Seiten in ca. 8—10 Minuten knusprig braun grillen.

Pro Portion: 573 Kilojoule, 137 Kalorien, 7 g Eiweiß, 6 g Fett, 14 g Kohlenhydrate

1 Austauschportion Eiweiß
1 Austauschportion Obst

Spargel-Schinken-Toast
Menüplan 9. Woche

Zutaten für 2 Portionen
4 TL Halbfettmargarine
feingehackte Petersilie und
Schnittlauch
120 g Toastbrot
200 g Spargelabschnitte (Dosenware)
180 g magerer gekochter
Schinken
20 g Paniermehl
6 TL geriebener Käse
2 TL Butterflöckchen

Zubereitung: Die Margarine mit den Kräutern verkneten. Das Toastbrot auf einer Seite rösten und die ungeröstete Seite mit der Kräutermargarine bestreichen. Nun die abgetropften Spargelstücke darauf verteilen, den in Streifen geteilten Schinken ebenfalls; Paniermehl, geriebenen Käse darüber streuen, und die Toasts, mit Butterflöckchen belegt, unter dem vorgeheizten Grill auf der untersten Schiene 8—10 Minuten überbacken.

Pro Portion: 2328 Kilojoule, 556 Kalorien, 28 g Eiweiß, 31 g Fett, 39 g Kohlenhydrate

2 Austauschportionen Fett
2½ Austauschportionen Brot
3 Austauschportionen Eiweiß
1 Austauschportion Gemüse
30 Kcal »Auf Wunsch«

Schinkenröllchen in Sülze
Menüplan 50. Woche

Zutaten für 2 Portionen
3 Blatt Gelatine
1 kleiner Brühwürfel
Salz, Pfeffer, Essig
2 Scheiben magerer, gekochter
Schinken (à 90 g)
2 Gewürzgurken (à 50 g)
100 g eingelegte Silberzwiebeln

Zubereitung: Gelatine in kaltem Wasser einweichen. ½ Liter Wasser aufkochen und den Brühwürfel darin auflösen, mit Salz, Pfeffer und Essig kräftig abschmecken. Die Gelatine in der nicht mehr kochenden Brühe

auflösen und davon einen dünnen »Spiegel« in eine Schüssel gießen und erstarren lassen. Nun die Gewürzgurken in die Schinkenscheiben wickeln und zusammen mit den Silberzwiebeln auf den Gelatinespiegel geben. Den Rest der Brühe darüber gießen und im Kühlschrank vollständig erstarren lassen.
Vor dem Servieren die Schüssel kurz in heißes Wasser stellen und die Sülze auf eine Platte stürzen.

Pro Portion: 1111 Kilojoule, 266 Kalorien, 21 g Eiweiß, 19 g Fett, 3 g Kohlenhydrate

3 Austauschportionen Eiweiß
1 Austauschportion Gemüse
10 Kcal »Auf Wunsch«

Gefüllte Schinkenrollen im Reisbett
Menüplan 37. Woche

Zutaten für 2 Portionen
80 g Reis (Rohgewicht), Salz
je 20 g Rosinen und getrocknete
Aprikosen
2 TL Meerrettich
2 Scheiben gekochter Schinken
(à 90 g)

je 4 TL Margarine und Mehl
$1/4$ l Milch (0,3 % Fett)
Pfeffer, Petersilie

Zubereitung: Reis in gut $1/8$ Liter Salzwasser garen. Dann in eine Auflaufform geben. Rosinen und kleingewürfelte Aprikosen mit Meerrettich vermengen, auf den Schinkenscheiben verteilen, diese dann aufrollen und auf den Reis legen. Margarine schmelzen, Mehl zufügen und unter ständigem Rühren die Milch angießen. Die Sauce mit Salz und Pfeffer abschmecken, über die Schinkenrollen gießen und diese bei 200 °C (Gasherd Stufe 4—5) auf der mittleren Schiene 15 Minuten garen. Vor dem Servieren mit feingehackter Petersilie bestreuen.

Pro Portion: 2436 Kilojoule, 582 Kalorien, 26 g Eiweiß, 27 g Fett, 58 g Kohlenhydrate

3 Austauschportionen Eiweiß
2 Austauschportionen Getreide-Erzeugnisse
1 Austauschportion Obst
$1/2$ Austauschportion Milch
20 Kcal »Auf Wunsch«

Schinken mit Mainzer Spargel
Menüplan 22. Woche

Zutaten für 2 Portionen
500 g Spargel
Salz
2 hartgekochte Eier
90 g magerer roher Schinken
2 TL Butter
20 g Paniermehl

Zubereitung: Spargel von oben nach unten dünn schälen, holzige Teile entfernen. ⅛ Liter Wasser mit Salz zum Kochen bringen und darin den Spargel je nach Dicke 20—25 Minuten bei schwacher Hitze garen. Den abgetropften Spargel auf einer vorgewärmten Platte warm halten.
Die Eier schälen und würfeln, den Schinken ebenfalls würfeln. Butter in einer kleinen Pfanne schmelzen lassen und das Paniermehl leicht darin bräunen. Die Eier- und Schinkenwürfel über dem Spargel verteilen, das geröstete Paniermehl darüberstreuen und das Gericht sofort servieren.

Pro Portion: 1440 Kilojoule, 344 Kalorien, 23 g Eiweiß, 20 g Fett, 17 g Kohlenhydrate
2½ Austauschportionen Gemüse
2½ Austauschportionen Eiweiß
1 Austauschportion Fett
½ Austauschportion Brot

Toast »St. Nikolaus«
Menüplan 49. Woche

Zutaten für 2 Portionen
2 Scheiben Toastbrot (à 30 g)
2 TL Butter
2 Scheiben gegarter magerer
Schweinebraten (à 90 g)
40 g getrocknete, steinlose
Pflaumen
2 Scheiben (à 30 g) Emmentaler
(45 % Fett i. Tr.)
Edelsüß-Paprika

Zubereitung: Das Toastbrot auf einer Seite rösten, die andere Seite mit Butter bestreichen und mit den Bratenscheiben belegen. Die halbierten Pflaumen darauf verteilen und mit Käsescheiben abdecken. Die Toastscheiben unter dem vorgeheizten Grill überbacken, bis der Käse zerläuft und leicht braun ist. Vor dem Servieren mit Paprikapulver bestäuben.

Pro Portion: 1970 Kilojoule, 470 Kalorien, 36 g Eiweiß, 23 g Fett, 29 g Kohlenhydrate
4 Austauschportionen Eiweiß
1 Austauschportion Obst
1 Austauschportion Brot
1 Austauschportion Fett

Pikanter Wurstsalat
Menüplan 2. Woche

<u>Zutaten für 2 Portionen</u>
180 g Bierschinken
je 100 g rote, grüne und gelbe
Paprikaschoten
200 g Zwiebeln

<u>Marinade:</u>
2 TL Öl
4 TL Rotwein
1 TL scharfer Senf
frisch gemahlener schwarzer
Pfeffer, Knoblauchsalz, Essig

Zubereitung: Den Bierschinken in Streifen schneiden, Paprikaschoten putzen, waschen und ebenfalls in Streifen teilen. Die geschälten Zwiebeln in Ringe schneiden.
Die Zutaten für die Marinade zu einer pikanten Sauce verrühren, diese über die Salatzutaten gießen, alles gut vermischen und bis zum Servieren etwas durchziehen lassen.

<u>Pro Portion:</u> 1443 Kilojoule, 345 Kalorien, 17 g Eiweiß, 23 g Fett, 14 g Kohlenhydrate

3 Austauschportionen Eiweiß
2 Austauschportionen Gemüse
1 Austauschportion Fett
10 Kcal »Auf Wunsch«

Kalbfleisch

Champignonkotelett
Menüplan 5. Woche

Zutaten für 2 Portionen
400 g Kalbskoteletts (Rohgewicht mit Knochen)
Salz, Pfeffer
2 TL Margarine
100 g Zwiebeln
300 g Champignons
$1/8$ l Weißwein
35 g süße Sahne
4 TL geriebener Käse

Zubereitung: Koteletts salzen und pfeffern. Fett in einer beschichteten Pfanne erhitzen, die Koteletts darin von beiden Seiten braun braten; herausnehmen und in eine feuerfeste Form geben. Geschälte, in Ringe geschnittene Zwiebeln in der Pfanne goldgelb rösten, blättrig geschnittene Champignons dazugeben, alles salzen und pfeffern. Dann Weißwein und Sahne zufügen und kurz aufkochen. Die Zwiebel-Pilz-Mischung auf die Koteletts häufen, mit geriebenem Käse bestreuen und unter dem Grill kurz überbacken, bis der Käse zerlaufen ist.

Pro Portion: 1460 Kilojoule, 350 Kalorien, 36 g Eiweiß, 15 g Fett, 11 g Kohlenhydrate

4 Austauschportionen Eiweiß
2 Austauschportionen Gemüse
1 Austauschportion Fett
120 Kcal »Auf Wunsch«

Curry-Kalbfleisch
Menüplan 21. Woche

Zutaten für 2 Portionen
125 g Apfel
100 g Zwiebeln
2 TL Öl
1 kleiner Brühwürfel
175 g Joghurt (1,5 % Fett)
Curry, Salz, Pfeffer
240 g Kalbsschnitzel (Rohgewicht)
gehackte Petersilie

Zubereitung: Apfel schälen, das Kerngehäuse entfernen und würfeln, geschälte Zwiebeln ebenfalls würfeln. Beides in einer Pfanne in 1 Teelöffel Öl glasig dünsten, mit knapp $1/8$ Liter Wasser ablöschen. Dann den Brühwürfel zufügen und rühren, bis er sich aufgelöst hat. Anschließend

den Joghurt unterheben und die Sauce mit Curry, Salz und Pfeffer kräftig abschmecken und warm stellen.
Kalbsschnitzel pfeffern und im restlichen Öl von beiden Seiten gut braun braten, dann salzen. Auf eine Platte geben und mit der Sauce begossen und mit Petersilie bestreut servieren.

Pro Portion: 1090 Kilojoule, 260 Kalorien, 29 g Eiweiß, 8 g Fett, 16 g Kohlenhydrate
3 Austauschportionen Eiweiß
1 Austauschportion Fett
½ Austauschportion Gemüse
½ Austauschportion Obst
½ Austauschportion Milch
5 Kcal »Auf Wunsch«

Kalbsragout
Menüplan 38. Woche

Zutaten für 2 Portionen
320 g magere Kalbsschulter (Rohgewicht)
50 g Zwiebeln
1 Knoblauchzehe
250 g Champignons
½ kleiner Brühwürfel
2 TL Öl

2 EL Tomatenmark
2 TL Mehl
2 TL Weißwein
Salz
1 TL getrockneter Thymian
1 Lorbeerblatt

Zubereitung: Das Fleisch in Würfel schneiden, Zwiebeln schälen und hacken, Knoblauchzehe durchpressen und zu den Zwiebeln geben. Champignons putzen, waschen und in Scheiben schneiden. Aus einem ½ Brühwürfel und ⅛ Liter Wasser eine Brühe herstellen.
Öl im Bratentopf erhitzen und die Fleischwürfel darin ringsum anbraten. Zwiebeln und Knoblauch zugeben, dann die Champignons und das Tomatenmark. Alles mit Mehl bestäuben, dann die Brühe und den Wein angießen und mit Salz, Thymian und Lorbeerblatt würzen. Das Ragout zugedeckt 60 Minuten schmoren lassen. Vor dem Servieren das Lorbeerblatt entfernen und eventuell nochmals nachwürzen.

Pro Portion: 1210 Kilojoule, 290 Kalorien, 38 g Eiweiß, 10 g Fett, 19 g Kohlenhydrate
4 Austauschportionen Eiweiß
1½ Austauschportionen Gemüse
1 Austauschportion Fett
27,5 Kcal »Auf Wunsch«

Osso bucco
Menüplan 5. Woche

Zutaten für 2 Portionen
500 g Kalbshaxe in Scheiben
(Rohgewicht mit Knochen)
Salz, Pfeffer
2 TL Mehl
2 TL Olivenöl
je 200 g Zwiebeln und Möhren
100 g Bleichsellerie
1/8 l Weißwein

35 g süße Sahne
Thymian, Basilikum
300 g Tomaten (Dosenware)
2 TL Instantbrühe
gehackte Petersilie und Knoblauch
abgeriebene Zitronenschale

Zubereitung: die gewaschenen Kalbshaxenscheiben mit einem Faden umwickeln (damit sie beim Braten in Form bleiben), dann salzen, pfeffern und mit Mehl bestäuben. Das Öl in einer Pfanne erhitzen und die Fleischscheiben auf beiden Seiten kräftig anbraten; anschließend herausnehmen und warm halten. Zwiebeln, Möhren und Sellerie schälen bzw. putzen und in Stücke schneiden. Das Gemüse in einem feuerfesten Schmortopf mit wenig Wasser ca. 10—12 Minuten dünsten, dann die Kalbshaxenscheiben darauf legen. Den Bratensatz in der Pfanne mit Wein und 1/8 Liter Wasser loskochen, die Sauce mit Sahne verfeinern, über das Fleisch gießen und alles mit Thymian und Basilikum bestreuen. Die Dosentomaten grob zerkleinert mit ihrem Saft in einem Topf mit Instantbrühe aufkochen, mit Salz und Pfeffer würzen und ebenfalls über das Fleisch gießen. Nun den Schmortopf zudecken und das Gericht ca. 1 Stunde im vorgeheizten Backofen bei 180 °C (Gasherd Stufe 3—4) garen; eventuell die letzten 10 Minuten ohne Deckel, damit die Flüssigkeit etwas einkocht. Vor dem Servieren Petersilie, Knoblauchstückchen und Zitronenschale mischen und die sogenannte »gremolata« über das Osso bucco streuen.

Pro Portion: 1840 Kilojoule, 440 Kalorien, 43 g Eiweiß, 13 g Fett
29 g Kohlenhydrate

4 Austauschportionen Eiweiß
4 Austauschportionen Gemüse
1 Austauschportion Fett
120 Kcal »Auf Wunsch«

Kalbssteak mit Ananas
Menüplan 1. Woche

Zutaten für 2 Portionen
240 g Kalbssteak (Rohgewicht)
Salz, Pfeffer
2 TL Margarine

100 g frische Ananas
2 TL geriebener Käse
60 g Toastbrot

Zubereitung: Kalbssteak mit Salz und Pfeffer würzen. Margarine in einer Pfanne erhitzen und die Steaks von beiden Seiten darin braten. Geschälte Ananas in Scheiben schneiden, darüberlegen und mit geriebenem Käse bestreuen. Im Grill überbacken, bis der Käse zerlaufen ist. Das Brot toasten und die Steaks darauf anrichten.

Pro Portion: 1090 Kilojoule, 260 Kalorien, 28 g Eiweiß, 6 g Fett, 21 g Kohlenhydrate
3 Austauschportionen Eiweiß
1 Austauschportion Fett
1 Austauschportion Brot
$1/2$ Austauschportion Obst
10 Kcal »Auf Wunsch«

Züricher Sahne-Geschnetzeltes
Menüplan 12. Woche

Zutaten für 2 Portionen
100 g Zwiebeln
320 g Kalbsschnitzel (Rohgewicht)
2 TL Mehl

2 TL Margarine
$1/8$ l Weißwein
35 g süße Sahne
Salz, Pfeffer, gehackte Petersilie

Zubereitung: Zwiebeln schälen und würfeln, das Fleisch in Streifen schneiden und in Mehl wälzen. In einer beschichteten Pfanne die Zwiebeln in geschmolzener Margarine glasig dünsten. Dann das Fleisch zu den Zwiebeln geben und von allen Seiten gut bräunen. Mit Wein ablöschen und alles bei schwacher Hitze etwa 2 Minuten ziehen lassen. Zum Schluß die Sahne zufügen und mit Salz und Pfeffer abschmecken. Vor dem Servieren das Geschnetzelte mit Petersilie bestreuen.

Pro Portion: 1300 Kilojoule, 310 Kalorien, 35 g Eiweiß, 12 g Fett, 8 g Kohlenhydrate
4 Austauschportionen Eiweiß
1 Austauschportion Fett
$1/2$ Austauschportion Gemüse
110 Kcal »Auf Wunsch«

Kalbfleisch mit Erdfrüchten
Menüplan 52. Woche

Zutaten für 2 Portionen
200 g Spargel
Essig, Salz
100 g Kartoffeln
320 g Kalbfleisch (Rohgewicht)
2 TL Margarine
½ l Milch (0,3 % Fett)
2 TL Instantbrühe
gehackte Petersilie
20 g Zwieback
Muskat, frisch gemahlener Pfeffer, Salz
2 Spritzer Süßstoff

Zubereitung: Den Spargel waschen, putzen, in Stücke schneiden und sofort in Essig-Salz-Wasser legen. Kartoffeln schälen und würfeln, das Kalbfleisch in walnußgroße Würfel schneiden.
Margarine in einem Topf erhitzen, das Kalbfleisch darin unter ständigem Wenden bei mittlerer Hitze 5 Minuten anbräunen, dann Spargel und Kartoffeln dazugeben und weitere 5 Minuten bei mittlerer Hitze unter ständigem Wenden garen. Die Milch angießen, Instantbrühe darin auflösen und alles bei sehr schwacher Hitze 30 Minuten zugedeckt köcheln lassen. Vor dem Servieren Petersilie unterrühren, den Zwieback hineinreiben und das Gericht mit den Gewürzen und Süßstoff mild abschmecken.

Pro Portion: 1590 Kilojoule, 380 Kalorien, 48 g Eiweiß, 7 g Fett, 40 g Kohlenhydrate

4 Austauschportionen Eiweiß
1 Austauschportion Gemüse
1 Austauschportion Brot
1 Austauschportion Fett
½ Austauschportion Milch
10 Kcal »Auf Wunsch«

Saltimbocca
Menüplan 18. Woche

Zutaten für 2 Portionen
je 150 g Broccoli und Blumen-
kohl
100 g grüne Bohnen (eventuell
gefroren)
Salz
2 TL Olivenöl
4 ganz dünne Kalbsschnitzel
(Rohgewicht 240 g)

Pfeffer
8 frische Salbeiblätter
60 g magerer Parmaschinken
100 g Tomaten
1/8 l herber Weißwein (am besten
Soave))
1 TL Speisestärke

Zubereitung: Broccoli und Blumenkohl in Röschen teilen und waschen, die Bohnen putzen und das Gemüse in Salzwasser beinahe gar kochen. Das Öl in einer Pfanne erhitzen und die Kalbsschnitzel von beiden Seiten scharf anbraten, dann pfeffern. Die Salbeiblätter dazugeben, dann den in vier Teile geschnittenen Schinken in der Pfanne glasig dünsten. Kalbsschnitzel mit je einem Stück Schinken und einem Salbeiblatt belegen. Die Schnitzel zusammenklappen und mit einem Holzspieß zusammenstecken; dabei ein Salbeiblatt daraufstecken. Kalbsschnitzel aus der Pfanne nehmen und warm stellen.
Nun Tomaten überbrühen, enthäuten, würfeln und kurz im Bratfond erhitzen. Zusammen mit dem abgetropften Gemüse und den Kalbsschnitzeln auf zwei Tellern anrichten.
Weißwein zu dem restlichen Bratenfond gießen, kurz aufkochen lassen und mit der Speisestärke binden. Die Sauce über das Fleisch geben.

Pro Portion: 1340 Kilojoule, 320 Kalorien, 36 g Eiweiß, 9 g Fett, 14 g Kohlenhydrate

4 Austauschportionen Eiweiß
2½ Austauschportionen Gemüse
1 Austauschportion Fett
55 Kcal »Auf Wunsch«

Kalbfleisch Toledo
Menüplan 19. Woche

Zutaten für 2 Portionen
300 g Broccoli
Salz
240 g Kalbsschnitzel in 2 Stücken
Knoblauch, Rosmarin
1/8 l Orangensaft
2 TL Rotwein zum Kochen
Pfeffer, Süßstoff
1 Orange (100 g)
1 TL geraspelte Kokosnuß

Zubereitung: Broccoli putzen, dabei die Stielenden und Außenblätter abschneiden und den Broccoli unter fließendem kalten Wasser waschen. In ca. 1 Liter kochendes Salzwasser geben und zugedeckt bei schwacher Hitze 15 Minuten kochen lassen.
Inzwischen das Fleisch waschen, trockentupfen und mit Knoblauch und Rosmarin einreiben. In einer beschichteten Pfanne auf beiden Seiten kurz anbraten und bei schwacher Hitze 8 Minuten durchbraten (nach 4 Minuten wenden). Das Fleisch aus der Pfanne nehmen und warm stellen. Orangensaft und Wein in die Pfanne geben und mit dem Bratfond mischen. Die Sauce mit Salz, Pfeffer und Süßstoff abschmecken. Die Orange schälen und in Spalten zerteilen.
Das Fleisch und den gegarten Broccoli auf zwei Tellern anrichten, die Orangenscheiben auf das Fleisch legen, mit der Sauce übergießen und mit Kokosraspeln bestreuen.

Pro Portion: 1000 Kilojoule, 240 Kalorien, 31 g Eiweiß, 3 g Fett, 20 g Kohlenhydrate

3 Austauschportionen Eiweiß
1 1/2 Austauschportionen Gemüse
1 Austauschportion Obst
10 Kcal »Auf Wunsch«

Lamm und Hammel

Pfirsich-Lamm auf Spinatsalat
Menüplan 17. Woche

Zutaten für 2 Portionen
320 g mageres Lammfleisch ohne Knochen (Rohgewicht)
1 Knoblauchzehe
je ½ TL Zwiebelsalz, Rosmarin, Thymian
2 TL Öl

300 g frischer Blattspinat
50 g Zwiebel
1 Zitrone
Salz, Muskat, Süßstoff
kalorienreduzierte Pfirsiche
(50 kcal)

Zubereitung: Das Lammfleisch abwaschen, in feine Streifen schneiden und mit der zerdrückten Knoblauchzehe, Zwiebelsalz, Rosmarin und Thymian vermischen. Öl in einer Pfanne erhitzen, das Fleisch hineingeben, unter ständigem Wenden anbraten und zugedeckt bei schwacher Hitze 20 Minuten garen.
Inzwischen den Spinat verlesen, waschen und abtropfen lassen. Die Zwiebel schälen und würfeln. Zitrone auspressen und den Saft mit Zwiebelwürfeln, Salz, Muskat und Süßstoff mischen.
Kurz bevor das Fleisch gar ist, die Pfirsiche 2 Minuten in der Pfanne erwärmen.
Den Spinat in eine Schüssel geben, mit der Zitronensauce vermischen und auf 2 Tellern anrichten. Das Fleisch mit den Pfirsichen darauf verteilen und sofort servieren.

Pro Portion: 2090 Kilojoule, 500 Kalorien, 34 g Eiweiß, 33 g Fett, 16 g Kohlenhydrate
4 Austauschportionen Eiweiß
1¾ Austauschportionen Gemüse
1 Austauschportion Fett
½ Austauschportion Obst

Lammtopf »Izmir«
Menüplan 6. Woche

Zutaten für 2 Portionen
2 TL Margarine
320 g Lammfleisch (Rohgewicht ohne Knochen)
200 g Zwiebeln
400 g grüne Bohnen (eventuell Tiefkühlware)
200 g Kartoffeln
Bohnenkraut
2 EL Tomatenmark
Salz, Knoblauchsalz, gehackte Petersilie

Zubereitung: Margarine in einem Topf erhitzen und das gewürfelte Fleisch darin anbraten. Die geschälten Zwiebeln grob würfeln und mit anbraten. Etwas Wasser zugeben und das Fleisch ca. 30 Minuten schmoren lassen. Danach die geputzten, zerkleinerten Bohnen und die geschälten, in Würfel geschnittenen Kartoffeln mit Bohnenkraut zufügen und alles weitere 20 Minuten garen. Tomatenmark und eventuell etwas Wasser zufügen, dann mit den Gewürzen abschmecken. Den Lammtopf mit Petersilie bestreut servieren.

Pro Portion: 2470 Kilojoule, 590 Kalorien, 36 g Eiweiß, 33 g Fett, 38 g Kohlenhydrate

4 Austauschportionen Eiweiß
3 Austauschportionen Gemüse
1 Austauschportion Fett
1 Austauschportion Kartoffeln
10 Kcal »Auf Wunsch«

Lamm mit grünen Bohnen
Menüplan 44. Woche

Zutaten für 2 Portionen
320 g mageres Lammfleisch (Rohgewicht)
100 g Zwiebeln
300 g Tomaten (Dosenware)
400 g grüne Bohnen (ersatzweise Tiefkühlware)
2 TL Olivenöl
$^{1}/_{2}$—1 TL Salz
je $^{1}/_{4}$—$^{1}/_{2}$ TL frisch geriebene Muskatnuß, Piment und frisch gemahlener schwarzer Pfeffer

Zubereitung: Lammfleisch in Würfel schneiden, geschälte Zwiebeln und die gewaschenen Tomaten grob zerkleinern. Frische Bohnen waschen, die Fäden entfernen und in etwa 5 cm lange Stücke brechen oder schneiden. Öl in einer Pfanne erhitzen und das Lammfleisch darin von allen Seiten anbraten. Bohnen auf dem Boden eines großen Topfes verteilen, das Lammfleisch darauf geben. Nun die Zwiebeln in dem zurückgebliebenen Öl in der Pfanne glasig dünsten, dann das Fleisch damit bedecken. Die Tomaten obenauf verteilen, Salz, Muskatnuß, Piment und schwarzen Pfeffer darüberstreuen und den Topf gut verschließen. Alles bei schwacher Hitze ca. 1 Stunde köcheln lassen, bis das Fleisch und die Bohnen weich sind. Während dieser Zeit den Deckel nicht öffnen und auch nicht umrühren. Sofort auftragen.

Pro Portion: 2220 Kilojoule, 530 Kalorien, 35 g Eiweiß, 34 g Fett, 22 g Kohlenhydrate
4 Austauschportionen Eiweiß
4 Austauschportionen Gemüse
1 Austauschportion Fett

Hammeleintopf
Menüplan 26. Woche

Zutaten für 2 Portionen
320 g mageres Hammelfleisch (Rohgewicht ohne Knochen)
1 Bund Suppengrün (ca. 200 g)
50 g Zwiebeln
2 Knoblauchzehen
Salz

je 100 g rote und grüne Paprikaschoten
2 TL Margarine
4 kleine Brühwürfel
40 g Reis (Rohgewicht)
1 EL Essig, Pfeffer

Zubereitung: Fleisch abspülen, trocknen und würfeln. Das gewaschene Suppengrün zerschneiden, die geschälte Zwiebel würfeln, die Knoblauchzehen mit Salz zerdrücken. Paprikaschoten waschen und in Streifen schneiden. Nun die Margarine in einer Kasserolle erhitzen, erst das Fleisch darin kräftig anbraten, dann Suppengrün, Zwiebeln, Knoblauch und Paprika dazugeben und alles kurze Zeit unter Umrühren schmoren. Mit ca. $^1/_2$ Liter Wasser ablöschen, die Brühwürfel hinzufügen und den Eintopf ca. 40 Minuten kochen lassen.
Währenddessen den Reis in Salzwasser garen, vor dem Servieren unter den Eintopf mischen und alles mit Essig und Pfeffer würzig abschmecken.

Pro Portion: 2380 Kilojoule, 570 Kalorien, 35 g Eiweiß, 35 g Fett, 30 g Kohlenhydrate
4 Austauschportionen Eiweiß
$2^1/_4$ Austauschportionen Gemüse
1 Austauschportion Fett
1 Austauschportion Getreide-Erzeugnisse
20 Kcal »Auf Wunsch«

Hammel-Graupen-Topf
Menüplan 42. Woche

Zutaten für 2 Portionen
320 g ganz mageres Hammelfleisch
1 TL Instantbrühe
160 ml ungesüßter Traubensaft

40 g rohe Graupen
je 200 g Möhren und Lauch
Pfeffer, Salz, gehackte Petersilie

Zubereitung: Hammelfleisch waschen, trocknen und in Streifen schneiden. Dann in einer beschichteten Pfanne 20 Minuten zugedeckt bei sehr schwacher Hitze schmoren. Inzwischen ½ Liter Wasser in einem Topf erhitzen, die Brühe darin auflösen, den Traubensaft und die Graupen zufügen und 20 Minuten zugedeckt bei sehr schwacher Hitze garen. Nun Möhren und Lauch putzen, kleinschneiden und mit dem Hammelfleisch zu den Graupen geben. Weitere 20 Minuten zugedeckt bei sehr schwacher Hitze garen, dann mit Pfeffer und Salz abschmecken. Mit Petersilie bestreut servieren.

Pro Portion: 2390 Kilojoule, 570 Kalorien, 35 g Eiweiß, 30 g Fett, 41 g Kohlenhydrate

4 Austauschportionen Eiweiß
2 Austauschportionen Gemüse
1 Austauschportion Obst
1 Austauschportion Getreide-Erzeugnisse
5 Kcal »Auf Wunsch«

Irish-Stew
Menüplan 49. Woche

Zutaten für 2 Portionen
320 g mageres Hammelfleisch
(Rohgewicht)
400 g Weißkohl
50 g Sellerie
300 g Kartoffeln
50 g Zwiebeln

100 g Lauch
1 EL Tomatenmark
1 kleiner Brühwürfel
Salz, Kümmel, Pfeffer
1½ EL Crème fraîche

Zubereitung: Das abgespülte, getrocknete Fleisch würfeln. Weißkohl putzen und in Streifen schneiden, Sellerie, Kartoffeln und Zwiebeln schälen, dann würfeln, den Lauch waschen und in Ringe schneiden. Alle

Zutaten in einen Topf geben und zusammen mit Tomatenmark, ¼—½ Liter Wasser und dem Brühwürfel zum Kochen bringen und 40 Minuten garen. Mit Salz, Kümmel und Pfeffer abschmecken und vor dem Servieren Crème fraîche unterrühren.

Pro Portion: 2510 Kilojoule, 600 Kalorien, 37 g Eiweiß, 32 g Fett, 40 g Kohlenhydrate
4 Austauschportionen Eiweiß
3 Austauschportionen Gemüse
1½ Austauschportionen Kartoffeln
60 Kcal »Auf Wunsch«

Geflügel und Wild

Hähnchenkeulen in Cidre
Menüplan 3. Woche

Zutaten für 2 Portionen
420—720 g Hähnchenkeulen
(Rohgewicht mit Haut und Knochen)
Salz, Pfeffer
4 TL Mehl
2 TL Margarine
100 g Zwiebeln
¼ l Apfelwein (Cidre)
1½ EL Crème fraîche
200 g Champignons (Dosenware)
100 g Pariser Karotten (Dosenware)

Zubereitung: Hähnchenkeulen enthäuten, würzen und mit etwas Mehl bestäuben. Fett in einer Pfanne erhitzen, Keulen darin rundum goldgelb braten; dann herausnehmen und beiseite stellen. Kleingewürfelte Zwiebeln im Bratfett anbraten, das restliche Mehl darüberstäuben und mit Apfelwein ablöschen. Keulen wieder zugeben und ca. 20 Minuten garen. Nun Crème fraîche unterrühren, die abgetropften Pilze und Karotten zugeben und in der Sauce erhitzen. Vor dem Servieren noch einmal abschmecken.

Pro Portion: 1510 Kilojoule, 360 Kalorien, 35 g Eiweiß, 10 g Fett, 26 g Kohlenhydrate
3 Austauschportionen Eiweiß
2 Austauschportionen Gemüse
1 Austauschportion Fett
120 Kcal »Auf Wunsch«

Geflügelragout
Menüplan 2. Woche

Zutaten für 2 Portionen
240 g enthäutete Hähnchenbrust
(Rohgewicht)
2 TL Margarine
Salz, Pfeffer

je 200 g Möhren, Champignons
Erbsen (Dosenware)
4 TL Kondensmilch (4 % Fett)
2 TL Mehl
gehackte Petersilie

Zubereitung: Hähnchenfleisch in Streifen schneiden. Margarine in einem Topf erhitzen, das Fleisch darin anbraten, dann würzen, wenig Wasser zugeben und ca. 15 Minuten garen. Anschließend das abgetropfte Gemüse zufügen. Kondensmilch mit Mehl verquirlen und das Ragout damit binden. Vor dem Servieren mit feingehackter Petersilie bestreuen.

Pro Portion: 1180 Kilojoule, 280 Kalorien, 35 g Eiweiß, 6 g Fett, 21 g Kohlenhydrate

3 Austauschportionen Eiweiß
2 Austauschportionen Gemüse
1 Austauschportion Fett
1 Austauschportion Gemüse, stärkehaltig
20 Kcal »Auf Wunsch«

Hühnerfrikassee
Menüplan 15. Woche

Zutaten für 2 Portionen
240 g gekochtes Hühnerfleisch
(ohne Haut und Knochen)
200 g Spargelköpfe (Dosenware)

2 TL Margarine
4 TL Mehl
Salz, Pfeffer, Curry

Zubereitung: Hühnerfleisch in mundgerechte Stücke schneiden, den Spargel abgießen, die Flüssigkeit dabei aber auffangen. Margarine in einem Topf schmelzen lassen, das Mehl einrühren, kurz anschwitzen, dann nach und nach das Spargelwasser mit dem Schneebesen einrühren und die Sauce aufwallen lassen. Mit den Gewürzen abschmecken, dann das Hühnerfleisch und den Spargel in der Sauce erhitzen. Das Frikassee nochmals abschmecken und sofort servieren.

Pro Portion: 1170 Kilojoule, 280 Kalorien, 35 g Eiweiß, 12 g Fett, 7 g Kohlenhydrate

4 Austauschportionen Eiweiß
1 Austauschportion Gemüse
1 Austauschportion Fett
20 Kcal »Auf Wunsch«

Chuck's Huhn
Menüplan 28. Woche

Zutaten für 2 Portionen
240 g gekochtes Hühnerfleisch (ohne Haut und Knochen)
20 g getrocknete chinesische Morcheln
4—5 ungespritzte Zitronen
4 EL frischer Ingwer
100 g rote oder grüne Paprikaschote
2 TL Öl
Süßstoff, Salz
2 TL Instant-Hühnerbrühe

Zubereitung: Das Hühnerfleisch in mundgerechte Stücke schneiden. Die getrockneten Pilze mit kochendem Wasser übergießen und etwa 20 Minuten stehen lassen. Unterdessen eine Zitrone sehr dünn schälen und die Schale in ganz feine Streifen schneiden. Die anderen Zitronen abreiben, von allen den Saft auspressen und ⅛ Liter Saft abmessen. Ingwer schälen und ganz fein hacken, die Paprikaschoten waschen, entkernen und in sehr feine Streifen schneiden; die Pilze eventuell zerkleinern. Das Öl in einer Pfanne erhitzen und die Pilze darin ca. ½ Minute anbraten; nun Paprika, Ingwer und Zitronenstreifen zu den Pilzen geben und mit Süßstoff süßen.

Sofort gut ¼ Liter Wasser auffüllen, dieses zum Kochen bringen, die Instantbrühe einrühren, den Zitronensaft dazugießen und salzen. Das Hühnerfleisch kurz in der Sauce erwärmen, mit der Sauce in eine Schüssel füllen und die Zitronenschale sowie das Abgeriebene der Zitrone unterrühren. Das Gericht auf Zimmertemperatur (oder etwas kälter) abkühlen lassen und servieren.

Pro Portion: 1510 Kilojoule, 360 Kalorien, 38 g Eiweiß, 14 g Fett, 19 g Kohlenhydrate

4 Austauschportionen Eiweiß
6/10 Austauschportionen Gemüse
1 Austauschportion Fett
10 Kcal »Auf Wunsch«

Gebeizte Hähnchenbrust
Menüplan 38. Woche

Zutaten für 2 Portionen
240 g Hähnchenbrust (Rohgewicht ohne Haut und Knochen)
gemahlener Rosmarin

Beize:
1 Knoblauchzehe, Salz
je 2 TL Olivenöl und Zitronensaft

Zubereitung: Für die Beize Knoblauchzehe zerdrücken und mit Salz, Öl und Zitronensaft verrühren. Die Hähnchenbrust mit der Beize von allen Seiten einreiben und ca. 30 Minuten bei 200° C (Gasherd Stufe 4—5) im Ofen braten. Zwischendurch nochmals mit der Beize bestreichen. Ca. 5 Minuten vor Ende der Bratzeit die Hähnchenbrust mit Rosmarin bestreuen.

Pro Portion: 670 Kilojoule, 160 Kalorien, 27 g Eiweiß, 5 g Fett, 1 g Kohlenhydrate

3 Austauschportionen Eiweiß
1 Austauschportion Fett

Hähnchen »August«
Menüplan 31. Woche

Zutaten für 2 Portionen
je 100 g Rosenkohl und Blumenkohl
150 g Möhren
320 g Hähnchenfleisch (Rohgewicht ohne Haut und Knochen)
7—8 Lorbeerblätter

Pfefferkörner, Salz, Oregano, Basilikum, Estragon, Selleriesalz
Zitronensaft, Süßstoff
9 Blatt weiße Gelatine
Petersilie

Zubereitung: Am Vortag das Gemüse putzen. Den Blumenkohl in Röschen teilen, Möhren in Scheiben schneiden. Hähnchenfleisch waschen und in kleine Stücke schneiden. Gemüse, Fleisch, ein zerriebenes Lorbeerblatt und die Pfefferkörner in ¾ Liter kochendes Wasser geben und bei schwacher Hitze 15 Minuten garen; anschließend abtropfen lassen. Den Kochsud auffangen, kräftig abschmecken und die eingeweichte Gelatine darin auflösen. Die übrigen Lorbeerblätter als Kränzchen auf den Boden einer Schüssel legen und kleingezupfte Petersilie dazwischenstecken. Dann Gemüse und Hähnchenfleisch darauf verteilen, die Gelatine vorsichtig eingießen. Die Schüssel über Nacht in den Kühlschrank stellen.

Am nächsten Tag das Gelee mit einer leicht gebogenen Schaumkelle behutsam vom Schüsselrand lösen und stürzen.

Pro Portion: 1090 Kilojoule, 260 Kalorien, 48 g Eiweiß, 2 g Fett, 12 g Kohlenhydrate
4 Austauschportionen Eiweiß
1¾ Austauschportionen Gemüse
15 Kcal »Auf Wunsch«

Hähnchen in Rotweinsauce
Menüplan 21. Woche

Zutaten für 2 Portionen
100 g Zwiebeln
1 Knoblauchzehe
2 TL Öl
⅛ l Rotwein
1 TL Instantbrühe
Salz, Pfeffer, Thymian

500 g Hähnchenschenkel (ergibt 180 g enthäutetes, zubereitetes Fleisch)
je 200 g Champignons und Tomaten
4 TL Mehl
gehackte Petersilie

Zubereitung: Die geschälten Zwiebeln würfeln, Knoblauch fein hacken; beides in ½ Teelöffel Öl glasig dünsten, dann mit Rotwein und ⅛ Liter Wasser ablöschen. Instantbrühe einrühren, die Sauce mit den Gewürzen kräftig abschmecken und bei schwacher Hitze 2—3 Minuten köcheln lassen.
Inzwischen die Hähnchenschenkel enthäuten und im restlichen Öl knusprig anbraten, anschließend in eine feuerfeste Form legen.
Die gesäuberten Champignons blättrig schneiden, Tomaten überbrühen, häuten und in Scheiben schneiden. Beides auf den Hähnchenschenkeln verteilen, dann die Rotweinsauce darübergießen und das Gericht im Ofen bei 200°C (Gasherd Stufe 4—5) auf der mittleren Schiene garen. Danach die Sauce mit dem Gemüse in einen Topf abgießen, aufkochen und mit dem in ca. 8 Eßlöffeln Wasser angerührten Mehl andicken. Die Sauce etwa 5 Minuten köcheln lassen, dann abschmecken und über die Hähnchenschenkel gießen. Vor dem Servieren Petersilie darüberstreuen.

Pro Portion: 1550 Kilojoule, 370 Kalorien, 42 g Eiweiß, 10 g Fett, 17 g Kohlenhydrate
2½ Austauschportionen Gemüse
4 Austauschportionen Eiweiß
1 Austauschportion Fett
75 Kcal »Auf Wunsch«

Hähnchenkeule indisch
Menüplan 44. Woche

Zutaten für 2 Portionen
500 g Hähnchenkeule (Rohgewicht mit Haut und Knochen)
1—2 TL Salz
100 g Zwiebeln
200 g Tomaten
2 TL Öl
½ EL gehackter Knoblauch
gemahlener Ingwer
je ½ TL Kreuzkümmel, Gelbwurz, gemahlener Koriander, Cayennepfeffer

1 Messerspitze gemahlener Fenchel
3 EL gehackte Petersilie
100 g Joghurt (0,3 % Fett)
½—1 TL Garam masala (Indien-Gewürz)
Zitronensaft

Zubereitung: Hähnchenkeulen enthäuten und mit Salz bestreuen, Zwiebeln schälen und fein hacken, die Tomaten mit kochendem Wasser überbrühen und häuten, dann ebenfalls fein hacken.
Öl in einem Topf erhitzen und die Hähnchenkeulen im geschlossenen Topf von allen Seiten anbraten, bis das Fleisch weiß und fest ist. Die Keulen herausnehmen und Zwiebeln, Knoblauch und Ingwer unter ständigem Rühren anbraten; die Temperatur reduzieren und die Gewürze sowie 1 Eßlöffel Wasser dazugeben. Kurz durchrühren, dann Tomaten, 1 Eßlöffel Petersilie und Joghurt dazugeben und knapp ¹/₁₀ Liter Wasser aufgießen. Hähnchenteile in die Sauce legen, Garam masala und 1 Eßlöffel Petersilie auf die Keulen streuen und bei geschlossenem Topf ca. 20 Minuten köcheln lassen.
Die Hähnchenteile auf einer Platte anrichten, mit Sauce übergießen und Zitronensaft beträufeln.

Pro Portion: 1210 Kilojoule, 290 Kalorien, 40 g Eiweiß, 10 g Fett, 12 g Kohlenhydrate
4 Austauschportionen Eiweiß
1½ Austauschportionen Gemüse
1 Austauschportion Fett
½ Austauschportion Milch

Crêpes »Divan«
Menüplan 32. Woche

Zutaten für 2 Portionen
Für die Crêpes:
2 Eier
40 g Mehl
Salz
Für die Füllung:
120 g Hähnchenfleisch (gekocht und enthäutet)
100 g Broccoli (eventuell Tiefkühlware)
100 g Champignons (Dosenware)
Zwiebelsalz, Pfeffer
Für die Sauce:
2 TL Margarine
2 TL Mehl
$1/8$ l Milch (0,3 % Fett)
1 TL Instantbrühe
Salz, Pfeffer, Muskat
gehackte Petersilie

Zubereitung: Für die Crêpes alle Zutaten mit 70 ml Wasser zu einem flüssigen Teig verrühren, diesen 10 Minuten stehenlassen. Inzwischen die Füllung zubereiten. Dafür das Hähnchenfleisch würfeln, Broccoli putzen, in Röschen teilen und waschen, Pilze zerteilen und alles mit Zwiebelsalz und Pfeffer würzen und vermengen.
Für die Sauce Margarine schmelzen, das Mehl vorsichtig einrühren und unter ständigem Rühren knapp $1/8$ Liter Wasser und die Milch angießen. Instantbrühe einrühren und alles so lange bei schwacher Hitze köcheln, bis die Sauce leicht eindickt. Mit Salz, Pfeffer und Muskat abschmecken. Nun die Crêpes backen. Je $1/4$ des Teiges in eine heiße beschichtete Pfanne füllen und auf beiden Seiten goldgelb backen. Die Füllung auf den 4 Crêpes verteilen und die Ränder einschlagen. Die gefüllten Crêpes in eine Auflaufform geben, mit der Sauce übergießen und bei 200° C (Gasherd Stufe 4—5) etwa 20 Minuten backen (eventuell zum Bräunen noch kurz unter den Grill stellen). Vor dem Servieren mit Petersilie garnieren.

Pro Portion: 1460 Kilojoule, 350 Kalorien, 31 g Eiweiß, 14 g Fett, 23 g Kohlenhydrate

3 Austauschportionen Eiweiß
1 Austauschportion Gemüse
1 Austauschportion Getreide-Erzeugnisse
1 Austauschportion Fett
$1/2$ Austauschportion Milch
15 Kcal »Auf Wunsch«

Hähnchentopf »Antje«
Menüplan 28. Woche

Zutaten für 2 Portionen
40 g Reis (Rohgewicht)
Salz
100 g Zwiebeln
3 Knoblauchzehen
2 TL Öl
200 g Auberginen
150 g Zucchini
100 g Champignons
200 g Tomaten
100 g Endiviensalat (ersatzweise Eisbergsalat oder Chinakohl)
schwarzer Pfeffer, gemahlener Ingwer, Paprika
240 g gekochtes oder gebratenes Hühnerfleisch (ohne Haut und Knochen)
40 g Rosinen

Zubereitung: Den Reis in Salzwasser garen. Währenddessen Zwiebeln schälen und grob hacken, Knoblauch zerdrücken. Zwiebeln und Knoblauch in einem großen Topf Öl anbraten, dann die gewaschenen und in Scheiben geschnittenen Auberginen und Zucchini dazugeben. Darauf die geputzten, geviertelten Champignons und Tomaten legen und obenauf den gewaschenen und in Streifen geschnittenen Salat. Alles mit $1/8$ Liter Wasser übergießen und würzen, ohne die Zutaten umzurühren. Das Gemüse im geschlossenen Topf bei schwacher Hitze ca. 30 Minuten kochen. Nach dieser Zeit das in mundgerechte Stücke geschnittene Hühnerfleisch und die vorher eingeweichten Rosinen unterheben. Zum Schluß den gekochten Reis untermischen und sofort servieren.

Pro Portion: 2050 Kilojoule, 490 Kalorien, 41 g Eiweiß, 14 g Fett, 49 g Kohlenhydrate

$4 1/4$ Austauschportionen Gemüse
4 Austauschportionen Eiweiß
1 Austauschportion Obst
1 Austauschportion Fett
1 Austauschportion Getreide-Erzeugnisse

Gefüllte Zucchini ▷
(Rezept S. 382)

Indischer Hühnereintopf
Menüplan 40. Woche

Zutaten für 2 Portionen
2 TL Instant-Hühnerbrühe
240 g gekochtes Hühnerfleisch
(ohne Haut)
200 g Möhren
100 g Porree
100 g Sellerieknolle
20 g Petersilienwurzel
1 EL Zitronensaft
je $^1/_2$ TL Nelkenpulver, Pfeffersauce, Piment, gemahlene Muskatnuß

je $1^1/_2$ TL (oder $^1/_2$ EL) Kurkuma, Ingwerpulver, Kumin, Koriander, scharfes Paprikapulver
1 EL Curry
(ersatzweise für alle Gewürze:
3—4 EL gutes Currypulver)
200 g Mango (ersatzweise 250 g Pfirsich)
140 g Gemüsemais (Dosenware)

Zubereitung: Instantbrühe in ca. 350 ml Wasser auflösen. Hühnerfleisch in mundgerechte Stücke schneiden, Möhren schälen, den Porree waschen und beides in Scheiben, geschälten Sellerie und Petersilienwurzel in kleine Stücke schneiden.

Das Gemüse mit der Brühe zum Kochen bringen, Zitronensaft und Gewürze dazugeben und 20—25 Minuten köcheln lassen. Danach mit einer Schaumkelle die Gemüse vorsichtig herausheben und die Suppe durch ein feines Sieb gießen, damit die Gewürze die Suppe nicht trüben. Nun die Gemüse in die Brühe zurückgeben und mit einem Pürierstab fein pürieren.

Mango schälen und in Würfel schneiden und mit dem abgetropften Mais und dem Hühnerfleisch in die Suppe geben und erhitzen. Eventuell vor dem Servieren mit Salz abschmecken.

Pro Portion: 1840 Kilojoule, 440 Kalorien, 39 g Eiweiß, 11 g Fett, 47 g Kohlenhydrate
4 Austauschportionen Eiweiß
$2^1/_{10}$ Austauschportionen Gemüse
1 Austauschportion Obst
1 Austauschportion Gemüse, stärkehaltig
10 Kcal »Auf Wunsch«

◁ *Gemüserouladen*
(Rezept S. 387)

Französischer Hühnereintopf
Menüplan 17. Woche

Zutaten für 2 Portionen

240 g enthäutete Hühnerbrüstchen (Rohgewicht ohne Knochen)
1 Lorbeerblatt
350 g frischer Spargel
1 Prise Salz
1 TL Zucker
5 Kapern
100 g Erbsen (Dosenware)
150 g kleine Champignons (Dosenware)
20 g Vollkornmehl
2 TL Weißwein
2 TL Kondensmilch (4 % Fett)
1 Zitrone
$\frac{1}{2}$ TL Estragon
Pfeffer, Salz, Süßstoff
2 TL Butter

Zubereitung: Am Vortag die Hühnerbrüstchen waschen und mit 1 Lorbeerblatt und ½ Liter kaltem Wasser in einem Topf zum Kochen bringen und zugedeckt bei ganz schwacher Hitze 30 Minuten garen. Das Fleisch aus der Brühe nehmen, beides abkühlen lassen und über Nacht in den Kühlschrank stellen.

Den Spargel waschen, vom Kopf zum Ende hin schälen (verholzte Stücke großzügig entfernen) und in etwa 4 cm lange Stücke schneiden.

Die Brühe vom erhärteten Fett befreien, 360 ml Flüssigkeit abmessen, in einen Topf gießen, die Spargelabschnitte hineingeben, mit Salz, Zucker und Kapern zum Kochen bringen und bei schwacher Hitze 15 Minuten garen. Inzwischen Erbsen und Champignons abtropfen lassen und von beiden je 100 ml Gemüsewasser aufbewahren. Die Hühnerbrüstchen in kleine Stücke schneiden. Mit Erbsen und Champignons in die Brühe geben.

Das Mehl mit 3 Eßlöffeln lauwarmem Wasser anrühren, die Brühe mit dem Gemüsesaft auffüllen, das Mehl mit dem Schneebesen einrühren, Weißwein und Kondensmilch hinzufügen und alles wieder zum Kochen bringen und zugedeckt weitere 10 Minuten bei schwacher Hitze garziehen lassen.

Zitrone auspressen und den Saft in die Brühe rühren. Mit Estragon, Pfeffer, Salz und Süßstoff abschmecken. Zum Schluß die Butter in die Suppe geben und schmelzen lassen.

Pro Portion: 1250 Kilojoule, 300 Kalorien, 36 g Eiweiß, 6 g Fett, 25 g Kohlenhydrate

3 Austauschportionen Eiweiß
2½ Austauschportionen Gemüse
1 Austauschportion Brot
1 Austauschportion Fett
25 Kcal »Auf Wunsch«

Hähnchenkeulen in Orangensauce
Menüplan 33. Woche

Zutaten für 2 Portionen
420 g Hähnchenschenkel (Rohgewicht mit Haut und Knochen)
2 TL Öl
4 TL Mehl
¼ l ungesüßter Orangensaft

Zitronensaft, Süßstoff
abgeriebene Schale einer unbehandelten Orange
Salz, gehackte Petersilie

Zubereitung: Hähnchenschenkel enthäuten und in heißem Öl von allen Seiten gut bräunen. Mehl mit etwas Orangensaft anrühren, den restlichen Orangensaft zu den Hähnchenschenkeln geben und zugedeckt 20 Minuten bei schwacher Hitze schmoren lassen. Mit dem angerührten Mehl binden. Sollte die Sauce zu dick werden, mit Zitronensaft verdünnen, dann mit Süßstoff, Orangenschale und Salz abschmecken. Vor dem Servieren mit Petersilie bestreuen.

Pro Portion: 1170 Kilojoule, 280 Kalorien, 32 g Eiweiß, 9 g Fett, 17 g Kohlenhydrate
3 Austauschportionen Eiweiß
1 Austauschportion Fett
1 Austauschportion Obst
20 Kcal »Auf Wunsch«

Hähnchenkeulen in Estragonsauce
Menüplan 37. Woche

Zutaten für 2 Portionen
500 g Hähnchenkeulen (Rohgewicht mit Haut und Knochen)
Salz, Pfeffer
2 TL Öl

1 TL Instantbrühe
70 g süße Sahne
2 TL Mehl
einige Blättchen frischer Estragon

Zubereitung: Hähnchenkeulen enthäuten, salzen, pfeffern und in Öl von beiden Seiten bräunen. Mit gut ⅛ Liter Wasser ablöschen, die Instantbrühe einrühren und zugedeckt 20 Minuten bei schwacher Hitze garen. Mehl und Sahne verrühren und zufügen. Den gehackten Estragon unterziehen und alles bis zum Servieren noch 5 Minuten ziehen lassen.

Pro Portion: 1460 Kilojoule, 350 Kalorien, 37 g Eiweiß, 21 g Fett, 5 g Kohlenhydrate
4 Austauschportionen Eiweiß
1 Austauschportion Fett
55 Kcal »Auf Wunsch«

Gelbes Huhn
Menüplan 10. Woche

Zutaten für 2 Portionen
320 g enthäutete Hühnerbrust
(Rohgewicht ohne Knochen)
50 g Zwiebeln
200 g Porree
100 g frische Ananas

2 TL Öl
20 g Rosinen
Salz, Curry, Ingwerpulver
2 TL geraspelte Kokosnuß

Zubereitung: Hühnerfleisch und die geschälte Zwiebel würfeln, Porree waschen und in Ringe schneiden. Ananas in kleine Stückchen schneiden. Das Öl in einer Pfanne erhitzen, erst das Fleisch darin anbraten, dann Zwiebeln, Porree, Ananasstücke und Rosinen zum Fleisch geben und kurz mitdünsten. Die Gewürze dazugeben und gut $1/4$ Liter Wasser angießen. Das Gericht ca. 15 Minuten bei schwacher Hitze garen, nochmals abschmecken und vor dem Servieren mit Kokosraspeln bestreuen.

Pro Portion: 1250 Kilojoule, 300 Kalorien, 39 g Eiweiß, 6 g Fett, 21 g Kohlenhydrate

4 Austauschportionen Eiweiß
$1^1/_4$ Austauschportionen Gemüse
1 Austauschportion Obst
1 Austauschportion Fett
10 Kcal »Auf Wunsch«

Hähnchen »provençal« (Foto Seite 129)
Menüplan 22. Woche

Zutaten für 2 Portionen
100 g Champignons
je 200 g Tomaten und Paprikaschoten
100 g Zwiebeln
1 Knoblauchzehe
420 g Hähnchenschenkel (Rohgewicht mit Haut und Knochen)

2 TL Olivenöl
1 TL Oregano
Salz, Pfeffer
4 TL Weißwein
4 schwarze Oliven
gehackte Petersilie

Zubereitung: Champignons putzen und blättrig schneiden, Tomaten überbrühen, enthäuten und würfeln, Paprikaschoten waschen und ebenfalls würfeln. Die geschälten Zwiebeln in Scheiben schneiden,

Knoblauchzehe fein hacken. Hähnchenschenkel enthäuten und in heißem Öl anbraten, dann aus der Pfanne nehmen und zur Seite stellen. In der gleichen Pfanne Champignons, Tomaten, Paprikaschoten, Zwiebeln und Knoblauch andünsten und mit Oregano, Salz und Pfeffer würzen.
Hähnchen und das Gemüse in eine feuerfeste Form geben, den Wein darübergießen und alles bei 200° C (Gasherd Stufe 4—5) im Ofen 40 Minuten auf mittlerer Schiene backen, bis das Fleisch weich ist. Vor dem Servieren das Gericht mit Oliven und Petersilie garnieren.

Pro Portion: 1300 Kilojoule, 310 Kalorien, 35 g Eiweiß, 11 g Fett, 14 g Kohlenhydrate

3 Austauschportionen Gemüse
3 Austauschportionen Eiweiß
1 Austauschportion Fett
20 Kcal »Auf Wunsch«

Kalte Hühnchen-Platte
Menüplan 24. Woche

Zutaten für 2 Portionen
je 50 g eingelegte Dillgurken und
grüne Paprikaschoten
25 g Zwiebeln
1 EL Kapern
175 g Joghurt (1,5 % Fett)
4 TL Tomatenketchup

2 TL Mayonnaise
Süßstoff, Salz, Pfeffer
50 g Salatblätter
240 g gekochtes enthäutetes
Hühnerbrustfleisch
75 g Champignons, Zitronensaft

Zubereitung: Gurken fein würfeln, Paprikaschoten entkernen, waschen und fein würfeln, geschälte Zwiebeln und Kapern hacken. Joghurt, Ketchup und Mayonnaise mit den vorbereiteten Zutaten vermengen und mit Süßstoff, Salz und Pfeffer abschmecken.
Eine Platte mit Salatblättern auslegen. Darauf das Fleisch geben und mit dem Joghurt bedecken. Champignons waschen, sehr fein hacken oder hobeln und mit Zitronensaft beträufeln. Dann die Hühnchenplatte mit den Pilzen garnieren.

Pro Portion: 1130 Kilojoule, 270 Kalorien, 42 g Eiweiß, 6 g Fett, 11 g Kohlenhydrate

$1^1/_4$ Austauschportionen Gemüse
4 Austauschportionen Eiweiß
$^1/_2$ Austauschportion Milch
1 Austauschportion Fett
10 Kcal »Auf Wunsch«

Hühnertopf »Kairo«
Menüplan 46. Woche

Zutaten für 2 Portionen
320 g Hähnchenbrustfilets (Rohgewicht)
Pfeffer, Salz, Curry
50 g Zwiebeln
30 g getrocknete Datteln
2 TL Öl

2 TL Zucker
2 TL Instantbrühe
4 Knoblauchzehen
70 g süße Sahne
Rosmarin, frisch gemahlener Pfeffer, Süßstoff

Zubereitung: Das Hähnchenfleisch in Stücke schneiden und mit Pfeffer, Salz und Curry einreiben, Zwiebel schälen und würfeln, die Datteln entkernen und achteln.

Das Öl in einem Topf erhitzen, Hähnchenstücke, Zwiebelwürfel und Zucker hineingeben und unter ständigem Wenden bei mittlerer Hitze 10 Minuten von allen Seiten bräunen. ¼ Liter Wasser hinzufügen, zum Kochen bringen und die Instantbrühe darin auflösen. Datteln hineingeben und Knoblauchzehen darüber auspressen, einmal umrühren und alles 45 Minuten bei sehr schwacher Hitze zugedeckt garen. Die Sahne schlagen und die Hälfte zum Fleisch geben; weitere 10 Minuten zugedeckt bei sehr schwacher Hitze köcheln lassen. Das Gericht mit den Gewürzen abschmecken, auf vorgewärmte Teller verteilen und die restliche Sahne darübergeben.

Pro Portion: 1550 Kilojoule, 370 g Kalorien, 39 g Eiweiß, 17 g Fett, 15 g Kohlenhydrate

4 Austauschportionen Eiweiß
¼ Austauschportion Gemüse
1 Austauschportion Obst
1 Austauschportion Fett
130 Kcal »Auf Wunsch«

Versteckte Kastanien
Menüplan 43. Woche

Zutaten für 2 Portionen
240 g Putenbrust (Rohgewicht)
100 g Wasserkastanien (Dosen-
ware)
50 g Zwiebeln, Pfeffer, Salz

2 TL Öl
200 g Möhren (Dosenware)
Estragon

Zubereitung: Das Putenfleisch waschen und trockentupfen, dann in die Mitte eine Tasche schneiden. Die Wasserkastanien abtropfen lassen, Zwiebeln schälen. Wasserkastanien und Zwiebeln in ganz kleine Stückchen schneiden, miteinander vermischen, mit Pfeffer und Salz würzen und diese Mischung in die Fleischtasche füllen; einen kleinen Rest der Füllung beiseite legen. Das Fleisch mit einem Bindfaden umwickeln und in heißem Öl in einer Pfanne etwa 5 Minuten von allen Seiten bräunen; dann 1 Stunde zugedeckt bei sehr schwacher Hitze garen. Das Fleisch aus der Pfanne nehmen und warm stellen. Nun die übrigbehaltene Füllung in die Pfanne geben und 5 Minuten unter ständigem Rühren bei schwacher Hitze garen. Die abgetropften Möhren ($1/8$ Liter Flüssigkeit auffangen) hinzufügen und 5 Minuten zugedeckt bei schwacher Hitze mitgaren. Anschließend den Pfanneninhalt mit einer Gabel oder einem Stampfer zerdrücken, das Möhrenwasser einrühren und einmal aufkochen lassen. Den Bindfaden vom Putenfleisch entfernen, in 2 Stücke teilen und auf Teller legen. Die Sauce mit Estragon, Pfeffer und Salz abschmecken.

Pro Portion: 1250 Kilojoule, 300 Kalorien, 31 g Eiweiß, 6 g Fett, 29 g Kohlenhydrate

3 Austauschportionen Eiweiß
$1 1/4$ Austauschportionen Gemüse
$1/2$ Austauschportion Gemüse, stärkehaltig
1 Austauschportion Fett

Putengulasch »Florian«
Menüplan 30. Woche

Zutaten für 2 Portionen
320 g Putenfleisch (Rohgewicht)
100 g Pfifferlinge (Dosenware)
je 200 g Champignons und Rosenkohl (Dosenware)
2 TL Pflanzencreme, Zwiebelflocken

$^1/_8$ l ungesüßter Apfelsaft
1 EL saure Sahne
20 g Vollkornmehl
Salz, Gulaschgewürz, Pfeffer, Worcestersauce

Zubereitung: Putenfleisch waschen, trockentupfen und in walnußgroße Würfel schneiden, Pfifferlinge, Champignons und Rosenkohl abtropfen lassen; das Gemüsewasser auffangen und 350 ml abmessen.
Pflanzencreme in einer Pfanne erhitzen und das Putenfleisch 5 Minuten unter ständigem Wenden darin anbraten. Zwiebelflocken und Gemüse hinzufügen, mit Apfelsaft und Gemüsewasser auffüllen und alles bei schwacher Hitze 35 Minuten zugedeckt köcheln lassen. Anschließend die saure Sahne und das mit etwas Wasser angerührte Vollkornmehl zufügen und einmal aufwallen lassen. Das Gulasch pikant abschmecken.

Pro Portion: 1460 Kilojoule, 350 Kalorien, 47 g Eiweiß, 7 g Fett, 23 g Kohlenhydrate

4 Austauschportionen Eiweiß
2½ Austauschportionen Gemüse
1 Austauschportion Fett
½ Austauschportion Obst
1 Austauschportion Getreide-Erzeugnisse
15 Kcal »Auf Wunsch«

Putensteaks in Zitrone (Foto Seite 192)
Menüplan 22. Woche

Zutaten für 2 Portionen
10 g Mehl
$^1/_4$ TL Salz
$^1/_8$ TL Pfeffer
320 g Putensteaks in dünnen Scheiben (Rohgewicht)

je 1 TL Olivenöl und Margarine
$^1/_2$ TL Instantbrühe
1 EL Zitronensaft
4 dünne Scheiben Zitrone
Petersilie

Zubereitung: Mehl, Salz und Pfeffer mischen und die Putensteaks damit panieren. In einer großen Pfanne Öl und Margarine erhitzen und die

Putensteaks auf beiden Seiten bei mittlerer Hitze goldbraun braten. Steaks aus der Pfanne nehmen und warm stellen.
Instantbrühe in knapp ⅛ Liter Wasser verrühren, mit dem Zitronensaft und den Zitronenscheiben in die Pfanne geben und zum Kochen bringen. Dann die Steaks in die Sauce legen und bei schwacher Hitze etwa 3 Minuten darin ziehen lassen.
Vor dem Servieren mit feingehackter Petersilie bestreuen.

Pro Portion: 920 Kilojoule, 220 Kalorien, 39 g Eiweiß, 5 g Fett, 5 g Kohlenhydrate

4 Austauschportionen Eiweiß
1 Austauschportion Fett
¼ Austauschportion Getreide-Erzeugnisse
2,5 Kcal »Auf Wunsch«

Putenschnitzel »Hinrich«
Menüplan 29. Woche

Zutaten für 2 Portionen
225—270 g Putenschnitzel (Rohgewicht)
Salz, Edelsüß-Paprika
kalorienreduzierte Pfirsiche mit Saft (50 kcal)
2 TL Margarine
3 TL Mehl
Pfeffer
30 g Schmelzkäse (45 % Fett i. Tr.)
Curry, Zitronensaft
50 g Joghurt (0,3 % Fett)
1 TL Kokosraspeln

Zubereitung: Putenschnitzel abtupfen und unter dem vorgeheizten Grill auf beiden Seiten bräunen, dann mit Salz und Paprika würzen und 5 Minuten vor Ende der Grillzeit die Pfirsichhälften mitgrillen.
Währenddessen eine Sauce zubereiten. Dafür die Margarine in einem Topf schmelzen lassen, das Mehl darin kurz anschwitzen und mit Pfirsichsaft und etwas Wasser ablöschen. Die Sauce mit Salz und Pfeffer würzen, dann unter Rühren den Käse darin auflösen und mit reichlich Curry und Zitronensaft abschmecken. Zum Schluß den Joghurt unterziehen (nicht mehr kochen).
Die Putenschnitzel auf vorgewärmte Teller legen, darauf die Grillpfirsiche setzen, die heiße Sauce darübergießen und mit Kokosraspeln bestreut servieren.

Pro Portion: 1250 Kilojoule, 300 Kalorien, 43 g Eiweiß, 9 g Fett, 11 g Kohlenhydrate

4½ Austauschportionen Eiweiß
1 Austauschportion Fett
¼ Austauschportion Milch
20 Kcal »Auf Wunsch«

Hasenkeulen mit Bananensauce
Menüplan 45. Woche

Zutaten für 2 Portionen
500 g Hasenkeulen (Rohgewicht mit Knochen)
½ l Buttermilch (1 % Fett)
5 Wacholderbeeren
2 TL Margarine
Salz, grüner Pfeffer (gemahlen oder zerstoßen)
100 g Schalotten oder Zwiebeln
Süßstoff, 1 TL Weinessig
Rumaroma (ca. 1 Tropfen)
je 1 EL Tomatenmark und Tomatenketchup
120 g Banane

Zubereitung: Am Vortag die Hasenkeulen mit der Buttermilch übergießen und die zerdrückten Wacholderbeeren dazugeben. Das Gefäß abdecken und die Keulen 24 Stunden kühl stellen. Am nächsten Tag die Buttermilch weggießen und die Hasenkeulen trockentupfen. Margarine erhitzen und die Hasenkeulen darin ca. 3 Minuten scharf anbraten. Nun die Keulen mit dem Bratensaft in eine Bratfolie geben, mit Salz und grünem Pfeffer würzen, die Folie vorschriftsmäßig verschließen und mit einer Nadel zwei Löcher in den Beutel stechen. Die Keulen in den kalten Ofen geben und bei 200° C (Gasherd Stufe 4—5) 50 Minuten braten. Die Keulen aus der Bratfolie nehmen und warm stellen, den Bratenfond in einem Topf auffangen und mit den feingehackten Schalotten aufkochen. Etwas Süßstoff, den Weinessig, Rumaroma, Tomatenmark und Ketchup dazugeben und die Sauce 2—3 Minuten köcheln lassen. Banane schälen und in Scheiben geschnitten in die Sauce geben, 2—3 Minuten erhitzen, aber nicht kochen. Die Sauce mit Salz, grünem Pfeffer und Süßstoff süß-scharf abschmecken und über die Hasenkeulen geben.

Pro Portion: 1300 Kilojoule, 310 Kalorien, 39 g Eiweiß, 9 g Fett, 20 g Kohlenhydrate

4 Austauschportionen Eiweiß
1 Austauschportion Milch
1 Austauschportion Fett
1 Austauschportion Obst
½ Austauschportion Gemüse
15 Kcal »Auf Wunsch«

Rehsteak »Freischütz«
Menüplan 42. Woche

Zutaten für 2 Portionen
300 g Champignons (Dosenware)
je 100 g Möhren und Zwiebeln
2 TL Pflanzencreme
1 TL Instantbrühe
1 EL Tomatenmark
$1/8$ l Rotwein
kalorienreduzierte Pfirsiche
(50 kcal)
20 g Vollkornmehl
320 g Rehsteaks (Rohgewicht)
Salz, Kerbel
35 g süße Sahne
Estragon, frisch gemahlener Pfeffer, Süßstoff

Zubereitung: Champignons abtropfen lassen, das Wasser dabei auffangen, sehr große Champignons einmal durchschneiden. Die Möhren und Zwiebeln schälen und in Scheiben schneiden bzw. würfeln. Pflanzencreme in einer Pfanne erhitzen, das Gemüse hineingeben und unter ständigem Wenden 3 Minuten bei starker Hitze anbraten. Gut $1/8$ Liter Champignonwasser hinzufügen, zum Kochen bringen, die Instantbrühe darin auflösen und alles zugedeckt bei sehr schwacher Hitze 10 Minuten köcheln lassen.
Nun das Tomatenmark einrühren, Rotwein angießen und wieder zum Kochen bringen. Pfirsiche in kleine Stücke schneiden und zufügen. Die Flüssigkeit mit dem Vollkornmehl binden; einmal aufwallen lassen und zugedeckt bei sehr schwacher Hitze weitere 20 Minuten köcheln lassen. Inzwischen die Rehsteaks trocknen, mit Salz und Kerbel einreiben und in einer beschichteten Pfanne auf jeder Seite 8 Minuten braten, dann auf 2 Tellern anrichten und warm halten.
Die Sauce vor dem Servieren mit Sahne, Estragon, Pfeffer, Salz und Süßstoff abschmecken und über die Steaks gießen.

Pro Portion: 1920 Kilojoule, 460 Kalorien, 43 g Eiweiß, 16 g Fett, 26 g Kohlenhydrate
$2^1/_2$ Austauschportionen Gemüse
4 Austauschportionen Eiweiß
1 Austauschportion Fett
$1/2$ Austauschportion Obst
$1/2$ Austauschportion Getreide-Erzeugnisse
110 Kcal »Auf Wunsch«

Putenschnitzel »Elisabeth«
Menüplan 52. Woche

Zutaten für 2 Portionen
240 g Putenschnitzel (Rohgewicht)
Estragon, Pfeffer
150 g Orangen
1/8 l ungesüßter Orangensaft
1/8 l Milch (0,3 % Fett)
1 TL Instantbrühe
2 g Nestargel
1/2 TL Johannisbeergelee
Estragon, Meerrettich, frisch gemahlener Pfeffer
Salz, Süßstoff
50 g Salatblätter zum Garnieren

Zubereitung: Die abgetupften Schnitzel mit Estragon und Pfeffer einreiben. Orange schälen, in Spalten teilen und diese zweimal durchschneiden. Eine beschichtete Pfanne erhitzen, die Schnitzel darin erst bei starker Hitze auf beiden Seiten 1 Minute anbraten, dann die Orangenstückchen dazugeben und die Schnitzel 6—12 Minuten (je nach Dicke) zugedeckt fertiggaren. Die Schnitzel aus der Pfanne nehmen und warm halten.
Nun Orangensaft und Milch in die Pfanne geben, die Instantbrühe darin auflösen, die Sauce erhitzen und mit Nestargel andicken. Zum Schluß das Johannisbeergelee unterrühren und die Sauce mit den übrigen Gewürzen abschmecken.
Die gewaschenen Salatblätter auf zwei Teller verteilen, die Putenschnitzel darauflegen und mit der Sauce überziehen.

Pro Portion: 920 Kilojoule, 220 Kalorien, 33 g Eiweiß, 2 g Fett, 19 g Kohlenhydrate
4 Austauschportionen Eiweiß
1 1/4 Austauschportionen Obst
1/16 Austauschportion Milch
1/4 Austauschportion Gemüse
15 Kcal »Auf Wunsch«

Wildgulasch (Foto Seite 256)
Menüplan 41. Woche

Zutaten für 2 Portionen
320 g mageres Reh- oder Hirschfleisch (Rohgewicht)
2 TL Margarine oder Öl
100 g Zwiebeln
250 g Champignons
1 TL Instantbrühe
10 g Mehl
Salz, Pfeffer
2 Wacholderbeeren
kalorienreduzierte Sauerkirschen (100 kcal)
3 EL Rotwein

Zubereitung: Das Wildfleisch in Würfel schneiden. Margarine in einem großen Topf erhitzen und das Fleisch darin scharf anbraten. Dann die geschälten, gehackten Zwiebeln zum Fleisch geben sowie die geputzten und in Viertel geschnittenen Champignons. Gut $1/8$ Liter heißes Wasser angießen und die Instantbrühe hineinrühren. Das Mehl mit etwas Wasser vermischen und unter das Fleisch rühren. Mit Salz und Pfeffer abschmecken. Zum Schluß die zerdrückten Wacholderbeeren zum Gulasch geben und das Ganze im geschlossenen Topf bei schwacher Hitze etwa 45 Minuten schmoren lassen (dabei gelegentlich umrühren). Vor dem Servieren Kirschen und Rotwein unter das Gulasch geben und kurz miterhitzen.

Pro Portion: 1340 Kilojoule, 320 Kalorien, 40 g Eiweiß, 6 g Fett, 25 g Kohlenhydrate

4 Austauschportionen Eiweiß
1¼ Austauschportionen Gemüse
1 Austauschportion Fett
¼ Austauschportion Getreide-Erzeugnisse
20 Kcal »Auf Wunsch«

Jägerpfanne
Menüplan 43. Woche

Zutaten für 2 Portionen
320 g mageres Hasenfleisch *1 TL Instantbrühe*
(Rohgewicht) *10 g Nestargel*
100 g Zwiebeln *35 g süße Sahne*
100 g eingelegte rote Bete *Zitronensaft, Pfeffer, Salz,*
50 g Cornichons *Süßstoff*
200 g Champignons (Dosenware) *gehackte Petersilie*

Zubereitung: Das Hasenfleisch waschen, trocknen und in Streifen schneiden, geschälte Zwiebeln in Ringe. Rote Bete, Cornichons und Champignons abtropfen lassen und kleinschneiden (das Champignonwasser aufbewahren). Eine beschichtete Pfanne erhitzen und das Hasenfleisch unter ständigem Rühren 5 Minuten von allen Seiten bräunen. Das Gemüse hinzufügen und weitere 5 Minuten zugedeckt bei sehr schwacher Hitze garen. Nun gut $1/8$ Liter Champignonwasser und die in $1/4$ Liter Wasser aufgelöste Instantbrühe hinzufügen und weitere 10 Minuten zugedeckt bei sehr schwacher Hitze kochen. Anschließend Nestargel einrühren, aufkochen lassen, dann die Sahne unterrühren und die Sauce mit Zitronensaft, Pfeffer, Salz und Süßstoff abschmecken. Mit Petersilie bestreut servieren.

Pro Portion: 1250 Kilojoule, 300 Kalorien, 39 g Eiweiß, 11 g Fett, 11 g Kohlenhydrate

4 Austauschportionen Eiweiß
2¼ Austauschportionen Gemüse
55 Kcal »Auf Wunsch«

Hühnerherzragout
Menüplan 28. Woche

Zutaten für 2 Portionen
320 g Hühnerherzen (Rohgewicht)
2 TL Öl
200 g Zwiebeln, Zitronensaft
1 kleiner Brühwürfel
Salz, Pfeffer, Thymian
1 Knoblauchzehe

½ TL gemahlener Kümmel
3 TL Mehl
85 g Joghurt (1,5 % Fett)
1—2 TL Paprika edelsüß und rosenscharf
150 g Sauerkraut

Zubereitung: Die Hühnerherzen der Länge nach halbieren, Fettansatz und Adern heraustrennen und eventuelle Blutreste entfernen. Die gewaschenen, trockengetupften Herzen in einem Topf in heißem Öl scharf anbraten, dann die geschälten, feingehackten Zwiebeln kurz mitschmoren, Zitronensaft, ¼ Liter Wasser, den Brühwürfel und die Gewürze dazugeben, alles aufkochen und zugedeckt ca. 40 Minuten köcheln lassen. Anschließend von der Kochflüssigkeit 1—2 Eßlöffel abnehmen und das Mehl in dieser Flüssigkeit in einem Topf anschwitzen. Joghurt mit Paprikapulver verrühren, ebenfalls in den Topf geben und das zerzupfte Sauerkraut und die Hühnerherzen mit der Flüssigkeit zum Joghurt geben. Alle Zutaten gut verrühren und das Gericht bis zum Servieren noch 10 Minuten mehr ziehen als kochen lassen.

Pro Portion: 1420 Kilojoule, 340 Kalorien, 33 g Eiweiß, 15 g Fett, 19 g Kohlenhydrate

4 Austauschportionen Eiweiß
¼ Austauschportion Gemüse
1 Austauschportion Obst
1 Austauschportion Fett
130 Kcal »Auf Wunsch«

Leber

Leberfrikassee
Menüplan 2. Woche

Zutaten für 2 Portionen
320 g Kalbsleber (Rohgewicht)
Zitronensaft
je 100 g Zwiebeln und Sellerie
200 g Möhren
2 TL Margarine
1 TL Instantbrühe
2 TL Mehl
Salz, Pfeffer
2 TL Kondensmilch (4% Fett)

Zubereitung: Leber würfeln und mit Zitronensaft beträufeln. Die geschälten Zwiebeln ebenfalls in Würfel schneiden, Sellerie und Möhren schälen und grob raffeln. Margarine in einer Kasserolle erhitzen und Gemüse und Zwiebeln ca. 7 Minuten darin dünsten. Anschließend die Leberstücke hinzufügen und ca. 6 Minuten mitdünsten. Mit $1/4$ Liter Wasser auffüllen und die Instantbrühe einrühren. Die Sauce mit Mehl andicken, würzen, abschmecken und mit Kondensmilch verfeinern.

Pro Portion: 1380 Kilojoule, 330 Kalorien, 32 g Eiweiß, 10 g Fett, 26 g Kohlenhydrate

4 Austauschportionen Eiweiß
2 Austauschportionen Gemüse
1 Austauschportion Fett
20 Kcal »Auf Wunsch«

Kalbsleber mit Bananen
Menüplan 15. Woche

Zutaten für 2 Portionen
240 g Kalbsleber (Rohgewicht)
2 TL Mehl
2 TL Butter
Salz
120 g Bananen
Petersilie

Zubereitung: Leber waschen, trockentupfen und in Mehl wenden. Die Butter langsam in einer Pfanne erhitzen und die Leber auf beiden Seiten ungefähr 8—10 Minuten darin braten. Erst jetzt salzen. Auf einer Platte anrichten und warm stellen. Die Bananen schälen und halbieren, dann im Bratfond anbräunen. Auf die Leber geben und mit Petersilie garnieren.

Pro Portion: 1050 Kilojoule, 250 Kalorien, 23 g Eiweiß, 8 g Fett, 20 g Kohlenhydrate

4 Austauschportionen Eiweiß
1 Austauschportion Fett
1 Austauschportion Obst
10 Kcal »Auf Wunsch«

Kalbsleber mit Salbei
Menüplan 9. Woche

Zutaten für 2 Portionen
100 g Zwiebeln
2 TL Öl
½ Bund Salbei
240 g Kalbsleber (Rohgewicht)
1 EL Weinessig
Salz, Pfeffer, Petersilie

Zubereitung: Zwiebeln schälen, würfeln und in 1 Teelöffel heißem Öl goldgelb dünsten. Die gehackten Salbeiblätter 1—2 Minuten mitdünsten, anschließend in eine Schüssel geben und warm stellen. Kalbsleber waschen, trockentupfen und in Streifen schneiden. In heißem Öl anbraten, die Zwiebeln hinzufügen und das Ganze noch 2—3 Minuten bei mittlerer Hitze braten. Dann Essig und feingehackte Petersilie unterrühren und gut abschmecken.

Pro Portion: 840 Kilojoule, 200 Kalorien, 22 g Eiweiß, 9 g Fett, 9 g Kohlenhydrate

3 Austauschportionen Eiweiß
½ Austauschportion Gemüse
1 Austauschportion Fett

Leberpfanne »Don Carlos«
Menüplan 51. Woche

Zutaten für 2 Portionen
200 g grüne Bohnen (eventuell Tiefkühlware)
140 g Mais (Dosenware)
100 g eingelegte Tomatenpaprika
100 g Zwiebeln
100 g Orangen
320 g Rinderleber (Rohgewicht)
2 Oliven
2 TL Öl
Safranfäden
je $\frac{1}{8}$ l ungesüßter Orangensaft und Rotwein
1 TL Instantbrühe
2 Knoblauchzehen
4 g Nestargel
10 grüne Pfefferkörner, Salz, Süßstoff

Zubereitung: Die geputzten und gewaschenen Bohnen in 200 ml Salzwasser garen.
Inzwischen Mais und Tomatenpaprika abtropfen lassen. Zwiebeln und Orangen schälen. Die Zwiebeln würfeln, die Orangen in Scheiben teilen und jede Scheibe 2 × durchschneiden. Leber waschen, trockentupfen und in walnußgroße Würfel schneiden. Die Oliven fein hacken.
Öl in einer Pfanne erhitzen, Leberwürfel und Safranfäden hineingeben

und bei mittlerer Hitze unter ständigem Wenden 3 Minuten von allen Seiten bräunen. Die Zwiebelwürfel hinzufügen und glasig werden lassen. Mit Orangensaft und Rotwein auffüllen und aufkochen.
Die Bohnen abgießen, das Wasser in die Leberpfanne geben und die Instantbrühe darin auflösen. Gemüse, Mais, Orangen- und Olivenstücke hineingeben und die Knoblauchzehen darüber auspressen. Alles gut miteinander vermischen und bei sehr schwacher Hitze 20 Minuten zugedeckt garen, anschließend mit Nestargel andicken. Die Pfefferkörner zerdrücken und in die Leberpfanne rühren. Mit Salz und Süßstoff abschmecken.

Pro Portion: 2090 Kilojoule, 500 Kalorien, 38 g Eiweiß, 13 g Fett, 47 g Kohlenhydrate

2 Austauschportionen Gemüse
4 Austauschportionen Eiweiß
1 Austauschportion Obst
1 Austauschportion Gemüse, stärkehaltig
1 Austauschportion Fett
60 Kcal »Auf Wunsch«

Lebergeschnetzeltes
Menüplan 50. Woche

Zutaten für 2 Portionen
240 g Rinderleber (Rohgewicht)
20 g Mehl
100 g Zwiebeln
2 TL Öl
1 TL Instantbrühe

1 EL Tomatenmark
4 TL Rotwein
$1/8$ l Buttermilch (1 % Fett)
Salz, Süßstoff

Zubereitung: Leber waschen, trockentupfen und in Streifen schneiden, dann in Mehl wenden. Zwiebeln schälen und in Würfel schneiden. Beides in heißem Öl anbraten und mit $1/8$ l Wasser ablöschen. Instantbrühe, Tomatenmark und Rotwein einrühren und zugedeckt 5 Minuten bei schwacher Hitze kochen lassen. Die Buttermilch hinzufügen, aber nicht mehr kochen lassen! Das Geschnetzelte mit Salz und Süßstoff pikant abschmecken.

Pro Portion: 1250 Kilojoule, 300 Kalorien, 28 g Eiweiß, 19 g Fett, 22 g Kohlenhydrate

3 Austauschportionen Eiweiß
$1/2$ Austauschportion Getreide-Erzeugnisse
$1/2$ Austauschportion Gemüse
$1/4$ Austauschportion Milch
1 Austauschportion Fett
20 Kcal »Auf Wunsch«

Leberrouladen
Menüplan 43. Woche

Zutaten für 2 Portionen
320 g Rinderleber (Rohgewicht)
50 g Gewürznelken
100 g Zwiebeln
100 g grüne Paprikaschote
1 TL Senf

1 EL Tomatenmark
Pfeffer, Salz, Basilikum
2 TL Pflanzencreme
20 g Zwieback
Zwiebelsalz, Süßstoff

Zubereitung: Die Leber waschen und in etwa 6 cm breite Scheiben schneiden. Gewürzgurken in schmale Streifen schneiden. Zwiebeln schälen und in Ringe schneiden. Paprikaschote entkernen, waschen und in Stücke schneiden.
Die Leber auf einer Seite mit Senf und Tomatenmark bestreichen und mit Pfeffer, Salz und Basilikum bestreuen. Das Gemüse darauf verteilen, die Leber aufrollen und mit Spießchen feststecken.
Die Pflanzencreme in einer Pfanne erhitzen, die Leberrouladen hineingeben und bei mittlerer Hitze 3 Minuten von allen Seiten anbräunen. Bei sehr schwacher Hitze 25 Minuten zugedeckt garen.
Die Rouladen aus der Pfanne nehmen und auf zwei Tellern anrichten. Den Bratfond mit 100 ml Wasser loskochen, Zwieback hineinreiben, mit Zwiebelsalz, Pfeffer und Süßstoff abschmecken.

Pro Portion: 1380 Kilojoule, 330 Kalorien, 34 g Eiweiß, 10 g Fett, 24 g Kohlenhydrate

4 Austauschportionen Eiweiß
1¼ Austauschportionen Gemüse
1 Austauschportion Fett
½ Austauschportion Brot
5 Kcal »Auf Wunsch«

Anisleber
Menüplan 28. Woche

Zutaten für 2 Portionen
50 g Zwiebeln
100 g rote Paprikaschoten
2 EL gehackte Petersilie
Cayennepfeffer, Salz

320 g Kalbsleber (Rohgewicht)
6 TL Mehl
Anis, schwarzer Pfeffer
2 TL Öl

Zubereitung: Zwiebeln schälen und in Ringe schneiden. Paprikaschote waschen und entkernen, dann in feine Streifen schneiden. Beides mit feingehackter Petersilie, Cayennepfeffer und Salz vermischen und beiseite stellen. Leber waschen, trockentupfen und in Würfel schneiden. Mehl mit Anis, Salz und schwarzem Pfeffer mischen und die Leber darin wenden. Das Öl erhitzen und die Leber darin braten. Mit der Zwiebel-Paprika-Mischung bestreuen und servieren.

Pro Portion: 1210 Kilojoule, 290 Kalorien, 31 g Eiweiß, 11 g Fett, 17 g Kohlenhydrate

4 Austauschportionen Eiweiß
³/₄ Austauschportion Gemüse
1 Austauschportion Fett
30 Kcal »Auf Wunsch«

Rinderleber in Pfeffersauce (Foto Seite 193)
Menüplan 37. Woche

Zutaten für 2 Portionen
320 g Rinderleber (Rohgewicht)
2 TL Öl
Salz
4 TL Weißwein

1 EL grüner Pfeffer
1 TL Instantbrühe
1½ EL Crème fraîche

Zubereitung: Leber waschen, trockentupfen und in Öl von beiden Seiten knusprig braun braten. Anschließend salzen und warm stellen. Den Bratfond mit Wein und ⅛ l Wasser loskochen. Grünen Pfeffer und Instantbrühe hinzufügen und aufkochen lassen. Crème fraîche unterheben und die Sauce über die Leber geben.

Pro Portion: 1300 Kilojoule, 310 Kalorien, 33 g Eiweiß, 13 g Fett, 13 g Kohlenhydrate

4 Austauschportionen Eiweiß
1 Austauschportion Fett
65 Kcal »Auf Wunsch«

Leber-Nudel-Kasserolle
Menüplan 24. Woche

Zutaten für 2 Portionen
40 g Nudeln (Rohgewicht)
50 g Zwiebeln
1 Knoblauchzehe
320 g Rinderleber (Rohgewicht)

2 TL Öl
200 g Tomaten (Dosenware)
Oregano, Salz, Pfeffer
2 TL geriebener Käse

Zubereitung: Nudeln in reichlich Salzwasser garen. Die Zwiebeln schälen und in Ringe schneiden, Knoblauch fein hacken. Leber waschen, trockentupfen und in Streifen schneiden. Zwiebeln und Knoblauch in Öl glasig dünsten, die Leber hinzufügen und von allen Seiten anbraten. Tomaten pürieren und unterrühren. Mit Oregano, Salz und Pfeffer abschmecken und weitere 3—5 Minuten bei schwacher Hitze schmoren lassen.
Die Nudeln mit der Lebermischung vermengen und in eine feuerfeste Form füllen. Mit Käse bestreuen und unter dem vorgeheizten Grill etwa 1—2 Minuten bräunen lassen.

Pro Portion: 1550 Kilojoule, 370 Kalorien, 36 g Eiweiß, 11 g Fett, 30 g Kohlenhydrate

4 Austauschportionen Eiweiß
1¼ Austauschportionen Gemüse
1 Austauschportion Fett
1 Austauschportion Getreide-Erzeugnisse
10 Kcal »Auf Wunsch«

Kräuterleber
Menüplan 31. Woche

Zutaten für 2 Portionen
320 g Kalbsleber (Rohgewicht)
100 g kleine Zwiebeln
Schnittlauch, Petersilie, Dill
2 TL Butter
20 g Zwieback

¼ l Brühe von 1 kleinen
Brühwürfel
4 TL Rotwein
Thymian, Salz, Pfeffer

Zubereitung: Leber waschen, häuten und in kurze Steifen schneiden. Zwiebeln schälen, Schnittlauch, Petersilie und Dill waschen und trockentupfen. Zwiebeln und Kräuter fein wiegen. Die Butter zerlassen, Zwiebeln und Kräuter hineingeben und bei mittlerer Hitze 1 Minute rühren. Dann die Leberstreifen hinzufügen und den Zwieback darüberreiben. Nun die Brühe und den Rotwein dazugeben und alles zugedeckt bei sehr schwacher Hitze 15 Minuten garen. Mit Thymian, Salz und Pfeffer abschmecken.

Pro Portion: 1300 Kilojoule, 310 Kalorien, 31 g Eiweiß, 11 g Fett, 18 g Kohlenhydrate
4 Austauschportionen Eiweiß
½ Austauschportion Gemüse
½ Austauschportion Brot
2 Austauschportionen Fett
15 Kcal »Auf Wunsch«

Gefüllte Leber
Menüplan 27. Woche

Zutaten für 2 Portionen
250 g Äpfel
50 g Zwiebeln
1 Bund Petersilie
Salz, Edelsüß-Paprika
4 TL Ketchup

10 g Paniermehl
240 g Schweineleber
(Rohgewicht)
1 TL Öl, Kresse

Zubereitung: Äpfel schälen, das Kerngehäuse entfernen und in kleine Stücke schneiden. Zwiebeln schälen und fein würfeln. Beides mit der gehackten Petersilie vermischen. Salz und Paprika zugeben, Ketchup und Paniermehl unterrühren. Die Leber waschen, trockentupfen und längs einschneiden. Die Apfelmischung in die Lebertasche füllen und mit einem Holzspießchen verschließen. Öl in einer Pfanne erhitzen, Leber hineingeben und bei mittlerer Hitze von beiden Seiten braten. Falls die Leber ansetzen sollte, etwas Wasser angießen. Mit Kresse bestreut servieren.

Pro Portion: 1210 Kilojoule, 290 Kalorien, 26 g Eiweiß, 9 g Fett, 26 g Kohlenhydrate
4 Austauschportionen Eiweiß
1 Austauschportion Obst
¼ Austauschportion Gemüse
¼ Austauschportion Brot
½ Austauschportion Fett
10 Kcal »Auf Wunsch«

Leber mit Kapern
Menüplan 20. Woche

Zutaten für 2 Portionen
320 g Rinderleber (Rohgewicht)
100 g Zwiebeln
2 TL Öl
1 TL Instantbrühe
3 EL Rotweinessig
1 TL Kapern
1 Knoblauchzehe
Salz, Pfeffer

Zubereitung: Die Leber waschen, trockentupfen und würfeln. Zwiebeln schälen, ebenfalls in Würfel schneiden und in einer beschichteten Pfanne in Öl glasig dünsten. Die Leber hinzufügen und von allen Seiten braun braten. Mit 100 ml Wasser ablöschen und die Instantbrühe einrühren. Essig, Kapern und die gehackte Knoblauchzehe hinzufügen, alles mit Salz und Pfeffer abschmecken und 5 Minuten bei schwacher Hitze schmoren lassen.

Pro Portion: 1170 Kilojoule, 280 Kalorien, 33 g Eiweiß, 10 g Fett, 14 g Kohlenhydrate

4 Austauschportionen Eiweiß
½ Austauschportion Gemüse
1 Austauschportion Fett
20 Kcal »Auf Wunsch«

Geflügelleber mit Pilzen
Menüplan 8. Woche

Zutaten für 2 Portionen
240 g Geflügelleber (Rohgewicht)
200 g Zwiebeln
2 TL Öl
150 g Champignons (Dosenware)
Salz, Curry, Knoblauchpulver
1½ EL Crème fraîche
Petersilie

Zubereitung: Die Leber waschen, trockentupfen und in Würfel schneiden. Zwiebeln schälen und ebenfalls würfeln. Beides in heißem Öl anbraten. Die Champignons in Scheiben schneiden und hinzufügen. Mit etwas Pilzwasser ablöschen, kräftig abschmecken und 5 Minuten bei schwacher Hitze garen. Kurz vor dem Servieren die Crème fraîche unterrühren und mit reichlich feingehackter Petersilie bestreuen.

Pro Portion: 1130 Kilojoule, 270 Kalorien, 30 g Eiweiß, 12 g Fett, 12 g Kohlenhydrate

3 Austauschportionen Eiweiß
1¾ Austauschportionen Gemüse
1 Austauschportion Fett
50 Kcal »Auf Wunsch«

Hähnchenleber mit Salbeizwiebeln
Menüplan 41. Woche

Zutaten für 2 Portionen
200 g Gemüsezwiebeln
2 TL Öl
frische Salbeiblätter
4 TL trockener Weißwein

320 g Hähnchenleber
(Rohgewicht)
Salz, frisch gemahlener
schwarzer Pfeffer

Zubereitung: Zwiebeln schälen und in Ringe schneiden. Öl in einer Pfanne erhitzen und die Zwiebeln bei schwacher Hitze darin dünsten. Salbei und Weißwein hinzufügen und zugedeckt 10 Minuten dünsten. Währenddessen die Hähnchenleber waschen, trockentupfen und von beiden Seiten grillen. Danach mit Salz und Pfeffer würzen und die Zwiebeln auf die Leber geben.

Pro Portion: 1250 Kilojoule, 300 Kalorien, 37 g Eiweiß, 12 g Fett, 10 g Kohlenhydrate
4 Austauschportionen Eiweiß
1 Austauschportion Gemüse
1 Austauschportion Fett
10 Kcal »Auf Wunsch«

Orientalischer Lebertopf
Menüplan 11. Woche

Zutaten für 2 Portionen
340 g Rinderleber (Rohgewicht)
Curry, Chilipulver, Pfeffer
½ TL frischer gehackter Ingwer
je 2 TL Essig und Öl

50 g Zwiebeln
300 g Tomaten
2 eingelegte Peperoni (50 g)
Salz

Zubereitung: Leber in Streifen schneiden. Die Gewürze mit Essig verrühren. Die Leberstücke in dieser Mischung wälzen und in heißem Öl in einer beschichteten Pfanne braten. Anschließend herausnehmen und warm stellen. Zwiebeln schälen und würfeln. Tomaten überbrühen, enthäuten und ebenfalls in Würfel schneiden. Peperoni entkernen und in Ringe schneiden. Alles in der Pfanne andünsten, die Leber wieder zugeben, salzen und nochmals abschmecken.

Pro Portion: 1050 Kilojoule, 250 Kalorien, 26 g Eiweiß, 9 g Fett, 15 g Kohlenhydrate
3 Austauschportionen Eiweiß
2 Austauschportionen Gemüse
1 Austauschportion Fett

Leber mit Kastanienmilch
Menüplan 42. Woche

Zutaten für 2 Portionen
200 g Wasserkastanien   *2 TL Butter*
(Dosenware)   *320 g Geflügelleber (Rohgewicht)*
50 g Zwiebeln   *¼ l Milch (0,3 % Fett)*
je 1 Bund Petersilie und Dill,   *3 g Nestargel*
Kresse   *Muskat, Pfeffer, Salz, Süßstoff*

Zubereitung: Wasserkastanien abtropfen lassen, die Zwiebeln schälen und ebenso wie die Kräuter hacken. Butter in einer Pfanne zerlassen, Gemüse und Kräuter hineingeben und bei sehr schwacher Hitze 20 Minuten zugedeckt schmoren. Die Leber waschen, enthäuten und in einer beschichteten Pfanne bei starker Hitze 2 Minuten unter mehrmaligem Wenden anbraten. Die Temperatur zurückschalten und bei sehr schwacher Hitze 10 Minuten zugedeckt garen.
Die Milch zum Kochen bringen, Gemüse und Kräuter hineingeben und mit Nestargel andicken. Einmal aufwallen lassen und abschmecken.
Die Leber auf zwei Tellern anrichten und mit der Kastanienmilch übergießen.

Pro Portion: 2180 Kilojoule, 520 Kalorien, 44 g Eiweiß, 13 g Fett, 56 g Kohlenhydrate

4 Austauschportionen Eiweiß
1 Austauschportion Gemüse, stärkehaltig
¼ Austauschportion Gemüse
½ Austauschportion Milch
1 Austauschportion Fett

Leberspieße
Menüplan 22. Woche

Zutaten für 2 Portionen
120 g Bananen   *100 g Schalotten*
100 g Paprikaschoten   *Salz, Curry, 4 TL Curryketchup*
320 g Schweineleber
(Rohgewicht)

Zubereitung: Banane schälen und in fingerdicke Scheiben schneiden. Paprikaschoten entkernen, waschen und in 3 cm × 3 cm große Stücke, Leber in Würfel schneiden. Schalotten schälen. Leber, Schalotten, Bananenscheiben und Paprikaschoten abwechselnd auf Schaschlikspieße stecken und unter dem vorgeheizten Grill ca. 15 Minuten grillen, dabei den Spieß ab und zu wenden. Nach dem Grillen mit Salz und Curry bestreuen und mit Ketchup übergossen servieren.

Pro Portion: 1340 Kilojoule, 320 Kalorien, 34 g Eiweiß, 9 g Fett, 25 g Kohlenhydrate

4 Austauschportionen Eiweiß
1 Austauschportion Obst
1 Austauschportion Gemüse
10 Kcal »Auf Wunsch«

Rinderleber »Singapore«
Menüplan 21. Woche

Zutaten für 2 Portionen
15 g getrocknete chinesische Pilze
320 g Rinderleber (Rohgewicht)
300 g grüne Paprikaschoten
50 g Zwiebeln
200 g Ananas (konserviert ohne Zucker)
100 g Bambussprossen
1 TL Öl
1 kleiner Brühwürfel
Salz, Pfeffer, Ingwer
Sojasauce
4 TL Mehl
4 EL Ananassaft

Zubereitung: Pilze über Nacht einweichen. Rinderleber waschen, trockentupfen und in Würfel schneiden. Die Paprikaschoten entkernen, waschen und ebenfalls würfeln. Zwiebeln schälen und in Scheiben schneiden. Ananas in Stücke schneiden. Bambussprossen und die eingeweichten Pilze kleinschneiden.
Leber und Zwiebeln in heißem Öl braun braten. Mit $^1/_4$ l Wasser ablöschen, Brühwürfel und das vorbereitete Gemüse hinzufügen. Mit Salz, Pfeffer, Ingwer und Sojasauce abschmecken und 10 Minuten garen. Das Mehl in Ananassaft anrühren und unterrühren. Weitere 5 Minuten bei schwacher Hitze kochen lassen. Anschließend nochmals abschmecken und servieren.

Pro Portion: 1670 Kilojoule, 400 Kalorien, 38 g Eiweiß, 9 g Fett, 41 g Kohlenhydrate

$2^3/_{10}$ Austauschportionen Gemüse
4 Austauschportionen Eiweiß
1 Austauschportion Obst
$^1/_2$ Austauschportion Fett
25 Kcal »Auf Wunsch«

Putenleber mit Mandarinencreme
Menüplan 19. Woche

Zutaten für 2 Portionen
240 g Putenleber (Rohgewicht)
100 g Speisequark (Magerstufe)
2 TL Mayonnaise (80 % Fett)
2 EL Mandarinensaft (ohne Zucker)
Pfeffersauce, Ingwerpulver
70 g süße Sahne
Süßstoff, Curry, Salz
100 g Mandarinen (konserviert ohne Zucker)

Zubereitung: Die Leber von Häutchen und Sehnen befreien, gründlich waschen, mit einem Küchentuch trockentupfen und in kleine Würfel schneiden. Eine beschichtete Pfanne erhitzen, die Leberwürfel hineingeben und unter ständigem Wenden in etwa 2 Minuten bei starker Hitze knusprig braun braten. Bei schwacher Hitze zugedeckt weitere 10 Minuten schmoren.
Inzwischen Magerquark mit Mayonnaise verrühren, den Mandarinensaft hinzufügen und alles miteinander glattrühren. Mit Pfeffersauce und Ingwerpulver abschmecken. Die Sahne steif schlagen und vorsichtig unterziehen. Bei Bedarf mit Süßstoff abschmecken. Die Leber nach dem Garen mit Curry und Salz von beiden Seiten bestreuen, auf zwei Teller legen und die Mandarinencreme darübergießen. Mit Mandarinenscheiben garnieren.

Pro Portion: 1510 Kilojoule, 360 Kalorien, 34 g Eiweiß, 20 g Fett, 10 g Kohlenhydrate
3 Austauschportionen Eiweiß
½ Austauschportion Milch
½ Austauschportion Obst
1 Austauschportion Fett
100 Kcal »Auf Wunsch«

Curry-Leber
Menüplan 5. Woche

Zutaten für 2 Portionen
320 g Rinderleber (Rohgewicht)
Pfeffer
2 TL Margarine
120 g Bananen
Curry, Salz, Zitronensaft
200 g Sauerkraut (Dosenware)

Zubereitung: Leber in Streifen schneiden und pfeffern. Margarine in einer Pfanne erhitzen und die Leber darin anbraten. In Scheiben geschnittene Banane zugeben und mit Curry, Salz und Zitronensaft würzen. Das Sauerkraut ebenfalls unterrühren, 4—5 Eßlöffel Wasser hinzufügen und in geschlossener Pfanne bei schwacher Hitze ca. 10—15 Minuten garen.

Pro Portion: 1380 Kilojoule, 330 Kalorien, 34 g Eiweiß, 10 g Fett, 27 g Kohlenhydrate
4 Austauschportionen Eiweiß
1 Austauschportion Fett
1 Austauschportion Gemüse
1 Austauschportion Obst

Geflügelleber in Rosinensauce
Menüplan 46. Woche

Zutaten für 2 Portionen
40 g Rosinen
100 g Gewürzgurken
100 g Zwiebeln
2 TL Instantbrühe
240 g Geflügelleber (Rohgewicht)

2 TL Butter
2 g Nestargel
Nelkenpulver, frisch gemahlener Pfeffer
Süßstoff

Zubereitung: ½ l Wasser zum Kochen bringen, die Rosinen waschen, Gewürzgurken in Würfel schneiden. Zwiebeln schälen und ebenfalls würfeln. Instantbrühe in das kochende Wasser einrühren, Rosinen, Gewürzgurken- und Zwiebelwürfel hinzufügen und bei sehr schwacher Hitze 15 Minuten zugedeckt garen.
Die Leber enthäuten, waschen und kleinschneiden. Butter in einer Pfanne erhitzen, die Leberstücke hineingeben und unter ständigem Wenden 2 Minuten bei starker Hitze anbraten. Anschließend bei sehr schwacher Hitze noch 5 Minuten garen.
Die Brühe mit Nestargel andicken, die Leberstücke hineingeben und weitere 5 Minuten bei sehr schwacher Hitze zugedeckt garen. Mit den Gewürzen pikant abschmecken.

Pro Portion: 1170 Kilojoule, 280 Kalorien, 29 g Eiweiß, 10 g Fett, 20 g Kohlenhydrate
3 Austauschportionen Eiweiß
1 Austauschportion Fett
1 Austauschportion Gemüse
1 Austauschportion Obst
10 Kcal »Auf Wunsch«

Pikante Leberpfanne
Menüplan 47. Woche

Zutaten für 2 Portionen
240 g Schweineleber
(Rohgewicht)
250 g Äpfel

je 200 g Möhren und Zwiebeln
½ l gemischter Gemüsesaft
Estragon, Curry, Pfeffer, Salz

Zubereitung: Die Leber waschen und in kleine Stücke schneiden. Äpfel schälen, entkernen und ebenfalls in kleine Stücke schneiden. Möhren putzen und in Scheiben schneiden, Zwiebeln schälen und in Ringe schneiden. Den Gemüsesaft in einer Pfanne erhitzen, Leber, Apfelstücke und Gemüse hineingeben und zugedeckt bei sehr schwacher Hitze 25 Minuten garen. Mit den Gewürzen pikant abschmecken.

Pro Portion: 1550 Kilojoule, 270 Kalorien, 29 g Eiweiß, 8 g Fett, 48 g Kohlenhydrate

3 Austauschportionen Eiweiß
2 Austauschportionen Gemüse
1 Austauschportion Obst

Lebertopf »Peking«
Menüplan 16. Woche

Zutaten für 2 Portionen
40 g parboiled Reis
320 g Hähnchenleber
(Rohgewicht)
2 TL Mehl
2 TL Öl
Salz
je 100 g rote und grüne
Paprikaschoten

je 50 g Möhren, Zwiebeln und
Tomaten
2 EL Sojasauce
je 100 g Sojabohnen- und
Bambussprossen
Pfeffer, Chinagewürz

Zubereitung: Den Reis garen. Währenddessen die Leber waschen, trockentupfen und mit Mehl bestäuben. In Öl anbraten, zugedeckt garen und dann salzen. Paprikaschoten, Möhren und Zwiebeln putzen und in feine, streichholzgroße Streifen schneiden. Die Tomaten kurz in heißes Wasser legen, abziehen und vierteln. Mit Sojasauce in einen Topf geben und bei starker Hitze erhitzen. Alle übrigen Gemüse dazugeben und ca. 3 Minuten kochen. Etwas Sojasauce oder Wasser zugießen, damit das

Gemüse nicht anbrennt. Pikant abschmecken. Leber, Gemüse und Reis in einer Schüssel gut vermischen und noch etwas nachwürzen.

<u>Pro Portion:</u> 2000 Kilojoule, 480 Kalorien, 48 g Eiweiß, 15 g Fett, 37 g Kohlenhydrate

4 Austauschportionen Eiweiß
2¾ Austauschportionen Gemüse
1 Austauschportion Getreide-Erzeugnisse
1 Austauschportion Fett
10 Kcal »Auf Wunsch«

Fenchelleber
Menüplan 52. Woche

<u>Zutaten für 2 Portionen</u>
200 g Fenchel
240 g Kalbsleber (Rohgewicht)
120 g Bananen
2 TL Butter
¼ l Milch (0,3 % Fett)

Saft 1 Zitrone
Estragon, Salbei, frisch
gemahlener Pfeffer, Salz
Süßstoff

Zubereitung: ¼ l Wasser zum Kochen bringen. Den Fenchel von Haut und Stielen befreien, die grünen Blättchen aufbewahren. Einmal durchschneiden, in das kochende Wasser geben und bei sehr schwacher Hitze 20 Minuten zugedeckt dünsten.
Inzwischen Fenchelblättchen kleinschneiden. Leber waschen, trockentupfen und in walnußgroße Würfel schneiden. Die Banane schälen und in Scheiben schneiden.
Butter in einer Pfanne erhitzen, Leber, Fenchelblättchen und Bananenscheiben hineingeben und bei mittlerer Hitze 5 Minuten unter ständigem vorsichtigen Wenden bräunen.
Den Fenchel abtropfen lassen, in Streifen schneiden und mit dem Kochwasser in die Leber geben. Mit Milch auffüllen, wieder erhitzen und bei sehr schwacher Hitze 15 Minuten zugedeckt garen. Zuletzt den Zitronensaft einrühren und mit den Gewürzen und Süßstoff milde abschmecken.

<u>Pro Portion:</u> 1420 Kilojoule, 340 Kalorien, 29 g Eiweiß, 9 g Fett, 35 g Kohlenhydrate

3 Austauschportionen Eiweiß
1 Austauschportion Fett
1 Austauschportion Gemüse
1 Austauschportion Obst
½ Austauschportion Milch

Orangenleber
Menüplan 36. Woche

Zutaten für 2 Portionen
320 g Hühnerleber (Rohgewicht) *200 g Orangen*
50 g Zwiebeln *Salz, Pfeffer, Majoran*
2 TL Margarine *Sojasauce, Süßstoff, Petersilie*
1/8 l ungesüßter Orangensaft

Zubereitung: Leber waschen, trockentupfen und halbieren. Zwiebeln schälen und würfeln. Beides in Margarine etwa 5 Minuten anbraten, mit Orangensaft ablöschen. Orangen schälen und in Stücke schneiden. Hinzufügen und etwa 5 Minuten bei schwacher Hitze schmoren lassen. Mit Salz, Pfeffer, Majoran, Sojasauce und Süßstoff abschmecken. Vor dem Servieren mit feingehackter Petersilie bestreuen.

Pro Portion: 1420 Kilojoule, 340 Kalorien, 37 g Eiweiß, 11 g Fett, 23 g Kohlenhydrate

4 Austauschportionen Eiweiß
1 1/2 Austauschportionen Obst
1 Austauschportion Fett
1/4 Austauschportion Gemüse

Fischgerichte

Fischtopf Hubertus
Menüplan 43. Woche

Zutaten für 2 Portionen
320 g Rotbarschfilet (Rohgewicht)
Essig
1/8 l ungesüßter Apfelsaft
1 TL Instantbrühe
200 g Pfifferlinge (Dosenware)
1/8 l Pfifferlingswasser

120 g Bananen
2 TL Butter
1 TL Kokosraspeln
7 g Nestargel
frisch gemahlener Pfeffer, Salz,
Süßstoff

Zubereitung: Den Fisch säubern und säuern. 300 ml Wasser mit dem Apfelsaft zum Kochen bringen und die Brühe darin auflösen. Den Fisch in Würfel schneiden, in die Brühe geben und 15 Minuten zugedeckt bei sehr schwacher Hitze garen.
Inzwischen die Pfifferlinge abtropfen lassen, das Wasser aufbewahren. Die Bananen schälen und in Scheiben schneiden. Butter in einer Pfanne schmelzen, Pfifferlinge, Bananenscheiben und Kokosraspeln hineingeben und 10 Minuten bei schwacher Hitze unter ständigem Wenden garen. Mit dem Pfifferlingswasser in die Fischbrühe geben und mit Nestargel andicken. Mit Pfeffer, Salz und Süßstoff abschmecken.

Pro Portion: 1380 Kilojoule, 330 Kalorien, 32 g Eiweiß, 10 g Fett, 27 g Kohlenhydrate

4 Austauschportionen Eiweiß
1½ Austauschportionen Obst
1 Austauschportion Gemüse
1 Austauschportion Fett
10 Kcal »auf Wunsch«

Fischgulasch ungarische Art
Menüplan 8. Woche

Zutaten für 2 Portionen
je 150 g rote und grüne Paprikaschoten
100 g Zwiebeln
200 g Tomaten
2 TL Öl
Salz, Pfeffer, Rosenpaprika edelsüß
320 g Kabeljaufilet (Rohgewicht)
Zitronensaft

Zubereitung: Paprikaschoten entkernen, waschen und in Streifen schneiden. Zwiebeln schälen und in Würfel schneiden. Tomaten waschen und in Streifen schneiden. Die Gemüse in Öl andünsten, kräftig würzen und 150 ml Wasser auffüllen.
Kabeljaufilet säubern, mit Zitronensaft beträufeln und in Würfel schneiden. Auf das angedünstete Gemüse geben und das Ganze in 15 Minuten bei schwacher Hitze gar ziehen lassen. Eventuell noch einmal nachwürzen.

Pro Portion: 920 Kilojoule, 220 Kalorien, 31 g Eiweiß, 5 g Fett, 14 g Kohlenhydrate

3 Austauschportionen Gemüse
4 Austauschportionen Eiweiß
1 Austauschportion Fett

Schollenfilet mit Mais
Menüplan 9. Woche

Zutaten für 2 Portionen
320 g Schollenfilets (Rohgewicht)
Zitronensaft, Salz
20 g Mehl
2 TL Öl
70 g Mais (Dosenware)
60 g geriebener Edamer
(45 % Fett i. Tr.)
Petersilie
200 g Tomaten

Zubereitung: Schollenfilets säubern, mit Zitronensaft beträufeln und salzen. In Mehl wenden und in einer beschichteten Pfanne in heißem Öl braten. Anschließend in eine Auflaufform geben, Mais darüberschichten und mit Käse bestreuen. Bei 250° C (Stufe 6 Gasherd) im Backofen so lange überbacken, bis der Käse zerläuft.

Vor dem Servieren mit feingehackter Petersilie bestreuen und mit in Achtel geschnittenen Tomaten garnieren.

Pro Portion: 1630 Kilojoule, 390 Kalorien, 45 g Eiweiß, 15 g Fett, 18 g Kohlenhydrate
4½ Austauschportionen Eiweiß
½ Austauschportion Getreide-Erzeugnisse
1 Austauschportion Fett
1 Austauschportion Gemüse

Fischragout »Walter«
Menüplan 42. Woche

Zutaten für 2 Portionen
375 ml Milch (0,3 % Fett)
2 Beutel Fencheltee
320 g Kabeljaufilet (Rohgewicht)
Essig, Salz
je 200 g Knollensellerie und
Lauch
2 Zwiebacktörtchen (siehe Rezept S. 514)
je 100 g rote und grüne Paprikaschoten
10 g Nestargel
frischgemahlener Pfeffer

Zubereitung: Die Milch zum Kochen bringen, Teebeutel hineingeben und gut 20 Minuten darin ziehen lassen.
Den Fisch säubern, säuern, salzen und in Würfel schneiden. Sellerie und Lauch waschen, putzen und in kleine Stücke schneiden. Die Teebeutel aus der Milch nehmen und diese noch einmal aufkochen. Sellerie, Lauch und Fischwürfel hinzufügen und zugedeckt bei sehr schwacher Hitze 20 Minuten garen.
Auf jeden Teller ein Zwiebacktörtchen legen. Die Paprikaschoten waschen, putzen, in schmale Streifen schneiden und um die Zwiebacktörtchen garnieren. Das Fischragout mit Nestargel andicken, kräftig abschmecken und über die Zwiebacktörtchen gießen.

Pro Portion: 1510 Kilojoule, 360 Kalorien, 42 g Eiweiß, 2 g Fett, 42 g Kohlenhydrate
4 Austauschportionen Eiweiß
3 Austauschportionen Gemüse
1 Austauschportion Milch
1 Austauschportion Brot

Seelachsfilet mit Äpfeln
Menüplan 9. Woche

Zutaten für 2 Portionen
250 g Sauerkraut (Dosenware)
1 Lorbeerblatt
2 Wacholderbeeren
50 g Zwiebeln

125 g Äpfel
2 TL Öl
320 g Seelachsfilet (Rohgewicht)
Zitronensaft, Salz

Zubereitung: Sauerkraut mit etwas Wasser, dem Lorbeerblatt und den Wacholderbeeren ca. 15 Minuten garen. Die Zwiebeln schälen und in Ringe schneiden. Äpfel schälen, entkernen und in dünne Scheiben schneiden. Zwiebelringe und Apfelscheiben bei mittlerer Hitze in Öl andünsten. Das gesäuberte, mit Zitronensaft gesäuerte, gesalzene Seelachsfilet würfeln und hinzufügen. 10—15 Minuten bei schwacher Hitze abgedeckt gar ziehen lassen. Fischfilet, Äpfel und Zwiebeln auf dem Sauerkraut anrichten.

Pro Portion: 1000 Kilojoule, 240 Kalorien, 32 g Eiweiß, 6 g Fett, 15 g Kohlenhydrate

1½ Austauschportionen Gemüse
4 Austauschportionen Eiweiß
½ Austauschportion Obst
1 Austauschportion Fett

»Klaus-Störtebeker«-Torte
Menüplan 52. Woche

Zutaten für 2 Portionen
200 g Möhren
320 g Heilbuttfilet (Rohgewicht)
Essig
100 g eingelegte rote Bete
je 100 g Gewürzgurken und Zwiebeln

40 g Zwieback
Pfeffer, Salz, Safranpulver
kalorienreduzierte Pfirsiche
(100 kcal)
3 Blatt Gelatine
Zitronensaft, Süßstoff

Zubereitung: Möhren putzen, in Scheiben schneiden und in ½ l Salzwasser bei sehr schwacher Hitze 15 Minuten zugedeckt dünsten. Inzwischen den Fisch säubern und säuern. Rote Bete und Gewürzgurken würfeln. Die Zwiebeln schälen und ebenfalls in Würfel schneiden. Die Möhren abgießen, das Wasser aufbewahren. Den Fisch in kleine Stücke schneiden und zusammen mit dem Gemüse durch den Fleischwolf

drehen oder im Mixer pürieren. Den Zwieback hineinreiben und gut untermischen. Mit Pfeffer, Salz und Safran abschmecken.
Eine Springform mit Backtrennpapier auslegen, Masse einfüllen, gleichmäßig verteilen und am Rand etwas hochdrücken. Im Backofen auf mittlerer Schiene bei 175° C (Gasherd Stufe 3—4) 70—75 Minuten bakken.
Die Pfirsiche abtropfen lassen und in kleine Stücke schneiden. Gelatine in kaltem Wasser einweichen. Möhren-Wasser und eventuell anfallendes Obstwasser erwärmen und die Gelatine darin auflösen. Mit Zitronensaft und Süßstoff abschmecken und die Pfirsichstücke unterrühren. Das Ganze etwas dicklich werden lassen und über die fertige Torte geben.

Pro Portion: 1760 Kilojoule, 420 Kalorien, 49 g Eiweiß, 6 g Fett, 45 g Kohlenhydrate
2½ Austauschportionen Gemüse
4 Austauschportionen Eiweiß
1 Austauschportion Brot
5 Kcal »Auf Wunsch«

Charlys Fischpfanne
Menüplan 51. Woche

Zutaten für 2 Portionen
320 g Rotbarschfilet (Rohgewicht)
Essig
je 200 g Steckrüben und Möhren
100 g Gewürzgurken
Salz

2 TL Öl
Dill, Petersilie
1½ EL Crème fraîche
Muskat, Pfeffer

Zubereitung: Die Rotbarschfilets säubern und säuern. Steckrüben schälen, waschen und würfeln. Möhren putzen, waschen und in Scheiben schneiden. Die Gewürzgurke ebenfalls würfeln. Den Fisch salzen und in walnußgroße Würfel schneiden. Öl in einer Pfanne erhitzen, erst das Gemüse hineingeben und bei sehr schwacher Hitze 45 Minuten zugedeckt garen. Dabei gelegentlich umrühren; die letzten 15 Minuten den Fisch mitgaren. Dill und Petersilie waschen, trockentupfen und fein hakken und ebenso wie die Crème fraîche in die Fischpfanne rühren. Mit Gewürzen abschmecken.

Pro Portion: 1420 Kilojoule, 340 Kalorien, 39 g Eiweiß, 14 g Fett, 20 g Kohlenhydrate
4 Austauschportionen Eiweiß
2½ Austauschportionen Gemüse
1 Austauschportion Fett
25 Kcal »Auf Wunsch«

Lachs mit grüner Kräutersauce
Menüplan 52. Woche

Zutaten für 2 Portionen
200 g Bleichsellerie
240 g entgrätete Lachssteaks
(Rohgewicht)
Essig
100 g Zwiebeln
Petersilie, Dill
2 TL Margarine
½ l Milch (0,3 % Fett)

50 g Kopfsalat
Salz
6 grüne Pfefferkörner
6 g Nestargel
Salbei, Estragon, Kerbel, Rauchsalz
1 unbehandelte Zitrone

Zubereitung: Den Bleichsellerie von Wurzelenden und Blättern befreien. Die Blätter waschen und kleinhacken, die Stangen putzen und in etwa 1½ cm breite Streifen schneiden. Den Lachs waschen und 15 Minuten in Essig säuern. Zwiebeln schälen und in Ringe schneiden. Petersilie und Dill waschen, trockentupfen und kleinschneiden.

Margarine in einem Topf erhitzen, die Zwiebelringe hineingeben und 3 Minuten unter ständigem Rühren bei mittlerer Hitze glasig werden lassen. Selleriestücke und -blättchen, Petersilie und Dill dazugeben und bei mittlerer Hitze weitere 5 Minuten garen; dabei immer wieder umrühren. Mit der Milch auffüllen, wieder zum Kochen bringen und bei sehr schwacher Hitze 20 Minuten zugedeckt garen. Den Kopfsalat putzen.

Eine beschichtete Pfanne heiß werden lassen, die Lachsstücke salzen, hineingeben und zugedeckt bei sehr schwacher Hitze auf jeder Seite 10 Minuten garen. Die Sauce mit Nestargel andicken und mit den zerdrückten Pfefferkörnern und den restlichen Gewürzen kräftig abschmecken. Den Salat auf zwei Teller legen und die Lachssteaks darauf anrichten. Mit der Sauce übergießen und mit der gewaschenen, in Scheiben geschnittenen Zitrone garnieren.

Pro Portion: 1670 Kilojoule, 400 Kalorien, 35 g Eiweiß, 20 g Fett, 20 g Kohlenhydrate

1¾ Austauschportionen Gemüse
3 Austauschportionen Eiweiß
1 Austauschportion Fett
1 Austauschportion Milch

Kabeljaukoteletts
Menüplan 41. Woche

Zutaten für 2 Portionen
400 g Kabeljaukoteletts (Rohgewicht mit Haut und Gräten)
Zitronensaft, Salz
je 100 g Möhren, Porree und
Champignons (Dosenware)
1 EL Zwiebelflocken

Petersilie
Pfeffer
4 große Tomaten (400 g)
200 g Erbsen (Dosenware)
1 Bund Petersilie
2 TL Butter

Zubereitung: Kabeljaukoteletts unter fließendem Wasser waschen, mit Zitronensaft beträufeln, salzen und beiseite stellen. Die Möhren schälen und in Scheiben schneiden. Porree putzen und in Scheiben schneiden. Champignons abtropfen lassen und halbieren.

Kabeljau mit Gemüse und Zwiebelflocken in einen Bratbeutel legen, vorsichtig mit Petersilie und Pfeffer würzen und den Beutel nach Vorschrift verschließen. Mit einer Stecknadel 2 Löcher in den Beutel stechen und im vorgeheizten Backofen bei 200° C (Gasherd Stufe 4—5) auf dem Rost (mittlere Schiene) etwa 30 Minuten backen.

Währenddessen die Tomaten mit kochendem Wasser überbrühen und enthäuten. Mit einem Löffel das Fruchtfleisch herauskratzen. Die Erbsen im eigenen Saft erhitzen, abgießen und in die ausgehöhlten Tomaten füllen.

Kabeljau und Gemüse aus dem Bratbeutel nehmen, die Flüssigkeit abgießen, und mit den gefüllten Tomaten auf einer Platte anrichten. Mit feingehackter Petersilie bestreuen und die zerlassene Butter darübergießen.

Pro Portion: 1420 Kilojoule, 340 Kalorien, 44 g Eiweiß, 6 g Fett, 28 g Kohlenhydrate

4 Austauschportionen Eiweiß
$3\frac{1}{2}$ Austauschportionen Gemüse
1 Austauschportion Gemüse, stärkehaltig
1 Austauschportion Fett

Gerollte Scholle
Menüplan 48. Woche

Zutaten für 2 Portionen
320 g Schollenfilets (Rohgewicht)
Zitronensaft, Salz
je 100 g Weißkohl und Möhren
1 Bund Petersilie
4 TL Senf

1 TL Instantbrühe
4 TL Kondensmilch (4 % Fett)
Pfeffer
2 Zitronenspalten

Zubereitung: Die Schollenfilets säubern, säuern und salzen. Weißkohl putzen und in schmale Streifen schneiden, Möhren putzen und raspeln. Die Hälfte der Petersilie hacken, Weißkohl, Möhren und Petersilie mit Senf vermengen und auf die Schollenfilets geben. Diese aufrollen. 100 ml Wasser aufkochen, Instantbrühe einrühren. Die Schollen hineingeben und 15 Minuten bei schwacher Hitze garen. Anschließend die Kondensmilch einrühren und mit Salz und Pfeffer abschmecken.
Vor dem Servieren mit dem Rest der Petersilie und Zitronenspalten garnieren.

Pro Portion: 880 Kilojoule, 210 Kalorien, 38 g Eiweiß, 3 g Fett, 9 g Kohlenhydrate
4 Austauschportionen Eiweiß
1 Austauschportion Gemüse
15 Kcal »Auf Wunsch«

Pikantes Fischragout
Menüplan 37. Woche

Zutaten für 2 Portionen
320 g Seelachsfilet (Rohgewicht)
Zitronensaft, Salz
4 TL Margarine
4 TL Mehl
100 ml Milch (1,5 % Fett)
1 TL Instantbrühe

je 100 g Tomaten und Erbsen
(Dosen- oder Tiefkühlware)
1 EL Kapern
2 TL Wein
Pfeffer, Worcestersauce

Zubereitung: Fischfilet säubern, in Würfel schneiden, mit Zitronensaft beträufeln und salzen. Margarine in einem Topf schmelzen. Mehl hinzufügen und unter ständigem Rühren $^1/_8$ l Wasser und die Milch dazugeben. Instantbrühe und Fischwürfel ebenfalls in den Topf geben und

15 Minuten bei schwacher Hitze garen. Die Tomaten würfeln und mit den Erbsen und den Kapern in der Sauce erwärmen. Mit Wein, Salz, Pfeffer und Worcestersauce abschmecken.

Pro Portion: 1300 Kilojoule, 310 Kalorien, 42 g Eiweiß, 9 g Fett, 14 g Kohlenhydrate

4 Austauschportionen Eiweiß
2 Austauschportionen Fett
¼ Austauschportion Milch
½ Austauschportion Gemüse
½ Austauschportion Gemüse, stärkehaltig
25 Kcal »Auf Wunsch«

Labskaus
Menüplan 42. Woche

Zutaten für 2 Portionen

240 g Seelachsfilet (Rohgewicht)	*60 g deutsches Corned Beef*
Essig	*4 Kapern*
200 g Kartoffeln	*Salz, Pfeffer*
je 100 g eingelegte rote Bete,	*2 TL Pflanzencreme*
Gewürzgurke und Zwiebeln	*2 Eier*

Zubereitung: Das Seelachsfilet säubern und mit Essig beträufeln. Die Kartoffeln schälen, kleinschneiden und bei sehr schwacher Hitze in wenig Salzwasser in 30 Minuten weichkochen. Rote Bete und Gewürzgurken abtropfen lassen, die Zwiebeln schälen und alles in ganz kleine Stückchen schneiden.
Den Fisch salzen und in einer beschichteten Pfanne 15 Minuten zugedeckt bei sehr schwacher Hitze garen. Die Kartoffeln abgießen, das Wasser aufbewahren. Fisch und Kartoffeln zerstampfen und mit den Gemüsestückchen verrühren. Das Corned Beef in kleine Stücke schneiden und untermischen. Etwas Kartoffelwasser einrühren, so daß die Masse breiig wird. Die Kapern kleinschneiden und untermischen. Mit Pfeffer und Salz abschmecken und auf zwei Tellern anrichten. Die Pflanzencreme in einer Pfanne heiß werden lassen und darin zwei Spiegeleier braten. Über das Labskaus geben und sofort servieren.

Pro Portion: 1630 Kilojoule, 390 Kalorien, 45 g Eiweiß, 13 g Fett, 25 g Kohlenhydrate

5 Austauschportionen Eiweiß
1½ Austauschportionen Gemüse
1 Austauschportion Kartoffeln

Seelachsfilet mit gebackenen Bananen
Menüplan 27. Woche

Zutaten für 2 Portionen
320 g Seelachsfilet (Rohgewicht)   40 g Paniermehl
Zitronensaft   2 TL Butter
Salz, Pfeffer   120 g Bananen
2 TL Mehl   Curry

Zubereitung: Seelachsfilet säubern, mit Zitronensaft beträufeln und 10 Minuten ziehen lassen. Mit Salz und Pfeffer würzen, in Mehl und Paniermehl wenden und in der zerlassenen Butter goldbraun braten. Warm stellen. Die geschälte Banane im Bratfond vorsichtig von beiden Seiten braun braten, mit Curry bestäuben und auf dem Fisch anrichten.

Pro Portion: 1380 Kilojoule, 330 Kalorien, 11 g Eiweiß, 5 g Fett, 30 g Kohlenhydrate

4 Austauschportionen Eiweiß
1 Austauschportion Brot
1 Austauschportion Fett
1 Austauschportion Obst
10 Kcal »Auf Wunsch«

Kabeljauschaschlik
Menüplan 20. Woche

Zutaten für 2 Portionen
320 g Kabeljaufilet (Rohgewicht)   100 g ganze Champignons
Zitronensaft   (Dosenware)
100 g grüne Paprikaschoten   Salz, Pfeffer, Paprika, Petersilie
kalorienreduzierte Kirschen
(25 kcal)

Zubereitung: Kabeljaufilet säubern, in 3 cm große Würfel schneiden und mit Zitronensaft beträufeln. Paprikaschoten entkernen und in etwa gleichgroße Stücke schnieden. Fischwürfel, Paprikastücke, Kirschen und Champignons abwechselnd auf Schaschlikspieße stecken. Die Spieße mit Salz, Pfeffer und Paprika würzen und unter dem vorgeheizten Grill von jeder Seite 5—10 Minuten grillen, bis der Fisch gar ist. Vor dem Servieren mit feingehackter Petersilie bestreuen.

Pro Portion: 590 Kilojoule, 140 Kalorien, 29 g Eiweiß, 1 g Fett, 6 g Kohlenhydrate

4 Austauschportionen Eiweiß
1 Austauschportion Gemüse
¼ Austauschportion Obst

Neptunschmaus
Menüplan 19. Woche

Zutaten für 2 Portionen
320 g Schellfischfilet (Rohgewicht)
$^1/_8$ l Essig
$^1/_4$ l Milch (0,3 % Fett)
je 100 g Zwiebeln und Karotten
$^1/_2$ Bund Dill
$^1/_2$ Lorbeerblatt
4 Kapern, Pfeffer, Dillsalz

300 g Blattspinat
100 g Tomaten
1 TL Pflanzencreme
Muskat, Salz, Rosenpaprika
40 g Zwieback
2 TL geriebener Käse
2 TL Butter

Zubereitung: Das Schellfischfilet waschen und in walnußgroße Würfel schneiden. In eine Schüssel legen, mit Essig übergießen und zugedeckt 15 Minuten ziehen lassen.
Indessen $^1/_8$ Liter Wasser und die Hälfte der Milch zum Kochen bringen. Zwiebeln schälen und in kleine Würfel schneiden, Karotten und Dill waschen. Dill kleinzupfen, Karotten putzen und in Scheiben schneiden. Die Hälfte der Zwiebeln, Karotten, Dill, Lorbeerblatt und Kapern in die kochende Flüssigkeit geben. Mit Pfeffer und Dillsalz abschmecken und zugedeckt bei schwacher Hitze 15 Minuten kochen. Den Fisch in den kochenden Sud geben und weitere 15 Minuten bei schwacher Hitze kochen lassen. Inzwischen den Spinat verlesen, waschen, abtropfen lassen und fein hacken. Die Tomaten waschen und vierteln.
Pflanzencreme in der Pfanne erhitzen und den Rest der Zwiebelwürfel darin glasig werden lassen. Den Spinat hinzufügen und alles gut vermischen. Die Pfanne von der Kochstelle nehmen, den Rest der Milch einrühren und mit Muskat, Pfeffer, Salz und Rosenpaprika abschmecken. Schellfisch mit Sud (wer nicht so viel Flüssigkeit möchte, kann einen Teil des Suds als Suppe servieren) in eine Auflaufform füllen, die Tomatenviertel daraufgeben und den Spinat darüber verteilen. Den Zwieback zerkrümeln, mit dem Käse vermischen und über den Spinat streuen. Darauf ganz winzige Butterflöckchen setzen. Bei 200° C (Gasherd Stufe 4—5) im Backofen auf der mittleren Schiene 15 Minuten überbacken.

Pro Portion: 1760 Kilojoule, 420 Kalorien, 49 g Eiweiß, 8 g Fett, 37 g Kohlenhydrate

4 Austauschportionen Eiweiß
3$^1/_2$ Austauschportionen Gemüse
1$^1/_2$ Austauschportionen Fett
$^1/_2$ Austauschportion Brot
$^1/_2$ Austauschportion Milch
10 Kcal »Auf Wunsch«

Schellfischfilets in Alufolie
Menüplan 22. Woche

Zutaten für 2 Portionen
320 g Schellfischfilets (Rohgewicht)
Zitronensaft, Salz
1 TL Öl
4 TL Tomatenketchup

100 g Champignons (Dosenware)
je 50 g Zwiebeln und Gewürzgurken
Petersilie

Zubereitung: Fischfilets säubern, mit Zitronensaft beträufeln und salzen. Zwei Stück Aluminiumfolie auf der glänzenden Seite mit Öl einfetten. Die Fischfilets auf die Folie geben und mit Ketchup bestreichen. Champignons blättrig schneiden. Zwiebeln schälen und fein würfeln. Gewürzgurken ebenfalls in Würfel schneiden. Champignons, Zwiebeln und Gewürzgurken vermengen und auf die Fischfilets geben. Dann die Folie locker, aber luftdicht verschließen. Das Filet bei 250°C (Gasherd Stufe 5—6) auf der mittleren Schiene 20 Minuten garen.
Den Fisch vor dem Servieren aus der Folie nehmen und mit reichlich feingehackter Petersilie bestreuen.

Pro Portion: 840 Kilojoule, 200 Kalorien, 38 g Eiweiß, 2 g Fett, 6 g Kohlenhydrate

4 Austauschportionen Eiweiß
½ Austauschportion Fett
1 Austauschportion Gemüse
10 Kcal »Auf Wunsch«

Chinesische Fischpfanne
Menüplan 31. Woche

Zutaten für 2 Portionen
200 g chinesische Pilze (Gewicht nach dem Einweichen)
320 g Kabeljaufilet (Rohgewicht)
Zitronensaft, Salz
je 200 g Sojasprossen und Bambusspitzen (Dosenware)
2 TL Öl

100 g Ananas mit 2 EL Saft (ohne Zucker konserviert)
80 g Lychees mit 2 EL Saft (ohne Zucker konserviert)
Sojasauce, Knoblauchpulver, Ingwer, Pfeffer, Süßstoff

Zubereitung: Pilze nach Vorschrift einweichen. Kabeljau säubern, mit Zitronensaft beträufeln und salzen. Sojasprossen und Bambusspitzen abtropfen lassen. Das Öl erhitzen, Fisch und Gemüse hineingeben. Ananas und Lychees mit dem abgemessenen Saft hinzufügen und zugedeckt bei schwacher Hitze 15 Minuten garen. Mit Sojasauce, Knoblauch, Ingwer, Pfeffer, Salz und Süßstoff abschmecken.

Pro Portion: 1420 Kilojoule, 340 Kalorien, 37 g Eiweiß, 5 g Fett, 35 g Kohlenhydrate
3 Austauschportionen Gemüse
4 Austauschportionen Eiweiß
1 Austauschportion Fett
1 Austauschportion Obst

Fischpfanne mit Champignons
Menüplan 14. Woche

Zutaten für 2 Portionen
200 g Kartoffeln
2 EL Essig
Pfefferkörner
1 Lorbeerblatt
50 g Zwiebeln
320 g Rotbarschfilet (Rohgewicht)

2 EL Senf
2 TL Margarine
Salz, Pfeffer
200 g Champignons (Dosenware)
Petersilie

Zubereitung: Kartoffeln in der Schale 20 Minuten kochen. 1 Liter Wasser mit Essig, Pfefferkörnern, Lorbeerblatt und geschälte Zwiebeln zusammen aufkochen und den Fisch in diesem Sud 20 Minuten ziehen lassen, aber nicht kochen. Anschließend im Sud erkalten lassen. Kartoffeln pellen und in Scheiben schneiden. Den Senf mit ca. $1/8$ Liter Fischsud verrühren, den Rest des Suds wegschütten. Margarine in einer Pfanne erhitzen, die Kartoffeln hinzugeben, mit Salz und Pfeffer würzen und anbraten. Den Fisch zerpflücken und hinzugeben, dann den Fischsud und die abgetropften Champignons. Alles vorsichtig vermengen, mit feingehackter Petersilie bestreuen und 10 Minuten bei schwacher Hitze ziehen lassen.

Pro Portion: 1460 Kilojoule, 350 Kalorien, 42 g Eiweiß, 11 g Fett, 21 g Kohlenhydrate
4 Austauschportionen Eiweiß
$1 1/4$ Austauschportionen Gemüse
1 Austauschportion Kartoffeln
1 Austauschportion Fett

Fischröllchen »Florentine«
Menüplan 2. Woche

Zutaten für 2 Portionen
400 g Blattspinat
320 g Dorsch- oder Schollenfilets
(Rohgewicht)
Salz, Pfeffer, Knoblauchpulver,
Muskat

1 TL getrocknete Zwiebelflocken
50 g süße Sahne
20 g Paniermehl
2 TL geriebener Käse

Zubereitung: Spinat verlesen, waschen und garen. Die gewaschenen Fischfilets würzen und mit der halben Menge Spinat belegen. Mit Zwiebelflocken bestreuen und aufrollen.
Den restlichen Spinat in eine feuerfeste Auflaufform geben und die Fischröllchen daraufsetzen. Sahne und Paniermehl mischen und über den Fisch gießen. Mit Käse bestreuen. Im vorgeheizten Ofen bei 200° C (Gasherd Stufe 4—5) 20 Minuten backen.

Pro Portion: 1250 Kilojoule, 300 Kalorien, 33 g Eiweiß, 12 g Fett, 13 g Kohlenhydrate

2 Austauschportionen Gemüse
4 Austauschportionen Eiweiß
½ Austauschportion Brot
110 Kcal »Auf Wunsch«

Fischrouladen
Menüplan 10. Woche

Zutaten für 2 Portionen
320 g möglichst dünne Scheiben
Goldbarschfilet (Rohgewicht)
Zitronensaft, Salz
2 EL Tomatenmark
1 TL Senf

je 50 g Gewürzgurken und
Zwiebeln
2 TL Öl
Petersilie

Zubereitung: Fischfilets säubern, mit Zitronensaft beträufeln und salzen. Eine Seite mit Tomatenmark und Senf bestreichen und mit den in kleine Würfel geschnittenen Gurken bestreuen. Zwiebeln schälen, würfeln und in etwas Wasser gar dünsten. Dann ebenfalls auf die Fischfilets geben. Diese aufrollen, mit einem Holzstäbchen feststecken und in einer beschichteten Pfanne im heißen Öl abgedeckt bei schwacher Hitze etwa 20 Minuten dünsten. Vor dem Servieren mit reichlich feingehackter Petersilie bestreuen.

Pro Portion: 1130 Kilojoule, 270 Kalorien, 38 g Eiweiß, 11 g Fett, 4 g Kohlenhydrate
4 Austauschportionen Eiweiß
½ Austauschportion Gemüse
1 Austauschportion Fett
10 Kcal »Auf Wunsch«

Kapitänsflunder
Menüplan 33. Woche

Zutaten für 2 Portionen
150 g Champignons
100 g Zwiebeln
50 g Paprikaschoten
2 TL Margarine
30 g Weißbrot
60 g Krabbenfleisch
2 EL Zitronensaft
1 EL feingehackte Petersilie

2 TL Mayonnaise (80 % Fett)
Pfeffer, Salz, Senf
240 g Schollenfilets (Rohgewicht)
Essig
1 TL Instantbrühe
2 TL Weißwein
Paprika
Petersilie und Zitronenscheiben

Zubereitung: Champignons putzen, waschen und hacken. Zwiebeln schälen und ebenfalls hacken. Paprikaschoten waschen, entkernen und fein würfeln. Das Gemüse in Margarine weich dünsten. Das Brot fein zerkrümeln und mit dem Krabbenfleisch, dem gedünsteten Gemüse, Zitronensaft, Petersilie, Mayonnaise, Pfeffer, Salz und Senf vermengen. In eine Auflaufform geben und darauf die gesäuberten, mit Essig gesäuerten Fischfilets legen. Die Instantbrühe in $\frac{1}{8}$ Liter warmes Wasser einrühren und die Brühe ebenso wie den Wein über den Fisch gießen. Mit Paprika bestäuben und bei 200° C (Gasherd Stufe 4—5) etwa 20 Minuten backen, bis der Fisch gar ist. Anschließend mit Petersilie und Zitronenscheiben garnieren.

Pro Portion: 1210 Kilojoule, 290 Kalorien, 35 g Eiweiß, 8 g Fett, 16 g Kohlenhydrate
4 Austauschportionen Eiweiß
2 Austauschportionen Fett
1½ Austauschportionen Gemüse
½ Austauschportion Brot
10 Kcal »Auf Wunsch«

Bunte Fisch-Grilladen
Menüplan 36. Woche

Zutaten für 6 Portionen
Für das Seelachsschaschlik:
300—360 g Seelachsfilets (Rohgewicht)
1 EL Zitronensaft
3 TL Ketchup
¼ TL gehackter frischer Knoblauch
1 Messerspitze gemahlener Kerbel
150 g grüne Paprikaschoten
150 g Kirschen
Für die Kabeljau-Zucchini-Spieße:
300—360 g Kabeljaufilets (Rohgewicht)
3 TL Weißwein
1 EL Zitronensaft
30 g Zwiebeln
1 Knoblauchzehe
Salz, Oregano
150 g Zucchini
300 g Tomaten
Für die Goldbarsch-Kastanien-Spieße:
300—360 g Goldbarschfilets (Rohgewicht)
150 g rote Paprikaschoten
150 g Wasserkastanien (Dosenware)
4 EL Sojasauce
3 EL Weinessig
1 Knoblauchzehe
½ TL gehackter frischer Ingwer (ersatzweise auch Ingwerpulver)

Zubereitung: Für das Seelachsschaschlik Fischfilets waschen und in Würfel schneiden, Zitronensaft, Ketchup, Knoblauch und Kerbel miteinander vermengen und über den Fisch geben. Im Kühlschrank etwa 1 Stunde durchziehen lassen, dabei den Fisch mehrmals wenden. Paprikaschoten waschen und würfeln, die Kirschen entkernen. Beides abwechselnd mit dem Fisch auf 6 Schaschlikspieße stecken und grillen. Dabei mit der restlichen Marinade bepinseln.
Für die Kabeljau-Zucchini-Spieße Fischfilets würfeln. 2 EL Wasser, Wein, Zitronensaft sowie gehackte Zwiebeln, gehackten Knoblauch, Salz und Oregano vermengen und die Fischwürfel hineingeben. Im Kühlschrank gut durchziehen lassen. Die Zucchini waschen und in Scheiben schneiden. Tomaten waschen und achteln. Fischwürfel, Zucchini und Tomaten abwechselnd auf 6 Schaschlikspieße stecken und grillen. Dabei mit der restlichen Marinade bepinseln.
Für die Goldbarsch-Kastanien-Spieße Fischfilets waschen und in Würfel schneiden. Paprikaschoten waschen, entkernen und ebenfalls in große Würfel schneiden. Kastanien halbieren. Sojasauce, Weinessig, die zerdrückte Knoblauchzehe und Ingwer miteinander verrühren, Fisch, Paprika und Kastanien hineingeben und gut durchziehen lassen. Anschließend abwechselnd auf 6 Schaschlikspieße stecken und grillen. Mit der restlichen Marinade bepinseln.

Pro Portion: 1130 Kilojoule, 270 Kalorien, 37 g Eiweiß, 4 g Fett, 23 g Kohlenhydrate
4 Austauschportionen Eiweiß
1 Austauschportion Gemüse
⅓ Austauschportion Obst
5 Kcal »Auf Wunsch«

Chinesischer Rotbarsch
Menüplan 12. Woche

Zutaten für 2 Portionen
320 g Rotbarschfilet (Rohgewicht)
Zitronensaft, Salz
20 g Mehl
2 TL Öl
50 g Zwiebeln
je 100 g Champignons und
Bambussprossen (Dosenware)
100 ml Wasser
je 1 EL Essig und Sojasauce
Süßstoff (entsprechen 2 TL
Zucker)
Chinagewürz
2 TL Mehl
Petersilie

Zubereitung: Fischfilets säubern, mit Zitronensaft beträufeln und salzen. In große Würfel schneiden und in Mehl wenden. Dann in heißem Öl in einer beschichteten Pfanne von allen Seiten braun braten. Anschließend warm stellen. Die Zwiebeln schälen und würfeln und in der gleichen Pfanne glasig dünsten. Champignons blättrig schneiden und mit den Bambussprossen hinzufügen und mitdünsten lassen, bis die Pilze weich sind. Die restlichen Zutaten, außer der Petersilie, verrühren und dazugeben. Kurz aufkochen lassen, eventuell nachwürzen und alles über den Fisch geben. Vor dem Servieren mit reichlich feingehackter Petersilie bestreuen.

Pro Portion: 1340 Kilojoule, 320 Kalorien, 40 g Eiweiß, 11 g Fett, 15 g Kohlenhydrate
4 Austauschportionen Eiweiß
1¼ Austauschportionen Gemüse
½ Austauschportion Brot
1 Austauschportion Fett
10 Kcal »Auf Wunsch«

Heilbuttschnitten »Dinnertime«
Menüplan 44. Woche

Zutaten für 2 Portionen
50 g Zwiebeln
2 TL Öl
400 g frischer schwarzer Heilbutt
(Rohgewicht mit Haut und Gräten)
⅛ l trockener Weißwein
Zitronensaft, Salz

2 TL Margarine
4 TL Mehl
100 ml Milch (1,5 % Fett)
scharfer Paprika, Pfeffer
50 g Krabbenfleisch
etwas Dill nach Belieben

Zubereitung: Zwiebeln schälen und kleinhacken. Öl in einer Pfanne erhitzen und die Zwiebeln darin anbraten. Den Heilbutt waschen, trockentupfen und in Scheiben schneiden. In die Pfanne geben und kurz anbraten. Weißwein und Zitronensaft dazugießen, salzen und bei geschlossenem Deckel ca. 10 Minuten dünsten. Währenddessen die Margarine in einem anderen Topf schmelzen, das Mehl dazugeben und nach und nach die Milch darunterrühren, so daß eine helle dickliche Sauce entsteht. Den Fisch aus dem Sud heben und warm stellen. Den Sud in die Sauce rühren. Sollte die Sauce zu dick sein, etwas Wasser dazugeben. Mit den Gewürzen abschmecken, die Krabben hineingeben und kurz in der Sauce erhitzen. Nach Belieben etwas gehackten, frischen Dill darüberstreuen. Die Sauce getrennt zum Fisch servieren.

Pro Portion: 1590 Kilojoule, 380 Kalorien, 48 g Eiweiß, 13 g Fett, 10 g Kohlenhydrate

5 Austauschportionen Eiweiß
2 Austauschportionen Fett
¼ Austauschportion Milch
¼ Austauschportion Gemüse
70 Kcal »Auf Wunsch«

Fischstäbchen
Menüplan 4. Woche

Zutaten für 2 Portionen
320 g Seelachsfilet (Rohgewicht)
Salz, Pfeffer
20 g Paniermehl

4 TL geriebener Käse
2 TL Margarine

Zubereitung: Fischfilet waschen und in 2 cm breite und ca. 6 cm lange Streifen schneiden und würzen. Paniermehl und geriebenen Käse mischen und die Fischstreifen darin wenden. Die Panade fest andrücken. Fett einer beschichteten Pfanne erhitzen und die Fischstäbchen darin goldbraun braten.

Pro Portion: 1050 Kilojoule, 250 Kalorien, 39 g Eiweiß, 7 g Fett, 7 g Kohlenhydrate

4 Austauschportionen Eiweiß
½ Austauschportion Brot
1 Austauschportion Fett
20 Kcal »Auf Wunsch«

Schollenfilets in Orangensauce
Menüplan 23. Woche

Zutaten für 2 Portionen
je 100 g Zwiebeln und
Champignons
320 g Schollenfilets (Rohgewicht),
evtl. Tiefkühlware
Zitronensaft

3 TL Margarine
Salz, Pfeffer
⅛ l ungesüßter Orangensaft
Petersilie
1½ TL Mehl

Zubereitung: Zwiebeln schälen und würfeln, Champignons waschen und blättrig schneiden. Schollenfilets säubern und mit Zitronensaft beträufeln. Die Hälfte der Margarine in einer beschichteten Pfanne schmelzen und die Zwiebeln darin andünsten. Die Schollenfilets darauf legen, darüber die Pilze, und mit Salz und Pfeffer bestreuen. Den Orangensaft hinzufügen und alles zum Kochen bringen. Zugedeckt bei schwacher Hitze 15 Minuten garen.
Den Fisch auf eine vorgewärmte Platte legen, das Gemüse darübergeben und mit feingehackter Petersilie bestreuen. Den Sud aufbewahren und den Fisch warm stellen.
Die restliche Margarine in einem Topf schmelzen, unter ständigem Rühren das Mehl hineingeben, dann nach und nach den Sud hinzufügen. Die Sauce etwa 5 Minuten bei ganz schwacher Hitze kochen lassen, bis sie dicklich wird. Über den Fisch und das Gemüse geben und nochmals mit etwas Petersilie bestreuen.

Pro Portion: 1130 Kilojoule, 270 Kalorien, 37 g Eiweiß, 7 g Fett, 14 g Kohlenhydrate

4 Austauschportionen Eiweiß
1½ Austauschportionen Fett
½ Austauschportion Obst
1 Austauschportion Gemüse
7,5 Kcal »Auf Wunsch«

Holländisches Fischgulasch
Menüplan 3. Woche

Zutaten für 2 Portionen
240 g Kabeljaufilet (Rohgewicht)
Zitronensaft
4 TL Margarine
4 TL Mehl
200 ml Milch (1,5 % Fett)
200 g Gewürzgurken
2 EL Kapern
30 g süße Sahne
Salz, Pfeffer
2 Tropfen Süßstoff, getrockneter Dill

Zubereitung: Fischfilet waschen, in mundgerechte Würfel schneiden und mit Zitronensaft beträufeln. Margarine in einer Kasserolle erhitzen, Mehl darin kurz anschwitzen und mit Milch ablöschen. Fischwürfel in der Sauce in ca. 10—15 Minuten gar ziehen lassen. Gurken kleinschneiden und mit den Kapern hinzufügen. Mit Sahne verfeinern und mit Salz, Pfeffer, Süßstoff und Dill abschmecken.

Pro Portion: 1380 Kilojoule, 330 Kalorien, 26 g Eiweiß, 19 g Fett, 14 g Kohlenhydrate

3 Austauschportionen Eiweiß
2 Austauschportionen Fett
½ Austauschportion Milch
1 Austauschportion Gemüse
120 Kcal »Auf Wunsch«

Italienischer Fisch
Menüplan 24. Woche

Zutaten für 2 Portionen
200 g Tomaten
50 g Zwiebeln
⅛ l Weißwein
Oregano, Salz, Pfeffer
320 g Seelachsfilet (Rohgewicht)
Essig
4 TL Mehl
2 TL Margarine
Petersilie

Zubereitung: Tomaten überbrühen, enthäuten und würfeln. Zwiebeln schälen und ebenfalls in Würfel schneiden. Beides bei schwacher Hitze 3—5 Minuten in Weißwein garen, mit Oregano, Salz und Pfeffer abschmecken. Fischfilet säubern, mit Essig beträufeln und salzen, anschließend in Mehl wenden. Margarine in einer beschichteten Pfanne schmelzen und das Fischfilet bei schwacher Hitze darin garen. Den Fisch auf eine Platte geben, mit der Sauce übergießen und mit feingehackter Petersilie bestreuen.

Pro Portion: 1170 Kilojoule, 280 Kalorien, 39 g Eiweiß, 5 g Fett, 12 g Kohlenhydrate
1¼ Austauschportionen Gemüse
4 Austauschportionen Eiweiß
1 Austauschportion Fett
70 Kcal »Auf Wunsch«

Schellfisch in bunter Remouladensauce
Menüplan 12. Woche

Zutaten für 2 Portionen
320 g Schellfischfilet (Rohgewicht)
Zitronensaft, Salz
2 TL Öl
175 g Joghurt (1,5 % Fett)

100 g Speisequark (Magerstufe)
Schnittlauch
200 g Tomaten
100 g Gewürzgurken
Salz, Pfeffer, Paprika

Zubereitung: Fischfilets säubern, mit Zitronensaft beträufeln, salzen und mit Öl bepinseln. Unter dem vorgeheizten Grill von beiden Seiten anbräunen.
Inzwischen Joghurt, Quark und feingeschnittenen Schnittlauch vermengen. Tomaten überbrühen, enthäuten und fein würfeln. Die Gewürzgurken ebenfalls würfeln und zusammen mit den Tomaten in die Quark-Joghurt-Masse geben. Alles kräftig abschmecken und zum Fisch servieren.

Pro Portion: 1170 Kilojoule, 280 Kalorien, 47 g Eiweiß, 6 g Fett, 11 g Kohlenhydrate
4 Austauschportionen Eiweiß
1½ Austauschportionen Gemüse
1 Austauschportion Fett
1 Austauschportion Milch

Überbackenes Fischfilet »Helgoland«
Menüplan 3. Woche

Zutaten für 2 Portionen
240 g Rotbarschfilet (Rohgewicht)
Zitronensaft
Salz, Pfeffer
2 TL Öl

100 g Zwiebeln
300 g Tomaten
4 TL geriebener Käse

Zubereitung: Fischfilet waschen, mit Zitronensaft beträufeln und etwas ziehen lassen. Dann mit Salz, Pfeffer würzen. Öl in einer Pfanne erhitzen und den Fisch von beiden Seiten darin braten. Zwiebeln würfeln und mitbraten. Tomaten in Scheiben schneiden, auf dem Fisch verteilen und mit etwas Salz und geriebenem Käse bestreuen. Zugedeckt noch ca. 8 Minuten dünsten.

Pro Portion: 1130 Kilojoule, 270 Kalorien, 31 g Eiweiß, 11 g Fett, 9 g Kohlenhydrate

3 Austauschportionen Eiweiß
2 Austauschportionen Gemüse
1 Austauschportion Fett
20 Kcal »Auf Wunsch«

Backfisch mit Kräuterbutter
Menüplan 4. Woche

Zutaten für 2 Portionen
Für den Fisch:
320 g Fischfilet (Rohgewicht)
(Dorsch, Goldbarsch, Kabeljau)
Zitronensaft
Salz, Pfeffer, Paprika

3—4 EL frische gehackte Kräuter
wie Petersilie, Dill, Schnittlauch
Für die Kräuterbutter:
4 TL Halbfettbutter
Kräuterbuttergewürz

Zubereitung: Fisch waschen, mit Zitronensaft beträufeln und ca. 10 Minuten stehen lassen. Würzen und die Kräuter darüberstreuen. Den Fisch in ein entsprechend großes Stück Alufolie wickeln und dicht verschließen. Im vorgeheizten Ofen bei 200° C (Gasherd Stufe 4—5) in ca. 20—25 Minuten garen. Inzwischen die Butter mit Kräuterbuttergewürz vermengen. Kleine Kügelchen formen und auf dem heißen Fisch servieren.

Pro Portion: 590 Kilojoule, 140 Kalorien, 28 g Eiweiß, 3 g Fett, 10 g Kohlenhydrate

4 Austauschportionen Eiweiß
1 Austauschportion Fett

Fischfrikadellen mit Eskimokuß
Menüplan 30. Woche

Zutaten für 2 Portionen
Für die Eskimoküsse:
250 g Äpfel
Zitronensaft, Süßstoff
2 Eiweiß
Für die Frikadellen:
240 g Schellfisch (Rohgewicht)
Zitronensaft
60 g Weißbrot
2 Eigelb

Schnittlauch, Zwiebelflocken
Pfeffer, Salz
2 TL Öl
Für den Salat:
300 g Kopfsalat
100 ml Dickmilch (1,5 % Fett)
Knoblauch, Pfeffer, Zwiebelsalz
Süßstoff

Zubereitung (erfolgt bereits am Vortag): Für die Eskimoküsse Äpfel schälen, das Kerngehäuse entfernen, raspeln und mit Zitronensaft und Süßstoff zugedeckt bei schwacher Hitze 10 Minuten kochen lassen. Abkühlen lassen. Eiweiß steif schlagen und unter die Äpfel heben. In kleine runde Förmchen füllen und über Nacht ins Gefrierfach stellen.

Für die Frikadellen Schellfischfilet säubern, mit Zitronensaft beträufeln, salzen und zugedeckt bei sehr schwacher Hitze 10 Minuten dünsten. Das Weißbrot einweichen und gut ausdrücken. Mit Eigelb, kleingehacktem Schnittlauch, Zwiebelflocken, Pfeffer und Salz vermischen. Den gedünsteten Fisch durch ein Sieb pürieren und mit der Weißbrotmasse verkneten. Zwei Frikadellen daraus formen und im erhitzten Öl zugedeckt bei schwacher Hitze 15 Minuten garen.

Den Kopfsalat waschen, abtropfen lassen und auf zwei Tellern anrichten. Dickmilch mit Knoblauch, Pfeffer, Zwiebelsalz und Süßstoff verrühren und über den Salat gießen.

Die Fischfrikadellen auf dem Salat anrichten. Die Eskimoküsse aus den Förmchen lösen und auf die Frikadellen setzen.

Pro Portion: 1800 Kilojoule, 430 Kalorien, 40 g Eiweiß, 13 g Fett, 37 g Kohlenhydrate

4 Austauschportionen Eiweiß
1½ Austauschportionen Gemüse
1 Austauschportion Obst
1 Austauschportion Brot
1 Austauschportion Fett
¼ Austauschportion Milch

Krustenfisch
Menüplan 5. Woche

Zutaten für 2 Portionen
320 g Fischfilet (Rohgewicht)
(Seelachs, Rotbarsch o. ä.)
Zitronensaft, Salz
4 TL Halbfettbutter
2 TL Senf

4 TL geriebener Käse
50 g Zwiebeln
20 g Paniermehl
2 EL Fischkräuter (Tiefkühlware)

Zubereitung: Fischfilets mit Zitronensaft beträufeln und ca. 10 Minuten ziehen lassen. Salzen und in eine Auflaufform legen. Halbfettbutter in einem kleinen Gefäß erwärmen. Mit Senf, geriebenem Käse, geschälten und feingehackten Zwiebeln, Paniermehl und Kräutern verrühren und auf die Filets streichen. Im Backofen bei 180° C (Gasherd Stufe 3—4) ca. 25 Minuten überbacken.

Pro Portion: 1090 Kilojoule, 260 Kalorien, 40 g Eiweiß, 7 g Fett, 9 g Kohlenhydrate

4 Austauschportionen Eiweiß
1 Austauschportion Fett
¼ Austauschportion Gemüse
½ Austauschportion Brot
15 Kcal »Auf Wunsch«

Thunfisch-Ratatouille
Menüplan 34. Woche

Zutaten für 2 Portionen
300 g Auberginen
200 g Zucchini
100 g Zwiebeln
2 TL Öl
400 g Tomaten (Dosenware)

240 g Thunfisch (in Wasser konserviert)
Knoblauchpulver, Salz, Pfeffer, Oregano, Thymian

Zubereitung: Auberginen waschen und würfeln. Zucchini waschen, die Enden entfernen und ebenfalls in Würfel schneiden. Die Zwiebeln schälen, in Ringe schneiden und in heißem Öl glasig dünsten. Das Gemüse hinzufügen und kurz mitdünsten lassen. Die Tomaten pürieren und unterrühren. Alles bei schwacher Hitze 15—20 Minuten garen.

Den Thunfisch in mundgerechte Teile zerpflücken und im Ratatouille erwärmen. Mit den Gewürzen pikant abschmecken.

Pro Portion: 2220 Kilojoule, 530 Kalorien, 38 g Eiweiß, 28 g Fett, 23 g Kohlenhydrate
5 Austauschportionen Gemüse
4 Austauschportionen Eiweiß
1 Austauschportion Fett

Thunfisch-Käse-Auflauf
Menüplan 29. Woche

Zutaten für 2 Portionen
60 g Nudeln (Rohgewicht)
50 g Zwiebeln
2 TL Olivenöl
je 100 g Champignons und grüne Paprikaschoten
100 g Ananas (ohne Zucker konserviert)

240 g Thunfisch (in Wasser konserviert)
4 EL Sojasauce
1 TL Speisestärke
2 EL Ananassaft
Essig, Salz, Pfeffer, Chinagewürz
5 TL geriebener Käse

Zubereitung: Die Nudeln garen. Währenddessen die Zwiebeln schälen, fein hacken und in Öl anbraten. Champignons putzen und in Scheiben schneiden, Paprikaschoten waschen, entkernen und in Streifen, Ananas in Stücke schneiden. Alles zu den Zwiebeln geben und kurz mitdünsten. Mit $1/8$ Liter Wasser ablöschen. Den Thunfisch zerpflücken und dazugeben. Sojasauce mit Speisestärke verrühren und die Sauce damit andicken. Mit Ananassaft, etwas Essig und den Gewürzen abschmecken.
Die Nudeln in eine feuerfeste Form füllen, die Thunfischmasse darübergeben und mit der Sauce übergießen. Mit geriebenem Käse bestreuen und im vorgeheizten Backofen bei 220° C (Gasherd Stufe 5) oder unter dem Grill kurz überbacken, bis der Käse goldgelb ist.

Pro Portion: 2590 Kilojoule, 620 Kalorien, 43 g Eiweiß, 31 g Fett, 37 g Kohlenhydrate
$1^1/_4$ Austauschportionen Gemüse
1 Austauschportion Fett
1 Austauschportion Getreide-Erzeugnisse
$1/2$ Austauschportion Obst
30 Kcal »Auf Wunsch«

Cuxhavener Rotbarschröllchen
Menüplan 17. Woche

Zutaten für 2 Portionen
240 g Rotbarschfilets (Rohgewicht)
⅛ l Essig
200 g Kartoffeln
2 Bund Petersilie
1 Bund Schnittlauch
Pfeffer, Salz

2 EL Tomatenmark
100 g Speisequark (Magerstufe)
1 TL Kräuterquarkgewürz
Süßstoff
200 g Tomaten
100 g Cornichons
2 TL Mayonnaise (80 % Fett)

Zubereitung: Die Rotbarschfilets waschen, in eine Schüssel legen, mit Essig übergießen und 15 Minuten ziehen lassen. Kartoffeln mit der Schale garen. Inzwischen Petersilie und Schnittlauch waschen, trockentupfen und kleinhacken. Die Rotbarschfilets mit Pfeffer und Salz einreiben, auf einer Seite mit Tomatenmark bestreichen und mit der Hälfte der Petersilie und Schnittlauch bestreuen. Zusammenrollen und mit Holzstäbchen feststecken. Auf Alufolie setzen und diese gut verschließen. Im Backofen bei 200° C (Gasherd Stufe 4—5) auf der mittleren Schiene etwa 25 Minuten garen.
Indessen den Speisequark mit Kräuterquarkgewürz und Süßstoff pikant abschmecken. Tomaten waschen und in Achtel schneiden. Die Kartoffeln abpellen und etwas auskühlen lassen. Dann in Scheiben schneiden, auf 2 Tellern anrichten (in der Mitte Platz für die Rotbarschröllchen lassen) und auf jede Scheibe einen Teil der Quarkmischung geben. Tomaten und Cornichons um die Kartoffeln garnieren. Jedes zweite Tomatenachtel mit dem Rest der Petersilie und der übrigen Mayonnaise verzieren. Zuletzt die Rotbarschröllchen in die Mitte setzen.

Pro Portion: 1420 Kilojoule, 340 Kalorien, 39 g Eiweiß, 9 g Fett, 26 g Kohlenhydrate

3 Austauschportionen Eiweiß
1½ Austauschportionen Gemüse
1 Austauschportion Kartoffel
½ Austauschportion Milch
1 Austauschportion Fett
10 Kcal »Auf Wunsch«

Pikantes Seelachsfilet
Menüplan 1. Woche

Zutaten für 2 Portionen
320 g Seelachsfilet (Rohgewicht)
Zitronensaft, Salz
200 g Zwiebeln
2 TL Margarine

200 g Champignons (Dosenware)
Salz, Pfeffer, 1 Prise geriebener Thymian
4 TL Kondensmilch (4 % Fett)

Zubereitung: Fisch säubern, mit Zitronensaft beträufeln und salzen. Die geschälten, gehackten Zwiebeln in Margarine anbraten, Champignons zugeben und würzen. Den Fisch hinzufügen und bei schwacher Hitze in ca. 10 Minuten gar ziehen lassen. Anschließend den Fisch herausnehmen und auf einer Platte anrichten. Das Gemüse mit Kondensmilch verfeinern, abschmecken und über den Fisch geben.

Pro Portion: 1090 Kilojoule, 260 Kalorien, 41 g Eiweiß, 6 g Fett, 11 g Kohlenhydrate

4 Austauschportionen Eiweiß
2 Austauschportionen Gemüse
1 Austauschportion Fett
10 Kcal »Auf Wunsch«

Thunfisch-Pizza-Brot
Menüplan 2. Woche

Zutaten für 2 Portionen
60 g Weißbrot
2 TL Margarine
90 g Thunfisch (in Wasser konserviert)

200 g Tomaten
8 mittelgroße Oliven
60 g Gouda in Scheiben (45 % Fett i. Tr.)

Zubereitung: Weißbrot mit Margarine bestreichen und den Thunfisch darauf verteilen. Tomaten und Oliven in Scheiben schneiden und darauf legen. Mit Käse bedecken und unter dem Grill überbacken, bis der Käse geschmolzen ist.

Pro Portion: 1710 Kilojoule, 410 Kalorien, 24 g Eiweiß, 25 g Fett, 19 g Kohlenhydrate

4 Austauschportionen Eiweiß
1 Austauschportion Brot
1 Austauschportion Fett
1 Austauschportion Gemüse
20 Kcal »Auf Wunsch«

Goldbarschfilet »Jägerart«
Menüplan 6. Woche

Zutaten für 2 Portionen
320 g Goldbarschfilet (Rohgewicht)
Zitronensaft, Salz
2 TL Öl
200 g Zwiebeln

200 g Pilze (Pfifferlinge und
Champignons)
Pfeffer, Edelsüß-Paprika
200 g Tomaten
4 TL geriebener Käse

Zubereitung: Fisch säubern, mit Zitronensaft beträufeln, salzen und ca. 10 Minuten ziehen lassen. Eine feuerfeste Form mit wenig Öl auspinseln und den Fisch hineinlegen. Das restliche Öl in einer Pfanne erhitzen. Zwiebeln schälen, in Ringe schneiden und im heißen Öl goldgelb rösten. Pfifferlinge und Champignons dazugeben, durchschmoren und würzen. Die Zwiebel-Pfifferlingsmasse über den Fisch geben. Tomaten in Scheiben schneiden und darauf verteilen. Salzen, mit Käse bestreuen und im vorgeheizten Ofen bei 200°C (Gasherd Stufe 4—5) ca. 20 Minuten garen.

Pro Portion: 1420 Kilojoule, 340 Kalorien, 41 g Eiweiß, 13 g Fett, 13 g Kohlenhydrate

4 Austauschportionen Eiweiß
3 Austauschportionen Gemüse
1 Austauschportion Fett
20 Kcal »Auf Wunsch«

Thunfisch auf indische Art
Menüplan 20. Woche

Zutaten für 2 Portionen
100 g Zwiebeln
125 g Äpfel
2 TL Öl
180 g Thunfisch (in Wasser
konserviert)

100 g Spargel
20 g Rosinen
4 TL Weißwein
Senf, Curry, Salz, Sojasauce

Zubereitung: Zwiebeln schälen und in Streifen schneiden. Äpfel schälen, entkernen und würfeln. Beides in heißem Öl in einer beschichteten Pfanne glasig dünsten. Dann den in mundgerechte Stücke zerpflückten Thunfisch, Spargel, Rosinen und Weißwein hinzufügen und mit Senf, Salz, Curry und Sojasauce abschmecken. Bei schwacher Hitze zugedeckt 5 Minuten schmoren lassen, dann sofort servieren.

Pro Portion: 1840 Kilojoule, 440 Kalorien, 27 g Eiweiß, 23 g Fett, 21 g Kohlenhydrate
3 Austauschportionen Eiweiß
1 Austauschportion Gemüse
1 Austauschportion Obst
1 Austauschportion Fett
10 Kcal »Auf Wunsch«

Hering im Tontopf
Menüplan 51. Woche

Zutaten für 2 Portionen
320 g grüne Heringsfilets (Rohgewicht)
Essig
200 g Lauch
100 g rote Paprikaschoten

100 g Ananas (ohne Zucker konserviert)
2 TL Öl
2 EL Ananassaft
Estragon, Pfeffer, Salz
Süßstoff

Zubereitung: Den Tontopf nach Vorschrift wässern. Heringe säubern und 15 Minuten in Essigwasser säuern. Lauch und Paprikaschote putzen, waschen und kleinschneiden. Ananas abtropfen lassen und in sehr kleine Stücke schneiden.
Öl mit Ananassaft, Estragon, Pfeffer, Salz und Süßstoff verrühren. Gemüse und Ananas damit vermischen. Heringsfilets salzen und in den Tontopf legen. Die Gemüsemischung darüber verteilen und den Topf verschließen. Im Backofen bei 200° C (Gasherd Stufe 4—5) 40 Minuten garen.
Tip: Das Gericht kann auch bei sehr schwacher Hitze in einer abgedeckten beschichteten Pfanne zubereitet werden. Die Garzeit beträgt in diesem Fall 30 Minuten.

Pro Portion: 1800 Kilojoule, 430 Kalorien, 31 g Eiweiß, 29 g Fett, 13 g Kohlenhydrate
4 Austauschportionen Eiweiß
1½ Austauschportionen Gemüse
½ Austauschportion Obst
1 Austauschportion Fett

Thunfisch-Pfirsich-Toast
Menüplan 38. Woche

Zutaten für 2 Portionen
90 g Thunfisch (in Wasser konserviert)
50 g eingelegte rote Paprikaschoten
60 g Toastbrot

250 g Pfirsiche
1 TL Rosenpaprika
60 g Emmentaler
Kresse

Zubereitung: Thunfisch abtropfen lassen und zerpflücken. Die Paprikaschoten ebenfalls abtropfen lassen und in 1 cm große Würfel schneiden. Thunfisch und die Paprikaschoten mischen und auf das getoastete Toastbrot geben. Mit den abgezogenen, halbierten und entkernten Pfirsichen belegen, mit Paprika bestäuben und mit den Käsescheiben belegen. Auf ein mit Backtrennpapier ausgelegtes Backblech legen und auf der mittleren Schiene im vorgeheizten Backofen bei 200—225° C (Gasherd Stufe 5) etwa 10 Minuten überbacken.
Die Toastschnitten vor dem Servieren mit reichlich Kresse bestreuen.

Pro Portion: 1670 Kilojoule, 400 Kalorien, 24 g Eiweiß, 20 g Fett, 28 g Kohlenhydrate

4 Austauschportionen Eiweiß
¼ Austauschportion Gemüse
1 Austauschportion Brot
1 Austauschportion Obst

Thunfischpfanne
Menüplan 25. Woche

Zutaten für 2 Portionen
40 g Nudeln (Rohgewicht)
200 g Zwiebeln
2 TL Öl

240 g Thunfisch (konserviert in Wasser)
Salz, Pfeffer
8 TL Ketchup

Zubereitung: Die Nudeln in reichlich Wasser kochen, die Zwiebeln in nur wenig Wasser garen. Anschließend Öl in einer Pfanne erhitzen und die Nudeln darin kräftig anbraten. Den Thunfisch in kleine Stücke zerteilen und mit den Zwiebeln zu den Nudeln geben. Weitere 3—5 Minuten braten, dann mit Salz und Pfeffer abschmecken. Zuletzt Ketchup unterrühren und servieren.

Pro Portion: 2220 Kilojoule, 530 Kalorien, 36 g Eiweiß, 28 g Fett, 27 g Kohlenhydrate
4 Austauschportionen Eiweiß
1 Austauschportion Getreide-Erzeugnisse
1 Austauschportion Fett
20 Kcal »Auf Wunsch«

Krabbenauflauf
Menüplan 34. Woche

Zutaten für 2 Portionen
50 g Zwiebeln
4 TL Margarine
200 g Champignons (Dosenware)
4 TL Mehl
Salz
Pfeffer
1 TL Senf
¼ l Milch (0,3 % Fett)

240 g Krabbenfleisch
120 g Chesterkäse (45 % Fett i. Tr.)
40 g Paniermehl
Paprika
feingehackte Petersilie und Schnittlauch

Zubereitung: Zwiebeln schälen und würfeln. Champignons abtropfen lassen und blättrig schneiden. Margarine in einem Topf schmelzen und die Champignons und Zwiebeln darin 5 Minuten dünsten. Mit Mehl bestäuben und mit Salz, Pfeffer und Senf würzen. Unter ständigem Rühren nach und nach die Milch hinzufügen. Bei schwacher Hitze kochen lassen, bis die Masse leicht dicklich wird.
Die Krabben unterrühren und die Masse in eine Auflaufform geben. Den Käse reiben und auf die Krabbenmasse geben. Mit Paniermehl und Paprika bestreuen. Bei 200°C (Gasherd Stufe 4—5) etwa 20 Minuten backen, bis der Käse zerlaufen und leicht bräunlich geworden ist.
Vor dem Servieren mit Petersilie und Schnittlauch bestreuen.

Pro Portion: 1170 Kilojoule, 280 Kalorien, 23 g Eiweiß, 14 g Fett, 15 g Kohlenhydrate
4 Austauschportionen Eiweiß
2 Austauschportionen Fett
1¼ Austauschportionen Gemüse
1 Austauschportion Brot
½ Austauschportion Milch
20 Kcal »Auf Wunsch«

Matjesheringe »Hausfrauenart«
Menüplan 2. Woche

Zutaten für 2 Portionen
180 g Matjesfilet
125 g Äpfel
je 200 g Zwiebeln und Gewürzgurken
350 g Joghurt (1,5 % Fett)

2 TL Mayonnaise (80 % Fett)
2 TL Senf
Süßstoff
Zitronensaft

Zubereitung: Falls erforderlich, Matjesfilet über Nacht wässern, dann in Stücke schneiden. Äpfel schälen, entkernen und in feine Würfel schneiden. Die Zwiebeln schälen und in Ringe, Gurken in Scheiben schneiden. Alles in einen Steintopf schichten. Aus den restlichen Zutaten eine pikant abgeschmeckte Sauce rühren, über den Fisch gießen und gut durchziehen lassen.

Pro Portion: 1716 Kilojoule, 410 Kalorien, 26 g Eiweiß, 22 g Fett, 28 g Kohlenhydrate

3 Austauschportionen Eiweiß
2 Austauschportionen Gemüse
1 Austauschportion Fett
1 Austauschportion Milch
½ Austauschportion Obst

Forelle mit Zitronensauce
Menüplan 52. Woche

Zutaten für 2 Portionen
320 g Forellenfilets (Rohgewicht)
Essig
je 200 Artischockenherzen und
Sojasprossen (Dosenware)
100 g eingelegter Tomatenpaprika

Salz
2 TL Butter
Saft 1 Zitrone
1 Lorbeerblatt
20 g Zwieback
Pfeffer, Süßstoff

Zubereitung: Die Forellenfilets waschen und 15 Minuten in Essigwasser legen. Artischockenherzen, Sojasprossen und Tomatenpaprika abtropfen lassen, das Gemüsewasser aufbewahren. Die Forelle in 4 cm breite Stücke schneiden und salzen. Butter in einer Pfanne erhitzen, Fisch hineingeben und bei mittlerer Hitze von jeder Seite 1 Minuten anbraten. Das Gemüse dazugeben und bei sehr schwacher Hitze 10 Minuten zugedeckt garen.

Zitronensaft und das zerriebene Lorbeerblatt verrühren, mit 250 ml Gemüsewasser auffüllen und den Zwieback hineinreiben. Mit den Gewürzen süßsäuerlich abschmecken. Die Sauce über die Forellen geben und bei sehr schwacher Hitze weitere 5 Minuten zugedeckt ziehen lassen.

Pro Portion: 1590 Kilojoule, 380 Kalorien, 45 g Eiweiß, 9 g Fett, 28 g Kohlenhydrate
4 Austauschportionen Eiweiß
2½ Austauschportionen Gemüse
1 Austauschportion Fett
½ Austauschportion Brot

Gefüllte Makrelen
Menüplan 39. Woche

Zutaten für 2 Portionen
400 g Makrelen (Rohgewicht mit
Kopf und Gräten)
Saft einer Zitrone
Salz, weißer Pfeffer
50 g Zwiebeln
je 100 g grüne Paprikaschoten
und Tomaten
½ Bund Petersilie
je 1 Messerspitze Cayennepfeffer
und Knoblauchsalz
1 TL Margarine
4 TL Weißwein
4 TL geriebener Käse

Zubereitung: Makrelen ausnehmen und unter fließendem kalten Wasser abspülen. Mit Haushaltspapier abtupfen und innen und außen mit Zitronensaft beträufeln. Mit Salz und Pfeffer würzen und zur Seite stellen. Zwiebeln schälen und würfeln, Paprikaschoten putzen und in 1 cm lange Streifen schneiden. Tomaten überbrühen und enthäuten, dann in Streifen schneiden. Die Petersilie waschen und fein hacken. Mit den Zwiebeln und den Paprika- und Tomatenstreifen mischen und mit Cayennepfeffer und Knoblauchsalz würzen. In die Makrelen füllen und mit Holzspießchen verschließen.
Eine feuerfeste Form mit Margarine einfetten und die Makrelen hineingeben. Mit Weißwein beträufeln und mit Käse bestreuen. Im vorgeheizten Ofen auf der mittleren Schiene bei 200° C (Gasherd Stufe 4—5) etwa 15 Minuten braten, bis der Fisch gar ist.

Pro Portion: 1420 Kilojoule, 340 Kalorien, 29 g Eiweiß, 20 g Fett, 8 g Kohlenhydrate
4 Austauschportionen Eiweiß
1¼ Austauschportionen Gemüse
½ Austauschportion Fett
30 Kcal »Auf Wunsch«

Gebackene Forelle
Menüplan 18. Woche

Zutaten für 2 Portionen
2 gefrorene Forellen (je 200 g Rohgewicht im gefrorenen Zustand)
400 g Champignons (oder Mischpilze)
2 EL Dill
Salz, Pfeffer, Zitronensaft
200 g Tomaten
Petersilie

Zubereitung: Die gefrorenen Forellen mit den geputzten Pilzen, Dill und Gewürzen in einen Bratbeutel legen. In den kalten Backofen geben und bei 200°C (Gasherd Stufe 4—5) 20—30 Minuten garen. Dann mit Zitronensaft beträufeln und mit Tomatenachteln und Petersilie garniert anrichten.

Pro Portion: 920 Kilojoule, 220 Kalorien, 34 g Eiweiß, 5 g Fett, 10 g Kohlenhydrate

4 Austauschportionen Eiweiß
3 Austauschportionen Gemüse

Gegrillte Heringe
Menüplan 8. Woche

Zutaten für 2 Portionen
4 grüne Heringe à 105 g (Rohgewicht)
Essig, Salz, Senf
Sauce:
50 g Zwiebeln
je 1 Bund Schnittlauch und Liebstöckel
350 g Joghurt (1,5 % Fett)
Salz, Pfeffer
Worcestersauce

Zubereitung: Heringe putzen, säubern und mit Essig beträufeln. Von innen salzen und mit Senf einstreichen. Dann von jeder Seite 5—10 Minuten grillen. Inzwischen die Zwiebeln schälen und hacken. Liebstöckel ebenfalls hacken, Schnittlauch fein schneiden. Joghurt, Zwiebeln und Kräuter gut vermengen und mit den Gewürzen abschmecken. Die Sauce getrennt zu den gegrillten Heringen reichen.

Pro Portion: 1710 Kilojoule, 410 Kalorien, 35 g Eiweiß, 25 g Fett, 11 g Kohlenhydrate

4 Austauschportionen Eiweiß
¼ Austauschportion Gemüse
1 Austauschportion Milch

Tomaten-Käse-Eier ▷
(Rezept S. 401)

Hummerkrabben mit Kokosnuß
Menüplan 40. Woche

Zutaten für 2 Portionen
240 g gekochte Hummerkrabben ohne Schale (ersatzweise 240 g Tiefseegarnelen, gekocht, ohne Schale)
1 EL Weißweinessig
1—2 TL Salz
2 EL Kokosraspeln
3—4 EL gemahlener Koriander
2 TL Öl
½ TL Ingwerpulver

1 TL Kurkuma
½ TL gemahlener Kumin (Kreuzkümmel)
¼ TL Cayennepfeffer
¼ TL frischgemahlener schwarzer Pfeffer
½—1 EL feingehackter Knoblauch
100 g Zwiebeln
2—3 EL gehackte Petersilie

Zubereitung: Hummerkrabben mit Essig und Salz in eine Schüssel geben und gut mischen. Bei Zimmertemperatur unter gelegentlichem Umrühren 20 Minuten ziehen lassen.
Währenddessen die Kokosraspeln mit ¼ Liter heißem Wasser übergießen und 5 Minuten quellen lassen. Dann mit dem Koriander in den Mixaufsatz der Küchenmaschine geben und ganz fein mixen. Anschließend in ein feuchtes Mulltuch gießen und über einer Schüssel kräftig ausdrücken. Den im Tuch zurückbleibenden Rückstand wegwerfen, die ausgedrückte Flüssigkeit beiseite stellen.
Öl in einer Pfanne erhitzen, die Hummerkrabben aus der Marinade nehmen (Flüssigkeit aufheben) und mit geschlossenem Deckel unter einmaligem Umrühren 1 Minute scharf anbraten, ohne daß sie jedoch braun werden. Nun die Krabben wieder in die Marinade legen. Die Gewürze, den Knoblauch und die feingehackten Zwiebeln in die Pfanne geben und unter Rühren braten, bis die Zwiebeln weich sind. Hummerkrabben mit Marinade dazugeben und alles, was sich am Pfannenboden festgesetzt hat, vorsichtig abschaben. Zum Kochen bringen und 3—4 Minuten zugedeckt köcheln lassen. Abschmecken und mit 1 Eßlöffel Petersilie bestreut servieren.

Pro Portion: 1130 Kilojoule, 270 Kalorien, 27 g Eiweiß, 15 g Fett, 6 g Kohlenhydrate
4 Austauschportionen Eiweiß
1 Austauschportion Fett
½ Austauschportion Gemüse
30 Kcal »Auf Wunsch«

◁ *Käsefondue »Goldener Oktober«*
(Rezept S. 413)

Spaghetti Calamari (Foto Seite 257)
Menüplan 13. Woche

Zutaten für 2 Portionen

2 TL Olivenöl
200 g Zwiebeln
3 Knoblauchzehen
320 g Tintenfisch (Rohgewicht)
200 g Tomaten (Dosenware)
Salz, Pfeffer
40 g Spaghetti (Rohgewicht)
Petersilie

Zubereitung: Öl in einem mittelgroßen Topf erhitzen. Die geschälten, gewürfelten Zwiebeln und die feingehackten Knoblauchzehen darin glasig dünsten. Tintenfisch in mundgerechte Stücke schneiden und kurz mitdünsten lassen. Die Tomaten pürieren, über den Fisch geben und alles kräftig abschmecken. Bei schwacher Hitze etwa 45 Minuten kochen lassen, bis die Tintenfische weich sind. Währenddessen die Spaghetti garen. Die Spaghetti auf einer Platte anrichten, den Tintenfisch darüber geben und mit feingehackter Petersilie bestreuen.

Pro Portion: 1170 Kilojoule, 280 Kalorien, 30 g Eiweiß, 6 g Fett, 25 g Kohlenhydrate

4 Austauschportionen Eiweiß
2 Austauschportionen Gemüse
1 Austauschportion Fett
1 Austauschportion Getreide-Erzeugnisse

Muscheltopf
Menüplan 16. Woche

Zutaten für 2 Portionen

1600 g frische Miesmuscheln
(Gewicht mit Schale, ergibt 240 g
gekochtes Muschelfleisch)
100 g Zwiebeln
1 TL Öl
je 200 g Tomaten, Porree,
Möhren und rote oder grüne
Paprikaschoten

1 kleiner Brühwürfel
1 Lorbeerblatt
10 Pfefferkörner
2 Knoblauchzehen

Zubereitung: Muscheln unter fließendem Wasser kräftig bürsten und »Bartbüschel« abziehen; geöffnete Muscheln wegwerfen!
Zwiebeln schälen, in Scheiben schneiden und in einem großen Topf in dem Öl glasig dünsten. Unterdessen Tomaten, geputzten und gewaschenen Porree, Möhren und entkernte Paprikaschoten in nicht zu klei-

ne Würfel oder Scheiben schneiden und zu den Zwiebeln geben. Knapp ½ Liter Wasser angießen, Brühwürfel, Lorbeerblatt, Pfefferkörner und kleingehackte Knoblauchzehen dazugeben. Aufkochen lassen und ca. 5 Minuten kochen. Nicht salzen! Nun die sauberen Miesmuscheln in die kochende Gemüsebrühe geben und im geschlossenen Topf bei schwacher Hitze ca. 10 Minuten kochen. Den Topf während der Kochzeit mehrmals schütteln, jedoch nicht umrühren. Nach 10 Minuten haben sich die Muscheln geöffnet. Muscheln, die sich nicht geöffnet haben, aussortieren — sie dürfen nicht gegessen werden. Die Muscheln aus der Brühe heben und die Gemüsebrühe getrennt dazu servieren.

Pro Portion: 1130 Kilojoule, 270 Kalorien, 24 g Eiweiß, 7 g Fett, 28 g Kohlenhydrate

4 Austauschportionen Eiweiß
4½ Austauschportionen Gemüse
½ Austauschportion Fett

Spaghetti mit Meeresfrüchten
Menüplan 18. Woche

Zutaten für 2 Portionen
40 g Spaghetti (Rohgewicht)
Salz
200 g Tomaten (Dosenware)
1 EL getrocknete, weiße Zwiebelflocken
schwarzer Pfeffer

1—2 zerdrückte Knoblauchzehen
Oregano, Paprika
50 g Muscheln (in Wasser oder eigenem Saft konserviert)
1 TL Parmesankäse

Zubereitung: Spaghetti in kochendes Salzwasser geben und 8—10 Minuten kochen. Inzwischen die gewaschenen, enthäuteten Tomaten mit einer Gabel zerdrücken, in einen Topf geben und erhitzen. Mit Zwiebelflocken und Gewürzen pikant abschmecken. Zum Schluß die gut abgetropften Muscheln in der Sauce erhitzen, jedoch nicht mehr kochen. Spaghetti abgießen, kurz mit lauwarmem Wasser abschrecken und auf zwei Teller verteilen. Die Sauce darüber geben und mit Parmesankäse bestreuen.

Pro Portion: 540 Kilojoule, 130 Kalorien, 9 g Eiweiß, 2 g Fett, 18 g Kohlenhydrate

1 Austauschportion Gemüse
1 Austauschportion Getreide-Erzeugnisse
1 Austauschportion Eiweiß
5 Kcal »Auf Wunsch«

Fisch-Nudel-Auflauf
Menüplan 36. Woche

Zutaten für 2 Portionen
80 g Makkaroni (Rohgewicht)
180 g geräucherte Makrelenfilets
2 EL Tomatenmark
1 EL feingeschnittener Schnittlauch
Salz, Pfeffer, Oregano
20 g Paniermehl
4 TL geriebener Käse
4 TL Butter
100 g Tomaten

Zubereitung: Die Nudeln garen; anschließend die Hälfte davon in eine Auflaufform geben. Die Makrelenfilets darüber legen und mit dem Rest der Nudeln abdecken. Tomatenmark mit 3 Eßlöffeln Wasser, Schnittlauch und den Gewürzen verrühren und über die Nudeln verteilen. Paniermehl und Käse vermengen und über die Nudeln streuen. Mit Butterflöckchen belegen und bei 250° C (Gasherd Stufe 6) 15 Minuten bakken. Tomaten achteln und den Auflauf damit garnieren.

Pro Portion: 2071 Kilojoule, 495 Kalorien, 27 g Eiweiß, 25 g Fett, 40 g Kohlenhydrate

2 Austauschportionen Getreide-Erzeugnisse
3 Austauschportionen Eiweiß
2 Austauschportionen Fett
½ Austauschportion Brot
½ Austauschportion Gemüse
20 Kcal »Auf Wunsch«

Hering mit Sahnekartoffeln
Menüplan 46. Woche

Zutaten für 2 Portionen
200 g Kartoffeln
320 g Heringsfilet (Rohgewicht)
Essig, Salz
100 g Zwiebeln
2 TL Pflanzencreme
1 Lorbeerblatt
1 TL Weißweinessig
frischgemahlener Pfeffer
2 g Nestargel
35 g süße Sahne

Zubereitung: Kartoffeln in der Schale 25 Minuten kochen. Heringsfilets säubern, salzen und in kleine Stücke schneiden. Zwiebeln schälen und würfeln. Die Pflanzencreme in einer Pfanne erhitzen, Zwiebelwürfel hineingeben und bei schwacher Hitze glasig dünsten. 200 ml Wasser zugießen, das Lorbeerblatt zerreiben und ebenfalls hineingeben. Mit Weißweinessig, Pfeffer und Salz abschmecken und mit Nestargel andik-

ken und warm halten. Die Kartoffeln pellen und in Scheiben schneiden. Fisch und Kartoffelscheiben in die Sauce geben und zugedeckt bei sehr schwacher Hitze 20 Minuten garen, dabei gelegentlich umrühren.
Die Sahne unterrühren, eventuell noch einmal nachwürzen und sofort servieren.

Pro Portion: 2130 Kilojoule, 510 Kalorien, 32 g Eiweiß, 33 g Fett, 21 g Kohlenhydrate

4 Austauschportionen Eiweiß
1 Austauschportion Kartoffeln
1 Austauschportion Fett
½ Austauschportion Gemüse
50 Kcal »Auf Wunsch«

Muschel-Reis-Kasserolle
Menüplan 35. Woche

Zutaten für 2 Portionen
je 100 g Zwiebeln, Champignons und Porree
2 TL Margarine
1 Bund Petersilie
40 g Rosinen
2 TL Zitronensaft
Pfeffer, ½ TL Salz

2 TL Speisestärke
1 TL Instantbrühe
240 g Muscheln (in Wasser konserviert)
80 g Reis (Rohgewicht)
Zitronenscheiben und Petersilie zum Garnieren

Zubereitung: Zwiebeln schälen und würfeln, Champignons waschen und blättrig schneiden, Porree waschen und in Ringe schneiden. Alle Gemüse in Margarine weich dünsten. Feingehackte Petersilie, Rosinen, Zitronensaft, Pfeffer und Salz hinzufügen. Speisestärke in 200 ml Wasser anrühren, die Instantbrühe hinzufügen und über das Gemüse geben. Kurz aufkochen lassen. Zusammen mit den Muscheln und dem Reis in eine Auflaufform (mit Deckel) geben, und bei 175° C (Gasherd Stufe 3—4) 40 Minuten backen. Vor dem Servieren mit Zitronenscheiben und Petersilie garnieren.

Pro Portion: 1670 Kilojoule, 400 Kalorien, 23 g Eiweiß, 7 g Fett, 59 g Kohlenhydrate

4 Austauschportionen Eiweiß
2 Austauschportionen Getreide-Erzeugnisse
1½ Austauschportionen Gemüse
1 Austauschportion Obst
1 Austauschportion Fett
15 Kcal »Auf Wunsch«

Gemüsegerichte

Gurken-Paprika-Gemüse
Menüplan 35. Woche

Zutaten für 2 Portionen
400 g Gurke
100 g grüne Paprikaschoten
1 EL Weinessig, Salz
2 TL Margarine

$1/4$ TL gehackte Ingwerwurzel
(ersatzweise auch Ingwerpulver)
$1/2$ Knoblauchzehe
Pfeffer, Petersilie

Zubereitung: Gurke schälen, längs halbieren, die Kerne entfernen und in Stücke schneiden. Paprikaschoten waschen, entkernen und in breite Streifen schneiden. Beides zusammen mit 1 Eßlöffel Wasser, Essig und Salz bei schwacher Hitze 15 Minuten garen. Währenddessen die Margarine schmelzen. Ingwer, zerdrückten Knoblauch und Pfeffer darin rösten und anschließend über das Gemüse geben. Vor dem Servieren mit feingehackter Petersilie bestreuen.

Pro Portion: 320 Kilojoule, 77 Kalorien, 2 g Eiweiß, 5 g Fett, 6 g Kohlenhydrate

$2 1/2$ Austauschportionen Gemüse
1 Austauschportion Fett

Gemüse-Allerlei
Menüplan 12. Woche

Zutaten für 2 Portionen
100 g Zwiebeln
150 g Porree
250 g Möhren
200 g Kartoffeln
100 g Rosenkohl

200 g Blumenkohl
2 TL Öl
2 kleine Brühwürfel
Salz, Pfeffer, Muskat
Petersilie

Zubereitung: Zwiebeln schälen und in Ringe schneiden. Porree waschen und in Ringe schneiden. Möhren und Karftoffeln schälen und in

Scheiben schneiden. Rosenkohl putzen, waschen und die Strünke unten über Kreuz einschneiden, damit die Kohlköpfe schneller garen. Blumenkohl putzen, waschen und in kleine Röschen teilen. Zwiebeln in einem Schnellkochtopf in heißem Öl glasig dünsten. Die Gemüse hinzufügen, mit $^1/_2$ Liter Wasser auffüllen und die Brühwürfel darin auflösen. Im Schnellkochtopf 10 Minuten garen. Mit Salz, Pfeffer und Muskat abschmecken. Vor dem Servieren mit feingehackter Petersilie bestreuen.

Tip: Den Gemüsetopf kann man auch in einem normalen Kochtopf zubereiten. In diesem Falle verlängert sich die Garzeit um 15 Minuten.

Pro Portion: 1132 Kilojoule, 270 Kalorien, 11 g Eiweiß, 6 g Fett, 41 g Kohlenhydrate
5 Austauschportionen Gemüse
1 Austauschportion Fett
10 Kcal »Auf Wunsch«

Apfel-Rotkohl
Menüplan 1. Woche

Zutaten für 2 Portionen
600 g Rotkohl
100 g Zwiebeln
2 TL Margarine
125 g säuerliche Äpfel
Salz, 1 Lorbeerblatt, 1 Nelke
$^1/_8$ l Rotwein
Zitronensaft
kalorienarmes Johannisbeergelee
(50 kcal)

Zubereitung: Rotkohl putzen und fein schneiden. Zwiebeln schälen und fein würfeln. Margarine in einem Topf erhitzen, Zwiebeln darin glasig dünsten. Äpfel schälen, würfeln, mit dem Rotkohl und den Gewürzen hinzufügen. Bei offenem Topf ca. 10 Minuten dünsten, dann Rotwein und Zitronensaft zugeben. Topf schließen. Bei schwacher Hitze ca. 30—40 Minuten schmoren. Zuletzt Johannisbeergelee hinzufügen. Abschmecken und servieren.

Pro Portion: 1050 Kilojoule, 250 Kalorien, 6 g Eiweiß, 5 g Fett, 34 g Kohlenhydrate
$3^1/_2$ Austauschportionen Gemüse
1 Austauschportion Obst
1 Austauschportion Fett
50 Kcal »Auf Wunsch«

Steckrüben in Käsesauce
Menüplan 43. Woche

Zutaten für 2 Portionen
je 200 g Steckrüben und
Kartoffeln
⅛ l ungesüßter Apfelsaft
1 TL Instantbrühe
20 g Rosinen
¼ l Milch (0,3 % Fett)

60 g Schmelzkäse (45 % Fett
i. Tr.)
60 g Camembert (45 % Fett i. Tr.)
2 TL Weißwein
Muskat, Pfeffer, Salz

Zubereitung: Steckrüben und Kartoffeln waschen, putzen und in kleine Würfel schneiden. Apfelsaft und ⅛ l Wasser zum Kochen bringen und die Brühe darin auflösen. Steckrüben, Kartoffeln und Rosinen hineingeben und 20 Minuten zugedeckt bei sehr schwacher Hitze garen.
Inzwischen die Milch zum Kochen bringen. Den Käse in kleine Stücke schneiden und darin auflösen. Zur Suppe geben und weitere 10 Minuten zugedeckt bei sehr schwacher Hitze garen. Mit Weißwein, Muskat, Pfeffer und Salz abschmecken.

<u>Pro Portion:</u> 1567 Kilojoule, 375 Kalorien, 18 g Eiweiß, 15 g Fett, 46 g Kohlenhydrate

2 Austauschportionen Eiweiß
1 Austauschportion Gemüse
1 Austauschportion Kartoffeln
1 Austauschportion Obst
½ Austauschportion Milch
10 Kcal »Auf Wunsch«

Provençalische Gemüsepfanne
Menüplan 41. Woche

Zutaten für 2 Portionen
je 200 g Auberginen und grüne
Paprikaschoten
100 g Zwiebeln
100 g Artischockenherzen (in
Wasser konserviert)
200 g Tomaten

150 g Zucchini
2 TL Olivenöl
Salz, Pfeffer, Knoblauchpulver
Kräuter der Provence
3 Eier

Zubereitung: Auberginen waschen und in Scheiben schneiden. Paprika entkernen, waschen und in Ringe schneiden. Zwiebeln schälen und

ebenfalls in Ringe schneiden. Artischocken abtropfen lassen. Tomaten waschen und vierteln, Zucchini waschen und in Scheiben schneiden.
Öl in einer beschichteten Pfanne erhitzen und das Gemüse bei geschlossenem Deckel ca. 10 Minuten schmoren lassen (eventuell etwas Wasser zugießen), anschließend würzen und weitere 5 Minuten schmoren lassen. Eier mit Salz und Pfeffer verquirlen und über das Gemüse gießen. Zugedeckt bei schwacher Hitze stocken lassen.

Pro Portion: 1287 Kilojoule, 308 Kalorien, 17 g Eiweiß, 16 g Fett, 25 g Kohlenhydrate
$4^3/_4$ Austauschportionen Gemüse
$1^1/_2$ Austauschportionen Eiweiß
1 Austauschportion Fett

Spinat-Thunfisch-Pfanne
Menüplan 4. Woche

Zutaten für 2 Portionen
2 TL Margarine
50 g Zwiebeln
600 g Spinat (Tiefkühlware)
Salz, Pfeffer, Muskat

25 g Magermilchpulver
180 g Thunfisch (in Wasser konserviert)
4 TL geriebener Käse

Zubereitung: Margarine in einem Topf erhitzen und die geschälten und gehackten Zwiebeln darin goldgelb rösten. Spinat zugeben, unter Rühren auftauen, würzen und abschmecken. Mit Magermilchpulver verfeinern. In eine feuerfeste Form füllen, den abgetropften Thunfisch in die Mitte geben, mit geriebenem Käse bestreuen und bei 200°C (Gasherd Stufe 4—5) überbacken, bis Käse geschmolzen ist.

Pro Portion: 2000 Kilojoule, 480 Kalorien, 41 g Eiweiß, 24 g Fett, 20 g Kohlenhydrate
$3^1/_4$ Austauschportionen Gemüse
3 Austauschportionen Eiweiß
1 Austauschportion Fett
$^1/_2$ Austauschportion Milch
20 Kcal »Auf Wunsch«

Spinattorte
Menüplan 40. Woche

Zutaten für 2 Portionen
100 g Zwiebeln
1—2 Knoblauchzehen
2 TL Öl
200 g Spinat
Salz, Pfeffer, Muskat
3 Eier
30 g geriebener Käse (45 % Fett i. Tr.), z. B. Emmentaler
120 g gekühlter Frischteig (kein Blätterteig)
2 TL geriebener Käse

Zubereitung: Zwiebeln schälen und kleinhacken. Knoblauch schälen und zerdrücken. Öl in einem Topf erhitzen und Zwiebeln und Knoblauch darin glasig dünsten.
Spinat waschen, verlesen und zu den Zwiebeln geben. Mit Salz, Pfeffer und Muskat würzen, eventuell noch etwas Wasser dazugeben. Wenn der Spinat zusammengefallen ist, vom Herd nehmen und in einem Sieb gut abtropfen lassen. Eier mit etwas Wasser, Salz, und Pfeffer verquirlen und ebenso wie den Käse unter den Spinat rühren. Nun eine kleine flache, feuerfeste Form (ca. 25 cm Ø) mit Backtrennpapier auslegen und den Frischteig als Boden darin verteilen. Die Spinat-Ei-Masse auf den Teig geben und mit geriebenem Käse bestreuen. Im vorgeheizten Backofen bei 200 °C (Gasherd Stufe 4—5) ca. 30 Minuten backen, bis der Käse braun wird und das Ei fest ist.

Pro Portion: 1920 Kilojoule, 459 Kalorien, 24 g Eiweiß, 21 g Fett, 42 g Kohlenhydrate

1 1/2 Austauschportionen Gemüse
2 Austauschportionen Eiweiß
3 Austauschportionen Brot
1 Austauschportion Fett
10 Kcal »Auf Wunsch«

Tomaten mit Kartoffelberg
Menüplan 13. Woche

Zutaten für 2 Portionen
200 g Kartoffeln
1 EL Meerrettich
50 ml Milch (1,5 % Fett)
2 TL Halbfettmargarine
2 TL feingehackte Petersilie
Salz, Pfeffer
3 Tomaten (à 100 g)
Muskat

Zubereitung: Kartoffeln kochen, pellen und zu Brei zerdrücken. Meerrettich, Milch, Margarine und die feingehackte Petersilie zu der Kartoffelmasse geben, alles gut vermengen und mit Salz und Pfeffer abschmekken. Tomaten halbieren und in eine Auflaufform geben. Die Kartoffelmasse auf den Tomatenhälften verteilen und mit etwas Muskat bestreuen. Bei 200 °C (Gasherd Stufe 4—5) auf der mittleren Schiene 5 bis 10 Minuten backen.

Pro Portion: 583 Kilojoule, 139 Kalorien, 5 g Eiweiß, 3 g Fett, 24 g Kohlenhydrate
1½ Austauschportionen Gemüse
1 Austauschportion Kartoffeln
⅛ Austauschportion Milch
½ Austauschportion Fett

Blumenkohl mit Schinken-Käse-Sauce
Menüplan 51. Woche

Zutaten für 2 Portionen
400 g Blumenkohl
90 g magerer geräucherter Schinken
60 g Schmelzkäse (45 % Fett i. d. Tr.)
2 TL Margarine
20 g Weizenvollkornmehl
20 g Zwieback
Muskat, weißer Pfeffer
Rauchsalz
Süßstoff

Zubereitung: Blumenkohl putzen, in Röschen teilen und waschen. Gut ¼ Liter Wasser erhitzen, die Kohlröschen hineingeben und bei sehr schwacher Hitze zugedeckt 30 Minuten garen, dann abgießen, das Kochwasser aber aufbewahren. Schinken und Käse in Stücke schneiden. Margarine in einem Topf erhitzen, das Weizenvollkornmehl hineingeben und bei schwacher Hitze unter ständigem Rühren 3 Minuten anschwitzen. Das Blumenkohlwasser langsam mit dem Schneebesen einrühren und zum Kochen bringen. Die Käsestückchen in der Sauce auflösen, dann Zwieback hineinreiben und mit den Gewürzen und Süßstoff kräftig abschmecken. Nun Blumenkohlröschen und Schinkenstücke vorsichtig unterrühren und alles bei sehr schwacher Hitze 5 Minuten zugedeckt heiß werden lassen.

Pro Portion: 1771 Kilojoule, 423 Kalorien, 19 g Eiweiß, 28 g Fett, 22 g Kohlenhydrate
2 Austauschportionen Gemüse
4 Austauschportionen Eiweiß
1 Austauschportion Fett
1 Austauschportion Brot

Beschwipster Kohlrabiauflauf
Menüplan 19. Woche

Zutaten für 2 Portionen
500 g Kohlrabi
Salz, ½ TL Zucker
320 g Tatar (Beefsteakhack/Rohgewicht)
Pfeffer, Knoblauchsalz
1 TL milder Senf
1 EL Tomatenmark
Muskat

50 g Zwiebeln
6 EL Kohlrabiwasser
60 g Schweizer Käse (45 % Fett i. d. Tr.)
1 TL Pflanzencreme
60 ml Weißwein
10 TL saure Sahne

Zubereitung: Kohlrabi waschen, schälen, in Streifen schneiden, dann in ½ Liter kochendes Wasser mit Salz und Zucker geben und bei schwacher Hitze 10 Minuten zugedeckt garen.
Inzwischen das Hack mit Pfeffer, Knoblauchsalz, Senf, Tomatenmark, Muskat, der geschälten feingewürfelten Zwiebel mischen. Die gegarten Kohlrabistreifen aus dem Wasser nehmen und abtropfen lassen. 6 Eßlöffel Kohlrabiwasser mit dem Hack verrühren. Den Käse reiben. Eine Auflaufform mit Pflanzencreme ausstreichen und die Hälfte der Kohlrabi einfüllen. Das Hack darübergeben, die restlichen Kohlrabi darauflegen und mit Wein übergießen. Die saure Sahne aufstreichen, mit dem Käse bestreuen und den Auflauf im Backofen bei 200° C (Gasherd Stufe 4—5) auf unterer Schiebeleiste 40 Minuten backen.

Pro Portion: 1979 Kilojoule, 470 Kalorien, 49 g Eiweiß, 20 g Fett, 16 g Kohlenhydrate

2¼ Austauschportionen Gemüse
5 Austauschportionen Eiweiß
½ Austauschportion Fett
85 Kcal »Auf Wunsch«

Auberginenschiffchen mit Kalbfleischfülle
Menüplan 30. Woche

Zutaten für 2 Portionen
300 g Auberginen (2 Stück)
Salz, Zitronensaft
240 g Kalbfleisch (Rohgewicht)
50 g Zwiebeln
30 g Graubrot
Petersilie, Rauchsalz, Pfeffer

2 TL Pflanzencreme
25 g Magermilchpulver
1 kleiner Brühwürfel
2 TL Weißwein
20 g Maismehl

Zubereitung: Die Auberginen putzen, waschen und längs halbiert mit Salz bestreuen und Zitronensaft beträufeln; zugedeckt ca 25 Minuten stehen lassen. Inzwischen Kalbfleisch waschen, trockentupfen und in walnußgroße Würfel schneiden, geschälte Zwiebel und das Graubrot ebenfalls würfeln, die Petersilie fein hacken.
Das bittere Auberginenwasser abgießen, die Auberginen kalt abspülen und vorsichtig aushöhlen. Das ausgehöhlte Auberginenfleisch in kleine Stückchen schneiden und mit den Zwiebel- und Brotwürfeln sowie der Petersilie vermischen, dann mit Rauchsalz und Pfeffer würzen.
Die Pflanzencreme in einer Pfanne erhitzen und darin die Kalbfleischwürfel unter ständigem Wenden 3 Minuten anbraten, die Auberginen-Brot-Mischung zufügen und alles zugedeckt bei schwacher Hitze 15 Minuten schmoren. Nun das Magermilchpulver mit 2 Eßlöffeln Wasser einrühren und die Füllung in die Auberginenhälften geben. In einer Kasserolle $1/4$ Liter Wasser erhitzen, den Brühwürfel darin auflösen, Wein dazugeben und die gefüllten Auberginen. Die Kasserolle zudecken und die Auberginen bei schwacher Hitze 30 Minuten garen, dann auf zwei vorgewärmte Teller verteilen. Das Maismehl in etwas Wasser anrühren und den Kochsud damit binden. Die Sauce über die angerichteten Auberginen gießen.

Pro Portion: 1380 Kilojoule, 330 Kalorien, 34 g Eiweiß, 7 g Fett, 32 g Kohlenhydrate

3 Austauschportionen Eiweiß
$1^{3}/_{4}$ Austauschportionen Gemüse
1 Austauschportion Brot
1 Austauschportion Fett
$1/2$ Austauschportion Milch
10 Kcal »Auf Wunsch«

Zwiebelhäuschen
Menüplan 31. Woche

Zutaten für 2 Portionen
200 g Zwiebeln (2 Stück)
150—180 g Tatar (Beefsteakhack/
Rohgewicht)
Pfeffer, Salz, Thymian
2 kleine Brühwürfel

200 g Tomaten
20 g Vollkornmehl
Pfeffer, Rauchsalz
Estragon

Zubereitung: Die Zwiebeln schälen und aushöhlen. Das Hackfleisch mit Pfeffer, Salz, Thymian und den in Würfel geschnittenen Innenteilen der Zwiebeln verkneten und damit die Zwiebeln füllen. $^1/_2$ Liter Wasser erhitzen und die Brühwürfel darin auflösen. Tomaten waschen, in Scheiben schneiden und mit den Zwiebeln in die Brühe geben. Alles bei schwacher Hitze 35 Minuten zugedeckt garen. Die Brühe mit Mehl andicken, einmal aufwallen lassen und mit den Gewürzen pikant abschmecken.

Pro Portion: 1250 Kilojoule, 300 Kalorien, 38 g Eiweiß, 7 g Fett, 14 g Kohlenhydrate

2 Austauschportionen Gemüse
4 Austauschportionen Eiweiß
$^1/_2$ Austauschportion Getreide-Erzeugnisse
10 Kcal »Auf Wunsch«

Gefüllte Zucchini (Foto Seite 304)
Menüplan 25. Woche

Zutaten für 2 Portionen
2 mittelgroße Zucchini (à 150 g)
100 g Champignons
1 Knoblauchzehe
2 TL Olivenöl

120 g Edamer (45 % Fett i. d. Tr.)
Basilikum, Salz, Pfeffer, Muskat,
Petersilie
2 TL geriebener Käse

Zubereitung: Zucchini waschen, die Enden entfernen und längs halbieren. Mit einem Teelöffel aushöhlen, die Schalen aufbewahren. Das Zucchinifleisch würfeln. Champignons waschen und blättrig schneiden. Zucchinifleisch und Champignons zusammen mit der zerdrückten Knoblauchzehe in Öl weich dünsten. Währenddessen den Käse fein würfeln und mit den Gewürzen und der feingehackten Petersilie vermengen. Zu dieser Mischung das gedünstete Gemüse geben und nochmals gut vermengen. Die Zucchinischalen mit der Käse-Gemüsemischung füllen, mit geriebenem Käse bestreuen und bei 200° C (Gasherd Stufe 4—5) in einer abgedeckten Auflaufform 30 Minuten backen. Anschließend den Deckel entfernen und weitere 15 Minuten überbacken.

Pro Portion: 1289 Kilojoule, 308 Kalorien, 18 g Eiweiß, 23 g Fett, 5 g Kohlenhydrate
2 Austauschportionen Gemüse
2 Austauschportionen Eiweiß
1 Austauschportion Fett
10 Kcal »Auf Wunsch«

Pichelsteiner Eintopf
Menüplan 45. Woche
Die in Klammern genannten Gemüsemengen sind für nicht so ganz Hungrige gedacht.

Zutaten für 2 Portionen
je 100 g (50 g) Zwiebeln, Sellerie, Petersilienwurzel
je 200 g (150 g) Weißkohl und Wirsing
je 200 g (100 g) Möhren und Porree
200 g Kartoffeln

je 105 g mageres Rind-, Schweine- und Hammelfleisch (Rohgewicht)
1 kleiner Brühwürfel
Salz, Pfeffer, Majoran, gemahlener Kümmel, Lorbeerblätter
2 Bund gehackte Petersilie

Zubereitung: Alle Gemüse putzen bzw. waschen, schälen und in Scheiben oder Streifen schneiden. Das vorbereitete Gemüse miteinander vermischen. Alle Fleischsorten trockentupfen und würfeln. 100 ml Wasser und Brühwürfel in einen großen Topf geben und nun abwechselnd Gemüse und Fleisch einschichten; jede Lage mit den Gewürzen, einem Lorbeerblatt und Petersilie bestreuen (das Fleisch möglichst in die untere Hälfte des Topfes legen, damit es weich wird). Die oberste Schicht sollte Gemüse sein. Nun den Eintopf bei schwacher bis mittlerer Hitze 1½ Stunden köcheln lassen; dabei nicht umrühren, sondern — falls nötig — etwas heißes Wasser nachgießen.

Pro Portion: 2300 Kilojoule, 550 Kalorien, 44 g Eiweiß, 20 g Fett, 47 g Kohlenhydrate
6 (3¼) Austauschportionen Gemüse
4 Austauschportionen Eiweiß
1 Austauschportion Kartoffeln
5 Kcal »Auf Wunsch«

Gefüllte Paprikaschoten »Provence«
Menüplan 1. Woche

Zutaten für 2 Portionen
2 Paprikaschoten (ca. 300 g)
320 g Tatar (Beefsteakhack/Rohgewicht)
Salz, Pfeffer, Paprika
1 EL gehackte Petersilie

100 g Zwiebeln
120 g gegarter Reis
2 TL geriebener Käse
200 g Tomaten (Dosenware)
Kräuter de Provence

Zubereitung: Paprikaschoten halbieren, Trennwände und Kerne entfernen. Tatar würzen, mit Petersilie, geschälter und gehackter Zwiebel sowie Reis mischen, in die Paprikaschoten füllen und mit geriebenem Käse bestreuen. Tomaten zerkleinern, in einen Topf geben, mit Salz, Pfeffer und Kräutern der Provence abschmecken. Gefüllte Paprikaschoten zu den Tomaten geben und zugedeckt ca. 30—35 Minuten garen.

Pro Portion: 1420 Kilojoule, 340 Kalorien, 40 g Eiweiß, 7 g Fett, 30 g Kohlenhydrate

3 Austauschportionen Gemüse
4 Austauschportionen Eiweiß
1 Austauschportion Getreide-Erzeugnisse
10 Kcal »Auf Wunsch«

Lauchschnitten
Menüplan 46. Woche

Zutaten für 2 Portionen
300 g Lauch
2 Eier
60 g Schmelzkäse
60 g gekühlter Frischteig

Pfeffer, Salz, Muskat
2 Portionen Sauce Hawaii (siehe Rezept S. 467)

Zubereitung: Lauch putzen, waschen, in Ringe schneiden und in 100 ml Wasser 15 Minuten zugedeckt bei sehr schwacher Hitze dünsten.
Eier hart kochen. Schmelzkäse in kleine Stücke schneiden und mit dem Frischteig verkneten. Den Lauch abtropfen lassen, den Sud aufbewahren. Die Eier pellen und fein hacken. Lauch mit den Eiern vermischen und mit Pfeffer, Salz und Muskat abschmecken. Das Gemüsewasser unterrühren.
Den Teig ausrollen, in zwei Stücke teilen, mit der Lauch-Eier-Masse bele-

gen und zu zwei »Schnitten« zusammenklappen. Auf ein mit Backpapier ausgelegtes Backblech legen und im Backofen auf mittlerer Schiene 200 °C (Gasherd Stufe 4—5) 20 Minuten backen. Auf zwei Teller legen und mit Sauce Hawaii übergießen.

Pro Portion: 1755 Kilojoule, 419 Kalorien, 18 g Eiweiß, 20 g Fett, 38 g Kohlenhydrate
1½ Austauschportionen Gemüse
2 Austauschportionen Eiweiß
2 Austauschportionen Fett
2 Austauschportionen Obst
1½ Austauschportionen Brot
10 Kcal »Auf Wunsch«

Frankfurter Gemüsepfanne
Menüplan 13. Woche

Zutaten für 2 Portionen
50 g grüne Paprikaschoten
50 g Zwiebeln
2 TL Öl
50 g Bleichsellerie
180 g Frankfurter Brühwürstchen
200 g Möhren (Dosenware)
200 g Ananas (ohne Zucker konserviert)
4 EL Ananassaft
2 TL Sojasauce
2 TL Speisestärke

Zubereitung: Paprikaschoten entkernen, waschen und in Streifen schneiden. Zwiebeln schälen, würfeln und mit den Paprikaschoten in einer Pfanne im Öl glasig dünsten. Sellerie waschen und würfeln. Würstchen in Scheiben schneiden und zusammen mit Möhren und Sellerie zu den Zwiebeln geben. Alles etwa 3 Minuten bei schwacher Hitze dünsten lassen. Währenddessen die Ananas in Stückchen schneiden und mit dem Saft in die Pfanne geben. Alles gut durchmengen, mit Sojasauce würzen und mit der in 3 Eßlöffel Gemüsewasser angerührten Speisestärke binden.

Pro Portion: 1616 Kilojoule, 386 Kalorien, 14 g Eiweiß, 24 g Fett, 27 g Kohlenhydrate
1¾ Austauschportionen Gemüse
3 Austauschportionen Eiweiß
1 Austauschportion Obst
1 Austauschportion Fett
10 Kcal »Auf Wunsch«

Elsässer Linsentopf
Menüplan 4. Woche

Zutaten für 2 Portionen
360 g Linsen (Dosenware)
1/8 l Rotwein
2 TL Margarine
je 200 g Zwiebeln, Porree, Kartoffeln und Möhren
1/2 Lorbeerblatt
1 Gewürznelke, Salz
1/4 TL Cayenne-Pfeffer
1 EL süße Sahne

Zubereitung: Linsen abgießen, 1/8 Liter der Flüssigkeit auffangen. Die Linsen in eine Schüssel geben, Rotwein und das Linsenwasser darüber gießen und beiseite stellen.
Margarine in einer Kasserolle erhitzen und die geschälten und in Scheiben geschnittenen Zwiebeln sowie den geputzten, in Ringe geschnittenen Porree darin goldgelb dünsten. Kartoffeln und Möhren schälen und in kleine Würfel schneiden. Mit etwas Wasser, dem Lorbeerblatt und der Gewürznelke zu der Zwiebel-Porree-Mischung geben und zugedeckt ca. 20—25 Minuten garen. Die Linsen mit der Flüssigkeit hinzufügen und kräftig abschmecken. Zuletzt mit Sahne verfeinern.

Pro Portion: 2590 Kilojoule, 620 Kalorien, 30 g Eiweiß, 8 g Fett, 94 g Kohlenhydrate

3 Austauschportionen Eiweiß
3 Austauschportionen Gemüse
1 Austauschportion Kartoffeln
1 Austauschportion Fett
75 Kcal »Auf Wunsch«

Wirsing »Surprise« mit Zwiebacksauce
Menüplan 30. Woche

Zutaten für 2 Portionen
500 g Wirsing (ca. 1 Kopf)
Salz
1 1/2 EL Mineralwasser
Flüssigwürze, Basilikum, Pfeffer
Zwiebelsalz, mittelscharfer Senf
320 g Tatar (Beefsteakhack/Rohgewicht)

Für die Zwiebacksauce:
1/2 l Gemüsewasser
2 TL Instantbrühe
40 g Zwieback

Zubereitung: Wirsing putzen und im Ganzen in 1/2 Liter Salzwasser bei schwacher Hitze 10 Minuten garen. Inzwischen Mineralwasser, Gewürze und Tatar zu einem pikanten Teig vermengen. Den Kohl aus dem Wasser heben, abtropfen lassen. Das Kochwasser aufbewahren. Den Kohlkopf aushöhlen, die herausgelösten Blätter kleinhacken und diese unter den Hackteig kneten. Die Masse in den Kohl füllen, den Kohl mit einem Küchenfaden umwickeln und in dem Gemüsewasser bei schwacher Hitze ca. 35 Minuten gar ziehen lassen. Den fertigen Kohl abgetropft auf eine Platte geben und warm halten.

Für die Zwiebackmasse die Instantbrühe im Kohlwasser auflösen, Zwieback hineinreiben und die Sauce einmal aufwallen lassen, dann über den Kohl gießen und sofort servieren.

Pro Portion: 1460 Kilojoule, 350 Kalorien, 42 g Eiweiß, 8 g Fett, 26 g Kohlenhydrate
2½ Austauschportionen Gemüse
4 Austauschportionen Eiweiß
1 Austauschportion Brot
10 Kcal »Auf Wunsch«

Gemüserouladen (Foto Seite 305)
Menüplan 23. Woche

Zutaten für 2 Portionen
100 g Auberginen
Salz
4 große Kohlblätter (100 g)
150 g Champignons (Dosenware)
140 g Mais (Dosenware)
Pfeffer
200 g Tomaten (Dosenware)

Zubereitung: Auberginen schälen und würfeln. Mit Salz bestreuen und auf einem Küchentuch 20 Minuten stehen lassen. Währenddessen den Kohl 2 Minuten in reichlich Wasser kochen, abschrecken und abtropfen lassen. Die Auberginen in eine beschichtete Pfanne geben, 2 Eßlöffel Wasser hinzufügen und andünsten. Pilze und Mais dazugeben, mit Pfeffer abschmecken und die Gemüsemasse auf die Kohlblätter geben. Diese aufrollen und mit einem Bindfaden umwickeln. Tomaten pürieren und mit den Rouladen in einem Topf bei schwacher Hitze 20—30 Minuten garen.
Vor dem Servieren die Bindfäden vorsichtig entfernen.

Pro Portion: 583 Kilojoule, 139 Kalorien, 6 g Eiweiß, 2 g Fett, 25 g Kohlenhydrate
2¾ Austauschportionen Gemüse
1 Austauschportion Gemüse stärkehaltig

Auflauf »Angela«
Menüplan 52. Woche

Zutaten für 2 Portionen
1/4 l ungesüßter Apfelsaft
1 TL Instantbrühe
40 g Buchweizengrütze
90 g Weißwurst
1/2 TL Kümmelsamen

300 g Sauerkraut (Dosenware)
Süßstoff
60 g geriebener Parmesankäse
2 TL Butter

Zubereitung: Den Apfelsaft erhitzen und die Instantbrühe darin auflösen. Buchweizengrütze hineingeben und zugedeckt bei sehr schwacher Hitze 30 Minuten ausquellen lassen. Inzwischen Weißwurst in Scheiben schneiden, Sauerkraut etwas abtropfen lassen und auseinanderzupfen. Nach dem Ausquellen Weißwurst, Sauerkraut und Kümmelsamen unter die Grütze mischen und mit Süßstoff abschmecken. Die Masse in eine Auflaufform füllen, mit Parmesankäse bestreuen und mit Butterflöckchen belegen. Im Backofen auf der mittleren Schiene bei 175 °C (Gasherd Stufe 3—4) 30 Minuten backen.

Pro Portion: 1590 Kilojoule, 380 Kalorien, 20 g Eiweiß, 23 g Fett, 36 g Kohlenhydrate
2 1/2 Austauschportionen Eiweiß
1 1/2 Austauschportionen Gemüse
1 Austauschportion Fett
1 Austauschportion Obst
1 Austauschportion Getreide-Erzeugnisse
5 Kcal »Auf Wunsch«

Kohlrouladen
Menüplan 34. Woche

Zutaten für 2 Portionen
25 g Zwiebeln
240 g Tatar (Beefsteakhack/Rohgewicht)
2 EL Tomatenmark
10 g Paniermehl
Salz, Pfeffer, Paprika edelsüß

4 große Weißkohlblätter (ca. 100 g)
gemahlener Kümmel
1 TL Instantbrühe
1 1/2 EL Crème fraîche

Zubereitung: Zwiebeln schälen und fein reiben. Mit Hackfleisch, 1 Eßlöffel Tomatenmark und Paniermehl vermengen und mit Salz, Pfeffer und Paprika abschmecken. Kohlblätter kurz in kochendem Wasser blanchieren und abtropfen lassen. Anschließend mit Kümmel bestreuen, die Hackfleischmasse darauf verteilen, Kohlblätter aufrollen und mit einem Bindfaden umwickeln. $^1/_8$ Liter Wasser mit Instantbrühe und dem Rest Tomatenmark aufkochen und darin die Kohlrouladen bei schwacher Hitze 20 Minuten schmoren. Vor dem Servieren Crème fraîche unter die Sauce rühren.

Pro Portion: 880 Kilojoule, 210 Kalorien, 28 g Eiweiß, 11 g Fett, 9 g Kohlenhydrate

3 Austauschportionen Eiweiß
$^3/_4$ Austauschportion Gemüse
$^1/_4$ Austauschportion Brot
65 Kcal »Auf Wunsch«

Chinakohl »Awiwa«
Menüplan 51. Woche

Zutaten für 2 Portionen
1 kleiner Chinakohl (ca. 300 g)
$^1/_4$ l ungesüßter Apfelsaft
240 g Kalbsfilet (Rohgewicht)
2 TL Margarine
60 g Schmelzkäse (45 % Fett i. d. Tr.)
1 TL Instantbrühe
2 g Nestargel

Zubereitung: Den Chinakohl putzen und halbieren. Apfelsaft in einem Topf erhitzen, die Kohlhälften hineingeben und bei sehr schwacher Hitze 25 Minuten zugedeckt garen. Inzwischen das Kalbfleisch in kleine Würfel schneiden. Margarine in einer Pfanne erhitzen und darin das Kalbfleisch bei starker Hitze 2 Minuten unter ständigem Wenden von allen Seiten bräunen, dann bei sehr schwacher Hitze 10 Minuten zugedeckt garen.
Den Käse in kleine Stücke schneiden, Chinakohl abtropfen lassen; die Instantbrühe im Apfelsaft auflösen, Käsestücke dazugeben und bei mittlerer Hitze unter ständigem Rühren schmelzen, dann mit Nestargel andicken. Das Fleisch in die Sauce geben und bei sehr schwacher Hitze 5 Minuten zugedeckt ziehen lassen. Den Kohl auf 2 Tellern anrichten und mit der Fleischsauce übergossen servieren.

Pro Portion: 1340 Kilojoule, 320 Kalorien, 31 g Eiweiß, 13 g Fett, 18 g Kohlenhydrate

4 Austauschportionen Eiweiß
1$^1/_2$ Austauschportionen Gemüse
1 Austauschportion Obst
1 Austauschportion Fett
5 Kcal »Auf Wunsch«

Kohleintopf
Menüplan 47. Woche

Zutaten für 2 Portionen
400 g Wirsingkohl
200 g Grünkohl
2 TL Margarine
40 g Zwieback
2 TL Zwiebelflocken

¼ l Milch (0,3 % Fett)
320 g mageres Rindfleisch (Rohgewicht)
Muskat, frisch gemahlener Pfeffer, Rauchsalz

Zubereitung: Wirsing putzen, waschen und in Streifen schneiden, den Grünkohl von den Stielen streifen und waschen. Gut ¼ Liter Wasser zum Kochen bringen, den Grünkohl 3 Minuten darin kochen, dann auf einem Sieb abtropfen lassen und fein hacken (das Kochwasser aufbewahren). Margarine in einem Topf erhitzen, Zwieback hineinreiben, das Kochwasser und die Zwiebelflocken unterrühren und die Milch angießen. Nach dem Aufkochen Wirsing und Grünkohl hineingeben und alles bei sehr schwacher Hitze 20 Minuten zugedeckt garen.
Inzwischen das Rindfleisch in walnußgroße Würfel schneiden, ebenfalls zum Kohl geben und alles weitere 40 Minuten garen. Den Eintopf mit den Gewürzen kräftig abschmecken und servieren.

Pro Portion: **2130 Kilojoule, 510 Kalorien, 52 g Eiweiß, 17 g Fett, 37 g Kohlenhydrate**

4 Austauschportionen Eiweiß
3 Austauschportionen Gemüse
1 Austauschportion Fett
1 Austauschportion Brot
½ Austauschportion Milch

Chinakohleintopf
Menüplan 18. Woche

Zutaten für 2 Portionen
320 g mageres Rind- oder
Schweinefleisch (Rohgewicht)
Salz
200 g Kartoffeln

500 g Chinakohl
je 100 g Porree, Möhren, Sellerie
Salz, Pfeffer, Chinagewürz
ca. 2 EL Soyasauce

Zubereitung: Das Fleisch am Vortag in ½ Liter kaltem Salzwasser aufsetzen und ca. 40 Minuten kochen. Das Fleisch herausnehmen und die

Brühe erkalten lassen. Am nächsten Tag das Fett abschöpfen und 360 ml Brühe abmessen. Das Fleisch und die geschälten Kartoffeln in Würfel schneiden, Chinakohl in Streifen, Porree waschen und in Ringe schneiden. Möhren und Sellerie schälen und würfeln. Fleisch, Kartoffeln und die Gemüse in die Brühe geben, vorsichtig würzen und alles etwa 40 Minuten köcheln lassen. Den Eintopf vor dem Anrichten eventuell nachwürzen.

Pro Portion: 1710 Kilojoule, 410 Kalorien, 42 g Eiweiß, 14 g Fett, 32 g Kohlenhydrate
4 Austauschportionen Eiweiß
4 Austauschportionen Gemüse
1 Austauschportion Kartoffeln

Herbstlicher Eintopf
Menüplan 42. Woche

Zutaten für 2 Portionen
240 g mageres Schweinefleisch
(Rohgewicht)
100 g Birne
125 g Apfel
1 TL Instantbrühe

20 g Zwieback
400 g Brechbohnen (Dosenware)
¼ l Bohnenwasser
Pfeffer, Rauchsalz, Süßstoff

Zubereitung: Schweinefleisch waschen, trockentupfen, dann in walnußgroße Würfel schneiden und in einer beschichteten Pfanne 20 Minuten zugedeckt bei sehr schwacher Hitze garen.
Das Obst schälen, Kerngehäuse entfernen und in kleine Stücke schneiden. ⅛ Liter Wasser erhitzen und die Instantbrühe darin auflösen. Birnen- und Apfelstückchen hinzufügen und 10 Minuten zugedeckt bei sehr schwacher Hitze garen.
Den Zwieback reiben und unter das Obst rühren. Nun Brechbohnen mit Bohnenwasser hinzufügen, ebenfalls das Fleisch und alles weitere 10 Minuten zugedeckt bei sehr schwacher Hitze garen. Mit Pfeffer, Rauchsalz und Süßstoff abschmecken.

Pro Portion: 1380 Kilojoule, 330 Kalorien, 29 g Eiweiß, 11 g Fett, 29 g Kohlenhydrate
3 Austauschportionen Eiweiß
2 Austauschportionen Gemüse
1 Austauschportion Obst
½ Austauschportion Brot
5 Kcal »Auf Wunsch«

Möhreneintopf mit Graupen
Menüplan 37. Woche

<u>Zutaten für 2 Portionen</u>
50 g Zwiebeln
320 g mageres Rindfleisch (Rohgewicht)
1 kleiner Brühwürfel
1 Lorbeerblatt
1 TL schwarze Pfefferkörner

300 g Möhren
40 g Graupen
Salz, Pfeffer
gehackte Petersilie und Schnittlauch

Zubereitung: Zwiebeln schälen, Fleisch trockentupfen und beides würfeln. ½ Liter Wasser mit Brühwürfel in einem Topf aufsetzen und darin Fleisch- und Zwiebelwürfel mit Lorbeerblatt und Pfefferkörnern (diese in ein Teesieb geben) 15 Minuten garen. Inzwischen Möhren putzen und in Scheiben schneiden. Möhren und Graupen zum Fleisch geben und alles weitere 20 Minuten bei schwacher Hitze garen. Das Teesieb mit den Gewürzen herausnehmen. Den Eintopf mit Salz und Pfeffer abschmecken und vor dem Servieren mit den Kräutern bestreuen.

Pro Portion: 1590 Kilojoule, 380 Kalorien, 38 g Eiweiß, 12 g Fett, 30 g Kohlenhydrate

4 Austauschportionen Eiweiß
1¾ Austauschportionen Gemüse
1 Austauschportion Getreide-Erzeugnisse
5 Kcal »Auf Wunsch«

Mitternachtseintopf
Menüplan 49. Woche

<u>Zutaten für 2 Portionen</u>
320 g mageres Rindfleisch (Rohgewicht)
200 g Zwiebeln
2 TL Öl, 1 Knoblauchzehe
Pfeffer, Salz, scharfes Paprikapulver

2 EL Tomatenmark
2 kleine Brühwürfel
4 schwarze Oliven
100 g Kartoffeln
200 g grüne Paprikaschoten, Pfeffersauce

Zubereitung: Das Rindfleisch würfeln, Zwiebeln schälen und ebenfalls würfeln. Rindfleisch in heißem Öl kräftig anbraten, dann Zwiebelwürfel

und die zerdrückte Knoblauchzehe zufügen. Mit Pfeffer, Salz und Paprika würzen. Nun Tomatenmark, ¾ Liter Wasser und die Brühwürfel zufügen und alles bei schwacher Hitze 45 Minuten kochen lassen.
Währenddessen die Oliven in Scheiben schneiden, die geschälten Kartoffeln würfeln und die geputzten, entkernten Paprikaschoten waschen und in Stücke schneiden. Alles zum Fleisch geben und weitere 15 Minuten garen. Den Eintopf vor dem Servieren nochmals scharf abschmecken.

Pro Portion: 1760 Kilojoule, 420 Kalorien, 39 g Eiweiß, 19 g Fett, 22 g Kohlenhydrate

4 Austauschportionen Eiweiß
2 Austauschportionen Gemüse
1 Austauschportion Fett
½ Austauschportion Kartoffeln
30 Kcal »Auf Wunsch«

Kartoffel-Tomaten-Auflauf
Menüplan 16. Woche

Zutaten für 2 Portionen
200 g Kartoffeln
400 g Tomaten
4 Eier

4 TL geriebener Parmesankäse
200 g Zwiebeln, 2 TL Öl
Salz, Pfeffer, Basilikum

Zubereitung: Kartoffeln in der Schale kochen, abpellen und in Scheiben schneiden. Tomaten waschen und in Scheiben schneiden, die Eier mit Parmesankäse verquirlen. Zwiebeln schälen, hacken und bei milder Hitze in 1½ Teelöffeln Öl goldgelb braten.
Eine Auflaufform mit Öl auspinseln. Kartoffeln, Tomaten und Zwiebeln abwechselnd in die Form schichten und kräftig salzen und pfeffern. Die verquirlten Eier darüber gießen, mit Basilikum bestreuen und im vorgeheizten Backofen bei 200—220 °C (Gasherd Stufe 4—5) ca. 45 Minuten backen, bis das Ei gestockt ist und braun zu werden beginnt. Den Auflauf heiß in der Form servieren.

Pro Portion: 1634 Kilojoule, 390 Kalorien, 21 g Eiweiß, 19 g Fett, 32 g Kohlenhydrate

2 Austauschportionen Gemüse
2 Austauschportionen Eiweiß
1 Austauschportion Kartoffeln
20 Kcal »Auf Wunsch«

Bohneneintopf
Menüplan 11. Woche

Zutaten für 2 Portionen
320 g mageres Rindfleisch (Rohgewicht)
Salz, Pfeffer
½ TL Bohnenkraut

2 TL Instantbrühe
200 g Kartoffeln
500 g tiefgekühlte grüne Bohnen
gehackte Petersilie

Zubereitung: Rindfleisch würfeln und in ¾ Liter Wasser zusammen mit Salz, Pfeffer, Bohnenkraut und der Instantbrühe ca. 30 Minuten garen. Inzwischen die Kartoffeln schälen und klein würfeln. Bohnen und Kartoffelwürfel in die Suppe geben und das Ganze weitere 10—15 Minuten garen. Den Eintopf vor dem Servieren abschmecken und mit Petersilie bestreuen.

Pro Portion: 1640 Kilojoule, 400 Kalorien, 41 g Eiweiß, 12 g Fett, 31 g Kohlenhydrate

4 Austauschportionen Eiweiß
2½ Austauschportionen Gemüse
1 Austauschportion Kartoffeln
10 Kcal »Auf Wunsch«

Gemüseeintopf mit Reis
Menüplan 6. Woche

Zutaten für 2 Portionen
320 g mageres Rindfleisch (Rohgewicht)
Salz
2 TL Instantbrühe
100 g Porree

150 g Möhren
200 g Bohnen (Tiefkühlware)
150 g Blumenkohl
40 g Reis (Rohgewicht)
Petersilie

Zubereitung: Rindfleisch waschen und in 1 Liter Wasser mit Salz und Instantbrühe sowie dem geputzten und zerkleinerten Porree und Möhren ca. 40 Minuten kochen. Geputzte und zerkleinerte Bohnen und zerteilten Blumenkohl sowie den Reis zugeben. In weiteren 20 Minuten fertig garen. Fleisch herausnehmen, kleinschneiden, wieder in die Suppe geben und diese abschmecken. Mit gehackter Petersilie bestreut servieren.

Pro Portion: 1710 Kilojoule, 410 Kalorien, 41 g Eiweiß, 13 g Fett, 34 g Kohlenhydrate

4 Austauschportionen Eiweiß
3 Austauschportionen Gemüse
1 Austauschportion Getreide-Erzeugnisse
10 Kcal »Auf Wunsch«

Kartoffelpuffer
mit Quark-Schinken-Füllung
Menüplan 45. Woche

Zutaten für 2 Portionen
Für die Kartoffelpuffer:
300 g Kartoffeln
50 g Zwiebeln
Salz
1 Ei
4 TL Mehl
½—1 Bund Schnittlauch
2 TL Öl

Für die Füllung:
175 g Speisequark (Magerstufe)
2—3 EL Mineralwasser
je 1 Bund Schnittlauch und Petersilie
1 Knoblauchzehe
Salz, Pfeffer
90 g gekochter, sehr magerer Schinken

Zubereitung: Für die Puffer Kartoffeln und Zwiebeln schälen. Anschließend auf der Reibe oder in der Küchenmaschine fein reiben und mit Salz, Ei, Mehl und dem in kleine Röllchen geschnittenen Schnittlauch in einer Schüssel vermischen. Einen Teelöffel Öl in einer beschichteten Pfanne erhitzen und mit einem Löffel Kartoffelteig für 4 kleine Kartoffelpuffer (= die Hälfte des Teiges) in die Pfanne geben und von beiden Seiten goldbraun braten. Sie werden gewendet, wenn die Ränder braun zu werden beginnen. Das restliche Öl in die Pfanne geben und auf die gleiche Weise 4 weitere Kartoffelpuffer braten. Anschließend warm stellen.
Für die Füllung Quark mit Mineralwasser glattrühren. Schnittlauch in kleine Röllchen schneiden, Petersilie fein hacken, Knoblauchzehe schälen und zerdrücken. Alle Zutaten unter den Quark rühren, mit Salz und Pfeffer abschmecken. Nun den gekochten Schinken in ganz kleine Würfel schneiden und unter den Quark heben.
Jeweils einen Kartoffelpuffer dick mit der Quarkmasse bestreichen und einen zweiten darauf setzen.

Pro Portion: 1840 Kilojoule, 440 Kalorien, 32 g Eiweiß, 35 g Kohlenhydrate

2½ Austauschportionen Eiweiß
1½ Austauschportionen Kartoffeln
1¼ Austauschportionen Gemüse
1 Austauschportion Fett
20 Kcal »Auf Wunsch«

Kartoffeleintopf
Menüplan 8. Woche

Zutaten für 2 Portionen
100 g Zwiebeln
400 g Kartoffeln
100 g Porree
2 TL Öl
2 EL Suppengrün (25 g)

Pfeffer, Selleriesalz, Majoran
2 TL Instantbrühe
90 g Brühwürstchen
90 g deutsches Corned beef
Petersilie

Zubereitung: Zwiebeln und Kartoffeln schälen und würfeln. Porree waschen und in Ringe schneiden.
Zwiebeln in Öl andünsten, Kartoffelwürfel, Porreeringe und Suppengrün zu den Zwiebeln geben, mit Wasser auffüllen und würzen. Instantbrühe einrühren und nochmals kurz aufkochen lassen. Alles bei schwacher Hitze 20 Minuten garen.
Würstchen in Scheiben schneiden, Corned beef würfeln und beides in der Suppe erwärmen. Den Eintopf vor dem Servieren noch mal abschmecken und mit feingehackter Petersilie bestreuen.

Pro Portion: 1855 Kilojoule, 443 Kalorien, 22 g Eiweiß, 22 g Fett, 39 g Kohlenhydrate

3 Austauschportionen Eiweiß
2 Austauschportionen Kartoffeln
1$^{1}/_{10}$ Austauschportionen Gemüse
1 Austauschportion Fett
10 Kcal »Auf Wunsch«

Kartoffelpuffer »Williams Christ«
Menüplan 36. Woche

Zutaten für 2 Portionen
200 g Kartoffeln
25 g Zwiebeln
1 Ei
20 g Mehl
Salz, Pfeffer
2 TL Öl

200 g Birnen
60 g Edelpilzkäse (45 % Fett i. d. Tr.)
2 große Salatblätter zum Garnieren

Zubereitung: Kartoffeln und Zwiebeln schälen und sehr fein reiben. Mit Ei und Mehl gut verrühren und mit Salz und Pfeffer abschmecken. In einer beschichteten Pfanne in heißem Öl 4 Puffer backen.

Währenddessen die Birnen schälen, das Kerngehäuse entfernen, und in Scheiben schneiden.
Nun den Käse auf 2 Kartoffelpuffer verteilen, darauf die Birnenscheiben legen. Mit den restlichen Kartoffelpuffern bedecken. Eine Platte mit den Salatblättern belegen und darauf die gefüllten Kartoffelpuffer anrichten. Sofort servieren.

Pro Portion: 1590 Kilojoule, 380 Kalorien, 14 g Eiweiß, 18 g Fett, 38 g Kohlenhydrate
1½ Austauschportionen Eiweiß
1 Austauschportion Fett
1 Austauschportion Obst
1 Austauschportion Kartoffeln
⅛ Austauschportion Gemüse
½ Austauschportion Getreide-Erzeugnisse

Zwiebel-Safran-Reis
Menüplan 44. Woche

Zutaten für 2 Portionen
1—2 EL getrocknete Zwiebelflocken
Salz
2 cm Zimtstange
1—2 Gewürznelken

¼ TL Safranfäden
gemahlener Kardamom
Süßstoff
40 g parboiled Reis (Rohgewicht)

Zubereitung: Ca. ⅛ Liter Wasser mit Zwiebelflocken, den Gewürzen und Süßstoff aufkochen und dann den Reis hineinstreuen. Bei schwacher Hitze 20—35 Minuten im offenen Topf garen lassen, bis alles Wasser verdampft ist.

Pro Portion: 295 Kilojoule, 70 Kalorien, 1 g Eiweiß, 16 g Kohlenhydrate
1 Austauschportion Getreide-Erzeugnisse

Gerichte mit Eiern, Käse und Quark

Gefüllte Käse-Eier
Menüplan 4. Woche

Zutaten für 2 Portionen
4 Eier
4 TL Halbfettbutter
2 TL Kondensmilch (4 % Fett)

Salz, Paprikapulver, Senf
2 TL geriebener Käse

Zubereitung: Eier hart kochen, pellen und halbieren. Die Eigelb herausnehmen, mit Butter, Kondensmilch, den Gewürzen, Senf und geriebenem Käse vermischen und die Creme mit dem Spritzbeutel in die Eiweißhälften füllen.

Pro Portion: 948 Kilojoule, 227 Kalorien, 16 g Eiweiß, 17 g Fett, 1 g Kohlenhydrate
2 Austauschportionen Eiweiß
1 Austauschportion Fett
15 Kcal »Auf Wunsch«

Eier im Spinatbett
Menüplan 10. Woche

Zutaten für 2 Portionen
450 g tiefgekühlter Blattspinat
Salz, Muskat
3 EL Essig

4 Eier
4 TL Tomatenketchup
2 TL geriebener Käse

Zubereitung: Den Spinat nach Vorschrift auf der Packung zubereiten und mit Salz und Muskat abschmecken. Währenddessen 1 Liter mit

Salz und Essig versetztes Wasser aufkochen. Die Eier einzeln in einer Suppenkelle aufschlagen, vorsichtig ins Wasser gleiten und stocken lassen. Nach etwa 4 Minuten mit einer Schaumkelle herausnehmen. Die Eier auf dem Spinat anrichten, etwas Tomatenketchup darübergeben und mit geriebenem Käse bestreuen.

Pro Portion: 1146 Kilojoule, 274 Kalorien, 22 g Eiweiß, 14 g Fett, 13 g Kohlenhydrate
2¼ Austauschportionen Gemüse
2 Austauschportionen Eiweiß
20 Kcal »Auf Wunsch«

Wachteleier im Nest
Menüplan 19. Woche

Zutaten für 2 Portionen
200 g frische Artischocken   *4 Wachteleier im Glas*
Saft 1 Zitrone   *2 TL Mayonnaise (80 % Fett)*
8 kleine Radieschen (ca. 50 g)   *Kresse, Kräutersauce*
Salz

Zubereitung: Die Stiele der Artischocken kürzen, die schlechten Blätter entfernen und bei den übrigen die Spitzen abschneiden. Unter fließendem kalten Wasser abspülen und mit dem Stiel nach unten in einen Topf legen. Mit Zitronensaft beträufeln und mit Salz bestreuen. Soviel kochendes Wasser zugießen, daß die Artischocken bedeckt sind. Im offenen Topf aufkochen und bei schwacher Hitze etwa 40 Minuten gar ziehen lassen (wenn sich die Blätter leicht herausziehen lassen, sind die Artischocken gar).
Inzwischen die Radieschen waschen und abtrocknen. Die Wachteleier halbieren und auf jede Hälfte etwas Mayonnaise geben und mit einem Radieschen verzieren. Die Kresse waschen und abtropfen lassen. Die gegarten Artischocken mit dem Stiel nach oben abtropfen lassen, die Böden abschneiden und auf zwei Tellern anrichten. Die Eihälften hineinsetzen, die Kresse darüber verteilen und mit den Artischockenblättchen umlegen. Dazu schmeckt die Kräutersauce von Seite 465.

Pro Portion: 709 Kilojoule, 169 Kalorien, 8 g Fett, 7 g Eiweiß, 19 g Kohlenhydrate
1¼ Austauschportionen Gemüse
1 Austauschportion Fett
½ Austauschportion Eiweiß

Eierfrikassee mit Broccoli
Menüplan 6. Woche

Zutaten für 2 Portionen
600 g Broccoli
2 TL Margarine
8 TL Mehl
Pfeffer

4 Eier
Zitronensaft
1 EL Kapern
4 TL Kondensmilch (4 % Fett)

Zubereitung: Broccoli putzen, waschen und in 300 ml Salzwasser garen, dann abgießen und das Gemüsewasser aufbewahren. Margarine in einer Kasserrolle erhitzen, das Mehl darin anschwitzen und unter ständigem Rühren mit ¼ Liter Gemüsewasser ablöschen. Würzen und abschmecken. Eier hart kochen, pellen, grob hacken und unter die Sauce rühren. Mit Zitronensaft und Kapern abschmecken, mit Kondensmilch verfeinern und über den Broccoli gießen.

Pro Portion: 1540 Kilojoule, 370 Kalorien, 26 g Eiweiß, 18 g Fett, 23 g Kohlenhydrate
3 Austauschportionen Gemüse
2 Austauschportionen Eiweiß
1 Austauschportion Fett

Tomaten-Rühreier
Menüplan 20. Woche

Zutaten für 2 Portionen
100 g Tomaten
4 Eier

Salz, Pfeffer, Oregano

Zubereitung: Tomaten überbrühen, enthäuten und würfeln. Eier, 3 Eßlöffel Wasser und Tomatenwürfel gut miteinander verschlagen, mit Salz, Pfeffer und Oregano abschmecken und in eine erhitzte, beschichtete Pfanne geben. Wenn die Ränder beginnen, festzuwerden, die Eimasse mit einem Pfannenmesser zerteilen und bei schwacher Hitze stocken lassen. Sofort servieren.

Pro Portion: 750 Kilojoule, 180 Kalorien, 14 g Eiweiß 13 g Fett, 2 g Kohlenhydrate
2 Austauschportionen Eiweiß
½ Austauschportion Gemüse

Tomaten-Käse-Eier (Foto Seite 368)
Menüplan 5. Woche

Zutaten für 2 Portionen
4 große Tomaten (ca. 600 g)
Salz, Pfeffer
4 Eier
4 TL geriebener Käse
200 g Blumenkohl

Zubereitung: Von den Tomaten einen Deckel abschneiden und das Fruchtfleisch herauslösen. Die ausgehöhlten Tomaten von innen salzen und pfeffern und in jede ein Ei geben. Mit geriebenem Käse bestreuen und den Deckel wieder aufsetzen. In eine feuerfeste Form stellen, etwas Wasser zugießen und im Backofen bei 180° C (Gasherd Stufe 3—4) ca. 20 Minuten backen. Den Blumenkohl putzen, waschen und in Röschen zerpflücken. In Salzwasser gar kochen und die Tomateneier damit umlegen.

Pro Portion: 1174 Kilojoule, 281 Kalorien, 21 g Eiweiß, 15 g Fett, 16 g Kohlenhydrate
4 Austauschportionen Gemüse
2 Austauschportionen Eiweiß
20 Kcal »Auf Wunsch«

Tomaten-Quark-Eier
Menüplan 33. Woche

Zutaten für 2 Portionen
4 Eier
je $^1/_2$ Bund Petersilie, Schnittlauch und Dill
200 g Speisequark (Magerstufe)
Mineralwasser
300 g Tomaten
Salz, Pfeffer, Zwiebelsalz, Knoblauchpulver

Zubereitung: Eier hart kochen. Währenddessen die Kräuter waschen und fein hacken. Mit Quark vermengen und mit Mineralwasser glattrühren. Tomaten waschen und ebenso wie die hartgekochten, abgepellten Eier würfeln. Vorsichtig unter den Quark heben. Mit Salz, Pfeffer, Zwiebelsalz und Knoblauchpulver kräftig abschmecken.

Pro Portion: 1215 Kilojoule, 290 Kalorien, 33 g Eiweiß, 14 g Fett, 7 g Kohlenhydrate
2 Austauschportionen Eiweiß
1$^1/_2$ Austauschportionen Gemüse
1 Austauschportion Milch

Eier in Gelee
Menüplan 26. Woche

Zutaten für 2 Portionen
4 Eier
200 g Champignons (Dosenware)
100 g eingelegte Paprikaschoten
200 g Spargelköpfe (Dosenware)
½ Bund Petersilie
2 kleine Brühwürfel
6 Blatt weiße Gelatine
Salz, Pfeffer, Süßstoff, Essig

Zubereitung: Die Eier hart kochen, pellen und in Scheiben schneiden. Champignons, Paprikaschoten und die Spargelköpfe gut abtropfen lassen. Petersilie waschen und zerpflücken. Nun die Champignons in Scheiben und die Paprikaschoten in feine Streifen schneiden. ½ Liter Wasser aufkochen und die Brühwürfel darin auflösen. Die Gelatine einweichen, gut ausdrücken und in der heißen, nicht mehr kochenden Brühe auflösen. Mit Salz, Pfeffer, Süßstoff und Essig pikant abschmecken.
In eine kalt ausgespülte Schüssel einen Geleespiegel gießen, erstarren lassen und mit einer Schicht Ei- und Champignonscheiben, Paprikastreifen und Spargelköpfen sowie der Petersilie hübsch belegen. Wieder mit der Geleemasse begießen und erstarren lassen. Diesen Vorgang wiederholen, bis alle Zutaten verbraucht sind. Zuletzt noch einmal mit Geleemasse begießen und erstarren lassen. Vor dem Servieren die Schüssel kurz in heißes Wasser tauchen und das Gelee auf eine Platte stürzen. Mit der restlichen Petersilie garnieren.

Pro Portion: 1054 Kilojoule, 252 Kalorien, 23 g Eiweiß, 14 g Fett, 9 g Kohlenhydrate
2 Austauschportionen Eiweiß
2½ Austauschportionen Gemüse
20 Kcal »Auf Wunsch«

Eier in Senfsauce
Menüplan 7. Woche

Zutaten für 2 Portionen
4 Eier
4 TL Margarine
20 g Mehl
1 TL Instantbrühe
4 TL Kondensmilch (4 % Fett)
Salz, Paprika, Senf

Zubereitung: Eier hart kochen, dann abpellen. Die Margarine in einem Topf schmelzen und das Mehl hinzufügen. Unter ständigem Rühren nach und nach 200 ml Wasser zugießen. Anschließend die Instantbrühe einrühren, Kondensmilch hinzufügen und mit Salz, Paprika und reichlich Senf abschmecken. Über die Eier geben und servieren.

Pro Portion: 1251 Kilojoule, 299 Kalorien, 16 g Eiweiß, 21 g Fett, 10 g Kohlenhydrate
2 Austauschportionen Eiweiß
2 Austauschportionen Fett
½ Austauschportion Getreide-Erzeugnisse
15 Kcal »Auf Wunsch«

Eier-Spinat-Pastete
Menüplan 37. Woche

Zutaten für 4 Portionen

80 g Mehl	Muskat
8 TL Margarine	4 Eier
50 g Joghurt (0,3 % Fett)	50 ml Milch (1,5 % Fett)
130 g Zwiebeln	Salz
170 g Spinat (Tiefkühlware)	Pfeffer
120 g Gouda (45 % Fett i. d. Tr.)	

Zubereitung: Mehl mit Margarine verkneten, Joghurt hinzufügen. Den Teig zwischen zwei Bogen Klarsichtfolie ausstreichen, so daß er in eine flache Form von 18—20 cm Ø paßt. Den Teig an den Rändern leicht hochziehen.
Zwiebeln schälen und würfeln. Mit dem aufgetauten Spinat vermengen. Den Käse reiben und die Hälfte davon auf dem Teig verteilen. Darauf das Gemüse geben und mit etwas Muskat bestreuen. Eier mit Milch verschlagen, mit Salz und Pfeffer würzen und über das Gemüse gießen. Mit dem restlichen Käse bestreuen. Die Pastete bei 200°C (Gasherd Stufe 4—5) 50—60 Minuten backen und sofort in Stücke geschnitten servieren.

Pro Portion: 1510 Kilojoule, 360 Kalorien, 19 g Eiweiß, 22 g Fett, 20 g Kohlenhydrate
2 Austauschportionen Eiweiß
2 Austauschportionen Fett
⅛ Austauschportion Milch
¾ Austauschportion Gemüse
1 Austauschportion Getreide-Erzeugnisse

Eier-Ragout mit Champignons
Menüplan 3. Woche

Zutaten für 2 Portionen
4 Eier
400 g Champignons (Dosenware)
4 TL Margarine
20 g Mehl
¼ l Pilzwasser
Salz, Pfeffer, Essig
2 TL Kondensmilch (4 % Fett)

Zubereitung: Eier hart kochen, pellen und vierteln. Champignons abgießen, den Saft auffangen. Margarine in einem Topf erhitzen, Mehl zugeben und unter ständigem Rühren die Pilzflüssigkeit zufügen. Pikant abschmecken und mit Kondensmilch verfeinern. Zuletzt die Champignons unterheben und die Eiviertel darauf anrichten.

Pro Portion: 1383 Kilojoule, 331 Kalorien, 20 g Eiweiß, 22 g Fett, 14 g Kohlenhydrate

2 Austauschportionen Eiweiß
2 Austauschportionen Gemüse
2 Austauschportionen Fett
½ Austauschportion Getreide-Erzeugnisse
5 Kcal »Auf Wunsch«

Sonntagstoast mit Ei
Menüplan 32. Woche

Zutaten für 2 Portionen
2 Eier
4 TL Halbfettmargarine
1½ TL Mehl
⅛ l Milch (0,3 % Fett)
Schnittlauch
½ TL Worcestersauce
60 g Toastbrot
Paprika, Petersilie

Zubereitung: Eier hart kochen, abpellen und die Eigelb herauslösen. Das Eiweiß hacken. Margarine vorsichtig schmelzen, und das Mehl zugeben. Die Milch unter ständigem Rühren hinzufügen und leise kochen lassen, bis die Sauce dicklich wird. Feingeschnittenen Schnittlauch, Worcestersauce rösten und mit der Sauce übergießen. Darauf die Eigelb geben und mit Paprika und feingehackter Petersilie bestreuen.

Pro Portion: 1001 Kilojoule, 239 Kalorien, 13 g Eiweiß, 12 g Fett, 20 g Kohlenhydrate

1 Austauschportion Eiweiß
1 Austauschportion Fett
1 Austauschportion Brot
28 Kcal »Auf Wunsch«

Gefüllte Eierkuchen mit Champignonsauce
Menüplan 17. Woche

Zutaten für 2 Portionen
Für die Eierkuchen:
2 Eier
1 Prise Salz
40 g Vollkornmehl
2 TL Pflanzencreme
Für die Füllung:
180 g Tatar (Rohgewicht)
je 1 TL Sojasauce und mittelscharfer Senf
1 TL luftgetrocknete Zwiebelflocken
1 EL Tomatenmark

Pfeffer, Salz
Für die Champignonsauce:
300 g Champignons in Scheiben (Dosenware)
$1/8$ l Champignonwasser
8 TL saure Sahne
1 Prise Rauchsalz
2 TL Mehl
frischgemahlener schwarzer Pfeffer
Süßstoff
1 Bund gehackte Petersilie

Zubereitung: Die Eier mit 50 ml Wasser und Salz schaumig schlagen, das Mehl löffelweise einrühren und den Teig $1/2$ Stunde zugedeckt ruhen lassen.
In der Zwischenzeit die Füllung zubereiten. Dafür das Hackfleisch in eine Schüssel geben und mit Sojasauce, Senf, Zwiebelflocken, Tomatenmark, Pfeffer und Salz vermischen. Eine beschichtete Pfanne erhitzen, das Hackfleisch hineingeben und bei mittlerer Hitze unter ständigem Rühren 5 Minuten garen. Einen Deckel aufsetzen und warm halten.
Die Champignons abtropfen lassen, in einen Kochtopf geben und mit Champignonwasser auffüllen. Erhitzen und die saure Sahne und das Rauchsalz einrühren. Das Mehl darüber stäuben und unter kräftigem Rühren einmal aufwallen lassen. Mit Pfeffer und Süßstoff abschmecken und ebenfalls warm stellen.
Je 1 Teelöffel Pflanzencreme in einer Pfanne erhitzen und aus dem Teig bei mittlerer Hitze nacheinander zwei Pfannkuchen backen (von jeder Seite etwa 2 Minuten). Die Hackfleischmischung auf den Eierkuchen verteilen, übereinanderklappen, mit der Champignonsauce übergießen und mit Petersilie garnieren.

Pro Portion: 1510 Kilojoule, 360 Kalorien, 34 g Eiweiß, 16 g Fett, 21 g Kohlenhydrate
4 Austauschportionen Eiweiß
$1^1/2$ Austauschportionen Gemüse
1 Austauschportion Getreide-Erzeugnisse
1 Austauschportion Fett
50 Kcal »Auf Wunsch«

Frühstückspfannkuchen
Menüplan 29. Woche

Zutaten für 2 Portionen

Für die Pfannkuchen:
20 g Schmelzflocken
$1/8$ l lauwarme Milch (0,3 % Fett)
2 Eier
1 Prise Salz, Süßstoff
2 TL Öl

Für die Füllung:
100 g Speisequark (Magerstufe)
100 g Joghurt (0,3 % Fett)
Zitronensaft
Süßstoff
40 g Rosinen

Zubereitung: Für die Pfannkuchen Schmelzflocken mit Milch übergießen. Die Eier mit Salz und etwas Süßstoff verquirlen und unter die Schmelzflocken rühren. Eine beschichtete Pfanne mit etwas Öl ausstreichen und aus der Masse 4 kleine Pfannkuchen backen.
Für die Füllung Quark mit Joghurt glattrühren. Mit Zitronensaft und Süßstoff abschmecken und die gewaschenen Rosinen unterheben. Die Pfannkuchen mit der Quarkmasse füllen.

Pro Portion: 1277 Kilojoule, 305 Kalorien, 22 g Eiweiß, 13 g Fett, 25 g Kohlenhydrate

$1/2$ Austauschportion Getreide-Erzeugnisse
$3/4$ Austauschportion Milch
1 Austauschportion Eiweiß
1 Austauschportion Fett
1 Austauschportion Obst

Artischockeneier
Menüplan 47. Woche

Zutaten für 2 Portionen
200 g Artischocken
Saft 1 Zitrone
Salz
2 TL Butter
40 g Zwieback
4 Eier
2 Portionen Kräutersauce, (siehe Rezept S. 464)

Zubereitung: Artischocken putzen, mit dem Stiel nach unten in einen Topf legen, mit Zitronensaft beträufeln und mit Salz bestreuen. Soviel kochendes Wasser darübergießen, daß die Artischocken bedeckt sind, und im offenen Topf bei schwacher Hitze 40 Minuten garen. Die Artischocken anschließend mit dem Stiel nach oben abtropfen lassen. Die Böden herauslösen und in kleine Stücke schneiden, die Blätter aufbewahren.

Butter in einer Pfanne erhitzen, die Artischockenstücke hineingeben und bei schwacher Hitze unter gelegentlichem Wenden 10 Minuten schmoren. Den Zwieback hineinreiben. Die Eier verquirlen, mit Salz abschmecken und ebenfalls in die Pfanne geben. Bei sehr schwacher Hitze garen, bis die Eier gestockt sind (etwa 5 Minuten).
Auf 2 Tellern anrichten und mit den Artischockenblättern garnieren, die vor dem Verzehr in die Kräutersauce getaucht werden.

Pro Portion: 1585 Kilojoule, 379 Kalorien, 21 g Eiweiß, 18 g Fett, 33 g Kohlenhydrate

2 Austauschportionen Eiweiß
1 Austauschportion Brot
1 Austauschportion Fett
1 Austauschportion Gemüse
¼ Austauschportion Milch

Mais-Omelett mit Tomaten
Menüplan 48. Woche

Zutaten für 2 Portionen
100 g Zwiebeln
2 TL Margarine
4 Eier
100 ml Milch (1,5 % Fett)
140 g Mais (Dosenware)

Salz, Pfeffer
200 g Tomaten
2 EL Tomatenmark
Petersilie

Zubereitung: Zwiebeln schälen, würfeln und in Margarine glasig dünsten. Eier mit Milch verschlagen, den abgetropften Mais unterrühren und mit Salz und Pfeffer abschmecken. Die Hälfte der Eimasse in einer beschichteten Pfanne bei mittlerer Hitze anbraten. Die Tomaten würfeln, mit den gedünsteten Zwiebeln und Tomatenmark vermengen und die Hälfte dann auf die Mitte des Omeletts geben. Mit geschlossenem Deckel bei schwacher Hitze etwa 5 Minuten backen. Anschließend warm stellen.
Das zweite Omelett auf die gleiche Weise herstellen. Vor dem Servieren die Ränder der Omeletts mit feingehackter Petersilie bestreuen.

Pro Portion: 1421 Kilojoule, 340 Kalorien, 19 g Eiweiß, 18 g Fett, 25 g Kohlenhydrate

2 Austauschportionen Eiweiß
1½ Austauschportionen Gemüse
1 Austauschportion Gemüse, stärkehaltig
1 Austauschportion Fett
¼ Austauschportion Milch
10 Kcal »Auf Wunsch«

Frühlingsquark
Menüplan 27. Woche

Zutaten für 2 Portionen
300 g Speisequark (Magerstufe)
100 ml Milch (1,5 % Fett)
1 EL Tomatenmark
50 g Zwiebeln
je 100 g Gewürzgurke und
Tomaten
je 1 Bund Petersilie, Dill, Schnittlauch
1 TL Edelsüß-Paprika
Salz, Pfeffer
Kresse

Zubereitung: Den Quark durch ein Sieb streichen. Mit Milch und Tomatenmark zu einer feinen Creme verrühren. Zwiebeln schälen und fein hacken. Die Gewürzgurke und die Tomaten in kleine Würfel schneiden. Petersilie, Dill und Schnittlauch waschen und fein hacken. Alles zusammen unter den Quark mischen. Mit Paprika, Salz und Pfeffer würzen und pikant abschmecken. Mit gewaschener Kresse bestreuen und servieren.

Pro Portion: 1017 Kilojoule, 243 Kalorien, 23 g Eiweiß, 8 g Fett, 10 g Kohlenhydrate

2 Austauschportionen Eiweiß
1¼ Austauschportionen Gemüse
¼ Austauschportion Milch
5 Kcal »Auf Wunsch«

Traubenknäcke
Menüplan 20. Woche

Zutaten für 2 Portionen
60 g Schmelzkäse (45 % Fett i. Tr.)
1½ EL saure Sahne
25 g Zwiebeln
40 g Roggenknäckebrot
150 g blaue Trauben

Zubereitung: Schmelzkäse mit der Sahne und der geschälten, feingewürfelten Zwiebel verrühren und auf die Knäckebrotscheiben streichen. Die Trauben halbieren, entkernen und auf die Käsemasse geben.

Pro Portion: 1000 Kilojoule, 240 Kalorien, 8 g Eiweiß, 10 g Fett, 28 g Kohlenhydrate

1 Austauschportion Eiweiß
1 Austauschportion Brot
1 Austauschportion Obst
⅛ Austauschportion Gemüse
37,5 Kcal »Auf Wunsch«

Süßsaure Eier
Menüplan 35. Woche

Zutaten für 2 Portionen
4 Eier
4 TL Margarine
4 TL Mehl
¼ l Milch (0,3 % Fett)

je 100 g Gewürzgurken und eingelegte Paprikaschoten
1 Bund Schnittlauch
Salz, Pfeffer, Senf

Zubereitung: Eier hart kochen und abpellen. Margarine in einem Topf schmelzen und das Mehl dazugeben. Unter ständigem Rühren nach und nach die Milch angießen. Gewürzgurken und Paprikaschoten fein würfeln. Schnittlauch fein schneiden. Alles in die Sauce geben und mit Salz, Pfeffer und Senf abschmecken. Die Sauce über die Eier geben und servieren.

Pro Portion: 1451 Kilojoule, 347 Kalorien, 20 g Eiweiß, 21 g Fett, 18 g Kohlenhydrate

2 Austauschportionen Eiweiß
1 Austauschportion Gemüse
¼ Austauschportion Milch
20 Kcal »Auf Wunsch«

Käserösti
Menüplan 1. Woche

Zutaten für 2 Portionen
je 200 g Zwiebeln und Kartoffeln
2 TL Olivenöl, Salz

120 g Hartkäse (z. B. Emmentaler)

Zubereitung: Zwiebeln und Kartoffeln schälen, Zwiebeln grob hacken, Kartoffeln in dünne Scheiben schneiden. Öl in einer Pfanne erhitzen. Zwiebeln hineingeben und goldgelb rösten. Nach 5 Minuten die Kartoffelscheiben hinzufügen und unter ständigem Wenden braten. Salzen. Den Käse reiben. Nach weiteren 5 Minuten den Käse hinzufügen. Bei schwacher Hitze zugedeckt rösten, bis die Kartoffeln gar sind und der Käse geschmolzen ist.

Pro Portion: 1660 Kilojoule, 397 Kalorien, 20 g Eiweiß, 23 g Fett, 24 g Kohlenhydrate

2 Austauschportionen Eiweiß
1 Austauschportion Gemüse
1 Austauschportion Kartoffeln
1 Austauschportion Fett

Südländisches Omelett
Menüplan 9. Woche

Zutaten für 2 Portionen
100 g Zwiebeln
200 g Paprikaschoten
2 TL Öl

120 g Bananen
Salz, Curry
4 Eier

Zubereitung: Zwiebeln schälen und in Streifen schneiden. Paprikaschoten entkernen, waschen und ebenfalls in Streifen schneiden. Beides in heißem Öl in einer beschichteten Pfanne gar dünsten. Die Bananen schälen, in Scheiben schneiden und hinzufügen. Mit Salz und Curry würzen. Die mit 4 Eßlöffeln Wasser verquirlten Eier darübergießen und bei geschlossenem Deckel und schwacher Hitze stocken lassen.

Pro Portion: 1349 Kilojoule, 322 Kalorien, 17 g Eiweiß, 18 g Fett, 22 g Kohlenhydrate

2 Austauschportionen Eiweiß
1½ Austauschportionen Gemüse
1 Austauschportion Fett
1 Austauschportion Obst

Eierpfannkuchen mit Blaubeeren
Menüplan 15. Woche

Zutaten für 2 Portionen
4 Eier
4 TL Kondensmilch (4 % Fett)
40 g Mehl
Salz

kalorienreduzierte Blaubeeren
(100 kcal)
2 TL Margarine

Zubereitung: Eier und Milch zusammen verschlagen. Dann nach und nach das Mehl mit einer Prise Salz unterrühren. Blaubeeren gut abtropfen lassen. Margarine in einer Pfanne erhitzen und aus dem Teig zwei große Pfannkuchen backen. Mit Blaubeeren füllen und servieren.

Pro Portion: 1425 Kilojoule, 341 Kalorien, 18 g Eiweiß, 17 g Fett, 27 g Kohlenhydrate

2 Austauschportionen Eiweiß
1 Austauschportion Fett
1 Austauschportion Getreide-Erzeugnisse
½ Austauschportion Obst
10 Kcal »Auf Wunsch«

Käsebrötchen
Menüplan 4. Woche

Zutaten für 1 Portion
60 g Brötchen
2 TL Halbfettmargarine
135 g kalorienreduzierter Käse
4 mittelgroße Oliven
25 g Salatblätter

Zubereitung: Brötchen halbieren, mit Halbfettmargarine bestreichen und mit Käsescheiben belegen. Oliven in Scheiben schneiden und das Brötchen damit verzieren. Auf Salatblättern angerichtet servieren.

Pro Portion: 1460 Kilojoule, 350 Kalorien, 20 g Eiweiß, 14 g Fett, 34 g Kohlenhydrate

2 Austauschportionen Brot
3 Austauschportionen Eiweiß
1 Austauschportion Fett
$1/4$ Austauschportion Gemüse

Quark-Schinken-Rollen
Menüplan 4. Woche

Zutaten für 2 Portionen
200 g Speisequark (Magerstufe)
2 EL feingehackte frische Kräuter
Salz, Pfeffer, Paprika
180 g magerer gekochter Schinken
50 g Salatblätter
200 g Tomaten

Zubereitung: Quark mit etwas Wasser cremig rühren, dann die Kräuter und Gewürze unterziehen und pikant abschmecken. Die Schinkenscheiben mit der Quarkcreme bestreichen und aufrollen. Die gewaschenen Salatblättern auf zwei Tellern auslegen, die Schinken-Rollen darauflegen und mit den geachtelten Tomaten verzieren.

Pro Portion: 1448 Kilojoule, 346 Kalorien, 36 g Eiweiß, 19 g Fett, 5 g Kohlenhydrate

3 Austauschportionen Eiweiß
$1 1/4$ Austauschportionen Gemüse
1 Austauschportion Milch

Überraschungsauflauf
Menüplan 21. Woche

Zutaten für 2 Portionen
2 Eier
200 g Speisequark (Magerstufe)
200 ml Milch (1,5 % Fett)
2 TL Speisestärke
Salz
Pfeffer

90 g magerer gekochter Schinken
1 TL Öl
20 g Paniermehl
3 TL Butter
200 g Tomaten

Zubereitung: Die Eier trennen. Quark mit Milch, Speisestärke und Eigelb gut verrühren, mit Salz und Pfeffer würzen. Das Eiweiß sehr steif schlagen und zusammen mit dem gewürfelten Schinken unter die Quarkmasse heben.
Eine Auflaufform mit Öl einfetten, die Quark-Schinken-Masse einfüllen, glattstreichen und mit Paniermehl und Butterflocken bestreut sofort in den vorgewärmten Backofen auf die mittlere Schiene stellen. Den Auflauf bei 200° C (Gasherd Stufe 4—5) 25 Minuten backen und mit geachtelten Tomaten garniert sofort servieren.

Pro Portion: 2130 Kilojoule, 510 Kalorien, 39 g Eiweiß, 28 g Fett, 19 g Kohlenhydrate

2$\frac{1}{2}$ Austauschportionen Eiweiß
1$\frac{1}{2}$ Austauschportionen Milch
2 Austauschportionen Fett
$\frac{1}{2}$ Austauschportion Brot
10 Kcal »Auf Wunsch«

Rigatoni
Menüplan 50. Woche

Zutaten für 4 Portionen
160 g Rigatoni (große Nudelrollen)
600 g Speisequark (Magerstufe)
Petersilie
4 TL geriebener Käse

Salz, Pfeffer
1 TL Öl
2 Knoblauchzehen
400 g Tomaten (Dosenware)
Basilikum

Zubereitung: Rigatoni in reichlich Salzwasser garen. Quark mit feingehackter Petersilie und Käse vermengen und abschmecken. In die gegarten Nudeln füllen und in eine Auflaufform geben.
Öl erhitzen und die zerdrückten Knoblauchzehen darin andünsten. To-

maten pürieren und hinzufügen, mit Basilikum und Salz abschmecken. Die Sauce über die gefüllten Rigatoni geben und bei 200° C (Gasherd Stufe 4—5) 30 Minuten backen. Vor dem Servieren mit feingehackter Petersilie bestreuen.

Tip: Das Gericht läßt sich auch mit Lasagnenudeln, die aufgerollt werden, oder auch mit Bandnudeln, die abwechselnd mit dem Quark in eine Auflaufform geschichtet werden, zubereiten.

Pro Portion: 1287 Kilojoule, 308 Kalorien, 33 g Eiweiß, 4 g Fett, 32 g Kohlenhydrate

2 Austauschportionen Eiweiß
2 Austauschportionen Getreide-Erzeugnisse
1 Austauschportion Gemüse
¼ Austauschportion Fett
10 Kcal »Auf Wunsch«

Käsefondue »Goldener Oktober«
(Foto Seite 369)
Menüplan 43. Woche

Zutaten für 2 Portionen
85 g Pflaumen
75 g Trauben
100 g Birnen
125 g Äpfel
100 g Kiwi
100 g Mandarinen und 2 EL Saft
¼ l Milch (0,3 % Fett)

120 g Schmelzkäse (45 % Fett i. Tr.)
7 g Nestargel
1 TL Johannisbeergelee
Ingwerpulver, Knoblauchpulver, frischgemahlener Pfeffer, Salz, Süßstoff

Zubereitung: Pflaumen, Trauben, Birnen und Äpfel waschen. Die Pflaumen halbieren und entsteinen. Birnen und Äpfel vom Kerngehäuse befreien und in kleine Stücke schneiden. Kiwi schälen, in Scheiben schneiden und diese halbieren. Die Mandarinen abtropfen lassen und 2 Eßlöffel Saft aufbewahren. Das Obst in Schüsselchen anrichten.
Nun die Milch zum Kochen bringen. Den Käse in kleine Stücke schneiden und in der Milch auflösen. Mit Nestargel andicken, Mandarinensaft- und Johannisbeergelee unterrühren und mit den Gewürzen pikant abschmecken. In einen Fonduetopf füllen und auf dem Rechaud warm halten. Das Obst auf Fonduegabeln spießen und in die Sauce tauchen.

Pro Portion: 1662 Kilojoule, 397 Kalorien, 15 g Eiweiß, 15 g Fett, 45 g Kohlenhydrate

3 Austauschportionen Obst
2 Austauschportionen Eiweiß
½ Austauschportion Milch
10 Kcal »Auf Wunsch«

Käseragout
Menüplan 35. Woche

Zutaten für 2 Portionen
120 g Edamer (45 % Fett i. Tr.)
8 Kapern
je 4 TL Margarine und Mehl
¼ l Milch (0,3 % Fett)
2 EL Tomatenmark
Salz, Pfeffer

Zubereitung: Den Käse grob würfeln, Kapern fein hacken. Margarine in einem Topf schmelzen, Mehl einrühren und unter ständigem Rühren die Milch hinzufügen. Bei schwacher Hitze kochen lassen, bis die Sauce leicht eindickt. Anschließend Tomatenmark, die gehackten Kapern und die Käsewürfel unterrühren. Mit Salz und Pfeffer abschmecken.

Pro Portion: 1575 Kilojoule, 376 Kalorien, 21 g Eiweiß, 25 g Fett, 14 g Kohlenhydrate

2 Austauschportionen Eiweiß
2 Austauschportionen Fett
½ Austauschportion Milch
30 Kcal »Auf Wunsch«

Käsepuffer
Menüplan 2. Woche

Zutaten für 2 Portionen
400 g Kartoffeln
100 g Zwiebeln
60 g Edamer (45 % Fett i. Tr.)
2 Eier
6 TL Mehl
Salz

3 TL Öl
200 g Speisequark (Magerstufe)
Pfeffer
2 EL frische Kräuter (Schnittlauch, Kerbel etc.)

Zubereitung: Kartoffeln schälen und reiben. Zwiebeln schälen und fein hacken. Käse grob raffeln. Eier, Mehl, Zwiebeln, etwas Salz, Kartoffeln und Käse vermengen. Öl in einer Pfanne erhitzen und 6 kleine Pfannkuchen darin backen. Quark mit etwas Wasser glattrühren, würzen, die Kräuter unterheben und zu den Pfannkuchen servieren.

Pro Portion: 2304 Kilojoule, 551 Kalorien, 38 g Eiweiß, 23 g Fett, 45 g Kohlenhydrate

2 Austauschportionen Kartoffeln
2 Austauschportionen Eiweiß
1½ Austauschportionen Fett
½ Austauschportion Gemüse
1 Austauschportion Milch

Bananen-Ingwer-Hüttenkäse
Menüplan 34. Woche

Zutaten für 2 Portionen
120 g Bananen Ingwer, Süßstoff
150 g Hüttenkäse

Zubereitung: Bananen schälen und würfeln. Mit Hüttenkäse vermengen und mit Ingwer und Süßstoff abschmecken.

Pro Portion: 597 Kilojoule, 143 Kalorien, 12 g Eiweiß, 4 g Fett, 15 g Kohlenhydrate
1 Austauschportion Eiweiß
1 Austauschportion Obst

Käse-Reis-Pfanne
Menüplan 34. Woche

Zutaten für 2 Portionen
200 g Zwiebeln 1 TL Instantbrühe
2 TL Öl 200 g Tomaten
80 g Reis (Rohgewicht) 120 g Gouda (45 % Fett i. Tr.)
Curry Petersilie

Zubereitung: Zwiebeln schälen und in Scheiben schneiden. In einer Pfanne in Öl glasig dünsten. Reis hinzufügen und kurz mit anrösten. Mit Curry bestreuen, mit 200 ml Wasser ablöschen und die Brühe einrühren. Abgedeckt bei ganz schwacher Hitze 15—20 Minuten quellen lassen. Währenddessen die Tomaten überbrühen, enthäuten und in Scheiben schneiden; den Käse reiben. Die Tomatenscheiben auf den Reis legen, darüber den Käse streuen und abgedeckt bei schwacher Hitze weitergaren, bis der Käse zerlaufen ist. Vor dem Servieren mit feingehackter Petersilie bestreuen.

Pro Portion: 2025 Kilojoule, 484 Kalorien, 21 g Eiweiß, 23 g Fett, 44 g Kohlenhydrate
2 Austauschportionen Gemüse
2 Austauschportionen Eiweiß
2 Austauschportionen Getreide-Erzeugnisse
1 Austauschportion Fett
5 Kcal »Auf Wunsch«

Ananas-Hüttenkäse
Menüplan 24. Woche

Zutaten für 2 Portionen
150 g Hüttenkäse
2 TL Honig
Süßstoff (entsprechend 2 TL Zucker)
½ TL gemahlene Gelatine
4 EL Ananassaft
200 g Ananas (ohne Zucker konserviert)

Zubereitung: Hüttenkäse, Honig und Süßstoff im Mixer zu einer glatten Masse pürieren. Die Gelatine in einem kleinen Gefäß in Ananassaft einweichen. Das Gefäß dann in heißes Wasser stellen und so lange rühren, bis sich die Gelatine aufgelöst hat. Anschließend den Hüttenkäse hinzufügen. Ananas in Stückchen schneiden und in zwei Schälchen verteilen. Darauf den Hüttenkäse geben. Im Kühlschrank fest werden lassen.

Pro Portion: 649 Kilojoule, 155 Kalorien, 12 g Eiweiß, 4 g Fett, 19 g Kohlenhydrate
1 Austauschportion Eiweiß
1 Austauschportion Obst
22 Kcal »Auf Wunsch«

Quarkplinsen
Menüplan 25. Woche

Zutaten für 2 Portionen
4 TL Margarine
Süßstoff, Salz
abgeriebene Schale einer unbehandelten Zitrone
2 Eier
200 g Speisequark (Magerstufe)
40 g Mehl
kalorienarme Marmelade
(40 kcal)

Zubereitung: Alle Zutaten bis auf die Marmelade zu einem glatten Teig verrühren und in einer beschichteten Pfanne 8 Plinsen backen. Anschließend mit Marmelade bestreichen und sofort servieren.

Pro Portion: 1386 Kilojoule, 331 Kalorien, 26 g Eiweiß, 15 g Fett, 20 g Kohlenhydrate
2 Austauschportionen Fett
1 Austauschportion Eiweiß
1 Austauschportion Milch
1 Austauschportion Getreide-Erzeugnisse
20 Kcal »Auf Wunsch«

Dänisches Smörebröd
Menüplan 49. Woche

Zutaten für 2 Portionen
Für Smörebröd »Lars Hendrik«:
20 g Knäckebrot
2 TL Halbfettmargarine
60 g Edelpilzkäse

50 g Gewürzgurken (2 Stück)
1 TL Mayonnaise (80 % Fett)
Senf, Petersilie

½ Austauschportion Brot
¼ Austauschportion Gemüse
1 Austauschportion Fett
1 Austauschportion Eiweiß

Für Smörebröd »Andersen«:
60 g Vollkornbrot
2 TL Margarine
60 g dänischer Käse in Scheiben
(45 % Fett i. Tr.)

2 Radieschen
50 g Ananas
Petersilie

1 Austauschportion Brot
1 Austauschportion Fett
1 Austauschportion Eiweiß
¼ Austauschportion Obst

Für Smörebröd »Anna«:
60 g Graubrot
100 g Magerquark (Magerstufe)

Paprikapulver, Salz, Pfeffer
2 grüne, mit Paprika gefüllte
Oliven

Zubereitung: Für Smörebröd »Lars Hendrik« das Knäckebrot mit Margarine bestreichen und mit Edelpilzkäse belegen. Gurken längs fast bis zum Ende 4- bis 5mal einschneiden und als »Fächer« auf den Käse legen. Mit Mayonnaise, einem Tupfer Senf und Petersilie verzieren.
Für Smörebröd »Andersen« Brot mit Margarine bestreichen und mit Käse belegen. Radieschen in der Mitte quer im Zickzack einschneiden, so daß zwei Hälften in »Röschenform« entstehen. Die Brote mit den Radieschen, einem Stückchen Ananas und Petersilie garnieren.
Für Smörebröd »Anna« Brot mit Magerquark bestreichen. Diesen mit Paprika, Salz und Pfeffer würzen. Die Oliven halbieren und auf die Brote legen.

Pro Portion: 2086 Kilojoule, 498 Kalorien, 23 g Eiweiß, 26 g Fett, 30 g Kohlenhydrate
1 Austauschportion Brot
½ Austauschportion Milch
5 Kcal »Auf Wunsch«

Käse-Nudel-Laib
Menüplan 33. Woche

Zutaten für 2 Portionen
80 g Makkaroni (Rohgewicht)
120 g Chesterkäse (45 % Fett i. Tr.)
100 g Joghurt (0,3 % Fett)
4 TL Mayonnaise (80 % Fett)
1 TL Senf
je 50 g grüne und rote Paprikaschoten

Zubereitung: Makkaroni in etwa 5 cm lange Stücke brechen und garen. Den Käse reiben und mit den noch heißen Nudeln vermengen. Joghurt, Mayonnaise und Senf verrühren und unter die Nudeln mengen. Paprikaschoten waschen, entkernen und in feine Streifen schneiden (einige Streifen zum Garnieren beiseite legen). Ebenfalls unter die Nudeln rühren und alles in eine mit Alufolie ausgelegte Kastenform (16 × 19 cm) pressen. Abdecken und gut festdrücken. Im Kühlschrank mehrere Stunden durchkühlen lassen.
Vor dem Servieren auf eine Platte stürzen und mit Paprikastreifen garnieren.

Pro Portion: 2074 Kilojoule, 496 Kalorien, 24 g Eiweiß, 19 g Fett, 34 g Kohlenhydrate
2 Austauschportionen Getreide-Erzeugnisse
2 Austauschportionen Eiweiß
2 Austauschportionen Fett
½ Austauschportion Gemüse
½ Austauschportion Milch

Schlemmergraupen
Menüplan 51. Woche

Zutaten für 2 Portionen
200 g Tomaten und Sellerie
40 g Rosinen
2 TL Butter
40 g Graupen
Schnittlauch, Petersilie, Dill
300 g Speisequark
Pfeffer, Salz, Süßstoff

Zubereitung: Die Tomaten überbrühen, enthäuten und achteln. Sellerie putzen und würfeln. Rosinen waschen und trockentupfen. Butter in einem Topf erhitzen, die Graupen hineingeben und bei mittlerer Hitze unter ständigem Rühren 3 Minuten bräunen. Gemüse und Rosinen dazugeben, mit ½ l Wasser auffüllen und erhitzen. Bei sehr schwacher Hitze 25 Minuten zugedeckt garen. Schnittlauch, Petersilie und Dill kleinschneiden und mit dem Quark in die Suppe rühren. Mit Pfeffer, Salz und Süßstoff abschmecken.

Pro Portion: 1442 Kilojoule, 345 Kalorien, 31 g Eiweiß, 6 g Fett, 39 g Kohlenhydrate
2 Austauschportionen Gemüse
2 Austauschportionen Eiweiß
1 Austauschportion Obst
1 Austauschportion Fett
1 Austauschportion Getreide-Erzeugnisse

Käsetoast
Menüplan 22. Woche

Zutaten für 2 Portionen
60 g Emmentaler (45 % Fett i. Tr.)
50 g Zwiebeln
2 TL Margarine
1 TL Worcestersauce
Pfeffer
60 g Toastbrot
100 g Tomaten
Petersilie

Zubereitung: Den Käse grob reiben. Zwiebeln schälen und sehr fein würfeln. Beides mit Margarine, Worcestersauce und Pfeffer vermengen. Toastbrot von einer Seite rösten. Auf die andere Seite die Käsemischung geben und unter den vorgeheizten Grill schieben, bis der Käse geschmolzen und leicht gebräunt ist. Vor dem Servieren den Toast mit den in Scheiben geschnittenen Tomaten und Petersilie garnieren.

Pro Portion: 1082 Kilojoule, 259 Kalorien, 12 g Eiweiß, 14 g Fett, 19 g Kohlenhydrate
1 Austauschportion Eiweiß
1 Austauschportion Fett
1 Austauschportion Brot
¾ Austauschportion Gemüse

Salate

Knackiger Kopfsalat
Menüplan 48. Woche

Zutaten für 2 Portionen
200 g Kopfsalat
200 g Sojabohnenkeimlinge
(Dosenware)

Marinade:
2 TL Öl
2 EL Zitronensaft
Süßstoff
Salz, Pfeffer

Zubereitung: Kopfsalat putzen, waschen und in mundgerechte Teile zupfen. In zwei Salatschälchen verteilen. Die Zutaten für die Marinade verrühren, abschmecken und mit den Sojabohnenkeimlingen vermengen. Anschließend über den Salat geben.

Pro Portion: 407 Kilojoule, 97 Kalorien, 3 g Eiweiß, 6 g Fett, 7 g Kohlenhydrate

2 Austauschportionen Gemüse
1 Austauschportion Fett

Feldsalat mit Chicorée und Kresse
Menüplan 3. Woche

Zutaten für 2 Portionen
100 g Feldsalat
50 g Radicchio
200 g Chicorée
Kresse

Marinade:
2 TL Olivenöl
Essig
Salz, Pfeffer

Zubereitung: Feldsalat und Radicchio putzen und waschen. Chicorée putzen, dabei den bitteren Keil herausschneiden; waschen und in feine Streifen schneiden. Kresse mit der Schere abschneiden. Alles gut miteinander vermischen. Aus Öl, Essig und Pfeffer eine Marinade bereiten. Über den Salat gießen und gut vermengen.

Pro Portion: 325 Kilojoule, 78 Kalorien, 3 g Eiweiß, 5 g Fett, 4 g Kohlenhydrate

1¾ Austauschportionen Gemüse
1 Austauschportion Fett

Grüner Salat
Menüplan 20. Woche

<u>Zutaten für 2 Portionen</u>
250 g Äpfel
200 g Kopfsalat

<u>Marinade:</u>
*Saft einer Zitrone
Salz, Pfeffer, Edelsüß-Paprika,
Süßstoff
je 2 TL Meerrettich und Öl*

Zubereitung: Aus Zitronensaft, den Gewürzen, Meerrettich und Öl eine Marinade bereiten. Äpfel schälen, das Kerngehäuse entfernen, in dünne Scheiben schneiden und in die Marinade geben. Den Salat putzen, waschen, in mundgerechte Stücke zupfen und ebenfalls zur Marinade geben. Alles gut miteinander vermengen und sofort servieren.

<u>Pro Portion:</u> 638 Kilojoule, 153 Kalorien, 2 g Eiweiß, 6 g Fett, 22 g Kohlenhydrate
1 Austauschportion Obst
1 Austauschportion Gemüse
1 Austauschportion Fett

Chinakohl mit Orangen
Menüplan 8. Woche

<u>Zutaten für 2 Portionen</u>
300 g Chinakohl
100 g Orangen
175 g Joghurt (1,5 % Fett)

$1/8$ l Orangensaft
2 TL Öl
Süßstoff, Salz, Kresse

Zubereitung: Chinakohl putzen, waschen und in feine Streifen schneiden. Die Orange schälen und in kleine Stückchen schneiden. Aus Joghurt, Orangensaft, Öl, Süßstoff und Salz eine Marinade bereiten. Chinakohlstreifen und Orangenstückchen mit der Marinade übergießen, vorsichtig vermengen. Mit feingehackter Kresse garnieren.

<u>Pro Portion:</u> 710 Kilojoule, 170 Kalorien, 6 g Eiweiß, 7 g Fett, 20 g Kohlenhydrate
$1^1/_2$ Austauschportionen Gemüse
1 Austauschportion Obst
1 Austauschportion Fett
$1/2$ Austauschportion Milch

Bunter Chinakohlsalat
Menüplan 43. Woche

Zutaten für 2 Portionen
150 g Chinakohl
100 g grüne Paprikaschoten
50 g eingelegte Tomatenpaprika
Saft 1 Zitrone

1 TL Senf
frisch gemahlener Pfeffer, Salz,
Süßstoff

Zubereitung: Den Chinakohl putzen und in Ringe schneiden. Die Paprikaschote waschen, entkernen und in Streifen schneiden. Tomatenpaprika abtropfen lassen. Das Gemüse in einer Schüssel anrichten. Zitronensaft mit Senf verrühren. Mit Pfeffer, Salz und Süßstoff abschmecken und über das Gemüse gießen.

Pro Portion: 186 Kilojoule, 44 Kalorien, 2 g Eiweiß, 1 g Fett, 8 g Kohlenhydrate

1½ Austauschportionen Gemüse

Endiviensalat
Menüplan 36. Woche

Zutaten für 2 Portionen
300 g Endiviensalat
100 g Tomaten

Marinade:
2 EL Estragonessig
2 EL Zitronensaft
1 TL Senf
3 TL Öl
weißer Pfeffer, Süßstoff, Kresse

Zubereitung: Endiviensalat putzen, waschen und in feine Streifen schneiden. Tomaten waschen und achteln. Mit dem Salat vermengen. Die Zutaten für die Marinade gut verrühren und über den Salat geben. Mit feingehackter Kresse bestreuen.

Pro Portion: 490 Kilojoule, 117 Kalorien, 3 g Eiweiß, 8 g Fett, 7 g Kohlenhydrate

2 Austauschportionen Gemüse
1½ Austauschportionen Fett

Frühlingssalat
Menüplan 13. Woche

Zutaten für 2 Portionen
je 100 g Chinakohl, Sellerie,
Möhren und Tomaten

Joghurt-Tomaten-Dressing (siehe Rezept S. 466)

Zubereitung: Chinakohl waschen und in feine Streifen schneiden. Sellerie und Möhren schälen und raspeln. Tomaten waschen und in Achtel schneiden. Alle Zutaten auf einer Platte anrichten und mit dem Dressing übergießen.

Pro Portion: 658 Kilojoule, 157 Kalorien, 6 g Eiweiß, 7 g Fett, 17 g Kohlenhydrate

2 Austauschportionen Gemüse
1 Austauschportion Fett
½ Austauschportion Milch
10 Kcal »Auf Wunsch«

Chiroréesalat »Honolulu«
Menüplan 48. Woche

Zutaten für 2 Portionen
je 200 g Chicorée und Orangen

Marinade:
⅛ l ungesüßter Orangensaft
3 EL Kondensmilch (4 % Fett)
2 TL Senf, Salz, Pfeffer

Zubereitung: Chicorée putzen, waschen und in Streifen schneiden. Orangen schälen und in kleine Stücke schneiden. Anschließend gut miteinander vermengen. Die Zutaten für die Marinade verrühren und abschmecken, danach über den Salat geben.

Pro Portion: 552 Kilojoule, 132 Kalorien, 5 g Eiweiß, 2 g Fett, 24 g Kohlenhydrate

1½ Austauschportionen Obst
1 Austauschportion Gemüse
15 Kcal »Auf Wunsch«

Griechischer Salat
Menüplan 5. Woche

Zutaten für 2 Portionen
je 200 g Salatgurke und Tomaten
150 g Zwiebeln
3—4 Peperoni
8 mit Paprika gefüllte Oliven
300 g Hüttenkäse

Marinade:
4 TL Olivenöl
Salz, Pfeffer, Essig

Zubereitung: Salatgurke schälen und würfeln. Tomaten waschen und in Achtel schneiden, die Zwiebeln schälen und in halbe Ringe schneiden. Peperoni fein würfeln, Oliven in Scheiben schneiden. Alles gut miteinander vermengen. Die Zutaten für die Marinade verrühren und pikant abschmecken. Über den Salat geben und darauf den Hüttenkäse verteilen.

Pro Portion: 1519 Kilojoule, 363 Kalorien, 26 g Eiweiß, 22 g Fett, 17 g Kohlenhydrate

2¾ Austauschportionen Gemüse
2 Austauschportionen Eiweiß
2 Austauschportionen Fett
20 Kcal »Auf Wunsch«

Spinatsalat mit Äpfeln
Menüplan 22. Woche

Zutaten für 2 Portionen
200 g frischer Spinat
50 g Zwiebeln
250 g Äpfel
100 g Tomaten
2 Eier

Marinade:
3 TL Öl
4 TL Apfelessig
2 EL Wasser
Salz, Pfeffer, Süßstoff
1 zerdrückte Knoblauchzehe

Zubereitung: Den Spinat verlesen, waschen und abtropfen lassen. Zwiebeln schälen und fein hacken. Äpfel schälen, entkernen und in Würfel schneiden. Tomaten überbrühen, enthäuten und achteln. Eier hart kochen, pellen und ebenfalls in Achtel schneiden. Alle Zutaten vorsichtig miteinander vermengen. Aus den restlichen Zutaten eine Marinade bereiten und über den Salat geben. Nochmals alles vorsichtig vermengen und sofort servieren.

Pro Portion: 1212 Kilojoule, 290 Kalorien, 11 g Eiweiß, 16 g Fett, 25 g Kohlenhydrate

1¾ Austauschportionen Gemüse
1½ Austauschportionen Fett
1 Austauschportion Obst
1 Austauschportion Eiweiß

Eisbergsalat »Hawaii«
Menüplan 20. Woche

Zutaten für 2 Portionen
250 g Pfirsiche (ohne Zucker
konserviert)
300 g Eisbergsalat

Marinade:
2 EL Zitronensaft
4 EL Pfirsichsaft (ohne Zucker)
je 2 TL Weißwein und Öl
Zimt, Rosmarin
Süßstoff

Zubereitung: Für die Marinade Zitronensaft, Pfirsichsaft, Weißwein und Öl miteinander verrühren und mit Zimt, Rosmarin und Süßstoff abschmecken. Pfirsiche würfeln. Eisbergsalat putzen, waschen und in Streifen schneiden. Anschließend mit den Pfirsichwürfeln vermengen und die Marinade darübergeben.

Pro Portion: 637 Kilojoule, 152 Kalorien, 7 g Eiweiß, 5 g Fett, 20 g Kohlenhydrate

1½ Austauschportionen Gemüse
1 Austauschportion Obst
1 Austauschportion Fett
5 Kcal »Auf Wunsch«

Chicoréesalat
Menüplan 40. Woche

Zutaten für 2 Portionen
500 g Chicorée
200 g Gemüsezwiebeln

Marinade:
175 g Joghurt (1,5 % Fett)
1 EL Zitronensaft
Edelsüß-Paprika, Thymian Majoran, Salz
1 EL gehackte Petersilie

Zubereitung: Chicorée putzen, waschen und in feine Ringe schneiden. Zwiebeln schälen und ebenfalls in feine Ringe schneiden. Für die Marinade die restlichen Zutaten miteinander verrühren und abschmecken. Mit Chicorée und Zwiebeln vermischen und gut durchziehen lassen.

Pro Portion: 500 Kilojoule, 120 Kalorien, 8 g Eiweiß, 2 g Fett, 19 g Kohlenhydrate

3½ Austauschportionen Gemüse
½ Austauschportion Milch

Süßer Eisbergsalat
Menüplan 7. Woche

Zutaten für 2 Portionen
300 g Eisbergsalat
120 g Bananen

Marinade:
200 ml Kefir (1,5 % Fett)
Zitronensaft, Süßstoff

Zubereitung: Eisbergsalat putzen, waschen und in Streifen schneiden. Bananen schälen und in Scheiben schneiden. Beides miteinander vermengen und mit der aus den übrigen Zutaten bereiteten Marinade übergießen.

Pro Portion: 651 Kilojoule, 156 Kalorien, 11 g Eiweiß, 2 g Fett, 24 g Kohlenhydrate

1½ Austauschportionen Gemüse
1 Austauschportion Obst
½ Austauschportion Milch

Waldorfsalat
Menüplan 6. Woche

Zutaten für 2 Portionen
200 g Ananas
250 g säuerliche Äpfel
200 g Knollensellerie
Zitronensaft, Salz

70 g süße Sahne
175 g Joghurt (1,5 % Fett)
2 TL Mayonnaise (80 % Fett)

Zubereitung: Ananas schälen und in kleine Stückchen schneiden. Äpfel und Sellerie schälen und grob raffeln, mit Zitronensaft beträufeln und leicht salzen. Die Sahne halbsteif schlagen und mit Joghurt und Mayonnaise verrühren. Alle Zutaten gut miteinander vermischen und kalt stellen.
Auf zwei Glasschalen verteilen und servieren.

Pro Portion: 1510 Kilojoule, 360 Kalorien, 6 g Eiweiß, 18 g Fett, 43 g Kohlenhydrate

2 Austauschportionen Obst
1 Austauschportion Gemüse
1 Austauschportion Fett
½ Austauschportion Milch
100 Kcal »Auf Wunsch«

Spinatsalat (Foto Seite 432)
Menüplan 16. Woche

Zutaten für 2 Portionen
je 200 g junger, frischer Spinat
und Salatgurke
100 g Radieschen
150 g frische Champignons
50 g Gewürzgurken (mit Süßstoff
eingelegt)
8 mit Paprika gefüllte Oliven

Marinade:
175 g Joghurt (1,5 % Fett)
1 TL Öl
1—2 EL Essig
Zitronensaft, Süßstoff, Salz,
Pfeffer
1—2 EL gehackter Schnittlauch

Zubereitung: Spinat verlesen, waschen und gut abtropfen lassen. Gurke, Radieschen und Champignons waschen und in feine Scheiben schneiden. Gewürzgurken und Oliven ebenfalls in feine Scheiben schneiden. Alles vorsichtig vermengen. Aus den übrigen Zutaten eine Marinade bereiten, über den Salat geben und nochmals vorsichtig mischen. Sofort servieren.

Pro Portion: 768 Kilojoule, 184 Kalorien, 10 g Eiweiß, 9 g Fett, 15 g Kohlenhydrate

3½ Austauschportionen Gemüse
½ Austauschportion Milch
½ Austauschportion Fett
20 Kcal »Auf Wunsch«

Roter Salat
Menüplan 11. Woche

Zutaten für 2 Portionen
300 g Radicchio
je 50 g rote Zwiebeln und rote
Bete (aus dem Glas)

Marinade:
Essig
je 1 TL scharfer und süßer Senf
Pfeffer, Salz, Basilikum, Worcestersauce, Süßstoff
4 TL Öl

Zubereitung: Radicchio waschen und in kleine Teile zupfen. Zwiebeln schälen und hacken. Rote Bete in Würfel schneiden. Alles gut miteinander vermengen. Aus den übrigen Zutaten eine Marinade bereiten und über den Salat geben.

Pro Portion: 627 Kilojoule, 150 Kalorien, 4 g Eiweiß, 11 g Fett, 8 g Kohlenhydrate

2 Austauschportionen Gemüse
2 Austauschportionen Fett

Relish-Salat
Menüplan 23. Woche

Zutaten für 2 Portionen
100 g Tomaten
50 g Radieschen
100 g rote Paprikaschoten
50 g grüne Paprikaschoten
100 g Gurke

Marinade:
1½ EL Zitronensaft
2 TL Olivenöl
Salz, Pfeffer, Süßstoff
Petersilie

Zubereitung: Tomaten waschen und in Würfel schneiden. Radieschen waschen und hacken. Paprikaschoten entkernen, waschen und würfeln. Gurke waschen und in hauchdünne Scheiben schneiden. Alles gut miteinander vermengen. Zitronensaft, Öl, Salz, Pfeffer und Süßstoff verrühren und über den Salat geben.
Im Kühlschrank etwa 1 Stunde ziehen lassen. Vor dem Servieren den Salat nochmals vermengen und mit feingehackter Petersilie bestreuen.

Pro Portion: 373 Kilojoule, 89 Kalorien, 2 g Eiweiß, 5 g Fett, 8 g Kohlenhydrate

2 Austauschportionen Gemüse
1 Austauschportion Fett

Möhren-Trauben-Salat
Menüplan 37. Woche

Zutaten für 2 Portionen
250 g Möhren
150 g grüne Trauben
Marinade:
175 g Joghurt (1,5 % Fett)
2 TL Mayonnaise (80 % Fett)

Zitronensaft
Salz, Pfeffer, Süßstoff
Worcestersauce
2 TL Weißwein

Zubereitung: Möhren schälen und raspeln. Trauben waschen, halbieren und entkernen. Beides miteinander vermengen. Die übrigen Zutaten verrühren, pikant abschmecken und über den Salat geben. Gut durchziehen lassen.

Pro Portion: 789 Kilojoule, 189 Kalorien, 5 g Eiweiß, 6 g Fett, 28 g Kohlenhydrate

1¼ Austauschportionen Gemüse
1 Austauschportion Obst
1 Austauschportion Fett
½ Austauschportion Milch
5 Kcal »Auf Wunsch«

Bunter Salat
Menüplan 6. Woche

Zutaten für 2 Portionen
100 g Gewürzgurken
200 g Möhren
Zitronensaft
je 150 g rote Paprikaschoten und
Blumenkohl
100 g kleine Silberzwiebeln

Marinade:
4 TL Öl
2—3 TL Senf
Essig
Salz, Pfeffer
frische feingehackte Kräuter

Zubereitung: Gewürzgurken würfeln. Möhren schaben, grob raffeln und sofort mit Zitronensaft beträufeln. Paprikaschoten putzen, von der weißen Innenhaut und den Kernen befreien und in Streifen schneiden. Blumenkohl fast gar kochen und in kleine Röschen zerpflücken. Das Gemüse mit den Silberzwiebeln vermengen. Öl mit Senf, Essig, den Gewürzen und Kräutern verrühren und unter den Salat mischen. Zugedeckt gut durchziehen lassen.

Pro Portion: 790 Kilojoule, 190 Kalorien, 5 g Eiweiß, 10 g Fett, 18 g Kohlenhydrate
$3^1/_2$ Austauschportionen Gemüse
2 Austauschportionen Fett

Rohkost
Menüplan 10. Woche

Zutaten für 2 Portionen
200 g Möhren und Sellerie
250 g Äpfel
Kresse

Marinade:
4 EL Zitronensaft
2 TL Öl
Salz, Süßstoff, Zwiebelpulver

Zubereitung: Möhren und Sellerie schälen und raspeln. Äpfel schälen, entkernen und ebenfalls raspeln. Alles gut miteinander vermengen. Die Zutaten für die Marinade verrühren und pikant abschmecken. Über die Möhren-Sellerie-Apfel-Mischung gießen und mit feingehackter Kresse garnieren.

Pro Portion: 891 Kilojoule, 213 Kalorien, 3 g Eiweiß, 6 g Fett, 35 g Kohlenhydrate
2 Austauschportionen Gemüse
1 Austauschportion Obst
1 Austauschportion Fett

Bunter Selleriesalat
Menüplan 38. Woche

Zutaten für 2 Portionen
200 g Sellerieknollen
50 g Gewürzgurken
100 g Tomaten
60 g Banane
125 g Äpfel

Marinade:
175 g Joghurt (1,5 % Fett)
Zitronensaft
Salz, Pfeffer, Süßstoff
Petersilie

Zubereitung: Sellerie schälen und in etwas Salzwasser garen. Anschließend abtropfen lassen und in Würfel schneiden. Gewürzgurken ebenfalls würzen. Tomaten überbrühen, enthäuten und in Würfel schneiden. Die Banane schälen und würfeln. Äpfel schälen, das Kerngehäuse entfernen und ebenfalls in Würfel schneiden. Alles in einer großen Schüssel gut vermischen. Für die Marinade Joghurt mit Zitronensaft verrühren und mit Salz, Pfeffer und Süßstoff abschmecken. Über den Salat gießen und gut untermischen. Kalt stellen und durchziehen lassen, anschließend mit feingehackter Petersilie garnieren.

Pro Portion: 684 Kilojoule, 163 Kalorien, 6 g Eiweiß, 2 g Fett, 20 g Kohlenhydrate
1¾ Austauschportionen Gemüse
1 Austauschportion Obst
½ Austauschportion Milch

Gurkensalat mit Minze
Menüplan 9. Woche

Zutaten für 2 Portionen
300 g Salatgurke

Marinade:
175 g Joghurt (1,5 % Fett)
2 TL Öl
Zitronensaft, Salz, Pfeffer
1 Bund Dill, 1 Zweig Minze

Zubereitung: Gurke waschen und in hauchdünne Scheiben schneiden. Aus Joghurt, Öl, Zitronensaft, Gewürzen und den gewaschenen, gehackten Kräutern eine Marinade bereiten und über die Gurkenscheiben gießen.

Pro Portion: 451 Kilojoule, 108 Kalorien, 4 g Eiweiß, 7 g Fett, 7 g Kohlenhydrate
1½ Austauschportionen Gemüse
1 Austauschportion Fett
½ Austauschportion Milch

Süßer Paprikasalat
Menüplan 49. Woche

Zutaten für 2 Portionen
je 100 g rote und grüne Paprikaschoten
125 g Äpfel
50 g Zwiebeln
60 g Banane

Marinade:
4 EL Zitronensaft
2 TL Öl
Salz, Süßstoff

Zubereitung: Paprikaschoten entkernen, waschen und in dünne Streifen schneiden. Äpfel schälen, das Kerngehäuse entfernen und raspeln. Zwiebeln schälen und fein würfeln. Banane schälen und in Scheiben schneiden. Alles vorsichtig miteinander vermengen. Die Zutaten für die Marinade verrühren, pikant abschmecken und über den Salat geben. Sofort servieren.

Pro Portion: 670 Kilojoule, 160 Kalorien, 2 g Eiweiß, 6 g Fett, 24 g Kohlenhydrate

2¼ Austauschportionen Gemüse
1 Austauschportion Obst
1 Austauschportion Fett

Kohlrabi-Rohkost
Menüplan 40. Woche

Zutaten für 2 Portionen
400 g junger Kohlrabi
1 Zwiebel (50 g)
1 Bund Schnittlauch

Marinade:
4 TL Tomatenketchup
175 g Joghurt (1,5 % Fett)
Kräutersalz

Zubereitung: Kohlrabi schälen und in feine Streifen schneiden oder raspeln. Zwiebel schälen und sehr fein hacken. Den Schnittlauch waschen und ebenfalls fein hacken. Alles miteinander vermischen, etwas Schnittlauch zum Garnieren übriglassen. Tomatenketchup und Joghurt zu einer Marinade verrühren und mit Kräutersalz abschmecken. Über den Kohlrabi geben und ½ Stunde — nicht länger! — kalt stellen. Mit Schnittlauch bestreut servieren.

Pro Portion: 590 Kilojoule, 140 Kalorien, 8 g Eiweiß, 2 g Fett, 22 g Kohlenhydrate

2¼ Austauschportionen Gemüse
½ Austauschportion Milch
10 Kcal »Auf Wunsch«

Melonensalat
Menüplan 25. Woche

Zutaten für 2 Portionen
400 g Honigmelone
200 g Gurke
je 100 g Zucchini und grüne Paprikaschoten
50 g Zwiebeln

Marinade:
2 EL Zitronensaft
4 TL Öl
Süßstoff, Ingwer, Pfeffer

Zubereitung: Melone entkernen, schälen und das Fruchtfleisch in Würfel schneiden. Gurke und Zucchini waschen und in hauchdünne Scheiben schneiden. Paprikaschoten entkernen, waschen und in dünne Streifen schneiden. Zwiebeln schälen und fein würfeln. Alles gut miteinander vermengen. Die Zutaten der Marinade verrühren, pikant abschmecken und über den Salat geben. Etwa 15 Minuten ziehen lassen. Eventuell noch einmal nachwürzen und servieren.

Pro Portion: 750 Kilojoule, 180 Kalorien, 3 g Eiweiß, 10 g Fett, 18 g Kohlenhydrate

2¼ Austauschportionen Gemüse
2 Austauschportionen Fett
1 Austauschportion Obst

Sommertraum-Salat
Menüplan 29. Woche

Zutaten für 2 Portionen
200 g Cantaloup-Melone
125 g Äpfel
120 g Banane
je 100 g Eisbergsalat, Salatgurke, Tomaten, grüne Paprikaschoten und Möhren

Marinade:
175 g Joghurt (1,5 % Fett)
Zitronensaft
Salz, Pfeffer, Süßstoff

Zubereitung: Melone entkernen und das Fruchtfleisch in Würfel schneiden. Äpfel mit der Schale grob reiben. Banane schälen und in Scheiben schneiden. Eisbergsalat waschen und in Streifen schneiden. Salatgurke

Spinatsalat ▷
(Rezept S. 427)

und Tomaten waschen und in Scheiben schneiden. Paprikaschote waschen, entkernen und in kleine Stücke schneiden. Möhren schälen und wie die Äpfel raspeln. Alles gut miteinander vermengen. Für die Marinade Joghurt mit Zitronensaft und den Gewürzen verrühren und über den Salat geben. Vorsichtig untermischen.

Pro Portion: 932 Kilojoule, 223 Kalorien, 9 g Eiweiß, 2 g Fett, 42 g Kohlenhydrate

2½ Austauschportionen Gemüse
2 Austauschportionen Obst
½ Austauschportion Milch

Rotkohlsalat mit Obst
Menüplan 44. Woche

Zutaten für 2 Portionen
300 g Rotkohl
125 g Äpfel
100 g Orangen
120 g Banane
40 g Rosinen

Marinade:
je 2 TL Öl und Honig
Saft von 1—2 Zitronen
Salz, Pfeffer, Süßstoff

Zubereitung: Rotkohl putzen, den Strunk herausschneiden, waschen und fein hobeln. Äpfel schälen, entkernen und in Stücke schneiden. Orange schälen und in Stücke schneiden. Banane schälen und in Scheiben schneiden. Rosinen waschen. Für die Marinade alle übrigen Zutaten verrühren und pikant abschmecken. Über die Salatzutaten geben und alles gut miteinander vermischen. Zugedeckt 1 Stunde ziehen lassen.

Pro Portion: 1217 Kilojoule, 291 Kalorien, 4 g Eiweiß, 6 g Fett, 54 g Kohlenhydrate

3 Austauschportionen Obst
1½ Austauschportionen Gemüse
1 Austauschportion Fett
20 Kcal »Auf Wunsch«

◁ *Nachtschwärmerbowle*
(Rezept S. 529)

Diplomatensalat
Menüplan 50. Woche

Zutaten für 2 Portionen
4 Eier
60 g Edamer
je 100 g Tomaten und Chinakohl
200 g Möhrensalat (Glaskonserve ohne Fett)
100 g eingelegte rote Bete
100 g Rotkohl (Dosenware)
8 schwarze Oliven, Kresse

Marinade:
2 TL Öl
350 g Joghurt (0,3 % Fett)
2 TL Senf
1 TL Meerrettich
Salz, Pfeffer

Zubereitung: Eier hart kochen, abpellen und in Scheiben schneiden. Den Käse reiben, die Tomaten waschen und in Scheiben schneiden. Chinakohl putzen und in Streifen schneiden.
Tomaten, Chinakohl, Möhrensalat, rote Bete und Rotkohl auf zwei großen Salattellern anrichten und den Käse darauf verteilen. Aus Öl, Joghurt, Senf und Meerrettich eine Marinade zubereiten, mit Pfeffer und Salz abschmecken und über den Salat geben. Mit Eierscheiben, Oliven und Kresse garnieren.

Pro Portion: 2130 Kilojoule, 510 Kalorien, 32 g Eiweiß, 29 g Fett, 27 g Kohlenhydrate

1½ Austauschportionen Eiweiß
3 Austauschportionen Gemüse
1 Austauschportion Fett
1 Austauschportion Milch
20 Kcal »Auf Wunsch«

Rettichsalat
Menüplan 30. Woche

Zutaten für 2 Portionen
400 g Rettich

Marinade:
200 g Joghurt (0,3 % Fett)
Pfeffer, Salz, Süßstoff, Zitronensaft

Zubereitung: Den Rettich waschen, schälen und raspeln. Joghurt mit Pfeffer, Salz, Süßstoff und Zitronensaft abschmecken und über den Rettich geben.

Pro Portion: 320 Kilojoule, 76 Kalorien, 6 g Eiweiß, 0 g Fett, 12 g Kohlenhydrate

2 Austauschportionen Gemüse
½ Austauschportion Milch

Sauerkrautsalat
Menüplan 45. Woche

Zutaten für 2 Portionen
300 g mildes Sauerkraut
100 g Ananasstücke (ohne Zucker konserviert)
200 g Mandarinen (ohne Zucker konserviert)
125 g rote oder grüne Äpfel

Marinade:
2 EL Ananassaft
4 EL Mandarinensaft
2 EL Zitronensaft
2 TL Öl
2—3 Spritzer Worcestersauce
Süßstoff, frisch gemahlener schwarzer Pfeffer

Zubereitung: Sauerkraut zerpflücken und mit Ananas und Mandarinen vermischen. Äpfel waschen, entkernen und in Stücke schneiden. Vorsichtig unter das Sauerkraut heben. Aus Ananas-, Mandarinen- und Zitronensaft, Öl und Worcestersauce eine Marinade rühren, mit etwas Süßstoff abschmecken und mit dem Salat vermischen.
Anschließend kräftig mit schwarzem Pfeffer würzen, alles noch einmal gut vermischen und kühlgestellt ziehen lassen.

Pro Portion: 835 Kilojoule, 200 Kalorien, 3 g Eiweiß, 6 g Fett, 33 g Kohlenhydrate
1½ Austauschportionen Gemüse
2 Austauschportionen Obst
1 Austauschportion Fett

Champignonsalat
Menüplan 9. Woche

Zutaten für 2 Portionen
200 g frische Champignons
2 EL Weinessig
2 TL Öl
Salz, Pfeffer, Süßstoff

100 g Tomaten
100 g Salatgurke
Schnittlauch

Zubereitung: Champignons waschen und in feine Scheiben schneiden. Essig, Öl, Salz, Pfeffer und Süßstoff miteinander verrühren, erhitzen und über die Pilze gießen. Abkühlen lassen. Tomaten und Gurke waschen und fein würfeln. Mit den Champignons vermengen, nochmals abschmecken und mit feingehacktem Schnittlauch bestreuen.

Pro Portion: 398 Kilojoule, 95 Kalorien, 4 g Eiweiß, 5 g Fett, 6 g Kohlenhydrate
2 Austauschportionen Gemüse
1 Austauschportion Obst

Fantasie-Salat
Menüplan 35. Woche

Zutaten für 2 Portionen
100 g Ananas (ohne Zucker konserviert)
100 g eingelegte Paprikaschoten
125 g Grapefruit
200 g Kopfsalat

Marinade:
2 EL Ananassaft
2 EL Zitronensaft
2 TL Öl
Süßstoff

Zubereitung: Ananas in Stücke, Paprikaschoten in Streifen schneiden. Grapefruit schälen und in Stückchen schneiden. Kopfsalat putzen, waschen und in mundgerechte Teile zupfen. Alles vorsichtig vermengen. Die Zutaten für die Marinade verrühren, abschmecken und über den Salat geben. Sofort servieren.

Pro Portion: 578 Kilojoule, 138 Kalorien, 2 g Eiweiß, 5 g Fett, 20 g Kohlenhydrate
1½ Austauschportionen Gemüse
1 Austauschportion Fett
1 Austauschportion Obst

Salat »Südsee«
Menüplan 30. Woche

Zutaten für 2 Portionen
3 Eier
100 g Lauch
200 g Palmenherzen (Dosenware)
100 g eingelegter Tomatenpaprika
200 g Orangen

Marinade:
1 Ei
2 TL Kondensmilch (4 % Fett)
Süßstoff, Zitronensaft
Knoblauchsalz, Pfeffer
1 TL Kokosraspeln

Zubereitung: Die Eier hart kochen. Den Lauch putzen und 3 Minuten dünsten. Palmenherzen und Tomatenpaprika abtropfen lassen, die Orangen schälen und in Spalten zerteilen. Den Lauch in Stücke schneiden. Gemüse und Orangen vermischen und in zwei Schüsseln geben. Für die Marinade Ei mit Kondensmilch, Süßstoff und Zitronensaft schaumig rühren. Mit Knoblauchsalz und Pfeffer abschmecken und über den

Salat gießen. Die Eier pellen und halbieren. Auf den Salat setzen und mit Kokosraspeln bestreuen.

Pro Portion: 1363 Kilojoule, 326 Kalorien, 19 g Eiweiß, 14 g Fett, 31 g Kohlenhydrate
2 Austauschportionen Eiweiß
2 Austauschportionen Gemüse
1 Austauschportion Obst
10 Kcal »Auf Wunsch«

Indischer Salat
Menüplan 44. Woche

Zutaten für 2 Portionen
250 g Gurke
1—2 TL Salz
100 g Zwiebeln
150 g Tomaten

200 g Joghurt (0,3 % Fett)
1 EL feingehackte Petersilie
1 TL gemahlener Kreuzkümmel
(Kumin)

Zubereitung: Gurke schälen und der Länge nach halbieren. Mit einem Löffel die Kerne entfernen, anschließend in feine Streifen schneiden und mit Salz bestreuen. Zwiebeln schälen und fein hacken. Zu den Gurken geben und gut vermischen. Bei Zimmertemperatur 5 Minuten ziehen lassen. Dann die Flüssigkeit mit den Fingern vorsichtig aus der Gurkenmischung herauspressen und diese anschließend in eine Schüssel geben.
Tomaten waschen, fein würfeln und zu der Gurke geben. Mit Joghurt und Petersilie vermischen. Kreuzkümmel in einer beschichteten Pfanne ca. 30 Sekunden rösten und unter den Salat rühren. Zugedeckt im Kühlschrank mindestens 1 Stunde ziehen lassen.

Pro Portion: 377 Kilojoule, 90 Kalorien, 7 g Eiweiß, 1 g Fett, 14 g Kohlenhydrate
2½ Austauschportionen Gemüse
½ Austauschportion Milch

Bunter Wurstsalat
Menüplan 10. Woche

Zutaten für 2 Portionen
100 g Möhren
90 g Bierschinken
90 g magerer gekochter Schinken
50 g Zwiebeln
125 g Äpfel
100 g Gewürzgurke

Marinade:
je 2 TL Öl, Essig und Wasser
2 TL Senf, Salz, Pfeffer

Zubereitung: Die geputzten Möhren im Ganzen in etwas Salzwasser garen, dann in Scheiben schneiden. Bierschinken und den gekochten Schinken in 2—3 cm lange Streifen schneiden, die geschälte Zwiebel fein würfeln. Äpfel schälen, entkernen und würfeln, ebenfalls die Gurke. Die Zutaten für die Marinade vermischen und abschmecken, dann in einer Schüssel mit den Salatzutaten vermischen und alles gut durchziehen lassen.

Pro Portion: 1490 Kilojoule, 356 Kalorien, 17 g Eiweiß, 24 g Fett, 16 g Kohlenhydrate

3 Austauschportionen Eiweiß
1¼ Austauschportionen Gemüse
½ Austauschportion Obst
1 Austauschportion Fett

Kartoffelsalat
Menüplan 14. Woche

Zutaten für 2 Portionen
200 g Kartoffeln
Essig, Salz, Pfeffer
50 g Zwiebeln

50 g Gewürzgurken
4 TL Mayonnaise (80 % Fett)
Süßstoff

Zubereitung: Die Kartoffeln in der Schale garen, abpellen und in Scheiben schneiden. Essig, etwas Wasser, Salz und Pfeffer gut verrühren. Zwiebeln schälen und fein würfeln. Gewürzgurken fein würfeln und mit den Kartoffelscheiben, den Zwiebelwürfeln und der Essig-Mischung vermengen. Die Mayonnaise mit Süßstoff abschmecken und über den Salat geben. Alles gut vermengen und etwa 1 Stunde ziehen lassen.

Pro Portion: 667 Kilojoule, 159 Kalorien, 3 g Eiweiß, 8 g Fett, 19 g Kohlenhydrate

2 Austauschportionen Fett
1 Austauschportion Kartoffeln
½ Austauschportion Gemüse

Blumenkohlsalat
Menüplan 32. Woche

Zutaten für 2 Portionen
200 g Blumenkohl
½ TL Salz
4 TL Weinessig
4 schwarze Oliven

50 g eingelegte Tomatenpaprika
2 TL Olivenöl
Salz, Pfeffer, Süßstoff

Zubereitung: Blumenkohl putzen, waschen und in kleine Röschen teilen. In Salzwasser 5—10 Minuten garen. Wasser abgießen. Blumenkohl mit Essig übergießen und 30 Minuten kühl stellen.
Inzwischen Oliven in Scheiben, Tomatenpaprika in Streifen schneiden. Oliven und Tomatenpaprika mit den Blumenkohlröschen mischen, dann das Öl und die Gewürze unterziehen.

Pro Portion: 417 Kilojoule, 100 Kalorien, 3 g Eiweiß, 7 g Fett, 6 g Kohlenhydrate
1¼ Austauschportionen Gemüse
1 Austauschportion Fett
10 Kcal »Auf Wunsch«

Eiersalat
Menüplan 14. Woche

Zutaten für 2 Portionen
4 Eier
100 g Tomaten
100 g Sellerie (konserviert)
50 g Paprikaschoten

Marinade:
je 2 TL Essig und Öl
1 TL Senf
Salz, Pfeffer
Petersilie

Zubereitung: Eier hart kochen, abpellen und in Scheiben schneiden. Tomaten ebenfalls waschen und in Scheiben schneiden, Sellerie und die gewaschenen, entkernten Paprikaschoten würfeln und alles in eine Schüssel geben. Für die Marinade Essig, Öl, Senf, Salz und Pfeffer gut verrühren. Über den Salat gießen, vorsichtig vermengen und mit feingehackter Petersilie bestreuen. Im Kühlschrank ca. 2 Stunden gut durchziehen lassen, danach eventuell etwas nachwürzen.

Pro Portion: 1096 Kilojoule, 262 Kalorien, 16 g Eiweiß, 18 g Fett, 7 g Kohlenhydrate
2 Austauschportionen Eiweiß
1¼ Austauschportionen Gemüse
1 Austauschportion Fett

Nudelsalat mit Schinken
Menüplan 6. Woche

Zutaten für 2 Portionen
40 g Hörnchennudeln (Rohgewicht)
200 g Spargel
180 g magerer gekochter Schinken

100 g Zwiebeln
200 g Paprikaschoten
8 Oliven (mit Paprika gefüllt)
Marinade aus Salz, Pfeffer, Essig, 2 TL Öl

Zubereitung: Die Nudeln nach Vorschrift in Salzwasser kochen, Erbsen in wenig Wasser garen. Schinken in Streifen, geschälte Zwiebel in halbe Ringe schneiden, Paprikaschoten putzen, waschen und in Streifen schneiden, die Oliven in Scheiben. Aus den Marinadenzutaten eine Sauce rühren. Die abgetropften Nudeln und Spargel sowie alle anderen Salatzutaten mit der Sauce in einer Schüssel vermengen und den Salat bis zum Servieren gut durchziehen lassen.

Pro Portion: 1840 Kilojoule, 440 Kalorien, 25 g Eiweiß, 26 g Fett, 27 g Kohlenhydrate

3 Austauschportionen Eiweiß
2½ Austauschportionen Gemüse
1 Austauschportion Getreide-Erzeugnisse
20 Kcal »Auf Wunsch«

Eiersalat »Hongkong«
Menüplan 11. Woche

Zutaten für 2 Portionen
4 Eier
200 g Tomaten
50 g eingelegte rote Paprikaschoten
100 g Sojabohnenkeimlinge (Dosenware)

Marinade:
1 TL Sojasauce
Essig
4 TL Öl
Salz, Pfeffer
Chinagewürz, Süßstoff

Zubereitung: Eier hart kochen, pellen und in Scheiben schneiden. Die Tomaten überbrühen, enthäuten und ebenfalls in Scheiben schneiden, Paprikaschoten in Streifen schneiden. Eier, Gemüse und die Sojabohnenkeimlinge gut miteinander vermengen. Aus den übrigen Zutaten eine Marinade bereiten und über den Salat gießen. Gut durchziehen lassen und eventuell noch einmal nachwürzen.

Pro Portion: 1298 Kilojoule, 310 Kalorien, 16 g Eiweiß, 23 g Fett, 8 g Kohlenhydrate

2 Austauschportionen Eiweiß
1¾ Austauschportionen Gemüse
2 Austauschportionen Fett

Süßsaurer Fleischsalat
Menüplan 10. Woche

Zutaten für 2 Portionen
240 g gekochtes Rindfleisch
100 g eingelegter Kürbis
50 g eingelegte Paprikaschote
50 g Zwiebeln

Marinade:
2 TL Öl
Estragonessig
Salz, Pfeffer
Süßstoff
Schnittlauch

Zubereitung: Das gekochte Rindfleisch in feine Würfel, Kürbis und Paprikaschote in Streifen schneiden. Zwiebel schälen und fein würfeln. Alles gut vermengen. Alle Zutaten für die Marinade mischen und über den Salat geben. Vor dem Servieren gut durchziehen lassen.

Pro Portion: 1300 Kilojoule, 310 Kalorien, 34 g Eiweiß, 15 Fett, 10 g Kohlenhydrate

4 Austauschportionen Eiweiß
1 Austauschportion Gemüse
1 Austauschportion Fett

Orientalischer Salat
Menüplan 35. Woche

Zutaten für 2 Portionen
400 g Broccoli (Tiefkühlware)
240 g magerer gekochter Rinderbraten
50 g Porree
50 g Zwiebeln

Marinade:
4 TL Reisessig
2 TL Sesamöl
2 TL Sojacauce
2 TL Wasser
$1/4$ TL gehackte frische Ingwerwurzel
(ersatzweise auch Ingwerpulver)

Zubereitung: Broccoli in etwas Wasser garkochen, anschließend in Röschen teilen, Rindfleisch in Würfel schneiden. Porree waschen und in Ringe schneiden, Zwiebeln schälen und fein würfeln. Alles vorsichtig vermengen. Die Zutaten der Marinade verrühren und über den Salat geben. Gut durchziehen lassen.

Pro Portion: 1510 Kilojoule, 360 Kalorien, 42 g Eiweiß, 16 g Fett, 12 g Kohlenhydrate

4 Austauschportionen Eiweiß
$2^{1}/_{2}$ Austauschportionen Gemüse
1 Austauschportion Fett

Linsensalat
Menüplan 44. Woche

Zutaten für 2 Portionen
200 g Kartoffeln
180 g Linsen (eingeweicht)
90 g gegrilltes Putenfleisch
300 g rote Paprikaschoten
100 g grüne Paprikaschoten
50 g Zwiebeln
200 g Gewürzgurken

Marinade:
2 TL Öl
Weinessig
Salz, Pfeffer, ½—1 EL Senf

Zubereitung: Kartoffeln in der Schale garen. Anschließend pellen und würfeln. Die Linsen abtropfen lassen, Putenfleisch in kleine Stücke schneiden. Paprikaschoten waschen, entkernen und in kleine Würfel schneiden. Die Zwiebel schälen und hacken. Für die Marinade Öl, Essig, Salz, Pfeffer und Senf verrühren. Die Linsen und die übrigen Zutaten unterrühren und 1—2 Stunden ziehen lassen. Mit in Fächer geschnittenen Gewürzgurken verzieren.
Tip: Mit etwas Wasser verlängert und aufgewärmt, schmeckt dieser Salat auch als Eintopf vorzüglich.

Pro Portion: 1510 Kilojoule, 360 Kalorien, 26 g Eiweiß, 7 g Fett, 46 g Kohlenhydrate
3¼ Austauschportionen Gemüse
3 Austauschportionen Eiweiß
1 Austauschportion Fett
1 Austauschportion Kartoffeln

Party-Salat
Menüplan 35. Woche

Zutaten für 2 Portionen
300 g Kartoffeln
je 100 g Porree und Radieschen
50 g Gewürzgurke
25 g Zwiebeln
1 TL Instantbrühe

Essig
Süßstoff, Salz, Pfeffer
½ Bund Schnittlauch, Kresse
180 g magerer gekochter Schinken

Zubereitung: Kartoffeln kochen, pellen und in Scheiben schneiden. Porree putzen, waschen und in Ringe schneiden. Radieschen waschen und in hauchdünne Scheiben schneiden. Gewürzgurke würfeln. Zwiebeln schälen und fein würfeln. Alles gut miteinander vermengen. ⅛ Liter Wasser aufkochen, Brühe einrühren und mit Essig, Süßstoff, Salz und Pfeffer abschmecken. Die Brühe über die Salatzutaten geben. Gut durchziehen lassen. Kräuter fein hacken, den Schinken würfeln. Beides über den Salat geben und servieren.

Pro Portion: 1614 Kilojoule, 386 Kalorien, 23 g Eiweiß, 19 g Fett, 30 g Kohlenhydrate
1½ Austauschportionen Kartoffeln
1¼ Austauschportionen Gemüse
3 Austauschportionen Eiweiß
5 Kcal »Auf Wunsch«

Rindfleischsalat
Menüplan 39. Woche

Zutaten für 2 Portionen
240 g gekochter Rinderbraten
100 g grüne Paprikaschoten
50 g rote Paprikaschoten
140 g Mais (Dosenware)
100 g Gewürzgurken
100 g kleine Zwiebeln

Marinade:
2 TL Öl
3 TL Essig
2 TL Chilisauce, Salz

Zubereitung: Rindfleisch in gleichgroße Würfel schneiden und in eine große Schüssel geben. Paprikaschoten putzen, waschen und in Streifen schneiden. Maiskörner abtropfen lassen, Gewürzgurken würfeln, Zwiebeln schälen und hacken. Das Gemüse und die Zwiebeln zum Fleisch geben und gut miteinander vermengen. Für die Marinade Öl, Essig und Chilisauce gut verrühren und mit Salz abschmecken. Über den Salat gießen und gut durchmischen. Zugedeckt gut 2 Stunden im Kühlschrank durchziehen lassen. Dann nochmals pikant abschmecken.

Pro Portion: 1710 Kilojoule, 410 Kalorien, 38 g Eiweiß, 17 g Fett, 24 g Kohlenhydrate
4 Austauschportionen Eiweiß
1¾ Austauschportionen Gemüse
1 Austauschportion Gemüse, stärkehaltig
1 Austauschportion Fett
10 Kcal »Auf Wunsch«

Nudelsalat mit Würstchen
Menüplan 27. Woche

Zutaten für 2 Portionen
120 g gekochte Hörnchennudeln
300 g gewürfelte Karotten (Dosenware)
150 g Spargelabschnitte (Dosenware)
180 g Würstchen

Marinade:
4 TL Mayonnaise (80 % Fett)
4 TL Kondensmilch (4 % Fett)
weißer Pfeffer, Salz, Süßstoff
je 1 Bund Petersilie und Dill (feingehackt)
2 TL Kräuteressig

Zubereitung: Die Hörnchennudeln mit den abgetropften Karotten und Spargelabschnitten in eine große Schüssel geben. Die in Scheiben geschnittenen Würstchen dazugeben. Für die Marinade Mayonnaise mit der Kondensmilch verrühren, mit Pfeffer, Salz und Süßstoff abschmecken. Petersilie und Dill in die Marinade geben und mit Kräuteressig abschmecken. Die Marinade über die Salatzutaten gießen, alles gut mischen und im Kühlschrank durchziehen lassen. Vor dem Servieren nochmals mit Salz und Pfeffer abschmecken.

Pro Portion: 2340 Kilojoule, 560 Kalorien, 22 g Eiweiß, 19 g Fett, 31 g Kohlenhydrate
3 Austauschportionen Eiweiß
2¼ Austauschportionen Gemüse
2 Austauschportionen Fett
1 Austauschportion Getreide-Erzeugnisse
10 Kcal »Auf Wunsch«

Pikante Zunge im Salatnest
Menüplan 17. Woche

Zutaten für 2 Portionen
40 g parboiled Reis (Rohgewicht)
1 Prise Salz
180 g gepökelte Zunge
250 g Äpfel
100 g Zwiebeln
100 g Mandarinen aus der Dose
(ohne Zucker konserviert)

2 EL Mandarinensaft
100 g Joghurt (0,3 % Fett)
2 TL Mayonnaise (80 % Fett)
Pfeffer, Selleriesalz
Süßstoff
100 g Kopfsalat
4 Stengel Petersilie

Zubereitung: Knapp ⅛ Liter Wasser mit Salz zum Kochen bringen, den Reis hineingeben und bei ganz schwacher Hitze 25 Minuten bedeckt ausquellen lassen. Inzwischen die Zunge waschen und in kleine Würfel schneiden. Die Äpfel waschen, von Kerngehäuse und Stiel befreien und in Scheibchen schneiden. Die Zwiebeln schälen und in Ringe schneiden. Mandarinen auswiegen und 2 Eßlöffel Saft abmessen. Joghurt mit Mayonnaise vermischen, den Mandarinensaft hinzufügen und alles miteinander glattrühren. Mit den Gewürzen abschmecken. Zunge, Äpfel und Zwiebeln in einer Schüssel mischen und die Sauce darübergießen. Den Kopfsalat waschen und 2 Teller vollständig damit belegen. Den Reis in die Mitte der Teller geben und den Zungensalat um den Reis verteilen. Die Mandarinenscheiben auf den äußersten Rand der Teller als Garnierung legen. Die Petersilie waschen, kleinzupfen und darauf verteilen.

Pro Portion: 1844 Kilojoule, 441 Kalorien, 20 g Eiweiß, 20 g Fett, 48 g Kohlenhydrate

3 Austauschportionen Eiweiß
1½ Austauschportionen Obst
1 Austauschportion Getreide-Erzeugnisse
1 Austauschportion Fett
1 Austauschportion Gemüse
½ Austauschportion Milch

Sauerkrautsalat mit Kassler
Menüplan 30. Woche

Zutaten für 2 Portionen
180 g mageres gekochtes Kassler
100 g Zwiebeln
100 g Aprikosen
75 g Trauben
300 g Sauerkraut (Dosenware)

Marinade:
6 TL saure Sahne
⅛ l Orangensaft
Pfeffer, Salz, Süßstoff

Zubereitung: Das Kassler in Streifen schneiden, Zwiebeln schälen und in Ringe schneiden. Aprikosen und Trauben waschen. Die Aprikosen entsteinen und in Stücke schneiden. Alles mit dem Sauerkraut vermischen. Für die Marinade die saure Sahne mit dem Orangensaft glattrühren und mit Pfeffer, Salz und Süßstoff abschmecken. Über die Sauerkrautmischung gießen und gut vermischen. Den Salat bis zum Servieren 15 Minuten ziehen lassen.

Pro Portion: 1840 Kilojoule, 440 Kalorien, 21 g Eiweiß, 26 g Fett, 30 g Kohlenhydrate

3 Austauschportionen Eiweiß
2 Austauschportionen Gemüse
1½ Austauschportionen Obst
30 Kcal »Auf Wunsch«

Geflügelsalat mit Käse
Menüplan 6. Woche

Zutaten für 2 Portionen
120 g gekochte Hähnchenbrust
90 g fettreduzierter Käse
400 g Honigmelone
200 g Spargelabschnitte (Dosenware)
2 TL Kokosflocken

Marinade:
175 g Joghurt (1,5 % Fett)
2 TL Mayonnaise (80 % Fett)
Salz, Pfeffer
Zitronensaft, Süßstoff

Zubereitung: Hähnchenfleisch würfeln, Käse in Streifen schneiden, die Melone vierteln, entkernen, schälen und in Würfel schneiden. Spargelabschnitte abgießen und alles mischen. Für die Marinade Joghurt und Mayonnaise verquirlen, würzen und unter die vorbereiteten Zutaten mischen. Pikant abschmecken. Mit Kokosflocken bestreut servieren.

Pro Portion: 1460 Kilojoule, 350 Kalorien, 39 g Eiweiß, 14 g Fett, 18 g Kohlenhydrate

3 Austauschportionen Eiweiß
1 Austauschportion Obst
1 Austauschportion Gemüse
1 Austauschportion Fett
½ Austauschportion Milch
10 Kcal »Auf Wunsch«

Geflügelsalat mit Melone
Menüplan 26. Woche

Zutaten für 2 Portionen
90 g gekochte Hühnerbrust (ohne Haut und Knochen)
90 g Krabbenfleisch
200 g Honigmelone
75 g blaue Trauben
je 125 g Pfirsiche und Äpfel

Marinade:
4 TL Mayonnaise (80 % Fett)
100 g Joghurt (0,3 % Fett)
Süßstoff, Zitronensaft, Salz, Pfeffer

Zubereitung: Das Fleisch in Würfel schneiden und mit den Krabben mischen. Melone würfeln, Trauben waschen und halbieren, dabei die Kerne entfernen. Pfirsiche überbrühen, enthäuten und in kleine Stücke schneiden, den Apfel schälen, das Kerngehäuse entfernen und würfeln; alles unter das Fleisch und die Krabben mischen. Die übrigen Zutaten zu einer Marinade verrühren, diese unter die Salatzutaten mengen und alles 30 Minuten zugedeckt im Kühlschrank durchziehen lassen; vor dem Servieren nochmals abschmecken.

Pro Portion: 1170 Kilojoule, 280 Kalorien, 35 g Eiweiß, 8 g Fett, 31 g Kohlenhydrate

3 Austauschportionen Eiweiß
2 Austauschportionen Obst
2 Austauschportionen Fett
¼ Austauschportion Milch

Mexikanischer Salat
Menüplan 5. Woche

Zutaten für 2 Portionen
140 g Mais (Dosenware)
180 g rote Bohnen (Dosenware)
60 g gegrilltes Putenfleisch
je 200 g rote und grüne Paprikaschoten
100 g Zwiebeln
4 mit Paprika gefüllte Oliven

Marinade:
2 TL Öl
Salz, Pfeffer, Knoblauchsalz, Essig
1 TL Senf

Zubereitung: Mais und Bohnen abtropfen lassen, Putenfleisch in feine Streifen schneiden. Paprikaschoten waschen, die weiße Innenhaut entfernen, entkernen und würfeln, Zwiebeln schälen und in feine Ringe, Oliven in Scheiben schneiden. Aus den restlichen Zutaten eine Marinade rühren und mit den Salatzutaten mischen. Salat gut durchziehen lassen.

Pro Portion: 1630 Kilojoule, 390 Kalorien, 26 g Eiweiß, 8 g Fett, 53 g Kohlenhydrate

2½ Austauschportionen Eiweiß
2½ Austauschportionen Gemüse
1 Austauschportion Gemüse, stärkehaltig
1 Austauschportion Fett
10 Kcal »Auf Wunsch«

Hähnchensalat Caracas
Menüplan 19. Woche

Zutaten für 4 Portionen
320 g Hähnchenfleisch ohne Knochen (Rohgewicht)
Salz, Ingwerpulver
125 g frische Ananas
200 g Tomatenpaprika (aus dem Glas)
100 g Dosenpfifferlinge
2 TL Mayonnaise (80 % Fett)
100 g Joghurt (0,3 % Fett)
gehackte Petersilie
Pfeffer, Curry- und Knoblauchpulver, Zwiebelsalz
20 g Rosinen
Süßstoff
60 g Roggentoast
2 TL Margarine
100 g Radieschen

Zubereitung: Das Hähnchenfleisch waschen, trocknen, mit Salz und Ingwer einreiben und in ½ Liter kochendem Salzwasser zugedeckt bei schwacher Hitze 30 Minuten kochen.

Inzwischen die Ananas der Länge nach halbieren, das Fruchtfleisch mit einem Löffel vorsichtig herauslösen und davon 125 g abwiegen und würfeln (den Rest einfrieren, die Schalen zum Servieren aufbewahren). Tomatenpaprika und Pfifferlinge abtropfen lassen. Nun Mayonnaise mit Joghurt und Petersilie verrühren und mit den Gewürzen abschmecken. In die Marinade die gewaschenen Rosinen, Ananas, Tomatenpaprika, Pfifferlinge und das in kleine Würfel geschnittene Hähnchenfleisch geben, alles gut vermischen, nach Geschmack mit Süßstoff abschmecken, und den Salat kühlgestellt 10 Minuten ziehen lassen.

Die Ananasschalen auf zwei Teller in die Mitte legen, das getoastete Brot mit Margarine bestreichen, in Eckchen schneiden und um die Ananasschalen anrichten. Den Hähnchensalat in die Schalen füllen und die gewaschenen Radieschen auf das Toastbrot legen.

Pro Portion: 2050 Kilojoule, 490 Kalorien, 41 g Eiweiß, 17 g Fett, 38 g Kohlenhydrate

4 Austauschportionen Eiweiß
2 Austauschportionen Gemüse
2 Austauschportionen Fett
1 Austauschportion Obst
1 Austauschportion Brot
½ Austauschportion Milch

Geflügelsalat »España«
Menüplan 47. Woche

Zutaten für 2 Portionen
240 g Hähnchenfilet (Rohgewicht)
150 g Ananas (ohne Zucker konserviert)
je 200 g Erbsen, Champignons und Spargelabschnitte (Dosenware)

Marinade:
200 g Joghurt (0,3 % Fett)
4 TL Mayonnaise (80 % Fett)
3 EL Ananassaft
Ingwerpulver
Curry
Knoblauchpulver
Estragon
Salz, frisch gemahlener Pfeffer
Zitronensaft
Süßstoff
50 g Orange
Petersiliensträußchen zum Garnieren

Zubereitung: Das Hähnchenfilet in walnußgroße Würfel schneiden und zugedeckt in wenig Wasser bei schwacher Hitze 30 Minuten kochen. Inzwischen Ananas, Erbsen, Champignons und Spargel abtropfen lassen (3 Eßlöffel Ananassaft abnehmen); Ananas und Champignons in Stücke schneiden.
Für die Marinade Joghurt mit Mayonnaise und Ananassaft glattrühren und mit den Gewürzen pikant abschmecken. Das ausgekühlte Hähnchenfleisch mit den anderen Salatzutaten in eine Schüssel geben und mit der Marinade gut vermischen: 30 Minuten ziehen lassen. Vor dem Servieren mit Orangenfilets und Petersilie garnieren.

Pro Portion: 1510 Kilojoule, 360 Kalorien, 40 g Eiweiß, 9 g Fett, 32 g Kohlenhydrate

3 Austauschportionen Eiweiß
2 Austauschportionen Gemüse
2 Austauschportionen Fett
1 Austauschportion Gemüse, stärkehaltig
1 Austauschportion Obst
½ Austauschportion Milch

Hühner-Gemüse-Salat
Menüplan 18. Woche

Zutaten für 2 Portionen
180 g gekochtes Hühnerfleisch
(ohne Haut und Knochen)
je 200 g Champignons, Spargelabschnitte (Dosenware)
100 g Erbsen (Dosenware)
70 g Mais (Dosenware)

200 g Joghurt (0,3 % Fett)
1 TL Mayonnaise (80 % Fett)
4 TL Curry-Ketchup
Salz, Pfeffer, Curry
Süßstoff, Zitronensaft
100 g Kopfsalat zum Garnieren

Zubereitung: Das Hühnerfleisch in mundgerechte Stücke schneiden und mit den abgetropften Champignons, Spargelabschnitten, Erbsen und dem Mais in einer Schüssel mischen. Aus Joghurt, Mayonnaise und den Gewürzen eine Marinade rühren und mit Süßstoff und Zitronensaft abschmecken. Die Marinade über die Zutaten gießen und alles gut durchmischen. Den Salat auf den gewaschenen Salatblättern anrichten.

Pro Portion: 1420 Kilojoule, 340 Kalorien, 37 g Eiweiß, 10 g Fett, 25 g Kohlenhydrate

3 Austauschportionen Eiweiß
2½ Austauschportionen Gemüse
1 Austauschportion Gemüse, stärkehaltig
½ Austauschportion Milch
½ Austauschportion Fett
10 Kcal »Auf Wunsch«

Sommer-Matjes
Menüplan 32. Woche

Zutaten für 2 Portionen
180 g Matjesfilets
200 g Gurke
100 g Radieschen
50 g Zwiebeln

2 TL Mayonnaise (80 % Fett)
200 g Joghurt (0,3 % Fett)
Dill, Petersilie, Schnittlauch
Salz, Pfeffer, Paprika

Zubereitung: Die Matjesfilets wässern. Anschließend trockentupfen und in mundgerechte Stücke schneiden. Gurke und Radieschen waschen und in hauchdünne Scheiben schneiden. Zwiebeln schälen und in Ringe schneiden. Die Mayonnaise und Joghurt vermischen, die gewaschenen, feingehackten Kräuter hinzufügen und mit Salz, Pfeffer und Paprika abschmecken. Die Matjesfiletstückchen auf eine Platte legen. Darauf das Gemüse geben und alles mit der Joghurtsauce übergießen.

Pro Portion: 1183 Kilojoule, 283 Kalorien, 22 g Eiweiß, 17 g Fett, 11 g Kohlenhydrate
3 Austauschportionen Eiweiß
1¾ Austauschportionen Gemüse
1 Austauschportion Fett
½ Austauschportion Milch

Thunfischsalat
Menüplan 14. Woche

Zutaten für 2 Portionen
240 g Thunfisch (in Wasser konserviert)
100 g Tomaten
50 g Zwiebeln
200 g Champignons (Dosenware)
125 g Äpfel
100 g Kopfsalat

Marinade:
4 TL Mayonnaise (80 % Fett)
100 g Joghurt (0,3 % Fett)
Zitronensaft
Salz, Pfeffer
4 TL Chilisauce
Süßstoff

Zubereitung: Thunfisch abtropfen lassen und zerpflücken. Die Tomaten überbrühen, enthäuten und in Scheiben schneiden. Zwiebeln schälen und würfeln. Champignons abtropfen lassen und in Scheiben schneiden. Die Äpfel schälen, entkernen und würfeln. Alles in eine Schüssel geben und gut vermengen. Mayonnaise und Joghurt gut verrühren, mit Zitronensaft, Salz, Pfeffer, Chilisauce und Süßstoff abschmecken und über den Salat gießen. Alles miteinander vermengen und gut durchziehen lassen. Auf gewaschenen, trockengetupften Salatblättern anrichten.

Pro Portion: 2380 Kilojoule, 570 Kalorien, 40 g Eiweiß, 33 g Fett, 23 g Kohlenhydrate
4 Austauschportionen Eiweiß
2¼ Austauschportionen Gemüse
2 Austauschportionen Fett
½ Austauschportion Obst
¼ Austauschportion Milch

Roter Heringssalat
Menüplan 33. Woche

<u>Zutaten für 2 Portionen</u>
200 g Kartoffeln
175 g eingelegte rote Bete
25 g Zwiebeln
125 g Äpfel
180 g Matjesfilets

50 g Gewürzgurken
100 g Joghurt (0,3 % Fett)
4 TL Mayonnaise (80 % Fett)
Pfeffer, getrockneter Dill

Zubereitung: Kartoffeln mit der Schale garen, pellen und würfeln. Die rote Bete ebenfalls in Würfel schneiden. Zwiebeln schälen und hacken, Äpfel schälen, das Kerngehäuse entfernen und würfeln. Matjesfilets in mundgerechte Stücke schneiden. Gewürzgurken würfeln. Alles gut miteinander vermengen. Joghurt mit Mayonnaise verrühren, mit Pfeffer und Dill abschmecken und über den Salat geben. Gut durchziehen lassen und eventuell noch einmal nachwürzen.

<u>Pro Portion:</u> 1760 Kilojoule, 420 Kalorien, 22 g Eiweiß, 22 g Fett, 34 g Kohlenhydrate

3 Austauschportionen Eiweiß
2 Austauschportionen Fett
1¼ Austauschportionen Gemüse
¼ Austauschportion Milch
1 Austauschportion Kartoffeln

Bunter Heringssalat
Menüplan 49. Woche

<u>Zutaten für 2 Portionen</u>
180 g Salzheringfilets
200 g Kartoffeln
50 g Gewürzgurke
100 g Tomaten
125 g Äpfel
50 g Zwiebel

100 g Paprikaschoten
175 g Joghurt (1,5 % Fett)
2 TL Mayonnaise (80 % Fett)
Salz, Paprika
Worcestersauce

Zubereitung: Die Heringe wässern. Kartoffeln mit der Schale garen, pellen und würfeln. Die gewässerten Heringe in mundgerechte Stücke schneiden. Gewürzgurke und die gewaschenen Tomaten würfeln. Äpfel schälen, das Kerngehäuse entfernen und ebenfalls in Würfel schneiden. Zwiebeln schälen und hacken. Paprikaschoten entkernen, waschen und würfeln. Alle Zutaten mit Joghurt und Mayonnaise vermengen und mit Salz, Paprika und Worcestersauce abschmecken. Gut durchziehen lassen, dann eventuell noch einmal nachwürzen.

Pro Portion: 1724 Kilojoule, 412 Kalorien, 23 g Eiweiß, 20 g Fett, 35 g Kohlenhydrate

3 Austauschportionen Eiweiß
1½ Austauschportionen Gemüse
1 Austauschportion Fett
1 Austauschportion Kartoffeln
½ Austauschportion Obst
½ Austauschportion Milch

Räucherfischsalat »Pastorenart«
Menüplan 16. Woche

Zutaten für 2 Portionen
180 g verschiedene geräucherte Fischsorten (z. B. Fischplatte aus der Dose)
je 50 g rote und grüne Paprikaschoten
100 g gelbe Paprikaschoten
1—2 Knoblauchzehen
4 mit Paprika gefüllte Oliven
50 g Schalotten (oder Frühlingszwiebeln bzw. Zwiebeln)
200 g Tomaten
1 Bund Dill
Marinade:
1—2 EL Essig
1 TL Öl
etwas Wasser
Süßstoff
je ½ TL Curry und Cayennepfeffer
1 TL Edelsüß-Paprika

Zubereitung: Den Fisch in mundgerechte Stücke zerteilen. Paprikaschoten entkernen, waschen und in feine Streifen schneiden. Knoblauchzehen zerdrücken. Oliven in feine Scheiben schneiden, Schalotten bzw. Zwiebeln schälen und in feine Ringe schneiden. Die Marinade anrühren und mit Konblauch, Oliven und Zwiebeln vermengen. Fisch und Paprika unter diese Mischung heben und alles zugedeckt im Kühlschrank 24 Stunden ziehen lassen. Nochmals durchmischen und mit Tomatenachteln und Dill garniert servieren.

Pro Portion: 817 Kilojoule, 195 Kalorien, 24 g Eiweiß, 6 g Fett, 10 g Kohlenhydrate

3 Austauschportionen Eiweiß
2¾ Austauschportionen Gemüse
½ Austauschportion Fett
10 Kcal »Auf Wunsch«

Fischsalat
Menüplan 7. Woche

Zutaten für 2 Portionen
200 g Sellerieknolle
200 g Orangen
8 mit Paprika gefüllte Oliven
320 g Rotbarschfilet (in einem
Sud aus Wasser, Salz, Zitronensaft, 1 Lorbeerblatt und 3 Pfefferkörnern gekocht)

Marinade:
4 TL Öl
2 EL Zitronensaft
Salz, Pfeffer
Sojasauce
Pfeffersauce
Süßstoff (entsprechend 2 TL
Zucker)

Zubereitung: Sellerieknolle schälen und in etwas Salzwasser garen; dann in Würfel schneiden. Orangen schälen und ebenfalls würfeln. Oliven in Scheiben schneiden. Alles vorsichtig mit dem in kleine Stücke zerteilten Fisch vermengen, darüber die aus den übrigen Zutaten bereitete Marinade geben und gut durchziehen lassen.

Pro Portion: 1760 Kilojoule, 420 Kalorien, 42 g Eiweiß, 19 g Fett, 21 g Kohlenhydrate
4 Austauschportionen Eiweiß
2 Austauschportionen Fett
1 Austauschportion Gemüse
1 Austauschportion Obst
20 Kcal »Auf Wunsch«

Fischsalat »Rosana«
Menüplan 21. Woche

Zutaten für 2 Portionen
240 g Rotbarschfilet (gekocht in
einem Sud aus Wasser, Essig,
Salz, Süßstoff, Fischgewürz)
100 g Orangen
125 g Äpfel
100 g Ananas

100 g Joghurt (0,3 % Fett)
2 TL Mayonnaise
2 TL Zitronensaft
Salz, Pfeffer, Süßstoff
Kresse

Zubereitung: Den Fisch in mundgerechte Stücke teilen. Orangen schälen und in kleine Stücke schneiden. Äpfel schälen, entkernen und würfeln. Ananas ebenfalls in kleine Stücke schneiden. Alles vorsichtig miteinander vermengen. Aus Joghurt, Mayonnaise, Zitronensaft, Salz, Pfeffer und Süßstoff eine Sauce bereiten und über den Salat geben. Nochmals vorsichtig durchmischen und etwa 1 Stunde durchziehen lassen. Vor dem Servieren mit Kresse bestreuen.

Pro Portion: 1300 Kilojoule, 310 Kalorien, 32 g Eiweiß, 9 g Fett, 26 g Kohlenhydrate

4 Austauschportionen Eiweiß
1½ Austauschportionen Obst
1 Austauschportion Fett
¼ Austauschportion Milch

Meeresfrüchtesalat
Menüplan 48. Woche

Zutaten für 2 Portionen
je 100 g Tomaten und Champignons
50 g rote Zwiebeln
150 g Zucchini oder Gurke
je 100 g rote Paprikaschoten und Endiviensalat

240 g Thunfisch (in Wasser konserviert)
2 EL Zitronensaft, Süßstoff
2 Portionen Joghurt-Tomaten-Dressing (Rezept Seite 466)

Zubereitung: Tomaten waschen und achteln, Champignons waschen und blättrig schneiden. Zwiebeln schälen und in Ringe schneiden, Zucchini waschen und in Scheiben schneiden. Paprikaschoten waschen, entkernen und in Streifen schneiden. Endiviensalat putzen, waschen und ebenfalls in Streifen schneiden. Den Thunfisch in mundgerechte Stücke teilen. Alles gut vermengen. Zitronensaft mit Süßstoff verrühren und darüber geben.
Mit einem Joghurt-Tomaten-Dressing servieren.

Pro Portion: 2340 Kilojoule, 560 Kalorien, 42 g Eiweiß, 31 g Fett, 19 g Kohlenhydrate

4 Austauschportionen Eiweiß
3 Austauschportionen Gemüse
2 Austauschportionen Fett
1 Austauschportion Milch
10 Kcal »Auf Wunsch«

Krabbencocktail
Menüplan 11. Woche

Zutaten für 2 Portionen
200 g Chicorée
350 g Joghurt (1,5 % Fett)
2 TL Mayonnaise (80 % Fett)
6 TL Tomatenketchup

Pfeffer, Salz, Zitronensaft
2 TL Weißwein
180 g Krabben
Dill

Zubereitung: Chicorée putzen (das bittere Herz entfernen) und in feine Ringe schneiden. Joghurt, Mayonnaise und Ketchup zu einer Sauce verrühren und mit Gewürzen, Zitronensaft und Wein abschmecken. Chicorée, Krabben und Sauce vermengen und in zwei Gläser füllen. Mit Dill garniert servieren.

Pro Portion: 920 Kilojoule, 220 Kalorien, 23 g Eiweiß, 7 g Fett, 14 g Kohlenhydrate

3 Austauschportionen Eiweiß
1 Austauschportion Milch
1 Austauschportion Gemüse
1 Austauschportion Fett

Krabben-Käse-Salat
Menüplan 32. Woche

Zutaten für 2 Portionen
40 g Edamer (45 % Fett i. Tr.)
20 g Edelpilzkäse (45 % i. Tr.)
100 g Kiwi
35 g grüne Trauben
40 g blaue Trauben

90 g Krabbenfleisch
2 TL Mayonnaise (80 % Fett)
1½ EL Crème fraîche
4 TL Tomatenketchup
Salz

Zubereitung: Den Käse würfeln, Kiwi schälen und in Scheiben schneiden. Weintrauben waschen, halbieren und entkernen. Alles vorsichtig mit den Krabben vermengen. Mayonnaise, Crème fraîche und Ketchup verrühren. Mit Salz abschmecken und über den Salat geben.

Pro Portion: 1090 Kilojoule, 260 Kalorien, 16 g Eiweiß, 15 g Fett, 14 g Kohlenhydrate

2 Austauschportionen Eiweiß
1 Austauschportion Obst
1 Austauschportion Fett
35 Kcal »Auf Wunsch«

Krabbeneier mit Frühlingssalat
Menüplan 19. Woche

Zutaten für 2 Portionen
400 g mitteldicker frischer Spargel
Salz, 1 Prise Zucker
2 Eier
120 g Krabben
½ Bund Schnittlauch
50 g Speisequark (Magerstufe)
2 TL Sojasauce
1 Prise Curry
Pfeffer, Knoblauchsalz
4 Kapern

je 100 g Kopfsalat und Tomaten
50 g Zwiebeln
Marinade:
1 EL Kräuteressig
2 TL Öl
Pfeffer, Selleriesalz, Süßstoff
je ½ Bund Petersilie und Dill
Kresse

Zubereitung: Den Spargel waschen, schälen (holzige Stücke entfernen) und einmal durchschneiden. In ½ Liter Wasser mit Salz und Zucker zum Kochen bringen und bei schwacher Hitze etwa 30 Minuten köcheln lassen.

Inzwischen Eier in 10 Minuten hart kochen. Krabben und Schnittlauch fein hacken. Die Eier pellen, der Länge nach halbieren und das Eigelb vorsichtig herausnehmen. Eigelb mit dem Quark durch ein Sieb streichen und mit Sojasauce, Curry, Pfeffer und Knoblauchsalz abschmecken. Krabben und Schnittlauch einrühren, in die Eihälften füllen und mit je einer Kaper garnieren.

Den Kopfsalat waschen, die Tomaten waschen und in Scheiben schneiden. Zwiebeln schälen und in Ringe schneiden. Den abgetropften Kopfsalat in mundgerechte Stücke zupfen. Den Kräuteressig mit Öl, Pfeffer, Selleriesalz und Süßstoff verrühren.

Kopfsalat, Tomaten, Zwiebeln und den abgekühlten Spargel in zwei Schüsseln anrichten. Die Marinade erst unmittelbar vor dem Verzehr darüber gießen und vorsichtig untermischen. Die gefüllten Eier darauf legen und mit Petersilie, Dill und Kresse bestreuen.

Pro Portion: 1090 Kilojoule, 260 Kalorien, 27 g Eiweiß, 12 g Fett, 15 g Kohlenhydrate

3¼ Austauschportionen Gemüse
3 Austauschportionen Eiweiß
1 Austauschportion Fett
¼ Austauschportion Milch

Krabbensalat mit Ei
Menüplan 1. Woche

Zutaten für 2 Portionen
2 Eier
je 100 g Tomaten, Champignons
und Gewürzgurken
90 g Krabbenfleisch
100 g Römischer Salat

Marinade:
175 g Joghurt (1,5 % Fett)
Salz, Pfeffer, Essig, Senf
4 TL Mayonnaise (80 % Fett)

Zubereitung: Eier halbweich kochen, pellen und vierteln. Tomaten, Champignons und Gurken in dünne Scheiben schneiden. Krabben und Eier hinzufügen und gut vermengen. Aus Joghurt, den Gewürzen und Mayonnaise eine pikante Marinade rühren. Den Römischen Salat in Streifen schneiden und auf zwei Glasschalen verteilen. Den Eier-Krabbensalat darauf anrichten, mit der Sauce übergießen und gut durchziehen lassen.

Pro Portion: 1050 Kilojoule, 250 Kalorien, 21 g Eiweiß, 15 g Fett, 10 g Kohlenhydrate

2½ Austauschportionen Eiweiß
2 Austauschportionen Gemüse
2 Austauschportionen Fett
½ Austauschportion Milch

Forellensalat
Menüplan 45. Woche

Zutaten für 2 Portionen
200 g Gurken
je 100 g Bleichsellerie und Radieschen
50 g Zwiebeln
180 g geräucherte Forellenfilets
100 g Erbsen (Dosenware)
Kresse

Marinade:
175 g Joghurt (1,5 % Fett)
Salz, gemahlener Rosmarin, Nelken, Pfeffer
Süßstoff, Zitronensaft

Zubereitung: Gurken, Sellerie und Radieschen waschen und in Scheiben schneiden. Zwiebeln schälen und ebenfalls in Scheiben schneiden. Die Forellenfilets in mundgerechte Stücke zerteilen und alles vorsichtig miteinander vermengen.

Für die Marinade Joghurt mit den Gewürzen, Süßstoff und Zitronensaft verrühren, abschmecken und vorsichtig unter den Salat mischen. Mindestens 30 Minuten ziehen lassen. Mit Kresse bestreut servieren.

Pro Portion: 1317 Kilojoule, 315 Kalorien, 23 g Eiweiß, 17 g Fett, 16 g Kohlenhydrate

3 Austauschportionen Eiweiß
2¼ Austauschportionen Gemüse
½ Austauschportion Gemüse, stärkehaltig
½ Austauschportion Milch

Fischsalat Neptun
Menüplan 38. Woche

Zutaten für 2 Portionen
180 g Kabeljaufilet
(gekocht in einem Sud aus:
Wasser, Salz, Essig
Zwiebel, Pfefferkörnern und
Lorbeerblatt)
250 g Äpfel

Marinade:
4 TL Öl
3 TL Estragonessig
1 TL zerriebene Estragonblätter
2 TL Kerbel
½ Bund Petersilie
4 Kapern
50 g Zwiebeln
Salz, weißer Pfeffer
Süßstoff

Zubereitung: Den Fisch in den angegebenen Zutaten gar ziehen lassen und abgekühlt vorsichtig zerpflücken und in eine große Schüssel geben. Öl und Essig mit den Estragonblättern und Kerbel verrühren. Die Petersilie waschen, fein hacken und ebenfalls hinzufügen. Die Kapern in Stücke schneiden und zugeben. Zwiebeln schälen und darüber reiben. Alles gut verrühren und mit Salz, Pfeffer und Süßstoff abschmecken. Die Äpfel schälen, das Kerngehäuse entfernen, grob würfeln und unter den Fisch mengen. Die Marinade darüber geben, vorsichtig untermischen und den Salat im Kühlschrank 30 Minuten gut durchziehen lassen. Nochmals abschmecken.

Pro Portion: 1000 Kilojoule, 240 Kalorien, 21 g Eiweiß, 9 g Fett, 19 g Kohlenhydrate

3 Austauschportionen Eiweiß
2 Austauschportionen Fett
1 Austauschportion Obst
¼ Austauschportion Gemüse
10 Kcal »Auf Wunsch«

Meeresfrüchtesalat
Menüplan 26. Woche

Zutaten für 2 Portionen
250 g Grapefruit
150 g Champignons (Dosenware)
120 g Krabbenfleisch
120 g Hummer- oder Langusten-
fleisch
Zitronensaft, Salz, Pfeffer

Marinade:
4 TL Mayonnaise (80 % Fett)
100 g Joghurt (0,3 % Fett)
4 TL Ketchup
1 TL Senf
2 TL geriebener Meerrettich
1 Spritzer Pfeffersauce
35 g süße Sahne

Zubereitung: Grapefruit schälen, filetieren und in Stücke schneiden (es darf keine weiße Schale mehr daran sein). Die Champignons in Scheiben schneiden. Krabben und das gewürfelte Hummerfleisch mit Grapefruit und Champignons in einer Schüssel vermischen. Mit Zitronensaft, Salz und Pfeffer würzen. Noch einmal durchmischen und darüber die aus den übrigen Zutaten bereitete Marinade gießen. Gut durchziehen lassen und gekühlt servieren.

Pro Portion: 1300 Kilojoule, 310 Kalorien, 25 g Eiweiß, 14 g Fett, 23 g Kohlenhydrate

4 Austauschportionen Eiweiß
2 Austauschportionen Fett
1 Austauschportion Obst
¾ Austauschportion Gemüse
¼ Austauschportion Milch
35 Kcal »Auf Wunsch«

Drei-Länder-Käsesalat
Menüplan 17. Woche

Zutaten für 2 Portionen
200 g grüne Paprikaschoten
100 g rote Paprikaschoten
50 g Zwiebel
1 Bund Schnittlauch
120 g Emmentaler (45 % Fett
i. Tr.)
4 Oliven

Marinade:
Knoblauchsalz
1 EL Kräuteressig
1 TL milder Senf
Pfeffer, Paprikapulver, Süßstoff
1 TL Öl

Zubereitung: Paprikaschoten waschen, entkernen und in schmale Streifen von etwa 4 cm Länge schneiden. Zwiebeln schälen und in feine Ringe schneiden. Schnittlauch waschen, trockentupfen und kleinhacken. Den Käse in kleine Würfel schneiden und mit dem Gemüse vermischen. Die Zutaten für die Marinade verrühren, darübergießen und den Salat mit den Oliven garnieren. Bis zum Servieren noch etwas durchziehen lassen.

Pro Portion: 1391 Kilojoule, 332 Kalorien, 19 g Eiweiß, 23 g Fett, 9 g Kohlenhydrate

2 Austauschportionen Eiweiß
1¾ Austauschportionen Gemüse
½ Austauschportion Fett
10 Kcal »Auf Wunsch«

Käsesalat
Menüplan 12. Woche

Zutaten für 2 Portionen
120 g gegarter Reis
140 g Mais
120 g Edamer (45 % Fett i. d. Tr.)
100 g Spargelabschnitte (Dosenware)
je 100 g Fruchtcocktail und Ananas (ohne Zucker konserviert)

Für die Marinade:
4 TL Öl
2 TL Essig
2 EL Ananassaft (ohne Zucker)
2 EL Fruchtcocktailsaft (ohne Zucker)
2 EL Spargelwasser
Salz, Pfeffer, Paprika, Curry

Zubereitung: Für die Marinade Öl, Essig, Obst- und Gemüsewasser und die Gewürze verrühren. Dann Reis, Mais, den in Würfel geschnittenen Käse, Spargelabschnitte, Fruchtcocktail und die ebenfalls in Würfel geschnittene Ananas hinzufügen. Alles gut durchziehen lassen und noch einmal abschmecken.

Pro Portion: 2187 Kilojoule, 523 Kalorien, 20 g Eiweiß, 43 g Kohlenhydrate

2 Austauschportionen Eiweiß
2 Austauschportionen Fett
1 Austauschportion Getreide-Erzeugnisse
1 Austauschportion Gemüse, stärkehaltig
½ Austauschportion Gemüse

Krabben-Trauben-Salat

Menüplan 26. Woche

Zutaten für 2 Portionen
240 g Krabbenfleisch
150 g blaue und weiße Trauben
200 g kleine Tomaten
Petersilie
2 Zitronenscheiben

Marinade:
4 TL Mayonnaise (80 % Fett)
200 g Joghurt (0,3 % Fett)
4 TL Ketchup
Zitronensaft, Salz, Pfeffer, Süßstoff

Zubereitung: Das Krabbenfleisch in eine große Schüssel geben. Die Trauben waschen und halbieren, falls nötig, die Kerne entfernen. Die Tomaten waschen und grob würfeln. Alles gut miteinander vermengen. Sämtliche Zutaten für die Marinade verrühren und pikant abschmecken. Die Sauce über den Salat gießen und vorsichtig vermischen. Mit Petersilie und Zitronenscheiben garnieren. Den Salat 30 Minuten im Kühlschrank durchziehen lassen und dann erst servieren.

Pro Portion: 1170 Kilojoule, 280 Kalorien, 26 g Eiweiß, 9 g Fett, 24 g Kohlenhydrate

4 Austauschportionen Eiweiß
1 Austauschportion Obst
1 Austauschportion Gemüse
½ Austauschportion Milch
10 Kcal »Auf Wunsch«

Saucen und Pikantes

Andalusische Sauce
Menüplan 32. Woche

Zutaten für 2 Portionen
100 g Zwiebeln
1 Knoblauchzehe
4 TL Öl

300 g Tomaten
Salz, Pfeffer, Paprika, Pfeffersauce

Zubereitung: Zwiebeln schälen und würfeln. Knoblauchzehe fein hakken. Beides in Öl glasig dünsten. Inzwischen Tomaten überbrühen, enthäuten und pürieren. Zu den Zwiebeln geben, aufkochen und bei offenem Deckel bei mittlerer Hitze kochen lassen, bis die Sauce etwas eingedickt ist. Mit Salz, Pfeffer, Paprika und Pfeffersauce scharf abschmekken.

Pro Portion: 603 Kilojoule, 144 Kalorien, 2 g Eiweiß, 10 g Fett, 10 g Kohlenhydrate
2 Austauschportionen Gemüse
2 Austauschportionen Fett

Eingelegte Zwiebeln
Menüplan 31. Woche

Zutaten für 2 Portionen
100 g Zwiebeln
100 ml Weißweinessig
Wacholderbeeren
Selleriesalz

Pfefferkörner
1 zerriebenes Lorbeerblatt
getrockneter Dill

Zubereitung: Zwiebeln schälen und in Stücke schneiden. Den Essig mit 200 ml Wasser, den Gewürzen und Dill verrühren und zum Kochen bringen. Die Zwiebelstücke hineingeben und bei sehr schwacher Hitze 15 Minuten garen. Auskühlen lassen und in ein Glas füllen.

Pro Portion: 84 Kilojoule, 20 Kalorien, 1 g Eiweiß, 0 g Fett, 4 g Kohlenhydrate
½ Austauschportion Gemüse

Kräutersauce
Menüplan 19. Woche

Zutaten für 2 Portionen
100 g Joghurt (0,3 % Fett)
½ TL milder Senf
2 TL Kapern
je ½ Bund Petersilie und Schnittlauch
je ½ TL getrocknetes Estragon und Kerbel
weißer Pfeffer, Selleriesalz, Süßstoff

Zubereitung: Joghurt mit Senf glattrühren. Die Kapern fein hacken und untermischen. Petersilie und Schnittlauch waschen, trockentupfen, kleinschneiden und in die Sauce geben. Estragon und Kerbel hinzufügen und mit Pfeffer, Selleriesalz und Süßstoff abschmecken.

Pro Portion: 112 Kilojoule, 27 Kalorien, 3 g Eiweiß, 0 g Fett, 3 g Kohlenhydrate
¼ Austauschportion Milch

Altdeutsche Senfsauce
Menüplan 14. Woche

Zutaten für 2 Portionen
200 ml Milch (1,5 % Fett)
2 EL scharfer Senf
1 Prise Salz, etwas Süßstoff

Zubereitung: Die Milch mit dem Senf verrühren und aufkochen. Salz und etwas Süßstoff hinzufügen und bei schwacher Hitze sieden lassen, bis die Sauce sämig wird. Eventuell noch etwas Senf hinzufügen.

Pro Portion: 412 Kilojoule, 95 Kalorien, 11 g Eiweiß, 13 g Fett, 6 g Kohlenhydrate
½ Austauschportion Milch

Aprikosensauce »Pikanta«
Menüplan 17. Woche

Zutaten für 2 Portionen
½ l Milch (0,3 % Fett)
40 g Vollkornhaferflocken
2 TL Zwiebelflocken
kalorienreduzierte Aprikosen
(50 kcal)
½ TL Meerrettich
Pfeffer, Salz, Knoblauchpulver, Süßstoff

Zubereitung: Die Milch erhitzen, Vollkornhaferflocken hineinrühren, einmal aufwallen lassen und die Zwiebelflocken hinzufügen; abkühlen lassen. Aprikosen kleinschneiden und ebenfalls hineingeben. Mit Meerrettich, Pfeffer, Salz, Knoblauchpulver und Süßstoff abschmecken.

Pro Portion: 764 Kilojoule, 183 Kalorien, 11 g Eiweiß, 2 g Fett, 31 g Kohlenhydrate
1 Austauschportion Milch
1 Austauschportion Getreide-Erzeugnisse
25 Kcal »Auf Wunsch«

Käsesauce
Menüplan 20. Woche

Zutaten für 2 Portionen
60 g Emmentaler (45 % Fett i. Tr.)   200 ml Milch (1,5 % Fett)
2 TL Margarine   Muskat
2 TL Mehl

Zubereitung: Den Käse reiben. Margarine in einem Topf schmelzen und das Mehl einrühren. Dann nach und nach die Milch unterrühren. Alles unter ständigem Rühren so lange kochen, bis die Sauce dicklich wird. Den Käse hinzufügen und mit Muskat abschmecken.

Pro Portion: 903 Kilojoule, 216 Kalorien, 12 g Eiweiß, 15 g Fett, 8 g Kohlenhydrate
1 Austauschportion Eiweiß
1 Austauschportion Fett
½ Austauschportion Milch
10 Kcal »Auf Wunsch«

Rote Sauce
Menüplan 51. Woche

Zutaten für 2 Portionen
1 EL Tomatenmark   Estragon, Pfeffer, Zwiebelsalz,
1 TL Instantbrühe   Süßstoff
2 g Nestargel

Zubereitung: ¼ Liter Wasser in einem Topf erhitzen, Tomatenmark unterrühren und die Brühe darin auflösen. Mit Nestargel andicken und pikant abschmecken.

Pro Portion: 41 Kilojoule, 10 Kalorien, 1 g Eiweiß, 1 g Kohlenhydrate
10 Kcal »Auf Wunsch«

Joghurtdip
Menüplan 34. Woche

Zutaten für 2 Portionen
50 g grüne Paprikaschoten
½ Bund Schnittlauch

175 g Joghurt (1,5 % Fett)
Salz, Knoblauchpulver, Pfeffer

Zubereitung: Paprikaschote waschen und in feine Würfel schneiden. Schnittlauch fein schneiden. Beides mit Joghurt vermengen und mit Salz, Knoblauchpulver und Pfeffer abschmecken.

Pro Portion: 212 Kilojoule, 51 Kalorien, 4 g Eiweiß, 2 g Fett, 6 g Kohlenhydrate

½ Austauschportion Milch
¼ Austauschportion Gemüse

Joghurt-Tomaten-Dressing
Menüplan 13. Woche

Zutaten für 2 Portionen
175 g Joghurt (1,5 % Fett)
2 TL Öl
2 EL Tomatenmark

1 TL frisches oder getrocknetes
Basilikum
Selleriesalz

Zubereitung: Alle Zutaten mit 60 ml Wasser gut vermengen und pikant abschmecken.

Pro Portion: 411 Kilojoule, 98 Kalorien, 4 g Eiweiß, 6 g Fett, 6 g Kohlenhydrate

1 Austauschportion Fett
½ Austauschportion Milch
10 Kcal »Auf Wunsch«

Süße Pfefferminzsauce
Menüplan 52. Woche

Zutaten für 2 Portionen
⅛ l Milch (0,3 % Fett)
1 Beutel Pfefferminztee

2 g Nestargel
Süßstoff

Zubereitung: Die Milch zum Kochen bringen. Von der Kochstelle nehmen, den Teebeutel hineinhängen und 20 Minuten ziehen lassen. Mit

Nestargel andicken und mit Süßstoff abschmecken. Vor dem Servieren mindestens 60 Minuten ins Gefrierfach stellen.

Pro Portion: 90 Kilojoule, 22 Kalorien, 2 g Eiweiß, 3 g Kohlenhydrate
¼ Austauschportion Milch

Sauce Hawaii
Menüplan 17. Woche

Zutaten für 2 Portionen
1 TL Weißweinessig
Pfeffer, Paprikapulver
2 TL Senf
8 Kapern
4 TL Kondensmilch (4 % Fett)
4 EL Ananassaft (ohne Zucker)
2 TL Öl
½ TL Salz, Süßstoff
200 g Ananas (konserviert ohne Zucker)

Zubereitung: Weinessig mit Pfeffer, Paprikapulver und Senf verrühren. Kapern kleinschneiden und hinzufügen. Mit Kondensmilch, Ananassaft und Öl glattrühren, mit Salz und Süßstoff abschmecken. Die Ananas zerkleinern und unterrühren.

Pro Portion: 513 Kilojoule, 123 Kalorien, 2 g Eiweiß, 6 g Fett, 15 g Kohlenhydrate
1 Austauschportion Fett
1 Austauschportion Obst
30 Kcal »Auf Wunsch«

Holländische Sauce
Menüplan 25. Woche

Zutaten für 2 Portionen
2 Eier
Petersilie
je 2 TL Meerrettich, Senf und Wasser
1 TL Zitronensaft
4 TL Öl
Salz, Pfeffer
Süßstoff

Zubereitung: Eier hart kochen, abpellen und grob hacken. Petersilie waschen und fein hacken. Die restlichen Zutaten verrühren und abschmecken. Vorsichtig mit den Eierwürfeln und der Petersilie vermengen.

Pro Portion: 801 Kilojoule, 191 Kalorien, 8 g Eiweiß, 17 g Fett, 1 g Kohlenhydrate
2 Austauschportionen Fett
1 Austauschportion Eiweiß

Mango-Chutney
Menüplan 44. Woche

Zutaten für 2 Portionen
200 g frische Mango
1 frische Chilischote
1 EL glattblättrige Petersilie
3—4 Prisen Cayennepfeffer

Zubereitung: Mango waschen und trockentupfen. Den Kern herausschneiden, das Fruchtfleisch mit Schale in ganz dünne Scheiben schneiden. Die Chilischote waschen, entstielen, der Länge nach halbieren und die Kerne nach Belieben entfernen (sie sind der schärfste Teil der Chilischote), dann in hauchdünne Scheiben schneiden. Petersilie hacken. Alles vorsichtig in einer Schüssel miteinander vermischen, abschmecken und 1—2 Stunden im Kühlschrank ziehen lassen.

Pro Portion: 258 Kilojoule, 62 Kalorien, 1 g Eiweiß, 15 g Kohlenhydrate
1 Austauschportion Obst

Mixed Pickles
Menüplan 31. Woche

Zutaten für 2 Portionen
100 g Rosenkohl (Dosenware)
150 g Blumenkohl
150 g Möhren
100 ml Weißweinessig
Salz, Pfeffer, Süßstoff
2 zerriebene Lorbeerblätter
getrockneter Dill

Zubereitung: Das Gemüse waschen und putzen. Den Blumenkohl in kleine Röschen zerteilen, die Möhren in Scheiben schneiden. Alles mit wenig Wasser bei sehr schwacher Hitze 10 Minuten dünsten. Abtropfen und abkühlen lassen. Den Essig mit den Gewürzen und Dill verrühren und mit $1/4$ Liter Wasser auffüllen. Das Gemüse in Gläser füllen und mit der Marinade übergießen.

Pro Portion: 323 Kilojoule, 77 Kalorien, 5 g Eiweiß, 1 g Fett, 13 g Kohlenhydrate
$1^1/_2$ Austauschportionen Gemüse

Süßspeisen und Gebäck

Müsli

Frühstücks-Müsli
Menüplan 18. Woche

Zutaten für 2 Portionen
250 g Äpfel
40 g kernige Haferflocken
350 g Joghurt (1,5 % Fett)

2 EL Kleie
Zitronensaft, Zimt, Süßstoff

Zubereitung: Die Äpfel waschen und vierteln, das Kerngehäuse entfernen und die Äpfel mit der Schale grob reiben. Mit den übrigen Zutaten mischen und mit Zitronensaft, Zimt und Süßstoff abschmecken.

Pro Portion: 1019 Kilojoule, 243 Kalorien, 10 g Eiweiß, 5 g Fett, 39 g Kohlenhydrate

1 Austauschportion Obst
1 Austauschportion Getreide-Erzeugnisse
1 Austauschportion Milch

Kefir-Müsli
Menüplan 1. Woche

Zutaten für 2 Portionen
100 g Birnen
20 g Rosinen
40 g Haferflocken

400 ml Kefir (1,5 % Fett)
Süßstoff

Zubereitung: Birne schälen und würfeln. Zusammen mit den Rosinen und Haferflocken unter den Kefir heben und nach Geschmack süßen.

Pro Portion: 1004 Kilojoule, 240 Kalorien, 11 g Eiweiß, 6 g Fett, 36 g Kohlenhydrate

1 Austauschportion Obst
1 Austauschportion Getreide-Erzeugnisse
1 Austauschportion Milch

Bircher Müsli
Menüplan 6. Woche

Zutaten für 2 Portionen
80 g Haferflocken
⅛ l ungesüßter, möglichst frisch-
gepreßter Orangensaft
125 g Äpfel
20 g Rosinen
400 ml Dickmilch (1,5 % Fett)
2 TL Honig
Süßstoff, Zitronensaft

Zubereitung: Haferflocken über Nacht in Orangensaft quellen lassen. Am nächsten Tag Äpfel entkernen, reiben und zusammen mit Rosinen und Dickmilch verrühren. Mit Honig, Süßstoff und Zitronensaft abschmecken.

Pro Portion: 1381 Kilojoule, 330 Kalorien, 13 g Eiweiß, 5 g Fett, 59 g Kohlenhydrate

2 Austauschportionen Getreide-Erzeugnisse
1½ Austauschportionen Obst
1 Austauschportion Milch
20 Kcal »Auf Wunsch«

Frühstück für zwei
Menüplan 45. Woche

Zutaten für 2 Portionen
250 g Himbeeren (Tiefkühlware)
Süßstoff
250 g Speisequark (Magerstufe)
etwas Zitronensaft und abgeriebene Zitronenschale
Süßstoff
40 g Cornflakes

Zubereitung: Himbeeren über Nacht auftauen lassen. Am Morgen mit einer Gabel zerdrücken und mit Süßstoff süßen. Magerquark mit Zitronensaft, etwas abgeriebener Zitronenschale und Süßstoff abschmecken. Nun Himbeeren, Quark und Cornflakes schichtweise in eine Schüssel füllen (mit einer Schicht Cornflakes abschließen) und sofort servieren.

Pro Portion: 978 Kilojoule, 243 Kalorien, 25 g Eiweiß, 1 g Fett, 28 g Kohlenhydrate

1 Austauschportion Obst
1 Austauschportion Eiweiß
½ Austauschportion Milch
1 Austauschportion Getreide-Erzeugnisse

Himbeerfrühstück
Menüplan 41. Woche

Zutaten für 2 Portionen
250 g Himbeeren (Tiefkühlware)
Zitronensaft, Süßstoff
150 g Hüttenkäse

100 g Speisequark (Magerstufe)
kalorienreduzierte Pfirsiche
(50 kcal)

Zubereitung: Himbeeren auftauen lassen, mit Zitronensaft und Süßstoff abschmecken. Hüttenkäse und Magerquark unter die Himbeeren rühren (einige Himbeeren zum Garnieren zurückbehalten). Die Pfirsiche in 2 große Gläser geben, darauf die Himbeermasse. Mit Himbeeren garniert servieren.

Pro Portion: 875 Kilojoule, 209 Kalorien, 21 g Eiweiß, 5 g Fett, 20 g Kohlenhydrate

1 Austauschportion Obst
1 Austauschportion Eiweiß
½ Austauschportion Milch
25 Kcal »Auf Wunsch«

Haferflocken-Müsli
Menüplan 2. Woche

Zutaten für 1 Portion
100 g Speisequark (Magerstufe)
Zitronensaft
60 g Banane

1 TL Butter
20 g Haferflocken
Süßstoff, Zimt

Zubereitung: Magerquark mit etwas Wasser und Zitronensaft glattrühren, Banane schälen, würfeln und untermischen. Butter in einer kleinen Pfanne erhitzen, Haferflocken darin anrösten. Anschließend über den Quark geben. Mit Süßstoff und Zimt bestreut servieren.

Pro Portion: 1046 Kilojoule, 250 Kalorien, 21 g Eiweiß, 6 g Fett, 27 g Kohlenhydrate

1 Austauschportion Milch
1 Austauschportion Obst
1 Austauschportion Fett
1 Austauschportion Getreide-Erzeugnisse

Früchte-Müsli
Menüplan 12. Woche

<u>Zutaten für 2 Portionen</u>
10 g getrocknete Aprikosen
125 g Äpfel
10 g Rosinen
je 20 g Haferflocken und Cornflakes

100 ml Joghurt (0,3 % Fett)
⅛ l Milch (0,3 % Fett)
2 TL Sesamkörner

Zubereitung: Aprikosen würfeln. Äpfel schälen, entkernen und ebenfalls in Würfel schneiden. Aprikosen- und Apfelwürfel mit Rosinen, Haferflocken und Cornflakes vermengen. Joghurt mit Milch verrühren und über das Müsli geben. Das Ganze mit Sesamkörnern bestreuen.

Pro Portion: 851 Kilojoule, 203 Kalorien, 8 g Eiweiß, 3 g Fett, 36 g Kohlenhydrate

1 Austauschportion Obst
1 Austauschportion Getreide-Erzeugnisse
½ Austauschportion Milch
20 Kcal »Auf Wunsch«

Flockencrossies
Menüplan 52. Woche

<u>Zutaten für 2 Portionen</u>
60 g Vollkornflocken
Rumaroma, Süßstoff
je 2 TL Kakao und Kokosraspeln

1 TL Honig
50 g Magermilchpulver
3 TL Mineralwasser

Zubereitung: Haferflocken mit Rumaroma und Süßstoff mischen und 30 Minuten einziehen lassen. Kakao, Kokosraspeln, Honig und Magermilchpulver untermischen. Mineralwasser einrühren und in einer beschichteten Pfanne bei mittlerer Hitze 10 Minuten unter ständigem Wenden rösten.

Pro Portion: 1000 Kilojoule, 240 Kalorien, 14 g Eiweiß, 5 g Fett, 36 g Kohlenhydrate

1½ Austauschportionen Getreide-Erzeugnisse
1 Austauschportion Milch
25 Kcal »Auf Wunsch«

Ananas-Aprikosen-Müsli
Menüplan 8. Woche

<u>Zutaten für 2 Portionen</u>
40 g Haferflocken
200 g Ananas
40 g getrocknete Aprikosen
2 TL Zitronensaft
200 g Joghurt (0,3 % Fett)
Süßstoff

Zubereitung: Haferflocken, die in kleine Stücke geschnittenen Ananas und die feingewürfelten Aprikosen vermengen. Zitronensaft und Joghurt vermischen, mit Süßstoff abschmecken und unter die Fruchtmasse heben.

Pro Portion: 956 Kilojoule, 228 Kalorien, 9 g Eiweiß, 2 g Fett, 45 g Kohlenhydrate

2 Austauschportionen Gemüse
1 Austauschportion Getreide-Erzeugnisse
½ Austauschportion Milch

Pudding und Cremes

Schokoladenpudding
Menüplan 29. Woche

<u>Zutaten für 2 Portionen</u>
400 ml Milch (1,5 % Fett)
Süßstoff
20 g Speisestärke
4 TL Kakao

Zubereitung: Von der Milch 5 EL abnehmen. Den Rest kräftig mit Süßstoff süßen und zum Kochen bringen. Die abgenommene Milch mit der Speisestärke und dem Kakao gut verrühren. Die kochende Milch von der Kochstelle nehmen und die Kakaomischung hineinrühren. Kurz aufkochen lassen und in eine kalt ausgespülte Schüssel geben. Abkühlen lassen und servieren.

Pro Portion: 742 Kilojoule, 177 Kalorien, 8 g Eiweiß, 5 g Fett, 25 g Kohlenhydrate

1 Austauschportion Milch
½ Austauschportion Getreide-Erzeugnisse
10 Kcal »Auf Wunsch«

Pflaumenpudding
Menüplan 38. Woche

Zutaten für 4 Portionen
340 g Pflaumen ohne Steine
1 Stange Zimt
3 Nelken
Zitronenschale
8 TL Weißwein
Agar-Agar, Süßstoff

Zubereitung: Die entsteinten, gewaschenen Pflaumen in einen Topf geben. Zimtstange, Nelken, Zitronenschale und ¼ Liter Wasser zugeben und 15 Minuten kochen lassen. Zimtstange, Nelken und Zitronenschale entfernen. Nun die Pflaumen durch ein Haarsieb streichen oder im Mixer pürieren. Dann wieder in den Topf geben. Weißwein mit Agar-Agar verrühren und die Pflaumen damit binden; nochmals aufwallen lassen. Mit Süßstoff süßen und sofort in eine mit kaltem Wasser ausgespülte Puddingform füllen und abkühlen lassen. Etwa 90 Minuten im Kühlschrank vollkommen erkalten lassen. Anschließend auf eine Platte stürzen und servieren.

Pro Portion: 271 Kilojoule, 65 Kalorien, 1 g Eiweiß, 14 g Kohlenhydrate

1 Austauschportion Obst
10 Kcal »Auf Wunsch«

Schokoladenpudding mit Rum-Aprikosen-Sauce
Menüplan 25. Woche

Zutaten für 2 Portionen
20 g Rosinen
4 TL Weißwein
kalorienreduzierte Aprikosen mit Saft (100 kcal)
Süßstoff, Rumaroma
400 g kalorienarmer Schokoladenpudding (nach Packungsvorschrift zubereitet)

Zubereitung: Rosinen in Wein einweichen. Aprikosen pürieren. Mit Süßstoff und Rumaroma abschmecken. Die Rosinen hinzufügen, alles über den Pudding geben und servieren.

Pro Portion: 703 Kilojoule, 168 Kalorien, 6 g Eiweiß, 1 g Fett, 32 g Kohlenhydrate

1½ Austauschportionen Obst
1 Austauschportion Milch
10 Kcal »Auf Wunsch«

Gegrillter Schokoladenpudding
Menüplan 20. Woche

Zutaten für 2 Portionen
3 Blatt Gelatine
¼ l Milch (0,3 % Fett)
1 TL Kakao
1 Eigelb

Süßstoff
1 Eiweiß
2 TL Zucker

Zubereitung: Gelatine in kaltem Wasser einweichen. Milch mit Kakao und Eigelb verrühren und mit Süßstoff abschmecken. Die gequollene Gelatine hinzufügen und alles erwärmen, bis sich die Gelatine aufgelöst hat. Die Speise im Kühlschrank fest werden lassen. Das Eiweiß sehr steif schlagen, dann unter ständigem Schlagen den Zucker einrieseln lassen. Die Eiweißmasse über den festgewordenen Pudding geben und unter dem vorgeheizten Gill leicht anbräunen lassen. Sofort servieren.

Pro Portion: 495 Kilojoule, 118 Kalorien, 10 g Eiweiß, 4 g Fett, 11 g Kohlenhydrate

½ Austauschportion Milch
½ Austauschportion Eiweiß
23 Kcal »Auf Wunsch«

Grießflammeri
Menüplan 36. Woche

Zutaten für 2 Portionen
400 ml Milch (1,5 % Fett)
Süßstoff
abgeriebene Schale einer unbehandelten Zitrone

40 g Grieß
1 Ei

Zubereitung: Milch mit Süßstoff und Zitronenschale zum Kochen bringen. Grieß hinzufügen und ausquellen lassen. Das Ei trennen. Eigelb mit etwas Wasser verrühren und in den heißen Grießbrei geben. Auskühlen lassen. Eiweiß sehr steif schlagen und vorsichtig unterheben.

Pro Portion: 853 Kilojoule, 205 Kalorien, 12 g Eiweiß, 6 g Fett, 24 g Kohlenhydrate

1 Austauschportion Milch
1 Austauschportion Getreide-Erzeugnisse
½ Austauschportion Eiweiß

Joghurt-Frucht-Pudding
Menüplan 21. Woche

Zutaten für 2 Portionen
¼ l ungesüßter Apfelsaft
1 TL Honig
6 Blatt Gelatine
400 g Joghurt (0,3 % Fett)
Süßstoff, Vanillearoma
125 g Erdbeeren
kalorienreduzierte Blaubeeren
(50 kcal)

Zubereitung: 100 ml Apfelsaft, 150 ml Wasser und Honig erwärmen. Die eingeweichte Gelatine unterrühren, bis sie sich aufgelöst hat. Joghurt mit dem restlichen Apfelsaft verschlagen und mit Süßstoff und Vanillearoma abschmecken. Diese Mischung nach und nach in die Apfelsaft-Gelatine-Lösung geben. In den Kühlschrank stellen, bis die Speise halbfest ist.
Erdbeeren in Scheiben schneiden. Dann einen Teil der Erdbeeren und die Blaubeeren vorsichtig unterheben und alles in eine Schale geben. Wieder in den Kühlschrank stellen und ganz fest werden lassen. Vor dem Servieren die Schale kurz in heißes Wasser setzen und den Pudding auf eine Platte stürzen. Mit den restlichen Erdbeeren verzieren.

Pro Portion: 636 Kilojoule, 152 Kalorien, 13 g Eiweiß, 1 g Fett, 36 g Kohlenhydrate
1½ Austauschportionen Obst
1 Austauschportion Milch
45 Kcal »Auf Wunsch«

Rotweinspeise
Menüplan 21. Woche

Zutaten für 2 Portionen
¼ l Rotwein
Zimt, Süßstoff
3 Blatt rote Gelatine
120 g Bananen

Zubereitung: Rotwein in einem Topf leicht erwärmen und mit Zimt und Süßstoff abschmecken. Die eingeweichte Gelatine im warmen Rotwein auflösen, diesen in zwei Gläser verteilen und im Kühlschrank so lange kühlen, bis die Speise sirupartig angedickt ist. Zuletzt die geschälten, in Scheiben geschnittenen Bananen unterheben. Anschließend im Kühlschrank ganz fest werden lassen.

Pro Portion: 661 Kilojoule, 158 Kalorien, 3 g Eiweiß, 0 g Fett, 14 g Kohlenhydrate
1 Austauschportion Obst
105 Kcal »Auf Wunsch«

Frucht-Brot-Pudding
Menüplan 34. Woche

Zutaten für 4 Portionen
4 Scheiben Toastbrot (à 30 g)
4 TL Margarine
20 g Rosinen
20 g getrocknete Aprikosen
½ l Milch (0,3 % Fett)
4 Eier
Süßstoff, Zimt

Zubereitung: Jede Scheibe Brot mit Margarine bestreichen. Dann die Brotscheiben vierteln und mit den Rosinen und den in Würfel geschnittenen Aprikosen in eine Auflaufform schichten. Die Milch erwärmen und mit den Eiern verschlagen, mit Süßstoff abschmecken. Über das Brot und die Früchte geben und mit Zimt bestreuen. Bei 200° C (Gasherd Stufe 4—5) 30—45 Minuten backen, bis die Masse durch und durch fest und an der Oberfläche leicht gebräunt ist.

Pro Portion: 1156 Kilojoule, 276 Kalorien, 14 g Eiweiß, 12 g Fett, 28 g Kohlenhydrate

1 Austauschportion Brot
1 Austauschportion Fett
½ Austauschportion Obst
½ Austauschportion Milch
1 Austauschportion Eiweiß

Vanilleflammeri
Menüplan 50. Woche

Zutaten für 2 Portionen
2 Eier
½ l Milch (0,3 % Fett)
40 g Speisestärke
Süßstoff, Vanilleextrakt

Zubereitung: Eier trennen. Eigelb mit etwas Milch und Speisestärke verrühren. Den Rest der Milch zusammen mit Süßstoff und Vanilleextrakt zum Kochen bringen. Abkühlen lassen. Eiweiß sehr steif schlagen und vorsichtig unter den ausgekühlten Flammeri heben.

Pro Portion: 1017 Kilojoule, 243 Kalorien, 16 g Eiweiß, 7 g Fett, 30 g Kohlenhydrate

1 Austauschportion Eiweiß
1 Austauschportion Milch
1 Austauschportion Getreide-Erzeugnisse

Früchtegrieß
Menüplan 46. Woche

Zutaten für 2 Portionen
¼ l Milch (0,3 % Fett)
40 g Grieß
Süßstoff, Vanillearoma

2 TL Butter
kalorienreduzierte Kirschen
(100 kcal)

Zubereitung: Die Milch zum Kochen bringen, Grieß einrieseln lassen und unter ständigem Rühren bei starker Hitze 3 Minuten ausquellen lassen. Mit Süßstoff und Vanillearoma abschmecken. Die Butter in einer Pfanne heiß werden lassen, den Grießbrei hineingeben und 5 Minuten bei schwacher Hitze braten, dabei gelegentlich wenden.
Auf zwei Tellern verteilen und die Kirschen darübergeben.

Pro Portion: 844 Kilojoule, 202 Kalorien, 7 g Eiweiß, 4 g Fett, 33 g Kohlenhydrate

½ Austauschportion Milch
1 Austauschportion Getreide-Erzeugnisse
1 Austauschportion Fett
1 Austauschportion Obst

Christkindlpudding
Menüplan 52. Woche

Zutaten für 2 Portionen
20 g Vollkornhaferflocken
1 TL Kakao
Rumaroma
Süßstoff

1 TL Margarine
200 g kalorienarmer Vanillepudding (nach Vorschrift zubereitet)

Zubereitung: Die Haferflocken mit Kakao vermischen und mit Rumaroma und Süßstoff abschmecken. Margarine in einer Pfanne erhitzen, die Haferflockenmischung hineingeben und bei mittlerer Hitze unter ständigem Rühren 5 Minuten rösten. Etwas auskühlen lassen und unter den fertigen Pudding mischen.
Tip: Der Pudding schmeckt auch als »Eiscreme«. Hierzu wird der Pudding in zwei Schälchen gefüllt, über Nacht ins Gefrierfach gestellt und 5 Minuten vor dem Servieren herausgenommen.

Pro Portion: 423 Kilojoule, 101 Kalorien, 5 g Eiweiß, 3 g Fett, 14 g Kohlenhydrate

½ Austauschportion Getreide-Erzeugnisse
½ Austauschportion Fett
½ Austauschportion Milch
2,5 Kcal »Auf Wunsch«

Ananasmousse
Menüplan 23. Woche

Zutaten für 4 Portionen
100 g Ananas (ohne Zucker konserviert)
2 EL Ananassaft
50 ml Zitronensaft
1 Prise Salz
4 Blatt Gelatine
¼ l Milch (0,3 % Fett)
Süßstoff (entsprechend 10 TL Zucker)
Vanillearoma
125 g Erdbeeren
100 g Kiwi

Zubereitung: Ananas und Ananassaft mit Zitronensaft und Salz im Mixer pürieren. Die Gelatine in kaltem Wasser einweichen, dann in 50 ml Wasser erwärmen, bis sie sich aufgelöst hat. Die gekühlte Milch mit Süßstoff und Vanillearoma verrühren und unter ständigem Schlagen nach und nach zu der Gelatinelösung geben. Weitere 5 Minuten schlagen, bis die Masse schaumig ist. Anschließend unter ständigem Rühren zum Ananaspüree geben. Die Ananasmousse im Kühlschrank gut durchkühlen lassen. Vor dem Servieren mit Erdbeeren und Kiwi verzieren.

Pro Portion: 271 Kilojoule, 65 Kalorien, 3 g Eiweiß, 0 g Fett, 12 g Kohlenhydrate
¾ Austauschportion Obst
¼ Austauschportion Milch
3 Kcal »Auf Wunsch«

Mokkadessert
Menüplan 31. Woche

Zutaten für 2 Portionen
2 Eier
3 Blatt Gelatine
1 TL Süßstoff
½ TL Kaffeepulver

Zubereitung: Die Eier trennen. Gelatine einweichen, dann in ¼ Liter warmem Wasser auflösen. Süßstoff und Kaffeepulver in 30 ml Wasser rühren und mit Eigelb schaumig schlagen. Gelatine hinzufügen. Eiweiß steif schlagen und vorsichtig unterheben. Das Dessert bis zum Servieren für 1 Stunde in den Kühlschrank stellen.

Pro Portion: 396 Kilojoule, 95 Kalorien, 9 g Eiweiß, 6 g Fett, 0 g Kohlenhydrate
1 Austauschportion Eiweiß
5 Kcal »Auf Wunsch«

Pflaumenmus »Boris«
Menüplan 30. Woche

Zutaten für 2 Portionen
170 g Pflaumen
20 g Zwieback

Zimt, Süßstoff, Rumaroma

Zubereitung: Die Pflaumen waschen, entsteinen, kleinschneiden und 10 Minuten bei sehr schwacher Hitze in 2 Eßlöffeln Wasser dünsten. Den Zwieback reiben. Die Pflaumen durch ein Sieb rühren, mit dem Zwieback vermischen und mit Zimt, Süßstoff und Rumaroma abschmecken. Bei sehr schwacher Hitze 10 Minuten garen.

Pro Portion: 398 Kilojoule, 95 Kalorien, 2 g Eiweiß, 0 g Fett, 21 g Kohlenhydrate
1 Austauschportion Obst
½ Austauschportion Getreide-Erzeugnisse

Bananencreme
Menüplan 23. Woche

Zutaten für 2 Portionen
2 TL Speisestärke
¼ l Milch (0,3 % Fett)
25 g Magermilchpulver
1 TL Honig
120 g Bananen

¼ TL Zitronensaft
Süßstoff (entsprechend 1 TL Zucker)
Vanillearoma

Zubereitung: Speisestärke in 2 Eßlöffeln Milch anrühren. Den Rest der Milch mit Magermilchpulver und Honig verrühren. Bananen und Zitronensaft pürieren und zur Milch geben. Mit Süßstoff und Vanillearoma abschmecken. Diese Mischung zum Kochen bringen. Das angerührte Mehl unter ständigem Rühren hinzufügen und alles nochmals kurz aufkochen lassen.
Die Creme bis zum Servieren 2 Stunden in den Kühlschrank stellen.

Pro Portion: 701 Kilojoule, 168 Kalorien, 10 g Eiweiß, 0 g Fett, 31 g Kohlenhydrate
1 Austauschportion Milch
1 Austauschportion Obst
20 Kcal »Auf Wunsch«

Erdbeer-Mango-Creme
Menüplan 21. Woche

Zutaten für 2 Portionen
100 g Mango
125 g Erdbeeren
Saft einer halben Zitrone, Süßstoff

175 g Joghurt (1,5 % Fett)
3 Blatt Gelatine
2 TL Kokosraspeln

Zubereitung: Mango schälen und entkernen. Zusammen mit den Erdbeeren, von denen zwei zum Verzieren beiseite gelegt werden, Zitronensaft und Süßstoff im Mixer pürieren. Joghurt und die eingeweichte und aufgelöste Gelatine unterrühren. Anschließend in zwei Gläser füllen und im Kühlschrank fest werden lassen. Vor dem Servieren mit den beiden Erdbeeren verzieren und mit Kokosraspeln bestreuen.

Pro Portion: 504 Kilojoule, 121 Kalorien, 6 g Eiweiß, 3 g Fett, 18 g Kohlenhydrate

1 Austauschportion Obst
½ Austauschportion Milch
15 Kcal »Auf Wunsch«

Milchgelee mit Himbeeren
Menüplan 27. Woche

Zutaten für 2 Portionen
400 ml Milch (1,5 % Fett)
Süßstoff, Salz
Rumaroma

6 Blatt weiße Gelatine
250 g Himbeeren

Zubereitung: Milch, Süßstoff und Salz in einem Topf aufkochen. Rumaroma hinzufügen und 10 Minuten durchziehen lassen. Gelatine in einem Becher mit Wasser einweichen, ausdrücken und in der heißen Milch unter Rühren auflösen. In eine kalt ausgespülte Schüssel gießen und abkühlen lassen. Dann zugedeckt im Kühlschrank vollkommen erstarren lassen, anschließend auf eine Platte stürzen. Himbeeren mit Süßstoff süßen, über das Milchgelee geben und servieren.

Pro Portion: 664 Kilojoule, 159 Kalorien, 11 g Eiweiß, 4 g Fett, 21 g Kohlenhydrate

1 Austauschportion Milch
1 Austauschportion Obst
10 Kcal »Auf Wunsch«

Sauerkirschcreme
Menüplan 37. Woche

Zutaten für 2 Portionen
6 Blatt Gelatine
⅛ l Weißwein
350 g Joghurt (1,5 % Fett)
200 g entkernte Sauerkirschen
Süßstoff

Zubereitung: Gelatine einweichen. Wein leicht erwärmen und die Gelatine darin auflösen. Joghurt und Sauerkirschen pürieren, unter den Wein rühren und mit Süßstoff abschmecken. Im Kühlschrank fest werden lassen.

Pro Portion: 883 Kilojoule, 211 Kalorien, 11 g Eiweiß, 3 g Fett, 24 g Kohlenhydrate

1 Austauschportion Milch
1 Austauschportion Obst
60 Kcal »Auf Wunsch«

Stachelbeercreme
Menüplan 32. Woche

Zutaten für 2 Portionen
250 g Stachelbeeren
2 TL Honig
abgeriebene Schale einer unbehandelten Zitrone
200 g Speisequark (Magerstufe)
Süßstoff
2 TL Kokosraspeln

Zubereitung: Stachelbeeren waschen. ⅛ l Wasser, Honig und Zitronenschale verrühren und die Stachelbeeren darin 5 Minuten garen. Anschließend abkühlen lassen. Mit Quark verrühren und mit Süßstoff abschmecken. Vor dem Servieren mit Kokosraspeln bestreuen.

Pro Portion: 643 Kilojoule, 154 Kalorien, 18 g Eiweiß, 2 g Fett, 14 g Kohlenhydrate

1 Austauschportion Obst
1 Austauschportion Milch
30 Kcal »Auf Wunsch«

Himbeercreme
Menüplan 18. Woche

Zutaten für 2 Portionen
190 g Himbeeren (Tiefkühlware)
60 ml Orangensaft
¼ l Buttermilch (1 % Fett)

200 g Joghurt (0,3 % Fett)
Süßstoff
6 Blatt Gelatine

Zubereitung: Himbeeren, Orangensaft, Buttermilch, Joghurt und Süßstoff mit dem Handrührgerät zu einer cremigen Masse rühren. Gelatine nach Vorschrift einweichen, auflösen und lauwarm unter die Masse rühren. Falls die Creme geliert, noch einmal kurz mit dem Handrührgerät aufschlagen. In Portionsschalen geben, kalt stellen, und mit einer Himbeere verziert servieren.

Pro Portion: 680 Kilojoule, 163 Kalorien, 14 g Eiweiß, 2 g Fett, 22 g Kohlenhydrate

1 Austauschportion Obst
1 Austauschportion Milch
10 Kcal »Auf Wunsch«

Stachelbeergelee
Menüplan 37. Woche

Zutaten für 2 Portionen
125 g Stachelbeeren
3 Blatt Gelatine

Süßstoff

Zubereitung: Stachelbeeren waschen und in ¼ Liter Wasser weich kochen (sie dürfen jedoch nicht zerfallen). Währenddessen die Gelatine einweichen. Stachelbeerwasser mit Süßstoff süßen. Die Gelatine darin auflösen. Alles in eine Schale füllen und im Kühlschrank fest werden lassen.

Pro Portion: 131 Kilojoule, 31 Kalorien, 2 g Eiweiß, 5 g Kohlenhydrate

½ Austauschportion Obst
5 Kcal »Auf Wunsch«

Weingelee
Menüplan 7. Woche

Zutaten für 2 Portionen
75 g Trauben
3 Blatt Gelatine
je ⅛ l ungesüßter Apfelsaft und
Weißwein

Süßstoff
35 g süße Sahne

Zubereitung: Trauben halbieren, entkernen und in Gläser füllen. Gelatine einweichen. Apfelsaft erwärmen und die Gelatine darin auflösen. Dann den Wein hinzufügen, eventuell mit Süßstoff süßen, und auf die Trauben in den Gläsern gießen.
Im Kühlschrank fest werden lassen. Mit steifgeschlagener und mit Süßstoff gesüßter Schlagsahne verzieren.

Pro Portion: 590 Kilojoule, 140 Kalorien, 2 g Eiweiß, 6 g Fett, 16 g Kohlenhydrate

1 Austauschportion Obst
105 Kcal »Auf Wunsch«

Gelee Pink Panther
Menüplan 40. Woche

Zutaten für 2 Portionen
250 g rosafarbene Grapefruit
¼ l Grapefruitsaft (ungesüßt)

Süßstoff
je 2 Blatt rote und weiße Gelatine

Zubereitung: Grapefruit schälen, das Fruchtfleisch vorsichtig herauslösen und in Stücke schneiden. Grapefruitsaft erhitzen und mit Süßstoff abschmecken. Gelatine nach Vorschrift einweichen und ausdrücken. Im Saft auflösen. Grapefruitstücke unterrühren und in eine kalt ausgespülte Schüssel geben. Im Kühlschrank erstarren lassen. Vor dem Servieren die Schüssel kurz in heißes Wasser tauchen und das Gelee auf eine Platte stürzen.

Pro Portion: 486 Kilojoule, 116 Kalorien, 4 g Eiweiß, 24 g Kohlenhydrate

2 Austauschportionen Obst
7 Kcal »Auf Wunsch«

Honig-Joghurt
Menüplan 9. Woche

Zutaten für 2 Portionen
350 g Joghurt (1,5 % Fett)
abgeriebene Schale einer unbehandelten Zitrone
2 TL Honig
Ingwerpulver, Süßstoff

Zubereitung: Joghurt mit Zitronenschale und Honig glattrühren. Mit Ingwerpulver und eventuell etwas Süßstoff abschmecken.

Pro Portion: 408 Kilojoule, 97 Kalorien, 6 g Eiweiß, 3 g Fett, 11 g Kohlenhydrate
1 Austauschportion Milch
20 Kcal »Auf Wunsch«

Apfel-Käse-Mousse
Menüplan 13. Woche

Zutaten für 2 Portionen
4 Blatt Gelatine
2 rote Äpfel (ca. 250 g)
Zitronensaft
300 g Hüttenkäse
125 ml Buttermilch (1 % Fett)
60 g Weißbrot
1 TL Zucker
1 Zitronenscheibe

Zubereitung: Gelatine in 60 ml Wasser einweichen. Dann 60 ml kochendes Wasser hinzufügen und so lange rühren, bis sich die Gelatine aufgelöst hat. Äpfel halbieren. Drei Hälften schälen, entkernen und hacken. Die vierte ebenfalls entkernen, mit Zitronensaft beträufeln und zum Garnieren aufbewahren. Die gehackten Äpfel, Gelatinelösung, Hüttenkäse, Buttermilch, das fein zerkrümelte Brot und Zucker miteinander vermengen, in eine Schale füllen und im Kühlschrank fest werden lassen.
Die Schale vor dem Servieren kurz in heißes Wasser stellen, dann das Apfel-Käse-Mousse auf eine Platte stürzen und mit der in Scheiben geschnittenen vierten Apfelhälfte und der Zitronenscheibe garnieren.

Pro Portion: 1590 Kilojoule, 380 Kalorien, 31 g Eiweiß, 10 g Fett, 41 g Kohlenhydrate
2 Austauschportionen Eiweiß
1 Austauschportion Obst
1 Austauschportion Brot
¼ Austauschportion Milch
17 Kcal »Auf Wunsch«

Himbeertraum
Menüplan 10. Woche

Zutaten für 2 Portionen
250 g Himbeeren (Tiefkühlware)   200 ml Milch (1,5 % Fett)
175 g Joghurt (1,5 % Fett)   Süßstoff

Zubereitung: Himbeeren fast völlig auftauen lassen, dann mit Joghurt und Milch im Mixer verquirlen und mit Süßstoff abschmecken.

Pro Portion: 605 Kilojoule, 145 Kalorien, 8 g Eiweiß, 3 g Fett, 20 g Kohlenhydrate

1 Austauschportion Obst
1 Austauschportion Milch

Buttermilch-Zitronen-Speise
Menüplan 16. Woche

Zutaten für 2 Portionen
¼ l Buttermilch (1 % Fett)   Süßstoff
Saft und Schale von ½—1 unbe-   3 Blatt Gelatine
handelten Zitrone

Zubereitung: Buttermilch mit dem Saft und der abgeriebenen Schale der Zitrone sowie dem Süßstoff verrühren und säuerlich abschmecken. Gelatine nach Vorschrift einweichen, auflösen und unter die Buttermilch rühren. Erkalten lassen.

Pro Portion: 275 Kilojoule, 66 Kalorien, 7 g Eiweiß, 1 g Fett, 7 g Kohlenhydrate

½ Austauschportion Milch
5 Kcal »Auf Wunsch«

Johannisbeer-Quarkspeise
Menüplan 26. Woche

Zutaten für 2 Portionen
250 g Johannisbeeren   1 TL Zucker, Vanilleextrakt
Süßstoff   4 TL Kondensmilch (4 % Fett)
200 g Speisequark (Magerstufe)

Zubereitung: Johanisbeeren entstielen, mit einer Gabel in einer Schüssel zerdrücken und süßen. Etwa eine halbe Stunde im Kühlschrank durchziehen lassen. Quark mit Zucker, Vanilleextrakt und Milch cremig rühren. Nun die Johannisbeeren unterheben. Nochmals abschmecken und gut gekühlt servieren.

Pro Portion: 655 Kilojoule, 157 Kalorien, 19 g Eiweiß, 1 g Fett, 15 g Kohlenhydrate
1 Austauschportion Obst
1 Austauschportion Milch
10 Kcal »Auf Wunsch«

Knusperquark
Menüplan 19. Woche

Zutaten für 2 Portionen
20 g Zwieback
je 3 Tropfen Zitronen- und
Vanilleextrakt

3 Tropfen Rumaroma, Süßstoff
150 g Speisequark (Magerstufe)
40 g Rosinen

Zubereitung: Den Zwieback zerbröseln, mit Zitronen- und Vanilleextrakt, Rumaroma und Süßstoff beträufeln und zugedeckt 20 Minuten ziehen lassen. Dann mit dem Quark und den Rosinen vermengen.

Pro Portion: 640 Kilojoule, 153 Kalorien, 14 g Eiweiß, 1 g Fett, 20 g Kohlenhydrate
½ Austauschportion Brot
1 Austauschportion Eiweiß
1 Austauschportion Obst

Rosinen-Quark
Menüplan 1. Woche

Zutaten für 2 Portionen
200 g Speisequark (Magerstufe)
Zitronensaft, Süßstoff
40 g Rosinen

Rumextrakt
1 TL Zucker, Zimt

Zubereitung: Quark mit Zitronensaft und etwas Wasser glattrühren. Mit Süßstoff abschmecken. Rosinen mit etwas Rumextrakt beträufeln und unterrühren. Mit Zucker und Zimt bestreuen.

Pro Portion: 599 Kilojoule, 143 Kalorien, 18 g Eiweiß, 1 g Fett, 15 g Kohlenhydrate
1 Austauschportion Milch
1 Austauschportion Obst
10 Kcal »Auf Wunsch«

Quarkspeise »Mandarin«
Menüplan 39. Woche

Zutaten für 2 Portionen
200 g Speisequark (Magerstufe)
Zitronensaft
2 EL Mandarinensaft
Süßstoff, Vanilleextrakt
1 TL Zucker
etwas Mineralwasser
100 g Mandarinen (ohne Zucker konserviert)

Zubereitung: Quark in einer Schüssel mit Zitronen- und Mandarinensaft gut verrühren. Mit Süßstoff, Vanilleextrakt und Zucker abschmekken. Einen kleinen Schuß Mineralwasser hinzufügen, damit die Masse cremiger wird. Ein paar Mandarinen für die Garnitur beiseite legen, die anderen unter den Quark rühren. 20 Minuten zugedeckt kalt stellen.

Pro Portion: 468 Kilojoule, 112 Kalorien, 18 g Eiweiß, 1 g Fett, 7 g Kohlenhydrate

1 Austauschportion Milch
½ Austauschportion Obst
10 Kcal »Auf Wunsch«

Mango-Aprikosen-Joghurt
Menüplan 34. Woche

Zutaten für 2 Portionen
100 g sehr reife Mango
100 g Aprikosen
350 g Joghurt (1,5 % Fett)
1 EL Zitronensaft
Süßstoff (entsprechend 2 TL Zucker)

Zubereitung: Mango schälen, entkernen und grob würfeln. Aprikosen waschen und entkernen. Zusammen mit Joghurt und Zitronensaft pürieren und mit Süßstoff abschmecken. Gekühlt servieren.

Pro Portion: 607 Kilojoule, 145 Kalorien, 7 g Eiweiß, 3 g Fett, 23 g Kohlenhydrate

1 Austauschportion Obst
1 Austauschportion Milch

Vanillesauce
Menüplan 16. Woche

Zutaten für 2 Portionen
400 ml Milch (1,5 % Fett)
3 TL Speisestärke
½ Stange Vanille

Süßstoff
1—2 Tropfen gelbe Lebensmittelfarbe nach Belieben

Zubereitung: Von der Milch 3 Eßlöffel abnehmen und mit der Speisestärke verrühren. Die restliche Milch mit der längs aufgeschnittenen Vanilleschote und Süßstoff zum Kochen bringen (Lebensmittelfarbe unterrühren). Die angerührte Speisestärke in die Milch einrühren und aufkochen lassen. Vanilleschoten herausnehmen und unter gelegentlichem Umrühren abkühlen lassen.

Pro Portion: 466 Kilojoule, 111 Kalorien, 7 g Eiweiß, 3 g Fett, 15 g Kohlenhydrate
1 Austauschportion Milch
15 Kcal »Auf Wunsch«

Quark-Banane
Menüplan 5. Woche

Zutaten für 2 Portionen
40 g Rosinen
Rumaroma
120 g Banane
Zitronensaft

200 g Speisequark (Magerstufe)
Süßstoff
1 TL Zucker, Zimt

Zubereitung: Rosinen mit Rumaroma beträufeln und ca. 20 Minuten stehenlassen. Banane mit der Schale längs halbieren, mit Zitronensaft beträufeln und etwas aushöhlen. Das Fruchtfleisch zerdrücken. Quark mit etwas Wasser und Zitronensaft glattrühren und süßen. Die zerdrückte Banane und Rosinen unterrühren. Dann in die Bananenhälften füllen und mit dem mit Zimt vermischten Zucker bestreuen.

Pro Portion: 840 Kilojoule, 201 Kalorien, 18 g Eiweiß, 1 g Fett, 28 g Kohlenhydrate
2 Austauschportionen Obst
1 Austauschportion Milch
10 Kcal »Auf Wunsch«

Mokka-Cremespeise
Menüplan 14. Woche

Zutaten für 2 Portionen
200 g Speisequark (Magerstufe)
4 TL Kondensmilch (4 % Fett)
1 TL Zucker

Vanilleextrakt, Süßstoff
3 EL starker kalter Kaffee

Zubereitung: Den Magerquark mit der Kondensmilch verrühren. Zucker mit Vanilleextrakt vermischen und in die Quarkmasse geben. Süßstoff und den kalten Kaffee hinzufügen, gut durchrühren, und durchziehen lassen.

Pro Portion: 420 Kilojoule, 100 Kalorien, 18 g Eiweiß, 19 g Fett, 3 g Kohlenhydrate

1 Austauschportion Milch
20 Kcal »Auf Wunsch«

Erdbeeren mit Joghurtsauce
Menüplan 29. Woche

Zutaten für 2 Portionen
250 g Erdbeeren
Streusüße
Zitronensaft, Süßstoff

175 g Joghurt (1,5 % Fett)
Vanilleextrakt

Zubereitung: Erdbeeren waschen, entstielen und klein schneiden. Mit Streusüße süßen und ziehen lassen. Für die Sauce ca. 50 g gesüßte Erdbeeren mit einer Gabel zerdrücken. Mit Zitronensaft und etwas Süßstoff unter den Joghurt mischen. Kräftig durchschlagen, nach Belieben mit Vanilleextrakt abschmecken und über die Erdbeeren geben.

Pro Portion: 369 Kilojoule, 88 Kalorien, 4 g Eiweiß, 2 g Fett, 13 g Kohlenhydrate

1 Austauschportion Obst
½ Austauschportion Milch

Warme und kalte Desserts

Apfelsuppe
Menüplan 40. Woche

Zutaten für 2 Portionen
250 g Äpfel
40 g Rosinen

Zitronensaft, Süßstoff, Zimt
4 TL Speisestärke

Zubereitung: Äpfel schälen, entkernen und in kleine Stücke schneiden. Rosinen gut waschen. Beides mit kaltem Wasser aufsetzen und zum Kochen bringen. Ca. 10 Minuten schwach kochen lassen. Mit Zitronensaft, Süßstoff und Zimt abschmecken. Die Speisestärke mit etwas Wasser verquirlen und unter die Suppe rühren. Noch einmal kurz aufkochen. Suppe gut gekühlt servieren.

Pro Portion: 656 Kilojoule, 157 Kalorien, 1 g Eiweiß, 1 g Fett, 37 g Kohlenhydrate
2 Austauschportionen Obst
20 Kcal »Auf Wunsch«

Ananas mit Haube
Menüplan 11. Woche

Zutaten für 2 Portionen
2 Scheiben Ananas (je 100 g)
2 TL Zucker
120 g Bananen
1 TL Zitronensaft

70 g süße Sahne
Süßstoff
1 TL Erdbeermarmelade

Zubereitung: Ananasscheiben mit Zucker bestreuen. Bananen schälen, mit einer Gabel zu Brei zerdrücken und mit Zitronensaft vermischen. Die steifgeschlagene, mit Süßstoff gesüßte Sahne vorsichtig unterheben. Die Bananensahne auf die Ananasscheiben häufen und mit Marmelade verzieren.

Pro Portion: 1017 Kilojoule, 243 Kalorien, 2 g Eiweiß, 11 g Fett, 33 g Kohlenhydrate
2 Austauschportionen Obst
130 Kcal »Nach Wunsche«

Kirschsuppe mit Zimtgrießklößchen
Menüplan 35. Woche

Zutaten für 2 Portionen
Für die Suppe:
400 g Sauerkirschen ohne Kerne
Süßstoff
Nelkenpulver

Für die Klößchen:
300 ml Milch (1,5 % Fett)
40 g Grieß
Süßstoff
Zimt

Zubereitung: Für die Suppe Kirschen in ½ Liter Wasser weich kochen. Mit einem Pürierstab pürieren und mit Süßstoff und Nelkenpulver abschmecken. Im Kühlschrank gut durchkühlen lassen.
Für die Klößchen die Milch zum Kochen bringen. Anschließend den Grieß einrühren und bei sehr schwacher Hitze kochen lassen, bis die Masse eindickt. Mit Süßstoff und Zimt abschmecken. In eine Schüssel füllen und abkühlen lassen.
Die gekühlte Kirschsuppe in tiefe Teller füllen. Mit einem Eßlöffel von der Grießmasse kleine Klöße abstechen und in der Suppe servieren.

Pro Portion: 1098 Kilojoule, 262 Kalorien, 9 g Eiweiß, 3 g Fett, 49 g Kohlenhydrate

2 Austauschportionen Obst
¾ Austauschportion Milch
1 Austauschportion Getreide-Erzeugnisse

Sommerliche Frucht-Kaltschale
Menüplan 28. Woche

Zutaten für 2 Portionen
200 g Cantaloup-Melone
75 g Weintrauben
je 125 g Äpfel und Erdbeeren

⅛ l Zitronensaft, Süßstoff
1 TL Speisestärke
2 TL Kokosraspeln

Zubereitung: Alle Früchte waschen. Das Fruchtfleisch der Melone in Würfel schneiden, Weintrauben halbieren und entkernen. Äpfel schälen, entkernen und in feine Scheiben schneiden; Erdbeeren halbieren.
⅔ der Melonenstücke zusammen mit den anderen Früchten in einen Topf geben, Zitronensaft und ¼—½ Liter Wasser dazugeben und das Ganze zum Kochen bringen. Ca. 20 Minuten kochen lassen. Dann die Suppe durch ein feines Sieb pürieren, mit Süßstoff abschmecken. Inzwischen die Speisestärke mit etwas Wasser anrühren. Die Suppe noch

einmal aufkochen lassen und mit der Speisestärke binden. Die übrigen Melonenstücke hineingeben und die Suppe im Kühlschrank kalt werden lassen. Mit Kokosraspeln bestreut servieren.

Pro Portion: 630 Kilojoule, 151 Kalorien, 2 g Eiweiß, 2 g Fett, 31 g Kohlenhydrate
2 Austauschportionen Obst
15 Kcal »Auf Wunsch«

Exotische Bananen
Menüplan 10. Woche

Zutaten für 2 Portionen
120 g Bananen
2 TL Butter
2 TL Kokosraspeln
1 TL Zucker
Zimt, Zitronensaft

Zubereitung: Bananen schälen, längs halbieren und in einer beschichteten Pfanne in heißer Butter bei mittlerer Hitze von beiden Seiten goldbraun braten. Auch die Kokosraspeln in der Butter leicht anbräunen. Die Bananen mit Zucker, Zimt und den Kokosraspeln bestreuen und mit etwas Zitronensaft beträufeln. Heiß servieren.

Pro Portion: 483 Kilojoule, 115 Kalorien, 1 g Eiweiß, 6 g Fett, 16 g Kohlenhydrate
1 Austauschportion Obst
1 Austauschportion Fett
20 Kcal »Auf Wunsch«

Apfelkompott
Menüplan 8. Woche

Zutaten für 2 Portionen
375 g Äpfel
Zitronensaft
20 g Rosinen
Zimt, Süßstoff

Zubereitung: Äpfel schälen, das Kerngehäuse entfernen und die Äpfel in kleine Stücke schneiden. Die Apfelstückchen mit etwas Wasser und Zitronensaft bei mittlerer Hitze so lange garen, bis sie zerfallen. Dann Rosinen hinzufügen und mit Zimt und Süßstoff abschmecken. Das Apfelkompott schmeckt warm und kalt.

Pro Portion: 582 Kilojoule, 139 Kalorien, 1 g Eiweiß, 1 g Fett, 32 g Kohlenhydrate
2 Austauschportionen Obst

Bratapfel »Pamela«
Menüplan 52. Woche

Zutaten für 2 Portionen
190 g Äpfel
2 TL Margarine
1 TL Honig
Zimt
kalorienarme Marmelade
(40 kcal)

Zubereitung: Backofen auf 220°C (Gasherd Stufe 5—6) vorheizen. Äpfel waschen und das Kerngehäuse ausstechen. In eine feuerfeste Form setzen und diese auf ein Backblech stellen. Margarine schmelzen und in die Äpfel gießen. Auf mittlerer Schiene 10 Minuten braten. Mit Honig übergießen und mit Zimt bestreuen. Weitere 5 Minuten braten. Marmelade darübergeben und heiß servieren.

Pro Portion: 499 Kilojoule, 119 Kalorien, 5 g Fett, 19 g Kohlenhydrate

$^{3}/_{4}$ Austauschportion Obst
1 Austauschportion Fett
30 Kcal »Auf Wunsch«

Birnen mit Zimtschaum
Menüplan 45. Woche

Zutaten für 2 Portionen
kalorienreduzierte Birnen
(100 kcal)
$^{1}/_{8}$ l Milch (0,3 % Fett)
$^{1}/_{2}$—1 TL Kardamom
2—3 Prisen Zimt
Süßstoff
1 Ei
1 TL Speisestärke

Zubereitung: Birnen in zwei Portionsschüsseln verteilen und kühl stellen. Für den Schaum Milch mit Kardamom, Zimt und Süßstoff erhitzen, aber nicht aufkochen, Ei trennen und das Eigelb in die warme, nicht zu heiße Milch rühren. Langsam erhitzen, bis das Eigelb die Milch andickt. (Auf keinen Fall kochen lassen, da das Eigelb sonst gerinnt!) Wenn die Milch dick zu werden beginnt, die Speisestärke mit etwas Wasser verquirlen und in die heiße Milch geben. Bis kurz vor den Siedepunkt erhitzen und dann zum Abkühlen von der Kochstelle nehmen. Eiweiß schnittfest schlagen und unter die abgekühlte Masse heben. Kalt stellen. Den Schaum über die Birnen geben und eventuell noch mit einer Prise Zimt bestäuben.

Pro Portion: 700 Kilojoule, 167 Kalorien, 6 g Eiweiß, 3 g Fett, 29 g Kohlenhydrate

1 Austauschportion Obst
55 Kcal »Auf Wunsch«

Orangen-Zwieback
Menüplan 5. Woche

Zutaten für 2 Portionen
200 g Orangen
Süßstoff
4 TL Weißwein

1 TL Ingwerpulver
40 g Zwieback
200 g Speisequark (Magerstufe)

Zubereitung: Orangen schälen (die weiße Haut entfernen) und in Stükke schneiden. Mit Süßstoff und Weißwein beträufeln und mit Ingwer bestäuben. Ca. 10 Minuten ziehen lassen. Die Orangenstückchen mit einer Gabel etwas zerdrücken. Den ausgetretenen Saft über die Zwiebäcke träufeln. Den Quark mit den Orangenstückchen verrühren, abschmecken und auf die Zwiebäcke häufen.

Pro Portion: 914 Kilojoule, 219 Kalorien, 20 g Eiweiß, 2 g Fett, 27 g Kohlenhydrate

1 Austauschportion Obst
1 Austauschportion Brot
1 Austauschportion Milch
10 Kcal »Auf Wunsch«

Gebackene Apfelmedaillons
Menüplan 50. Woche

Zutaten für 4 Portionen
2 Eier
80 g Mehl
$1/_8$ l Milch (0,3 % Fett)

Salz, Zimt, Süßstoff
250 g Äpfel
4 TL Öl

Zubereitung: Eier mit Mehl und Milch zu einen flüssigen Teig verrühren. Mit Salz, Zimt und Süßstoff würzen. Äpfel schälen, das Kerngehäuse ausstechen, und in 8 etwa 1—2 cm dicke Scheiben schneiden. Die Apfelringe im Teig wenden und je 4 Stück in einer beschichteten Pfanne in 2 TL Öl braten. Dabei über jede Apfelscheibe zusätzlich etwas Teig gießen. Heiß servieren.

Pro Portion: 868 Kilojoule, 207 Kalorien, 7 g Eiweiß, 9 g Fett, 25 g Kohlenhydrate

½ Austauschportion Eiweiß
1 Austauschportion Getreide-Erzeugnisse
1 Austauschportion Fett
½ Austauschportion Obst
12,5 Kcal »Auf Wunsch«

Obstsalat »Erntedank«
Menüplan 39. Woche

Zutaten für 2 Portionen
125 g Äpfel
100 g Birnen und Brombeeren
125 g Pfirsiche
75 g blaue Trauben
60 g Bananen

100 g Mandarinen (ohne Zucker konserviert)
100 g Kiwi
Saft einer Zitrone
2 EL Marmelade
Streusüße

Zubereitung: Äpfel und Birnen schälen, das Kerngehäuse entfernen und in grobe Würfel schneiden. Brombeeren waschen und abtropfen lassen. Pfirsiche halbieren, entkernen und in Würfel schneiden. Trauben waschen und abtropfen lassen. Banane schälen und in Scheiben schneiden. Mandarinen abtropfen lassen. Kiwi schälen und in dünne Scheiben schneiden. Alle Zutaten in eine große Schüssel geben und mit Zitronen- und Mandarinensaft übergießen. Mit Streusüße bestreuen und vorsichtig mischen. 2 Stunden im zugedeckten Behälter im Kühlschrank durchziehen lassen. Eventuell noch etwas nachsüßen.

Pro Portion: 986 Kilojoule, 236 Kalorien, 3 g Eiweiß, 2 g Fett, 52 g Kohlenhydrate
2 Austauschportionen Obst
100 Kcal »Auf Wunsch«

Rhabarber-Kirsch-Grütze
Menüplan 16. Woche

Zutaten für 2 Portionen
250 g Rhabarber
kalorienreduzierte Kirschen mit
Saft (50 kcal)

Süßstoff, Vanilleextrakt, Zitronensaft
6 Blatt Gelatine

Zubereitung: Rhabarber waschen und in 2 cm große Stücke schneiden. Mit dem Saft der Kirschen, Süßstoff und Vanilleextrakt zum Kochen bringen. Nur so lange kochen, bis der Rhabarber zu zerfallen beginnt. Kirschen hinzufügen, mit Süßstoff und Zitronensaft abschmecken. Eventuell mit etwas Wasser auf ½ Liter auffüllen. Kurz erhitzen. Die Gelatine nach Vorschrift einweichen, auflösen und unter die Obstmasse rühren. In eine kalt ausgespülte Schüssel geben und abkühlen lassen.

Pro Portion: 261 Kilojoule, 62 Kalorien, 4 g Eiweiß, 0 g Fett, 11 g Kohlenhydrate
1 Austauschportion Obst
10 Kcal »Auf Wunsch«

Faschingswaffeln ▷
(Rezept S. 512)

Pfirsich »Astrid«
Menüplan 30. Woche

Zutaten für 2 Portionen
2 Pfirsiche (ca. 250 g)
4 TL Halbfettmargarine
1 TL Kakao
Süßstoff, Rumaroma
85 g Pflaumen
½ TL brauner Zucker

Zubereitung: Die Pfirsiche waschen, halbieren und entsteinen. Halbfettmargarine mit Kakao, Süßstoff und Rumaroma verrühren und in die Steinhöhlungen füllen. Pflaumen waschen, halbieren, entsteinen und auf die Kakaomasse legen. Mit braunem Zucker bestreuen. Einen Rost mit Backtrennpapier belegen und die Pfirsichhälften darauf setzen. Im Backofen auf mittlerer Schiene bei 175° C (Gasherd Stufe 3) 7 Minuten backen.

Pro Portion: 563 Kilojoule, 135 Kalorien, 2 g Eiweiß, 5 g Fett, 21 g Kohlenhydrate

1½ Austauschportionen Obst
1 Austauschportion Fett
7,5 Kcal »Auf Wunsch«

Adventbratapfel
Menüplan 48. Woche

Zutaten für 2 Portionen
20 g Rosinen
2 TL Weißwein
Rumaroma
2 TL Butter
20 g Haferflocken
3 TL Kokosraspeln
1 TL Zucker
2 Äpfel (à 125 g)

Zubereitung: Rosinen in Wein und etwas Rumaroma einweichen. Butter in einer beschichteten Pfanne schmelzen, Haferflocken, Kokosraspeln und Zucker darin braun rösten. Mit den Rosinen vermengen. Das Kerngehäuse der Äpfel ausstechen. Die Äpfel mit der Rosinen-Mischung füllen, in eine Auflaufform setzen und bei 200° C (Gasherd Stufe 4—5) etwa 30 Minuten backen.

Pro Portion: 863 Kilojoule, 206 Kalorien, 2 g Eiweiß, 8 g Fett, 32 g Kohlenhydrate

1½ Austauschportionen Obst
1 Austauschportion Fett
½ Austauschportion Getreide-Erzeugnisse
35 Kcal »Auf Wunsch«

◁ *Erdbeer-Käse-Torte*
(Rezept S. 518)

Salzburger Nockerl
Menüplan 24. Woche

<u>Zutaten für 2 Portionen</u>
200 g Speisequark (Magerstufe)   2 Eiweiß
100 ml Milch (1,5 % Fett)   1 TL Öl
2 TL Speisestärke   10 g Paniermehl
2 Eigelb   1 TL Zucker
Süßstoff, Vanilleextrakt, Zimt   2 TL Butter

Zubereitung: Speisequark, Milch, Speisestärke und Eigelb gut verrühren. Mit Süßstoff, Vanilleextrakt und Zimt abschmecken. Eiweiß sehr steif schlagen und unter die Quark-Ei-Mischung heben. In eine mit Öl ausgefettete Auflaufform geben. Mit Paniermehl und Zucker bestreuen und mit Butterflöckchen belegen. Bei 200° C (Gasherd Stufe 4—5) auf mittlerer Schiene 25 Minuten backen.

Pro Portion: 1240 Kilojoule, 296 Kalorien, 27 g Eiweiß, 15 g Fett, 12 g Kohlenhydrate

1¼ Austauschportionen Milch
1½ Austauschportionen Fett
1 Austauschportion Eiweiß
½ Austauschportion Getreide-Erzeugnisse
20 Kcal »Auf Wunsch«

Auflauf »Johnny Apfelkern«
Menüplan 28. Woche

<u>Zutaten für 2 Portionen</u>
250 g Äpfel   40 g und 4½ TL Grieß
2 Eier   ¼—½ Backpulver
Süßstoff, Vanilleextrakt   1 Prise Salz
abgeriebene Schale einer   Zitronensaft
½ Zitrone, unbehandelt   2 TL Margarine oder Öl
300 g Speisequark (Magerstufe)

Zubereitung: Äpfel schälen und vierteln, das Kerngehäuse entfernen. Dann in dünne Scheiben schneiden oder mit einem Gurkenhobel hobeln.
Eier trennen. Eigelb mit Süßstoff, wenig Vanilleextrakt und der abgeriebenen Zitronenschale mit dem Handrührgerät 3—4 Minuten schaumig rühren. Dann Magerquark, Grieß und Backpulver darunterrühren. Eiweiß mit Salz und etwas Zitronensaft schnittfest schlagen und unter den

Quark heben. Das Ganze in eine mit Margarine oder Öl ausgefettete Auflaufform geben und im vorgeheizten Backofen bei 200° C (Gasherd Stufe 4—5) auf mittlerer Schiene ca. 35—45 Minuten backen. Der Auflauf ist gar, wenn beim Einstechen mit einem Holzstäbchen nichts mehr am Stäbchen hängenbleibt.
Heiß servieren.

Pro Portion: 1800 Kilojoule, 430 Kalorien, 35 g Eiweiß, 12 g Fett, 40 g Kohlenhydrate
2 Austauschportionen Eiweiß
1 Austauschportion Obst
1 Austauschportion Fett
1 Austauschportion Getreide-Erzeugnisse
23 Kcal »Auf Wunsch«

Süßer Früchtereis
Menüplan 17. Woche

Zutaten für 2 Portionen
1 Prise Salz
60 g parboiled Reis (Rohgewicht)
250 g Rhabarber
Saft 1 Zitrone, Süßstoff
20 g Rosinen

je 4 Tropfen Vanilleextrakt und Rumaroma
Zimt
1 TL Pflanzencreme
1 TL Puderzucker

Zubereitung: 180 ml Wasser mit Salz zum Kochen bringen, den Reis hineingeben und bei sehr schwacher Hitze 25 Minuten bei geschlossenem Deckel quellen lassen. Den Rhabarber waschen, putzen und in kleine Stücke schneiden. Zitronensaft und Süßstoff hinzufügen und bei schwacher Hitze 15 Minuten dünsten. Inzwischen Rosinen waschen. Den Reis mit Rosinen, Vanilleextrakt, Rumaroma und Zimt vermischen, mit Süßstoff abschmecken. Den Rhabarber unterheben. Eine Auflaufform mit der Pflanzencreme ausstreichen, die Masse hineinfüllen und im Backofen bei 200°C (Gasherd Stufe 4—5) auf mittlerer Schiene 20 Minuten backen.
Danach mit Puderzucker bestäuben und noch einmal für 5 Minuten in den Backofen schieben.
Sofort servieren.

Pro Portion: 786 Kilojoule, 188 Kalorien, 3 g Eiweiß, 2 g Fett, 39 g Kohlenhydrate
1½ Austauschportionen Getreide-Erzeugnisse
1½ Austauschportionen Obst
½ Austauschportion Fett
10 Kcal »Auf Wunsch«

Pflaumenknödel
Menüplan 43. Woche

Zutaten für 2 Portionen
40 g Kartoffelkloßpulver   2 EL Saft
85 g Pflaumen (ohne Zucker konserviert) und

Zubereitung: Das Kartoffelkloßpulver nach Vorschrift in Wasser anrühren, dabei 2 Eßlöffel Wasser durch 2 Eßlöffel Pflaumensaft ersetzen. Die Pflaumen in kleine Stücke schneiden und unter den Brei rühren. Klöße formen und nach Vorschrift in Wasser garen.

Pro Portion: 412 Kilojoule, 98 Kalorien, 1 g Eiweiß, 22 g Kohlenhydrate
1 Austauschportion Kartoffeln
½ Austauschportion Obst

Süße Knödel mit Kirschen
Menüplan 40. Woche

Zutaten für 2 Portionen

80 g Kartoffelkloßpulver (Fertigprodukt)
100 ml Milch (1,5 % Fett)
1 Ei
150 g Hüttenkäse
Süßstoff
abgeriebene Zitronenschale

1 Prise Salz
kalorienreduzierte Kirschen (100 kcal)
Zimt
1 TL Speisestärke
2 TL Butter
3 TL Kokosraspeln

Zubereitung: Das Kartoffelkloßpulver in eine Schüssel geben, Milch, Ei und den Hüttenkäse hinzufügen und gut verrühren. Mit Süßstoff abschmecken. Abgeriebene Zitronenschale und Salz dazugeben und 10 Minuten quellen lassen. Inzwischen in einem Topf reichlich Wasser mit etwas Salz zum Kochen bringen. Mit nassen Händen walnußgroße Klöße aus dem Kloßteig formen, in das Wasser geben und ca. 10 Minuten ziehen, aber nicht kochen lassen.
Währenddessen die Kirschen mit Zimt (und etwas Süßstoff) erhitzen und abschmecken. Die Speisestärke mit etwas Wasser oder Kirschsaft verquirlen, zu den Kirschen geben und kurz aufkochen.
Die Klöße aus dem Wasser nehmen und gut abtropfen lassen. Butter in

einer Pfanne schmelzen und die Kokosraspeln darin 2—3 Minuten rösten. Über die Klöße streuen und diese zusammen mit den Kirschen servieren. Wer's mag, kann die Klöße auch noch mit etwas Zimt bestreuen.

Pro Portion: 1721 Kilojoule, 411 Kalorien, 19 g Eiweiß, 14 g Fett, 52 g Kohlenhydrate

2 Austauschportionen Kartoffeln
1½ Austauschportionen Eiweiß
¼ Austauschportion Milch
1 Austauschportion Obst
1 Austauschportion Fett
20 Kcal »Auf Wunsch«

Apfelpfannkuchen
Menüplan 12. und 18. Woche

Zutaten für 2 Portionen
40 g Mehl
200 ml Milch (1,5 % Fett)
1 Prise Salz
Süßstoff
2 Eier

250 g Äpfel
Zimt, Süßstoff
2 TL Öl
3 TL Streusüße

Zubereitung: Mehl mit Milch, Salz und Süßstoff verquirlen und ½ Stunde ruhen lassen. Dann die verquirlten Eier darunterrühren. Der Teig sollte die Konsistenz von flüssiger Sahne haben. Wenn er zu dick ist, noch etwas Wasser unterrühren.
In der Zwischenzeit die Äpfel schälen, entkernen, vierteln und in kleine Stücke schneiden. 125 g Äpfel mit wenig Wasser, Zimt und Süßstoff zu nicht zu weichem Apfelkompott einkochen. Die restlichen Äpfel unter den Teig rühren.
Eine beschichtete Pfanne mit ganz wenig Öl ausstreichen und mit einer Schöpfkelle Teig hineingeben. Je nach Dicke 4—6 Pfannkuchen bakken. Streusüße mit Zimt vermischen und mit dem Apfelkompott zu den Pfannkuchen servieren.

Pro Portion: 1357 Kilojoule, 324 Kalorien, 13 g Eiweiß, 14 g Fett, 37 g Kohlenhydrate

1 Austauschportion Getreide-Erzeugnisse
1 Austauschportion Eiweiß
1 Austauschportion Obst
1 Austauschportion Fett
½ Austauschportion Milch

Orangen-Crêpes
Menüplan 11. Woche

Zutaten für 2 Portionen
Für die Crêpes:
40 g Mehl
1 Ei
Vanillearoma
Für die Füllung:
1 Eigelb Süßstoff (der Menge von
4 TL Zucker entsprechend)
2 TL Mehl
100 ml warme Milch (1,5 % Fett)

1 TL abgeriebene Orangenschale,
unbehandelt
Zitronenaroma
1 Eiweiß, Salz
Für die Sauce:
$1/8$ l ungesüßter Orangensaft
kalorienarme Orangen-
marmelade (20 kcal)

Zubereitung: Für die Crêpes Mehl, Ei, Vanillearoma und 50 ml Wasser zu einem cremigen Teig verrühren. Anschließend 20 Minuten ruhen lassen (während dieser Zeit die Füllung zubereiten). Jeweils $1/4$ des Teiges in eine beschichtete Pfanne geben und bei mittlerer Hitze (ohne Fettzugabe!) vier Crêpes goldgelb backen.

Für die Füllung Eigelb und Süßstoff in einen kleinen beschichteten Kochtopf geben und gut verrühren. Unter ständigem Rühren das Mehl und nach und nach die Milch zugeben, bis eine cremige Masse entstanden ist. Bei mittlerer Hitze etwa 2 Minuten aufkochen und dabei mit einem Schneebesen kräftig schlagen. Nun Orangenschale und Zitronenaroma einrühren und den Topf von der Kochstelle nehmen. Eiweiß mit einer Prise Salz sehr steif schlagen und unter die erkaltete Orangencreme heben. Für die Orangensauce Orangensaft zusammen mit der Marmelade in eine Pfanne geben und unter ständigem Rühren so lange kochen, bis die Masse auf die Hälfte reduziert ist.

Nun jeweils ein Viertel der Füllung auf die Mitte der Crêpes geben und diese von beiden Seiten über der Füllung zusammenklappen. Mit Orangensauce übergießen und servieren.

Pro Portion: 980 Kilojoule, 234 Kalorien, 12 g Eiweiß, 7 g Fett, 30 g Kohlenhydrate

1 Austauschportion Getreide-Erzeugnisse
1 Austauschportion Eiweiß
$1/4$ Austauschportion Milch
$1/2$ Austauschportion Obst
20 Kcal »Auf Wunsch«

Gegrillte Ananas
Menüplan 41. Woche

Zutaten für 2 Portionen
400 g möglichst frische Ananas in Scheiben
1 TL weiche Margarine
Zimt, Rumaroma

Zubereitung: Die Ananasscheiben mit der weichen Margarine bestreichen und mit Zimt bestreuen. Nach Geschmack noch etwas Rumaroma darauftäufeln. Die Ananas im vorgeheizten Grill von jeder Seite 2 Minuten grillen und sofort servieren.

Pro Portion: 568 Kilojoule, 136 Kalorien, 1 g Eiweiß, 3 g Fett, 27 g Kohlenhydrate
2 Austauschportionen Obst
½ Austauschportion Fett

Honig-Kokosnuß-Toast
Menüplan 23. Woche

Zutaten für 2 Portionen
2 Eier
25 ml Milch (0,3 % Fett)
Süßstoff (entsprechend 2 TL Zucker)
Vanillearoma
⅛ TL Zimt
2 Scheiben Toastbrot (je Scheibe 30 g)
2 TL Margarine
1 TL Honig
2 TL Kokosraspeln

Zubereitung: Eier mit Milch, Süßstoff, Vanillearoma und Zimt verschlagen. Die Masse in einen tiefen Teller geben und das Brot darin einweichen, bis die Eimasse beinahe völlig aufgesogen ist.
Margarine in einer beschichteten Pfanne schmelzen. Die Brote hineingeben, eventuell übriggebliebene Eimasse darauf gießen. Die Brote von beiden Seiten bei mittlerer Hitze goldgelb braten. Anschließend auf eine feuerfeste Platte setzen, mit Honig bestreichen, mit Kokosraspeln bestreuen und 2—3 Minuten unter dem vorgeheizten Grill schieben. Sofort servieren.

Pro Portion: 955 Kilojoule, 228 Kalorien, 10 g Eiweiß, 13 g Fett, 18 g Kohlenhydrate
1 Austauschportion Eiweiß
1 Austauschportion Brot
1 Austauschportion Fett
25 Kcal »Auf Wunsch«

Eis und Sorbets

Bananen-Apfel-Joghurt-Eis
Menüplan 24. Woche

Zutaten für 4 Portionen
250 g Äpfel
2 TL Zitronensaft
120 g Bananen
200 ml Sauermilch (1,5 % Fett)
25 g Magermilchpulver
2 TL Honig, Vanilleextrakt
Süßstoff (entsprechend 4 TL Zucker)
1 Prise Salz, Zimt
175 g Joghurt (1,5 % Fett)

Zubereitung: Äpfel schälen, das Kerngehäuse entfernen und würfeln. In Zitronensaft weich dünsten, dann abkühlen lassen. Die anderen Zutaten, außer dem Joghurt, im Mixer zu einer glatten Masse pürieren. Zuletzt Joghurt unterrühren. In eine flache Schale (nicht aus Aluminium!) geben, abdecken und in den Tiefkühlschrank oder das Tiefkühlfach des Kühlschranks stellen, bis die Masse durch und durch gefroren ist. Dann das Eis leicht auftauen lassen, in Würfel schneiden und diese Würfel nochmals im Mixer pürieren, bis eine glatte Masse entsteht. Sofort servieren.

Pro Portion: 583 Kilojoule, 139 Kalorien, 6 g Eiweiß, 2 g Fett, 24 g Kohlenhydrate

2 Austauschportionen Obst
1½ Austauschportionen Milch
20 Kcal »Auf Wunsch«

Meloneneis
Menüplan 30. Woche

Zutaten für 2 Portionen
200 g Melone
100 g Speisequark (Magerstufe)
Süßstoff

Zubereitung: Das Melonenfleisch herauslösen, in kleine Würfel schneiden und einfrieren.
Den Quark mit Süßstoff abschmecken und mit den gefrorenen Melonenstückchen im Mixer pürieren.

Pro Portion: 283 Kilojoule, 68 Kalorien, 9 g Eiweiß, 1 g Fett, 6 g Kohlenhydrate

½ Austauschportion Obst
½ Austauschportion Milch

Orangensorbet
Menüplan 41. Woche

Zutaten für 2 Portionen
1 Ei
abgeriebene Schale von 1 ungespritzten Orange
2 EL Orangensaftkonzentrat (z. B. tiefgekühlt)
175 g Joghurt (1,5 % Fett)
Süßstoff
100 g Orangen

Zubereitung: Das Ei trennen. Eiweiß zu sehr steifem Schnee schlagen. Eigelb mit Orangenschale, Orangensaftkonzentrat und Joghurt gut verrühren und mit Süßstoff abschmecken. Eischnee sehr vorsichtig unterheben. Die Masse im Gefrierfach des Kühlschrankes oder in der Gefriertruhe gefrieren lassen. Dabei gelegentlich (vorsichtig!) umrühren, damit das Sorbet nicht zu hart wird.
Orangen schälen, das Weiße entfernen und in dünne Scheiben schneiden. Abwechselnd Sorbet und Orangenscheiben in Portionsgläser füllen.
Tip: Das Sorbet kann auch mit anderen pürierten Früchten hergestellt werden.

Pro Portion: 616 Kilojoule, 147 Kalorien, 8 g Eiweiß, 5 g Fett, 18 g Kohlenhydrate

½ Austauschportion Eiweiß
½ Austauschportion Milch
½ Austauschportion Obst

Erdbeer-Apfel-Frost
Menüplan 33. Woche

Zutaten für 2 Portionen
175 g Joghurt (1,5 % Fett)
125 g Erdbeeren
⅛ l ungesüßter Apfelsaft
Süßstoff, Vanilleextrakt
1 TL Zucker
4 Eiswürfel

Zubereitung: Alle Zutaten, außer 2 Erdbeeren, in einem Mixer schaumig rühren. In zwei Cocktailgläser füllen. Die beiden übriggelassenen Erdbeeren etwas einschneiden und als Verzierung auf den Rand der Gläser stecken.

Pro Portion: 319 Kilojoule, 76 Kalorien, 4 g Eiweiß, 2 g Fett, 18 g Kohlenhydrate

½ Austauschportion Milch
1 Austauschportion Obst
10 Kcal »Auf Wunsch«

Eisbecher mit Erdbeeren und Sahne
Menüplan 29. Woche

Sie benötigen an Geräten:
1 runde Plastikschüssel
1 runde Edelstahlschüssel, die ca.
5 cm kleiner ist als die Plastikschüssel
1 Küchenschaber mit Holzgriff

Für die Kühlmischung:
Eiswürfel aus 1—2 l Wasser (oder 1—2 l Wasser)
180—260 g Kochsalz pro Liter Wasser

Zubereitung: Geben Sie die Eiswürfel zusammen mit dem Salz in die Plastikschüssel. Falls die Mischung nicht kalt genug werden sollte, geben Sie noch etwas Salz und wenig kaltes Wasser dazu (die Mischung läßt sich in der Gefriertruhe in einem verschlossenen Plastikgefäß gut halten und immer wieder verwenden).
Wenn Sie statt der Eiswürfel Wasser benutzen, muß das Wasser mit Salz verrührt und in einem verschlossenen Plastikgefäß 2—3 Tage in der Gefriertruhe gekühlt werden. Der Eisanteil der Mischung sollte bei Gebrauch etwa ¾ betragen. (Auch diese Mischung kann wieder verwendet werden.)

Zutaten für 2 Portionen
½ Vanilleschote
¼ l Milch (0,3 % Fett) oder
200 ml Milch (1,5 % Fett)
1 TL flüssiger Süßstoff
1 Ei
1 Prise Salz

250 g Erdbeeren
Streusüße
70 g geschlagene ungesüßte Sahne
Süßstoff nach Belieben

Zubereitung: Vanilleschote der Länge nach aufschneiden und das Mark herauskratzen. Vanillemark in die Edelstahlschüssel geben. Die Milch mit der Vanilleschote und dem Süßstoff aufkochen, anschließend abkühlen lassen. Sie muß vor der weiteren Zubereitung ganz abgekühlt sein.
Das Ei mit dem Vanillemark in der Edelstahlschüssel gut schaumig rühren (5—10 Minuten), dann nach und nach die Milch dazugeben. Salz hinzufügen. Die Mischung weitere 2—3 Minuten rühren. Wenn sich die Mischung wieder erwärmt hat, muß sie im Eisfach oder in der Tiefkühltruhe wieder auf etwa 5—10 Grad abgekühlt werden, bevor die eigentliche Eiszubereitung beginnt.
Für die Eiszubereitung die Kühlmischung in die Plastikschüssel geben. Die Edelstahlschüssel mit der vorgekühlten Eismischung hineindrücken,

so daß die Edelstahlschüssel am Boden und an den Seiten von der Kühlmischung umgeben ist.
Sobald die Eismischung durch die Kühlmischung am Boden der Edelstahlschüssel zu frieren beginnt, muß sie mit einem Holzschaber immer wieder vom Boden und von den Wänden abgestreift werden. Falls die Eismischung nach 2—3 Minuten nicht zu frieren beginnt, etwas Salz und eventuell etwas kaltes Wasser in die Kühlmischung geben. Nach ca. 10 Minuten ständigen Mischens erhalten Sie eine lockere Vanilleeismasse.
Erdbeeren vorsichtig waschen und halbieren, mit Streusüße süßen und ziehen lassen.
Vanilleeis mit einem Eisportionierer oder einem Löffel in zwei hohen Gläsern anrichten, Erdbeeren mit ihrem eigenen Saft darübergeben (zwei besonders schöne zum Garnieren zurücklassen). Die Sahne auf die Erdbeeren geben und mit einer Erdbeere verzieren.

Pro Portion: 1000 Kilojoule, 240 Kalorien, 9 g Eiweiß, 15 g Fett, 16 g Kohlenhydrate

½ Austauschportion Milch
½ Austauschportion Eiweiß
1 Austauschportion Obst
100 Kcal »Auf Wunsch«

Himbeersorbet
Menüplan 35. Woche

Zutaten für 4 Portionen
250 g Himbeeren   *35 g süße Sahne*
Süßstoff   *je ¼ l Sekt und Mineralwasser*

Zubereitung: Himbeeren pürieren, durch ein Sieb streichen und mit Süßstoff abschmecken. Schlagsahne steif schlagen und vorsichtig unter das Obst heben. In 4 Sektschalen verteilen und mit Sekt und Mineralwasser auffüllen. Mit einem Strohhalm servieren.

Pro Portion: 460 Kilojoule, 110 Kalorien, 1 g Eiweiß, 3 g Fett, 8 g Kohlenhydrate

1 Austauschportion Obst
125 Kcal »Auf Wunsch«

Fruchteis
Menüplan 44. Woche

Benötigte Geräte siehe Rezept »Eisbecher mit Erdbeeren und Sahne« Seite 506.

Zutaten für 2 Portionen
1 Ei
ca. 1 TL Süßstoff
1 Prise Salz
Zitronensaft
1—2 Tropfen Rumaroma
250 g Himbeeren oder Erdbeeren (Tiefkühlware)

Zubereitung: Alle Zutaten müssen vor der Verarbeitung gut gekühlt sein. Das Ei in einer Edelstahlschüssel schaumig rühren (5—10 Minuten), Süßstoff dazugeben. Nach und nach 200—250 ml Wasser unterrühren. Salz, Zitronensaft und Rumaroma ebenfalls gut unterrühren. Die Mischung gegebenfalls noch etwas kühlen. (Vor der eigentlichen Eiszubereitung sollte die Mischung eine Temperatur von 5—10 Grad haben.) Die aufgetauten Früchte ganz fein pürieren und sorgfältig unter die Eismischung rühren.

Weitere Eiszubereitung siehe Rezept »Eisbecher mit Erdbeeren und Sahne« Seite 506.

Tip: Dieses Fruchteis läßt sich mit anderen frischen, gefrorenen oder konservierten Früchten zubereiten.

Pro Portion: 419 Kilojoule, 100 Kalorien, 5 g Eiweiß, 4 g Fett, 12 g Kohlenhydrate

½ Austauschportion Eiweiß
1 Austauschportion Obst

Obstsülze
Menüplan 45. Woche

Zutaten für 2 Portionen
75 g Trauben
60 g Bananen
100 g Ananas und 2 EL Saft (ohne Zucker konserviert)
100 g Kiwi
kalorienreduzierte Kirschen (50 kcal)
⅛ l klarer ungesüßter Apfelsaft
Zitronensaft, Süßstoff
3 Blatt weiße Gelatine

Zubereitung: Trauben halbieren und entkernen. Bananen schälen und in Scheiben schneiden. Ananas in Stücke schneiden, Kiwi schälen und in Stücke schneiden, Kirschen halbieren und entkernen. Apfelsaft mit Zitronensaft, Ananassaft und dem Saft der Kirschen (und eventuell etwas Wasser) auf ½ Liter auffüllen und leicht erwärmen. Mit Süßstoff ab-

schmecken. Gelatine nach Vorschrift einweichen, auflösen und unter den erhitzen Saft mischen.
Eine Schicht Obst in eine Schüssel geben, mit Saft auffüllen, so daß das Obst gerade bedeckt ist. Im Kühlschrank erstarren lassen. Obst und Saft so schichtweise weiterverarbeiten, bis das gesamte Obst und der Saft verbraucht sind. Wenn die Obstsülze fest ist, die Schüssel kurz in heißes Wasser tauchen und auf eine Platte stürzen.

Pro Portion: 612 Kilojoule, 146 Kalorien, 3 g Eiweiß, 1 g Fett, 39 g Kohlenhydrate
1 Austauschportion Obst
80 Kcal »Auf Wunsch«

Eiscafé
Menüplan 45. Woche

Benötigte Geräte siehe Rezept »Eisbecher mit Erdbeeren und Sahne« Seite 506.

Zutaten für 2 Portionen
½ Vanilleschote
¼ l Milch (0,3 % Fett)
1 TL flüssiger Süßstoff
1 Ei
1 Prise Salz

¼ l starker, kalter schwarzer Kaffee
Süßstoff
100 ml Milch (1,5 % Fett)
70 g süße Sahne
Instant-Kaffeepulver

Zubereitung: Vanilleschote der Länge nach aufschneiden. Das Vanillemark herauskratzen und in die Edelstahlschüssel geben. Die Milch mit der Vanilleschote und dem Süßstoff aufkochen und dann abkühlen lassen. Sie muß vor der weiteren Zubereitung gut gekühlt sein. Das Ei mit dem Vanillemark in der Edelstahlschüssel gut schaumig rühren (5—10 Minuten). Nach und nach die Milch dazugeben. Salz hinzufügen und weitere 2—3 Minuten rühren. Falls sich die Mischung wieder erwärmt hat, muß sie im Eisfach oder in der Tiefkühltruhe wieder auf etwa 5—10 Grad abgekühlt werden, bevor die eigentliche Eiszubereitung beginnt (Eiszubereitung siehe Rezept »Eisbecher mit Erdbeeren und Sahne« S. 506). Kaffee mit Süßstoff süßen und die Milch hineinrühren. Kalt stellen. Sahne steif schlagen und mit Süßstoff abschmecken.
Vanilleeis in zwei große Portionsgläser füllen, Kaffee daraufgießen und mit Schlagsahne garnieren. Das Eis mit Löffel und Strohhalm servieren. Nach Belieben die Sahne mit etwas Instant-Kaffeepulver bestreuen.

Pro Portion: 920 Kilojoule, 220 Kalorien, 10 g Eiweiß, 15 g Fett, 9 g Kohlenhydrate
¾ Austauschportion Milch
½ Austauschportion Eiweiß
100 Kcal »Auf Wunsch«

Kuchen, Torten & Co.

Apfelstrudel
Menüplan 45. Woche

Zutaten für 5 Portionen
160 g Mehl
5 TL Öl
1 Prise Salz
50—100 ml lauwarmes Wasser
625 g Äpfel
100 g Rosinen
1 TL Zimt
5 TL Zucker
Rumaroma, Süßstoff
je 20 g Mehl und Paniermehl

Zubereitung: Mehl mit Öl und Salz vermischen. Soviel Wasser dazugeben, daß ein fester, nicht klebriger, elastischer Teig entsteht. Diesen gut durchkneten, dann locker in einen Plastikbeutel einbinden und an einem warmen Ort mindestens 1 Stunde ruhen lassen. Inzwischen für die Füllung Äpfel schälen und entkernen. Dann in dünne Scheiben schneiden. Rosinen waschen und abtropfen lassen. Beides in eine große Schüssel geben, mit Zimt und Zucker bestreuen mit etwas Rumaroma beträufeln. Eventuell etwas nachsüßen. Zugedeckt ziehen lassen.

Auf einem Tisch ein sauberes Geschirrtuch ausbreiten und mit Mehl bestreuen. (Besser als ein Geschirrtuch ist ein für diesen Zweck bestimmtes, im Handel erhältliches Antihaft-Tuch geeignet). Das Mehl gleichmäßig auf dem Tuch verteilen, damit der Teig nicht anklebt. Nun den Teig mit einem leicht bemehlten Nudelholz nach allen Seiten zu einem hauchdünnen Rechteck ausrollen. Dabei vorsichtig unter den Teig greifen und ihn über dem Handrücken vorsichtig ausziehen.

Zwei Drittel des Teigs mit Paniermehl bestreuen und die Apfelfüllung darauf verteilen. Nun alle Teigränder etwa 3 cm einschlagen und den Strudel durch Anheben des Tuches vorsichtig einrollen und auf ein mit Backtrennpapier ausgelegtes Backblech legen. Mit etwas Wasser bestreichen und im vorgeheizten Ofen bei 200° C (Gasherd Stufe 4—5) etwa 30—45 Minuten backen, bis der Strudel goldbraun ist. Sofort servieren.

Pro Portion: 1389 Kilojoule, 332 Kalorien, 5 g Eiweiß, 6 g Fett, 63 g Kohlenhydrate
2 Austauschportionen Getreide-Erzeugnisse
2 Austauschportionen Obst
1 Austauschportion Fett
20 Kcal »Auf Wunsch«

Windbeutel mit Erdbeersauce
Menüplan 7. Woche

Zutaten für 6 Portionen
Für die Windbeutel:
6 TL Margarine
100 ml Wasser
120 g Mehl
3 Eier
Für die Füllung:
600 g kalorienarmer Vanillepudding

3 Eier
6 TL Kokosraspeln
Für die Sauce:
750 g Erdbeeren (Tiefkühlware)
Zitronensaft, Süßstoff

Zubereitung: Für die Windbeutel Margarine in einen mittelgroßen Topf geben, Wasser hinzufügen und aufkochen lassen. Dann das Mehl auf einmal in den Topf geben und kräftig rühren, bis sich die Masse vom Topfboden löst. Den Topf von der Kochstelle nehmen und nach und nach die Eier hinzufügen. Nach jedem Ei kräftig schlagen, bis der Teig geschmeidig ist. Mit einem Eßlöffel 12 Teighäufchen auf ein mit Backtrennpapier belegtes Backblech setzen. Zwischen den Teighäufchen 5—7 cm Zwischenraum lassen. Bei 225°C (Gasherd Stufe 5—6) auf mittlerer Schiene 30 Minuten lang backen; dabei auf keinen Fall die Backofentür öffnen. Nach dem Backen sofort aufschneiden und auskühlen lassen. Für die Füllung Vanillepudding mit Eigelb vermengen. Eiweiß sehr steif schlagen und unter den Pudding heben; Kokosraspeln ebenfalls vorsichtig unterheben.
Für die Sauce Erdbeeren auftauen lassen, pürieren und mit Zitronensaft und Süßstoff abschmecken.
Die Windbeutel kurz vor dem Servieren mit der Füllung füllen und mit der Sauce begießen.

Pro Portion: 1219 Kilojoule, 291 Kalorien, 13 g Eiweiß, 12 g Fett, 31 g Kohlenhydrate

1 Austauschportion Fett
1 Austauschportion Eiweiß
1 Austauschportion Getreide-Erzeugnisse
1 Austauschportion Obst
½ Austauschportion Milch
10 Kcal »Auf Wunsch«

Faschingswaffeln (Foto Seite 496)
Menüplan 10. Woche

Zutaten für 4 Portionen
Für die Waffeln:
4 TL Margarine
Süßstoff (der Menge von 4 TL
Zucker entsprechend)
Vanillearoma
80 g Mehl
2 Eier

100 g Speisequark (Magerstufe)
1 Messerspitze Backpulver
Für den Belag:
400 g Ananas
70 g süße Sahne
Süßstoff
2 TL Kakao

Zubereitung: Für die Waffeln alle Zutaten zu einem geschmeidigen Teig verrühren. Dann in einem beschichteten Waffeleisen nacheinander 4 Waffeln backen.
Für den Belag Ananas schälen und in fingerdicke Scheiben schneiden. Mit einer Ausstechform oder mit einem Messer den harten Kern in der Mitte entfernen. Die Sahne steif schlagen und mit Süßstoff abschmecken.
Die Waffeln mit den Ananasscheiben belegen. Obenauf die Schlagsahne geben und mit Kakao bestreuen.

Pro Portion: 840 Kilojoule, 200 Kalorien, 11 g Eiweiß, 15 g Fett, 30 g Kohlenhydrate
1 Austauschportion Fett
1 Austauschportion Getreide-Erzeugnisse
1 Austauschportion Obst
½ Austauschportion Eiweiß
¼ Austauschportion Milch
105 Kcal »Auf Wunsch«

Bananenkuchen
Menüplan 18. Woche

Zutaten für 6 Portionen
240 g Toastbrot
4 EL Kokosraspeln
125 ml Milch (0,3 % Fett)

ca. 75 ml Wasser
1½ TL Süßstoff
360 g Bananen

Zubereitung: Das Toastbrot fein zerkrümeln, die Kokosraspeln daruntermischen. Milch und Wasser erhitzen, den Süßstoff einrühren und unter die Toastbrotmasse mengen. Die Bananen in Scheiben schneiden und drei Viertel davon vorsichtig unter die Toastbrotmasse heben.
Eine kleine Backform (25×25 cm) mit Backtrennpapier auslegen und

die Bananenmasse daraufstreichen. Mit den restlichen Bananenscheiben belegen und im vorgeheizten Backofen bei 225° C (Gasherd Stufe 5—6) ca. 30 Minuten lang backen. (Die Hitze eventuell etwas reduzieren, damit die Bananen nicht schwarz werden.) Anschließend im ausgeschalteten Ofen noch 5—10 Minuten ruhen lassen, dann in kleine Rechtecke schneiden.

Pro Portion: 840 Kilojoule, 200 Kalorien, 5 g Eiweiß, 4 g Fett, 35 g Kohlenhydrate

2 Austauschportionen Brot
1 Austauschportion Obst
28 Kcal »Auf Wunsch«

Pflaumenkuchen
Menüplan 29. Woche

Zutaten für 6 Portionen

120 g Mehl (Typ 1050)	*Süßstoff*
100 ml Milch (1,5 % Fett)	*3 TL Butter*
1 TL Trockenhefe	*510 g Pflaumen*
je 1 Prise Salz und Muskatblüte	*11 TL Mehl (Typ 1050)*
abgeriebene Schale ¼ Zitrone	*Zimt, Streusüße*

Zubereitung: Mehl in eine Schüssel sieben. Die Milch erhitzen, bis sie lauwarm ist, und die Trockenhefe damit verrühren. Salz, Muskatblüte, Zitronenschale und Süßstoff unter das Mehl mischen. Die Milch-Hefe-Mischung daruntermengen und gut verrühren, dann die weiche Butter dazugeben. Kräftig rühren, bis der Teig Blasen wirft. Anschließend zugedeckt an einem warmen Ort 30—40 Minuten gehen lassen.
Währenddessen die Pflaumen waschen, halbieren und entkernen. An der Oberkante der Länge nach leicht einritzen. Eine Springform (ca. 26 cm Ø) mit Backtrennpapier auslegen. Das Mehl unter den aufgegangenen Teig rühren und diesen auf den Boden der Springform streichen. Noch einmal 10 Minuten ruhen lassen, dann die Pflaumen gleichmäßig auf dem Boden verteilen und mit viel Zimt bestreuen. Den Kuchen im vorgeheizten Backofen bei 190—200° C (Gasherd Stufe 4) auf der mittleren Schiene ca. 35—45 Minuten backen. Noch warm mit einer Mischung aus Streusüße und Zimt bestreuen.

Pro Portion: 750 Kilojoule, 180 Kalorien, 4 g Eiweiß, 3 g Fett, 33 g Kohlenhydrate

½ Austauschportion Fett
1 Austauschportion Getreide-Erzeugnisse
1 Austauschportion Obst
28 Kcal »Auf Wunsch«

Käsetorte
Menüplan 14. Woche

Zutaten für 5 Portionen
5 TL Margarine
5 Eier
2—2½ TL Süßstoff
200 g Mehl
½ Päckchen Backpulver
Zitronensaft

875 g Speisequark (Magerstufe)
5 TL Maismehl
3 TL Süßstoff
2½ TL Zucker
Vanilleexakt, Zitronensaft

Zubereitung: Margarine mit 2 Eiern und dem Süßstoff schaumig rühren. Nach und nach das Mehl unterrühren, ebenso das Backpulver und den Zitronensaft. Gut durchkneten. Den Teig anschließend in eine beschichtete Springform (22—24 cm Ø) geben und in den Kühlschrank stellen.
In der Zwischenzeit die Quarkmasse herstellen. Dafür den Quark in eine große Schüssel geben, die restlichen Eier hinzufügen und gut verrühren. Maismehl und Süßstoff ebenfalls unterrühren. Zucker und Zimt vermischen und in die Quarkmasse geben. Nochmals gut durchrühren und mit Zitronensaft abschmecken.
Den kaltgestellten Kuchen aus dem Kühlschrank nehmen und die Quarkmasse darauf verteilen. Im vorgeheizten Backofen bei 190° C (Gasherd Stufe 3—4) 70—80 Minuten auf der untersten Schiene backen.

Pro Portion: 1796 Kilojoule, 429 Kalorien, 42 g Eiweiß, 12 g Fett, 35 g Kohlenhydrate

2 Austauschportionen Eiweiß
2 Austauschportionen Getreide-Erzeugnisse
1 Austauschportion Milch
1 Austauschportion Fett
20 Kcal »Auf Wunsch«

Zwiebacktörtchen
Menüplan 42. Woche

Zutaten für 2 Portionen
40 g Zwieback   ⅛ l Milch (0,3 % Fett)

Zubereitung: Den Zwieback zerreiben und mit der Milch verkneten. 2 Törtchen von etwa 10 cm Durchmesser formen und die Ränder etwas hochziehen. Auf ein mit Backtrennpapier ausgelegtes Backblech setzen und im Backofen auf mittlerer Schiene bei 175° C (Gasherd Stufe 3) 30 Minuten backen.

Pro Portion: 409 Kilojoule, 98 Kalorien, 4 g Eiweiß, 1 g Fett, 18 g Kohlenhydrate
1 Austauschportion Brot
25 Kcal »Auf Wunsch«

Biskuitkuchen
Menüplan 33. Woche

Zutaten für 4 Portionen
4 Eier
120 ml Wasser
50 g Magermilchpulver
4 TL Zucker
abgeriebene Schale einer unbehandelten Zitrone
Vanilleextrakt
40 g Mehl
500 g rote Johannisbeeren
kalorienreduzierte Johannisbeermarmelade (80 kcal)
etwas Streusüße

Zubereitung: Den Backofen auf 180° C (Gasherd Stufe 3—4) vorheizen. Die Eier trennen. Eigelb cremig schlagen und nach und nach unter ständigem Rühren das Wasser hinzufügen. Dann das Milchpulver, die Hälfte des Zuckers, Zitronenschale und Vanilleextrakt dazugeben, dabei immer kräftig weiter schlagen. Zuletzt vorsichtig das Mehl untersieben. Eiweiß zu sehr steifem Schnee schlagen, dann den restlichen Zucker einrieseln lassen. Die Masse vorsichtig unter den Eigelbteig heben, in eine mit Backtrennpapier ausgelegte Springform (24—25 cm Ø) streichen und 35 Minuten backen. Anschließend auskühlen lassen.
Inzwischen Johannisbeeren pürieren und mit der Marmelade verrühren. In einem Topf zum Kochen bringen und bei schwacher Hitze köcheln lassen, bis die Früchte leicht gelieren. Diese Masse auf den Kuchen streichen. Sollte sie nicht süß genug sein, noch etwas Streusüße darüber streuen.

Pro Portion: 1075 Kilojoule, 257 Kalorien, 14 g Eiweiß, 7 g Fett, 35 g Kohlenhydrate
1 Austauschportion Eiweiß
1 Austauschportion Obst
$1/2$ Austauschportion Milch
$1/2$ Austauschportion Getreide-Erzeugnisse
30 Kcal »Auf Wunsch«

Käsekuchen
Menüplan 4. Woche

Zutaten für 2 Portionen
40 g Cornflakes
2 EL Halbfettmargarine
Süßstoff, Zimt
1 EL gemahlene Gelatine

200 g Speisequark (Magerstufe)
350 g Joghurt (1,5 % Fett)
Zitronensaft, Vanille-Extrakt
40 g Rosinen

Zubereitung: Cornflakes in einem sauberen Küchentuch mit der Nudelrolle zerdrücken, Margarine, Süßstoff und Zimt unterkneten. Als Boden in eine runde Kuchenform (ca. 16 cm Durchmesser) drücken und nochmals mit Zimt bestäuben. Die gemahlene Gelatine in etwas Wasser einweichen, anschließend im heißen Wasserbad flüssig werden lassen. Etwas abkühlen lassen. Magerquark mit Joghurt verrühren. Zitronensaft, Vanille-Extrakt und Süßstoff unterrühren, Rosinen unterheben und die Gelatine untermischen. Alles auf den Cornflakes-Boden füllen und im Kühlschrank erstarren lassen.

Pro Portion: 1535 Kilojoule, 367 Kalorien, 30 g Eiweiß, 10 g Fett, 38 g Kohlenhydrate

2 Austauschportionen Milch
1½ Austauschportionen Fett
1 Austauschportion Getreide-Erzeugnisse
1 Austauschportion Obst
10 Kcal »Auf Wunsch«

Bunte Obsttorte
Menüplan 17. Woche

Zutaten für 10 Portionen
200 g Mehl
5 TL Trockenhefe
20 EL Fruchtcocktailsaft (ohne Zucker)
10 TL Pflanzencreme

Süßstoff
16 TL Kakao, Vanilleextrakt
500 g Speisequark (Magerstufe)
1 kg Fruchtcocktail (ohne Zucker konserviert)

Zubereitung: Das Mehl mit der Trockenhefe mischen. 10 Eßlöffel Obstsaft etwas erwärmen, unter das Mehl rühren und alles gut durchkneten. Den Teig 15 Minuten gehen lassen.
Inzwischen die Pflanzencreme mit Süßstoff schaumig schlagen und Ka-

kao und Vanilleextrakt hineinrühren. Anschließend unter den aufgegangenen Teig kneten. Den Teig in eine Springform füllen und an den Rändern etwas hochdrücken. Mit einem Tuch bedecken und weitere 15 Minuten an einem warmen Ort gehen lassen (vor der Zugluft schützen). Den Teig im vorgeheizten Backofen bei ca. 210° C (Gasherd Stufe 5) auf der untersten Schiene 30 Minuten backen.
In der Zwischenzeit den Magerquark mit gut der Hälfte des Fruchtcocktails und den restlichen Obstsaft mischen. Den Tortenboden nach dem Auskühlen damit belegen und mit dem Rest des Fruchtcocktails verzieren.

Pro Portion: 960 Kilojoule, 230 Kalorien, 13 g Eiweiß, 6 g Fett, 29 g Kohlenhydrate

1 Austauschportion Getreide-Erzeugnisse
1 Austauschportion Fett
1 Austauschportion Obst
½ Austauschportion Milch

Hülsenfrüchtetorte
Menüplan 39. Woche

Zutaten für 5 Portionen
900 g eingeweichte weiße Bohnen
5 Eigelb
3½ TL Süßstoff
Saft einer Schale einer unbehandelten Zitrone

3 Tropfen Bittermandelaroma
1 Tropfen Zitronenaroma
1 Päckchen Backpulver
5 Eiweiß
6 TL Kondensmilch (4 % Fett)
Vanilleextrakt

Zubereitung: Bohnen in Wasser garen; anschließend abgießen und durch eine feine Mühle drehen oder ganz fein reiben. Eigelb und Süßstoff schaumig rühren. Zitronensaft und -schale hinzufügen und mit Bittermandel- und Zitronenaroma würzen. Das Backpulver unter die Bohnen mischen und unter die Eigelbmasse ziehen. Eiweiß steif schlagen und vorsichtig darunterheben. Den Teig in eine mit Backtrennpapier ausgelegte Springform (24—26 cm) füllen und im vorgeheizten Backofen auf der unteren Schiene 200° C (Gasherd Stufe 5) etwa 90 Minuten backken. 5 Minuten vor dem Ende der Backzeit mit der mit Vanilleextrakt vermischten Kondensmilch bestreichen.

Pro Portion: 1800 Kilojoule, 430 Kalorien, 29 g Eiweiß, 8 g Fett, 60 g Kohlenhydrate

4 Austauschportionen Eiweiß
15 Kcal »Auf Wunsch«

Erdbeer-Käse-Torte (Foto Seite 497)
Menüplan 24. Woche

Zutaten für 4 Portionen
8 TL Margarine
80 g einfache Kekse
4 Eier
Süßstoff (entsprechend 6 TL Zucker)
2 TL Zucker
400 g Speisequark (Magerstufe)
80 g Mehl
100 ml Milch (1,5 % Fett)
Vanilleextrakt
Schale einer unbehandelten Zitrone
250 g Erdbeeren
kalorienarme Erdbeermarmelade (80 kcal)

Zubereitung: 7 Teelöffel Margarine schmelzen. Die Kekse fein zerkrümeln und mit der Margarine vermengen. Auf den Boden einer Springform (Ø 20 cm) drücken. Mit dem Rest der Margarine den Springformrand einfetten. Eier schaumig schlagen, Süßstoff und Zucker hinzufügen und weitere 3 Minuten schlagen. Dann unter ständigem Rühren den Speisequark, nach und nach Mehl und Milch und zuletzt Vanilleextrakt und Zitronenschale hinzufügen. Die Masse in die Springform geben und bei 175° C (Gasherd Stufe 2—3) auf mittlerer Schiene 60 Minuten backen. Die Backofentür darf während des Backens nicht geöffnet werden. Anschließend den Kuchen im ausgestellten Backofen 1 Stunde abkühlen lassen, damit er nicht zusammenfällt.
Den Kuchen mit den zuvor halbierten Erdbeeren belegen. Die Marmelade erwärmen, bis sie flüssig wird, und über die Erdbeeren geben. Gekühlt servieren.

Pro Portion: 1950 Kilojoule, 466 Kalorien, 31 g Eiweiß, 18 g Fett, 42 g Kohlenhydrate

2 Austauschportionen Fett
1 Austauschportion Eiweiß
1 Austauschportion Milch
1 Austauschportion Getreide-Erzeugnisse
½ Austauschportion Obst
142,5 Kcal »Auf Wunsch«

Ananas-Quark-Torte »St. Martin«
Menüplan 44. Woche

Zutaten für 8 Portionen
4 Eier
8 TL Margarine
800 g Speisequark (Magerstufe)
Saft und abgeriebene Schale 1 Zitrone
1 Paket Backpulver
2—3 TL Süßstoff
Vanilleextrakt

2 EL Kondensmilch (4 % Fett)
80 g Grieß und 2 EL Grieß
2 EL Speisestärke
400 g Ananas und 8 EL Saft (ohne Zucker konserviert)
Zitronensaft, Süßstoff nach Belieben
3 Blatt weiße Gelatine

Zubereitung: Eier trennen, Eiweiß zu steifem Schnee schlagen. Eigelb mit der Margarine und dem Quark verrühren. Zitronenschale und -saft hinzufügen. Backpulver unterrühren. Mit Süßstoff und Vanilleextrakt abschmecken. Kondensmilch dazugeben. Grieß und Speisestärke ebenfalls unterrühren. Ananas gut abtropfen lassen (8 Eßlöffel Saft aufheben). Eine Springform (26 cm Ø) mit Backtrennpapier auslegen und die Ananas darauf verteilen.
Eischnee vorsichtig unter die Quarkmasse heben und auf die Ananas geben. Den Teig in der Mitte der Springform etwas höher schichten. Im vorgeheizten Backofen bei 175° C (Gasherd Stufe 3) ca. 75 Minuten backen (Nadelprobe).
Den abgekühlten Kuchen stürzen, das Backpapier abziehen. Den Ananassaft mit Wasser und etwas Zitronensaft auf ¼ Liter auffüllen und evtl. mit etwas Süßstoff abschmecken. Gelatine nach Vorschrift einweichen und in dem Ananassaft auflösen. Etwas abkühlen lassen und als Guß über die Torte geben.

Pro Portion: 1086 Kilojoule, 260 Kalorien, 23 g Eiweiß, 8 g Fett, 21 g Kohlenhydrate

1 Austauschportion Milch
1 Austauschportion Fett
½ Austauschportion Obst
½ Austauschportion Milch
½ Austauschportion Getreide-Erzeugnisse
90 Kcal »Auf Wunsch«

Ananastorte
Menüplan 48. Woche

Zutaten für 10 Portionen
300 g gekühlter Frischteig
250 g Speisequark (Magerstufe)
200 g Ananas und 4 EL Saft (ohne Zucker konserviert)
Vanilleextrakt, Süßstoff
60 g Erdbeeren (Tiefkühlware)
30 g Banane

Zubereitung: Den Frischteig ausrollen und in eine mit Backtrennpapier ausgelegte Springform geben, dabei die Ränder des Teiges hochziehen. Quark mit Ananassaft glattrühren und mit Vanilleextrakt und Süßstoff abschmecken. Die Masse auf dem Teig verteilen. Darauf die Ananas geben. Bei 200° C (Gasherd Stufe 4—5) auf mittlerer Schiene 30—40 Minuten backen. Den Kuchen mit den aufgetauten Erdbeeren und der geschälten, in Scheiben geschnittenen Banane belegen.

Pro Portion: 506 Kilojoule, 121 Kalorien, 7 g Eiweiß, 1 g Fett, 21 g Kohlenhydrate

1½ Austauschportionen Brot
¼ Austauschportion Milch
15 Kcal »Auf Wunsch«

Rhabarbertörtchen mit Sahne
Menüplan 19. Woche

Zutaten für 2 Portionen
250 g Rhabarber
Saft einer Zitrone
2 TL Honig, Süßstoff
Für den Teig:
2 TL Pflanzencreme
½ TL Süßstoff, Vanillearoma
½ TL Backpulver

40 g Vollkornhaferflocken
1 Prise Zimt
Zum Garnieren:
70 g süße Sahne
kalorienarme Dessertsauce
(40 kcal)

Zubereitung: Rhabarber waschen, putzen und in kleine Stücke schneiden. Zitronensaft unterrühren und den Rhabarber zugedeckt bei schwacher Hitze 15 Minuten dünsten, mit Honig und Süßstoff abschmecken. Abkühlen lassen.
Die Pflanzencreme mit 2 Eßlöffeln Wasser, Süßstoff und Vanillearoma schaumig schlagen. Das Backpulver unter die Haferflocken mischen und in die Pflanzencreme einrühren. Mit Zimt abschmecken. Den Teig in zwei Förmchen füllen, diese auf ein Backblech stellen und auf mittlerer

Schiene im vorgeheizten Backofen bei 175° C (Gasherd Stufe 3—4) 20 Minuten backen.
Den ausgekühlten Rhabarber auf die noch warmen Törtchen geben, darüber die steifgeschlagene Schlagsahne. Zuletzt mit Dessertsauce übergießen.

Pro Portion: 1130 Kilojoule, 270 Kalorien, 4 g Eiweiß, 16 g Fett, 26 g Kohlenhydrate

1 Austauschportion Getreide-Erzeugnisse
1 Austauschportion Fett
½ Austauschportion Obst
140 Kcal »Auf Wunsch«

Rosinenbrötchen
Menüplan 44. Woche

Zutaten für 10 Portionen

300 g am Vortag gekochte Pellkartoffeln	100 ml Milch (1,5 % Fett)
140 g Mehl	1 TL Salz
2 TL Trockenhefe	1 EL Kleie
1 TL Zucker	50 g Rosinen
	schwarzer Kaffee

Zubereitung: Die Kartoffeln fein reiben oder durch eine Kartoffelpresse drücken und mit dem Mehl vermischen. In die Mitte eine Mulde drücken. Hefe und Zucker in die Mulde geben und mit wenig lauwarmer Milch und etwas Mehl vom Rand verrühren. Dann alles gut verkneten. Zugedeckt an einem warmen Ort 20—30 Minuten gehen lassen. Den gegangenen Vorteig mit Salz, Kleie und etwas lauwarmer Milch zu einem elastischen Teig verkneten. Nur so viel Milch nehmen, daß der Teig gerade nicht mehr klebt. Zum Schluß die gewaschenen und trockengetupften Rosinen unterkneten. 10 Brötchen formen und auf ein mit Backpapier ausgelegtes Backblech setzen. An einem warmen Ort zugedeckt weitere 25 Minuten gehen lassen, bis die Brötchen fast die doppelte Größe haben. Mit etwas schwarzem Kaffee bestreichen und im vorgeheizten Ofen bei 180—200° C (Gasherd Stufe 3—4) in ca. 15—20 Minuten goldgelb backen.
Tip: Die Brötchen und das Knusperbrot auf Seite 527 eignen sich zum Einfrieren und Aufbacken.

Pro Portion: 420 Kilojoule, 100 Kalorien, 3 g Eiweiß, 20 g Kohlenhydrate

1 Austauschportion Brot
¼ Austauschportion Obst
50 Kcal »Auf Wunsch«

Ananas-Kokosnuß-Plätzchen
Menüplan 13. Woche

Zutaten für 2 Portionen
100 g Ananas (ohne Zucker konserviert)
40 g Mehl
Süßstoff (der Menge von 2 TL Zucker entsprechend)
1 Messerspitze Backpulver
50 g Magermilchpulver
2 EL Ananassaft
Vanillearoma
2 TL Kokosnußraspeln

Zubereitung: Ananas in kleine Stückchen schneiden und mit den anderen Zutaten, außer den Kokosnußraspeln, gut vermengen. Ein Backblech mit Backtrennpapier auslegen. Den Teig in kleinen Häufchen darauf geben, mit Kokosnußraspeln bestreuen und bei 200°C (Gasherd Stufe 4—5) auf der mittleren Schiene etwa 15 Minuten backen.

Pro Portion: 838 Kilojoule, 200 Kalorien, 11 g Eiweiß, 2 g Fett, 35 g Kohlenhydrate

1 Austauschportion Getreide-Erzeugnisse
1 Austauschportion Milch
½ Austauschportion Obst
10 Kcal »Auf Wunsch«

Weihnachtstorte
Menüplan 52. Woche

Zutaten für 10 Portionen
10 TL Margarine
5 EL Mineralwasser
2½ TL Süßstoff
Vanillearoma
5 TL Kakao
50 g Vollkornhaferflocken
100 g Vollkornweizenmehl
1 Päckchen Backpulver
1 TL Spekulatiusgewürz
500 g Joghurt (0,3 % Fett)
15 g Nestargel
Süßstoff, Bittermandelaroma
50 g Cornflakes
Streusüße
50 g Rosinen

Zubereitung: Margarine gut mit Mineralwasser, Süßstoff und Vanillearoma verrühren. Den Kakao hineinrühren und die Haferflocken unterheben. Mehl und Backpulver vermischen und dazugeben. Spekulatiusgewürz darüberstreuen. Den Teig 15 Minuten in einer Richtung kräftig rühren. Eine Springform mit Backtrennpapier auslegen, den Teig gleichmäßig darin verteilen und an den Rändern etwas hochdrücken. Im Backofen auf mittlerer Schiene bei 175° C (Gasherd Stufe 3—4) 55 Minuten backen und noch 10 Minuten im ausgeschalteten Ofen lassen. Auf ein Kuchengitter setzen und auskühlen lassen. Joghurt mit Nestargel andikken, mit Süßstoff und Bittermandelaroma abschmecken und auf die Torte geben. Cornflakes mit Streusüße bestreuen, Rosinen untermischen und als Garnierung über den Joghurt geben.

Pro Portion: 620 Kilojoule, 148 Kalorien, 5 g Eiweiß, 5 g Fett, 20 g Kohlenhydrate

1 Austauschportion Fett
1 Austauschportion Getreide-Erzeugnisse
¼ Austauschportion Milch
¼ Austauschportion Obst
5 Kcal »Auf Wunsch«

Kirschtorte »Elisabeth«
Menüplan 47. Woche

Zutaten für 10 Portionen
300 g gekühlter Frischteig
Süßstoff
Vanillearoma
750 g Kirschen mit 20 EL Saft
(ohne Zucker konserviert)

Rumaroma
4 g Nestargel
35 g süße Sahne
2½ TL Kakao

Zubereitung: Den Teig mit Süßstoff und Vanillearoma verkneten, ausrollen und in eine mit Backtrennpapier ausgelegte Springform geben. An den Rändern etwas hochdrücken. Im Backofen auf mittlerer Schiene bei 200° C (Gasherd Stufe 4—5) 15 Minuten backen und anschließend noch 5 Minuten im ausgeschalteten Backofen lassen. Auskühlen lassen.
Die Kirschen abtropfen lassen. Den Saft mit Süßstoff, Rumaroma und Nestargel verrühren, zum Kochen bringen und bei starker Hitze unter ständigem Rühren in 2 Minuten dick werden lassen. Anschließend die Früchte auf den ausgekühlten Tortenboden legen und den Saft darübergießen. 2 Stunden einziehen lassen. Die Sahne steif schlagen, mit Kakao und Süßstoff verrühren und über die Kirschen geben.

Pro Portion: 630 Kilojoule, 150 Kalorien, 4 g Eiweiß, 2 g Fett, 20 g Kohlenhydrate

1½ Austauschportionen Brot
1 Austauschportion Obst
55 Kcal »Auf Wunsch«

Heißwecken
Menüplan 36. Woche

Zutaten für 10 Portionen
200 g Mehl
1 TL Trockenhefe
100 ml Milch (1,5 % Fett)
10 TL Margarine

50 g Rosinen
1½ TL Zucker
2 TL Kondensmilch (4 % Fett)

Zubereitung: Alle Zutaten außer der Kondensmilch gut verkneten und abgedeckt an einem warmen Ort etwa 30 Minuten gehen lassen. Anschließend 10 kleine Brötchen formen und nochmals 15 Minuten gehen lassen. Mit Kondensmilch bepinseln und bei 210—225° C (Gasherd Stufe 5—6) auf mittlerer Schiene 20—25 Minuten abbacken.

Pro Portion: 544 Kilojoule, 130 Kalorien, 3 g Eiweiß, 4 g Fett, 20 g Kohlenhydrate
1 Austauschportion Getreide-Erzeugnisse
1 Austauschportion Fett
¼ Austauschportion Obst
50 Kcal »Auf Wunsch«

Kaffee-Kokosnuß-Kugeln
Menüplan 20. Woche

Zutaten für 2 Portionen
50 g Magermilchpulver
Süßstoff (entsprechend 6 TL Zucker)

2 TL gefriergetrockneter Kaffee
Vanillearoma
2 TL Kokosraspeln

Zubereitung: Magermilchpulver, Süßstoff und Kaffee in einer kleinen Schüssel mischen. Nach und nach 3 Eßlöffel Wasser und Vanillearoma hinzugeben und so lange rühren, bis die Masse zusammenhält. Mit angefeuchteten Händen kleine Kugeln formen und diese in den Kokosraspeln wälzen.
Vor dem Verzehr mindestens 40 Minuten in den Tiefkühlschrank stellen.

Pro Portion: 425 Kilojoule, 101 Kalorien, 9 g Eiweiß, 1 g Fett, 13 g Kohlenhydrate
1 Austauschportion Milch
10 Kcal »Auf Wunsch«

Schokokugeln
Menüplan 10. und 49. Woche

Zutaten für 2 Portionen
40 g Cornflakes
2 TL Margarine
1 TL Kakao

Süßstoff, Rumaroma
2 TL Kokosraspeln

Zubereitung: Cornflakes fein zermahlen. Margarine schmelzen, Cornflakes und Kakao hinzufügen. Mit Süßstoff und Rumaroma abschmecken. Mit soviel Wasser besprengen, daß eine grobkrümelige Masse entsteht, aus der mit den Händen zwei große Kugeln geformt werden. Die Kugeln in Kokosnußraspeln wälzen und im Kühlschrank 1 Stunde kühlstellen.

Pro Portion: 556 Kilojoule, 133 Kalorien, 2 g Eiweiß, 6 g Fett, 18 g Kohlenhydrate

1 Austauschportion Fett
1 Austauschportion Getreide-Erzeugnisse
12,5 Kcal »Auf Wunsch«

Marillenküchlein
Menüplan 52. Woche

Zutaten für 10 Portionen
10 TL Margarine
10 EL Kondensmilch (4 % Fett)
Süßstoff, Zitronenaroma
200 g Weizenvollkornmehl

1½ TL Backpulver
kalorienreduzierte Aprikosen
(250 kcal)
70 g süße Sahne

Zubereitung: Margarine mit Kondensmilch, Süßstoff und Zitronenaroma gut verrühren. Mehl und Backpulver mischen und hineinkneten. Den Teig 30 Minuten in den Kühlschrank stellen.
10 Törtchen von etwa 8 cm Durchmesser formen und auf ein mit Backtrennpapier ausgelegtes Backblech setzen. Im Backofen auf mittlerer Schiene bei 175° C (Gasherd Stufe 3—4) 20 Minuten backen.
Aprikosen abtropfen lassen und in kleine Stücke schneiden. Die Küchlein auskühlen lassen und mit den Aprikosenstückchen belegen. Sahne steif schlagen, mit Süßstoff süßen und darübergeben.

Pro Portion: 670 Kilojoule, 160 Kalorien, 4 g Eiweiß, 11 g Fett, 20 g Kohlenhydrate

1 Austauschportion Getreide-Erzeugnisse
1 Austauschportion Fett
125 Kcal »Auf Wunsch«

Rosinenflocken
Menüplan 30. Woche

Zutaten für 4 Portionen
100 g Speisequark (Magerstufe)
1 TL Süßstoff
6 Tropfen Rumaroma

80 g Vollkornhaferflocken
½ TL Backpulver
40 g Rosinen

Zubereitung: Quark mit 1 Eßlöffel Wasser, Süßstoff und Rumaroma glattrühren. Haferflocken mit Backpulver mischen und unter den Quark rühren. Mit den Rosinen vermischen. 8 Törtchen formen und auf ein mit Backtrennpapier ausgelegtes Backblech setzen. Auf mittlerer Schiene im Backofen bei 175° C (Gasherd Stufe 3) 25 Minuten backen. Noch 5 Minuten im ausgeschalteten Backofen lassen.

Pro Portion: 504 Kilojoule, 120 Kalorien, 7 g Eiweiß, 2 g Fett, 20 g Kohlenhydrate

1 Austauschportion Getreide-Erzeugnisse
¼ Austauschportion Milch
½ Austauschportion Obst

Annettenkekse
Menüplan 51. Woche

Zutaten für 10 Portionen
10 TL Margarine
5 TL Mineralwasser
500 g Speisequark (Magerstufe)
10 TL Honig

5 TL Kokosraspeln
Süßstoff, Anis
200 g Weizenvollkornmehl
1½ TL Backpulver

Zubereitung: Margarine mit Mineralwasser verrühren. Speisequark, Honig und Kokosraspeln untermischen. Mit Süßstoff und Anis abschmekken. Mehl und Backpulver mischen und unterkneten. 30 Minuten in den Kühlschrank stellen.
30 runde Kekse formen und auf ein mit Backtrennpapier ausgelegtes Backblech setzen. Im Backofen auf mittlerer Schiene bei 175° C (Gasherd Stufe 3—4) 30 Minuten backen.

Pro Portion: 675 Kilojoule, 161 Kalorien, 11 g Eiweiß, 5 g Fett, 15 g Kohlenhydrate

1 Austauschportion Fett
1 Austauschportion Getreide-Erzeugnisse
½ Austauschportion Milch
25 Kcal »Auf Wunsch«

Aprikosenplätzchen
Menüplan 49. Woche

Zutaten für 5 Portionen
50 g getrocknete Aprikosen
100 g Mehl
½ TL Backpulver
Salz
7 ½ TL Margarine

Süßstoff (entsprechend 2 TL Zucker)
1 EL Wasser
5 TL Puderzucker
1 TL Zitronensaft

Zubereitung: Aprikosen hacken. Mit den übrigen Zutaten zu einem geschmeidigen Teig verrühren. 15 runde Plätzchen formen und bei 200° C (Gasherd Stufe 4—5) auf einem mit Backtrennpapier ausgelegten Blech auf der mittleren Schiene 15 Minuten backen.

Pro Portion: 715 Kilojoule, 171 Kalorien, 3 g Eiweiß, 6 g Fett, 26 g Kohlenhydrate

1½ Austauschportionen Fett
1 Austauschportion Getreide-Erzeugnisse
½ Austauschportion Obst
20 Kcal »Auf Wunsch«

Großmutters Knusperbrot
Menüplan 48. Woche

Zutaten für 10 Portionen
2 TL Trockenhefe
½ TL Zucker
450 g Mehl
150 g Haferflocken

¼ l Milch (0,3 % Fett)
2 TL Kondensmilch (4 % Fett)
1 TL geriebener Käse

Zubereitung: Hefe, Zucker, Mehl und Haferflocken vermengen. Die Milch zusammen mit 50 ml Wasser leicht erwärmen und hinzufügen. Alles gut verkneten und zu einem Brotlaib formen. An einem warmen Ort 30—45 Minuten gehen lassen. Mit Kondensmilch bepinseln, mit Käse bestreuen und bei 250° C (Gasherd Stufe 5—6) auf mittlerer Schiene 35—45 Minuten backen.

Pro Portion: 933 Kilojoule, 223 Kalorien, 8 g Eiweiß, 2 g Fett, 44 g Kohlenhydrate

2 Austauschportionen Getreide-Erzeugnisse
80 Kcal »Auf Wunsch«

Getränke

Würziger Appetizer
Menüplan 6. Woche

Zutaten für 2 Portionen
100 g Gurke
½ l Tomatensaft
Zitronensaft
Worcestersauce

Salz, Pfeffer
2 Gurkenscheiben zum Garnieren

Zubereitung: Gurke schälen und klein würfeln. Tomaten- und Zitronensaft verrühren, die Gurkenwürfel hineingeben und mit Worcestersauce, Salz und Pfeffer abschmecken. Anschließend kühl stellen.
Den Drink in zwei hohe Gläser verteilen und mit den Gurkenscheiben garniert servieren. Eventuell noch mit Dillspitzen bestreuen.

Pro Portion: 215 Kilojoule, 51 Kalorien, 2 g Eiweiß, 0 g Fett, 10 g Kohlenhydrate

1 Austauschportion Obst
½ Austauschportion Gemüse

Sportlerdrink
Menüplan 10. Woche

Zutaten für 2 Portionen
300 g Karotten
¼ l Buttermilch (1 % Fett)

Zitronensaft, Salz

Zubereitung: Karotten im Entsafter auspressen. Den Saft mit der Buttermilch gut verrühren und mit Zitronensaft und Salz abschmecken.

Pro Portion: 473 Kilojoule, 113 Kalorien, 7 g Eiweiß, 2 g Fett, 18 g Kohlenhydrate

1½ Austauschportionen Gemüse
½ Austauschportion Milch

Nachtschwärmerbowle (Foto Seite 433)
Menüplan Sylvester

Zutaten für 8 Portionen
800 g Mandarinen und 16 EL Saft
(ohne Zucker konserviert)
4 Fläschchen Rumaroma
Saft von 4 Zitronen

Streusüße
4 l Mineralwasser
½ l Sekt

Zubereitung: Mandarinen mit dem Saft in ein Bowlengefäß geben, mit Rumaroma beträufeln und mit Streusüße bestreuen. Zitronensaft darübergießen und alles 24 Stunden ziehen lassen. Am nächsten Tag mit Mineralwasser auffüllen und den Sekt dazugießen.

Pro Portion: 448 Kilojoule, 107 Kalorien, 1 g Eiweiß, 15 g Kohlenhydrate
1 Austauschportion Obst
50 Kcal »Auf Wunsch«

Teufelsdrink
Menüplan 12. und 14. Woche

Zutaten für 2 Portionen
½ l Tomatensaft
flüssige Zwiebelwürze
Salz, Pfeffer, Cayennepfeffer, Pfeffersauce

Majoran, Basilikum
Eiswürfel

Zubereitung: Tomatensaft mit den Gewürzen sehr scharf abschmecken, gut kühlen und mit einem Eiswürfel servieren.

Pro Portion: 188 Kilojoule, 45 Kalorien, 2 g Eiweiß, 0 g Fett, 9 g Kohlenhydrate
1 Austauschportion Obst
20 Kcal »Auf Wunsch«

Tomatencocktail
Menüplan 41. Woche

Zutaten für 2 Portionen
¼ l Tomatensaft   1 TL gemahlener Kümmel
¼ l Sauerkrautsaft

Zubereitung: Alle Zutaten im Mixer gut mischen und eisgekühlt servieren.

Pro Portion: 144 Kilojoule, 34 Kalorien, 1 g Eiweiß, 6 g Kohlenhydrate
½ Austauschportion Obst
20 Kcal »Auf Wunsch«

Olivencocktail
Menüplan 11. Woche

Zutaten für 2 Portionen
350 g Joghurt (1,5 % Fett)   *Salz, Cayennepfeffer*
Dill, Petersilie   *Worcestersauce*
8 mit Paprika gefüllte Oliven

Zubereitung: Joghurt mit den gehackten Kräutern und sechs ebenfalls gehackten Oliven gut vermengen. Mit Salz, Cayennepfeffer und Worcestersauce scharf abschmecken. In Gläser füllen und 1 Stunde im Kühlschrank kühlen. Jedes Glas mit einer Olive und Petersilie garnieren.

Pro Portion: 500 Kilojoule, 120 Kalorien, 7 g Eiweiß, 6 g Fett, 9 g Kohlenhydrate
1 Austauschportion Milch
20 Kcal »Auf Wunsch«

Petersilienmilch
Menüplan 8. Woche

Zutaten für 2 Portionen
2 Bund Petersilie   *Salz, Paprika*
400 ml Milch (1,5 % Fett)

Zubereitung: Die gewaschene Petersilie im Mixer zerkleinern, die Milch zugießen und pikant abschmecken.

Pro Portion: 403 Kilojoule, 96 Kalorien, 7 g Eiweiß, 3 g Fett, 10 g Kohlenhydrate
1 Austauschportion Milch

Gemüsecocktail
Menüplan 40. Woche

Zutaten für 2 Portionen
¼ l Gemüsesaft
¼ l Milch (0,3 % Fett) oder
200 ml Milch (1,5 % Fett)

1 TL Zitronensaft
Süßstoff, Paprika, Salz, Pfeffer

Zubereitung: Gemüsesaft mit der Milch gut verquirlen, mit Zitronensaft, Süßstoff und den Gewürzen pikant abschmecken und eisgekühlt mit Strohhalm servieren.

Pro Portion: 324 Kilojoule, 77 g Kalorien, 5 g Fett, 14 g Kohlenhydrate

½ Austauschportion Obst
½ Austauschportion Milch

Gemüse-Joghurt-Drink
Menüplan 8. Woche

Zutaten für 2 Portionen
½ l Gemüsesaft
350 g Joghurt (1,5 % Fett)

Salz, Pfeffer, Paprika, Zwiebelpulver

Zubereitung: Gemüsesaft mit Joghurt verrühren, kräftig abschmecken und eisgekühlt servieren.

Pro Portion: 541 Kilojoule, 129 Kalorien, 8 g Eiweiß, 3 g Fett, 17 g Kohlenhydrate

1 Austauschportion Obst
1 Austauschportion Milch

Bananen-Dickmilch-Drink
Menüplan 9., 15. und 22. Woche

Zutaten für 2 Portionen
400 ml Dickmilch (1,5 % Fett)
60 g weiche Banane

⅛ l ungesüßter Orangensaft
Vanillearoma, Süßstoff

Zubereitung: Alle Zutaten im Mixer verquirlen, abschmecken und eisgekühlt servieren.

Pro Portion: 570 Kilojoule, 136 Kalorien, 7 g Eiweiß, 2 g Fett, 22 g Kohlenhydrate

1 Austauschportion Milch
1 Austauschportion Obst

Johannisbeermilch
Menüplan 52. Woche

Zutaten für 2 Portionen
100 g schwarze Johannisbeeren
(ohne Zucker konserviert)
2 EL Johannisbeersaft

¼ l Milch (0,3 % Fett)
Süßstoff, Zitronenaroma

Zubereitung: Alle Zutaten gut miteinander verrühren und vor dem Servieren 30 Minuten in den Kühlschrank stellen.

Pro Portion: 292 Kilojoule, 70 Kalorien, 5 g Eiweiß, 12 g Kohlenhydrate
½ Austauschportion Obst
½ Austauschportion Milch

Buttermilch-Drink
Menüplan 29. Woche

Zutaten für 2 Portionen
250 g rote Johannisbeeren
¼ l Buttermilch (1 % Fett)

200 g Joghurt (0,3 % Fett)
Zitronensaft, Süßstoff

Zubereitung: Johannisbeeren mit einem Pürierstab oder im Mixer zerkleinern. Die sehr kalte Buttermilch und den Joghurt dazugeben. Auf höchster Stufe im Mixer mischen und mit Zitronensaft und Süßstoff abschmecken. Durch ein feines Sieb gießen und gut gekühlt servieren.

Pro Portion: 610 Kilojoule, 146 Kalorien, 11 g Eiweiß, 2 g Fett, 22 g Kohlenhydrate
1 Austauschportion Obst
1 Austauschportion Milch

Ananas-Cocktail
Menüplan 2. Woche

Zutaten für 2 Portionen
1 mittelgroße Ananas
1 TL Zucker

125 g Himbeeren (Tiefkühlware)
¼ l Sekt

Zubereitung: Den oberen Teil der Ananas mit der Blattkrone abschneiden. Das Fruchtfleisch herauslösen, 100 g davon in Stücke schneiden

(den Rest anderweitig verwenden). Mit Zucker und den gefrorenen Himbeeren in die Ananas füllen und mit Sekt auffüllen.

Pro Portion: 708 Kilojoule, 169 Kalorien, 1 g Eiweiß, 0 g Fett, 19 g Kohlenhydrate

2½ Austauschportionen Obst
110 Kcal »Auf Wunsch«

Longdrink »Tobias«
Menüplan 52. Woche

Zutaten für 2 Portionen
⅛ l ungesüßter Orangensaft
375 ml Mineralwasser
4 Eiswürfel

½ TL Puderzucker
2 Zitronenscheiben

Zubereitung: Orangensaft und Mineralwaser vermischen, in zwei Gläser füllen und die Eiswürfel dazugeben. Den Puderzucker etwas anfeuchten und die Glasränder damit verzieren. Zitronenscheiben an einer Seite einschneiden und auf die Ränder stecken.

Pro Portion: 146 Kilojoule, 35 Kalorien, 8 g Kohlenhydrate

½ Austauschportion Obst
5 Kcal »Auf Wunsch«

Ananas-Bananen-Milchshake
Menüplan 21. und 36. Woche

Zutaten für 2 Portionen
60 g Banane
100 g Ananas und 2 EL Saft (ohne Zucker konserviert)

400 ml Milch (1,5 % Fett)
2 EL Zitronensaft
2 Eiswürfel

Zubereitung: Banane schälen. Mit den restlichen Zutaten in einem Mixer pürieren. In 2 Gläser füllen und mit bunten Strohhalmen servieren.

Pro Portion: 640 Kilojoule, 153 Kalorien, 7 g Eiweiß, 3 g Fett, 24 g Kohlenhydrate

1 Austauschportion Obst
1 Austauschportion Milch

Tee-Punsch
Menüplan 7. Woche

Zutaten für 2 Portionen
½ l Tee
¼ l ungesüßter Apfelsaft

Saft und Schale einer unbehandelten Zitrone
2 Nelken, Süßstoff

Zubereitung: Tee, Apfelsaft, Zitronenschale und -saft sowie die Nelken bei schwacher Hitze 10 Minuten kochen lassen. Danach die Zitronenschale und die Nelken wieder entfernen. Nach Bedarf mit Süßstoff süßen. Den Punsch in Teegläser füllen und mit einem Stück Zitronenschale garnieren. Er schmeckt auch kalt sehr gut.

Pro Portion: 47 Kilojoule, 11 Kalorien, 0 g Eiweiß, 0 g Fett, 16 g Kohlenhydrate
1 Austauschportion Obst

Honigmilch
Menüplan 3. Woche

Zutaten für 2 Portionen
200 ml Milch (1,5 % Fett)

1 TL Honig

Zubereitung: Milch erhitzen, den Honig darin auflösen und heiß servieren.

Pro Portion: 216 Kilojoule, 52 Kalorien, 3 g Eiweiß, 6 g Kohlenhydrate
½ Austauschportion Milch
10 Kcal »Auf Wunsch«

Zimtkaffee
Menüplan 9. Woche

Zutaten für 2 Portionen
35 g süße Sahne
2 große Tassen starker Kaffee

Süßstoff, Zimtpulver

Zubereitung: Die steifgeschlagene, mit Süßstoff gesüßte Sahne auf den Kaffee geben und mit einer Prise Zimtpulver bestreuen.

Pro Portion: 210 Kilojoule, 50 Kalorien, 5 g Fett, 1 g Kohlenhydrate
50 Kcal »Auf Wunsch«

Allgemeine Informationen zum Ernährungsprogramm

Die nächsten Seiten enthalten das komplette *Basisprogramm*. Zum besseren Verständnis hier einige Anmerkungen:

Warum ist gesunde Ernährung wichtig?

Lebensführung und Aktivität spielen eine wichtige Rolle zur Ermittlung des Energiebedarfs. Ihre Lebensführung beeinflußt Ihre Gesundheit. Lebensführung beinhaltet viele Aspekte der Nahrungsaufnahme, von der Auswahl der Lebensmittel bis hin zum sozialen Umfeld, in der das Essen eingenommen wird, ebenso die Menge und die Zeiten der Haupt- und Zwischenmahlzeiten. Obgleich Essensgewohnheiten, und zwar gute und schlechte, ziemlich früh im Leben geformt werden, ist es nie zu spät, den Weg zu einer vernünftigen Ernährung einzuschlagen.
Durch Erhöhung Ihres Ernährungsbewußtseins lernen Sie die Beziehung zwischen Nahrung und Körper kennen. Sie werden eine persönliche Verantwortung für die Lebensmittelauswahl entwickeln und die Folgen Ihrer Auswahl verstehen. Obwohl Nahrung allein nicht gesund macht, kann doch die praktische Anwendung Ihrer Ernährungskenntnisse zur Erhaltung und vor allem zur Verbesserung Ihrer Gesundheit beitragen.

Was sind Austauschportionen

Die folgenden Austauschlisten enthalten Lebensmittelportionen mit gleichem Nährstoffgehalt. Sie können jedes Produkt aus einer Austauschliste durch ein anderes Produkt aus dieser Liste ersetzen. Bei der Eiweißliste z. B. werden Sie feststellen, daß »1 Ei«, »30 g Käse« oder »30 g Hähnchenfleisch« alle jeweils einer Austauschportion entsprechen. Wenn also eine Mahlzeit 90 g Hähnchenfleisch = 3 Eiweißportionen erfordert, können Sie statt dessen 90 g Käse verzehren. Sie können auch kombinieren, z. B. 1 Ei und 60 g Käse. Das bleibt ganz Ihnen überlassen.

Sie werden schnell merken, daß das Austauschsystem das gemeinsame Essen mit Ihrer Familie und Freunden sehr erleichtert, da Sie keine Extramahlzeit nur für sich selbst zubereiten müssen.
Denken Sie jedoch daran, daß Sie diesen Austausch nur innerhalb der gleichen Austauschliste vornehmen. Sie können z. B. keinen Austausch aus der Brotliste durch eine Portion aus der Obstliste vornehmen.

Bitte beachten

Bis Sie mit der richtigen Portionskontrolle vertrauter werden, ist es ratsam, Ihre Speisen zu wiegen oder abzumessen. Dazu können Sie einen Meßlöffel und eine kleine Diätwaage benutzen. Das Abmessen funktioniert schließlich fast automatisch, und Sie werden vielleicht sogar in der Lage sein, die Mengen allein nach Augenmaß abzuschätzen.

Zusätzliche Informationen

- Essen Sie mindestens 3 Mahlzeiten pro Tag.
- Zwischenmahlzeiten können auf Wunsch eingelegt werden, sie sollten jedoch auch fest eingeplant sein. Als Zwischenmahlzeit verzehrte Austauschportionen werden auf die tägliche Gesamtmenge angerechnet.
- Zum Mittag- und Abendessen sind mindestens 2 Eiweißaustauschportionen erforderlich.

Obstauswahl

Ballaststoffe
Vitamin C
Vitamin A

Tagesportionen

Damen	3
Herren	4—6
Jugendliche	4—6

Die angegebenen Mengen entsprechen einer Austauschportion.
Gewichte = verzehrbarer Anteil.

Obstsaft

Ananassaft	80 ml
Apfelsaft	125 ml ($^1/_8$ l)
gem. Gemüsesaft	250 ml ($^1/_4$ l)
*Grapefruitsaft	125 ml ($^1/_8$ l)
Holunderbeersaft	125 ml ($^1/_8$ l)
Mandarinensaft	125 ml ($^1/_8$ l)
*Orangensaft	125 ml ($^1/_8$ l)
Pflaumensaft	80 ml
*Tomatensaft	250 ml ($^1/_4$ l)
Traubensaft	80 ml

Obst

Ananas	100 g ($^1/_4$ kleine)
Apfel	125 g (1 kleiner)
Aprikosen	100 g (2 mittelgr.)
Aprikosen, getr.	20 g (4 halbe)
Banane	60 g ($^1/_2$ mittelgr.)
Beeren	
Blaubeeren	100 g
Brombeeren	100 g
*Erdbeeren	125 g
Himbeeren	125 g
Holunderbeeren	125 g
Preiselbeeren	100 g
*rote Johannisbeeren	125 g
*schwarze Johannisbeeren	100 g
*Stachelbeeren	125 g
Birne	100 g (1 kleine)
*Cantaloup-Melone	200 g
Datteln, getrocknet	15 g (2 Stück)
Feigen, frisch	70 g (1 große)
Feigen, getrocknet	20 g (1 Stück)
Fruchtcocktail	100 g u. 2 Eßl. Saft
*Grapefruit	125 g ($^1/_2$ mittelgr.)
*Guave	100 g (1 kleine)
*Honigmelone	200 g
Kaki (Persimone)	80 g ($^1/_2$)
*Kiwi	100 g (1 mittelgr.)
Kirschen, süß	75 g (10 Stück)
Kirschen, sauer	100 g (15 Stück)
*Kumquats	100 g (2—3 Stück)

Litschi (Lychees)	80 g (4—5 Stück)
Mandarine	100 g (2 mittelgr.)
*Mango	100 g (½ kleine)
Mineolas	125 g
Mirabellen	85 g (6 Stück)
Nektarine	100 g (1 kleine)
*Orange	100 g (1 kleine)
*Papaya	100 g (½ mittelgr.)
Passionsfrucht	100 g (2 Stück)
Pfirsich	125 g (1 mittelgr.)
Pflaumen	85 g (3 mittelgr.)
Pflaumen, getrocknet	20 g (3—4 Stück)
*Pomelo	125 g
Quitte	100 g (1 Stück)
Reineclauden	75 g (2 Stück)
Rhabarber	250 g
Rosinen, Sultaninen	20 g
Tangerine	100 g (2 Stück)
Trauben	75 g
Trockenobst, gem.	20 g
Wassermelone	200 g

Besondere Anmerkungen

Verzehren Sie mindestens einmal am Tag eine Obstart roh, die mit einem Sternchen (*) versehen, also besonders reich an Vitamin C ist. Achten Sie auf Abwechslung!
Verwenden Sie frisches, konserviertes, getrocknetes oder tiefgefrorenes Obst oder Obstsaft ohne Zusatz von Zucker.
Wenn Sie kalorienreduziertes, konserviertes, mit Süßstoff gesüßtes Obst wählen, beträgt jede Portionsgröße 50 kcal (210 kJ).
Bei konserviertem, in Wasser abgepacktem Obst (Etikett ohne Kalorienangabe) gelten die oben angegebenen Mengen und 2 Eßlöffel Flüssigkeit.

Gemüseauswahl

Ballaststoffe	Calcium
Vitamin A	Eisen
Vitamin C	

Tagesportionen

Damen .... mindestens 2 Port. täglich
Herren .... mindestens 2 Port. täglich
Jugendliche .... mindestens 2 Port. täglich

Eine Austauschportion rohes oder gegartes Gemüse entspricht 100 g. Alle Gemüse — mit Ausnahme der Avocado — sind erlaubt. Z. B.

- Artischocken
- Aubergine
- Blattsalat
- Bleichsellerie
- Blumenkohl
- Bohnen, grün oder gelb
- Broccoli
- Chicorée
- Chinakohl
- Endivien
- Fenchel
- Grünkohl
- Gurken
- Knollensellerie
- Kohlrabi
- Kürbis
- Mangold
- Möhren
- Paprika
- Pilze
- Porree
- Radieschen
- Rettich
- Rosenkohl
- Rote Beete
- Rotkohl
- Rüben, jede Sorte
- Sauerkraut
- Spargel
- Spinat
- Tomaten
- Weißkohl
- Wirsing
- Zucchini
- Zwiebeln

Besondere Anmerkungen

Die Gemüsearten unterscheiden sich in ihrem Gehalt an Mineralstoffen und Vitaminen; deshalb ist Abwechslung der Schlüssel für die richtige Auswahl. Zur Erhaltung des höchstmöglichen Nährwertes und zur Erhaltung von Farbe, Geschmack und Konsistenz sollte das Gemüse entweder roh verzehrt oder nur so lange gegart werden, bis es gerade zart ist. Die Flüssigkeit von gegartem Gemüse sollte mitverzehrt werden.
Erbsen, Schwarzwurzeln, Wasserkastanien und Mais sind stärkehaltige Gemüsesorten, die Sie in der Gruppe »Stärkehaltige Erzeugnisse« finden.

Milchauswahl

Eiweiß
Calcium
Phosphor

Vitamin B_2
Vitamin D

Tagesportionen

Damen 2
Herren 2
Jugendliche .... 3—4

Die angegebenen Mengen entsprechen einer Austauschportion.

Magermilchpulver .... 25 g
Milch entrahmt, 0,3 % Fett .... 250 ml (¼ l)
Milch, fettarm, 1,5 % Fett .... 200 ml
Buttermilch, bis zu 1 % Fett bzw. bis 40 kcal (168 kJ)
  in 100 g .... 250 ml (¼ l)
Dickmilch, bis 1,5 % Fett .... 200 ml
Joghurt, entrahmt, 0,3 % Fett .... 200 g
Joghurt, fettarm, 1,5 % Fett .... 175 g
Kefir, bis 1,5 % Fett .... 200 ml
Sauermilch, bis 1,5 % Fett .... 200 ml

Besondere Anmerkungen

Verwenden Sie nur ungesüßte Milchprodukte ohne Fruchtzusatz.
Falls gewünscht, können Sie täglich *eine* Milchportion durch 100 g Speisequark, *Magerstufe,* ersetzen. Außerdem darf täglich *eine* Milchportion durch Milchpudding mit Geschmack (200 g zubereitet) *kalorienarm,* ersetzt werden.

Auswahl von Brot, Getreide und stärkehaltigen Erzeugnissen

Kohlenhydrate
B-Vitamine

Eisen
Ballaststoffe

Tagesportionen

Damen .... 2—3 Portionen täglich
Herren .... 4—5 Portionen täglich
Jugendliche .... 4—5 Portionen täglich

Die angegebenen Mengen entsprechen einer Austauschportion.

Brot

Brot, jede Sorte (z. B. Vollkornbrot, Mischbrot) .	30 g
Brötchen	30 g
Cräcker	20 g
Knäckebrot, jede Sorte	20 g
Matzen	20 g
Paniermehl	20 g
Zwieback	20 g

Getreide und Getreideerzeugnisse

Getreideflocken bzw. Zerealien (z. B. Cornflakes, Haferflocken, Kleie)	20 g
Graupen	20 g roh, 60 g gegart
Grütze (Buchweizen, Hafer oder Gerste)	20 g
Grieß	20 g
Mehl, jede Sorte	20 g
Reis, parboiled oder Naturreis	20 g roh, 60 g gegart
Teigwaren	20 g roh, 60 g gegart

Kartoffeln und stärkehaltige Gemüse

Erbsen, grün	100 g
Kastanien	35 g (6 Stück)
Kartoffeln	100 g
Kartoffelklöße (Fertigprodukt)	20 g Pulver, 80 g eßfertig
Kartoffelpüree (Fertigprodukt)	20 g Pulver, 100 g eßfertig
Mais, konserviert	70 g
Kolben	1 mittelgroßer
Körner, trocken	20 g
Maismehl (Polenta)	20 g
Maisgrieß	20 g
Popcorn, einfach	20 g
Schwarzwurzeln	100 g
Wasserkastanien	100 g

Besondere Anmerkungen

Der Nährwert der Getreideerzeugnisse unterscheidet sich sehr stark je nach Art der Verarbeitung.

Mineralstoffe und Vitamine sind überwiegend in den äußeren Randschichten und im Keim des Getreidekornes enthalten.

Deshalb sind Vollkornprodukte zu bevorzugen.

Fettauswahl

Vitamin E
Mehrfach ungesättigte Fettsäuren

Tagesportionen

Damen 3
Herren 3
Jugendliche 3

Die angegebenen Mengen entsprechen einer Austauschportion.
Pflanzenmargarine .... 1 gestr. Teelöffel
Pflanzencreme .... 1 gestr. Teelöffel
Halbfettmargarine .... 2 gestr. Teelöffel
Mayonnaise 80 % Fett .... 1 gestr. Teelöffel
Mayonnaise 50 % Fett .... $1\frac{1}{2}$ gestr. Teelöffel
Pflanzenöle .... 1 Teelöffel

Falls gewünscht, wählen Sie bis zu *dreimal wöchentlich anstelle* einer Fettportion:
Butter .... 1 gestr. Teelöffel
Halbfettbutter .... 2 gestr. Teelöffel

Besondere Anmerkungen

Fettportionen dürfen zum Braten, Kochen und Backen verwendet werden. Fett stellt eine konzentrierte Energiequelle dar, die Portionen müssen deshalb sorgfältig abgemessen werden.

Eiweißauswahl

Eiweiß   Calcium
Eisen   B-Vitamine

Tagesportionen

Damen .... 6— 8 Portionen
Herren .... 8—10 Portionen
Jugendliche .... 8—10 Portionen

Die angegebenen Mengen entsprechen einer Austauschportion.
Gewicht nach der Zubereitung.

Fisch, Fleisch- und Geflügelsorten

Fisch, jede Sorte außer Aal	30 g
Geflügel (Hähnchen, Huhn, Pute)	30 g
Kalbfleisch, ganz mager	30 g
Lamm, ganz mager	30 g
Rindfleisch, ganz mager	30 g
Schweinefleisch, ganz mager	30 g
Wild	30 g
*Bierschinken	30 g
*Brühwürstchen	30 g
*Corned beef, deutsch	30 g
*Fett- bzw. kalorienreduzierte Wurst	30 g
*Innereien	30 g
*Schinken	30 g
*Weißwurst, bayerisch	30 g
*Zunge	30 g

Molkereiprodukte

Fett- bzw. kalorienreduzierter Käse	45 g
Hart-, Weich- und Schmelzkäse bis zu 45 % Fett i. Tr.	30 g
Harzer, Korbkäse	60 g
Speisequark, Schicht- oder Hüttenkäse bis zu 20 % Fett i. Tr.	75 g

Weitere Eiweißprodukte

Ei	1 Stück
Erdnußbutter (im Austausch einer Fettportion)	1 Eßlöffel
Hülsenfrüchte, getrocknet (Bohnen, Linsen, Erbsen)	60 g gegart
Tofu	75 g

Besondere Anmerkungen

Wählen Sie nicht mehr als 4 Eier pro Woche. Begrenzen Sie die Menge von Hart-, Weich- oder Schmelzkäse und fett- bzw. kalorienreduziertem Käse auf 6 Austauschportionen pro Woche.
Essen Sie nicht mehr als 12 Austauschportionen von den Produkten, die mit einem (*) Sternchen versehen sind pro Woche.

Da Leber ein wichtiger Eisenlieferant ist, wird empfohlen, wöchentlich einmal Leber zu essen (3—4 Austauschportionen). Wenn keine Leber gewählt wird, fragen Sie Ihren Arzt, ob Sie ein Eisenpräparat benötigen.
Wiegen Sie möglichst nach der Zubereitung. 120 g nach der Zubereitung.

Fisch, Fleisch, Geflügel und Leber können gekocht, gedünstet, gegrillt, gebacken, gebraten oder in Folie gegart werden. Wenn Sie Geflügel oder Wildgeflügel braten, kochen, schmoren oder dünsten, muß die Haut vor der Zubereitung entfernt werden. Der Sud darf verzehrt werden.
Bei gebackenem, grilltem oder geröstetem Geflügel oder Wildgeflügel wird die Haut vor dem Verzehr entfernt.
Nehmen Sie frisches, gefrorenes, konserviertes oder geräuchertes Geflügel, Fleisch oder Fisch. Lassen Sie Waren aus der Dose abtropfen. Saucen oder sonstige Zusätze dürfen *nicht* verzehrt werden.

Auswahl »auf Wunsch«

Täglich

Sie können bis zu 50 kcal (210 kJ) von den unten aufgeführten Lebensmitteln wählen.

10 kcal (42 kJ) Lebensmittel

Eiklar	½
Fleischbrühe, Bouillon:	
selbst hergestellt	180 ml, entfettet
Würfel	½ großen/1 kl.
Instant	1 Teelöffel
Gelatine, Tortengelee	1½ Teelöffel oder 3 Blatt
diätetische Lebensmittel, kalorienreduziert	10 Kalorien
Getränke, Marmelade, Dressings, Dessertsaucen	
Hefe, trocken	1 Teelöffel
Hefe, frisch	10 g
Kakaopulver, ungesüßt	2 Teelöffel
Käse, gerieben	1 Teelöffel
Ketchup	2 Teelöffel
Kokosnuß, geraspelt	1 Teelöffel
Kondensmilch, 4% Fett i. Tr.	2 Teelöffel
Marmelade, Honig, Fruchtzucker, Zucker	½ Teelöffel
Mehl, Stärke, Grieß, Sago, Puddingpulver	1 Teelöffel
Oliven	2 Stück
Relish	1 Teelöffel
Samen: Anis, Fenchel, Kümmel, Leinsamen, Mohn, Sesam, Sonnenblumenkerne	½ Teelöffel

Sangrita	20 ml (0,02 l)
Sauerkrautsaft, Fertigprodukt	125 ml (⅛ l)
Tomatenmark	1 Eßlöffel
Wein zum Kochen	2 Teelöffel
Weizenkeime	1 Teelöffel
Weizenkleie	1 Eßlöffel

50 kcal (210 kJ) Lebensmittel

Brot	¾ Portion
Fett	1 Portion
Götterspeise, ungezuckert, Zitronen- oder Waldmeistergeschmack	½ l (500 g)
Obst	1 Portion
Milch	½ Portion
Eiweiß	1 Portion
Salatdressings, Fertigprodukt	1½ Eßlöffel (25 g)
Sauce: Barbecue-, Chili-, Meeresfrüchte-, Cocktail-, Steak-	3 Eßlöffel (50 g)
Schlagschaum	30 g

Zweimal wöchentlich
Sie können zusätzlich 100 kcal (420 kJ) aus dieser Liste wählen.

100 kcal (420 kJ) — Lebensmittel

Avocado	¼
Aperitif (z. B. Martini, Sherry)	50 ml
Apfelwein	250 ml (¼ l)
Bier	200 ml (0,2 l)
Fruchtgummi	30 g
Joghurt, 3,5 % Fett	125 g
Keks, Löffelbiskuits	20 g
Lakritz	30 g
Milch, 3,5 % Fett	150 ml
Sahne:	
saure Sahne, extra	3 Eßlöffel (50 g)
Schlagsahne	2 Eßlöffel (35 g)
Crème fraîche	1½ Eßlöffel (25 g)
Sekt	125 ml (⅛ l)
Wein, rot oder weiß	125 ml (⅛ l)

Zusätzliche Produkte

Die folgenden Produkte können in vernünftigen Mengen konsumiert werden:

Soda
Kaffee
Mineralwasser
Tee
Wasser

Gewürze und sonstige Zutaten

Verwenden Sie angemessene Mengen.

Agar-Agar
Backpulver
Essig
Extrakte und Aromen
Gemüse- oder Zwiebelflocken, getrocknet
Kapern
Knoblauch, frisch oder pulverisiert
Kräuter
Meerrettich
Nestargel, Tartex-Biobin

Orangen- bzw. Zitronenschale, gerieben, frisch oder getrocknet
Pfeffersauce (z. B. Tabasco)
Senf, alle Arten
Sojasauce
Süßstoff
Worcestershiresauce
Würzen, flüssig
Würzen, pulverisiert
Zitronensaft

Besondere Anmerkung

Es wird empfohlen, täglich 1½ bis 2 l Wasser oder Mineralwasser zu trinken.

Alphabetisches Register

Adventbratapfel 497
Altdeutsche Senfsauce 464
Amsterdamer Tomatensuppe 222
Ananas gegrillt 503
Ananas mit Haube 491
Ananas-Aprikosen-Müsli 473
Ananas-Bananen-Milchshake 533
Ananas-Cocktail 532
Ananas-Hüttenkäse 416
Ananas-Kokosnuß-Plätzchen 522
Ananasmousse 479
Ananas-Quark-Torte »St. Martin« 519
Ananastorte 520
Andalusische Sauce 463
Anisleber 323
Annettenkekse 526
Apfel-Bananen-Joghurt-Eis 504
Apfel-Käse-Mousse 485
Apfelkompott 493
Apfelmedaillons gebacken 495
Apfelpfannkuchen 501
Apfelstrudel 510
Apfel-Rotkohl 376
Apfelsuppe 491
Appetizer, würziger 528
Aprikosen-Mango-Joghurt 488
Aprikosenplätzchen 527
Aprikosensauce »Pikanta« 464
Arabische Joghurtsuppe 229
Artischockeneier 406
Auberginenschiffchen mit Kalbfleischfülle 382
Auflauf, Straßburger 266
Auflauf »Angela« 388
Auflauf »Johnny Apfelkern« 498

Backfisch mit Kräuterbutter 356
Bananen exotisch 493
Bananen-Ananas-Milchshake 533
Bananen-Apfel-Joghurt-Eis 504
Bananencreme 480
Bananen-Dickmilch-Drink 531
Bananen-Ingwer-Hüttenkäse 415
Bananenkuchen 512
Beschwipster Kohlrabiauflauf 380
Bircher Müsli 470
Birnen mit Zimtschaum 494
Biskuitkuchen 515
Blumenkohl mit Schinkenkäse-Sauce 379
Blumenkohlcremesuppe 225
Blumenkohlsalat 439
Bohneneintopf 394
Bratapfel »Pamela« 494
Brüsseler Gemüsesuppe 228
Budapester Gulaschsuppe 232
Bunte Fisch-Grilladen 350
Bunte Fischsuppe 233
Bunte Fleischbällchen 265
Bunte Obsttorte 516
Bunter Chinakohlsalat 422
Bunter Heringssalat 452
Bunter Salat 429
Bunter Selleriesalat 430
Bunter Wurstsalat 438
Buttermilchsuppe 229
Buttermilch-Drink 532
Buttermilch-Zitronen-Speise 486

Champignonkotelett 286
Champignonsalat 435
Charlys Fischpfanne 339
Chicoréesalat 425
Chicoréesalat »Honolulu« 423
Chili con carne 269
Chinakohl »Awiwa« 389
Chinakohl mit Orangen 421

Chinakohleintopf 390
Chinakohlsalat bunt 422
Chinasuppe 231
Chinesische Fischpfanne 346
Chinesischer Rotbarsch 351
Chop Suey 256
Chuck's Huhn 299
Christkindlpudding 478
Crêpes Divan 303
Curry-Kalbfleisch 286
Curry-Leber 330
Cuxhavener Rotbarschröllchen 360

Dänisches Smörebröd 417
Dickmilch-Bananen-Drink 531
Diplomatensalat 434
Drei-Länder-Käsesalat 460

Eier im Spinatbett 398
Eier im Gelee 402
Eier in Senfsauce 402
Eier süßsauer 409
Eierfrikassee mit Broccoli 400
Eierkuchen gefüllt, mit Champignonsauce 405
Eierpfannkuchen mit Blaubeeren 410
Eier-Ragout mit Champignons 404
Eiersalat 439
Eiersalat »Hongkong« 440
Eier-Spinat-Pastete 403
Eingelegte Zwiebeln 463
Eintopf, herbstlicher 391
Eisbecher mit Erdbeeren und Sahne 506
Eisbergsalat »Hawaii« 425
Eisbergsalat süß 426
Eiscafé 509
Elsässer Linsentopf 386
Endiviensalat 421
Erbsensuppe mit Sahne 227
Erdbeeren mit Joghurtsauce 490

Erdbeer-Apfel-Frost 505
Erdbeer-Käse-Torte 518
Erdbeer-Mango- Creme 481
Exotische Bananen 493

Fantasie-Salat 436
Faschingswaffeln 512
Feine Gemüsesuppe mit viel Einlage 221
Feinschmecker-Filetsteaks 249
Feldsalat mit Chicorée und Kresse 420
Fenchelleber 333
Festtagsbraten für Langschläfer 274
Feuriger Paprika-Schmorbraten 252
Filet im Mantel 248
Filetgulasch »Sonja« 252
Filetschnitten 250
Filetsteak mexikanisch 245
Filettopf mit Pfirsichen 254
Finnische Fischsuppe 235
Fisch in Tomatenaspik 242
Fisch italienisch 354
Fischfilet »Helgoland, überbacken 356
Fischfrikadellen mit Eskimokuß 357
Fisch-Grilladen, bunte 350
Fischgulasch holländisch 354
Fischgulasch ungarische Art 336
Fisch-Nudel-Auflauf 372
Fischpfanne chinesisch 346
Fischpfanne mit Champignons 347
Fischragout pikant 342
Fischragout »Walter« 337
Fischröllchen »Florentine« 348
Fischrouladen 348
Fischsalat 454
Fischsalat Neptun 459
Fischsalat »Rosana« 454
Fischsuppe, bunte 233
Fischsuppe, finnische 235
Fischstäbchen 352
Fischtopf Hubertus 335
Fleischbällchen, bunte 265
Fleischsalat süßsauer 441

Fleischtopf serbisch 278
Fleischtopf südländisch 253
Flockencrossies 472
Fondue 260
Forelle gebacken 368
Forelle mit Zitronensauce 366
Forellensalat 458
Frankfurter Gemüsepfanne 385
Französischer Hühnereintopf 306
Früchtegrieß 478
Früchte-Müsli 472
Früchtereis süß 499
Frühlingsquark 408
Frühlingsrolle, große 259
Frühlingssalat 423
Frühstück für zwei 470
Frühstücks-Müsli 469
Frühstückspfannkuchen 406
Frucht-Brot-Pudding 477
Fruchteis 508
Frucht-Kaltschale, sommerliche 492

Gebackene Apfelmedaillons 495
Gebackene Forelle 368
Gebeizte Hähnchenbrust 300
Gebeiztes Grillsteak mit Grilltomaten 246
Geflügelleber in Rosinensauce 331
Geflügelleber mit Pilzen 326
Geflügelleberpastete 237
Geflügelragout 298
Geflügelsalat »España« 449
Geflügelsalat mit Käse 446
Geflügelsalat mit Melone 446
Gefüllte Eierkuchen mit Champignonsauce 405
Gefüllte Käse-Eier 398
Gefüllte Leber 325
Gefüllte Makrelen 367
Gefüllte Paprikaschoten »Provence« 384
Gefüllte Schinkenrollen im Reisbett 283

Gefüllte Zucchini 382
Gegrillte Ananas 503
Gegrillte Heringe 368
Gegrillter Schokoladenpudding 475
Gelbes Huhn 308
Gelee Pink Panther 484
Gemüse-Allerlei 374
Gemüsecocktail 531
Gemüseeintopf mit Reis 394
Gemüse-Joghurt-Drink 531
Gemüsepfanne, Frankfurter 385
Gemüsepfanne provençalisch 376
Gemüserouladen 387
Gemüsesuppe, Brüsseler 228
Gemüsesuppe, fein, mit viel Einlage 221
Gerollte Scholle 342
Geschnetzeltes Rindfleisch 250
Geschnetzeltes vom Schwein 271
Goldbarschfilet »Jägerart« 362
Griechischer Salat 424
Grießflammeri 475
Grießsuppe 224
Grillplatte für Gartenfreunde 244
Grillsteaks gebeizt, mit Grilltomaten 246
Großmutters Knusperbrot 527
Grüner Salat 421
Gulaschsuppe, Budapester 232
Gurkenkaltschale 240
Gurken-Paprika-Gemüse 374
Gurkensalat mit Minze 430

Hackbällchen mit Spargel 263
Hackfleisch pikant, mit Toast 264
Hackfleischtaschen 267
Hacksteak mit Oliven 266
Hähnchen »August« 300

Hähnchen in Rotweinsauce 301
Hähnchen »provençal« 308
Hähnchenbrust gebeizt 300
Hähnchenkeule in Cidre 297
Hähnchenkeule indisch 302
Hähnchenkeulen in Estragonsauce 307
Hähnchenkeulen in Orangensauce 307
Hähnchenleber mit Salbeizwiebeln 327
Hähnchensalat Caracas 448
Hähnchentopf »Antje« 304
Haferflocken-Müsli 471
Hamburger, kleine 262
Hamburger, pikante 262
Hammeleintopf 295
Hammel-Graupen-Topf 296
Hasenkeulen mit Bananensauce 314
Heilbuttschnitten »Dinnertime« 352
Heißwecken 524
Herbstlicher Eintopf 391
Hering im Tontopf 363
Hering mit Sahnekartoffeln 372
Heringe gegrillt 368
Heringspaste 241
Heringssalat bunt 452
Heringssalat, roter 452
Himbeercreme 483
Himbeerfrühstück 471
Himbeersorbet 507
Himbeertraum 486
Holländisches Fischgulasch 354
Holländische Sauce 467
Honig-Joghurt 485
Honig-Kokosnuß-Toast 503
Honigmilch 534
Hot dogs 277
Hühnchenplatte kalt 309
Hühnereintopf französisch 306

Hühnereintopf indisch 305
Hühnerfrikassee 298
Hühner-Gemüse-Salat 450
Hühnerherzragout 318
Hühnertopf »Kairo« 310
Hülsenfrüchtetorte 517
Hüttenkäse mit Gemüse 236
Hummerkrabben mit Kokosnuß 369

Indischer Hühnereintopf 305
Indischer Salat 437
Irish-Stew 296
Italienische Rindfleischpfanne 255
Italienischer Fisch 354

Jägerpfanne 317
»Jahresausklangs«-Suppe 224
Jakobsmuscheln mit Champignons 239
Joghurt-Dip 466
Joghurt-Frucht-Pudding 476
Joghurt-Gemüse-Drink 531
Joghurt-Pilz-Cocktail 234
Joghurtsuppe, arabische 229
Joghurt-Tomaten-Dressing 466
Johannisbeermilch 532
Johannisbeer-Quark-Speise 486
Josefssuppe 231

Kabeljaukoteletts 341
Kabeljauschaschlik 344
Käse-Apfel-Mousse 485
Käsebrötchen 411
Käse-Eier gefüllt 398
Käsefondue »Goldener Oktober« 413
Käsekuchen 516
Käse-Nudel-Laib 418
Käsepuffer 414
Käseragout 414
Käse-Reis-Pfanne 415
Käserösti 409
Käsesalat 461
Käsesauce 465

Käse-Spinat-Suppe 225
Käsetoast 419
Käsetorte 514
Käsetrüffel 238
Kaffee-Kokosnuß-Kugeln 524
Kalbfleisch mit Erdfrüchten 290
Kalbfleisch Toledo 292
Kalbsleber mit Bananen 319
Kalbsleber mit Salbei 320
Kalbsragout 287
Kalbssteak mit Ananas 289
Kalte Hühnchen-Platte 309
Kapitänsflunder 349
Kartoffeleintopf 396
Kartoffelpuffer mit Quark-Schinken-Füllung 395
Kartoffelpuffer »Williams Christ« 396
Kartoffelsalat 438
Kartoffelsuppe »Expreß« 223
Kartoffel-Tomaten-Auflauf 393
Kassler mit Ananas 280
Kassler mit Kapernsauce 279
Kassler überbacken 281
Kefir-Müsli 469
Kirschsuppe mit Zimtgrießklößchen 492
Kirschtorte »Elisabeth« 523
Kiwi-Matjes-Filets 240
»Klaus-Störtebeker«-Torte 338
Kleine Hamburger 262
Knackiger Kopfsalat 420
Knusperbrot, Großmutters 527
Knusperquark 487
Kohleintopf 390
Kohlrabiauflauf beschwipst 380
Kohlrabi-Rohkost 431
Kohlrouladen 388
Kopfsalat, knackiger 420
Krabbenauflauf 365
Krabbencocktail 456
Krabbeneier mit Frühlingssalat 457
Krabben-Frucht-Cocktail 242

Krabben-Käse-Salat 456
Krabbensalat mit Ei 458
Krabben-Trauben-Salat 462
Kräuterleber 324
Kräutersauce 464
Krustenfisch 358
Kümmelbraten 270
Kümmel-Kartoffelsuppe 222

Labskaus 343
Lachs mit grüner Kräutersauce 340
Lamm mit grünen Bohnen 294
Lammtopf »Izmir« 294
Lauchcremesuppe 228
Lauchschnitten 384
Leber gefüllt 325
Leber mit Kapern 326
Leber mit Kastanienmilch 328
Leberfrikassee 319
Lebergeschnetzeltes 321
Leber-Nudel-Kasserolle 324
Leberpfanne »Don Carlos« 320
Leberpfanne pikant 332
Leberrouladen 322
Leberspieße 328
Lebertopf orientalisch 327
Lebertopf »Peking« 332
Leberwurstaufstrich 241
Linsensalat 442
Linsensuppe, provençalische 230
Linsentopf, Elsässer 386
Longdrink »Tobias« 533

Mais-Omelett mit Tomaten 407
Makrelen gefüllt 367
Mango-Aprikosen-Joghurt 488
Mango-Chutney 468
Mango-Erdbeer-Creme 481
Marillenküchlein 525
Matjesheringe »Hausfrauenart« 366
Matjesröllchen 238
Meeresfrüchtesalat 460

Meeressalat 455
Meloneneis 504
Melonensalat 432
Mexikanischer Salat 447
Mexikanisches Filetsteak 245
Milchgelee mit Himbeeren 481
Mitternachtseintopf 392
Mixed Pickles 468
Möhreneintopf mit Graupen 392
Möhren-Tomaten-Salat 428
Mokka-Cremespeise 490
Mokkadessert 479
Muschel-Reis-Kasserolle 373
Muscheltopf 370

Nachtschwärmerbowle 529
Neptunschmaus 345
Nudelsalat mit Schinken 440
Nudelsalat mit Würstchen 444

Obstsalat »Erntedank« 496
Obstsülze 508
Obsttorte bunte 516
Olivencocktail 530
Omelett südländisch 410
Orangen-Crêpes 502
Orangenleber 334
Orangen-Sorbet 505
Orangen-Zwieback 495
Orientalischer Lebertopf 327
Orientalischer Salat 441
Osso bucco 288

Panierte Schweineschnitzel 272
Paprika-Gulasch-Pfanne 260
Paprika-Gurken-Gemüse 374
Paprika-Schmorbraten, feurig 252
Paprikaschoten mit Gulaschfüllung 276
Paprikaschoten »Provence«, gefüllt 384

Paprikasalat süß 431
Party-Salat 442
Pasta asciutta 268
Petersilienmilch 530
Pfefferminzsauce süß 466
Pfeffersteak mit Knoblauchbutter 245
Pflaumenknödel 500
Pflaumenkuchen 513
Pflaumenmus »Boris« 480
Pflaumenpudding 474
Pfirsich »Astrid« 497
Pfirsich-Lamm auf Spinat-Salat 293
Pichelsteiner Eintopf 383
Pikante Hamburger 262
Pikante Leberpfanne 332
Pikante Zunge im Salatnest 444
Pikanter Wurstsalat 285
Pikantes Fischragout 342
Pikantes Hackfleisch mit Toast 264
Pikantes Seelachsfilet 361
Provençalische Gemüse-Pfanne 376
Provençalische Linsensuppe 230
Putengulasch »Florian« 312
Putenleber mit Mandarinencreme 330
Putenschnitzel »Elisabeth« 316
Putenschnitzel »Hinrich« 313
Putensteak in Zitrone 312

Quark-Banane 489
Quarkplinsen 416
Quark-Schinken-Rollen 411
Quarkspeise »Mandarin« 488

Räucherfischsalat »Pastorenart« 453
Rehsteak »Freischütz« 315
Relish-Salat 428
Rettichsalat 434
Rhabarber-Kirsch-Grütze 496
Rhabarbertörtchen mit Sahne 520
Rheinischer Sauerbraten mit Rosinen 251

Rigatoni 412
Rinderleber in Pfeffersauce 323
Rinderleber »Singapore« 329
Rinderrouladen 254
Rindfleisch geschnetzelt 250
Rindfleisch in Aspik 257
Rindfleisch mit Sauermilch 261
Rindfleischpfanne italienisch 255
Rindfleischsalat 443
Roastbeef-Brot 226
Rohkost 429
Rosenmontagsräder 234
Rosinenbrötchen 521
Rosinenflocken 526
Rosinen-Quark 487
Rotbarsch chinesisch 351
Rotbarschröllchen, Cuxhavener 360
Rote Sauce 465
Roter Heringssalat 452
Roter Salat 427
Rotkohlsalat mit Obst 433
Rotweinspeise 476

Sahne-Geschnetzeltes Züricher 289
Salat bunt 429
Salat mexikanisch 447
Salat orientalisch 441
Salat »Südsee« 436
Saltimbocca 291
Salzburger Nockerl 498
Sauce Hawaii 467
Sauerbraten rheinisch, mit Rosinen 251
Sauerkirschcreme 482
Sauerkirschsalat 435
Sauerkrautsalat mit Kassler 445
Schäfertopf 258
Schellfisch in bunter Remouladensauce 355
Schellfischfilets in Alufolie 346
Schinken mit Mainzer Spargel 284
Schinkenbananen 281
Schinkenröllchen in Sülze 282
Schinkenrolle gefüllt, im Reisbett 283
Schlemmergraupen 418
Schnitzelgulasch 273
Schokokugeln 525
Schokoladenpudding 473
Schokoladenpudding gegrillt 475
Schokoladenpudding mit Rum-Aprikosen-Sauce 474
Scholle gerollt 342
Schollenfilet mit Mais 336
Schollenfilets in Orangensauce 353
Schweinefilet in Biersauce 277
Schweinefleisch »Meister Ribbeck« 273
Schweinefleisch süß-sauer 275
Schweinekoteletts in Aprikosensauce 272
Schweinekoteletts in japanischer Marinade 274
Schweineschnitzel paniert 272
Schweinesülze 278
Seelachsfilet mit Äpfeln 338
Seelachsfilet mit gebackenen Bananen 344
Seelachsfilet pikant 361
Selleriesalat bunt 430
Senfsauce altdeutsch 464
Serbischer Fleischtopf 278
Smörebröd, dänisches 417
Sommerliche Frucht-Kaltschale 492
Sommer-Matjes 450
Sommertraum-Salat 432
Sonntagstoast mit Ei 404
Spaghetti Calamari 370
Spaghetti mit Hackfleischsauce 268
Spaghetti mit italienischer Sauce 270
Spaghetti mit Meeresfrüchten 371
Spargelcremesuppe 230
Spargel-Schinken-Toast 282
Spießchen mit buntem Reis 248

Spinatsalat 427
Spinatsalat mit Äpfeln 424
Spinat-Thunfisch-Pfanne 377
Spinattorte 378
Sportlerdrink 528
Stachelbeercreme 482
Stachelbeergelee 483
Steakhouse-Teller 246
Steckrüben in Käsesauce 376
Straßburger Auflauf 266
Südländischer Fleischtopf 253
Südländisches Omelett 410
Süße Knödel mit Kirschen 500
Süße Pfefferminzsauce 466
Süßer Früchtereis 499
Süßer Paprikasalat 431
Süßsaure Eier 409
Süßsaurer Fleischsalat 441

Tatar 226
Tee-Punsch 534
Teufelsdrink 529
Thunfisch auf indische Art 362
Thunfischaufstrich 243
Thunfisch-Käse-Auflauf 359
Thunfischpfanne 364
Thunfisch-Pfirsich-Toast 364
Thunfisch-Pizza-Brot 361
Thunfisch-Ratatouille 358
Thunfischsalat 451
Thunfisch-Spinat-Pfanne 377
Toast »St. Nikolaus« 284
Tomaten mit Kartoffelberg 378
Tomatencocktail 530
Tomaten-Käse-Eier 401
Tomaten-Kartoffel-Auflauf 393
Tomatenkörbchen 236
Tomaten-Quark-Eier 401
Tomaten-Rühreier 400
Tomatensuppe, Amsterdamer 222
Traubenknäcke 408
Trauben-Möhren-Salat 428
Tsatsiki 237

Überbackenes Fischfilet »Helgoland« 356
Überbackenes Kassler 281
Überraschungsauflauf 412

Vanilleflammeri 477
Vanillesauce 489
Versteckte Kastanien 310

Wachteleier im Nest 399
Waldorfsalat 426
Weihnachtstorte 522

Weingelee 484
Wildgulasch 316
Windbeutel mit Erdbeersauce 511
Winzertopf 264
Wirsing »Surprise« mit Zwiebacksauce 386
Würstchenpfanne 280
Würziger Appetizer 528
Wurstsalat bunt 438
Wurstsalat pikant 285

Zimtkaffee 534
Zucchini gefüllt 382
Züricher Sahne-Geschnetzeltes 289
Zunge pikant im Salatnest 444
Zwiebacktörtchen 514
Zwiebelfleisch auf Reis 256
Zwiebelhäuschen 382
Zwiebeln, eingelegte 463
Zwiebel-Safran-Reis 397

Register nach Sachgruppen

EIER, KÄSE UND QUARK
Ananas-Hüttenkäse 416
Artischockeneier 406
Bananen-Ingwer-Hüttenkäse 415
Dänisches Smörebröd 417
Eier im Spinatbett 398
Eier in Gelee 402
Eier in Senfsauce 402
Eier süßsauer 409
Eierfrikassee mit Broccoli 400
Eierkuchen gefüllt, mit Champignonsauce 405
Eierpfannkuchen mit Blaubeeren 410
Eier-Ragout mit Champignons 404
Eier-Spinat-Pastete 403
Frühlingsquark 408
Frühstückspfannkuchen 406
Gefüllte Eierkuchen mit Champignonsauce 405
Gefüllte Käse-Eier 398
Käsebrötchen 411
Käse-Eier gefüllt 398
Käsefondue »Goldener Oktober« 413
Käse-Nudel-Laib 418
Käsepuffer 414
Käseragout 414
Käse-Reis-Pfanne 415
Käserösti 409
Käsetoast 419
Mais-Omelett mit Tomaten 407

Omelett südländisch 410
Quarkplinsen 416
Quark-Schinken-Rollen 411
Rigatoni 412
Schlemmergraupen 418
Smörebröd, dänisches 417
Sonntagstoast mit Ei 404
Südländisches Omelett 410
Süßsaure Eier 409
Traubenknäcke 408
Tomaten-Käse-Eier 401
Tomaten-Quark-Eier 401
Tomaten-Rührei 400
Überraschungsauflauf 412
Wachteleier im Nest 399

FISCHGERICHTE
Backfisch mit Kräuterbutter 356
Charlys Fischpfanne 339
Chinesische Fischpfanne 346
Chinesischer Rotbarsch 351
Cuxhavener Rotbarschröllchen 360
Fisch italienisch 354
Fischfilet »Helgoland«, überbacken 356
Fischfrikadellen mit Eskimokuß 357
Fisch-Grilladen, bunte 350
Fischgulasch holländisch 355
Fischgulasch ungarische Art 336
Fisch-Nudel-Auflauf 372

Fischpfanne chinesisch 346
Fischpfanne mit Champignons 347
Fischragout »Walter« 337
Fischröllchen »Florentine« 348
Fischrouladen 348
Fischstäbchen 352
Fischtopf Hubertus 335
Forelle gebacken 368
Forelle mit Zitronensauce 366
Gerollte Scholle 342
Goldbarschfilet »Jägerart« 362
Heilbuttschnitten »Dinnertime« 352
Hering im Tontopf 363
Hering mit Sahnekartoffeln 372
Heringe gegrillt 368
Holländisches Fischgulasch 354
Hummerkrabben mit Kokosnuß 369
Italienischer Fisch 354
Kabeljaukoteletts 341
Kabeljauschaschlik 344
Kapitänsflunder 349
»Klaus-Störtebeker«-Torte 338
Krabbenauflauf 365
Krustenfisch 358
Labskaus 343
Lachs mit grüner Kräutersauce 340

Makrelen gefüllt 367
Matjesheringe »Hausfrauenart« 366
Muschel-Reis-Kasserolle 373
Muscheltopf 370
Neptunschmaus 345
Pikantes Fischragout 342
Rotbarsch chinesisch 351
Rotbarschröllchen, Cuxhavener 360
Schellfisch in bunter Remouladensauce 355
Schellfischfilets in Alufolie 346
Schollenfilet mit Mais 336
Schollenfilets in Orangensauce 353
Seelachsfilet mit Äpfeln 338
Seelachsfilet mit gebackenen Bananen 344
Seelachsfilet pikant 361
Spaghetti Calamari 370
Spaghetti mit Meeresfrüchten 371
Thunfisch auf indische Art 362
Thunfisch-Käse-Auflauf 359
Thunfischpfanne 364
Thunfisch-Pfirsich-Toast 364
Thunfisch-Pizza-Brot 361
Thunfisch-Ratatouille 358

FLEISCHGERICHTE

Anisleber 323
Champignonkotelett 286
Chili con carne 269
Chop Suey 256
Chuck's Huhn 299
Crêpes »Divan« 303
Curry-Kalbfleisch 286
Curry-Leber 330
Feinschmecker-Filetsteaks 249
Fenchelleber 333
Festtagsbraten für Langschläfer 274
Feuriger Paprika-Schmorbraten 252
Filet im Mantel 248
Filetgulasch »Sonja« 252
Filetschnitten 250
Filettopf mit Pfirsichen 254
Fleischbällchen, bunte 265
Fleischtopf serbisch 278
Fondue 260
Französischer Hühnereintopf 306
Frühlingsrolle, große 259
Gebeizte Hähnchenbrust 300
Geflügelleber in Rosinensauce 331
Geflügelleber mit Pilzen 326
Geflügelragout 298
Gefüllte Leber 325
Gefüllte Schinkenrollen im Reisbett 283
Gelbes Huhn 308
Geschnetzeltes Rindfleisch 250
Geschnetzeltes vom Schwein 271
Grillplatte für Gartenfreunde 245
Grillsteaks gebeizt mit Grilltomaten 246
Hackbällchen mit Spargel 263
Hackfleisch pikant, mit Toast 264
Hackfleischtaschen 267
Hacksteak mit Oliven 266
Hähnchen »August« 300
Hähnchen in Rotweinsauce 301
Hähnchen »provençal« 308
Hähnchenkeule in Cidre 297
Hähnchenkeule indisch 302
Hähnchenkeulen in Orangensauce 307
Hähnchenleber mit Salbeizwiebeln 327
Hähnchentopf »Antje« 304
Hamburger, kleine 262
Hamburger, pikante 262
Hammeleintopf 295
Hammel-Graupen-Topf 296
Hasenkeulen mit Bananensauce 314
Hot dogs 277
Hühnchenplatte kalt 309
Hühnereintopf französisch 306
Hühnereintopf indisch 305
Hühnerfrikassee 298
Hühnerherzragout 318
Hühnertopf »Kairo« 310
Indischer Hühnereintopf 305
Irish-Stew 296
Italienische Rindfleischpfanne 255
Jägerpfanne 317
Kalbfleisch mit Erdfrüchten 290
Kalbfleisch, Toledo 292
Kalbsleber mit Bananen 319
Kalbsleber mit Salbei 320
Kalbsragout 287
Kalbssteaks mit Ananas 289
Kalte Hühnchenplatte 309
Kassler mit Ananas 280
Kassler mit Kapernsauce 279
Kassler überbacken 281
Kräuterleber 234
Kümmelbraten 270
Lamm mit grünen Bohnen 294
Lammtopf »Izmir« 294
Leber mit Kapern 326
Leber mit Kastanienmilch 328
Leberfrikassee 319
Lebergeschnetzeltes 321
Leber-Nudel-Kasserolle 324
Leberpfanne »Don Carlos« 320
Leberrouladen 322
Leberspieße 328
Lebertopf »Peking« 332
Mexikanisches Filetsteak 245
Orangenleber 334
Orientalischer Lebertopf 327
Osso bucco 288

Paprika-Gulasch-Pfanne 260
Paprikaschoten mit Gulaschfüllung 276
Pasta asciutta 268
Pfeffersteak mit Knoblauchbutter 245
Pfirsich-Lamm auf Spinatsalat 291
Pikante Leberpfanne 332
Putengulasch »Florian« 312
Putenleber mit Mandarinencreme 330
Putenschnitzel »Elisabeth« 316
Putenschnitzel »Hinrich« 313
Putensteak in Zitrone 312
Rehsteak »Freischütz« 315
Rheinischer Sauerbraten mit Rosinen 251
Rinderleber in Pfeffersauce 323
Rinderleber »Singapore« 329
Rindfleisch in Aspik 257
Rindfleisch mit Sauermilch 261
Rinderrouladen 254
Saltimbocca 291
Schäfertopf 258
Schinken mit Mainzer Spargel 284
Schinkenbananen 281
Schinkenröllchen in Sülze 282
Schnitzelgulasch 273
Schweinefilet in Biersauce 277
Schweinefleisch »Meister Ribbeck« 273
Schweinefleisch süß-sauer 275
Schweinekoteletts in Aprikosensauce 272
Schweinekoteletts in japanischer Marinade 274
Schweineschnitzel paniert 272
Schweinesülze 278
Serbischer Fleischtopf 278
Spaghetti mit Hackfleischsauce 268

Spaghetti mit italienischer Sauce 270
Spargel-Schinken-Toast 282
Spießchen mit buntem Reis 248
Steakhouse-Teller 246
Straßburger Auflauf 266
Südländischer Fleischtopf 253
Toast »St. Nikolaus« 284
Versteckte Kastanien 310
Würstchenpfanne 280
Wurstsalat pikant 285
Wildgulasch 316
Winzertopf 264
Züricher Sahne-Geschnetzeltes 289
Zwiebelfleisch auf Reis 256

GEMÜSEGERICHTE

Auberginenschiffchen mit Kalbfleischfülle 381
Apfel-Rotkohl 376
Auflauf »Angela« 388
Beschwipster Kohlrabiauflauf 380
Blumenkohl mit Schinken-Käse-Sauce 379
Bohneneintopf 394
Chinakohl »Awiwa« 389
Chinakohleintopf 390
Eintopf herbstlicher 391
Elsässer Linsentopf 386
Frankfurter Gemüsepfanne 385
Gefüllte Paprikaschoten »Provence« 384
Gefüllte Zucchini 382
Gemüse-Allerlei 374
Gemüseeintopf mit Reis 394
Gemüsepfanne, Frankfurter 385
Gemüsepfanne provençalisch 376
Gemüserouladen 387
Gurken-Paprika-Gemüse 374
Herbstlicher Eintopf 391
Kartoffeleintopf 396
Kartoffelpuffer mit Quark-Schinken-Füllung 395

Kartoffelpuffer »Williams Christ« 396
Kartoffel-Tomaten-Auflauf 393
Kohleintopf 390
Kohlrabiauflauf beschwipst 380
Kohlrouladen 388
Lauchschnitten 384
Linsentopf, Elsässer 386
Mitternachtseintopf 392
Möhreneintopf mit Graupen 392
Paprika-Gurken-Gemüse 374
Paprikaschoten »Provence«, gefüllt 384
Pichelsteiner Eintopf 383
Provençalische Gemüsepfanne 376
Spinat-Thunfisch-Pfanne 377
Spinattorte 378
Steckrüben in Käsesauce 377
Thunfisch-Spinat-Pfanne 377
Tomaten mit Kartoffelberg 378
Tomaten-Kartoffel-Auflauf 392
Wirsing »Surprise« mit Zwiebacksauce 386
Zucchini gefüllt 382
Zwiebelhäuschen 382
Zwiebel-Safran-Reis 397

GETRÄNKE

Ananas-Bananen-Milchshake 533
Ananas-Cocktail 532
Appetizer, würziger 528
Bananen-Ananas-Milchshake 533
Bananen-Dickmilch-Drink 531
Buttermilch-Drink 532
Dickmilch-Bananen-Drink 531
Gemüsecocktail 531
Gemüse-Joghurt-Drink 531
Honigmilch 534
Joghurt-Gemüse-Drink 531

Johannisbeermilch 532
Longdrink »Tobias« 533
Nachtschwärmerbowle 529
Olivencocktail 530
Petersilienmilch 530
Sportlerdrink 528
Tee-Punsch 534
Tomatencocktail 530
Zimtkaffee 534

SALATE

Blumenkohlsalat 439
Bunter Salat 429
Chicoréesalat 425
Chicoréesalat »Honolulu« 423
Chinakohl mit Orangen 421
Chinakohlsalat bunt 422
Diplomatensalat 434
Drei-Länder-Käsesalat 460
Eiersalat 439
Eiersalat »Hongkong« 440
Eisbergsalat »Hawaii« 425
Eisbergsalat süß 426
Endiviensalat 421
Fantasie-Salat 436
Feldsalat mit Chicorée und Kresse 420
Fischsalat 454
Fischsalat Neptun 459
Fischsalat »Rosana« 454
Fleischsalat süßsauer 441
Forellensalat 458
Frühlingssalat 422
Geflügelsalat »España« 449
Geflügelsalat mit Käse 446
Geflügelsalat mit Melone 446
Griechischer Salat 424
Grüner Salat 421
Gurkensalat mit Minze 430
Hähnchensalat Caracas 448
Heringssalat bunt 452
Hühner-Gemüse-Salat 450
Indischer Salat 437
Käsesalat 461
Kartoffelsalat 438
Kohlrabi-Rohkost 431
Kopfsalat, knackiger 420
Krabbencocktail 456
Krabbeneier mit Frühlingssalat 457
Krabben-Käse-Salat 456
Krabbensalat mit Ei 458
Krabben-Trauben-Salat 462
Linsensalat 442
Melonensalat 432
Meeresfrüchtesalat 460
Meeressalat 455
Mexikanischer Salat 447
Möhren-Trauben-Salat 428
Nudelsalat mit Schinken 440
Nudelsalat mit Würstchen 444
Orientalischer Salat 441
Paprikasalat süß 431
Party-Salat 442
Pikante Zunge im Salatnest 444
Räucherfischsalat »Pastorenart« 453
Relish-Salat 428
Rettichsalat 434
Rindfleischsalat 443
Rohkost 429
Roter Heringssalat 452
Roter Salat 427
Rotkohlsalat mit Obst 433
Salat bunt 429
Salat »Südsee« 436
Sauerkrautsalat 435
Sauerkrautsalat mit Kassler 445
Selleriesalat bunt 430
Sommer-Matjes 450
Sommertraum-Salat 432
Spinatsalat 427
Spinatsalat mit Äpfeln 424
Süßsaurer Fleischsalat 441
Thunfischsalat 451
Trauben-Möhren-Salat 428
Waldorfsalat 426
Wurstsalat bunt 438
Zunge pikant im Salatnest 444

SAUCEN UND PIKANTES

Altdeutsche Senfsauce 464
Andalusische Sauce 463
Aprikosensauce »Pikanta« 464
Eingelegte Zwiebeln 463
Holländische Sauce 467
Joghurt-Dip 466
Joghurt-Tomaten-Dressing 466
Käsesauce 465
Kräutersauce 464
Mango-Chutney 468
Pfefferminzsauce süß 466
Rote Sauce 465
Sauce Hawaii 467

SUPPEN UND IMBISSE

Amsterdamer Tomatensuppe 222
Arabische Joghurtsuppe 229
Blumenkohlcremesuppe 225
Brüsseler Gemüsesuppe 228
Budapester Gulaschsuppe 232
Bunte Fischsuppe 233
Buttermilchsuppe 229
Chinasuppe 231
Erbsensuppe mit Sahne 227
Finnische Fischsuppe 235
Fisch in Tomatenaspik 242
Geflügelleberpastete 237
Gemüsesuppe, fein, mit viel Einlage 221
Grießsuppe 224
Gurkenkaltschale 240
Heringspaste 241
Hüttenkäse mit Gemüse 236
»Jahresausklangs«-Suppe 224
Jakobsmuscheln mit Champignons 239
Joghurt-Pilz-Cocktail 234
Josefssuppe 231
Käse-Spinat-Suppe 225
Käsetrüffel 238
Kartoffelsuppe »Expreß« 223
Kiwi-Matjes-Filets 240
Krabben-Frucht-Cocktail 242

Kümmel-Kartoffelsuppe 222
Lauchcremesuppe 228
Leberwurstaufstrich 241
Matjesröllchen 238
Provençalische Linsensuppe 230
Roastbeef-Brot 226
Rosenmontagsräder 234
Tatar 226
Thunfischaufstrich 243
Tomatenkörbchen 236
Tsatsiki 237
Spargelcremesuppe 230

SÜSS-SPEISEN UND GEBÄCK

Adventbratapfel 497
Ananas mit Haube 491
Ananas-Aprikosen-Müsli 473
Ananas-Kokosnuß-Törtchen 522
Ananasmousse 479
Ananas-Quark-Torte »St. Martin« 519
Ananastorte 520
Annettenkekse 526
Apfel-Bananen-Joghurt-Eis 504
Apfel-Käse-Mousse 485
Apfelkompott 493
Apfelpfannkuchen 501
Apfelmedaillons gebacken 495
Apfelstrudel 510
Apfelsuppe 491
Aprikosen-Mango-Joghurt 488
Aprikosenplätzchen 527
Auflauf »Johnny Apfelkern« 498
Bananen-Apfel-Joghurt-Eis 504
Bananencreme 480
Bananenkuchen 512
Bircher Müsli 470
Birnen mit Zimtschaum 494
Biskuitkuchen 515
Bratapfel »Pamela« 494
Christkindlpudding 478

Eisbecher mit Erdbeeren und Sahne 506
Eiscafé 509
Erdbeeren mit Joghurtsauce 490
Erdbeer-Apfel-Frost 505
Erdbeer-Käse-Torte 518
Erdbeer-Mango-Creme 481
Exotische Bananen 493
Faschingswaffeln 512
Flockencrossies 472
Frucht-Brot-Pudding 477
Fruchteis 508
Frucht-Kaltschale, sommerliche 492
Früchtegrieß 478
Früchte-Müsli 472
Früchtereis süß 499
Frühstück für zwei 470
Frühstücks-Müsli 469
Gegrillte Ananas 503
Gegrillte Schokoladenpudding 475
Gelee Pink Panther 484
Grießflammeri 475
Haferflocken-Müsli 471
Heißwecken 524
Himbeercreme 483
Himbeerfrühstück 471
Himbeersorbet 507
Himbeertraum 486
Honig-Joghurt 485
Honig-Kokosnuß-Toast 503
Hülsenfrüchtetorte 517
Joghurt-Frucht-Pudding 476
Johannisbeer-Quarkspeise 486
Käse-Apfel-Mousse 485
Käsekuchen 516
Käsetorte 514
Kaffee-Kokosnuß-Kugeln 524
Kefir-Müsli 469
Kirschsuppe mit Zimtgrießklößchen 492
Kirschtorte »Elisabeth« 523
Knusperbrot 527

Knusperquark 487
Mango-Aprikosen-Joghurt 488
Mango-Erdbeer-Creme 481
Marillenküchlein 525
Meloneneis 504
Milchgelee mit Himbeeren 481
Mokka-Cremespeise 490
Mokkadessert 479
Obstsalat »Erntedank« 496
Obstsülze 508
Obsttorte bunt 516
Orangen-Crêpes 502
Orangensorbet 505
Orangen-Zwieback 495
Pflaumenknödel 500
Pflaumenkuchen 513
Pflaumenmus »Boris« 480
Pflaumenpudding 474
Pfirsich »Astrid« 497
Quark-Banane 489
Quarkspeise »Mandarin« 488
Rhabarber-Kirsch-Grütze 496
Rhabarbertörtchen mit Sahne 520
Rosinenbrötchen 521
Rosinenflocken 526
Rosinen-Quark 487
Rotweinspeise 476
Salzburger Nockerl 498
Sauerkirschcreme 482
Schokokugeln 525
Schokoladenpudding 473
Schokoladenpudding mit Rum-Aprikosen-Sauce 474
Stachelbeercreme 482
Stachelbeergelee 483
Süße Knödel mit Kirschen 500
Vanilleflammeri 477
Vanillesauce 489
Weihnachtstorte 522
Weingelee 484
Windbeutel mit Erdbeersauce 511
Zwiebacktörtchen 514

Wenn Sie Interesse daran haben, eine Weight Watchers-Gruppe zu besuchen, finden Sie nachstehend Anschriften unserer Center, die Ihnen gerne zusätzliche Informationen geben:

57078 Aachen
Hochstr. 9

10719 Berlin
Uhlandstr. 158

28195 Bremen
Pieperstr. 7

44139 Dortmund
Leopoldstr. 50—58

40211 Düsseldorf
Klosterstr. 40

45127 Essen
Porschekanzel 2—4

60311 Frankfurt
Dominikanergasse

22081 Hamburg
Lerchenfeld 14

30159 Hannover
Odeonstr. 3

50676 Köln
Poststr. 15—23

67063 Ludwigshafen
Rohrlachstr. 68

80336 München
St.-Paul-Str. 9

67433 Neustadt
Ludwigstr. 1

90402 Nürnberg
Hallplatz 2

26133 Oldenburg
Klingenbergstr. 51

49082 Osnabrück
Frankenstr. 6

67346 Speyer
Birkenweg 63 b

70197 Stuttgart
Vogelsangstr. 148

oder:
HAUPTVERWALTUNG:
40237 Düsseldorf
Uhlandstr. 9
Tel. 01 30/47 78
(Anruf ist gebührenfrei)

Natürlich gesund

Sven-Jörg Buslau
Corinna Hembd
**Kombucha, der Tee
mit großer Heilkraft**
Die Wiederentdeckung eines
alten ostasiatischen Heilmittels
08/5131

Brigitte Neusiedl
**Heilfasten - Harmonie von
Körper, Geist und Seele**
Krankheiten vorbeugen,
Körper, Geist und Seele
erneuern, überflüssige
Pfunde abbauen
08/5105

Mechthild Scheffer
Bach-Blütentherapie
Theorie und Praxis
Das Standardwerk
mit den ausführlichsten
Blütenbeschreibungen
08/5323

Mechthild Scheffer
**Selbsthilfe durch
Bach-Blütentherapie**
Blumen, die durch
die Seele heilen
08/5048

Dr. Wolf Ulrich
**Schmerzfrei durch
Akupunktur und Akupressur**
Ein Ratgeber für die
Selbstbehandlung
08/4497

Jean Valnet
Aroma-Therapie
Gesundheit und Wohlbefinden
durch pflanzliche Essenzen
08/5041

Dr. med. Leonhard Hochenegg
Anita Höhne
Vorbeugen und Tee trinken
So stärken Sie Ihre Immunkräfte
08/5303

Paul Uccusic
Doktor Biene
Bienenprodukte – ihre Heilkraft
und Anwendung
08/5311

Susi Rieth
Yoga-Heilbuch
Schmerzen besiegen
ohne Medikamente
08/5310

HEYNE-TASCHENBÜCHER

Gesunde Ernährung

Earl Mindell
Die Vitamin-Bibel für das 21. Jahrhundert
08/5301

Earl Mindell
Die Nährstoff-Bibel
08/5282

Ingeborg Münzing-Ruef
Stefanie Latzin
Gesund mit der Kreta-Diät
08/5297

Anita Höhne
Medizin am Wegesrand
07/4700

Eleonora De Lennart
Gesund und schlank durch die Neue Trennkost
08/5329

Roland Possin
Vom richtigen Essen
08/5264

Jay Kordich
Fit durch Säfte
08/5326

Prof. Hademar Bankhofer
Gesundheit aus dem Kochtopf
07/4742

Anita Höhne
Dr. Leonhard Hochenegg
Brainfood
Power-Nahrung fürs Gehirn
07/4748

Corinna Hembd
Trennkost-Tabelle
48/46

08/5301

HEYNE-TASCHENBÜCHER

Abnehmen, ohne zu hungern

Charlotte Retzlik
Low Fat
Fettarm – Fettfrei kochen
Das neue Programm für
Gewichtsabnahme und
Gesundheit
07/4728

Heike van Braak
Fatburner
Mit der richtigen Ernährung
zum Wunschgewicht
08/5325

Jutta Lamy
Christina Zacker
Essen Sie sich schlank!
Schlank werden durch
ausgewogene Ernährung
08/5251

Herman Tarnower
Samm Sinclair Baker
Die Scarsdale-Diät
Die klinisch erprobte
Schlankheitskur, mit der man
in 14 Tagen 20 Pfund abnimmt
07/4350

Weight Watchers Kochbuch
Gesund und schlank durch
das ganze Jahr – Mit über
500 Rezepten
07/4458

**Weight Watchers
Kochbuch Nr. 2**
Schlank mit Elan
07/4483

Ursula Paschen
**Super Trennkost fürs Büro
und unterwegs**
Mit über 100 Rezepten für Eilige
07/4743

Jay Cooper
Kathryn Lance
Was macht mich schlank?
Vier individuelle Programme für
jeden Body-Typ
08/5327

HEYNE-TASCHENBÜCHER